Der LaTeX-Begleiter

Michel Goossens
Frank Mittelbach
Alexander Samarin

Der $\LaTeX$-Begleiter

ADDISON-WESLEY PUBLISHING COMPANY

Bonn · Paris · Reading, Massachusetts · Menlo Park, California · New York
Don Mills, Ontario · Wokingham, England · Amsterdam · Milan · Sydney
Tokyo · Singapore · Madrid · San Juan · Seoul · Mexico City · Taipei, Taiwan

Die Deutsche Bibliothek – CIP-Einheitsaufnahme

Goossens, Michel:
Der LaTeX-Begleiter /Michel Goossens; Frank Mittelbach; Alexander Samarin.–
Bonn; Paris; Reading, Mass. [u.a.]: Addison-Wesley, 1994
ISBN 3-89319-646-3
NE: Mittelbach, Frank:

1. Auflage 1994

Die englische Originalausgabe trägt den Titel *The LaTeX Companion* (0-201-54199-8)

Übersetzung: Claudia Kraft und Rebecca Stiels, Diplom-Übersetzerinnen
Satz: Frank Mittelbach, Mainz. Gesetzt aus der Lucida Bright 9.5/12 Pkt.
Belichtung: Richarz Publikations-Service, St. Augustin
Druck und Bindung: Bercker Graphischer Betrieb, Kevelaer
Produktion: Claudia Lucht, Bonn
Umschlaggestaltung: Justo Garcia Pulido AGD, Bonn

Das verwendete Papier ist aus chlorfrei gebleichten Rohstoffen hergestellt und alterungsbeständig. Die Produktion erfolgt mit Hilfe umweltschonender Technologien und unter strengsten Auflagen in einem geschlossenen Wasserkreislauf unter Wiederverwendung unbedruckter, zurückgeführter Papiere.

To our Wives
Albina, Christel, and Tatiana
and Sons
Alexei, Andrei, Arno, Nicolas, and Roman
for their Patience and Understanding.

Zur deutschen Ausgabe

Dieses Buch ist keine direkte Übersetzung der englischen Originalausgabe. Um es für den deutschen Leserkreis noch nützlicher zu gestalten, wurden die Belange der deutschen Sprache besonders berücksichtigt. In Kapitel 8 wird die neueste Version von AMS-LaTeX beschrieben, d.h. Version 1.2, welche im Dezember 1994 freigegeben werden soll. In vielen anderen Kapiteln wurden größere oder kleinere Ergänzungen vorgenommen. Natürlich wurden alle bekannten Fehler korrigiert, so daß »Der LaTeX-Begleiter« in dieser Hinsicht die dritte Auflage des *LaTeX Companions* ist.

Das Design der deutschen Ausgabe folgt im Wesentlichen dem Original (siehe Seite 555ff) und wurde lediglich in Einzelheiten leicht abgeändert, insbesondere in Kapitelüberschriften und Fußnoten. Die vielleicht wichtigste Änderung besteht in der Verwendung von Blocksatz mit optischem Randausgleich. Dies bedeutet, daß kleine Zeichen wie Punkt, Komma und Divis, die an der rechten Seite des Satzspiegels optische Lücken erzeugen würden, etwas in den Rand hinausgeschoben werden, um so eine ausgewogene »optische Senkrechte« zu erreichen [92], eine Tradition, die bis auf Gutenbergs 42zeilige Bibel zurückgeführt werden kann, heutzutage aber in Ermangelung an Satzsystemen, die automatischen Randausgleich realisieren können, nur selten zu finden ist.

Um es gleich vorwegzunehmen: Nein, es gibt derzeit kein Paket für LaTeX mit dem man automatisch optischen Randausgleich erreichen kann. Donald Knuth beschreibt zwar im TeX-Buch [48, S.394] einige Makros, um dies zu realisieren, leider sind diese aber für den praktischen Gebrauch ungeeignet [67]. Vielleicht läßt sich aus den Erfahrungen, die mit diesem Buch gewonnen wurden, ein stabiles Paket dafür entwickeln; wahrscheinlich müssen wir allerdings auf LaTeX3 warten.

Ich möchte mich bei allen bedanken, die diese Ausgabe ermöglicht haben, insbesondere bei meiner Familie für ihre Unterstützung sowie bei Joachim Pense für das sorgfältige Lesen des Manuskriptes. Fehler – die sich dennoch im Buch befinden – gehen sicher darauf zurück, daß ich seine Korrekturen nicht korrekt übernommen habe.

Mainz, November 1994

Frank Mittelbach

Vorwort

LaTeX ist ein generisches Satzsystem, das die Formatierungsprozeduren von TeX betreibt. Dieses Buch ist ein detaillierter Führer auf einem Rundgang durch die sichtbaren und weniger sichtbaren Schönheiten von LaTeX. Als solcher behandelt es umfassend all jene Themen, die in Einführungswerken wie etwa Leslie Lamports Buch LaTeX: *A Document Preparation System* (im weiteren Verlauf LaTeX-Buch genannt) [60] nicht vollständig abgehandelt wurden. Hier werden die Erweiterungen zu den dort beschriebenen Grundfunktionen besprochen, so daß das LaTeX-Buch zusammen mit diesem Begleiter eine umfassende Referenz zur gesamten Funktionalität von LaTeX bildet.

Aufgrund seiner Flexibilität, der einfachen Anwendung und der professionellen typographischen Qualität wird LaTeX heute in fast allen Bereichen der Natur- und Geisteswissenschaften eingesetzt. Anders als viele andere Textverarbeitungssysteme sind LaTeX und das ihm zugrundeliegende Formatierungsprogramm TeX kostenlos und nicht an eine bestimmte Plattform, sei es Computerarchitektur oder Betriebssystem, gebunden. Da die Quelldateien von LaTeX einfache Textdateien sind, kann man sie und die dazugehörigen Pakete problemlos weltweit von Computer zu Computer versenden (über Netzwerke oder herkömmliche E-Mailsysteme). Der Empfänger erhält unabhängig davon, welche Hardware er verwendet, einen Ausdruck, der völlig mit demjenigen übereinstimmt, der vom Absender erzeugt wurde. Dadurch können Mitglieder von Gruppen, die geographisch über viele Länder oder sogar Kontinente verstreut sind, gemeinsam komplexe Dokumente erstellen und bearbeiten. Dabei werden die einzelnen Teile von verschiedenen Personen bearbeitet und dann problemlos zu einem Ganzen zusammengefügt. Der Einsatz elektronischer Manuskripte bietet darüber hinaus die Möglichkeit, Werke durch einen Verleger schneller veröffentlichen zu lassen.

LaTeX ist einfach zu erlernen, und jeder, der zum ersten Mal damit arbeitet, kann bereits nach dem Lesen der ersten Kapitel einer LaTeX-Einführung [45, 60, 111] seinen Nutzen daraus ziehen. Wenn man einige Zeit Erfahrungen mit dem System gesammelt hat, stellen sich vielleicht komplexere Aufgaben, deren Lösung auch eine detailliertere Kenntnis erfordert. Wenn man gerne wissen möchte, wie man mit einem erweiterten LaTeX die schönsten Dokumente erzeugt, ohne dabei gleich ein (LA)TeX-Guru[1] zu werden, dann ist dieses Buch genau das richtige.

1 Ein (LA)TeX-Guru ist eine Person, die alle LaTeX- und internen TeX-Funktionen in- und auswendig kennt. Wir verwenden die Bezeichnung (LA)TeX immer dann, wenn sowohl TeX als auch LaTeX gemeint sind.

Dieses Buch führt Schritt für Schritt durch die verschiedenen wichtigen Bereiche von LaTeX und zeigt die Verbindungen zwischen ihnen. Die Struktur eines LaTeX-Dokumentes, die grundlegenden Werkzeuge für die Formatierung und das Seitenlayout werden sehr ausführlich behandelt. Für Gleitobjekte, Graphiken, Tabellen, PostScript und die Unterstützung von mehreren Sprachen wird in verständlicher Art und Weise eine umfassende Bibliothek von Paketen vorgestellt. Dieses Buch umfaßt zum ersten Mal alle wichtigen LaTeX-Werkzeuge: Es enthält aktuelle Beschreibungen der Version 2 des New Font Selection Scheme (NFSS2), der mathematischen Erweiterungen in AMS-LaTeX, der Erweiterungen epic und eepic für LaTeXs `picture`-Umgebung und der Programme *MakeIndex* und BibTeX, mit welchen Indizes und Literaturverweise erzeugt und verwaltet werden. Ein Überblick darüber, wie neue Befehle und Umgebungen, Längen, Boxen, generische Listen usw. erzeugt werden und wie diese Objekte leichter zu handhaben sind, rundet das Bild ab.

Die drei Autoren dieses Buches beschäftigen sich bereits seit einigen Jahren mit der Unterstützung und Entwicklung von LaTeX-Anwendungen in zahlreichen Ländern und professionellen Einsatzgebieten. Dabei haben sie die verschiedensten Zuhörerschaften in die Geheimnisse von LaTeX eingewiesen und die Diskussionen der Anwender in den News Groups, die sich mit Textverarbeitung beschäftigen, und auf TeX-Konferenzen verfolgt. So konnten sie sich einen guten Überblick über all jene Themen verschaffen, auf die ihrer Einschätzung nach jeder eines Tages stößt, der den Reichtum und die Stärken des LaTeX-Systems ganz ausschöpfen möchte. Das vorliegende Buch ist jedoch nicht als Ersatz, sondern als Ergänzung zu einer Einführung in LaTeX gedacht. Die grundlegende Bedienung von LaTeX wird als bekannt vorausgesetzt. So sollte man z. B. das erste Buch von Kopka [45] oder den ersten Teil des LaTeX-Buchs gelesen haben – letzteres ist in jedem Falle als Referenz für eine vollständige Beschreibung der LaTeX-Befehle zu sehen.

Um die dargebotenen Informationen noch umfassender und hilfreicher zu gestalten, sind alle Leser dieses Buches herzlich eingeladen, ihre Kommentare, Vorschläge oder Bemerkungen an einen der Autoren zu senden. Damit sind sowohl Korrekturen von eventuell verbliebenen Fehlern für zukünftige Auflagen als auch Verbesserungsvorschläge und Ergänzungen wichtiger Entwicklungen, die vielleicht übersehen wurden, gemeint.

LaTeX2ε – Die neue LaTeX-Version

Über die Jahre wurden viele Erweiterungen für LaTeX (Version 2.09) entwickelt, leider mit einem unglücklichen Nebeneffekt: An verschiedenen Stellen kamen nicht mehr kompatible LaTeX-Versionen zum Einsatz. Um weiterhin Dokumente unterschiedlichen Ursprungs verarbeiten zu können, mußte ein Systemverwalter gleichzeitig über LaTeX (mit und ohne NFSS), SliTeX, AMS-LaTeX, usw. verfügen. Darüber hinaus war nicht bei jeder Quelldatei gleich klar ersichtlich, für welches LaTeX-Format sie geschrieben war.

Um dieser unbefriedigenden Situation ein Ende zu bereiten, wurde LaTeX 2.09 im Juni 1994 von einer neuen LaTeX-Version abgelöst, die alle diese Erweiterungen wieder unter einem einzigen Format vereint, um so das Wuchern inkompatibler Dialekte von LaTeX 2.09 zu verhindern. Unter LaTeX 2_ε gehört die neue Fontauswahl zum Standard, und Stildateien wie amstex (früher $\mathcal{A}_\mathcal{M}\mathcal{S}$-LaTeX) oder slides (früher SliTeX) sind nun Erweiterungspakete, die alle auf dem gleichen Basisformat aufsetzen. Die Einführung einer neuen Version ermöglichte es auch, eine geringe Anzahl von häufig benötigten Funktionen hinzuzufügen (wie z. B. eine erweiterte Version des Befehls `\newcommand`). All diese neuen Möglichkeiten sind in dem vorliegenden Buch beschrieben, damit man die neue LaTeX-Version in vollem Umfang nutzen kann.

Um alte LaTeX 2.09-Quellen auf einfache Art und Weise von neuen Quellen (welche die neuen Funktionen nutzen) unterscheiden zu können, wurde der erste Befehl in LaTeX-Dokumenten von `\documentstyle` in `\documentclass` geändert. Dadurch kann das Programm automatisch alte Quelldateien erkennen und auf einen Kompatibilitätsmodus umschalten.

Das LaTeX3-Projekt

LaTeX wird zur Zeit unter Leitung eines der Autoren (Frank Mittelbach), Chris Rowley and Rainer Schöpf neu geschrieben. Dieses Vorhaben wurde das LaTeX3 Projekt [69, 70] genannt. Ein großer Teil der Funktionalität, die in diesem Buch noch als Erweiterung zu Standard-LaTeX beschrieben ist, wird in dem neuen System bereits als fester Bestandteil verfügbar sein: als Teil des Programmkerns oder in einem der Erweiterungspakete. Als finanzielle Unterstützung fließt die Hälfte aller Erträge aus diesem Buch direkt dem LaTeX3-Projekt zu. Wenn man dieses Buch kauft, erhält man also nicht nur ein handliches, umfassendes und aktuelles Referenzwerk zu vielen wichtigen und nützlichen Paketen, die heute für LaTeX verfügbar sind, sondern leistet auch einen aktiven Beitrag zu einem noch effektiveren und benutzerfreundlicheren LaTeX für die Zukunft.

Danksagungen

Unser Dank gilt zuerst Peter Gordon, unserem Verleger bei Addison-Wesley, der dieses Buch nicht nur erst ermöglichte, sondern uns auch durch seine Ermutigungen auf der richtigen Spur gehalten hat. Seine Vorschläge und Ideen haben dieses Buch reicher gemacht, sowohl in seiner Form als auch im Umfang. Wir möchten auch Marsha Finley, von *Superscript* Editorial Production Services für die effiziente Hilfe danken, mit der sie uns in allen praktischen Fragen bei der Vorbereitung dieses Buches zur Seite gestanden hat. Helen Goldstein, unsere Ko-Editorin bei Addison-Wesley, hatte immer, bei Fragen unsererseits, einen Rat für uns bereit.

Wir möchten dankend alle unsere vielen Kollegen in der (La)TeX-Welt erwähnen, die all die Pakete – und nicht nur die hier beschriebenen, sondern auch die Hunderte von anderen – entwickelt haben, die den Anwendern helfen, ihre Dokumente besser und schneller zu setzen. Ohne die immerwährende Anstrengung all dieser Enthusiasten wäre LaTeX nicht das hervorragende und flexible Werkzeug, das es heute ist. Wir hoffen, daß wir ihnen bis zu einem gewissen Maße gerecht werden konnten, indem wir immer, wenn ein neues Paket beschrieben wird, den ursprünglichen Autor und/oder die wichtigsten Personen, die Beiträge dazu geleistet haben, erwähnen, soweit uns diese Informationen bekannt waren.

Wir sind Johannes Braams, David Carlisle, Michael Downes, Sebastian Rahtz und Rainer Schöpf für das sorgfältige Lesen des Manuskriptes zu besonderem Dank verpflichtet. Ihre zahlreichen Kommentare, Vorschläge, Korrekturen und Hinweise haben die Qualität des Textes wesentlich verbessert. Roger Woolnough las bei einer frühen Version des Manuskriptes Korrektur, Silvio Levy bei dem Kapitel über NFSS. Und abschließend möchten wir CERN unseren Dank dafür aussprechen, daß wir zum Erstellen des Computermanuskriptes ihre Computereinrichtungen verwenden durften.

Der Inhalt dieses Buches

Die Überschriften der verschiedenen Kapitel sollten das jeweils behandelte Thema klar beschreiben. Die einzelnen Kapitel können im Prinzip mehr oder weniger unabhängig voneinander gelesen werden. An den erforderlichen Stellen lenken Querverweise die Aufmerksamkeit auf ergänzende Informationen in anderen Teilen dieses Buches.

Kapitel 1 enthält eine kurze Einführung in LaTeX.

Kapitel 2 behandelt generisches und visuelles Markup.

Kapitel 3 beschreibt die grundlegenden Formatierungsbefehle von LaTeX.

Kapitel 4 erklärt, mit welchen Werkzeugen man das visuelle Seitenlayout eines Dokumentes durch Seitenstile global definieren kann.

Kapitel 5 zeigt, wie Material mit Hilfe der erweiterten `tabular`- und `array`-Umgebungen in Spalten und Zeilen angeordnet wird, und behandelt die mehrseitigen Entsprechungen `supertabular` und `longtable`.

Kapitel 6 erläutert die Handhabung von Gleitobjekten.

Kapitel 7 behandelt im Detail LaTeXs New Font Selection Scheme (NFSS2) und zeigt seine verschiedenen Anwenderbefehle. Es wird gezeigt, wie im mathematischen und im Textmodus neue Fonts hinzugefügt werden.

Kapitel 8 gibt einen Überblick über das amstex-Paket, das im mathematischen Bereich viele leistungsfähige Satzbefehle hinzufügt.

Kapitel 9 wirft einen Blick auf LaTeX in mehrsprachigen bzw. nicht-englischsprachigen Umgebungen. Es werden das babel-System und andere sprachspezifische Pakete beschrieben.

Kapitel 10 spricht den Bereich der ausgabeunabhängigen Graphiken an und zeigt, wie epic, eepic und andere Pakete die Möglichkeiten von LaTeXs Standardumgebung `picture` erweitern.

Kapitel 11 zeigt, daß die Seitenbeschreibungssprache PostScript LaTeX nicht nur zu einem vollwertigen Graphikprogramm macht, sondern auch ermöglicht, mit Hilfe des NFSS-Fonts aus den Hunderten von Schriftfamilien auszuwählen, die als PostScript Typ 1 Outlines vorliegen.

Kapitel 12 behandelt die Schwierigkeiten, die beim Erstellen eines Indexes auftreten können. Das Programm *MakeIndex* wird ausführlich beschrieben.

Kapitel 13 bietet einen Überblick darüber, wie das LaTeX-Begleitprogramm BibTeX Probleme bei der Pflege von Literaturdatenbanken handhabt. Es werden verschiedene bereits existierende Stile für Literaturverzeichnisse behandelt, und das Format der in den Stildateien verwendeten BibTeX-Sprache wird im Detail beschrieben, so daß man vorhandene Stile selbst anpassen kann.

Kapitel 14 zeigt, wie man mit Hilfe des Paketes doc und seines Begleitprogrammes DOCSTRIP LaTeX-Dateien dokumentieren kann.

Anhang A gibt zunächst einen Überblick darüber, wie man mit den grundlegenden Programmierstrukturen von LaTeX richtig umgeht. Es werden die durch das Paket calc eingeführten Erweiterungen im Bereich der Parameterzuweisung sowie die erweiterten Steuerungsfunktionen für LaTeX 2_ε diskutiert.[2]

Anhang B erklärt, wie man die verschiedenen in diesem Buch beschriebenen Dateien aus den verschiedenen TeX-Archiven oder von den TeX Anwendergruppen erhält.

Um alle Beispiele von reinem TeX so unabhängig wie möglich zu machen, wurden die Pakete calc und ifthen ausgiebig eingesetzt. Sie sind in den Anhängen A.4 und A.5 beschrieben. Man sollte sich mit den LaTeX-Erweiterungen in diesen Paketen vertraut machen, wenn man genau verstehen will, wie eine große Anzahl der Beispiele in diesem Buch arbeiten.

Viele Beispiele verwenden auch die neuen Funktionen von LaTeX 2_ε; insbesondere alle Fontwechsel werden im LaTeX 2_ε-Stil vorgenommen, also mit den Befehlen in Tafel 7.2 auf Seite 174. Abgekürzte Formen wie `{\bf word}` werden normalerweise nicht verwendet, da sie durch Dokumentenklassen definiert werden und nicht unbedingt in allen Klassen verfügbar sind.

2 Bereits in LaTeX 2.09 wurden Programmierstrukturen wie if-then-else durch das Paket ifthen zur Verfügung gestellt; in LaTeX 2_ε wurde dieses Paket erweitert und verbessert.

Obwohl man mit Sicherheit den größten Teil dieses Buches auch für LaTeX 2.09 anwenden kann (LaTeX 2ε erschien, als bereits 90% englischsprachigen Ausgabe des Buches fertiggestellt waren), sollte man trotzdem so bald wie möglich auf die neue Version umrüsten, damit die weltweite Gemeinschaft der LaTeX-Anwender wieder eine gemeinsame Sprache spricht. Wie bereits erwähnt, kann LaTeX 2ε auch Dokumente der Version LaTeX 2.09 identifizieren und verarbeiten. Pakete, die für LaTeX 2ε geschrieben oder aktualisiert wurden, funktionieren jedoch nicht mehr mit dem alten System.

Typographische Konventionen

Wie in der Diskussion über die Verbindung zwischen Inhalt und Form oder generischem und Layout-Markup erklärt, muß die Art und Weise, wie eine Information dargestellt wird, ihre Funktion im Rahmen des Textes klar vermitteln. Daher werden im folgenden die in diesem Buch verwendeten typographischen Konventionen erklärt.

LaTeX-Befehle und -Umgebungen erscheinen in »monospaced«-Schrift (z. B. `\caption`, `enumerate`, `\begin{tabular}`), während Pakete und Klassendateien in serifenloser Schrift dargestellt werden (z. B. article).

Die Syntax von LaTeX-Konstruktionen wird in rechteckigen Boxen abgebildet. Befehlsargumente sind kursiv gesetzt.

`\commandname{`*arg1*`}{`*arg2*`}{`*arg3*`}`

Zeilen, die Beispiele mit LaTeX-Befehlen enthalten, sind eingerückt und in einem etwas kleineren monospaced-Font gesetzt als der Haupttext.

```
\chapter{Kapitel"uberschrift}
\section{Abschnitts"uberschrift}
Irgendein Text...
```

Akzente, Sonder- und Anführungszeichen sind durchweg in den Konventionen des Paketes german bzw. des Paketes babel mit Option german dargestellt:

`"A "a "O "o "U "u "s` entspricht `\"A \"a \"O \"o \"U \"u \ss{}`
Anführungszeichen `"‘..."’` und Variante `">..."<` ergeben: „...“ und »...«

An den Stellen, an denen es wichtig ist, das Ergebnis einer Reihe von Befehlen zu zeigen, werden Eingabe und Ausgabe nebeneinander wie folgt dargestellt:

Die rechte Spalte zeigt den Eingabetext, der von LaTeX formatiert wird. In der linken Spalte sieht man das Resultat der Formatierung.

```
Die rechte Spalte zeigt den Eingabetext,
der von \LaTeX{} formatiert wird.
In der linken Spalte sieht man das
Resultat der Formatierung.
```

Bei umfangreicheren Beispielen, in denen Ein- und Ausgabe nicht gut nebeneinander dargestellt werden können, wird das folgende Layout verwendet:

Eingabe

```
Dies ist eine breite Zeile, deren Eingabebefehle und Ausgaberesultat
nicht gut in zwei Spalten dargestellt werden k"onnen.
```

Dies ist eine breite Zeile, deren Eingabebefehle und Ausgaberesultat nicht gut in zwei Spalten dargestellt werden können.

Ergebnis

Befehle, die von einem Benutzer am Computer eingegeben werden sollen, sind in einem monospaced-Font und unterstrichen dargestellt, wie z. B.: `Dies ist eine Benutzereingabe`.

Verwendung aller Pakete

In diesem Buch werden mehr als 150 Pakete und Optionen beschrieben, die LaTeXs grundlegende Möglichkeiten erweitern oder verändern. Um ihre Funktionsweise darzustellen, müssen sie (im Prinzip) geladen werden und zwar alle gleichzeitig. Dies ist aus verschiedenen Gründen äußerst unpraktisch, wenn nicht sogar unmöglich. So verwenden viele Pakete, wie z. B. program, eine Vielzahl von Zählern. Allerdings ist TeX ist auf ein Maximum von 256 Zählern begrenzt. Wenn man diese Grenze erreicht, muß man daher die Anzahl der gleichzeitig geladenen Dateien reduzieren. Bei der Erstellung dieses Buches wurde eine andere Strategie verfolgt: Einige der Beispiele wurden als separate Encapsulated PostScript-Dateien eingebunden. Außerdem wurde das Paket hackalloc eingesetzt. Es definiert die internen Zuordnungen neu, so daß *alle* Zuordnungen immer nur lokal für eine Gruppe gelten. Pakete bleiben also nur solange geladen, wie sie auch wirklich innerhalb einer eingeklammerten Gruppe benötigt werden und die Zähler und Längenvariablen werden beim Verlassen der Gruppe wieder frei. Diese Prozedur kann allerdings einige Nebenwirkungen verursachen und sollte daher nur mit größter Sorgfalt verwendet werden. Es wurden jedenfalls tatsächlich die meisten Pakete zusammen verwendet, was dazu führte, daß TeX während der Erstellung dieses Buches mehrere Male neu kompiliert werden mußte. Eine der Protokoll-Dateien, die während der letzten Bearbeitungsschritte erzeugt wurden, zeigte folgende Werte:

```
Here is how much of TeX's memory you used:
 12031 strings out of 15759
 128274 string characters out of 171467
 208936 words of memory out of 262141
 9574 multiletter control sequences out of 11500
 80230 words of font info for 222 fonts, out of 100000 for 255
 51 hyphenation exceptions out of 607
 39i,23n,39p,525b,1465s stack positions out of 300i,40n,60p,3000b,4000s
Output written on roh.dvi (589 pages, 2458724 bytes).
```

Wie man sieht, wurde die absolute Höchstgrenze für Fonts nahezu erreicht, und zwar aufgrund der vielen Fontbeispiele in Kapitel 7. Zeichenfolgen, Zeichen, Hauptspeicher und Befehle wurden wahrscheinlich in größerem Umfang als jemals zuvor in einem LaTeX-Lauf verwendet. Das ist allerdings nicht überraschend, wenn man bedenkt, daß das gesamte Buch in einem einzigen LaTeX-Lauf mit allen Paketen entstand, die zusammen die Beispiele erzeugten.

Auch wenn man die oben erwähnten Grenzen nicht erreicht, gibt es andere Interferenzeffekte zwischen verschiedenen Paketen. So aktivieren z. B. einige Pakete, wie das Paket `french`, einzelne Zeichen (d.h. diese Zeichen verhalten sich wie Befehle). Wenn ein solches Zeichen dann in einem anderen Paket erscheint, können Probleme auftreten. Das bedeutet, daß nicht alle in diesem Buch beschriebenen Pakete zusammen verwendet werden können. Manchmal kann man diese Art von Schwierigkeiten beheben, indem man problematische Pakete erst ganz zum Schluß als eine der letzten `\usepackage`-Deklarationen lädt.

Als Faustregel läßt sich sagen: Legt ein Dokument seltsame Verhaltensweisen an den Tag, wenn ein neues Paket zu einer bereits existierenden und offenbar gut funktionierenden Liste von Paketen hinzugefügt wird, weist dies auf ein Kompatibilitätsproblem hin. Man sollte die neue Datei zunächst an letzter Stelle laden. Wenn das nicht funktioniert, sollten nacheinander die anderen Dateien herausgenommen werden. Auf diese Art kann man möglicherweise die Datei oder Dateien finden, welche die Probleme verursachen.

Inhaltsübersicht

Tafeln

Abbildungen

Kapitel 1
Einleitung

LaTeX ist nicht nur ein Schriftsatzsystem für mathematische Texte. Es wird sowohl zum Verfassen von kurzen Mitteilungen verwendet, als auch für geschäftliche oder persönliche Korrespondenzen, Zeitschriften, naturwissenschaftliche Artikel oder geisteswissenschaftliche Abhandlungen. Sogar ganze Bücher und Referenzwerke zu den verschiedensten Themen werden mit LaTeX erstellt. Inzwischen gibt es für praktisch jede Großrechneranlage, Workstation oder Personal Computer eine eigene LaTeX-Version. Zum besseren Verständnis geht der erste Abschnitt dieses Kapitels zunächst auf die Ursprünge von TeX und LaTeX ein und erörtert dann die Frage, wie die nähere Zukunft aussehen wird. Der zweite Abschnitt gibt einen Überblick über LaTeX als Ganzes. Dadurch soll dem Leser das Verständnis für die Aufgaben der verschiedenen Komponenten und der von LaTeX erzeugten Dateien erleichtert werden. Thema der nächsten Abschnitte ist dann, den wichtigen Unterschied zwischen generischem und visuellem Markup aufzuzeigen. Anhand der Trennung von Dokumenteninhalt und -form werden die Vorteile der generischen Ansatzes erläutert. Dabei wird betont, daß Dokumente so weit wie möglich nach dem generischen Prinzip aufgebaut sein sollten. Wenn ein visuelles Markup für eine größere Klarheit unerläßlich ist, sollten die entsprechenden Befehle in Kategorien eingeteilt werden. Diese werden am Dokumentenanfang definiert und dann lokal verwendet. Durch dieses Verfahren können Texte einfach und leicht gehandhabt werden.

1.1 TeX und LaTeX

1.1.1 Am Anfang war TeX

Im Mai 1977 begann Donald Knuth von der Stanford University [47], ein Textverarbeitungssystem zu entwickeln, das heute als TeX und METAFONT [48, 49, 50, 51, 52] bekannt ist. Im Vorwort zum TeX Buch [48] schreibt Knuth: »TeX [is] a new typesetting system intended for the creation of beautiful books – and especially for books that contain a lot of mathematics. By preparing a manuscript in TEX format, you will be telling a computer exactly how the manuscript is to be transformed into pages whose typographic quality is comparable to that of the world's finest printers.« (TEX [ist] ein neues System, mit dem Bücher – und vor allem Bücher, die eine Menge Formeln enthalten, so gesetzt werden können, daß sie schön aussehen. Bei Erstellung eines Manuskriptes im TEX-Format wird, dem Computer genau mitgeteilt, wie die Seiten des Manuskriptes auszusehen haben. wobei die typographische Qualität der Seiten mit derjenigen der besten Setzer der Welt vergleichbar ist.)

TEX ist mittlerweile bei Tausenden von Wissenschaftlern beliebt, da man mit ihm jede Art von Text zu Artikeln, Berichten oder Forschungsanträgen, zu Büchern, Gedichten und zu anderen Textformen aufbereiten kann. Dabei kann der Autor das Format mit Hilfe einer Vielfalt von Befehlen, die TEX bietet, selbst festlegen. Das zugehörige METAFONT-Programm ermöglicht Design und Erzeugung von Schriften für den Ausdruck.

TEX eignet sich besonders für Dokumente mit mathematischen Formeln oder für Ausdrucke in Buchqualität. Darüber hinaus ist es ein portables System, das auf vielen verschiedenen Rechnerplattformen läuft, von PCs bis Großrechnern. Dabei verhält es sich immer gleich – eine Tatsache, die in der Welt der Forschung und Technik besonders wichtig ist. Gleichzeitig ist TEX druckerunabhängig, so daß ein Dokument auf jedem Gerät ausgegeben werden kann, sei es ein einfacher Bildschirm, ein Matrix- oder Laserdrucker oder ein Fotosatzgerät.

Aufgrund all dieser Qualitäten und der Tatsache, daß es kostenlos ist, entwickelte sich TEX zum *de facto* Standard an vielen akademischen Instituten und Forschungslaboratorien. Auch bei professionellen Setzern und Verlegern gewinnt es zunehmend an Bedeutung. TEX ist inzwischen auf jeder erdenklichen Rechnerplattform verfügbar, seien es IBM-kompatible oder MacIntosh PCs, UNIX- und VMS-Workstations oder Supercomputer wie die Cray. Für die meisten Bildschirme gibt es außerdem ausgezeichnete Previewer.

Vor mehr als zehn Jahren schrieb Gordon Bell in seinem Vorwort zu *TEX und* METAFONT, *New Directions in Typesetting* [46]: »Don Knuth's Tau Epsilon Chi (TEX) is potentially the most significant invention in typesetting in this century. It introduces a standard language in computer typography and in terms of importance could rank near the introduction of the Gutenberg press.« (Don Knuth' Tau Epsilon Chi (TEX) ist möglicherweise die bedeutendste Erfindung für die Satztechnik in diesem Jahrhundert. Es führt eine Standardsprache in die Computertypographie ein und kann von seiner Bedeutung nahe der Einführung der Gutenberg-Presse angesiedelt werden.) Vor kurzem verkündete Donald Knuth öffentlich, daß TEX nicht weiterentwickelt werde [56], um seine Stabilität nicht zu gefährden.

1.1.2 Dann entwickelte Leslie Lamport LATEX

Zu Beginn der achtziger Jahre entwarf Leslie Lamport auf der Basis von TEX ein System namens LATEX zur Formatierung von Dokumenten. Das System abstrahiert die TeX-Basisbefehle, so daß sich der Anwender auf die Struktur eines Dokumentes konzentrieren kann, anstatt auf Einzelheiten der Formatierung achten zu müssen. Er kann die meisten Dokumente auf einfache Art und Weise mit Hilfe weniger »high-level« Befehle erstellen. Um Einzelheiten der Gestaltung braucht er sich dabei nicht zu kümmern. Diese bleiben dem Designer überlassen, dessen Aufgabe es ist, für jede Anwendung Layoutvorlagen, sogenannte Styles, zur Verfügung zu stellen.

Mit LaTeX lassen sich, in Verbindung mit wenigen Hilfsprogrammen, auch Indizes, Literaturverzeichnisse, Querverweise und Inhaltsverzeichnisse erzeugen sowie Graphiken einbinden – Funktionen, die im Basis-TeX fehlen.

1.1.3 Mit LaTeX ins Jahr 2000?

Mit der steigenden Anzahl von TeX und insbesondere von LaTeX-Anwendern (auf mehrere Hunderttausend innerhalb der letzten Jahre), wird LaTeX auch in Gebieten eingesetzt, für die es nicht unbedingt optimal eingerichtet ist (Rechtstexte, kritische Editionen klassischer Autoren, Gedichte, in Spalten angeordnete mehrsprachige Ausgaben, Zeitschriften, um nur einige zu nennen). In neueren Ausgaben des *TUGboat*, des Journals der TeX Users Group, erschienen eine Reihe von Artikeln über Mängel von TeX, LaTeX und ihren Begleitprogrammen [72, 67, 109, 74, 112].

Nach einer Begegnung mit Leslie Lamport auf der TeX Users Group-Konferenz in Stanford im Jahre 1989 begannen Frank Mittelbach, Chris Rowley, und Rainer Schöpf mit der Implementierung und Erweiterung von LaTeX, dem sogenannten LaTeX3 Projekt [70]. Die zentrale Idee dabei ist die Programmierung eines verbesserten und leistungsfähigen Kerns aus Basisbefehlen, der durch verschiedene Pakete ergänzt wird. Diese Pakete stellen spezielle Funktionen zur Verfügung (zum Beispiel für Tabellen, Bilder und mathematische Berechnungen). Das neue System wird eine vollständig integrierte Benutzeroberfläche für Layoutvorlagen, die Styles, enthalten, wodurch die Entwicklung und Pflege eigener Styles erleichtert wird.

Im März 1992, auf der DANTE TeX-Anwenderkonferenz in Hamburg wurde eine Diskussionsrunde, `NTS`, für ein neues Schriftsatzsystem, »The New Typesetting System«, gebildet. Sie sollte die Bereiche diskutieren und koordinieren, in denen TeX erweitert oder verändert werden müßte, um die Funktionalität zu bieten, die für das Erstellen von »masterpieces of the Publishing Art« [99] (Meisterwerken der Satzkunst) notwendig ist.

1.2 LaTeX und seine Komponenten

Dieser Abschnitt gibt eine Einführung in die Grundlagen des LaTeX-Systems und beschreibt kurz die verschiedenen Dateien und Programme, die ein versierter LaTeX-Anwender kennen sollte. Weitere Überblicksinformationen sind in einem Artikel von Joachim Schrod, »Die Komponenten von TeX« [90, 91] beschrieben.

1.2.1 Wie funktioniert LaTeX?

LaTeX liest und schreibt mehrere Dateien, von deren Funktion man ein klares Verständnis haben sollte. Abbildung 1.1 auf der nächsten Seite zeigt schematisch den Informationsfluß während eines LaTeX-Laufs und listet die verschiedenen benötigten Dateien auf.

Die wichtigste Datei beim LaTeX-Lauf ist die Eingabe- oder Quelldatei. Sie ist eine reine Textdatei und wird normalerweise mit einem Texteditor erstellt und hat im allgemeinen die Erweiterung `.tex`. Definitionsdateien für Struktur und Layout (Erweiterung `.cls`, `.sty`) werden normalerweise in Standardverzeichnissen gespeichert. Zu LaTeX gehören fünf Standard-Dokumentenklassen, nämlich article, report, book, slides, und letter. Diese Basis-Dokumentenklassen können weiter angepaßt werden, und zwar indem eine oder mehrere Klassenoptionen ausgewählt werden oder Erweiterungspakete hinzugefügt werden, wie z. B. diejenigen, die in diesem Buch beschrieben werden.

Die Metrikangaben für die in einem Zeichensatz (Font) von TeX verwendeten Zeichen werden *Fontmetrik* genannt und sind abgelegt in `.tfm`-Dateien (für TeX font metrics) gespeichert. Für jeden Zeichensatz, der in einem Dokument verwendet wird, muß eine derartige `.tfm`-Datei existieren, welche die Metrikangaben, d.h. Höhe, Tiefe und Breite sowie die Kerning- und Ligaturinformationen zu jedem einzelnen Zeichen enthält. Diese Informationen verwendet TeX z. B. beim Erstellen von Absätzen in seinem Algorithmus für den Zeilenumbruch. Die Zuordnung interner Fontnamen zu externen Fontdateien wird in Fontdefinitionsdateien (Erweiterung `.fd`) gespeichert.

TeX trennt Wörter automatisch unter Zuhilfenahme eines sprachenunabhängigen Trie-Algorithmus [64]. Für jede Sprache lassen sich eigene Trennungsmuster (hyphenation patterns) angeben, wenn eine Formatdatei (Erweiterung `.fmt`) erzeugt wird. Das LaTeX-Format (normalerweise `lplain.fmt` oder `latex.fmt` genannt) enthält alle LaTeX-Befehle in kompilierter Form sowie die `.tfm`-Daten für einige Zeichensätze, die automatisch beim Start von LaTeX geladen werden.

LaTeX gibt eine Reihe von Dateien aus. Eine dieser Dateien (mit der Erweiterung `.dvi`) enthält eine binäre Darstellung des formatierten Textes, in dem für jedes zu druckende Zeichen Schriftart und Position auf der Seite festgelegt sind. Diese `.dvi`-Dateien enthalten nur Fontnamen – und keine graphische Repräsentation der tatsächlichen Zeichen. TeX positioniert seine (Zeichen-) Boxen mit einer Auflösung in der Größenordnung der Wellenlänge des Lichts, so daß TeX-Ausgabedateien tatsächlich als geräteunabhängig, *device independent*, angesehen werden können; daher die Bezeichnung `.dvi`. Um das Ergebnis visuell darzustellen, muß die `.dvi`-Datei mit Hilfe eines »`dvi`-Treibers« in das gewünschte Ausgabeformat gebracht werden (zum Beispiel PostScript).

Bei jedem Lauf erzeugt LaTeX eine Protokolldatei, die normalerweise die Erweiterung `.log` oder `.lis` erhält, bei manchen Betriebssystemen aber auch eine andere (oder gar keine) haben kann. Diese Datei enthält Informationen, die größtenteils auch auf dem Bildschirm angezeigt werden, wie zum Beispiel die Namen der gelesenen Dateien, die Anzahl der erzeugten Seiten, Warnungen und Fehlermeldungen sowie andere relevante Daten.

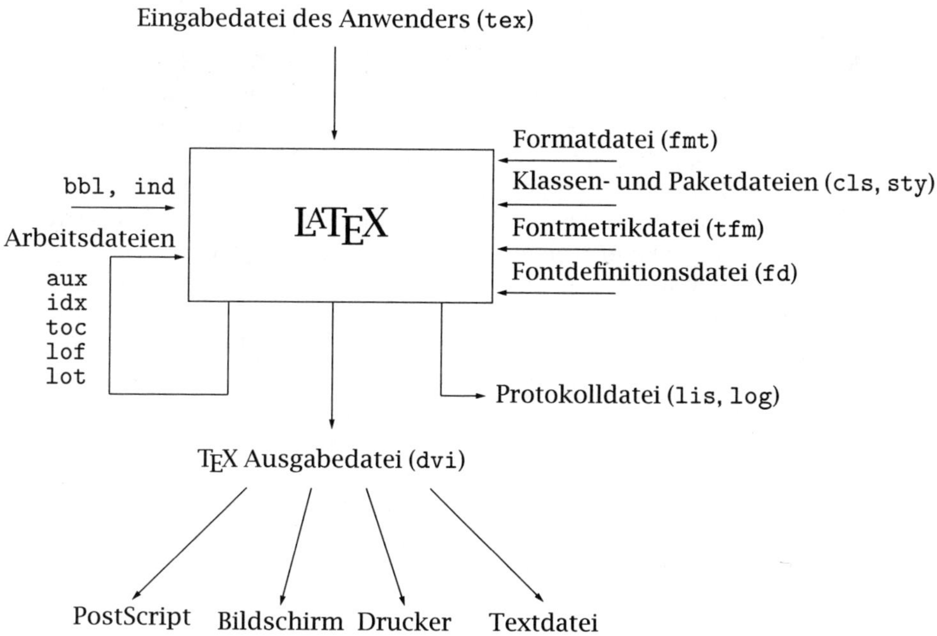

Erläuterung	**Dateierweiterung**
LaTeX-Eingabedatei	`.tex`, `.ltx`
formatierte TeX-Ausgabedatei	`.dvi`
TeX-Protokolldatei	`.log`, `.texlog`, `.lis`, `.list`
METAFONT-Ausgangsdatei	`.mf`
Fontdefinitionsdatei	`.fd`
Fontdatei	`.pk`
Fontmetrikdatei	`.tfm`
String Pool Datei	`.pool`, `.poo`, `.pol`
Formatdatei	`.fmt`
LaTeX Formatvorlagen- & Erweiterungsdatei	`.clo`, `.cls`, `.dtx`, `.sty`
LaTeX Hilfsdatei	`.aux`
Inhaltsverzeichnisdatei	`.toc`
Abbildungsverzeichnisdatei	`.lof`
Tafelverzeichnisdatei	`.lot`
BibTeX-Dateien	`.bbl`, `.bib`, `.blg`, `.bst`
Index und *MakeIndex* -Dateien	`.idx`, `.ilg`, `.ind`, `.ist`

Abbildung 1.1: Die wichtigsten TeX- und LaTeX-Dateien

Weitere LaTeX-Ausgabedateien enthalten Daten für Querverweise (Erweiterung `.aux`), Inhaltsverzeichnis (Erweiterung `.toc`), Abbildungsverzeichnis (Erweiterung `.lof`) und Tafelverzeichnis (Erweiterung `.lot`). Sie werden im nächsten LaTeX-Lauf verwendet, um die entsprechenden Elemente eines Dokumentes zu erzeugen.

Eine Datei mit der Erweiterung `.idx` enthält alle indizierten Einträge. Sie können mit einem Programm wie *MakeIndex* (von Pehong Chen und Michael Harrison) sortiert werden. *MakeIndex* liest die `.idx`-Datei, welche die jeweiligen Indexeinträge und die zugehörigen Seitenzahlen enthält. Es sortiert die Einträge, faßt sie zusammen und schreibt sie als LaTeX-Eingabe in eine weitere Datei (Erweiterung `.ind`). Das Indexlayout kann in einer `.ist`-Datei festgelegt werden. Von *MakeIndex* erzeugte Meldungen werden in eine `.ilg`-Datei geschrieben (siehe Kapitel 12 für weitere Informationen).

BIBTeX (siehe Kapitel 13) von Oren Patashnik ist ein Programm zum Erstellen von Literaturverzeichnissen. BIBTeX verarbeitet Referenzdatenbanken, die in `.bib`-Dateien zusammengestellt sind. LaTeX schreibt Informationen über die in einem Dokument benötigten Referenzen in seine `.aux`-Datei(en); letztere werden dann von BIBTeXgelesen, welches ein sortiertes Literaturverzeichnis in Form einer `.bbl`-Datei erzeugt. Diese `.bbl`-Datei wird von LaTeX in einem späteren Lauf verwendet. Die Art der Sortierung und das Format der Referenzen werden durch BIBTeX-Programme definiert. Diese sind in `.bst`-Dateien gespeichert. Von BIBTeX erzeugte Meldungen werden in eine `.blg`-Protokolldatei geschrieben.

1.2.2 Ausgabeprogramme (dvi-Treiber)

Wenn ein Dokument erfolgreich mit TeX erstellt wurde, kann das Ergebnis auch ausgedruckt oder am Bildschirm betrachtet werden. Dazu gibt es folgende Möglichkeiten:

- ◇ Erstellen eines Ausdrucks mit hoher Auflösung (über 1000 dpi). In diesem Falle wird die `.dvi`-Datei mittels eines geeigneten Treibers in Punkte auf einem Film übersetzt oder PostScript für ein Fotosatzsystem generiert.
- ◇ Erstellen eines Ausdrucks mittlerer Auflösung (300 dpi). Hierzu können verschiedene druckerspezifische `dvi`-Treiber verwendet werden. Immer öfter wird dabei PostScript verwendet.
- ◇ Der Inhalt (Text und Graphik) kann mittels Programmen wie `xdvi` (für X Windows) auf einem Graphikbildschirm dargestellt werden. Da es mittlerweile viele PostScript-Previewer gibt, wird auch hier oft PostScript als Zwischenschritt generiert, um den Inhalt des Dokumentes anzuzeigen.
- ◇ Der Inhalt kann möglicherweise auch auf einem »dummen«, nicht graphikfähigen Bildschirm angezeigt werden. In diesem Falle lassen sich keine Graphiken darstellen. Der Text wird in Spalten formatiert, die schmal genug sind, um auf einem Bildschirm mit weniger als 80 Zeichen Breite angezeigt zu werden. Auf diese Art und Weise werden häufig programmbegleitende Online-Bedienungsanleitungen erzeugt.

Aus der obigen Liste ist ersichtlich, daß PostScript eine wichtige Rolle bei der Visualisierung von Dokumenten spielt. Es gibt METAFONT-Quelldateien (.mf) für alle Computer Modern und LaTeX Fonts, so daß Bitmaps (.pk) für jeden Druckertyp erzeugt werden können. Es existieren auch PostScript Type 1 Übertragungen der Computer Modern, LaTeX, American Mathematical Society, und Euler Fonts. Diese werden von Blue Sky Research und Y&Y vertrieben. Darüber hinaus bieten Adobe und andere Schriftenhersteller eine große Auswahl von Schriften, die sich mit LaTeX verwenden lassen (siehe Abschnitt 11.9). Dadurch kann jeder selbst entscheiden, welches die beste (und angenehmste) Art ist, Informationen in einem Dokument darzustellen.

1.3 Generisches Markup

1.3.1 Was ist generisches Markup?

Ursprünglich verstand man unter Markup das Markieren eines Manuskriptes durch einen Typographen, um dem Setzer mitzuteilen, wie das Manuskript formatiert werden soll. Es bestand aus handgeschriebenen Anmerkungen, wie z. B.: *»Diese Überschrift in 12 Punkt Helvetica kursiv über einen 10 Punkt Text setzen, ausgerichtet an einem 22 Pica Typenstein mit 1 em Einzug links und ohne rechts.«*

Mit der Einführung von Computern konnten diese Anmerkungen mit einem speziellen Kodiersystem elektronisch verschlüsselt werden. Jeder Fotosetzer hatte seine eigene »Sprache«, die in Anlehnung an das alte manuelle System Markup-Sprache genannt wurde. Da viele Setzereien auch einen Schreibservice anboten, war die Markup-Quelle eines zu setzenden Dokumentes immer das unmarkierte Manuskript. Daher war mangelnde Kompatibilität zwischen den Markup-Sprachen kein Thema. Als jedoch Schriftsteller und Kunden von Setzereien dazu übergingen, ihre Dokumente selbst einzugeben, wurde es problematisch. Sie konnten den Text nur selbst tippen, wenn sie im voraus das Markup-Format ihrer Setzerei kannten. Wenn Sie ein eigenes System benutzten, war es sehr wahrscheinlich, daß das Markup-Format ihres Dokumentes nicht mit dem der Setzerei kompatibel war.

Die Situation wurde noch schwieriger, als man begann, Dokumente mit Hilfe von Computern zu erstellen. Wie bei Fotosatzsystemen wurden Dokumente mit *visuellen* Markup-Befehlen versehen. Dabei handelt es sich um »low-level« Formatierbefehle, wie »Zeilenvorschub«, »folgenden Text zentrieren«, und »gehe zu nächster Seite«. Ein Dokument, das z. B. die folgenden visuellen Markup-Befehle enthält (SCRIPT [37]):

```
.pa ;.sp 2                      % Seitenvorschub, Leerraum
.ce                             % Zentrierung
.bd                             % Zeichensatzeinstellung
Kapitel&uml.berschrift
.sp                             % Leerraum
```

kann nur mit großem Aufwand an andere Satzsysteme angepaßt werden.

Ein weiteres Beispiel für visuelles Markup (Plain-TEX) ist:

```
\vfill
\eject
\begingroup
\hbox{}
\vskip 20pt
\bf\obeylines
\hfil KAPITEL\"UBERSCHRIFT
\bigskip
\endgroup
```

Es wurde eine Bewegung ins Leben gerufen, die eine Standard-Markup-Sprache entwickeln sollte, die alle Setzereien als Eingabe akzeptieren würden. Es sollte den Setzereien überlassen sein, diese Sprache in ihre eigene Fotosatzsprache zu übersetzen. Diese Markup-Sprache war eine generische Markup-Sprache. Beim generischen Markup wird ein Text um Informationen ergänzt, welche die Komponenten eines Dokumentes nach logischen Gesichtspunkten beschreiben, zum Beispiel als Absätze, Überschriften und Fußnoten. Das Formatierung (visuelle Darstellung) der Komponenten erfolgt getrennt von der Zuweisung ihrer Funktion (Position) in der (hierarchischen) Struktur des Textes.

LATEX ist in hohem Maße ein Beispiel für eine »generische Markup-Sprache« (englisch: generic markup language, GML). Dank des Prinzips der Klassendateien ist das visuelle Format der verschiedenen Textelemente an einer einzigen Stelle außerhalb des eigentlichen Ausgangstextes beschrieben.

Ausgehend von Charles Goldfarbs GML-Pionierarbeit und unter Einbeziehung der Ideen von Brian Reids Scribe System, entwickelte die International Standards Organization die Markup-Sprache SGML (Standard Generalized Markup Language – ISO 8879) welche 1986 veröffentlicht wurde [19]. SGML ist eine Markup-Sprache, mit der Dokumente in einem austauschbaren Format dargestellt werden können. SGML ist gedacht »for publishing in its broadest definition, ranging from single medium conventional publishing to multimedia data base publishing. SGML can also be used in office document processing when the benefits of human readability and interchange with publishing systems are required.« [40] (für Veröffentlichung im weitesten Sinne, von herkömmlichen Publikationen bis zu Multimedia-Datenbankpublikationen. SGML kann auch in Büros zur Textverarbeitung eingesetzt werden, wenn Dokumente von Menschen lesbar und gleichzeitig direkt zum Setzen geeignet sein sollen.) Für eine Einführung in SGML, siehe [33, 113]. SGML ist eine Metasprache. Das bedeutet, sie gibt die Regeln vor, nach denen beliebig viele verschiedene Markup-Sprachen erstellt werden können. SGML sollte sich nicht mit der Formatierung eines markierten Dokumentes befassen, sollte also *keine* »Layout«-Befehle, wie »neue Seite«, »neue Zeile«, oder »Linie« enthalten. Solche Layoutmerkmale sind Eigenschaften bestimmter Komponenten eines Formates. So kann zum Beispiel eine Überschrift der Gliederungsebene 1 in einer gegebenen Layoutvorlage eine neue Seite beginnen. Durch eine Linie kann wiederum eine Überschrift vom Text einer Mitteilung getrennt werden.

In seiner Eigenschaft als praktisches Werkzeug zum Setzen von Texten, das von einem Wissenschaftler entwickelt wurde, vereint LaTeX in ausgewogener Weise die Vorteile generischer Eigenschaften höherer Ebene à la SGML mit layoutspezifischer Unterstützung. Durch das Prinzip der Klassendateien kann das gleiche Ausgangsdokument mit verschiedenen Layouts versehen werden. Gleichzeitig erlauben umfassende Kontrollfunktionen, wichtigen Dokumenten den letzten Schliff zu geben, um qualitativ hochwertige Ergebnisse zu erhalten.

1.3.2 Die Vorteile des generischen Markup

Ein einheitliches Layout hilft dem Leser eines Dokumentes, die verschiedenen visuellen Merkmale zu verstehen, die mit der jeweiligen Komponente verbunden sind. Außerdem ermöglicht es die weitere Verwendung eines Dokumentes als Online-Anleitung oder erleichtert die automatische Auswertung über festgelegte Schlüsselbegriffe.

Man sollte auch bedenken, daß die Typographie eine Kunst ist, die einer Erfahrung und Fertigkeit bedarf, wie sie selten bei nicht ausgebildeten Laien zu finden ist. Darum überläßt man die Erstellung neuer Layoutvorlagen am besten professionellen Designern. Anwender, die LaTeX nur gelegentlich verwenden, sollten sich auf weitgehend *geringfügige* und *einheitliche* Abänderungen vorhandener Vorlagen beschränken. Ein besonderes Augenmerk muß darauf gelegt werden, das ausgetüftelte optische Zusammenspiel der verschiedenen Elemente eines Dokumentes nicht aus dem Gleichgewicht zu bringen.

1.3.3 Die Trennung von Inhalt und Form

Um sicherzustellen, daß alle logischen Elemente eines Dokumentes durchgehend einheitlich gesetzt werden, sollten man neue Elemente in der Dokumentenpräambel generisch definieren. Dadurch ist gewährleistet, daß dem betreffenden Element überall das gleiche Erscheinungsbild zugewiesen wird.

Zum Beispiel sollen beim Erstellen eines Referenzhandbuches Befehle möglicherweise immer in einer bestimmten Schrift dargestellt und jedes Vorkommen automatisch in den Index übernommen werden. Oder man möchte Befehlsbeschreibungen mit ihren Parametern in einem schattierten Kasten einheitlich darstellen. Man könnte sogar erwägen, dem verwendeten Tabellenmaterial ein einheitliches Erscheinungsbild zuzuweisen. In diesem Fall definiert man am besten ein oder mehrere auf `tabular` aufbauende Umgebungen in der Dokumentenpräambel. Das Gleiche gilt für Listen, Überschriften usw. Die Definitionen (und mögliche spätere Änderungen) müssen nur an einer Stelle in der Präambel eingetragen werden und gelten damit automatisch für das gesamte Dokument.

Ein weiterer Vorteil generischer Befehle ist das sehr einfache Zuweisen eines anderen Styles, indem man lediglich bei `\documentclass` eine andere Klasse wählt oder zusätzliche Optionen für `\documentclass`- und `\usepackage`-Befehle festlegt (siehe Abschnitt 2.1 auf Seite 11).

1.4 Die Notwendigkeit des visuellen Markups

Trotz aller bereits beschriebenen Vorteile des generischen Markup kann es bei der Endbearbeitung eines Dokumentes manchmal notwendig sein, die Vorgaben von TeX zu überschreiben.

Ein Beispiel hierfür ist die Darstellung von Daten in einer `tabular`-Umgebung. Hier trägt ein klares Layout der Tabellendaten wesentlich zum besseren Verständnis der Darstellung bei. Darüber hinaus muß der Autor eines Dokumentes oft bei der Endbearbeitung noch an einigen Stellen strategische Zeilen- und Seitenumbrüche vornehmen.

1.4.1 Gefahren durch visuelles Markup

Wie bereits betont ist es nicht empfehlenswert, bestimmte individuelle Formatierungen mitten im Text eines Dokumentes vorzunehmen. Es ist viel vorteilhafter, eine neue LaTeX-Umgebung zu definieren, wie zum Beispiel `Ctab` für eine zentrierte `tabular`-Umgebung, wenn dieses Erscheinungsbild generell gewünscht wird. In ähnlicher Weise sollten lokale Fontwechsel innerhalb einer Umgebung begrenzt werden und die generische Verwendung eines bestimmten Zeichensatzes sollte durch Definition einer entsprechenden neuen Umgebung oder eines Befehls formal festgelegt werden. Andernfalls wird jede Änderung im Erscheinungsbild des Textes sehr arbeitsaufwendig, da jeder individuelle Layoutbefehl zunächst einzeln gefunden und dann geändert werden muß.

Desweiteren sollten generische Strukturierungsbefehle nicht dazu mißbraucht werden, visuelle Effekte zu erzielen. Gliederungsbefehle, wie `\paragraph` sollten z. B. *nicht* verwendet werden, um die ersten Worte in einem Absatz fett darzustellen. Diese Befehle dienen der Strukturierung eines Dokumentes (siehe Abschnitt 2.3.1 auf Seite 20). Wenn sie zur Anpassung von einzelnen Stellen im Layout verwendet werden, kann dies einige Überraschungen mit sich bringen, wenn man eine andere Implementierung derselben Dokumentenklassenstruktur wählt - wie zum Beispiel, daß einige Absätze plötzlich durchnumeriert sind! Um den gewünschten Effekt zu erzielen, ist es hilfreicher, einen geeigneten Befehl zu definieren, wie `\Boldtext` oder `\Boldpar`.

1.4.2 Verwendung von visuellem Markup

Bei der Endbearbeitung eines Dokumentes ist es häufig notwendig, an einzelnen Stellen individuelle Änderungen vorzunehmen, um einen gewissen visuellen Effekt zu erzielen. Ungeachtet dessen ist das generische Markup, soweit möglich, immer dem visuellen Markup vorzuziehen. Dies läßt sich beispielsweise bewerkstelligen, indem man generische Befehle um Funktionen erweitert, die den verbleibenden Raum auf einer Seite überprüfen, die Breite bestimmter Zeichenfolgen berechnen usw.

Kapitel 2
Die Struktur eines Dokumentes

Wie bereits zuvor erläutert wurde, ist es wichtig, Form und Struktur eines Dokumentes voneinander zu trennen. In diesem Kapitel wird gezeigt, auf welche Art und Weise dieses Prinzip in LaTeX Anwendung findet.

Der erste Abschnitt dieses Kapitels zeigt, wie Dokumentenklassen, Pakete, Optionen und Präambelbefehle die Struktur und das Layout eines Dokumentes beeinflussen.[1] Zunächst werden die logischen Elemente eines Dokumentes allgemein betrachtet. Dann folgt eine genauere Erklärung, wie Gliederungsbefehle und ihre Argumente die hierarchische Struktur festlegen und Überschriftennummern sowie automatische Kopf- und Fußzeilen erzeugen. Anhand von Beispielen werden verschiedene Wege zum Setzen von Überschriften gezeigt. Ebenso wird erklärt, wie man die Zusammenstellung eines Inhaltsverzeichnisses festlegt und wie man die Form von Verzeichnissen seinen eigenen Vorstellungen anpassen kann. Der letzte Abschnitt gibt schließlich eine Einführung in LaTeX-Befehle, mit denen sich Querverweise und deren Geltungsbereiche organisieren lassen.

2.1 Die Struktur einer Quelldatei

LaTeX läßt sich für sehr unterschiedliche Zwecke einsetzen, wie z. B. für Artikel, Briefe oder Overheadfolien. Dabei wird schnell deutlich, daß für verschiedene Dokumente auch unterschiedliche logische Strukturen notwendig sind. Diese wiederum erfordern verschiedene Befehle und Umgebungen. Deshalb werden Dokumente in *Klassen* mit gleicher Struktur eingeteilt (allerdings nicht notwendigerweise mit dem gleichen typographischen Erscheinungsbild). Die Klasse, zu der ein Dokument gehört, wird am Anfang einer LaTeX-Datei durch den Befehl `\documentclass` festgelegt, dessen obligatorischer Parameter den Namen der *Dokumentenklasse* angibt. Die Dokumentenklasse legt die verfügbaren logischen Befehle und Umgebungen sowie deren Standardformatierung fest (z. B. `\chapter` in der Klasse

1 Im Vergleich zu LaTeX2.09 wurde in LaTeX2ε die Struktur der Quelldatei neu organisiert und verbessert. Ältere Dokumente werden automatisch in einem Kompatibilitätsmodus bearbeitet.

```
\documentclass[twocolumn,a4paper]{article}
\usepackage{multicol}
\usepackage[german,french]{babel}
\addtolength{\textheight}{2cm}
\begin{document}
```

Abbildung 2.1: Ein Beispiel für eine Dokumentenpräambel
Diesem Dokument wird die Klasse article zugewiesen. Das Layout wird durch den Formatierungsbefehl twocolumn (zweispaltig setzen) und die Option a4paper (Papierformat A4) beeinflußt. Der erste `\usepackage`-Befehl informiert LaTeX darüber, daß dieses Dokument Befehle und Strukturen aus dem Paket multicol enthält. Außerdem wird das Paket babel mit den Optionen german (Unterstützung der deutschen Sprache) und french (Unterstützung der französischen Sprache) verwendet. Und schließlich wird die Standardtexthöhe des Dokumentes um zwei Zentimeter erweitert.

report). Mit Hilfe von einer Reihe *Klassenoptionen* im optionalen Argument läßt sich diese Formatierung verändern. Die Klassenoption 11pt wird z. B. von den meisten Dokumentenklassen erkannt und bewirkt, daß LaTeX elf Punkt als Standardschriftgröße für ein Dokument wählt.

Viele der LaTeX-Befehle, die in diesem Buch beschrieben werden, sind nicht nur für eine bestimmte Klasse vorgesehen, sondern können zusammen mit verschiedenen Klassen verwendet werden. Eine Sammlung solcher Befehle wird Paket genannt. Um Pakete zu verwenden, müssen diese in der Präambel nach `\documentclass` mit `\usepackage`-Befehlen angemeldet werden.

Genau wie die Deklaration `\documentclass` hat `\usepackage` ein obligatorisches Argument, das den Namen des Paketes angibt, und ein optionales Argument, das eine Liste von *Paketoptionen* enthalten kann. Die Paketoptionen beeinflussen das Verhalten des Paketes.

Dokumentenklassen und Pakete sind externe Dateien mit den Erweiterungen `.cls` bzw. `.sty`.[2] Der Code für die Klassenoptionen wird manchmal in separaten Dateien (mit der Erweiterung `.clo`) gespeichert, normalerweise ist er jedoch direkt in der Klassen- oder Paketdatei enthalten. Für weitere Informationen über das Deklarieren von Optionen siehe Anhang A. Datei- und Optionsname müssen bei Optionen nicht identisch sein, z. B. kann zu der Option 11pt in der Klasse article die Datei `art11.clo` gehören und in der Klasse book die Datei `bk11.clo`.

Befehle, die zwischen `\documentclass` und `\begin{document}` stehen, befinden sich in der sogenannten *Dokumentenpräambel*. In diesem Bereich müssen alle Stilparameter definiert werden, entweder in Paket- oder Klassendateien oder direkt im Dokument. `\begin{document}` setzt die Werte für einige der globalen Parameter; ein Beispiel hierzu gibt Abbildung 2.1.

2 Bei LaTeX2.09 wurde die Erweiterung `.sty` für »Style«-Dateien verwendet. Da fast alle diese Style-Dateien unter LaTeX2ε ohne Veränderungen als Pakete verwendet werden können, wurde `.sty` unter LaTeX2ε als Erweiterung für Pakete gewählt.

Nicht zum Standard gehörige LaTeX-Pakete enthalten in der Regel generelle Veränderungen oder Erweiterungen[3] gegenüber Standard-LaTeX, während Befehle in der Präambel nur Änderungen für das aktuelle Dokument definieren.

Dadurch ergeben sich mehrere Möglichkeiten das Layout eines Dokumentes zu verändern:

- ◇ Änderung der voreingestellten Parameterwerte einer Klasse durch Optionen für diese Klasse.
- ◇ Verwendung von Paketen in einem Dokument.
- ◇ Änderung der Parametereinstellungen in einem Paket durch Optionen für dieses Paket.
- ◇ Definieren von eigenen, lokalen Paketen mit speziellen Parametereinstellungen und Laden dieser Pakete mit dem Befehl `\usepackage` nach dem Paket oder der Klasse, die sie verändern sollen (wie im nächsten Abschnitt erklärt).
- ◇ Änderung von Einstellungen in der Präambel bei der Endbearbeitung.

Wenn man sich intensiver mit LaTeX auseinandersetzen möchte, gibt es darüber hinaus natürlich die Möglichkeit, eigene Vielzweckpakete zu definieren, welche wiederum durch Optionen beeinflußt werden können. Weitere Informationen hierzu befinden sich in Anhang A.

2.1.1 Verwendung von Klassen, Paketen und Optionen

Der Algorithmus, der in LaTeX 2ε verwendet wird, um die Optionen zu den Befehlen `\documentclass` und `\usepackage` zu verarbeiten, ist leistungsfähiger als die entsprechende Funktion des `\documentstyle`-Befehls in LaTeX 2.09. Er unterscheidet klar zwischen deklarierten Optionen (für Klassen oder Pakete) und allgemeinen Paketdateien.[4] Letztere müssen mit dem Befehl `\usepackage` angegeben werden. Optionen sind Eigenschaften eines gesamten Dokumentes (wenn sie mit `\documentclass` verwendet werden) oder eines einzelnes Pakets (wenn sie mit `\usepackage` verwendet werden).

Eine Option kann nur dann mit `\usepackage` verwendet werden, wenn diese Option auch von dem jeweiligen Paket deklariert wird. Im anderen Falle gibt LaTeX die Fehlermeldung aus, daß die fragliche Option dem gegebenen Paket unbekannt ist. Optionen für `\documentclass` werden etwas anders gehandhabt: Eine Option, die nicht von der jeweiligen Klasse deklariert wird, gilt als »globale« Option.

3 Viele dieser Pakete sind mittlerweile de facto zu Standards geworden und werden in diesem Buch beschrieben. Das bedeutet jedoch nicht unbedingt, daß Pakete, die hier nicht beschrieben werden, weniger wichtig, nützlich oder von geringerer Qualität sind, oder daß sie nicht verwendet werden sollten. Die Autoren konzentrieren sich lediglich auf einige der gängigeren Pakete und erklären für die anderen, welche Funktionalität in einem gegebenen Bereich möglich ist.

4 In LaTeX 2.09 erhielt der Befehl `\documentstyle` eine Mischung aus deklarierten Optionen (die direkt ausgeführt werden) und undeklarierten Optionen (die eine `.sty`-Datei implizieren, welche gelesen wird, nachdem der Befehl `\documentstyle` abgearbeitet ist). In LaTeX 2ε gibt es eine klare Unterscheidung zwischen den beiden.

Alle Optionen von \documentclass (deklarierte und globale) werden automatisch als Klassenoptionen an die \usepackage-Befehle übergeben. Wenn ein Paket, das mit \usepackage geladen wurde, eine dieser Klassenoption erkennt (d.h. deklariert), kann es entsprechend reagieren; nicht deklarierte Klassenoptionen werden während der Abarbeitung des jeweiligen Paketes ignoriert. Da alle Optionen in Klassen- oder Paketdateien definiert sein müssen, sind auch ihre Auswirkungen durch diese Dateien festgelegt. Vom Einstellen interner Schalter bis zum Lesen externer Dateien können sie alles bewirken. Aus diesem Grund ist ihre Reihenfolge im optionalen Argument von \documentclass oder \usepackage irrelevant.

Mehrere Pakete mit den gleichen Optionen (zum Beispiel keinen) können mit einem einzigen \usepackage-Befehl geladen werden, indem die Pakete nacheinander, durch Komma getrennt, als obligatorisches Argument angegeben werden:

```
\usepackage[german]{babel}
\usepackage[german]{varioref}
\usepackage{multicol}
\usepackage{epic}
```

ist z. B. identisch mit

```
\usepackage[german]{babel,varioref}
\usepackage{multicol,epic}
```

Dies läßt sich weiter verkürzen, indem german als globale Option angegeben wird:

```
\documentclass[german]{book}
\usepackage{babel,varioref,multicol,epic}
```

Dadurch wird german an alle aufgeführten Pakete weitergegeben und von denjenigen verwendet, die diese Option deklarieren.

Wenn \begin{document} erreicht ist, wird bei allen globalen Optionen überprüft, ob sie von irgendeinem Paket genutzt wurden. Ist dies nicht der Fall, wird eine Warnung ausgegeben. Der Fehler entsteht meistens dadurch, daß ein Optionsname falsch geschrieben oder der \usepackage-Befehl für ein Paket mit dieser Option gelöscht wurde.

Um eine Dokumentenklasse oder ein Paket selbst zu verändern (z. B. indem man Parameter ändert oder einige Befehle neu definiert), sollte der relevante Code in einer separaten Datei mit der Erweiterung .sty gespeichert werden. Diese Datei wird dann mit \usepackage nach dem Paket geladen, dessen Verhalten beeinflußt werden soll (oder nach der Dokumentenklasse, um Klasseneinstellungen zu ändern). Am Anfang solcher lokaler Paketdateien sollte immer die Version, für die das Paket ursprünglich geschrieben wurde, als besondere Deklaration für LaTeX 2_ε angegeben werden, also:

\NeedsTeXFormat{*format*}[*version*]

Als *format* muß die Zeichenfolge `LaTeX2e` angegeben werden. Sofern das optionale Argument *version* benutzt wird, sollte es das Erscheinungsdatum der verwendeten LaTeX 2ε-Version im Format JJJJ/MM/TT enthalten. Der Eintrag

```
\NeedsTeXFormat{LaTeX2e}[1994/06/01]
```

steht z. B. für die LaTeX 2ε-Version vom 1. Juni 1994 (LaTeX 2ε erscheint zweimal im Jahr zu festen Terminen). Mit diesem Befehl lassen sich veraltete Versionen von LaTeX 2ε aufspüren. Wenn das Paket z. B. einen Befehl verwendet, der in der Ausgabe 1994/06/01 fehlerhaft war und in der Ausgabe 1994/12/01 korrigiert wurde, löst das optionale Argument `1994/12/01` von `\NeedsTeXFormat` eine Warnung aus, sobald das Paket mit einer älteren LaTeX 2ε-Ausgabe eingesetzt wird. Ein neueres Ausgabedatum wird ohne Warnung akzeptiert.

Das Layout läßt sich auch verändern, indem man den relevanten Code direkt in der Präambel des Dokumentes plaziert. Es gibt jedoch einen wichtigen TeXnischen Unterschied zwischen Befehlen in Paket- oder Klassendateien und Befehlen in der Präambel: LaTeX verwendet viele *interne* Befehle, die nur unter besonderen Voraussetzungen direkt in einem Dokument angegeben werden können. Die Namen dieser internen Befehle enthalten das Zeichen @. LaTeX-Befehlsnamen dürfen jedoch normalerweise nur Buchstaben enthalten. (Abgesehen von etwa zwei Dutzend Befehlen, deren Namen aus zwei Zeichen zusammengesetzt sind, nämlich einem Backslash (\) und einem einzelnen nicht alphabetischen Zeichen, bestehen alle anderen Befehlsnamen aus einem \-Symbol gefolgt von einem oder mehreren Buchstaben.) Bei Befehlen in einer Paketdatei betrachtet LaTeX das Zeichen @ als Buchstaben. Dadurch können Paketdateien problemlos mit internen Befehlen arbeiten, obwohl letztere nicht in der Dokumentenpräambel verwendet werden können.

Trotzdem kann man in der Präambel mit internen Befehlen arbeiten, wenn man den Bereich, in dem @ als Buchstabe behandelt werden soll, durch die Befehle `\makeatletter` und `\makeatother` eingrenzt. Der interne Befehl `\@addtoreset` veranlaßt LaTeX beispielsweise, einen Zähler zurückzusetzen, sobald ein anderer hochgezählt wird. Mit Hilfe dieses Befehls können in der Dokumentenklasse article Gleichungen innerhalb von Abschnitten numeriert werden, wenn die Präambel folgenden Code enthält:

```
\documentclass{article}
\makeatletter   % `@' ist nun ein normaler "`Buchstabe"' f"ur TeX
\@addtoreset{equation}{section}
\makeatother    % `@' ist wieder ein "`nicht alphabetisches"' Zeichen
\begin{document}
```

Wie bereits erläutert, zählt @ in Paketdateien zu den normalen Buchstaben und kann daher in Befehlsnamen verwendet werden. Aus diesem Grund sollten die Befehle `\makeatletter` und `\makeatother` *niemals* in Paketdateien verwendet werden.

2.1.2 Aufteilen von Quelldateien

LaTeX-Quelldateien lassen sich mit dem Befehl `\include` bequem in mehrere Dateien aufteilen. Dadurch können Dokumente teilweise neu formatiert werden, indem als Argumente für den Befehl `\includeonly` nur die Namen der Dateien eingesetzt werden, die LaTeX neu formatieren soll. Bei allen anderen mit `\include`-Befehlen geladenen Dateien liest LaTeX nur die aktuellen Werte der Zähler (page, chapter, table, figure, equation...) aus den entsprechenden `.aux`-Dateien ein, sofern diese bereits in einem früheren Lauf erzeugt wurden. Bei dem Beispiel in Abbildung 2.2 will der Anwender nur die Dateien `kap1.tex` und `anh1.tex` neu formatieren.

Dabei ist zu beachten, daß LaTeX nur eine Warnung wie "`No file xxx.tex`" ausgibt, wenn es eine Datei, die in einem `\include`-Befehl angegeben wurde, nicht findet. LaTeX erzeugt keine Fehlermeldung, sondern fährt mit der Formatierung fort.

Wenn die Informationen in den `.aux`-Dateien aktuell sind, ist es somit möglich, nur einen Teil eines Dokumentes zu formatieren und trotzdem im neu formatierten Teil die korrekten Zähler, Querverweise und Seitennummern zu erhalten. Wenn sich jedoch ein Zählerregister oder die Position eines `\label`-Befehls im neu formatierten Teil ändert, kann es sein, daß das gesamte Dokument erneut formatiert werden muß, um fortlaufende und korrekte Indexregister, Verzeichnisse und Literaturverweise zu erhalten.

Es ist zwar einerseits von Vorteil, ein längeres Dokument in überschaubare Dateien aufzuteilen, die dann mit einem Texteditor bearbeitet werden können; das teilweise Formatieren sollte jedoch nur mit größter Sorgfalt angewendet werden, und nur sozusagen als Probelauf für ein oder zwei Kapitel, wenn diese noch nicht fertiggestellt sind. Letztlich gibt es jedoch keine andere sichere Methode, eine völlig fehlerfreie Endversion zu erstellen, als das ganze Dokument neu zu formatieren. Bei Dokumenten, die wegen ihrer Größe nicht in einem einzigen Lauf formatiert werden können, sollten alle Abschnitte mehrfach *in der richtigen Reihenfolge* mit `\includeonly` eingebunden werden.

```
\documentclass{book}      % die Dokumentenklasse "‘book"’
\includeonly{kap1,anh1}   % nur kap1 und anh1 verwenden
\begin{document}
\include{kap1}            % Eingabe aus kap1.tex
\include{kap2}            % Eingabe aus kap2.tex
\include{kap3}            % Eingabe aus kap3.tex
\include{anh1}            % Eingabe aus anh1.tex
\include{anh2}            % Eingabe aus anh2.tex
\end{document}
```

Abbildung 2.2: Strukturieren eines LaTeX-Dokumentes

2.1.3 Kombinieren von mehreren Dateien

Beim Versenden von LaTeX-Dokumenten an andere Personen, ist es häufig erforderlich, lokale oder weniger verbreitete Paketdateien, (z. B. Pakete mit eigenen Änderungen) zusammen mit der Quelldatei zu verschicken. Dabei ist es oft hilfreich, wenn alle zur Formatierung des Dokumentes benötigten Informationen in einer einzelnen Datei zusammengefaßt werden können.

Für diesen Zweck verfügt LaTeX 2_ε über die Umgebung `filecontents`. Diese Umgebung hat als einziges Argument einen Dateinamen, und der Inhalt der Umgebung sollte aus dem Inhalt dieser Datei bestehen. Die Umgebung `filecontents` kann nur vor einer `\documentclass`-Deklaration stehen.

Wenn LaTeX auf diese Umgebung stößt, überprüft es, ob bereits eine Datei mit diesem Namen existiert. Wenn nicht, schreibt LaTeX den Inhalt der Umgebung wortgetreu in eine Datei dieses Namens im aktuellen Verzeichnis und gibt eine entsprechende Meldung aus. Wenn die Datei bereits existiert, meldet LaTeX, daß `filecontents` ignoriert wurde, weil die Datei schon vorhanden ist.

Um eine Liste (fast) aller Dateien zu erhalten, die in einem Dokument verwendet wurden, kann der Befehl `\listfiles` in der Präambel angegeben werden.

2.2 Logische Struktur

Die LaTeX-Standardklassen enthalten Befehle und Umgebungen, mit denen die verschiedenen Elemente der hierarchischen Struktur eines Dokumentes definiert werden (z. B. Kapitel, Abschnitte, Anhänge). Jeder dieser Befehle definiert eine Gliederungsebene innerhalb der Hierarchie und jedes Strukturelement ist einer dieser Ebenen zugeordnet.

Ein typisches Dokument (wie z. B. ein Artikel) besteht aus einer Überschrift, einigen Abschnitten, die wahrscheinlich in viele weitere Ebenen untergliedert sind, und einem Literaturverzeichnis. Zur Beschreibung einer solchen Struktur werden der Befehl `\maketitle`, welcher den Dokumententitel erzeugt, Gliederungsbefehle wie `\section` und `\subsection` und die Umgebung `thebibliography` verwendet (Abbildung 2.3 auf der nächsten Seite). Dabei sollten die Gliederungsebenen beachtet werden: Einen `\subsection`-Befehl sollte man z. B. immer nur innerhalb einer `\section` verwenden.

Umfangreichere Werke (wie Berichte, Bedienungsanleitungen und Bücher) beginnen mit komplexeren Anfangsdaten, sind in Kapitel (und Teile) gegliedert, enthalten Querverweisinformationen (Inhalts-, Abbildungs-, Tafelverzeichnis und Index) und haben wahrscheinlich Anhänge. In solchen Dokumenten lassen sich *Vorspann*, *Hauptteil* und *Nachspann* leicht unterscheiden (Abbildung 2.4 auf Seite 19).

Im Vorspann wird normalerweise die sogenannte *Sternform* der Gliederungsbefehle verwendet. Diese Form unterdrückt die Überschriftennumerierung. Abschnitte mit vorgegebenen Namen, wie »Introduction« (Einleitung), »Index« (Stichwortverzeichnis) und »Preface« (Vorwort) werden gewöhnlich nicht numeriert. In den Standardklassen rufen die Befehle `\tableofcontents`, `\listoftables`,

```
\documentclass{article}  % Die Standardklasse "‘article"’
\begin{document}
\maketitle
\section{...}
\section{...}
   \subsection{...}
        \subsubsection{...}
\section{...}
\begin{thebibliography}  ...  \end{thebibliography}
\end{document}
```

Abbildung 2.3: Hierarchische Struktur eines einfachen LaTeX-Dokumentes
Dieses Beispiel zeigt die Gliederungsstruktur eines LaTeX-Dokumentes. In der Klasse article gibt es keinen `\chapter`-Befehl.

`\part` (book und report)	Ebene -1	`\part` (article)	Ebene 0
`\chapter`	Ebene 0	`\section`	Ebene 1
`\subsection`	Ebene 2	`\subsubsection`	Ebene 3
`\paragraph`	Ebene 4	`\subparagraph`	Ebene 5

Tafel 2.1: Standardgliederungsbefehle in LaTeX

`\listoffigures` und die Umgebungen `theindex` und `thebibliography` intern die Sternform der Befehle `\section` oder `\chapter` auf.

2.3 Gliederungsbefehle

Standard-LaTeX verwendet die in Tafel 2.1 aufgeführten Gliederungsbefehle. Der Befehl `\chapter` definiert die Gliederungsebene 0 in der hierarchischen Struktur eines Dokumentes, der Befehl `\section` Ebene 1 und so weiter. Der optionale Befehl `\part` definiert die Ebene -1 (oder 0 in Klassen, die den Befehl `\chapter` nicht verwenden). Diese Befehle werden nicht alle in allen Dokumentenklassen definiert: Die Klasse article kennt keinen `\chapter`-Befehl und die Klasse letter unterstützt überhaupt keine Gliederungsbefehle. Darüber hinaus können Pakete weitere Gliederungsbefehle für zusätzliche Ebenen oder Varianten der vorhandenen Ebenen definieren.

```
\documentclass{book} % Die Standardklasse "‘book"’
\begin{document}
%--------------------- Vorspann des Dokumentes
\maketitle
\chapter*{...}        % \zB{} Abschnitt "‘Vorwort"’
\tableofcontents      % Inhaltsverzeichnis
\listoffigures        % Abbildungsverzeichnis
\listoftables         % Tafelverzeichnis
%--------------------- Hauptteil des Dokumentes
\part{...}
\chapter{...}
   \section{...}
\chapter{...}
\part{...}
%--------------------- Nachspann des Dokumentes
\appendix             % nachfolgende Kapitel sind Anh"ange
\chapter{...}
\chapter{...}
\begin{thebibliography}  \end{thebibliography}
\begin{theindex}         \end{theindex}
\end{document}
```

Abbildung 2.4: Hierarchische Struktur eines komplexen LaTeX-Dokumentes
In dem hier abgebildeten, komplexeren Beispiel wird das Dokument in Vorspann, Hauptteil und Nachspann unterteilt. Jeder dieser Teile enthält wiederum Elemente niedrigerer Gliederungsebenen, wie das Inhaltsverzeichnis im Vorspann, Kapitel, Abschnitte und Unterabschnitte im Hauptteil und Anhänge, Index und Literaturverzeichnis im Nachspann.

Im allgemeinen führen die Gliederungsbefehle automatisch eine oder mehrere der folgenden Aktionen aus:

- ◇ Erzeugen der Überschriftennummer entsprechend der hierarchischen Ebene,
- ◇ Speichern der Überschrift als Eintrag für das Inhaltsverzeichnis (in einer `.toc`-Datei),
- ◇ Speichern des Inhalts der Überschrift für die (mögliche) Verwendung in lebenden Kolumnentiteln und
- ◇ Formatieren der Überschrift.

Alle Gliederungsbefehle haben eine einheitliche Syntax, wie in Tafel 2.2 auf der nächsten Seite abgebildet. Die Sternform (z. B. `\section*{...}`) unterdrückt die Überschriftennumerierung. Das optionale Argument wird verwendet, wenn

Form	*Numerierung*	`.toc`	*Kolumnentitel*
`\section{`*titel*`}`	ja	*titel*	*titel*
`\section[`*toc_eintrag*`]{`*titel*`}`	ja	*toc_eintrag*	*toc_eintrag*
`\section*{`*titel*`}`	nein	nein	nein

Tafel 2.2: Syntax und Semantik der Gliederungsbefehle

der Text für Inhaltsverzeichnis und Kolumnentitel von der gedruckten Überschrift abweicht.

Der verbleibende Teil dieses Abschnitts befaßt sich mit der Frage, wie das Erscheinungsbild von Überschriften verändert werden kann. Zunächst zeigen einige Beispiele, wie die Überschriftennumerierung verändert werden kann. Weitere Beispiele demonstrieren dann, wie Informationen zu Überschriften ins Inhaltsverzeichnis eingetragen werden. Und schließlich werden Änderungen des allgemeinen Überschriftenlayouts diskutiert sowie die Möglichkeiten, die LaTeX bietet, diese zu definieren.

2.3.1 Numerieren von Überschriften

Beim Numerieren verwendet LaTeX einen eigenen Zähler für jede Gliederungsebene und stellt daraus die Überschriftennummern zusammen.

Eine der am häufigsten gewünschten Änderungen bezüglich der Numerierung von Überschriften ist wohl die Gliederungstiefe, bis zu welcher eine Numerierung erfolgen soll. Diese wird durch einen Zähler namens `secnumdepth` gesteuert, der die tiefste Ebene mit numerierten Überschriften enthält. Es gibt z. B. Dokumente, in denen überhaupt keine Überschriften numeriert sind. Anstatt in diesem Falle immer die Sternform der Gliederungsbefehle zu verwenden, ist es viel einfacher, den Zähler `secnumdepth` in der Präambel auf `-2` zu setzen. Dieses Verfahren hat den Vorteil, daß weiterhin ein Eintrag im Inhaltsverzeichnis erfolgen kann und daß die Argumente der Gliederungsbefehle in Kolumnentiteln erscheinen können. Wie bereits zuvor erwähnt, werden diese Funktionen bei der Sternform unterdrückt.

Umgekehrt sollte die folgende Deklaration ausreichen, alle Überschriften bis herunter zu `\subparagraph`, oder wie auch immer die tiefste Gliederungsebene einer Klasse heißen mag, zu numerieren.

```
\setcounter{secnumdepth}{10}
```

Der Befehl `\addtocounter` stellt schließlich eine einfache Methode dar, einige Ebenen mehr oder weniger zu numerieren, ungeachtet der Ebenennummer der entsprechenden Gliederungsbefehle. Wenn man z. B. bemerkt, daß man eine weitere numerierte Ebene benötigt, fügt man einfach `\addtocounter{secnumdepth}{1}` in der Dokumentenpräambel ein.

```
\newcounter{part}                        % (-1) Teile
\newcounter{chapter}                     % (0)  Kapitel
\newcounter{section}[chapter]            % (1)  Abschnitte
\newcounter{subsection}[section]         % (2)  Unterabschnitte
\newcounter{subsubsection}[subsection]% (3)  Passagen
\newcounter{paragraph}[subsubsection] % (4)  Abs"atze
\newcounter{subparagraph}[paragraph]  % (5)  Absatzabschnitte
```

Abbildung 2.5: Numerieren von Überschriften

Zu jedem Gliederungsbefehl gehört ein eigener, gleichnamiger Zähler (der Befehl `\subsection` hat z. B. den Zähler `subsection`). Dieser Zähler enthält die aktuelle Nummer des entsprechenden Gliederungsbefehls. So repräsentieren z. B. in der Klasse report die Befehle `\chapter`, `\section`, `\subsection`, usw. die hierarchische Struktur des Dokumentes, während ein Zähler, wie `subsection` festhält, wie häufig `\subsection` im aktuellen Abschnitt (`\section`) verwendet wurde. Normalerweise gilt: wenn ein Zähler einer gegebenen hierarchischen Ebene um eins erhöht wird, werden alle Zähler niedrigerer Ebenen (d.h. mit höheren Ebenennummern) wieder auf null gesetzt. Die Klasse report enthält z. B. Deklarationen, wie in Abbildung 2.5 gezeigt. Diese Befehle legen das Verhältnis der verschiedenen Zähler zueinander fest. Der Zähler der Ebene 1 (Abschnitt) wird z. B. zurückgesetzt, wenn der Zähler der Ebene 0 (Kapitel) hochgesetzt wird. Entsprechend wird der Zähler der Ebene 2 (Unterabschnitt) zurückgesetzt, wenn der Zähler von Ebene 1 (Abschnitt) hochgesetzt wird. Das gleiche Verfahren wird bis hinunter zum Befehl `\subparagraph` angewendet. Dabei ist zu beachten, daß der Zähler `part` bei Standardklassen völlig von den anderen Zählern getrennt ist und keine Auswirkungen auf Gliederungsbefehle niedrigerer Ebenen hat. Das bedeutet, daß die Ebene `\chapter` in den Klassen book oder report sowie die Ebene `\section` in der Klasse article fortlaufend numeriert werden, auch wenn dazwischen der Gliederungsbefehl `\part` vorkommt. Dies läßt sich leicht ändern, indem man die entsprechende Definition des `chapter`-Zählers verändert, z. B.

```
\newcounter{chapter}[part]
```

Das Verhalten eines bereits existierenden Zählers kann analog mit dem Befehl `\@addtoreset` verändert werden, z. B.

```
\@addtoreset{chapter}{part}
```

Wie bereits in Abschnitt 2.1.1 erklärt wurde, sollte eine derartige Anweisung nur in einer Klassen- oder Paketdatei oder zwischen `\makeatletter` und `\makeatother` in der Präambel verwendet werden.

Zu jedem Zähler in LaTeX, einschließlich der Abschnittszähler, gibt es einen Befehl, der aus dem Namen des Zählers und dem Präfix `\the` zusammengesetzt wird. Dieser Befehl legt das Erscheinungsbild oder Format des jeweiligen Zählers fest. Im Falle der Gliederungsbefehle wird dieses Format verwendet, um die vollständige Numerierung der entsprechenden Dokumentelemente wie folgt zu erzeugen:

```
\renewcommand{\thechapter}{\arabic{chapter}}
\renewcommand{\thesection}{\thechapter.\arabic{section}}
\renewcommand{\thesubsection}{\thesection.\arabic{subsection}}
```

In dem oben gezeigten Beispiel formatiert `\thesubsection` den Zähler `subsection` als arabische Zahl mit einem Präfix aus dem Befehl `\thesection` und einem Punkt. Diese Art der aufeinander aufbauenden Definition vereinfacht die Änderung des Zählerformats, da Änderungen lediglich an einem Ort vorgenommen werden müssen. Wenn man z. B. Kapitel durch Großbuchstaben numerieren möchte, kann man den Befehl `\thechapter` neu definieren:

D.7 Ein Abschnitt, der anders aussieht

Aufgrund der Standardeinstellungen verändert sich nicht nur die Kapitelnumerierung; auch Gliederungsbefehle niedrigerer Ebenen übernehmen dieses Format der Kapitelnummer.

```
\renewcommand{\thechapter}{\Alph{chapter}}
\section{Ein Abschnitt, der anders
        aussieht}
Aufgrund der Standardeinstellungen
ver"andert sich nicht nur die
Kapitelnumerierung; auch Gliederungsbefehle
niedrigerer Ebenen "ubernehmen dieses
Format der Kapitelnummer.
```

Indem man die Formatierungsbefehle für Zähler ändert, kann man also die Zahlen verändern, die durch einen Gliederungsbefehl angezeigt werden. Mit dieser Methode läßt sich das Format jedoch nicht beliebig ändern. Angenommen man möchte die Numerierung einer Abschnittsüberschrift eingerahmt darstellen. Ausgehend von dem oben gezeigten Beispiel wäre ein direkter Lösungsversuch, `\thesection` neu zu definieren, z. B.

```
\renewcommand{\thesection}{\fbox{\thechapter.\arabic{section}}}
```

Dieser Weg ist jedoch nicht korrekt, wie man bemerken wird, wenn man versucht, einen Querverweis zu einem solchen Abschnitt zu machen.

[4.7] Ein Fehler

Ein Querverweis in diesem Format erzeugt ein lustiges Ergebnis, wie man mit einem Blick auf Abschnitt [4.7] sieht. Man erhält einen eingerahmten Verweis.

```
\renewcommand{\thesection}
    {\fbox{\thechapter.\arabic{section}}}
\section{Ein Fehler}\label{falsch}
Ein Querverweis in diesem Format erzeugt
ein lustiges Ergebnis, wie man mit einem
Blick auf Abschnitt~\ref{falsch} sieht.
Man erh"alt einen eingerahmten Verweis.
```

Mit anderen Worten: Der Formatierungsbefehl für Zähler wird in LaTeX auch von der Querverweisfunktion verwendet (zu den Befehlen `\label` und `\ref` siehe Abschnitt 2.5). Formatierungsbefehle für Zähler dürfen also nur leicht verändert werden, damit sie auch im Zusammenhang mit dem Befehl `\ref` noch sinnvoll verwendet werden können. Um Überschriftennummern zu umrahmen ohne dabei die Ausgabe von `\ref` zu beeinträchtigen, muß der interne LaTeX-Befehl `\@seccntformat` neu definiert werden. Dieser Befehl bestimmt das Format der Überschriftennumerierung. Die Standarddefinition von `\@seccntformat` setzt die `\the`-Entsprechung eines Abschnittszählers (d.h. im oben genannten Beispiel verwendet sie den Befehl `\thesection`), gefolgt von einem festen horizontalen Abstand von 1em. Um das Problem zu lösen, kann man also das oben gezeigte Beispiel folgendermaßen umformulieren:

4.7 So ist es richtig

Ein Querverweis auf einen Abschnitt mit Hilfe dieser Definition erzeugt das richtige Ergebnis für den Verweis zu Abschnitt 4.7.

```
\makeatletter
\renewcommand{\@seccntformat}[1]{%
      \fbox{\csname the#1\endcsname}%
      \hspace{0.5em}}
\makeatother
\section{So ist es richtig}\label{sec:OK}
Ein Querverweis auf einen Abschnitt mit
Hilfe dieser Definition erzeugt das
richtige Ergebnis f"ur den Verweis zu
Abschnitt~\ref{sec:OK}.
```

Wie man sieht, wurde der Rahmen um die Numerierung der Abschnittsüberschrift hier nur für den Befehl `\@seccntformat` definiert. Dadurch werden die Verweise richtig abgebildet.[5] Gleichzeitig wurde der Abstand zwischen Rahmen und Text auf 0.5em reduziert (anstatt der Standardeinstellung von 1em). Die Definition von `\@seccntformat` wirkt sich auf alle Überschriften aus, die mit dem Befehl `\@startsection` definiert werden. (`\@startsection` wird im nächsten Abschnitt erklärt.) Wenn man also unterschiedliche Definitionen von `\@seccntformat` für unterschiedliche Überschriften wünscht, muß man den entsprechenden Code in jede Überschriftendefinition eintragen.

2.3.2 Formatieren von Überschriften

LaTeX verfügt über einen generischen Befehl namens `\@startsection`, mit dem sich eine Vielzahl von Überschriftenlayouts definieren lassen. Um einen Gliederungsbefehl zu definieren oder zu verändern, sollte man zunächst prüfen, ob

---

5 Der Befehl `\@seccntformat` verwendet als Argument die Ebenennummer des Gliederungsbefehls. Diese wird an das Präfix `\the` angefügt, um die erforderliche Darstellungsform mit Hilfe der Befehle `\csname` und `\endcsname` zu erzeugen. (`\csname` und `\endcsname` dienen zum Generieren von Befehlen.) In dem gezeigten Beispiel wird der Befehl `\@seccntformat` mit dem Argument `section` aufgerufen und so der Ersetzungstext `\fbox{\csname thesection\endcsname\hspace{0.5em}}` generiert. Weitere Informationen über den Befehl `\csname` bietet das TeX-Buch.

dies mit Hilfe von `\@startsection` möglich ist. Wenn das gewünschte Layout nicht auf diesem Wege erzielt werden kann, lassen sich noch mit `\secdef` Abschnittsformate mit beliebigem Layout erzeugen.

Man kann Überschriften grob in zwei Gruppen unterteilen: abgesetzte (normale) und eingebettete Überschriften. Abgesetzte Überschriften sind durch vertikale Zwischenräume vom vorhergehenden und vom nachfolgenden Text getrennt - die meisten Überschriften in diesem Buch haben diese Form.

Eingebettete Überschriften sind ebenfalls durch einen vertikalen Zwischenraum vom vorhergehenden Text getrennt, der nachfolgende Text beginnt jedoch in der gleichen Zeile wie die Überschrift selbst und ist nur durch einen horizontalen Zwischenraum abgetrennt.

Eingebettete Überschriften. Dieses Beispiel zeigt, wie eine eingebettete Überschrift aussieht. Der Absatztext, der auf die Überschrift folgt, setzt die gleiche Zeile fort.

```
\paragraph{Eingebettete "Uberschriften.}
Dieses Beispiel zeigt, wie eine
eingebettete "Uberschrift aussieht.
Der Absatztext, der auf die "Uberschrift
folgt, setzt die gleiche Zeile fort.
```

Der Befehl `\@startsection`

Mit dem generischen Befehl `\@startsection` können beide Überschriftenarten definiert werden. Der Befehl hat folgende Syntax und Argumente:

`\@startsection{`*name*`}{`*ebene*`}{`*einzug*`}{`*vorabstand*`}{`*nachabstand*`}{`*stil*`}`

name Dieses Argument enthält den Namen des zu definierenden Gliederungsbefehls ohne den vorangestellten Backslash - um z. B. einen Befehl namens `\section` zu definieren, gibt man hier das Wort `section` an.

ebene Dieses Argument enthält die Ebenennummer des Gliederungsbefehls. Anhand dieser Zahl wird entschieden, ob die Überschrift numeriert wird (wenn die Zahl niedriger oder gleich `secnumdepth` ist, siehe Abschnitt 2.3.1 auf Seite 20) und ob sie im Inhaltsverzeichnis erscheint (wenn der Wert kleiner oder gleich `tocdepth` ist, siehe Abschnitt 2.4.1 auf Seite 32). Sie sollte daher die Position in der Hierarchie der Gliederungsbefehle widerspiegeln, wobei der höchste Gliederungsbefehl der Ebene 0 entspricht.[6]

einzug Dieses Argument gibt den Einzug der Überschrift gemessen vom linken Rand an. Bei einem negativen Wert beginnt die Überschrift im äußeren Rand. Ein positiver Wert rückt alle Zeilen der Überschrift um diesen Abstand ein.

vorabstand Der absolute Wert dieses Parameters legt den vertikalen Abstand vor der Überschrift fest. Bei einem negativen Wert, wird der Einzug des nach-

6 Tatsächlich hat der Befehl `\part` in den Klassen book und report die Ebenennummer -1 (siehe Abbildung 2.5).

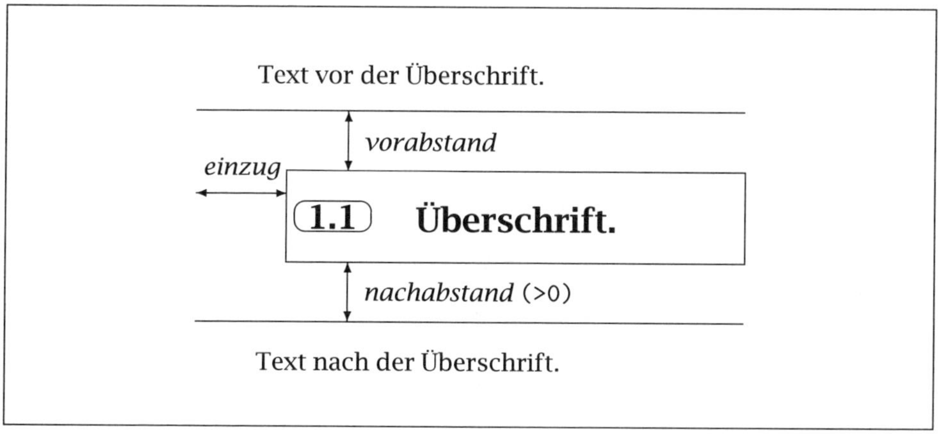

Abbildung 2.6: Layout einer abgesetzten Überschrift

folgenden Absatzes unterdrückt. Diese Größe ist eine Gummilänge, d.h. sie kann eine Dehn- und Schrumpfkomponente enthalten. Es ist zu beachten, daß LaTeX vor der Überschrift einen neuen Absatz beginnt, so daß der Wert von `\parskip` zu diesem Abstand hinzuaddiert wird.

nachabstand Dieses Argument gibt den Abstand an, der nach einer Überschrift gelassen wird. Bei einer abgesetzten Überschrift ist es der vertikale Abstand, bei einer eingebetteten Überschrift der horizontale Abstand. Das Vorzeichen von *nachabstand* legt fest, ob eine abgesetzte (*nachabstand* ≥ 0) oder eine eingebettete Überschrift (*nachabstand* < 0) erzeugt wird. Dabei ist zu beachten, daß im ersten Fall ein neuer Absatz beginnt, so daß der Wert von `\parskip` zu diesem Abstand hinzuaddiert wird.
Ein unangenehmer Nebeneffekt dieser Verknüpfung von Parametern ist, daß man unmöglich mit Hilfe des Befehls `\@startsection` eine abgesetzte Überschrift erzeugen kann, die zum nachfolgenden Text einen kleineren Abstand als `\parskip` hat. Wenn man versucht einen positiven `\parskip`-Wert durch einen negativen *nachabstand* zu kompensieren, wird aus der abgesetzten Überschrift eine eingebettete Überschrift.

stil Dieses Argument gibt den Stil des Überschriftentextes an. Es kann jede Art von Instruktionen zur Textformatierung enthalten, z. B. `\Large`, `\bfseries` oder `\raggedright` (siehe die nachfolgenden Beispiele).

Die Abbildungen 2.6 und 2.7 auf der nächsten Seite sind graphische Darstellungen dieser Parameter für abgesetzte und für eingebettete Überschriften.

Im folgenden wird an Hand von Beispielen gezeigt, wie diese Argumente in der Praxis verwendet werden, um neue Gliederungsbefehle zu definieren.

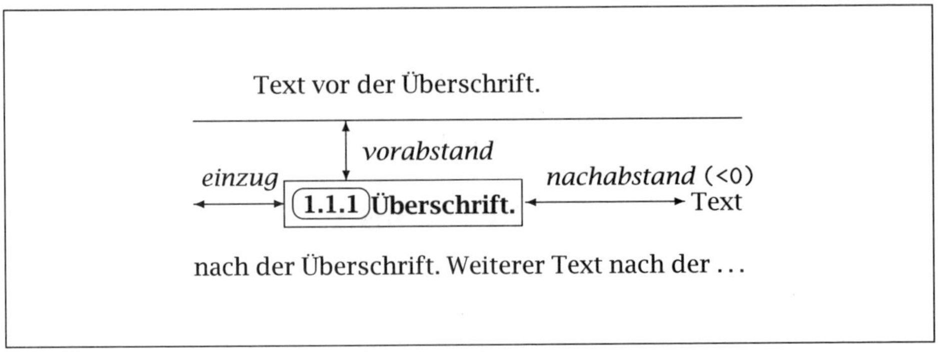

Abbildung 2.7: Layout einer eingebetteten Überschrift

Angenommen, man möchte den Befehl `\section` der Klasse report so verändern, daß man ungefähr folgendes Ergebnis erhält:

... etwas Text oberhalb.

4.6.3 Dies ist ein Beispiel für eine Abschnittsüberschrift

Die Überschrift ist in normaler Größe kursiv gesetzt und der Abstand zum vorangehenden Text beträgt genau eine Zeile. Der Abstand zum nachfolgenden Text beträgt eine halbe Zeile und der Text ist nicht eingerückt.

```
\ldots\ etwas Text oberhalb.
\subsection{Dies ist ein Beispiel f"ur
            eine Abschnitts"uberschrift}
Die "Uberschrift ist in normaler Gr"o"se
kursiv gesetzt und der Abstand zum
vorangehenden Text betr"agt genau eine
Zeile. Der Abstand zum nachfolgenden Text
betr"agt eine halbe Zeile und der Text ist
nicht einger"uckt.
```

In diesem Fall ist die folgende Redefinition erforderlich:

```
\renewcommand{\subsection}{\@startsection
   {subsection}%                          % name
   {2}%                                   % ebene
   {0mm}%                                 % einzug
   {-\baselineskip}%                      % vorabstand
   {0.5\baselineskip}%                    % nachabstand
   {\normalfont\normalsize\itshape}}%     % stil
```

Das erste Argument ist `subsection`, der Name des Gliederungsbefehls. In der Gliederungshierarchie befindet sich `subsection` auf Ebene 2. Das dritte Argument ist `0mm`, da die Überschrift am linken Rand beginnen soll. Der absolute Wert des vierten Argumentes gibt an, daß ein Abstand von einer Zeile vor der Überschrift gelassen werden muß, und da der Wert negativ ist, wird der Einzug des nachfolgenden Absatzes unterdrückt. Der absolute Wert des fünften Argumentes (*nachabstand*) gibt an, daß nach der Überschrift ein Abstand von einer halben Zeile gelassen werden muß, und da der Wert positiv ist, wird eine abgesetzte Überschrift erzeugt. Schließlich wird, entsprechend dem sechsten Argument, die Überschrift in der gleichen Größe wie der übrige Text des Dokumentes kursiv gesetzt.

Es ist wichtig, daß innerhalb der Definition jedes überflüssige Leerzeichen im zweiten Argument von `\renewcommand` durch ein Prozentzeichen hinter der jeweils rechten Klammer unterdrückt wird. Abgesehen davon, daß überflüssige Leerzeichen in einer Definition Speicherplatz belegen, gelangen sie auch manchmal in ein Dokument und führen dort zu schwer zu erklärenden Resultaten.

Ein anderes Layout, wie es manchmal in Romanen verwendet wird, hat folgende Definition:

```
\renewcommand{\section}{\@startsection
    {section}%                        % name
    {1}%                              % ebene
    {1em}%                            % einzug
    {\baselineskip}%                  % vorabstand
    {-\fontdimen2\font                % nachabstand
      plus -\fontdimen3\font
      minus -\fontdimen4\font}%
    {\normalfont\normalsize\scshape}}% % stil
```

Diese Definition erzeugt eine eingebettete Überschrift in Kapitälchen. Die Definition des horizontalen Abstandes nach der Überschrift verdient eine Erklärung: Es handelt sich dabei um den Wert des dehnbaren Wortzwischenraumes, der vom aktuellen Zeichensatz abhängig ist. Der Wert ist negativ gewählt um eine eingebettete Überschrift zu erzeugen. Abschnitt 7.7.2 auf Seite 205 bietet nähere Erläuterungen zu `\fontdimen`. Das Ergebnis sieht folgendermaßen aus:

... irgendein Text oberhalb.

DER MANN begann, von dem Truck wegzurennen. Er sah, daß er verfolgt wurde: Es waren

```
\ldots\ irgendein Text oberhalb.
\section{Der Mann}
begann, von dem Truck wegzurennen.
Er sah, da"s er verfolgt wurde: Es waren
```

Für diese Art von Überschriften sollte natürlich die Numerierung durch einen Wert von -1 für `secnumdepth` ausgeschaltet werden.

Mit welchen Anweisungen für das Argument *stil* des Befehls `\@startsection` läßt sich der Überschriftenstil ändern? Abgesehen von den Fontwechselanweisungen (siehe Kapitel 7) können hierzu nur wenige Instruktionen sinnvoll verwendet werden. Der Befehl `\centering` erzeugt eine zentrierte, abgesetzte Überschrift und die Deklaration `\raggedright` richtet den Text nach links aus. `\raggedleft` läßt sich ebenso verwenden, kann aber zu seltsamen Ergebnissen führen. Man kann auch mit `\hrule\medskip`, `\newpage` oder ähnlichen Befehlen arbeiten, um lokale Änderungen vorzunehmen. Die Beispiele in Abbildung 2.8 auf der nächsten Seite zeigen die Ergebnisse verschiedener möglicher Definitionen für das Argument *stil*.

4.6.3 Dies ist eine Überschrift

Der Stil wird durch die Befehle `\centering` und `\itshape` festgelegt.

4.6.4 Dies ist eine überschrift

Der Stil wird durch die Befehle `\raggedright` und `\itshape` festgelegt.

4.6.5 Dies ist eine Überschrift

Der Stil wird durch die Befehle `\raggedleft` und `\itshape` festgelegt.

4.6.6 Dies ist eine Überschrift

Der Stil wird durch die Befehle `\hrule`, `\medskip` und `\itshape` festgelegt.

```
\Csubsection{Dies ist eine "Uberschrift}
Der Stil wird durch die Befehle
\verb!\centering! und
\verb!\itshape! festgelegt.

\Lsubsection{Dies ist eine "uberschrift}
Der Stil wird durch die Befehle
\verb!\raggedright! und
\verb!\itshape! festgelegt.

\Rsubsection{Dies ist eine "Uberschrift}
Der Stil wird durch die Befehle
\verb!\raggedleft und \itshape! festgelegt.

\Hsubsection{Dies ist eine "Uberschrift}
Der Stil wird durch die Befehle
\verb!\hrule!, \verb!\medskip! und
\verb!\itshape! festgelegt.
```

Abbildung 2.8: Verändern des Stils einer Überschrift
Durch Ändern des Argumentes *stil* des Befehls `\@startsection` lassen sich verschiedene Effekte erzielen.

In den LaTeX-Standardklassen können Wörter in langen Abschnittsüberschriften getrennt werden. Wo dies nicht erwünscht ist, kann man die Silbentrennung lokal ausschalten, indem man für das Argument *stil* von `\@startsection` einen Befehl wie den folgenden definiert und verwendet: `\nohyphens`[7]. Ein anderes Problem ergibt sich, wenn der Anwender versucht, TeX mit dem »~«-Symbol oder dem Befehl `\\` genau anzuweisen, wie die Überschrift über mehrere Zeilen umgebrochen werden soll: Es können Nebenwirkungen auftreten, wenn das Inhaltsverzeichnis formatiert wird. In diesem Falle ist die einfachste Lösung, die Überschrift ohne Formatierungsbefehle im optionalen Parameter des Gliederungsbefehls zu wiederholen.

Abschließend einige Worte über den Einzug des ersten Absatzes nach einer abgesetzten Überschrift: Die Standardklassen von LaTeX folgen der anglo-amerikanischen Tradition und unterdrücken diese Einzüge. Alle ersten Absätze nach einer abgesetzten Überschrift können mit Hilfe des Paketes indentfirst (David Carlisle) mit einem Einzug versehen werden.

Der Befehl `\secdef`

Die Gliederungsbefehle der höchsten Ebenen, `\part` und `\chapter`, erzeugen ihre Überschriften ohne den Befehl `\@startsection`. In ähnlicher Weise kann man eigene Gliederungsbefehle konstruieren. Dabei sind jedoch einige Konventionen

---

7 `\newcommand{\nohyphens}{\hyphenpenalty=10000\exhyphenpenalty=10000\relax}`

Die Definition `\newcommand{\part}{\secdef\cmda\cmdb}` definiert folgende Syntax und Semantik:

`\part{`*title*`}`	expandiert zu	`\cmda[`*title*`]{`*title*`}`
`\part[`*toc_entry*`]{`*title*`}`	expandiert zu	`\cmda[`*toc_entry*`]{`*title*`}`
`\part*{`*title*`}`	expandiert zu	`\cmdb{`*title*`}`

Abbildung 2.9: Konventionen für den Befehl `\secdef`

zu beachten, damit LaTeX beim Ausführen der Befehle alle zum Setzen erforderlichen Schritte vornehmen kann.

Der Befehl `\secdef` kann beim Definieren solcher Befehle als einfach zu handhabende Schnittstelle dienen, um die drei möglichen Formen von Abschnittsüberschriften zu erzeugen. In Abbildung 2.9 wird dies anhand des `\part`-Befehls dargestellt.

Dazu müssen die Befehle `\part`, `\cmda` und `\cmdb` neu definiert werden. `\cmda` besitzt ein optionales Argument, welches den Text für das Inhaltsverzeichnis (`.toc`-Datei) enthält, während das zweite (obligatorische) Argument, genau wie das einzige Argument von `\cmdb` den zu setzenden Überschriftentext enthält. In der folgenden schematischen Darstellung wird die erweiterte Funktionalität des Befehls `\newcommand` unter LaTeX 2ε verwendet. Dieser Befehl erlaubt die Definition eines optionalen Argumentes, siehe auch Abschnitt A.1.1.

```
\renewcommand{\part}{ ... \secdef \cmda \cmdb }
\newcommand{\cmda}[2][default]{ ... }
\newcommand{\cmdb}[1]{ ... }
```

Ein Beispiel hierzu ist eine vereinfachte Variante des Befehls `\appendix`. Sie definiert den Befehl `\section` neu, um Anhangsüberschriften zu erzeugen (entweder durch Aufrufen des Befehls `\Appendix` oder durch `\sAppendix`), verändert die Darstellung des Zählers `section` und setzt diesen zurück auf null. Der veränderte `\section`-Befehl beginnt außerdem eine neue Seite, setzt ein besonderes Format für die erste Seite (siehe Kapitel 4), verhindert, daß Gleitobjekte am Kopf der Seite erscheinen und unterdrückt den Einzug des ersten Absatzes in einem Abschnitt.

```
\renewcommand{\appendix}{%
   \renewcommand{\section}{%                % Neue Definition
        \newpage\thispagestyle{plain}%      % des Befehls
        \secdef\Appendix\sAppendix}%        % \section
   \setcounter{section}{0}%
   \renewcommand{\thesection}{\Alph{section}}%
}
```

Die folgende Definition zeigt, wie `\Appendix` mit Hilfe des Befehls `\refstepcounter` den Zähler `section` hochsetzt. (`\refstepcounter` setzt gleichzeitig alle untergeordneten Zähler zurück und definiert den aktuellen Bezugswert für `\label`, siehe Abschnitt 2.5). Mit Hilfe des Befehls `\addcontentsline` wird eine Zeile in die `.toc`-Datei geschrieben. Außerdem wird die Überschrift formatiert und durch Aufrufen von `\sectionmark` für lebende Kolumnentitel gespeichert.

```
\newcommand{\Appendix}[2][?]{%   Komplexe Form
    \refstepcounter{section}%
    \addcontentsline{toc}{appendix}%
        {\protect\numberline{\appendixname~\thesection} #1}%
    {\flushright\large\bfseries\appendixname\ \thesection\par
     \nohyphens\centering#2\par}%
    \sectionmark{#1}\vspace{\baselineskip}}
```

Der Befehl `\sAppendix` (Sternform) führt lediglich die Formatierung aus.

```
\newcommand{\sAppendix}[1]{%          Vereinfachte (Stern-)Form
        {\flushright\large\bfseries\appendixname\par
         \nohyphens\centering#1\par}%
        \vspace{\baselineskip}}
```

Wenn man diese Definitionen verwendet, erhält man folgendes Ergebnis:

Anhang A

Die Liste aller Befehle

Dann folgt der Text des ersten Absatzes im Anhang. Weiterer Text des Anhangs. Und weiterer Text des Anhangs.

```
\appendix
\section{Die Liste aller Befehle}

Dann folgt der Text des ersten Absatzes
im Anhang.  Weiterer Text des Anhangs.
Und weiterer Text des Anhangs.
```

Man sollte nicht vergessen, daß das oben gezeigte Beispiel nur die vereinfachte Version des umdefinierten Befehls `\section` ist. Unter anderem wurde dabei nicht der Zähler `secnumdepth` berücksichtigt, der die Numerierungsgrenze angibt. Unter Umständen muß man auch speziellen Code für Mehrspaltenformatierung oder für ein- und zweiseitigen Ausdruck vorsehen (siehe Kapitel 4).

2.3.3 Ändern von vorgegebenen Überschriften

Einige der Standardbefehle für Überschriften erzeugen vorgegebene Texte: Der Befehl `\chapter` erzeugt z. B. normalerweise die Zeichenfolge »Chapter« vor dem Überschriftentext, der vom Anwender eingegeben wurde. In ähnlicher Weise erzeugen einige Umgebungen vorgegebene Überschriften. Die Umgebung `abstract` fügt z. B. das Wort »Abstract« über dem Text ein, der vom Anwender eingegeben wurde. Bei früheren Versionen von LaTeX waren diese Zeichenketten im System fest verdrahtet, so daß es ziemlich schwierig war, sie zu ändern. In aktuelleren

Befehl	*Standardtext*
`\contentsname`	Contents
`\listfigurename`	List of Figures
`\listtablename`	List of Tables
`\bibname`	Bibliography
`\refname`	References
`\indexname`	Index
`\chaptername`	Chapter
`\appendixname`	Appendix
`\partname`	Part
`\abstractname`	Abstract

Tafel 2.3: Befehle für Abschnittsüberschriften

LaTeX-Versionen wurden die Zeichenketten durch Befehle ersetzt (siehe Tafel 2.3), so daß sie auf einfache Art und Weise an die bevorzugten Titel des jeweiligen Anwenders angepaßt werden können. Dieses Anpassen wird im folgenden Beispiel gezeigt, wo die Standardbezeichnung »Abstract« der Dokumentenklasse article durch das Wort »Zusammenfassung« ersetzt wird.

Zusammenfassung

Dieses Buch beschreibt, wie sich das Erscheinungsbild von Dokumenten unter LaTeX ändern läßt.

```
\renewcommand{\abstractname}{Zusammenfassung}
\begin{abstract}
Dieses Buch beschreibt, wie sich das
Erscheinungsbild von Dokumenten unter
\LaTeX{} "andern l"a"st.
\end{abstract}
```

Die Standardklassendateien von LaTeX erzeugen einige weitere Zeichenfolgen. Eine komplette Liste dieser Befehle sowie Erläuterungen zum Babel-System, das die festen Texte in über zwanzig Sprachen übersetzt, befinden sich in Abschnitt 9.2.

2.4 Struktur des Inhaltsverzeichnisses

Ein *Inhaltsverzeichnis* ist eine besondere Liste von Abschnittsüberschriften mit den Seitenzahlen, auf denen der jeweilige Abschnitt beginnt. Diese Liste kann ziemlich kompliziert werden, wenn sie viele Gliederungsebenen abbildet, und sie sollte sehr sorgfältig formatiert werden, da sie als Orientierungshilfe für den Leser eine wichtige Rolle spielt.

Für Gleitobjekte in einem Dokument existieren ähnliche Verzeichnisse mit Referenzdaten, nämlich das *Tafelverzeichnis* und das *Abbildungsverzeichnis*. Diese

Verzeichnisse haben eine einfachere Struktur, da es für ihren Inhalt, die jeweiligen Bildunterschriften, nur eine Gliederungsebene gibt.

Standard-LaTeX kann diese drei Arten von Verzeichnissen automatisch erzeugen. So trägt LaTeX die Texte, die von einem der Argumente jedes Gliederungsbefehls erzeugt werden, automatisch in die `.toc`-Datei ein. In ähnlicher Weise pflegt LaTeX zwei weitere Dateien, eine für das Abbildungsverzeichnis (`.lof`) und die andere für das Tafelverzeichnis (`.lot`). Diese Dateien enthalten die Texte, die bei Abbildungen und Tafeln als Argumente zu dem Befehl `\caption` angegeben wurden.

Die Informationen, die während eines vorherigen LaTeX-Laufes in diese Dateien geschrieben wurden, werden während eines weiteren LaTeX-Laufes gelesen und (normalerweise am Anfang eines Dokumentes) gesetzt. Dazu werden die Befehle `\tableofcontents`, `\listoffigures` und `\listoftables` aufgerufen.

Um diese Verzeichnisse zu generieren, sind immer mindestens zwei LaTeX-Läufe erforderlich: einer zum Sammeln der relevanten Daten und der zweite, um die Informationen wieder zu lesen und an der richtigen Stelle im Dokument zu setzen. Aufgrund des zusätzlichen Materials, das im zweiten Lauf gesetzt wird, können sich Querverweisdaten ändern, so daß ein weiterer Durchgang notwendig wird. Dies ist einer der Gründe für die Tradition, für Vorspann und Haupttext unterschiedliche Systeme von Seitennumerierungen zu verwenden: In den Tagen des manuellen Setzens machte jeder zusätzliche Durchlauf das Endprodukt wesentlich teurer.

Die folgenden Abschnitte erläutern, wie diese Verzeichnisse gesetzt und generiert werden. Darüber hinaus wird gezeigt, wie man Informationen direkt in die Standarddateien eingeben kann, oder wie man sogar eine Zusatzdatei, die völlig unter der Kontrolle des Anwenders steht, öffnet und in diese schreibt.

2.4.1 Formatieren von Verzeichnissen

Wie bereits zuvor erläutert, bestehen Verzeichnisse aus verschiedenartigen Einträgen, entsprechend der Strukturelemente, die sie repräsentieren. Abgesehen von diesen Standardeinträgen können Verzeichnisse auch beliebige andere Befehle enthalten. Ein Standardeintrag wird durch den folgenden Befehl festgelegt:

`\contentsline{`*typ*`}{`*text*`}{`*seite*`}`

Die Parameter stehen für:

typ Typ des Eintrags, z. B. `section` oder `figure`;

text tatsächlicher Text, wie er im Argument des Gliederungsbefehls oder des Befehls `\caption` angegeben ist; und

seite Seitenzahl.

Abbildung 2.10 auf der nächsten Seite zeigt einen Befehlsabschnitt, der das Inhaltsverzeichnis für einen Teil dieses Buches generiert.

Eingabe

```
\contentsline {section}
  {\numberline {2.4}Struktur des Inhaltsverzeichnisses}{31}
\contentsline {subsection}
  {\numberline {2.4.1}Formatieren von Verzeichnissen}{32}
\contentsline {subsection}
  {\numberline {2.4.2}Eintragen von Daten in Verzeichnisdateien}{35}
```


Ergebnis

Abbildung 2.10: Generieren von Verzeichniseinträgen

Die Überschriftennumerierungen erscheinen dabei als Argumente des Befehls `\numberline`, damit die Einträge mit einem geeigneten Einzug formatiert werden können. Mit Hilfe des Befehls `\contentsline` lassen sich Verzeichnisse auch manuell erstellen.

Die Standardklassen von LaTeX verwenden normalerweise intern den folgenden Befehl, um Einträge in Verzeichnissen zu formatieren:

`\@dottedtocline{`*ebene*`}{`*einzug*`}{`*numbreite*`}{`*text*`}{`*seite*`}`

Die letzten beiden Parameter stimmen mit den Argumenten des Befehls `\contentsline` überein, da `\contentsline` normalerweise selbst den Befehl `\@dottedtocline` aufruft. Die anderen Parameter haben folgende Bedeutung:

ebene Die Gliederungsebene eines Eintrags. Durch diesen Parameter kann der Anwender steuern, wieviele Gliederungsebenen angezeigt werden. Ebenen mit einer höheren Nummer als dem im Zähler `tocdepth` angegebenen Wert erscheinen nicht im Inhaltsverzeichnis.

einzug Der gesamte Einzug vom linken Rand.

numbreite Die Breite der Box, welche die Überschriftennumerierung enthält, wenn das Argument *text* mit dem Befehl `\numberline` versehen ist. Dies ist gleichzeitig der zusätzliche Einzug für die zweite und alle weiteren Zeilen bei mehrzeiligen Einträgen.

Zusätzlich verwendet der Befehl `\@dottedtocline` die folgenden Formatierungsparameter, um das Erscheinungsbild aller Einträge festzulegen:

`\@pnumwidth` Die Breite der Box, welche die Seitenzahl enthält.

`\@tocrmarg` Bei mehrzeiligen Einträgen der Einzug vom rechten Rand für alle Zeilen, außer der letzten. Ein Dimensionsparameter, der jedoch mit dem Befehl `\renewcommand` verändert wird!

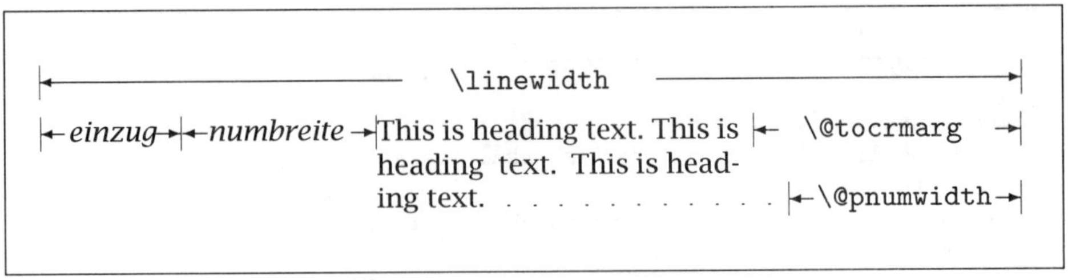

Abbildung 2.11: Layoutparameter für `\@dottedtocline`

`\@dotsep` Der Punktabstand in `mu` (math units, mathematischen Einheiten).[8] Angegeben wird nur die Zahl (etwa `1.7` oder `2`) ohne Einheit. Wird sie groß genug gewählt, lassen sich die Punkte völlig unterdrücken. Wird ebenfalls mit `\renewcommand` geändert!

Eine bildliche Darstellung der beschriebenen Effekte wird in Abbildung 2.11 gezeigt. Die Box, die durch *numbreite* definiert wird, enthält eine linksbündige Überschriftennummer oder gar keine. Der richtige Einzug für gegliederte Einträge läßt sich erzielen, indem man die Werte für die Parameter *einzug* und *numbreite* variiert.

Der Befehl `\contentsline` erhält als erstes Argument *typ* und ruft mit dieser Information den entsprechenden Befehl `\l@`*typ* auf, der die eigentliche Formatierung vornimmt. In der Klassendatei muß für jeden Typ je ein Befehl definiert sein. In der Klassendatei report befinden sich z. B. folgende Definitionen:

```
\newcommand{\l@section}       {\@dottedtocline{1}{1.5em}{2.3em}}
\newcommand{\l@subsection}    {\@dottedtocline{2}{3.8em}{3.2em}}
\newcommand{\l@subsubsection}{\@dottedtocline{3}{7.0em}{4.1em}}
\newcommand{\l@paragraph}     {\@dottedtocline{4}{10em}{5em}}
\newcommand{\l@subparagraph}  {\@dottedtocline{5}{12em}{6em}}
\newcommand{\l@figure}{\@dottedtocline{1}{1.5em}{2.3em}}
\newcommand{\l@table} {\l@figure}
```

Dadurch daß einerseits der Befehl `\l@`*typ* so definiert wird, daß er `\@dottedtocline` aufruft und andererseits die drei Argumente (*ebene*, *einzug* und *numbreite*) angegeben werden, übernimmt `\@dottedtocline` die verbleibenden Argumente von `\contentsline` (*text* und *seite*) als viertes und fünftes Argument.

Einige Gliederungsebenen erstellen ihre Verzeichniseinträge allerdings auf einem komplizierteren Wege, so daß die Standardklassen Definitionen für `\l@part` und `\l@chapter` enthalten, die nicht den Befehl `\@dottedtocline` verwenden. Im

8 18 `mu`-Einheiten bilden ein `em`, wobei der Wert für letztere Größe sich aus dem Parameter `\fontdimen2` des mathematischen Zeichensatzes `symbols` ergibt. Nähere Erläuterungen zu den Dimensionsparametern `\fontdimen` werden in Abschnitt 7.7.2 gegeben.

allgemeinen benutzen diese spezielle Formatierungsbefehle, lassen möglicherweise die Punkte aus und wählen eine größere Schrift. Dies kann z. B. folgendermaßen aussehen:

II Teil **1**

1 Kapitel 2
1.1 Abschnitt 3
1.1.1 Unterabschnitt . . . 4
Unterabschnitt mit „leerer“ Nummer . . 5
Nicht numerierter Unterabschnitt 6

```
\contentsline{part}{\numberline{II}Teil}{1}
\contentsline{chapter}{\numberline{1}Kapitel}{2}
\contentsline{section}%
  {\numberline{1.1}Abschnitt}{3}
\contentsline{subsection}%
  {\numberline{1.1.1}Unterabschnitt}{4}
\contentsline{subsection}%
  {\numberline{}Unterabschnitt mit
               "‘leerer"’ Nummer}{5}
\contentsline{subsection}%
  {Nicht numerierter Unterabschnitt}{6}
```

Die Gliederungsebene, bis zu welcher Überschriften noch im Inhaltsverzeichnis erscheinen, wird durch den Zähler `tocdepth` festgelegt. Er kann z. B. mit folgender Deklaration geändert werden:

```
\setcounter{tocdepth}{2}
```

In diesem Falle werden Überschriften bis zur zweiten Gliederungsebene (d.h. Teil und Kapitel) angezeigt.

2.4.2 Eintragen von Daten in Verzeichnisdateien

LaTeX verfügt über zwei Befehle, mit denen Daten direkt in Verzeichnisdateien eingetragen werden können:

`\addtocontents{`*datei*`}{`*text*`}` `\addcontentsline{`*datei*`}{`*typ*`}{`*text*`}`

datei Die Erweiterung der Verzeichnisdatei, normalerweise `toc`, `lof`, oder `lot`.

typ Der Typ des Eintrags. Bei `.toc`-Dateien entspricht das Argument *typ* normalerweise dem Überschriftentyp, für den die Überschrift formatiert wird. Für `.lof` oder `.lot`-Dateien wird `figure` oder `table` angegeben.

text Der tatsächliche Text, der in die Datei geschrieben werden soll, die im Argument *datei* angegeben wurde. Dabei sollten LaTeX-Befehle mit `\protect` geschützt werden, um ihre vorzeitige Ausführung zu verhindern.

Der Befehl `\addtocontents` enthält keinen Parameter *typ* und ist dazu gedacht, *anwenderspezifische* Formatierungsdaten zu übergeben. Wenn man z. B. in der Mitte eines Verzeichnisses einen zusätzlichen Leerraum erzeugen will, kann man folgenden Befehl verwenden:

```
\addtocontents{toc}{\protect\vspace{2ex}}
```

Die Anweisung `\addcontentsline` wird normalerweise *automatisch* durch die Gliederungsbefehle eines Dokumentes oder durch die `\caption`-Befehle aufgerufen. Wenn ein Eintrag numerierten Text enthält, dann muß im Parameter *text* der Befehl `\numberline` verwendet werden, um die Überschriftennumerierung (*nummer*) vom Rest des Eintrages (*überschrift*) zu trennen:

```
\protect\numberline{nummer} überschrift
```

Der Befehl `\caption` der Umgebung `figure` speichert den Kommentar zu einer Abbildung z. B. folgendermaßen:

```
\addcontentsline{lof}{figure}%
    {\protect\numberline{\thefigure}kommentar}
```

Manchmal wird `\addcontentsline` in der Quelldatei verwendet, um die Standardfunktionen von LaTeX zu ergänzen. Bei der Sternform eines Gliederungsbefehls erfolgt z. B. kein Eintrag in der `.toc`-Datei. Wenn man also keine numerierten Überschriften wünscht (Sternform), wohl aber einen Eintrag in der `.toc`-Datei, kann man etwa folgendes kodieren:

```
\chapter*{Vorwort}
\addcontentsline{toc}{chapter}{\numberline{}Vorwort}
```

Dadurch wird ein eingerückter »Kapitel«-Eintrag im Inhaltsverzeichnis erzeugt, der genau so viel Raum freiläßt, wie die Numerierung einnehmen würde. Ohne den Befehl `\numberline` würde das Wort »Vorwort« direkt an den linken Rand gesetzt.

2.4.3 Definieren einer neuen TOC-ähnlichen Datei

Wenn man ein Verzeichnis aller Beispiele in einem Buch erstellen möchte, muß man zunächst eine neue Verzeichnisdatei erstellen und dann die oben beschriebenen Funktionen verwenden. Zuerst müssen zwei neue Befehle definiert werden: `\listofexamples` liest die Informationen, die in eine externe Datei (siehe unten) geschrieben wurden und fügt sie an der Stelle im Dokument ein, an welcher der Befehl aufgerufen wird. `\listofexamples` ruft den Befehl `\@starttoc{`*ext*`}` auf, der die externe Datei (mit der Erweiterung *ext*) liest, und diese dann erneut zum Schreiben öffnet. Dieser Befehl wird ebenfalls von den Befehlen `\tableofcontents`, `\listoffigures` und `\listoftables` verwendet. Die Zusatzdatei kann z. B. die Erweiterung `xmp` erhalten. Für die Überschrift des Verzeichnisses kann ein Befehl wie `\chapter*{Verzeichnis der Beispiele}` direkt vor `\listofexamples` gesetzt werden. Falls gewünscht, kann durch Hinzufügen des Befehls `\addcontentsline` dem Leser außerdem die Existenz dieses Verzeichnisses im Inhaltsverzeichnis angezeigt werden. Der zweite Befehl, `\ecaption`, schreibt eine Beschreibung (englisch: caption) für jedes Beispiel in die externe Datei.

\dominitoc	muß vor \tableofcontents-Befehl ausgeführt werden, um das Minitoc-System zu initialisieren (obligatorisch).
\faketableofcontents	dieser Befehl ersetzt \tableofcontents, wenn man nur Miniverzeichnisse und kein gesamtes Inhaltsverzeichnis wünscht.
\minitoc	dieser Befehl muß überall dort direkt hinter den \chapter-Befehl gesetzt werden, wo ein Miniverzeichnis erscheinen soll.
minitocdepth	ein LaTeX-Zähler, der festlegt, wieviele Gliederungsebenen im Miniverzeichnis angezeigt werden (Standard ist 2).
\mtcindent	der linke/rechte Einzug des Miniverzeichnisses (Standardwert ist 24pt).
\mtcfont	Befehl zur Festlegung des Zeichensatzes, der für die Einträge im Miniverzeichnis verwendet wird (Standard ist eine kleine Serifenschrift).

Tafel 2.4: Zusammenfassung der minitoc-Parameter

Die tatsächliche Formatierung der individuellen Einträge in der .xmp-Datei wird durch den Befehl \l@example gesteuert. Im folgenden Beispiel werden die Bildunterschriften als Absätze formatiert, gefolgt von einer kursiven Seitenzahl.

```
\newcommand{\listofexamples}{\@starttoc{xmp}}
\newcommand{\ecaption}[1]{\addcontentsline{xmp}{example}{#1}}
\newcommand{\l@example}[2]{\par\noindent#1 {\itshape #2}}
```

Abschnitt 6.3 auf Seite 149 bietet weitere Informationen darüber, wie mit Hilfe des Befehls \listof ein Verzeichnis von Gleitobjekten erzeugt werden kann. Die Art der betreffenden Gleitobjekte wird dabei durch das Argument von \listof angegeben.

2.4.4 Mehrfache Inhaltsverzeichnisse

Das Paket minitoc, ursprünglich geschrieben von Nigel Ward und Dan Jurafsky und vollständig überarbeitet von Jean-Pierre Drucbert, erzeugt am Anfang jedes Kapitels der Klassen book oder report ein reduziertes Inhaltsverzeichnis (ein »minitoc«).

Diese »Miniverzeichnisse« erscheinen jeweils nach dem Befehl \chapter am Anfang eines Kapitels. Die Parameter, mit deren Hilfe das Paket gesteuert wird, werden in Tafel 2.4 erläutert.

```
\documentclass{book}
\usepackage{times}
\usepackage{minitoc}
\setcounter{tocdepth}{1}           % Tiefe des Inhaltsverzeichnisses
\setlength{\mtcindent}{24pt}       % Einzug der Miniverzeichnisse
\renewcommand{\mtcfont}{\small\rm} % Font der Miniverzeichnisse
\setcounter{minitocdepth}{2}       % Tiefe der Miniverzeichnisse
\begin{document}
\dominitoc                         % erzeuge Miniverzeichnisse
\tableofcontents                   % erzeuge globales Inhaltsverzeichnis
\chapter{Afghanistan}
\minitoc                           % Miniverzeichnis nach der
                                   % · ersten Kapitel"uberschrift

\section{Afghanistan Geography}

\subsection{Total area}
    647,500 km2
\subsection{Land area}
    647,500 km2

        ..... Fortsetzung von Kapitel 1

\chapter{Albania}
\minitoc                           % Miniverzeichnis nach der
                                   %   zweiten Kapitel"uberschrift
\section{Albania Geography}

\subsection{Total area}
    28,750 km2
\subsection{Land area}
    27,400 km2

        ..... Fortsetzung von Kapitel 2
```

Abbildung 2.12: Miniverzeichnis - Eingabebeispiel

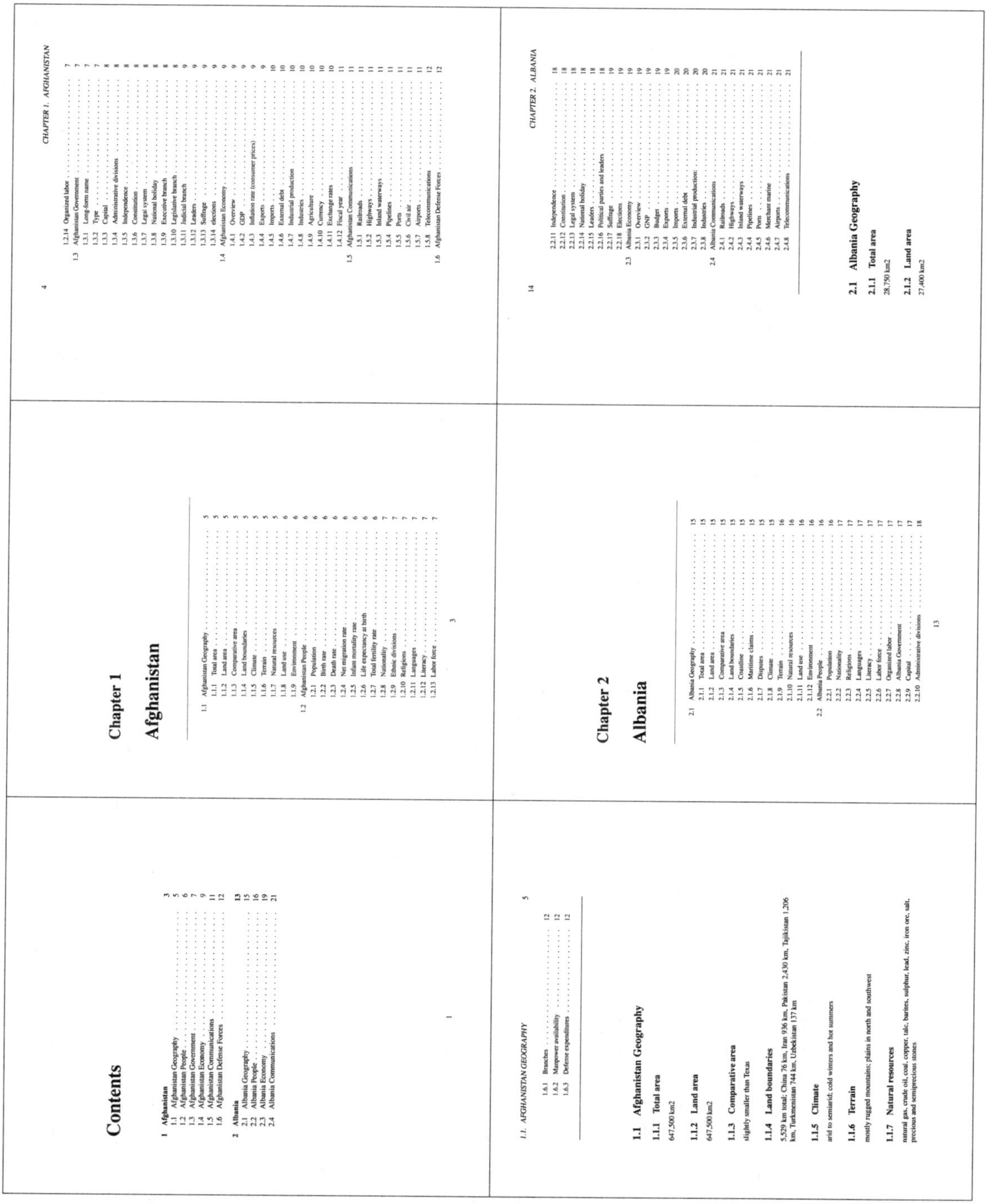

Abbildung 2.13: Miniverzeichnis – Ausgabebeispiel

Für jedes Miniverzeichnis wird eine Hilfsdatei mit der Erweiterung `.mtc<N>` erzeugt, wobei `<N>` die Kapitelnummer ist.[9]

Normalerweise enthalten Miniverzeichnisse nur Verweise zu Abschnitten und Unterabschnitten. Dies läßt sich mit Hilfe des Zählers `minitocdepth`, ähnlich wie bei `tocdepth`, ändern.

Da ein Miniverzeichnis in jedem Kapitel die erste Seite bzw. die ersten Seiten belegt, ändert es die Seitennumerierung. Darum sind normalerweise drei Durchläufe notwendig, um korrekte Miniverzeichnisse zu erhalten.

Zum Deaktivieren der `\minitoc`-Befehle muß nur das Paket minitoc im `\usepackage`-Befehl gegen minitocoff ausgetauscht werden. Dadurch werden alle `\minitoc`-Befehle ignoriert.

Abbildung 2.12 auf Seite 38 zeigt ein Beispiel für die Verwendung des Paketes minitoc. Dabei wurde der globale Zähler `tocdepth` auf eins gesetzt, so daß nur Abschnittsüberschriften im Inhaltsverzeichnis des Dokumentes erscheinen (das Ergebnis ist im linken oberen Teil der Abbildung 2.13 auf der vorherigen Seite zu sehen). Der Ebenenzähler für die Miniverzeichnisse, `minitocdepth`, wurde auf zwei gesetzt, so daß in jedem dieser Verzeichnisse die Überschriften von Abschnitten und von Unterabschnitten erscheinen (wie in den verbleibenden fünf Bildern in Abbildung 2.13 auf der vorherigen Seite ersichtlich). Der Text der Kapitel beginnt jeweils direkt am Ende der Miniverzeichnisse.

2.5 Verweise in Dokumenten

LaTeX verfügt über Befehle, die das Verwalten von Verweisen in einem Dokument vereinfachen. Dabei werden insbesondere *Querverweise* (interne Verweise zwischen Elementen innerhalb eines Dokumentes), *Literaturverweise* (Verweise zu externen Dokumenten) und *Indexeinträge* von ausgewählten Worten oder Ausdrücken unterstützt. Die Funktionen zum Erstellen von Indizes werden in Kapitel 12 erläutert, die Funktionen für Literaturverweise in Kapitel 13.

Um Querverweise zu Elementen innerhalb eines Dokumentes zu ermöglichen, wird dem jeweiligen Strukturelement zunächst ein »Schlüssel« (aus einer Folge von Zeichen, Zahlen und Punkten) zugewiesen. Dieser Schlüssel wird dann an anderer Stelle verwendet, um auf das Element zu verweisen.

`\label{`*schlüssel*`}` `\ref{`*schlüssel*`}` `\pageref{`*schlüssel*`}`

Der Befehl `\label` weist dem aktuellen Element eines Dokumentes den, im Argument *schlüssel* angegebenen, Schlüssel zu. `\ref` erzeugt eine Zeichenfolge, die das gegebene Element identifiziert – wie z. B. die Abschnitts-, Gleichungs- oder Abbildungsnummer, je nachdem welches Strukturelement aktiv war, als der Befehl `\label` gegeben wurde. Der Befehl `\pageref` erzeugt die Seitenzahl der Seite, auf welcher der Befehl `\label` gegeben wurde. Der Schlüssel muß eindeutig sein. Ein

9 Aufgrund dieser besonderen Erweiterung kann dieses Paket nicht ohne Modifikationen unter MS-DOS oder MS-Windows, oder genauer gesagt, unter jedem Betriebssystem, das keine längeren Dateierweiterungen zuläßt, verwendet werden.

Präfix mit einer Zeichenfolge, die die Struktur des fraglichen Elementes identifiziert, ist hierbei eine einfache aber wirkungsvolle Hilfe. So kann z. B. `sec` für Abschnitte (sections) verwendet werden, `fig` für Abbildungen (figures), und so fort.

Ein Verweis auf diesen Unterabschnitt sieht folgendermaßen aus: „siehe Abschnitt 2.5 auf Seite 41".

```
Ein Verweis auf diesen
Unterabschnitt\label{sec:this} sieht
folgenderma"sen aus:  "‘siehe
Abschnitt~\ref{sec:this} auf
Seite~\pageref{sec:this}"’.
```

Das »zur Zeit aktive« Strukturelement, mit dem ein Querverweislabel erstellt wird, ist folgendermaßen festgelegt: Die Gliederungsbefehle `\chapter`, `\section`, ...), die Umgebungen `equation`, `figure`, `table`, und die `theorem`-Familie sowie die verschiedenen Ebenen der Umgebung `enumerate` und `\footnote` setzen den *aktuellen Bezug*, der die Nummer enthält, die LaTeX für das gegebene Element generiert. Dieser Bezug wird normalerweise am Anfang eines Elementes gesetzt und zurückgesetzt, wenn der Geltungsbereich dieses Elementes verlassen wird.

Ausnahmen von dieser Regel sind die Umgebungen `table` und `figure`, bei denen der aktuelle Bezug durch den Befehl `\caption` gesetzt wird. Dadurch werden mehrere Paare von `\caption` und `\label`-Befehlen innerhalb einer Umgebung ermöglicht. Da die `\caption`-Anweisung die Numerierung des Bezugs setzt, muß der zugehörige `\label`-Befehl auf `\caption` folgen, da sonst eine falsche Bezugsnummer gesetzt wird. Dies wird anhand von des folgenden Beispiels deutlich, wo nur die Label ‘`fig:in2`’ und ‘`fig:in3`’ richtig gesetzt sind, um die erforderlichen Bezugsnummern für die Abbildungen zu erzeugen. Im Falle des Labels ‘`fig:in4`’ zeigt sich, daß Umgebungen (hier `center`) den Geltungsbereich von Bezügen beenden, da dieses Label die Nummer des aktuellen Abschnitts ergibt und nicht die Nummer der Abbildung.

Der vorhergehende Text erhält den Bezug ‘2.5’.

... Abbildung ...

Abbildung 4.14: Erste Bildunterschrift

... Abbildung ...

Abbildung 4.15: Zweite Bildunterschrift

Die Label lauten: ‘vorher’ (2.5), ‘fig:in1’ (2.5), ‘fig:in2’ (4.14), ‘fig:in3’ (4.15), ‘fig:in4’ (2.5), ‘nach’ (2.5).

```
\label{sec:vorher}  Der vorhergehende Text
erh"alt den Bezug ‘\ref{sec:vorher}’.
\begin{figure}[H]              \label{fig:in1}
  \begin{center}
    \fbox{\ldots{} Abbildung \ldots}
    \caption{Erste Bildunterschrift}\label{fig:in2}

    \fbox{\ldots{} Abbildung \ldots}
    \caption{Zweite Bildunterschrift}\label{fig:in3}
  \end{center}                 \label{fig:in4}
\end{figure}
\label{sec:nach}
\raggedright
Die Label lauten: ‘vorher’ (\ref{sec:vorher}),
‘fig:in1’ (\ref{fig:in1}), ‘fig:in2’ (\ref{fig:in2}),
‘fig:in3’ (\ref{fig:in3}), ‘fig:in4’ (\ref{fig:in4}),
‘nach’ (\ref{sec:nach}).
```

Für jedes Argument *schlüssel*, das mit `\label{`*schlüssel*`}` deklariert wird, speichert LaTeX den aktuellen Bezug und die Seitenzahl. Mehrere `\label`-Befehle (mit verschiedenen Schlüsseln) innerhalb eines Abschnittes erzeugen also die gleiche Bezugszahl für das Strukturelement, möglicherweise jedoch mit unterschiedlichen Seitenzahlen.

2.5.1 varioref – Flexiblere Querverweise

In vielen Fällen ist es hilfreich, einen Verweis auf eine Abbildung oder Tafel sowohl mit `\ref` als auch `\pageref` zu bilden, insbesondere, wenn eine oder mehrere Seiten zwischen Verweis und Objekt liegen. Daher verwenden manche Anwender einen Befehl wie

```
\newcommand{\fullref}[1]{\ref{#1} auf Seite~\pageref{#1}}
```

um die Anzahl von Anschlägen, die für einen vollständigen Verweis erforderlich sind, zu reduzieren. Da man aber niemals genau weiß, wo das Objekt eines Verweises letztendlich plaziert wird, kann diese Methode auch einen Verweis auf die aktuelle Seite erzeugen. Dies wäre eher störend und sollte daher vermieden werden. Das Paket varioref (von Frank Mittelbach) versucht, dieses Problem zu lösen.

Die Benutzerschnittstelle

`\vref{`*schlüssel*`}`

Der Befehl `\vref` erzeugt nur einen Verweis `\ref`, wenn Bezug und `\label` auf der gleichen Seite liegen. Darüber hinaus erzeugt er einen der folgenden Ausdrücke: »on the facing page« (auf der gegenüberliegenden Seite)[10], »on the preceding page« (auf der vorherigen Seite), oder »on the following page« (auf der nächsten Seite), wenn nur eine Seite zwischen Bezug und Label liegt. Wenn der Abstand größer als eine Seite ist, wird der Verweis aus `\ref` und `\pageref` zusammengestellt. Das Wort »facing« (gegenüberliegend) wird verwendet, wenn Label und Bezug auf der gleichen Doppelseite erscheinen. Wenn allerdings anstatt der herkömmlichen Seitennumerierung mit arabischen Ziffern ein anderes Numerierungssytem verwendet wird (z. B. `\pagenumbering{roman}`), gibt es keine Unterscheidung zwischen einer oder mehreren Seiten Abstand.

`\vpageref[`*dieseseite*`][`*andereseite*`]{`*schlüssel*`}`

In einigen Fällen ist vielleicht nur der Verweis auf eine Seitenzahl erwünscht. Dann sollte der Verweis unterdrückt werden, wenn er sich auf die aktuelle Seite bezieht.

10 Das Paket varioref erzeugt im Standardmodus englische Texte. Diese können jedoch mit Hilfe von LaTeX-Funktionen für die Unterstützung anderer Sprachen geändert werden. Weitere Informationen hierzu befinden sich in Abschnitt Sprachenunterstützung auf Seite 44. In den folgenden Beispielen werden die deutschen Verweistexte verwendet.

Zu diesem Zweck wurde der Befehl `\vpageref` definiert. Er erzeugt die gleichen Ausdrücke, wie `\vref` außer, daß er nicht mit `\ref` beginnt. Wenn Bezug und Label auf der gleichen Seite plaziert sind, erzeugt er den Ausdruck, der unter `\reftextcurrent` gespeichert ist.

Wenn man für `\reftextcurrent` einen Ausdruck wie »on this page« (bzw. die deutsche Entsprechung »auf dieser Seite«) definiert, kann man vermeiden, daß eine Formulierung wie

```
... siehe das Diagramm \vpageref{ex:foo}, welches zeigt, wie ...
```

den Ausgabetext »... siehe das Diagramm, welches zeigt, wie ...« erzeugt, was irreführend sein könnte.

Man kann ein Leerzeichen vor `\vpageref` plazieren. Wenn der Befehl keinen Text erzeugt, wird das Leerzeichen ignoriert. Wenn Text eingefügt wird, plaziert der Befehl automatisch vor dem Text ein Leerzeichen in angemessener Größe, an dem kein Umbruch erfolgen kann.

Mit den zwei optionalen Argumenten des Befehls `\vpageref` kann man Verweise sogar noch genauer steuern. Das erste gibt den Text an, der eingesetzt werden soll, wenn sich Bezug und Label auf der gleichen Seite befinden. Das ist besonders hilfreich, wenn beide so nahe beieinander liegen, daß sie nur eventuell durch einen Seitenumbruch getrennt werden. In einem solchen Fall weiß man normalerweise, ob der Verweis vor oder nach dem Label erscheint, so daß man eine Formulierung, wie die folgende erzeugen kann:

```
... siehe das Diagramm \vpageref[oben]{ex:foo}, welches zeigt, wie ...
```

Der Ergebnistext ist in diesem Fall »siehe das Diagramm oben, welches zeigt, wie ...«, wenn beide auf der gleichen Seite erscheinen, oder »siehe das Diagramm auf der vorherigen Seite, welches zeigt, wie ...« wenn sie durch einen Seitenumbruch getrennt sind (oder ähnlich, je nachdem welcher Text für die Befehle `\reftext..before` und `\reftext..after` definiert wurde, siehe unten). Wenn man die optionalen Argumente von `\vpageref` für Gleitobjekte, wie Abbildungen oder Tafeln, verwendet, ist dabei jedoch folgendes zu beachten: Je nach Einstellung der Parameter zum Positionieren von Gleitobjekten, kann das entsprechende Objekt am Anfang der aktuellen Seite, also vor dem Verweis, erscheinen, obwohl sich das Label im Quelltext hinter dem Verweis befindet.[11]

Vielleicht zieht man sogar die Formulierung »... siehe das obige Diagramm«, also eine geänderte Wortwahl und Reihenfolge, vor, wenn Diagramm und Verweis auf der gleichen Seite erscheinen. Tatsächlich ist diese Neuformulierung in einigen Sprachen sogar erforderlich. Für diese Abwandlung kann das zweite Argument *andereseite* verwendet werden. Es gibt den Text an, der dem erzeugten Verweis

11 Um sicherzustellen, daß Gleitobjekte immer erst hinter ihrer Position im Quelltext gesetzt werden, kann man das Paket flafter verwenden, die in Abschnitt 6.2 beschrieben wird.

vorangeht, wenn Objekt und Verweis nicht auf der gleichen Seite erscheinen. Um den gewünschten Effekt zu erzielen würde man in diesem Falle also schreiben

```
... siehe das \vpageref[obige Diagramm][Diagramm]{ex:foo}, welches ...
```

Falls der von `\vpageref` erzeugte Leerraum nicht korrekt ist, wie etwa in

Hier ist ein Leerraumfehler (hier)

```
\label{ex:fehler} Hier ist ein
Leerraumfehler (\vpageref[hier]{ex:fehler})
```

kann man dies durch die Variante mit zwei optionalen Argumenten korrigieren, indem man allen vorangehenden Text bis zu einem Leerzeichen in beide Argument einträgt:

Hier ist kein Leerraumfehler (hier)

```
\label{ex:ok} Hier ist kein
Leerraumfehler \vpageref[(hier][(]{ex:ok})
```

Sprachenunterstützung

Dieses Paket unterstützt die Optionen, deren Namen durch das Babel-System definiert werden (siehe Abschnitt 9.2). Eine Deklaration, wie

```
\usepackage[german]{varioref}
```

erzeugt zum Beispiel entsprechende Formulierungen für die deutsche Sprache. Um eine weitere Anpassung zu ermöglichen, sind alle Zeichenfolgen durch Makros festgelegt (welche durch die Sprachenoptionen vordefiniert werden).

Rückbezüge verwenden `\reftextbefore`, wenn sich das Label auf der nicht sichtbaren, vorherigen Seite befindet und `\reftextfacebefore`, wenn es auf der vorherigen, gegenüberliegenden Seite erscheint (wenn also die Seitenzahl ungerade ist).

In ähnlicher Weise wird `\reftextafter` verwendet, wenn das Label auf der nächsten Seite, zu der man umblättern muß, erscheint, und `\reftextfaceafter`, wenn es sich auf der nächsten gegenüberliegenden Seite befindet. Diese vier Formulierungen können mit `\renewcommand` verändert werden. Der Text zu `\reftextfaraway` schließlich, wird verwendet, wenn Label und Verweis mehr als eine Seite auseinanderliegen oder nicht numerisch sind. Dieses Makro unterscheidet sich etwas von den anderen, da es ein Argument hat, welches einen symbolischen Verweistext enthält, so daß man `\pageref` als Ersetzungstext verwenden kann. Wenn man diese Makros z. B. in deutschen Dokumenten einsetzen möchte, würde man eine Formulierung wie die folgende verwenden:

```
\renewcommand{\reftextfaraway}[1]{auf Seite~\pageref{#1}}
```

Um zufällige Variationen der generierten Texte zu erhalten, kann man den Befehl `\reftextvario` innerhalb der Makros für die Verweistexte verwenden.

`\reftextvario{`*variationa*`}{`*variationb*`}`

Der Befehl hat zwei Argumente, von denen er mal das eine und mal das andere für den Ausdruck einsetzt, je nachdem, wie häufig die Befehle `\vref` oder `\vpageref` bereits in einem Dokument verwendet wurden.

Zum Beispiel wurden in diesem Abschnitt folgende Einstellungen für die verschiedenen Makros verwendet:

```
\newcommand{\reftextfaceafter}
   {auf der \reftextvario{gegen"uberliegenden}{n"achsten} Seite}
\newcommand{\reftextfacebefore}
   {auf der \reftextvario{gegen"uberliegenden}{vorherigen} Seite}
\newcommand{\reftextafter}
   {auf der \reftextvario{folgenden}{n"achsten} Seite}
\newcommand{\reftextbefore}
   {auf der \reftextvario{vorherigen Seite}{Seite vorher}}
\newcommand{\reftextcurrent}
   {auf \reftextvario{dieser} Seite}
\newcommand{\reftextfaraway}[1]{auf Seite~\pageref{#1}}
```

Wenn man also das Paket seinen eigenen Vorlieben anpassen möchte, braucht man nur die entsprechenden, neuen Definitionen für die oben aufgeführten Befehle in eine Datei mit der Erweiterung `.sty` (z. B. `vrflocal.sty`) zu schreiben. Wenn man außerdem die Anweisung `\RequirePackage{varioref}` (siehe A.3 auf Seite 481) an den Beginn der Datei setzt, lädt dieses lokale Paket automatisch das Paket varioref.

Einige Warnungen

Das Definieren von Befehlen wie den oben beschriebenen wirft einige interessante Probleme auf. Ein generierter Text wie »auf der nächsten Seite« könnte z. B. über zwei Seiten umgebrochen werden. Dieses Problem läßt sich nur schwerlich in akzeptabler Weise durch einen Algorithmus lösen; eine solche Situation kann sogar dazu führen, daß ein Dokument ständig von einem Status in den anderen wechselt (d.h. ein Verweistext wird eingefügt; dieser erweist sich als falsch; im nächsten Lauf wird ein anderer eingefügt, wodurch der erste wieder richtig wird; ein Text wird...). Die aktuelle Version des Paketes varioref orientiert sich am Ende des erzeugten Verweistextes. Das Beispiel

Tafel 5 auf dieser ⟨*seitenumbruch*⟩ Seite

wäre also korrekt, wenn sich Tafel 5 auf einer Seite mit dem Wort »Seite« befindet, nicht mit dem Wort »dieser«. Dies ist jedoch nicht immer vollends zufriedenstellend und kann in manchen Fällen zu einer Schleife führen (so daß LaTeX immer wieder einen zusätzlichen Lauf benötigt). Daher erzeugen derartige Situationen immer eine LaTeX-Fehlermeldung, damit man das Problem untersuchen kann und entscheiden, ob man vielleicht den Befehl `\ref` an dieser Stelle verwendet.

Man sollte sich auch der Probleme bewußt sein, die entstehen können, wenn man `\reftextvario` verwendet: Wenn man an mehreren, nahe beieinanderliegenden Stellen auf das gleiche Objekt verweist, kann die jedesmal wechselnde Wortwahl seltsam wirken.

Eine abschließende Warnung: Jeder Einsatz von `\vref` erzeugt intern zwei Makronamen. Wenn man diesen Befehl sehr häufig verwendet, kann das bei kleineren TeX-Installationen dazu führen, daß man für neue Namen (»string pool« oder »multiletter control sequences«) keinen Raum mehr hat, oder daß kein Hauptspeicher mehr zur Verfügung steht. Aus diesem Grund gibt es zusätzlich den Befehl `\fullref`. Er kann immer dann verwendet werden, wenn man sicher ist, daß Label und Verweis nicht auf nahe beieinanderliegenden Seiten erscheinen.

2.5.2 Verweise auf externe Dokumente

Auf Basis der Arbeit von Jean-Pierre Drucbert entwickelte David Carlisle das Paket xr, ein System für Verweise auf externe Dokumente.

Wenn ein Dokument z. B. auf Abschnitte in einem anderen Dokument namens `other.tex` verweisen muß, dann kann man das Paket `xr` in der Hauptdatei angeben und den Befehl `\externaldocument{other}` in die Präambel schreiben.

Danach kann man mit `\ref` und `\pageref` auf alles verweisen, was entweder im Hauptdokument oder im Dokument `other.tex` mit dem Befehl `\label` versehen wurde. Man kann eine beliebige Anzahl solcher externer Dokumente deklarieren.

Wenn in den externen Dokumenten bzw. im Hauptdokument der gleiche `\label`-Befehl mehrmals verwendet wird, erzeugt dies einen Konflikt, da das gleiche Label mehrfach definiert wurde. Um dieses Problem zu vermeiden, verfügt `\externaldocument` über ein optionales Argument. Wenn man den Befehl in der Form `\externaldocument[A-]{other}` deklariert, erhalten alle Verweise in die Datei `other.tex` das Präfix `A-`. Wenn also ein Abschnitt in der Datei `other.tex` das Label `\label{intro}` erhält, kann darauf mit `\ref{A-intro}` verwiesen werden. Das Präfix muß nicht unbedingt `A-` sein; es kann eine beliebige Zeichenfolge sein, durch die sichergestellt wird, daß alle Label, die aus externen Dateien importiert werden, eindeutig sind. Man sollte jedoch in `\label`-Befehlen und im optionalen Argument von `\externaldocument` keine aktiven Zeichen verwenden, wie sie von einigen Paketen deklariert werden (wie z. B. `:` im Französischen oder `"` im Deutschen).

Kapitel 3
Formatierungswerkzeuge

Die Art und Weise, in der Informationen visuell präsentiert werden, kann das Verständnis einer Aussage durch den Leser stark beeinflussen. Darum ist es wichtig, die besten verfügbaren Werkzeuge zu verwenden, um die genaue Bedeutung der eigenen Worte zu vermitteln. Gleichzeitig gilt jedoch, daß Formen der visuellen Darstellung dem Benutzer immer nur das Verständnis eines Textes erleichtern dürfen, nicht aber seine Aufmerksamkeit ablenken. Daher sind eine einheitliche Darstellung und einheitliche Konventionen für die visuellen Merkmale ein absolutes Muß [65, 92, 104]. Ebenso sollte die Art und Weise, in der gegebene Strukturelemente hervorgehoben werden, im gesamten Dokument immer gleich sein. Diese Regeln lassen sich leicht festschreiben, indem man für jedes Dokumentenelement, das besonders behandelt werden soll, einen eigenen Befehl oder eine Umgebung definiert und diese Befehle und Umgebungen in einer Paketdatei oder in der Dokumentenpräambel zusammenfaßt. Indem man dann ausschließlich diese Befehle verwendet, ist eine einheitliche Präsentationsform gewährleistet.

Das vorliegende Kapitel erklärt verschiedene Wege, Teile eines Dokumentes hervorzuheben. Der erste Abschnitt befaßt sich mit der Hervorhebung kurzer Textfragmente oder Absätze. Der zweite Abschnitt behandelt LaTeXs Listenumgebungen. Dort werden die verschiedenen Parameter und Befehle untersucht, mit denen die Standard-Listenumgebungen `enumerate`, `itemize` und `description` gesteuert werden. Dann wird die allgemeine Listenumgebung `list` vorgestellt, und es wird gezeigt, wie man durch Variieren der Parameterwerte, mit denen die Umgebung `list` gesteuert wird, Layouts anpassen kann. Das eingabegetreue (englisch: verbatim) Setzen von Texten ist dann das Thema des dritten Abschnitts. In diesem Zusammenhang werden verschiedene Wege behandelt, wie man »getippte« Texte (z. B. Computerlistings) präsentieren kann – mit und ohne Berücksichtigung von Tabulatoren. Der vierte Abschnitt wirft einen Blick auf die verschiedenen Arten von Anmerkungen, wie z. B. Fußnoten, Marginalien und Endnoten, während Abschnitt 3.5 ein Paket vorstellt, mit dem Text auf einfache Art und Weise in mehreren Spalten gesetzt werden kann. Das Kapitel schließt mit der Betrachtung eines Paketes, welches eine Art von Versionsverwaltung ermöglicht.

3.1 Redewendungen und Absätze

Teile eines Textes können hervorgehoben werden, indem man ihnen ein anderes Erscheinungsbild zuweist, als dem übrigen Text. Parameter, die sich zu diesem Zwecke anpassen lassen, sind Schriftschnitt und Schriftstärke (siehe Abschnitt 7.3.1 auf Seite 168). Genauso kann Text unterstrichen oder die Laufweite einer Schrift verändert werden. In diesem Abschnitt werden die Mittel behandelt, mit denen sich die beiden zuletzt genannten Effekte erzeugen lassen.

Desweiteren werden zwei Methoden vorgestellt, mit denen das Erscheinungsbild von Absätzen verändert werden kann, und es wird gezeigt, wie Text im Flattersatz gesetzt und der Zeilenabstand innerhalb eines Absatzes eingestellt wird.

3.1.1 letterspace – Sperren von Wörtern

Das Paket letterspace (von Philip Taylor) führt den Befehl `\letterspace` ein, mit dessen Hilfe sich die Breite eines Textabschnittes verändern läßt. Dies wird über die Buchstabenabstände (Laufweite) und Wortzwischenräume erreicht. Das Ändern von Wortzwischenräumen, um einen Text gesperrt zu setzen, nennt man auch *Tracking*. Wie in dem Beispiel weiter unten gezeigt, kann die gewünschte Breite außerdem mit Hilfe des Parameters `\naturalwidth` als Funktion der natürlichen Breite der Textbox angegeben werden. Wie man an dem Beispiel erkennen kann, müssen akzentuierte Buchstaben mit geschweiften Klammern umgeben werden.

Die erste Zeile zeigt einen leicht komprimierten Text, die zweite Zeile ist in ihrer natürlichen Breite gesetzt und die dritte Zeile ist um 10% erweitert.

Unstet und flüchtig
Unstet und flüchtig (natürliche Breite)
Unstet und flüchtig

```
\letterspace to .9\naturalwidth{Unstet und fl{"u}chtig}
\letterspace {Unstet und fl{"u}chtig
                              (nat{"u}rliche Breite)}
\letterspace to1.1\naturalwidth{Unstet und fl{"u}chtig}
```

Der Befehl `\letterspace` sollte nur mit großer Sorgfalt verwendet werden, da er den »Grauwert« des Textes verändert und dadurch den Benutzer irritieren kann. Sein Gebrauch sollte auf die Fälle beschränkt bleiben, wo man die unzureichende Originalbreite eines Zeichensatzes ausgleichen muß. Dies kann der Fall sein, wenn man besondere Effekte erzielen will oder die Anzahl von Zeichen in einer Zeile ändern möchte, indem man die Zeichendichte anpaßt. Der Befehl kann beim Erzeugen von visuell ansprechenderen Überschriften hilfreich sein, da in größerer Schrift gesetzte Texte mit einer größeren Laufweite besser aussehen. Außerdem kann er eingesetzt werden, um Redewendungen hervorzuheben. So wird in dem folgenden Beispiel der Befehl `\letterspace` verwendet, um der Überschrift eine größere Laufweite zu verleihen und im Text das Wort »leer« gesperrt zu setzen, indem der Abstand der ersten drei Buchstaben zueinander vergrößert wird.

Der erste Tag

Am Anfang schuf Gott Himmel und Erde. Und die Erde war wüst und l e e r , und es war finster auf der Tiefe, und der Geist Gottes schwebte auf dem Wasser.

```
\centering\mbox{\Large\textbf{\letterspace to
                1.3\naturalwidth{Der erste Tag}}}
\begin{quotation}
Am Anfang schuf Gott Himmel und Erde. Und die
Erde war w"ust und\letterspace to2\naturalwidth
{ leer, }und es war finster auf der Tiefe, und
der Geist Gottes schwebte auf dem Wasser.
\end{quotation}
```

3.1.2 ulem – Betonen durch Unterstreichen

LaTeX ermutigt dazu, einzelne Elemente nicht so sehr durch explizite Befehle für den Fontwechsel, wie `\bfseries` oder `\itshape`[1] zu betonen, sondern eher mit dem Befehl `\emph` oder der Deklaration `\em`. Das Paket ulem (von Donald Arseneau) definiert den Befehl `\emph` neu, so daß er unterstrichenen Text anstelle des kursiv gesetzten Textes erzeugt. Innerhalb des unterstrichenen Textes sind Zeilenumbrüche und sogar eine einfache Silbentrennung möglich. Jedes Wort wird in einer unterstrichenen Box gesetzt, wodurch die automatische Silbentrennung ausgeschaltet wird. Weiche Trennstriche (`\-`) können aber trotzdem explizit eingesetzt werden. Die Unterstreichung setzt sich zwischen den Worten fort und wird wie normale Leerzeichen gedehnt. Da Leerzeichen normalerweise Wörter begrenzen, können im Falle syntaktischer Leerzeichen (z. B. `2.3␣pt`) Schwierigkeiten auftreten. Es wird einiger Aufwand betrieben, um solche Leerzeichen zu handhaben. Wenn Probleme auftreten, kann man versuchen, den störenden Befehl in Klammern zu setzen, da alle Einträge in Klammern in eine `\mbox` gesetzt werden. Dadurch unterdrücken Klammern die Dehnung und den Umbruch des Textes, den sie einschließen. Konstruktionen, die in mehreren Abstufungen hervorgehoben werden sollen, werden von diesem Paket nicht immer korrekt behandelt (man beachte den Aufwand, der im folgenden Beispiel betrieben wurde, um korrekte Wortzwischenräume zu erhalten: Jedes einzelne weiter hervorgehobene Wort wurde mit einem eigenen `\emph`-Befehl zu versehen).

Nein, ich habe nicht in dem Film Die Verfolgung und Ermordung des Jean-Paul Marat, vorgeführt von den Insassen des Asylum of Charenton unter Leitung des Marquis de Sade! mitgespielt. Aber ich habe ihn gesehen.

```
Nein, ich habe \emph{nicht} in dem Film
\emph{\emph{Die} \emph{Verfolgung} \emph{und}
\emph{Ermordung} \emph{des} \emph{Jean-Paul}
\emph{Marat}, vorgef"uhrt von den Insassen des
Asylum of Charenton unter Leitung des Marquis
de~Sade!} mitgespielt. Aber ich \emph{habe} ihn
gesehen.
```

Die Wirkung des ulem-Paketes läßt sich mit den Befehlen `\normalem` und `\ULforem` aus- und einschalten. Das nächste Beispiel zeigt, welche weiteren Variationen möglich sind.

---

1 Siehe Kapitel 7 zu den neuen Fontbefehlen in LaTeX2ε.

Einfach unterstreichen (unterstrichen),
mit Wellenlinie (unterschlängelt),
durchstreichen (~~durchgestrichen~~),
ausstreichen (ausgestrichen),

```
Einfach unterstreichen (\uline{unterstrichen}), \\
mit Wellenlinie ({\uwave{unterschl"angelt}),}   \\
durchstreichen (\sout{durchgestrichen}),        \\
ausstreichen (\xout{ausgestrichen}),
```

3.1.3 xspace – Korrekter Leerraum nach Befehlen

Das kleine Paket xspace (von David Carlisle) definiert den Befehl `\xspace`, der am Ende einer Befehlsdefinition verwendet werden sollte, welche hauptsächlich zur Verwendung im Text erstellt wurde. Es fügt ein Leerzeichen ein, sofern nicht ein Satzzeichen auf den Befehl folgt.

Durch `\xspace` braucht man nicht mehr hinter den meisten Befehlen, die in einem Text vorkommen, `\␣` oder `{}` einzugeben. Wenn jedoch eine dieser Konstruktionen auf `\xspace` folgt, fügt `\xspace` kein Leerzeichen ein. Das bedeutet, daß man `\xspace` ohne Risiko an eine bereits existierende Befehlsdefinition anfügen kann, ohne daß man Änderungen in seinem Dokument vornehmen müßte. Mögliche Kandidaten für die Verwendung von Lmcsxspace sind Befehle für Abkürzungen, wie »z. B.« oder »d.h.«.

```
\newcommand{\zB{}}{z.B.,\xspace}    \newcommand{\dh{}}{d.h.,\xspace}
\newcommand{\usw{}}{usw.\@\xspace}
```

Der `\@`-Befehl wird im obigen Beispiel dazu verwendet, die richtige Art von Leerraum zu erzeugen: Rechts von einem Punkt verhindert er, daß zusätzlicher Abstand eingefügt wird, da der Punkt in diesem Fall nicht als ein Satzendezeichen gewertet wird. Links von einem Punkt bewirkt er, daß LaTeX den Punkt auch dann als Satzendezeichen interpretiert, wenn er auf einen Großbuchstaben folgt.

Unter Umständen kann es vorkommen, daß `\xspace` an der falschen Stelle einen Leerraum einfügt. In solchen Fällen kann man an das Makro einfach `{}` anschließen, wodurch der Leerraum unterdrückt wird.

Die Bundesrepublik Deutschland hat 16 Länder.
Großbritannien , die Bundesrepublik Deutschland und Frankreich haben enge kulturelle Verbindungen.

```
\newcommand{\BRD}{Bundesrepublik
                        Deutschland\xspace}
\newcommand{\GB}{Gro"sbritannien\xspace}
Die \BRD hat 16 L"ander.\\ \GB, die \BRD und
Frankreich haben enge kulturelle Verbindungen.
```

3.1.4 Ausrichten von Absätzen

In manchen Dokumenten schließen Absätze nicht bündig am rechten Rand (wie z. B. in diesem Absatz). Die LaTeX-Umgebung `flushleft` setzt in ihr enthaltene Absätze in diesem sogenannten Flattersatz. Ihre Parameter zum Setzen von Absätzen sind jedoch nicht allgemeingültig, da die meisten Umgebungen (wie `minipage`, `tabular` und die `list`-Familie) und Befehle (wie `\parbox`, `\footnote` und `\caption`) die Ausrichtung für Absätze wieder zurücksetzen. Das heißt, sie setzen den Abstand zum rechten Rand (`\rightskip`) auf null.

Um in solchen Umgebungen und Befehlen Flattersatz zu erzeugen, kann man den Befehl `\setlength{\rightskip}{0pt plus 1fil}` innerhalb ihres Gültigkeitsbereiches verwenden. Innerhalb von Listenumgebungen wird anstatt `\rightskip` eine andere Gummilänge verwendet, nämlich `\@rightskip`.

Im folgenden Beispiel, das intern die Umgebung `minipage` verwendet, wird der Befehl `\rightskip` neu definiert, um den gewünschten Effekt zu erzielen. Dabei ist zu beachten, daß `\rightskip` nur bis zu einem Maximum von 2 cm gedehnt werden kann, um die Größe der erlaubten Weißflächen rechts auf der Seite zu begrenzen.

Am Anfang schuf Gott Himmel und Erde.
Und die Erde war wüst und leer, und es
war finster auf der Tiefe, und der Geist
Gottes schwebte auf dem Wasser.

```
\setlength{\rightskip}{0pt plus 2cm}
Am Anfang schuf Gott Himmel und Erde. Und die
Erde war w"ust und leer, und es war finster auf
der Tiefe, und der Geist Gottes schwebte auf dem
Wasser.
```

Weitere Formate zum Setzen von Absätzen sind: rechtsbündig mit Hilfe der Umgebung `flushright` und zentriert mit Hilfe der Umgebung `center`. Zeilenumbrüche werden in diesen Umgebungen normalerweise durch den `\\`-Befehl erzeugt, während man beim Flattersatz (mit der Umgebung `flushleft`, wie zuvor erklärt) LaTeX die Zeilenumbrüche überlassen kann.

Die drei Umgebungen, die in diesem Abschnitt erklärt wurden, ändern das Absatzformat, indem sie die Deklarationen ändern, mit deren Hilfe TeX Absätze formatiert. Diese Deklarationen sind, wie man aus der folgenden Zuordnungstabelle ersehen kann, auch als LaTeX-Befehle verfügbar.

Umgebung:	`center`	`flushleft`	`flushright`
Befehl:	`\centering`	`\raggedright`	`\raggedleft`

Anders als die entsprechenden Umgebungen beginnen diese Befehle keinen neuen Absatz. Dadurch können sie innerhalb anderer Umgebungen, insbesondere in einer `\parbox`, verwendet werden, um die Ausrichtung innerhalb von p-Spalten der Umgebungen `array` und `tabular` zu steuern. Dabei sollten jedoch gewisse Vorsichtsmaßnahmen beachtet werden. Diese sind auf Seite 110 erklärt, wo der Befehl `\PreserveBackslash` vorgestellt wird.

Die Wortzwischenräume in bündig formatierten Absätzen werden durch verschiedene TeX-Parameter gesteuert. Die wichtigsten davon sind `\tolerance` und `\emergencystretch`. Wenn diese Parameter richtig eingestellt sind, kann man alle oder doch fast alle »Overfull box«-Warnungen vermeiden, ohne daß man Zeilen manuell umbrechen muß. Der Parameter `\tolerance` gibt an, wie stark Wortzwischenräume in einem Absatz von ihrer optimalen Größe abweichen dürfen.[2] Dieser Befehl ist ein TeX- (kein LaTeX-) Zähler und hat daher eine etwas ungewöhnliche Syntax für die Wertzuweisung, z. B. `\tolerance=500`. Niedrigere Werte führen dazu, daß TeX nur Lösungen in der Nähe des Optimums akzeptiert, höhere Werte erlauben größere Abweichungen beim

2 Die optimale Größe ist abhängig vom jeweiligen Zeichensatz; siehe Abschnitt 7.7.2 auf Seite 206.

Setzen. Voreingestellt ist häufig ein Wert von 200. Wenn TEX nicht innerhalb der vorgegebenen Toleranz bleiben kann, erhält man in der Ausgabe überlaufende Zeilen (d.h. Zeilen die, wie die vorherige, über den Rand hinaus verlaufen). Wenn der Wert für `\tolerance` erhöht wird, zieht TEX auch ungünstigere, jedoch noch akzeptable Zeilenumbrüche in Betracht, bevor es das Problem für eine manuelle Lösung an den Anwender übergibt. Werte zwischen 50 und 9999 sind vernünftige Einstellungen, 10000 oder höhere Werte sollten nicht eingesetzt werden, denn diese erlauben es TEX, willkürlich ungünstige Zeilenumbrüche vorzunehmen (so wie in dieser Zeile).
Wenn man wirklich vollautomatische Zeilenumbrüche benötigt, z. B. bei Anwendungen bei denen der Text automatisch aus einer Datenbank zusammengestellt wird, ist es besser, den Längenparameter `\emergencystretch` auf einen positiven Wert zu setzen. Wenn TEX (aufgrund der Einstellungen für `\tolerance`) einen Absatz nicht umbrechen kann, ohne dabei Zeilenüberläufe zu produzieren und `\emergencystretch` positiv ist, versucht TEX ein weiteres Mal eine mögliche Lösung zu finden, indem es seinem Algorithmus vorgaukelt, daß in jeder Zeile eine zusätzliche Dehnbarkeit von `\emergencystretch` vorhanden ist. Dadurch werden Zeilenumbrüche akzeptabel, die zuvor abgelehnt wurden. Das kann zu einigen »Underfull Box«- Warnungen (nicht ganz ausgefüllte Zeilen) führen, da nun alle Zeilen nach einem lockereren Maßstab gesetzt werden. Dieses Ergebnis sieht aber immer noch besser aus als eine einzelne, häßliche Zeile inmitten eines ansonsten perfekt gesetzten Absatzes.[3]

Die oben beschriebenen Parameter werden in LATEX durch zwei vordefinierte Befehle beeinflußt: durch den voreingestellten Befehl `\fussy` und durch den Befehl `\sloppy`, der relativ ungünstige Zeilenumbrüche zuläßt. Der Befehl `\sloppy` wird von LATEX automatisch immer dann verwendet, wenn perfekte Zeilenumbrüche aufgrund des engen Maßstabs unwahrscheinlich sind (z. B. beim Formatieren von `\marginpar`-Argumenten oder von p-Spalten in der Umgebung `tabular`).

3.1.5 doublespace – **Ändern des Zeilenabstandes**

Der Befehl `\baselineskip` ist ein TEX-Parameter, mit dem der *Durchschuß* (der normale vertikale Abstand) zweier aufeinanderfolgender Grundlinien festgelegt wird. Standard-LATEX definiert den Durchschuß um fast 20% größer als die Entwurfsgröße des verwendeten Zeichensatzes (siehe Abschnitt 7.6.1 auf Seite 192). Da es nicht empfehlenswert ist, die Einstellung von `\baselineskip` direkt zu ändern, verfügt LATEX über den Befehl `\baselinestretch`, mit dem sich `\baselineskip` global für alle Größen ändern läßt.

Eine Anweisung, wie etwa `\renewcommand{\baselinestretch}{1.5}` zeigt erst einmal keine unmittelbare Wirkung. Zunächst muß ein Befehl für den Fontgrößenwechsel (wie `\small`, `\Large`, usw.) verwendet werden, damit der neue Wert in Kraft tritt.

3 Dieses Buch wurde mit einer `\tolerance` von 2000 und `\emergencystretch` von 20pt gesetzt. Es enthält (außer obigem Beispiel) keine manuellen Zeilenumbrüche!

Am Anfang schuf Gott Himmel und Erde. Und die Erde

war wüst und leer, und es war finster auf der Tiefe, und

der Geist Gottes schwebte auf dem Wasser.

```
\begin{spacing}{2}
Am Anfang schuf Gott Himmel und Erde.
Und die Erde war w"ust und leer, und
es war finster auf der Tiefe, und der
Geist Gottes schwebte auf dem Wasser.
\end{spacing}
```

Abbildung 3.1: Vergrößerter Durchschuß

Das Paket doublespace (von Stephen Page) definiert die Umgebung `spacing`. Der Parameter *coef* ist der Wert von `\baselinestretch` für den Text.

`\begin{spacing}{`*coef*`}` ... *text* ... `\end{spacing}`

In dem Beispiel in Abbildung 3.1 erzeugt der Koeffizient »2« einen Durchschuß, der größer ist als der doppelte Zeilenabstand, der für einige Publikationen benötigt wird. Doppelter Abstand bedeutet, daß der vertikale Abstand zwischen den Grundlinien ungefähr doppelt so groß ist wie die Zeichengröße. Bei einem Koeffizienten von »2« wird der Abstand größer als die doppelte Zeichengröße, da der normale Durchschuß in LaTeX (d.h. der Wert von `\baselineskip` schon etwa 20% größer als die Zeichengröße ist. Da `\baselinestretch` das Verhältnis zwischen dem gewünschten Zeilenabstand und `\baselineskip` angibt, kann der korrekte Wert für `\baselinestretch` bei verschiedenen Basisschriftgraden leicht errechnet werden. In Tafel 3.1 sind die Werte für zwei unterschiedliche Zeilenabstände und drei Basisschriftgrade dargestellt.

3.1.6 picinpar – »Fenster« innerhalb von Absätzen

Mit dem Paket picinpar, das Friedhelm Sowa auf der Basis früherer Arbeiten von Alan Hoenig entwickelte, können »Fenster« innerhalb von Absätzen gesetzt werden [96]. Die Basisumgebung dafür ist `window`. Zu ihr gibt es zwei Varianten namens `figwindow` und `tabwindow`. Sie erzeugen jeweils Bildunterschriften für Abbildungen und Tafeln. Die Umgebung `figwindow` ähnelt der `wrapfigure`-Umgebung, die in Abschnitt 6.4.2 beschrieben wird. Wie dort erklärt, sollte man `figwindow`- und normale `figure`-Umgebungen nur mit größter Sorgfalt miteinander vermischen, da letztere hinter die nicht gleitenden `figwindow`-Objekte rutschen können, womit eine falsche Reihenfolge der Abbildungsnummern entstünde.

Abstand	10pt	11pt	12pt
anderthalb	1.25	1.21	1.24
doppelt	1.67	1.62	1.66

Tafel 3.1: Werte für `\baselinestretch` bei verschiedenen Schriftgraden

Im vorliegenden Beispiel wird ein vertikal gedrucktes Wort horizontal und vertikal zentriert in einen Absatz eingef"ugt. Es ist leicht vorstellbar, da"s sich mit der Umgebung `tabwindow` auch Tafeln einfach einbinden lassen.

H
e
l
l
o

Wenn ein Fenster l"anger ist als der Absatz, in dem es beginnt, dann reicht es "uber das Ende des Absatzes in den oder die n"achsten Abs"atze hinein.

```
\begin{window}[1,c,%
   {\fbox{\shortstack{H\\e\\l\\l\\o}}},{}]
Im vorliegenden Beispiel wird ein vertikal
gedrucktes Wort horizontal und vertikal
zentriert in einen Absatz eingef"ugt.  Es ist
leicht vorstellbar, da"s sich mit der Umgebung
\texttt{tabwindow} auch Tafeln einfach
einbinden lassen.\par Wenn ein Fenster l"anger
ist als der Absatz, in dem es beginnt, dann
reicht es "uber das Ende des Absatzes in den
oder die n"achsten Abs"atze hinein.
\end{window}
```

Figure 3.2: Ein "'Fenster"' innerhalb eines Absatzes

`\begin{window}` [*nz,position,material,erklärung*]

nz Anzahl der Zeilen vor dem Fenster;

position Ausrichtung des Fensters innerhalb eines Absatzes (*l* für links, *c* für zentriert und *r* für rechts ausgerichtet);

material Material, das in dem Fenster gezeigt werden soll;

erklärung Erklärender Text zum Fensterinhalt (z. B. die Bildunterschriften für `figwindow` und `tabwindow`.

Abbildung 3.2 zeigt, wie man ein Fenster inmitten eines Absatzes setzen kann. Dabei wurde der Befehl `\shortstack` verwendet, um die Buchstaben übereinander anzuordnen.

In einem Absatz kann auch eine Abbildung oder eine Tafel eingebettet sein. In dem Beispiel in Abbildung 3.4 auf der nächsten Seite wurde eine Karte von Großbritannien an der rechten Seite des Absatzes eingebettet. Die Umgebung `figwindow` setzt auch die angegebene Bildunterschrift.

3.1.7 shapepar – **Absätze mit besonderen Formen**

Das Paket shapepar (von Donald Arseneau) definiert den Befehl shapepar, mit dessen Hilfe man die Form von Absätzen selbst definieren kann. Die Gesamtgröße wird automatisch angepaßt, so daß die Form vollständig mit Text ausgefüllt wird. Der Absatz sollte keine abgesetzten Formeln, `\vadjust`- oder `\vspace`-Befehle enthalten. Er wird mehrfach formatiert, bis Größe und Form stimmen. Da dies sehr zeitaufwendig ist, eignet sich das Paket hauptsächlich für Gruß- oder Einladungskarten – nicht für ganze Bücher!

Der Befehl `\shapepar` muß am Anfang eines Absatzes verwendet werden und gilt für den gesamten Absatz.

Is this a dagger which I see before me, The handle toward my hand? Come, let me clutch thee. I have thee not, and yet I see thee still. Art thou not, fatal vision, sensible To feeling as to sight? or art thou but A dagger of the mind, a false creation, Proceeding from the heat-oppressed brain? I see thee yet, in form as palpable As this which now I draw. Thou marshall'st me the way that I was going; And such an instrument I was to use.

Abbildung 3.3: United Kingdom

Mine eyes are made the fools o' the other senses, Or else worth all the rest; I see thee still, And on thy blade and dudgeon gouts of blood, Which was not so before. (*Macbeth*, Act II, Scene 1).

```
\begin{figwindow}[3,r,%
  {\fbox{\epsfig{file=ukmap.eps,width=27mm}}},%
                    {United Kingdom}]
Is this a dagger which I see before me, The
handle toward my hand? Come, let me clutch
thee. I have thee not, and yet I see thee
still.  Art thou not, fatal vision, sensible
To feeling as to sight?  or art thou but A
dagger of the mind, a false creation,
Proceeding from the heat-oppressed brain?  I
see thee yet, in form as palpable As this
which now I draw.  Thou marshall'st me the way
that I was going; And such an instrument I was
to use.  Mine eyes are made the fools o' the
other senses, Or else worth all the rest; I
see thee still, And on thy blade and dudgeon
gouts of blood, Which was not so before.
(\emph{Macbeth}, Act II, Scene 1).
\end{figwindow}
```

Abbildung 3.4: Einbettung von Abbildungen

`\shapepar{`*form_spez*`}` Absatztext

Der Parameter *form_spez* gibt die Absatzform an. Die erforderlichen Syntaxregeln für eine solche Form sind sehr spezifisch. Wer daran interessiert ist, sollte sie in der Paketdatei selbst nachlesen. Es gibt jedoch bereits vier definierte Formen, von denen drei mit einem vordefinierten Befehl verbunden sind, nämlich `\diamondpar`, `\squarepar` und `\heartpar`. Sie erzeugen folgende Formen:

◇
Infan-
dum, regina,
iubes renovare do-
lorem, Troianas ut opes
et lamentabile regnum cruerint
Danai; quaeque ipse miserrima vidi, et
quorum pars magna fui. Quis talia fando Myr-
midonum Dolopumve aut duri miles Ulixi temperet a
lacrimis? Et iam nox umida caelo praecipitat, suaden-
tque cadentia sidera somnos. Sed si tantus
amor casus cognoscere nostros et breviter
Troiae supremum audire laborem,
quamquam animus memi-
nisse horret, luctuque
refugit, in-
cipiam.
◇

`\diamondpar{Infandum, regina,...}`

Infandum, regina, iubes renovare dolorem, Troianas ut opes et lamentabile regnum cruerint Danai; quaeque ipse miserrima vidi, et quorum pars magna fui. Quis talia fando Myrmidonum Dolopumve aut duri miles Ulixi temperet a lacrimis? Et iam nox umida caelo praecipitat, suadentque cadentia sidera somnos. Sed si tantus amor casus cognoscere nostros et breviter Troiae supremum audire laborem, quamquam animus meminisse horret, luctuque refugit, incipiam.

`\squarepar{Infandum, regina,...}`

Infandum, regina,
iubes renovare do- lorem, Troianas ut
opes et lamentabile regnum cruerint Danai;
quaeque ipse miserrima vidi, et quorum pars
magna fui. Quis talia fando Myrmidonum
Dolopumve aut duri miles Ulixi temperet a
lacrimis? Et iam nox umida caelo prae-
cipitat, suadentque cadentia sidera somnos.
Sed si tantus amor casus cognoscere
nostros et breviter Troiae supremum
audire laborem, quamquam an-
imus meminisse horret,
luctuque refugit,
incipiam.
♡

`\heartpar{Infandum, regina,...}`

Infandum, regina, iubes reno-
vare dolorem, Troianas ut opes et
lamentabile regnum cruerint Danai;
quaeque ipse miserrima vidi, et quorum
pars magna fui. Quis talia fando
Myrmidonum Dolopumve aut
duri miles Ulixi temperet
a lacrimis? Et iam nox umida
caelo praecipi- tat, suadentque
cadentia sidera somnos. Sed
si tantus amor casus cognoscere
nostros et breviter Troiae supre-
mum audire laborem, quamquam
animus meminisse horret, luc-
tuque refugit, incipiam.

`\shapepar\nutshape{Infandum, regina,...}`

3.2 Der Aufbau von Listen

Listen sind eine sehr allgemeine LaTeX-Konstruktion. Sie werden zum Bilden vieler der absatzerzeugenden Umgebungen von LaTeX verwendet. Die Standardlistenumgebungen `enumerate`, `itemize` und `description` sind im nächsten Abschnitt beschrieben, wo auch gezeigt wird, wie sie angepaßt werden können. Die generische Listenumgebung wird in Abschnitt 3.2.2 beschrieben.

3.2.1 Ändern der Standardlisten

Es ist relativ einfach, die drei Standardlistenumgebungen von LaTeX eigenen Erfordernissen anzupassen. Die drei folgenden Abschnitte befassen sich nacheinander mit diesen Umgebungen. Änderungen an den Standardeinstellungen lassen sich global in der Präambel vornehmen, indem man dort bestimmte Listenparameter neu definiert, sie können aber auch lokal erfolgen.

Anpassen der `enumerate`-Umgebung

Die LaTeX-Umgebung `enumerate` für numerierte Listen wird durch die Befehle und Darstellungsformen in Tafel 3.2 auf der nächsten Seite charakterisiert. Die erste Zeile enthält die Namen der Zähler, die zum Numerieren der vier möglichen Listenebenen verwendet werden. Die zweite und dritte Zeile enthalten die Befehle, welche die Darstellung der Zähler und ihre voreingestellten Definitionen in den LaTeX-Standardklassen festlegen. Die Zeilen vier, fünf und sechs enthalten den Befehl, die Standarddefinition und ein Beispiel für die tatsächliche Numerierung, wie sie von der Liste ausgegeben wird.

Ein Verweis auf ein numeriertes Listenelement wird mit Hilfe von `\theenumi`, `\theenumii` und weiteren, ähnlichen Befehlen gebildet. Ihnen werden entsprechend die Befehle `\p@enumi`, `\p@enumii` usw., als Präfix vorangestellt. Die letzten drei Zeilen der Tafel zeigen den Befehl und die Standarddefinition für Verwei-

	Erste Ebene	Zweite Ebene	Dritte Ebene	Vierte Ebene
Zähler	`enumi`	`enumii`	`enumiii`	`enumiv`
Darstellung	`\theenumi`	`\theenumii`	`\theenumiii`	`\theenumiv`
Voreinstellung	`\arabic{enumi}`	`\alph{enumii}`	`\roman{enumiii}`	`\Alph{enumiv}`
Labelfeld	`\labelenumi`	`\labelenumii`	`\labelenumiii`	`\labelenumiv`
Voreinstellung	`\theenumi.`	`(\theenumii)`	`\theenumiii.`	`\theenumiv.`
Beispiel für Label	1. 2.	(a) (b)	i. ii.	A. B.
Präfix für `\ref`	`\p@enumi`	`\p@enumii`	`\p@enumiii`	`\p@enumiv`
Voreinstellung	`{}`	`\theenumi`	`\theenumi(\theenumii)`	`\p@enumiii\theenumiii`
Beispiel für `\ref`	1 2	1a 2b	1(a)i 2(b)ii	1(a)iA 2(b)iiB

Tafel 3.2: Befehle zum Steuern der Listenumgebung `enumerate`

se sowie ein Beispiel ihrer Darstellung. Für korrekte Verweise muß man sowohl die Befehlsdefinitionen für die Darstellung als auch diejenigen zum Bilden der Verweise berücksichtigen.

Mit Hilfe dieser Informationen lassen sich nun leicht eigene numerierte Listen erstellen, die sich in dem einen oder anderen Punkt von den Voreinstellungen unterscheiden.

Das erste Beispiel definiert die Zähler der ersten und zweiten Ebene neu, so daß diese große römische Zahlen und lateinische Buchstaben verwenden. Die visuelle Darstellung soll aus dem Wert des Zählers gebildet werden, gefolgt von einem Punkt. Der Präfixbefehl `\p@enumi` der für Querverweise verwendet wird hat als voreingestellten Wert den in Tafel 3.2 dargestellten.

I. **Einleitung**

   A. **Anwendungen**
   Motivation zu Forschung und Anwendung im Zusammenhang mit dem Thema.

   B. **Aufbau**
   Erklärung zum Aufbau des Berichtes, was dazugehört und was nicht.

II. **Literaturübersicht**

III. **Forschungantrag**

q1=I-A q2=I-B q3=II q4=III

```
\makeatletter
\renewcommand{\theenumi}{\Roman{enumi}}
\renewcommand{\labelenumi}{\theenumi.}
\renewcommand{\theenumii}{\Alph{enumii}}
\renewcommand{\labelenumii}{\theenumii.}
\renewcommand{\p@enumii}{\theenumi--}
\makeatother
\begin{enumerate} \item \textbf{Einleitung}
  \begin{enumerate}
    \item \textbf{Anwendungen}  \newline
     Motivation zu Forschung und Anwendung im
     Zusammenhang mit dem Thema.      \label{q1}
    \item \textbf{Aufbau}  \newline
      Erkl"arung zum Aufbau des Berichtes, was
     dazugeh"ort und was nicht.       \label{q2}
  \end{enumerate}
  \item \textbf{Literatur"ubersicht} \label{q3}
  \item \textbf{Forschungantrag}      \label{q4}
\end{enumerate}
q1=\ref{q1} q2=\ref{q2} q3=\ref{q3} q4=\ref{q4}
```

Das enumerate-Feld läßt sich ausschmücken, indem man das Labelfeld erweitert. In dem nächsten Beispiel wird das Paragraphenzeichen (§) als Präfix für die Label aller Listenelemente der ersten Ebene verwendet.

§1. Listentext, weiterer Listentext, Listentext,

§2. Listentext, weiterer Listentext, Listentext,

§3. Listentext, weiterer Listentext, Listentext, weiterer Listentext.

w1=1 w2=2

```
\renewcommand{\labelenumi}{\S\theenumi.}
\begin{enumerate}
\item Listentext, weiterer Listentext,
      Listentext, \label{w1}
\item Listentext, weiterer Listentext,
      Listentext, \label{w2}
\item Listentext, weiterer Listentext,
 Listentext, weiterer Listentext.
\end{enumerate}
w1=\ref{w1}  w2=\ref{w2}
```

Möglicherweise sollen auch verschiedene Zeichen für aufeinanderfolgende Label verwendet werden. So werden im folgenden Beispiel Zeichen des Postscript-Zeichensatzes ZapfDingbats verwendet. In diesem Fall gibt es keinen einfachen Weg, die korrekten Querverweise automatisch über `\ref`-Befehle zu erzeugen. Dazu kann man jedoch die Umgebung `dingautolist` aus dem Paket pifont verwenden, einem Teil des PSNFSS-Systems (siehe Abschnitt 11.9.3 auf Seite 344). Außerdem wird das Paket calc eingesetzt, um die Addition innerhalb des `\setcounter`-Befehls durchzuführen (siehe Abschnitt A.4 auf Seite 490).

① Listentext, weiterer Listentext, Listentext, weiterer Listentext,

② Listentext, weiterer Listentext, Listentext, weiterer Listentext;

③ Listentext, weiterer Listentext, Listentext, weiterer Listentext.

```
\newcounter{local}\renewcommand{\labelenumi}
   {\setcounter{local}{171+\value{enumi}}%
    \ding{\value{local}}}
\begin{enumerate}
\item Listentext, weiterer Listentext,
 Listentext, weiterer Listentext,
\item Listentext, weiterer Listentext,
 Listentext, weiterer Listentext;
\item Listentext, weiterer Listentext,
 Listentext, weiterer Listentext.
\end{enumerate}
```

Schließlich existiert für alle diejenigen, die sich nicht weiter mit der Anpassung dieser Befehle befassen möchten, das enumerate-Paket (von David Carlisle). Es definiert die Umgebung `enumerate` so um, daß sie ein optionales Argument erhält, welches den Stil angibt, in dem der Zähler gedruckt wird. Dieses Argument kann jedes der Zeichen `A`, `a`, `I`, `i` oder `1` enthalten, um damit entsprechend den Zählerwert im Stil `\Alph`, `\alph`, `\Roman`, `\roman` oder `\arabic` darzustellen.

Darüber hinaus kann das Argument jeden LaTeX-Befehl enthalten. Die Zeichen `A`, `a`, `I`, `i` und `1` müssen allerdings von `{}` umschlossen werden, wenn sie nicht in der oben angegebenen Weise interpretiert werden sollen.

	Erste Ebene	Zweite Ebene	Dritte Ebene	Vierte Ebene
Befehle	`\labelitemi`	`\labelitemii`	`\labelitemiii`	`\labelitemiv`
Definition	`\m@th\bullet`	`\bfseries --`	`\m@th\ast`	`\m@th\cdot`
Darstellung	•	–	∗	·

Tafel 3.3: Befehle zum Steuern einer `itemize`-Liste

Der interne Befehl `\m@th` in den oben gezeigten Einstellungen setzt den Wert für den Parameter `\mathsurround` (zusätzlicher Leerraum um Formeln innerhalb eines Absatzes) lokal auf null. `\m@th` sollte immer dann aufgerufen werden, wenn der mathematische Modus nicht für Formeln verwendet wird. Dadurch werden zusätzliche Leerzeichen überall dort vermieden, wo `\mathsurround` aufgrund der Dokumentenklassen positiv ist.

Die Querverweisbefehle `\label` und `\ref` können genauso verwendet werden, wie mit der Standardumgebung `enumerate`. Dabei ist jedoch zu beachten, daß der Befehl `\ref` mit diesem Paket nur die gewählte Darstellung für den Zähler erzeugt – nicht das gesamte Label. Er druckt den Zähler in der durch die Angabe eines der Zeichen `A`, `a`, `I`, `i` oder `1` im optionalen Argument festgelegten Darstellung.

EX i. Text 1 der Ebene 1. Weiterer Text 1 der Ebene 1

EX ii. Text 2 der Ebene 1.

  Beispiel a) Text 1 der Ebene 2. Weiterer Text 1 der Ebene 2

  Beispiel b) Text 2 der Ebene 2.

A-1 Text 1 der Ebene 1 für Liste 2.

A-2 Text 2 der Ebene 1 für Liste 2.

So werden Verweise auf Elemente dargestellt: 'i', 'iia' und '1' oder ausführlicher 'EX i.' und 'A-1'.

```
\begin{enumerate}[EX i.]
\item Text 1 der Ebene 1.
  Weiterer Text 1 der Ebene 1     \label{LA}
\item  Text 2 der Ebene 1.
    \begin{enumerate}[{Beispiel} a)]
    \item Text 1 der Ebene 2.
      Weiterer Text 1 der Ebene 2 \label{LB}
    \item Text 2 der Ebene 2.
    \end{enumerate}
\end{enumerate}
\begin{enumerate}[{A}-1]
\item Text 1 der Ebene 1 f"ur Liste 2.
                                       \label{LC}
\item Text 2 der Ebene 1 f"ur Liste 2.
\end{enumerate}
So werden Verweise auf Elemente dargestellt:
`\ref{LA}', `\ref{LB}' und `\ref{LC}' oder
ausf"uhrlicher `EX~\ref{LA}.' und `A-\ref{LC}'.
```

Anpassen der `itemize`-Umgebung

Die Label für eine einfache `itemize`-Liste ohne Numerierung werden durch die Befehle in Tafel 3.3 definiert.

Will man eine Liste mit anderen Markierungen erzeugen, so kann man den Befehl zum Erzeugen des Labels redefinieren. Diese Änderung läßt sich entweder wie in dem unten gezeigten Beispiel lokal für eine einzelne Liste oder aber global vornehmen, indem man die neue Definition für `\labelitemi` in der Dokumentenpräambel angibt. Die folgende einfache Liste ist eine itemize-Standardliste mit einem Symbol aus dem PostScript-Zeichensatz ZapfDingbats (siehe Abschnitt 11.9.3 auf Seite 344) für das Label der ersten Ebene:

- ☞ Text des ersten Punktes in der Liste.
- ☞ Text des ersten Satzes für den zweiten Punkt in der Liste. Und der zweite Satz.
- ☞ Dies ist ein Satz im Text des dritten Punktes der Liste.

```
\newenvironment{MYitemize}{%
  \renewcommand{\labelitemi}{\ding{43}}%
          \begin{itemize}}{\end{itemize}}
\begin{MYitemize}
\item Text des ersten Punktes in der Liste.
\item Text des ersten Satzes f"ur den zweiten
      Punkt in der Liste. Und der zweite Satz.
\item Dies ist ein Satz im Text des dritten
      Punktes der Liste.
\end{MYitemize}
```

Anpassen der `description`-Umgebung

Wenn man die `description`-Umgebung verwendet, kann man den Befehl `\descriptionlabel` ändern, der die Label erzeugt. Im folgenden Beispiel wird der Zeichensatz für die Label von fett in serifenlos geändert.

A. Listentext, Listentext, Listentext, weiterer Listentext;

B. Listentext, Listentext, Listentext, weiterer Listentext;

C. Listentext, Listentext, Listentext, weiterer Listentext.

```
\renewcommand{\descriptionlabel}[1]%
          {\hspace{\labelsep}\textsf{#1}}
\begin{description}
\item[A.] Listentext, Listentext,
      Listentext, weiterer Listentext;
\item[B.] Listentext, Listentext,
      Listentext, weiterer Listentext;
\item[C.] Listentext, Listentext,
      Listentext, weiterer Listentext.
\end{description}
```

Die LaTeX-Standardklassen setzen den Anfangspunkt für Label-Boxen in einer `description`-Umgebung vor dem linken Rand der umschließenden Umgebung, und zwar mit dem Abstand `\labelsep`. In dem oben aufgeführten Beispiel fügt `\descriptionlabel` daher zunächst den Wert `\labelsep` wieder hinzu, damit das Label linksbündig beginnt.

3.2.2 Erstellen eigener Listen

Listen werden mit Hilfe der generischen Listenumgebung `list` erzeugt:

`\begin{list}{`*standardlabel*`}{`*dekl*`}` *element_liste* `\end{list}`

Der Parameter *standardlabel* gibt den Text an, der als Label verwendet wird, wenn ein `\item`-Befehl kein optionales Argument enthält. Der Parameter *dekl* stellt die verschiedenen geometrischen Parameter für die `list`-Umgebung ein (siehe Abbildung 3.5 und Tafel 3.4 auf der nächsten Doppelseite). Die Tafel zeigt auch die Standardwerte für diese Parameter. Sie können alle mit Hilfe der Befehle `\setlength` oder `\addtolength` verändert werden.

Mit Hilfe von `list` werden verschiedene LaTeX-Umgebungen definiert (z. B. `quote`, `quotation`, `center`, `flushleft` und `flushright`). Diese Umgebungen haben nur ein Element und der Befehl `\item[]` wird in der Definition der Umgebung angegeben.

Als Beispiel läßt sich die Umgebung `quote` anführen, deren Definition die Ränder links und rechts gleichsetzt. Die Variante `Quote`, die unten gezeigt wird, ist – bis auf die speziellen Anführungszeichen um den Text – identisch mit `quote`. Es sind besondere Vorsichtsmaßnahmen erforderlich, um unerwünschten Leerraum vor (`\ignorespaces`) und hinter dem Text (`\unskip`) zu vermeiden. Durch den `\makebox`-Befehls benötigen die Anführungszeichen[4] keinen Platz und werden deshalb im Rand positioniert.

... vorangehender Text.

»Zitierter Text, weiterer zitierter Text. Zitierter Text, weiterer zitierter Text.«

nachfolgender Text ...

```
\newenvironment{Quote}% Definition von Quote
  {\begin{list}{}{%
      \setlength{\rightmargin}{\leftmargin}}%
   \item[]\makebox[0pt][r]{">}\ignorespaces}
  {\unskip\makebox[0pt][l]{"<}\end{list}}
\ldots\ vorangehender Text.
\begin{Quote}
    Zitierter Text, weiterer zitierter Text.
  Zitierter Text, weiterer zitierter Text.
\end{Quote}
nachfolgender Text \ldots
```

Generische Listen werden oft dazu verwendet, Computerbefehle oder Programmfunktionen zu dokumentieren. So werden in den nachfolgenden Beispielen die Umgebung `entry` (Definition auf der nächsten Seite) und ihre Varianten eingesetzt. Die Termini werden immer als Parameter des Befehls `\item` eingegeben.[5]

Ausschließen: Einfügen von Leerraum zwischen Wörtern, um bündig abschließende Zeilen zu erhalten.

Durchschuß: Abstand einzelner Zeilen zueinander.

Geviert: Quadratisches »Ausschlußstück« der Breite eines »M« bzw. zweier Tabellenziffern.

```
\begin{entry}
\item[Ausschlie"sen]
 Einf"ugen von Leerraum zwischen W"ortern, um
 b"undig abschlie"sende Zeilen zu erhalten.
\item[Durchschu"s]
 Abstand einzelner Zeilen zueinander.
\item[Geviert]
 Quadratisches ">Ausschlu"sst"uck"< der Breite
 eines ">M"< bzw.\ zweier Tabellenziffern.
\end{entry}
```

4 Diese Form der Anführungszeichen setzt die Verwendung des Paketes german bzw. des babel-Paketes mit Option german voraus.

5 Die Begriffe in den folgenden Beispielen stammen aus der Druckersprache [75].

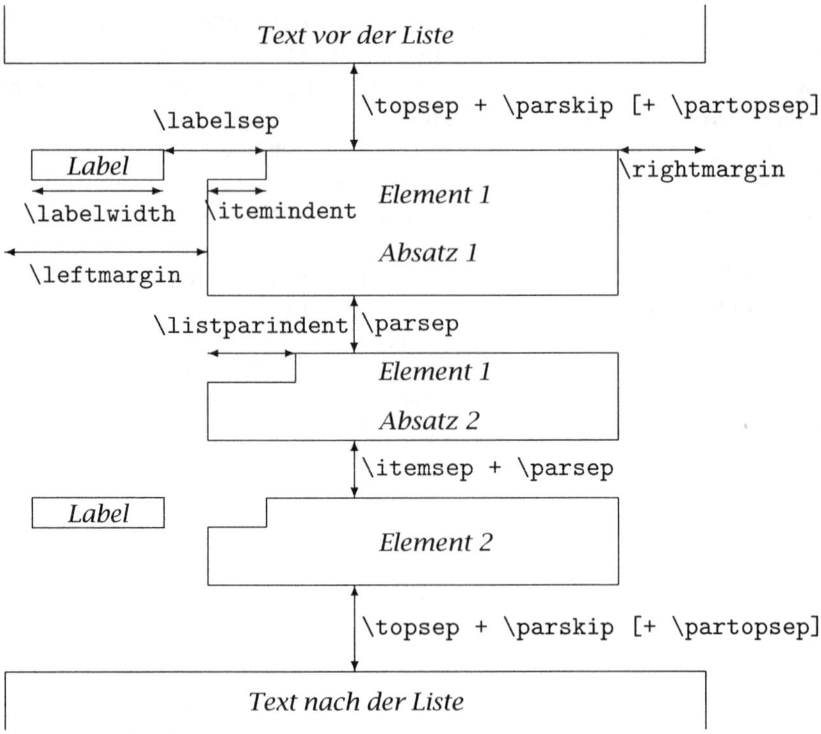

Abbildung 3.5: Allgemeiner Aufbau einer Liste

Im vorigen Beispiel wurden der Befehl `\makelabel` (ein Befehl mit einem Argument, welches das Layout des Labels `\item` festlegt) und die beiden geometrischen Parameter (`\labelwidth` und `\leftmargin`) folgendermaßen neu definiert:[6]

```
\newcommand{\entrylabel}[1]{\mbox{\textsf{#1:}}\hfil}
\newenvironment{entry}
   {\begin{list}{}%
          {\renewcommand{\makelabel}{\entrylabel}%
            \setlength{\labelwidth}{40pt}%
            \setlength{\leftmargin}{\labelwidth+\labelsep}%
          }%
   }%
   {\end{list}}
```

Dieses Beispiel zeigt ein typisches Problem, das bei beschreibenden Listen auftritt, wenn der Inhalt des Labels (*Term*) breiter ist als das Label selbst. In diesem Fall läßt Standard-LaTeX den Text einfach in den *beschreibenden* Teil hineinlaufen, was oft unerwünscht ist. Um das Erscheinungsbild der Liste zu verbessern, kann

6 In diesem und einigen der folgenden Beispiele wurden das Paket calc und die erweiterten Steuerungsfunktionen von LaTeX2ε verwendet (siehe Anhang A, Abschnitte A.4 und A.5).

Vertikale Längen

Alle aufgeführten vertikalen Abstände sind Gummilängen, deren Wert von der jeweiligen Listenebene und der Schriftgröße abhängig ist.

`\topsep` Abstand zwischen dem ersten Punkt der Liste und dem vorhergehenden Absatz.

`\partopsep` Zusätzlicher Abstand, der zu `\topsep` hinzuaddiert wird, wenn die Umgebung am Anfang eines neuen Absatzes beginnt.

`\itemsep` Abstand zwischen zwei Punkten.

`\parsep` Abstand zwischen Absätzen innerhalb eines Punktes.

Horizontale Längen

`\leftmargin` Abstand zwischen dem linken Rand der umschließenden Umgebung (oder der Seite, wenn die Liste direkt am Kopf der Seite beginnt) und dem linken Rand der Liste. Muß gleich oder größer null sein. Der Wert hängt von der jeweiligen Listenebene ab.

`\rightmargin` Ähnlich `\leftmargin`, aber für den rechten Rand. Voreinstellung ist 0pt.

`\listparindent` Zusätzlicher Einzug am Anfang jedes Absatzes einer Liste, außer bei denjenigen, die mit `\item` beginnen. Kann negativ sein! Beträgt normalerweise 0pt.

`\itemindent` Zusätzlicher Einzug, der zum horizontalen Einzug des Textteiles der ersten Zeile eines Listenpunktes hinzuaddiert wird. Indem man die Werte von `\labelsep` und `\labelwidth` davon abzieht, wird mit Hilfe dieses Bezugspunktes berechnet, wo das Label beginnt. Der Wert dieser Länge beträgt normalerweise 0pt.

`\labelwidth` Die nominale Weite der Label-Box. Wenn die natürliche Breite des Labels größer als `\labelwidth` ist, wird das Label rechtsbündig in einer Box der Breite `\labelwidth` gesetzt. Ansonsten wird eine Box mit der natürlichen Breite verwendet, welche wiederum einen ebenso großen Einzug für den Text dieser Zeile erzeugt.

`\labelsep` Abstand zwischen dem Ende der Label-Box und dem Text des ersten Punktes. Der Standardwert beträgt 0.5em.

Tafel 3.4: Längenparameter der `list`-Umgebung

man den beschreibenden Teil in der nächsten Zeile beginnen. Die neue Zeile wird durch eine leere Box erzwungen, auf die der Befehl '\\' folgt.

Fahne: Korrekturabzug der noch nicht zu Buchseiten geformten Druckzeilen.

Hinterführen:
Ausfüllen einer Zeile mit Punkten, z.B. in Inhaltsverzeichnissen.

Register halten:
Deckungsgleichheit der Vorder- und Rückseite eines Blattes.

Lausedarm:
Blätter, die nicht „Register halten".

```
\begin{entry}
\item[Fahne]
 Korrekturabzug der noch nicht zu Buchseiten
 geformten Druckzeilen.
\item[Hinterf"uhren]                 \mbox{}\\
 Ausf"ullen einer Zeile mit Punkten, z.B. in
 Inhaltsverzeichnissen.
\item[Register halten]               \mbox{}\\
 Deckungsgleichheit der Vorder- und R"uckseite
 eines Blattes.
\item[Lausedarm]                     \mbox{}\\
 Bl"atter, die nicht "`Register halten"'.
\end{entry}
```

Im verbleibenden Teil dieses Abschnittes werden verschiedene Möglichkeiten untersucht, die Breite und gegenseitige Positionierung von Begriff und Beschreibung festzulegen. Zum einen läßt sich die Labelbreite ändern. Dazu wird die Umgebung mit einem Argument deklariert, das die gewünschte Breite für das Label (normalerweise die Breite des längsten Begriffs) angibt.

Leiche: Vergessenes Wort oder Satz.

Hochzeit: Doppelt gesetzte Worte oder Wortfolgen.

Grab: Raum, der durch allerlei satztechnische Maßnahmen nachträglich geschaffen werden muß, um eine »Leiche« unterzubringen.

Läusefraß: Vor allem beim Notensatz beklagte zusätzliche schwarze Flecken, die durch Beschädigungen der Druckplatte entstanden sind.

```
\begin{Ventry}{L"ausefra"s}
\item[Leiche]
  Vergessenes Wort oder Satz.
\item[Hochzeit]
 Doppelt gesetzte Worte oder Wortfolgen.
\item[Grab]
 Raum, der durch allerlei satztechnische
 Ma"snahmen nachtr"aglich geschaffen werden
 mu"s, um eine ">Leiche"< unterzubringen.
\item[L"ausefra"s]
 Vor allem beim Notensatz beklagte zus"atzliche
 schwarze Flecken, die durch Besch"adigungen
 der Druckplatte entstanden sind.
\end{Ventry}
```

Die Umgebung `Ventry` ist definiert als:

```
\newenvironment{Ventry}[1]%
   {\begin{list}{}{\renewcommand{\makelabel}[1]{\textsf{##1:}\hfil}%
      \settowidth{\labelwidth}{\textsf{#1:}}%
      \setlength{\leftmargin}{\labelwidth+\labelsep}}}%
   {\end{list}}
```

Man beachte auch die neue Definition für den Befehl `\makelabel`, die angibt, wie das Label formatiert wird. Da diese neue Definition innerhalb der Definition für die Umgebung `Ventry` steht, muß der Argumentplatzhalter # durch ## dargestellt werden, um LaTeX anzuzeigen, daß dieser Platzhalter zu dem Argument von `\makelabel` gehört und nicht zu einem Argument der äußeren Umgebung.

Verschiedene Listen auf der gleichen Seite, die unterschiedlich breite Labelfelder haben, können jedoch nach typographischen Gesichtspunkten unakzeptabel sein. Daher besteht eine weitere Möglichkeit darin, die Länge des Begriffs auszuwerten. Wenn der Begriff länger ist als `\labelwidth`, wird zusätzlich eine leere Box eingefügt, so daß die Beschreibung erst in der nächsten Zeile beginnt. Das ist eine Methode, wie sie auch zur Darstellung von Befehlsoptionen in UNIX-Handbüchern üblich ist.

```
\newlength{\Mylen}
\newcommand{\Lentrylabel}[1]{%
  \settowidth{\Mylen}{\textsf{#1:}}%
  \ifthenelse{\lengthtest{\Mylen > \labelwidth}}%
      {\parbox[b]{\labelwidth}%        Begriff > labelwidth
         {\makebox[0pt][l]{\textsf{#1:}}\\}}%
      {\textsf{#1:}}%                  Begriff < labelwidth
  \hfil\relax}
```

```
\newenvironment{Lentry}
   {\renewcommand{\entrylabel}{\Lentrylabel}\begin{entry}}
   {\end{entry}}
```

Wie aus der letzten Zeile des obigen Beispiels ersichtlich ist, wird die Umgebung `Lentry` basierend auf der Umgebung `entry` definiert. Der Befehl `\entrylabel` zum Erzeugen der Label wird durch den Befehl `\Lentrylabel` ersetzt. Dieser weist der Längenvariable `\Mylen` die Breite des Labels zu. Dann vergleicht er diese Länge mit `\labelwidth`. Wenn das Label schmaler ist als `\labelwidth`, wird es in einer Zeile mit der Beschreibung gesetzt; andernfalls wird es in einer Box der Breite 0 gesetzt, so daß der Inhalt so weit wie erforderlich über den rechten Rand der Box hinausragt, gefolgt von einem erzwungenen Zeilenumbruch, damit die Beschreibung eine Zeile tiefer beginnt.

Hurenkind:
: Letzte Zeile eines Absatzes, die auf den Anfang einer Seite oder Spalte fällt.

Schusterjunge:
: Erste Zeile eines Absatzes, die auf das Ende einer Seite oder Spalte fällt.

Jungfrau: Makelloser, fehlerfreier Korrekturabzug.

Waisenknabe:
: Anderer Ausdruck für »Schusterjunge«.

```
\begin{Lentry}
\item[Hurenkind]
 Letzte Zeile eines Absatzes, die auf den
 Anfang einer Seite oder Spalte f"allt.
\item[Schusterjunge]
 Erste Zeile eines Absatzes, die auf das
 Ende einer Seite oder Spalte f"allt.
\item[Jungfrau]
 Makelloser, fehlerfreier Korrekturabzug.
\item[Waisenknabe]
 Anderer Ausdruck f"ur ">Schusterjunge"<.
\end{Lentry}
```

Die Verwendung von mehrzeiligen Labeln ist noch eine weitere Möglichkeit.

Brot-
schrift: Schriftgrade die zum Setzen von Büchern dienen – dem Broterwerb der Buchdrucker.

Kolum-
nentitel: Fachausdruck für die Seitenüberschrift; auch Bezeichnung für die Kopfbedeckung des Setzers.

Knüppel-
schrift: Spitzname für die Schwabacher, Gotisch, Fraktur usw., deren Striche die Form von Knüppeln haben.

```
\begin{Mentry}
\item[Brotschrift]
 Schriftgrade die zum Setzen von B"uchern
 dienen -- dem Broterwerb der Buchdrucker.
\item[Kolumnentitel]
 Fachausdruck f"ur die Seiten"uberschrift; auch
 Bezeichnung f"ur die Kopfbedeckung des
 Setzers.
\item[Kn"uppelschrift]
 Spitzname f"ur die \textswab{Schwabacher},
 \textgoth{Gotisch}, \textfrak{Fraktur} usw.,
 deren Striche die Form von Kn"uppeln haben.
\end{Mentry}
```

In diesem Beispiel wird wiederum die Umgebung `entry` als Basis verwendet. Dieses Mal ersetzt jedoch der Befehl `\Mentrylabel` den Befehl `\entrylabel`. Er soll bewirken, daß längere Label über mehrere Zeilen umgebrochen werden können. Um eine Trennung des ersten Wortes in einem Absatz zu ermöglichen, müssen bestimmte Vorsichtsmaßnahmen beachtet werden. Dazu wurde in der Definition der Befehl `\hspace{0pt}` benutzt (siehe auch Abschnitt 5.6.1 auf Seite 134). Der Text wird in einer Absatzbox der richtigen Breite `\labelwidth` gesetzt, die dann bündig am oberen und linken Rand in einer weiteren Box ausgerichtet wird. Diese wird wiederum selbst in einer Box mit der Höhe 1 ex und ohne Tiefe plaziert. Auf diese Weise bemerkt LaTeX nicht, daß sich der Text unter die erste Zeile erstreckt.

```
\newcommand{\Mentrylabel}[1]%
   {\raisebox{0pt}[1ex][0pt]{\makebox[\labelwidth][l]%
       {\parbox[t]{\labelwidth}{\hspace{0pt}\textsf{#1:}}}}}
\newenvironment{Mentry}%
   {\renewcommand{\entrylabel}{\Mentrylabel}\begin{entry}}%
   {\end{entry}}
```

Mit Hilfe des Befehls `\usecounter` in der Deklaration der `list`-Umgebung kann eine Umgebung mit einem automatisch erhöhten Zähler erstellt werden. Diese Funktionalität wird anhand der Umgebung `Notes` gezeigt, welche eine Reihe von Anmerkungen erzeugt. In diesem Fall stellt der erste Parameter der Umgebung `list` den automatisch erzeugten Text für den Begriff zur Verfügung.

```
\newcounter{notes}
\newenvironment{Notes}%
 {\begin{list}{\textsc{Anmerkung} \arabic{notes}.}{\usecounter{notes}%
        \setlength{\labelsep}{5pt}\setlength{\leftmargin}{0pt}%
        \setlength{\labelwidth}{0pt}\setlength{\listparindent}{0pt}%
        \raggedright}}%
  {\end{list}}
```

Nachdem der Zähler `notes` deklariert ist, wird das Standardlabel der Umgebung `Notes` definiert. Es besteht aus dem in Kapitälchen gesetzten Wort ANMERKUNG, gefolgt von dem Wert des Zählers `notes`, der als arabische Zahl mit einem darauffolgenden Punkt dargestellt wird.

ANMERKUNG 1. Verwende nicht zuviele verschiedene Listen.

ANMERKUNG 2. Verwende keine unnötigen Fonts.

```
\begin{Notes}
\item Verwende nicht zuviele verschiedene Listen.
\item Verwende keine unn"otigen Fonts.
\end{Notes}
```

3.3 Simulieren getippter Texte

Oft muß man Informationen unverändert, also »wie über die Tastatur eingegeben« anzeigen. Um den Benutzer zu leiten, kann es jedoch nützlich sein, dabei

```
Man kann Fontwechsel wie den folgenden
vornehmen: hervorgehobener Text .

Einige Sonderzeichen: # $ % ^ & ~ _

Mit‘\input{foo}’ läßt sich
Text aus einer Datei „foo.tex“ einfügen.
Achtung: „Return“ beginnt eine neue
Zeile. Wenn foo.tex mit „return“ endet,
kann sich, wenn man nicht aufpaßt, eine
zusätzliche Leerzeile einschleichen.

Mit \(...\) oder \[...\]
lassen sich auch Formeln einfügen. ‘$’
erzeugt jedoch lediglich ein Dollarzeichen,
genau wie die anderen Sonderzeichen ’^’,
’_’ in mathematischen Formeln verändert
bleiben. An ihrer Stelle kann man
\sp bzw. \sb
benutzen, wie etwa in a_j^2.
```

```
\begin{alltt}
Man kann Fontwechsel wie den folgenden
vornehmen: \emph{hervorgehobener Text}.

Einige Sonderzeichen: # $ % ^ & ~ _

Mit‘\(\backslash\)input\{foo\}’ l"a"st sich
Text aus einer Datei "‘foo.tex"’ einf"ugen.
Achtung: "‘Return"’ beginnt eine neue
Zeile. Wenn foo.tex mit "‘return"’ endet,
kann sich, wenn man nicht aufpa"st, eine
zus"atzliche Leerzeile einschleichen.

Mit \verb!\(...\)! oder \verb!\[...\]!
lassen sich auch Formeln einf"ugen. ‘$’
erzeugt jedoch lediglich ein Dollarzeichen,
genau wie die anderen Sonderzeichen ’^’,
’_’ in mathematischen Formeln ver"andert
bleiben. An ihrer Stelle kann man
\(\backslash\)sp bzw. \(\backslash\)sb
benutzen, wie etwa in \(a\sp{2}\sb{j}\).
\end{alltt}
```

Abbildung 3.6: Die verbatim-ähnliche Umgebung `alltt`

einige Textteile besonders hervorzuheben. Zu diesem Zweck müssen die entsprechenden LaTeX-Befehle auch innerhalb solcher unveränderter (»verbatim«) Texte verfügbar sein. Im vorliegenden Abschnitt werden Pakete beschrieben, die den Umgang mit dieser Problematik erleichtern.

3.3.1 alltt – Eine verbatim-ähnliche Umgebung

Das Paket alltt (von Leslie Lamport) definiert die Umgebung `alltt`. Diese verhält sich wie die Umgebung `verbatim`, bis auf die Tatsache, daß der Backslash ‘\’ und die Klammern ‘{’ and ‘}’ ihre übliche Bedeutung behalten. Dadurch können, wie in Abbildung 3.6 zu sehen, andere Befehle und Umgebungen innerhalb der Umgebung `alltt` verwendet werden.

3.3.2 verbatim – Setzen von unformatiertem Text

Das Paket verbatim (von Rainer Schöpf) reimplementiert die LaTeX-Umgebungen `verbatim` und `verbatim*`. Einer seiner größten Vorteile ist, daß es unformatierte (»verbatim«) Texte beliebiger Länge zuläßt. Außerdem stellt es die Umgebung `comment`, die jeglichen Text zwischen den Befehlen `\begin{comment}` und `\end{comment}` übergeht.

Das Paket bietet außerdem die Möglichkeit, eigene Erweiterungen zu implementieren, so daß man angepaßte, verbatim-ähnliche Umgebungen definieren kann. Einige wenige solcher Erweiterungen wurden bereits in dem Paket moreverb verwirklicht, das im nächsten Abschnitt beschrieben wird.

3.3.3 moreverb – Weitere verbatim-ähnliche Befehle und Umgebungen

Das Paket moreverb (von Angus Duggan) basiert auf dem oben besprochenen Paket verbatim. Es definiert einige interessante `verbatim`-ähnliche Befehle zum Schreiben und Lesen von Dateien sowie verschiedene Umgebungen zum Erzeugen von Auflistungen.

`\begin{verbatimwrite}{`*dateiname*`}`

Die Umgebung `verbatimwrite` (ursprünglich geschrieben von Rainer Schöpf) schreibt ihren Inhalt in eine Datei *dateiname*. Auf der rechten Seite wird die Originaldatei angezeigt (Tabulatorzeichen oder kurz Tabs erscheinen als ▷), während auf der linken Seite durch die Umgebung bestimmte Positionen für die Tabulatorzeichen festgelegt wurden.

```
*       *       *       *
H"ochste Ebene
        Eine Ebene weiter
                Ebene zwei
        Eingebetteter   Tab
```

```
\begin{verbatimwrite}{ testtab.out}
*▷*▷*▷*
H"ochste Ebene
▷Eine Ebene weiter
▷▷Ebene zwei
▷Eingebetteter▷Tab
\end{verbatimwrite}
```

`\begin{verbatimtab}[`*tabstop*`]`

Die Umgebung `verbatimtab` ermöglicht, daß *Tab*zeichen (dargestellt als ▷) korrekt auf eine Anzahl von Leerzeichen erweitert werden. (Standard-LaTeX behandelt ein Tabzeichen normalerweise wie ein einzelnes Leerzeichen.) Der Abstand zwischen den Tabstops kann durch ein optionales Argument festgelegt werden. Der voreingestellte Abstand beträgt acht Leerzeichen.

```
123456789012345678901234567890123456

|       eins    zwei    drei    vier

|   eins    zwei    drei    vier
```

```
\begin{verbatimtab}
123456789012345678901234567890123456

|▷eins▷zwei▷drei▷vier
\end{verbatimtab}

\begin{verbatimtab}[4]
|▷eins▷zwei▷drei▷vier
\end{verbatimtab}
```

```
\verbatimtabinput[tabstop]{dateiname}
```

Der Befehl \verbatimtabinput fügt die Datei *dateiname* ein, die als obligatorisches Argument angegeben wurde. Dabei kann der Tabulatorabstand mit dem optionalen Argument *tabstop* festgelegt werden. In dem folgenden Beispiel ist zu beachten, daß der Text einen Tabulatorabstand von vier Leerzeichen hat, während am Anfang des Abschnittes, für testtab.out der voreingestellte Abstand (acht Leerzeichen) verwendet wurde.

```
*   *   *   *
Top level
    One level up
        Level two
    Embedded    tab
```

```
\verbatimtabinput[4]{testtab.out}
```

Die Umgebung boxedverbatim kann verwendet werden, um unformatierte Texte durch einen Rahmen hervorzuheben.

```
Die Umgebung boxedverbatim legt einen
Rahmen um die verbatim-Umgebung.
```

```
\begin{boxedverbatim}
Die Umgebung boxedverbatim legt einen
Rahmen um die verbatim-Umgebung.
\end{boxedverbatim}
```

Die Umgebung verbatimcmd ähnelt der Umgebung alltt, die in Abschnitt 3.3.1 auf Seite 67 beschrieben wurde. Sie bietet folgende Möglichkeiten:

```
Die Umgebung verbatimcmd kann verwendet
werden, um Befehle
in verbatim-Umgebungen von LaTeX
einzubinden.  Dabei sind Leerzeichen hinter
den Befehlen besonders zu beachten: um
W"orter voneinander zu trennen, sollten
leere Gruppen {} verwendet
werden. Ansonsten erscheinen
seltsame Leerzeichen
im Ausdruck.

Und hier eine abgesetzte Formel:
```

$$a^{b_c d}$$

```
\begin{verbatimcmd}
Die Umgebung verbatimcmd kann verwendet
werden, um {\normalfont\itshape{}Befehle}
in verbatim-Umgebungen von \LaTeX{}
einzubinden.  Dabei sind Leerzeichen hinter
den Befehlen besonders zu beachten: um
W"orter voneinander zu trennen, sollten
leere Gruppen \{\} verwendet
werden. Ansonsten erscheinen
{\normalfont\itshape seltsame} Leerzeichen
im Ausdruck.

Und hier eine abgesetzte Formel:
\[a\sp{b\sb{c}d}\]
\end{verbatimcmd}
```

```
\begin{listing}[schritt]{erstezeile} ...\end{listing}
\begin{listing*}[schritt]{erstezeile}...\end{listing*}
```

Die Umgebung `listing` ist eine `verbatim`-Umgebung mit numerierten Zeilen. Die Sternform `listing*` zeigt Leerzeichen als ␣. Das optionale Argument *schritt* gibt den Zählschritt zwischen den numerierten Zeilen an (voreingestellt ist 1). Das obligatorische Argument *erstezeile* gibt die Nummer der ersten Zeile an. Wenn man für *schritt* »1« einsetzt, werden alle Zeilen numeriert.

```
    Die listing-Umgebung numeriert
 4  die in ihr enthaltenen Zeilen.
    Sie hat ein optionales Argument,
 6  welches den Z"ahlschritt zwischen
    numerierten Zeilen angibt (die
 8  Zeile mit Nummer 1, sofern vorhanden,
    wird immer numeriert), und ein
10  obligatorisches Argument, das die
    Nummer der Startzeile angibt.
```

```
\begin{listing}[2]{3}
Die listing-Umgebung numeriert
die in ihr enthaltenen Zeilen.
Sie hat ein optionales Argument,
welches den Z"ahlschritt zwischen
numerierten Zeilen angibt (die
Zeile mit Nummer 1, sofern vorhanden,
wird immer numeriert), und ein
obligatorisches Argument, das die
Nummer der Startzeile angibt.
\end{listing}
```

```
\begin{listingcont} ...\end{listingcont}
\begin{listingcont*}...\end{listingcont*}
```

Die Umgebung `listingcont(*)` fährt mit der Numerierung in der Zeilennummer fort, bei der die vorherige Umgebung `listing(*)` aufgehört hat. Die Umgebung (ohne Stern) setzt Tabstops mit dem voreingestellten Abstand von 8 Leerzeichen, während die Sternform nicht mit Tabulatoren arbeitet.

```
12  Diese listingcont-Umgebung f"ahrt da
    fort, wo die vorige listing-Umgebung
14  aufgeh"ort hat. Beide Umgebungen
    setzen f"ur "‘                "’ Tabstops mit
16  dem voreingestellten Abstand von
    8 Leerzeichen.
```

```
\begin{listingcont}
Diese listingcont-Umgebung f"ahrt da
fort, wo die vorige listing-Umgebung
aufgeh"ort hat. Beide Umgebungen
setzen f"ur "‘▷▷"’ Tabstops mit
dem voreingestellten Abstand von
8 Leerzeichen.
\end{listingcont}
```

```
\listinginput[schritt]{erstezeile}{dateiname}
```

Durch den Befehl `\listinginput` wird eine Datei mit dem Namen *dateiname* aufgelistet. Die Numerierung beginnt mit der ersten Zeile bei *erstezeile* und wird dann mit Zählschritten von *schritt* fortgeführt.

Als Beispiel wird hier die Datei `testtab.out` mit der Anweisung `\listinginput{1}{testtab.out}` gelesen und aufgelistet. Wie zu Beginn dieses Abschnittes gezeigt, wurde sie von der Umgebung `verbatimwrite` erstellt.

```
*       *       *       *
Top level
        One level up
                Level two
        Embedded        tab
```

3.4 Fußnoten, Endnoten und Marginalien

LaTeX verfügt über Möglichkeiten »eingefügten« Text, wie Marginalien, Fußnoten, Abbildungen und Tafeln zu setzen. Der vorliegende Abschnitt befaßt sich eingehend mit den verschiedenen Arten von Anmerkungen, während in Kapitel 6 auf Seite 143 Gleitobjekte ausführlich beschrieben werden.

3.4.1 Anpassen von Fußnoten

LaTeX besitzt einen leistungsfähigen Mechanismus, Text am Fuß einer Seite zu setzen.[7] Die Verwendung dieser »Fußnoten« ist in LaTeX normalerweise einfach. Eine Fußnote kann dabei aus mehreren Absätzen bestehen und sowohl Listen als auch in Zeilen eingefügte oder abgesetzte Formeln, Tabellen, usw. enthalten.

LaTeX bietet verschiedene Parameter, mit denen Fußnoten angepaßt werden können. Sie sind in Abbildung 3.7 schematisch dargestellt.

LaTeX unterscheidet streng zwischen Fußnoten im Haupttext und Fußnoten in einer `minipage`-Umgebung. Erstere werden mit Hilfe des Zählers `footnote` numeriert, während der Befehl `\footnote` innerhalb der Umgebung `minipage` so definiert wird, daß er den Zähler `mpfootnote` verwendet. Dadurch wird die Darstellung des Fußnotenzeichens je nach Kontext durch den Befehl `\thefootnote`

7 Eine interessante und vollständige Abhandlung dieses Themas erschien in der Zeitschrift *Cahiers GUTenberg* [5, 76] der französischen TeX-Anwendergruppe.

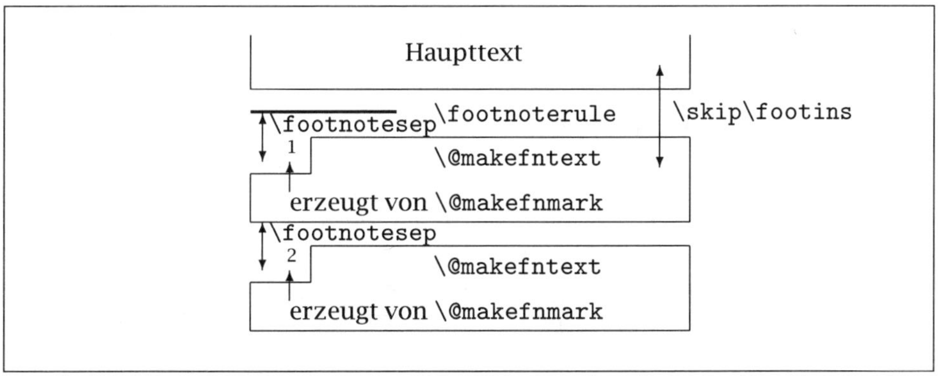

Abbildung 3.7: Schematische Darstellung des Fußnotenlayouts

oder `\thempfootnote` festgelegt. Als Standardzeichen wird im Text eine arabische Zahl verwendet und in `minipage`-Umgebungen ein Kleinbuchstabe. Andere Darstellungen für Fußnotenzeichen erhält man z. B. durch folgende Definition für Fußnoten des Haupttextes:

Text Text Text* Text Text Text Text† Text

* Die erste
† Die zweite

```
\renewcommand{\thefootnote}{\fnsymbol{footnote}}
Text Text Text\footnote{Die erste}
Text Text Text Text\footnote{Die zweite} Text
```

Fußnoten, die innerhalb einer `minipage`-Umgebung mit dem Befehl `\footnote` erstellt werden, verwenden den Zähler `mpfootnote` und werden am Fuß der »parbox« gesetzt, die von `minipage` erzeugt wird. Wenn man allerdings in der `minipage`-Umgebung den Befehl `\footnotemark` verwendet, erzeugt dieser Fußnotenzeichen im gleichen Stil und in einer Reihenfolge mit den Haupttextfußnoten – d.h. der Zähler `footnote` wird weiter hochgesetzt und die Darstellung erfolgt mit Hilfe des Befehls `\thefootnote`. Dadurch kann man innerhalb der `minipage`-Umgebung auch eine Fußnote erzeugen, die am Fuß der Seite in Reihenfolge mit den Fußnoten des Haupttextes gesetzt wird: Man plaziert den Befehl `\footnotemark` innerhalb der `minipage`-Umgebung, und hinter die Umgebung setzt man den entsprechenden Befehl `\footnotetext`.

Fußnoten auf einer Miniseite werden mit Kleinbuchstaben numeriert.[a]
Dieser Text bezieht sich auf eine Fußnote am Fuß der Seite.[8]

a Innerhalb der Miniseite

```
\begin{minipage}{\linewidth}
Fu"snoten auf einer Miniseite werden mit
Kleinbuchstaben numeriert.\footnote{Innerhalb
der Miniseite} \par Dieser Text bezieht sich auf
eine Fu"snote am Fu"s der Seite.\footnotemark
\end{minipage}\footnotetext{Am Fu"s der Seite}
```

In der Klasse article werden Fußnoten im gesamten Dokument fortlaufend numeriert, in den Klassen report und book auf Kapitel bezogen. Dies läßt sich mit Hilfe des Befehls `\@addtoreset` ändern (siehe Abschnitt 2.3.1). Man sollte jedoch nicht versuchen, nach diesem System Fußnoten nur auf Seiten bezogen zu numerieren: Da LaTeX Seitenumbrüche erst festlegt, nachdem es Material für deutlich mehr als eine Seite angesammelt hat, würden die Fußnoten am Anfang einer Seite mit ziemlicher Sicherheit falsch numeriert. Um Fußnoten auf Seiten bezogen zu numerieren, kann man das Paket footnpag (von Joachim Schrod) verwenden. Dieses Paket verwaltet Fußnotennummern, indem es Informationen in eine Hilfsdatei namens »*jobname*.`fot`« schreibt. Aus diesem Grunde muß LaTeX hier mindestens zwei Läufe durchführen, damit alle Fußnoten die richtigen Nummern erhalten. Bei dieser Implementation ist außerdem das optionale Argument von `\footnote` nicht mehr verfügbar, was jedoch nur einen geringfügigen Nachteil darstellt, da seine Funktionalität in diesem Layout normalerweise nicht benötigt wird.

8 Am Fuß der Seite

Der Befehl `\@makefnmark` erzeugt mit Hilfe des Befehls `\@thefnmark` das Fußnotenzeichen. `\@thefnmark` enthält das Zeichen für die aktuelle Fußnote, das von `\thefootnote` erstellt oder vom Anwender im optionalen Argument des Befehls `\footnote` angegeben wird. Voreingestellt ist die hochgestellte Markierung:

```
\renewcommand{\@makefnmark}{\mbox{$^{\@thefnmark}$}}
```

Das Erscheinungsbild der Standardfußnote läßt sich ändern, indem man die Parameter anpaßt, die in Abbildung 3.7 auf Seite 71 dargestellt sind. Hier eine Beschreibung dieser Parameter:

`\footnotesize` Die Schriftgröße, die für Fußnoten verwendet wird (siehe auch Tafel 7.1 auf Seite 173).

`\footnotesep` Die Höhe einer Linie ohne horizontale Ausdehnung (englisch: strut), die am Anfang jeder Fußnote plaziert wird. Wenn sie größer ist, als der Zeilenabstand für die verwendete Schriftgröße, wird über jeder Fußnote ein zusätzlicher vertikaler Leerraum eingefügt. Siehe Abschnitt A.2.3 für weitere Informationen über »struts«.

`\skip\footins` Ein Low-Level-Befehl von TeX, der den Abstand zwischen dem Haupttext und dem Beginn der Fußnoten definiert. Dieser Wert kann mit `\setlength` oder `\addtolength` verändert werden, indem man `\skip\footins` im ersten Argument verwendet, z. B.:

```
\addtolength{\skip\footins}{3mm}
```

`\footnoterule` Ein Makro, das die Linie zeichnet, welche die Fußnote vom Haupttext trennt. Das Makro wird sofort nach dem vertikalen Abstand `\skip\footins` ausgeführt. Die Linie sollte rechnerisch keinen vertikalen Raum belegen, d.h. der Raum, den sie belegt, sollte durch einen negativen Abstand kompensiert werden, z. B.:

```
\renewcommand{footnoterule}{\vspace*{-3pt}%
   \rule{.4\columnwidth}{0.4pt}\vspace*{2.6pt}}
```

Man kann auch besondere Linien konstruieren, die z. B. aus einer Reihe von Punkten bestehen:

```
\renewcommand{footnoterule}{\vspace*{-3pt}%
   \qquad\dotfill\qquad\vspace*{2.6pt}}
```

Der Befehl `\footnote` führt `\@makefntext` in einer `\parbox` der Breite `\columnwidth` aus. Die voreingestellte Definition entspricht in etwa:

```
\newcommand{\@makefntext}[1]%
   {\noindent\makebox[1.8em][r]{\@makefnmark}#1}
```

Mit Hilfe der `list`-Umgebung ließe sich auch eine kompliziertere Variante erzeugen. Dabei würde jede Fußnote als eine Liste mit einem Listenpunkt gesetzt.

```
\renewcommand{\@makefntext}[1]{\setlength{\parindent}{0pt}%
  \begin{list}{}{\setlength{\labelwidth}{1.5em}%
    \setlength{\leftmargin}{\labelwidth}%
    \setlength{\labelsep}{3pt}\setlength{\itemsep}{0pt}%
    \setlength{\parsep}{0pt}\setlength{\topsep}{0pt}%
    \footnotesize}\item[\hfill\@makefnmark]#1%
  \end{list}}
```

Obwohl das in einigen Disziplinen üblich ist, können mit LaTeX innerhalb von Fußnoten keine weiteren `\footnote`-Befehle gesetzt werden. Man kann jedoch den Befehl `\footnotemark` in der ersten Fußnote verwenden und den dazugehörigen Text als Argument des Befehls `\footnotetext` eingeben.

Wie erstellt man einen Querverweis zu einer Fußnote? Zu diesem Zweck läßt sich ganz normal LaTeXs System von `\label` und `\ref` verwenden. Man kann allerdings auch einen eigenen Befehl definieren, um diese Art von Verweisen besonders darzustellen, wie z. B.:

Das ist irgendein Text.[1]
... wie in Fußnote (1) auf Seite 74 ersichtlich,...

1 Text innerhalb der Bezugsfußnote.

```
\newcommand{\fnref}[1]{~(\ref{#1})}
Das ist irgendein Text.\footnote{Text innerhalb
der Bezugsfu"snote\label{fn:myfoot}.}\par
... wie in Fu"snote\fnref{fn:myfoot} auf
Seite~\pageref{fn:myfoot} ersichtlich,...
```

Standard-LaTeX erlaubt keine Fußnoten innerhalb von Tabellen. In Abschnitt 5.6.2 werden einige Wege zur Lösung dieses Problems aufgezeigt.

Das Paket fnpara (von Dominik Wujastyk und Chris Rowley) ändert das Erscheinungsbild[9] von Fußnoten völlig. Mit diesem Paket lassen sich Fußnoten als eingebettete Absätze[10] fortlaufend hintereinander setzen, anstatt sie übereinander zu stapeln. Es eignet sich für kommentierte Werkausgaben oder ähnliche Texte, die viele kurze Fußnoten enthalten.[11]

3.4.2 Marginalien

`\marginpar`[*text-links*]{*text-rechts*}

Der Befehl `\marginpar` erzeugt Marginalien. Er setzt den Text, den er als Argument enthält, in den Seitenrand, wobei die erste Zeile in der gleichen Höhe erscheint, wie der Befehl im Haupttext. Wenn nur das obligatorische Argument *text-rechts* angegeben ist, erscheint der Text bei einseitigem Druck im rechten Rand; bei zweiseitigem Druck erscheint er im äußeren Rand und bei zweispaltigem Druck erscheint er im am nächsten gelegenen Rand. Wenn ein optionales Argument angegeben ist,

[9] Ein Beispiel für eine Fußnote als eingebetteter Absatz. [10] Eine weitere Fußnote als eingebetteter Absatz. [11] Siehe z. B. das EDMAC-System [62] als Beispiel dafür, welche Art von Fuß- und Endnoten in kommentierten Werkausgaben üblich sind.

wird dieses für den linken Rand verwendet, während das zweite (obligatorische) Argument für den rechten Rand gilt.

Man sollte einige wichtige Punkte berücksichtigen, wenn man mit Marginalien arbeitet. Zunächst beginnt der Befehl `\marginpar` keinen neuen Absatz. Wenn er also vor dem ersten Wort eines Absatzes erscheint, stimmt die vertikale Ausrichtung nicht mit dem Beginn des Absatzes überein. Wenn die Ränder schmal und die Wörter lang sind (wie in der deutschen Sprache), kann es außerdem erforderlich sein, dem ersten Wort den Befehl `\hspace{0pt}` voranzustellen, damit es getrennt werden kann. Diese beiden möglichen Schwierigkeiten kann man umgehen, indem man den Befehl `\marginlabel{`*text*`}` definiert, der mit einer leeren Box `\mbox{}` beginnt, Marginalien rechtsbündig setzt und dem Argument den Befehl `\hspace{0pt}` voranstellt.

`\marginlabel` nutzt den äußeren Rand für Marginalien.

```
\newcommand{\marginlabel}[1]
   {\mbox{}\marginpar{\raggedleft\hspace{0pt}#1}}
```

Normalerweise werden Marginalien von LaTeX bei einseitigem Druck in den äußeren Rand gesetzt. Diese Voreinstellung kann durch die folgende Deklaration geändert werden:

`\reversemarginpar`	Marginalien werden gegenüber dem voreingestellten Rand gesetzt;
`\normalmarginpar`	Marginalien werden in den voreingestellten Rand gesetzt.

Wie in Tafel 4.2 auf Seite 87 erläutert, wird der Stil von Marginalien durch drei Parameter festgelegt: `\marginparwidth`, `\marginparsep` und `\marginparpush`.

3.4.3 Endnoten

In geisteswissenschaftlichen Arbeiten werden Anmerkungen üblicherweise am Ende jedes Kapitels oder am Ende des Dokumentes zu sogenannten Endnoten zusammengefaßt. Standard-LaTeX unterstützt zunächst keine Endnoten. Sie können aber auf verschiedene Weise erzeugt werden.

Das Paket endnotes (von John Lavagnino) setzt Endnoten in ähnlicher Weise wie Fußnoten. Es verwendet eine zusätzliche externe Datei mit der Erweiterung `.ent`, die den Text der Endnoten enthält. Die Datei kann nach einem Lauf gelöscht werden, da sie jedesmal neu generiert wird.

Mit den folgenden oder ähnlichen Befehlen läßt sich der Inhalt dieser Datei in das Dokument integrieren:

```
\newpage\begingroup
\setlength{\parindent}{0pt}\setlength{\parskip}{2ex}
\renewcommand{\enotesize}{\normalsize}
\theendnotes\endgroup
```

Diese Befehle beginnen eine neue Seite und starten eine Gruppe, um die neuen Definitionen der Parameter und Befehle zu begrenzen. Sie definieren einige Absatzparameter neu und bestimmten die Schriftgröße für die Endnoten (`\enotesize`). Dann fügt der Befehl `\theendnotes` die in der externen Datei gesammelten Endnoten an dieser Stelle im Text ein. Schließlich wird die Gruppe beendet, so daß die veränderten Definitionen nur lokal wirksam sind.

Mit Hilfe dieses Paketes lassen sich Fußnoten einfach durch den folgenden Befehl als Endnoten ausgeben:

```
\renewcommand{\footnote}{\endnote}
```

Wenn man das Wort »foot« durch »end« ersetzt, sind die Benutzerschnittstellen für Endnoten und Fußnoten einander sehr ähnlich. Das folgende Beispiel zeigt das Prinzip der Verwendung von Endnoten: Der Text der Endnoten wird mit Hilfe des Befehls `\endnote` in einer externen Datei gespeichert und dann an einer vom Anwender bestimmten Stelle im Dokument eingefügt.

Das ist einfacher Text.[1] Das ist einfacher Text.[2] Weiterer Text.[3]

Anmerkungen

[1]Erste Endnote.
[2]Zweite Endnote.
[3]Dritte Endnote.

```
Das ist einfacher Text.\endnote{Erste Endnote.}
Das ist einfacher Text.\endnote{Zweite Endnote.}
Weiterer Text.\endnote{Dritte Endnote.}

\renewcommand{\notesname} %   Voreinstellung ist:
             {Anmerkungen}%   Notes
\theendnotes
```

3.5 Setzen in mehreren Spalten

Standard-LaTeX bietet die Möglichkeit, Text ein- oder zweispaltig zu setzen. Man kann jedoch nicht beide Möglichkeiten auf einer Seite mischen.

Das Paket multicol (von Frank Mittelbach) definiert die Umgebung `multicols`, mit der man verschiedene Arten von Spaltensatz auf einer Seite erzeugen kann. Wenn man die Option twocolumn verwendet, kann man festlegen, daß Fußnoten nur in der rechten Spalte plaziert werden. Dies wird mit dem Paket ftnright (ebenfalls von Frank Mittelbach) erreicht.

3.5.1 multicol – Setzen in mehreren Spalten

Mit Standard-LaTeX lassen sich ein- oder zweispaltig gesetzte Dokumente erzeugen (twocolumn). Es ist jedoch nicht möglich, nur einen Teil einer Seite zweispaltig zu formatieren, da die Befehle `\twocolumn` und `\onecolumn` immer eine neue Seite beginnen. Außerdem werden die Spalten nicht ausbalanciert, was hin und wieder zu einer etwas seltsamen Verteilung des Textmaterials führt.

Das Paket multicol löst diese Probleme, indem es die Umgebung `multicols` mit folgenden Eigenschaften definiert:

◇ Sie kann eine beliebige Anzahl von Spalten (bis zu zehn) über mehrere Seiten erzeugen.

◇ Die Spalten am Ende der Umgebung, auf der letzten Seite, werden ausbalanciert, so daß sie nahezu gleich lang sind.

◇ Die Umgebung kann auch innerhalb anderer Umgebungen wie `figure` oder `minipage` verwendet werden, wo sie eine Box mit dem in der gewünschten Anzahl von Spalten formatierten Text erstellt. Das bedeutet, daß man in derartigen Fällen das Layout nicht mehr per Hand nachbearbeiten muß.

◇ Zwischen den einzelnen Spalten können vertikale Linien eingefügt werden, deren Stärke der Anwender festlegt.

◇ Die Formatierung kann global oder für einzelne Umgebungen angepaßt werden.

3.5.2 Einfacher Spaltensatz

`\begin{multicols}{`*spalten*`}[`*vortext*`][`*abstand*`]`

Normalerweise beginnt die Umgebung einfach mit der Angabe der gewünschten Spaltenanzahl.

Hier ist etwas Text, der über mehrere Spalten verteilt werden soll. Wenn	die Spalten sehr schmal sind, sollte man es mit Flattersatz versuchen.

```
\begin{multicols}{2}
 Hier ist etwas Text, der "uber mehrere
 Spalten verteilt werden soll. Wenn die
 Spalten sehr schmal sind, sollte man es
 mit Flattersatz versuchen.
\end{multicols}
```

Es kann aber natürlich auch vorkommen, daß man dem zweispaltigen Text einige einspaltige Zeilen voranstellen möchte. Dies läßt sich mit dem optionalen Argument *vortext* erreichen. LaTeX versucht, *vortext* und den Beginn des mehrspaltigen Textes immer auf einer Seite zu halten.

Vorschlag

Hier ist etwas Text, der über mehrere Spalten verteilt werden soll. Wenn	die Spalten sehr schmal sind, sollte man es mit Flattersatz versuchen.

```
\begin{multicols}{2}
            [\section*{Vorschlag}]
 Hier ist etwas Text, der "uber mehrere
 Spalten verteilt werden soll. Wenn die
 Spalten sehr schmal sind, sollte man es
 mit Flattersatz versuchen.
\end{multicols}
```

Wenn auf der aktuellen Seite nicht mehr genügend Platz ist, beginnt die Umgebung `multicols` eine neue Seite. Dies wird durch einen globalen Parameter gesteuert. Wenn man das Argument *vortext* verwendet, kann es vorkommen, daß der voreingestellte Wert für diesen Parameter zu klein ist. In einem solchen Fall kann man entweder die *globale* Einstellung (siehe weiter unten) oder mit Hilfe des zweiten optionalen Argumentes *abstand* den Wert für die *aktuelle* Umgebung ändern. Beträgt der Leerraum weniger als 7 cm, wird im nächsten Beispiel eine neue Seite begonnen.

```
\begin{multicols}{3}[\section*{Index}][7cm]
  Text Text Text Text ...
\end{multicols}
```

3.5.3 Anpassen der `multicols`-Umgebung

Die Umgebung `multicols` kennt verschiedene Parameter, mit denen die Formatierung gesteuert wird. Ihre Bedeutung wird in den folgenden Abschnitten beschrieben. Die voreingestellten Werte (Dimensionsparameter und Zähler) sind aus Tafel 3.5 auf der nächsten Seite ersichtlich. Soweit nicht anders angegeben, müssen alle Parameteränderungen vor dem Anfang der Umgebung vorgenommen werden, für die sie gelten sollen.

Verfügbarer Leerraum

Die Umgebung `multicols` überprüft zunächst, ob der verfügbare Leerraum auf einer Seite mindestens so groß ist wie der Parameter `\premulticols` oder der Wert des optionalen Argumentes *abstand*, sofern dieses angegeben ist. Wenn der benötigte Leerraum nicht vorhanden ist, wird mit dem Befehl `\newpage` eine neue Seite begonnen. Eine ähnliche Prüfung findet am Ende der Umgebung statt, dieses Mal in Bezug auf den Längenparameter `\postmulticols`. Vor und hinter der Umgebung wird ein Leerraum der Größe `\multicolsep` erzeugt.

Spaltenbreite und Spaltenabstand

Die Spaltenbreite in der Umgebung `multicols` wird aus der Anzahl der gewünschten Spalten und der aktuellen Zeilenlänge `\linewidth` automatisch errechnet. Zwischen jeweils zwei Spalten wird der Abstand `\columnsep` gelassen.

Vertikale Linien

Zwischen zwei Spalten wird jeweils eine Linie der Stärke `\columnseprule` plaziert. Beträgt diese 0pt, wird die Linie unterdrückt. Wenn die Linienstärke größer ist als der Spaltenabstand, überdruckt die Linie den Spaltentext.

Dieser Text soll über mehrere	Spalten verteilt werden. Das	Beispiel zeigt Flattersatz.

```
\setlength{\columnseprule}{0pt}
\begin{multicols}{3}  \raggedright
 Dieser Text soll "uber mehrere Spalten
 verteilt werden. Das Beispiel zeigt
Flattersatz.
\end{multicols}
```

`\premulticols`	50.0pt
`\postmulticols`	20.0pt
`\multicolsep`	12.0pt plus 4.0pt minus 3.0pt
`\columnsep`	10.0pt
`\columnseprule`	0.0pt

`collectmore`	0
`unbalance`	0
`columnbadness`	10000
`finalcolumnbadness`	9999
`tracingmulticols`	0

Tafel 3.5: Längenparameter und Zähler der `multicols`-Umgebung

Spaltenformatierung

Entsprechend der Voreinstellung (`\flushcolumns`-Einstellung) versucht die Umgebung `multicols`, alle Spalten durch Dehnen der vertikalen Abstände innerhalb der Spalten in der gleichen Länge zu formatieren. Wenn man `\raggedcolumns` einstellt, wird der zusätzliche Freiraum stattdessen an den Fuß jeder Spalte gesetzt.

Am Ende der Umgebung wird der verbleibende Text verwendet, um die Spalten auf gleiche Länge auszubalancieren. Wenn man mehr Text in die linken Spalten setzen möchte, kann man den Zähler `unbalance` hochsetzen. Dadurch erhält die rechte Spalte mehr Leerraum. Der Zähler `unbalance` bestimmt die Anzahl der zusätzlichen Zeilen, die in die linke Spalte gesetzt werden sollen. Am Ende der Umgebung wird er automatisch auf null zurückgesetzt.

Dieser Text soll über mehrere Spalten verteilt	werden. Das Beispiel zeigt Flattersatz.	

```
\begin{multicols}{3} \raggedright
 Dieser Text soll "uber mehrere Spalten
 verteilt werden. Das Beispiel zeigt
 Flattersatz.
\setcounter{unbalance}{1}
\end{multicols}
```

Der Ausgleich der Spaltenlängen wird außerdem durch die beiden Zähler `columnbadness` und `finalcolumnbadness` gesteuert. Immer wenn LaTeX Boxen (wie z. B. eine Spalte) erstellt, wird ein »badness«-Wert für die Qualität der Box errechnet. Ein Wert von null ist dabei optimal, während ein Wert von 10000 in LaTeXs Augen unendlich schlecht ist.[12] Während die Spalten ausgeglichen werden, vergleicht der verwendete Algorithmus den »badness«-Wert der möglichen Lösungen. Wenn eine Spalte einen höheren Wert als `columnbadness` hat (ausgenommen die letzte Spalte), wird die Lösung ignoriert. Wenn der Algorithmus schließlich eine Lösung findet, prüft er den »badness«-Wert der letzten Spalte. Wenn dieser größer als `finalcolumnbadness` ist, wird der überschüssige Leerraum der letzten Spalte an den Fuß der Spalte gesetzt, so daß diese kürzer wird als die anderen. Man kann die Arbeitsweise des Algorithmus verfolgen, indem man den Zähler `tracingmulticols` auf einen positiven Wert setzt (höhere Werte ergeben detailliertere Protokolldaten).

12 Wenn eine Box überläuft, wird ihr »badness«-Wert auf 10000 gesetzt, um diesen speziellen Fall zu markieren.

3.5.4 Gleitobjekte und Fußnoten in `multicols`-Umgebungen

Gleitobjekte (wie z. B. Abbildungen und Tafeln) werden von `multicols` nur zum Teil unterstützt. Man kann die Sternformen der Gleitumgebungen verwenden, um Gleitobjekte zu erzeugen, die sich über alle Spalten erstrecken. Gleitobjekte in Spalten und `\marginpar` Befehle werden jedoch nicht unterstützt.

Fußnoten werden am Fuß der Seite (über die gesamte Breite) gesetzt, nicht unter einzelnen Spalten. Unter gewissen Umständen ist es dabei möglich, daß Fußnoten nicht auf der selben Seite erscheinen wie ihr Verweis im Text. In diesem Fall gibt `multicols` eine Warnung aus, und die fragliche Seite muß überprüft werden. Wenn Fußnote und Verweis tatsächlich auf verschiedenen Seiten erscheinen, muß dieses Problem lokal durch Setzen eines `\pagebreak`-Befehls an einer strategischen Stelle gelöst werden. Der Grund für dieses Verhalten ist, daß `multicols` beim Ansammeln von Material vorausschauen muß und später unter Umständen nicht alles gesammelte Material verwenden kann. Wie weit LaTeX vorausschaut, wird durch den Zähler `collectmore` gesteuert.

3.5.5 ftnright – Rechtsseitige Fußnoten im Zweispaltenformat

Bei zweispaltigem Satz ist es manchmal wünschenswert, alle Fußnoten am Fuß der rechten Spalte zu positionieren. Dies läßt sich mit Hilfe des Paketes ftnright (von Frank Mittelbach) bewerkstelligen. Die Wirkung dieses Paketes ist in Abbildung 3.8 auf der nächsten Seite dargestellt – der ersten Seite der Originaldokumentation des Paketes. In der Abbildung ist deutlich zu sehen, wie die Fußnoten im unteren Teil der rechten Spalte versammelt sind.

Die zentrale Idee bei dem Paket ftnright ist, daß alle Fußnoten einer Seite am Fuß der rechten Spalte gesetzt werden. Dabei muß genug Abstand zwischen Fußnoten und Text gelassen werden, und die Fußnoten werden in einem kleineren Schriftgrad gesetzt.[13] Außerdem werden die Fußnotenzeichen auf der Grundlinie gesetzt und nicht hochgestellt.[14]

Das Layout für ftnright wurde vom Jahrbuch der Gutenberg Gesellschaft Mainz [57] inspiriert; für das Layout der Fußnoten wurden Bücher von Jan Tschichold [105] und Manfred Simoneit [92] konsultiert.

Das Paket kann zusammen mit den meisten Klassendateien von LaTeX verwendet werden. Allerdings wird es nur bei Dokumenten wirksam, die mit Hilfe der Option twocolumn für den Befehl `\documentclass` zweispaltig formatiert werden. In den meisten Fällen ist es am sichersten, ftnright als letztes Paket zu verwenden, um sicherzugehen, daß seine Einstellungen nicht durch andere Pakete überschrieben werden.

13 Manche Zeitschriften benutzen den gleichen Schriftgrad für Fußnoten und Text, so daß man beide nur schwer auseinanderhalten kann.

14 Dies gilt natürlich nur für das Zeichen vor dem Fußnotentext, nicht für die Markierung im Haupttext, wo eine hochgestellte, in kleinerer Schriftgröße gesetzte Zahl oder ein Symbol den Lesefluß nicht unterbrechen.

Footnotes in a multi-column layout*

Frank Mittelbach

August 10, 1991

1 Introduction

The placement of footnotes in a multi-column layout always bothered me. The approach taken by LaTeX (i.e., placing the footnotes separately under each column) might be all right if nearly no footnotes are present. But it looks clumsy when both columns contain footnotes, especially when they occupy different amounts of space.

In the multi-column style option [5], I used page-wide footnotes at the bottom of the page, but again the result doesn't look very pleasant since short footnotes produce undesired gaps of white space. Of course, the main goal of this style option was a balancing algorithm for columns which would allow switching between different numbers of columns on the same page. With this feature, the natural place for footnotes seems to be the bottom of the page[1] but looking at some of the results it seems best to avoid footnotes in such a layout entirely.

Another possibility is to turn footnotes into endnotes, i.e., printing them at the end of every chapter or the end of the entire document. But I assume everyone who has ever read a book using such a layout will agree with me, that it is a pain to search back and forth, so that the reader is tempted to ignore the endnotes entirely.

When I wrote the article about "Future extensions of TeX" [6] I was again dissatisfied with the outcome of the footnotes, and since this article should show certain aspects of high quality typesetting, I decided to give the footnote problem a try and modified the LaTeX output routine for this purpose. The layout I used was inspired by the yearbook of the Gutenberg Gesellschaft Mainz [1]. Later on, I found that it is also recommended by Jan White [9]. On the layout of footnotes I also consulted books by Jan Tschichold [8] and Manfred Simoneit [7], books, I would recommend to everyone being able to read German texts.

1.1 Description of the new layout

The result of this effort is presented in this paper and the reader can judge for himself whether it was successful or not.[2] The main idea for this layout is to assemble the footnotes of all columns on a page and place them all together at the bottom of the right column. Allowing for enough space between footnotes and text, and in addition, setting the footnotes in smaller type[3] I decided that one could omit the footnote separator rule which is used in most publications prepared with TeX.[4] Furthermore, I decided to place the footnote markers[5] at the baseline instead of raising them as superscripts.[6]

All in all, I think this generates a neat layout, and surprisingly enough, the necessary changes to the LaTeX output routine are nevertheless astonishingly simple.

1.2 The use of the style option

This style option might be used together with any other style option for LaTeX which does not change the three internals changed by `ftnright.sty`.[7] In most cases, it is best to use this style option as the very last option in the `\documentstyle` command to make sure that its settings are not overwritten by other options.[8]

*. The LaTeX style option `ftnright` which is described in this article has the version number v1.0d dated 92/06/19. The documentation was last revised on 92/06/19.

1. You can not use column footnotes at the bottom, since the number of columns can differ on one page.

2. Please note, that this option only changed the placement of footnotes. Since this article also makes use of the `doc` option [4], that assigns tiny numbers to code lines sprincled throughout the text, the resulting design is not perfect.

3. The standard layout in *TUGboat* uses the same size for footnotes and text, giving the footnotes, in my opinion, much too much prominence.

4. People who prefer the rule can add it by redefining the command `\footnoterule` [2, p. 156]. Please, note, that this command should occupy no space, so that a negative space should be used to compensate for the width of the rule used.

5. The tiny numbers or symbols, e.g., the '5' in front of this footnote.

6. Of course, this is only done for the mark preceeding the footnote text and not the one used within the main text where a raised number or symbol set in smaller type will help to keep the flow of thoughts, uninterrupted.

7. These are the macros `\@startcolumn`, `\@makecol` and `\@outputdblcol` as we will see below. Of course, the option will take only effect with a document style using a twocolumn layout (like `ltugboat`) or when the user additionally specifies `twocolumn` as a document style option in the `\documentstyle` command.

8. The `ltugboat` option (which is currently set up as a style option instead of a document style option which it actually is) will overwrite

1

Abbildung 3.8: Plazieren von Text und Fußnoten mit dem Paket ftnright

3.6 Einfache Versionssteuerung

Mit Hilfe der Umgebung `comment` (aus dem Paket verbatim) kann man Passagen eines Dokumentes während der Formatierung ausblenden. Das Paket version (von Stephen Bellantoni) geht noch einen Schritt weiter: Es definiert Umgebungen und Befehle, die LaTeX ein gewisses Maß an Versionssteuerung ermöglichen.

Um diese Funktion nutzen zu können, muß man Umgebungen für die Versionssteuerung im Anfangsteil des Dokumentes mit folgenden Befehlen definieren:

`\includeversion{`*versionsname*`}`

Definiert eine Umgebung *versionsname*, deren Körper von LaTeX normal formatiert wird.

`\excludeversion{`*versionsname*`}`

Definiert eine Umgebung *versionsname*, deren Körper von LaTeX ignoriert (nicht gesetzt) wird.

Das Argument *versionsname* ist ein vom Anwender festgelegter Name. Auf diese Weise kann man so viele Umgebungen zur Versionssteuerung definieren wie notwendig, z. B.:

Die Antwort ist JA.

```
\includeversion{JA}\excludeversion{NEIN}
Die Antwort ist
\begin{NEIN}NEIN.\end{NEIN}%
\begin{JA}JA.\end{JA}
```

Das Paket version definiert auch die Umgebung `comment`, die so eingestellt ist, daß ihr Inhalt ignoriert wird. Diese Einstellung kann jedoch durch den Befehl `\includeversion{comment}` umdefiniert werden.

AB
A Per Voreinstellung ignoriert. B

```
A\begin{comment} Normalerweise ignoriert.
 \end{comment}B

\includeversion{comment}
A\begin{comment}
   Per Voreinstellung ignoriert.
 \end{comment}B
```

Kapitel 4
Das Seitenlayout

Unter einem Satzspiegel versteht man die Fläche auf dem Papier, die mit Text und Abbildungen gefüllt werden soll. Er ist in der Regel nicht auf dem Papier zentriert, und der freie Raum am Kopf und am Bund (Leerraum in der Mitte einer Doppelseite) ist normalerweise kleiner als der freie Raum am Fuß und an der (Außen-)Seite. Ein klassisches Verhältnis der Flächen von *Bund*, *Kopf*, *Außenseiten* und *Fuß* zueinander ist z. B. 2 : 3 : 4 : 6. In manchen Fällen enthalten diese Ränder kurze Texte, sogenannte *Marginalien*, oder auch erläuternde Texte zu Abbildungen und Tafeln.

Eine gesetzte Seite wird in der Fachwelt auch als *Kolumne* bezeichnet. Eventuelle Kopf- und Fußzeilen, welche die Seitennummer oder andere Informationen über die aktuelle Seite enthalten, nennt man deshalb auch *Kolumnentitel*. Man unterscheidet den lebenden Kolumnentitel am Kopf und den toten Kolumnentitel am Fuß der Seite. Die Kopfzeile wird deshalb als »lebender« Kolumnentitel bezeichnet, weil sie normalerweise Informationen enthält, die sich mit dem Inhalt der aktuellen Seite verändern, wie z. B. den Überschriftentext des derzeitigen Kapitels. Ein lebender Kolumnentitel wird innerhalb des Satzspiegels positioniert, während der tote Kolumnentitel (falls vorhanden) sich außerhalb des Satzspiegels befindet.

Die Größe, Form und Position all dieser Felder, sowie die Struktur der Kolumnentitel bilden zusammen das *Seitenlayout*. In diesem Kapitel wird gezeigt, wie sich verschiedene Seitenlayouts festlegen lassen. Häufig benötigt man schon für ein einziges Dokument verschiedene Seitenlayouts. So unterscheidet sich z. B. die erste Seite eines Kapitels, welche die Kapitelüberschrift enthält, meistens von den übrigen Kapitelseiten.

Mit Hilfe der Standarddokumentenklassen von LaTeX lassen sich Dokumente für den recto-verso (zweiseitigen) Druck formatieren. Die Layouts für ein- und zweiseitigen Druck unterscheiden sich voneinander. Während in erstem Fall die Seitenränder für gerade und ungerade Seiten gleich sind, ist im zweiten Fall darauf zu achten, daß sich der Textbereich auf Vorder- und Rückseite deckt. Im allgemeinen spricht man vom *inneren* und *äußeren* Rand. Beim zweiseitigen Druck befindet sich der innere Rand auf ungeraden Seiten links und auf geraden Seiten rechts. Beim einseitigen Druck ist der innere Rand immer der linke. Bei den Doppelseiten eines Buches liegen ungerade Seiten immer rechts.

4.1 Geometrische Dimensionen des Layouts

Im folgenden werden die Dimensionsparameter für das Seitenlayout beschrieben. Sie sind in Abbildung 4.1 auf der nächsten Seite schematisch dargestellt.

`\textheight`	Höhe des Textkörpers (ohne Kopf und Fuß).
`\textwidth`	Breite des Textkörpers.
`\columnsep`	Spaltenabstand bei Mehrspaltensatz.
`\columnseprule`	Breite der Spaltentrennlinie bei Mehrspaltensatz (Voreinstellung 0pt, d.h. unsichtbare Linie).
`\columnwidth`	Spaltenbreite bei Mehrspaltensatz. Wird von LaTeX aus `\textwidth` und `\columnsep` passend berechnet.
`\linewidth`	Breite der aktuellen Zeile. Stimmt normalerweise mit `\columnwidth` überein, kann sich aber in jenen Umgebungen ändern, die andere Ränder setzen.
`\evensidemargin`	Bei zweiseitigem Druck zusätzlicher linker Rand auf geraden Seiten.
`\oddsidemargin`	Bei zweiseitigem Druck zusätzlicher linker Rand auf ungeraden Seiten, sonst zusätzlicher linker Rand auf allen Seiten.
`\footskip`	Vertikaler Abstand zwischen der Grundlinie der letzten Textzeile und der Grundlinie der Fußzeile.
`\headheight`	Höhe der Kopfzeile.
`\headsep`	Vertikaler Abstand zwischen Kopfzeile und Textkörper.
`\topmargin`	Zusätzlicher vertikaler Abstand oberhalb der Kopfzeile.
`\marginparpush`	Mindestabstand (vertikal) zwischen zwei aufeinanderfolgenden Marginalien (nicht abgebildet).
`\marginparsep`	Horizontaler Abstand zwischen Textkörper und Marginalien.
`\marginparwidth`	Breite der Marginalien.

Die voreingestellten Werte für diese Größen sind in Tafel 4.2 auf Seite 87 aufgelistet. In LaTeX2ε sind zwei zusätzliche Parameter verfügbar, die die physikalische Größe des Papiers (bzw. Ausgabemediums) angeben:

`\paperheight`	Papierhöhe.
`\paperwidth`	Papierbreite.

In den vier Standardklassen sind diese Werte auf das amerikanische Papierformat US-letter eingestellt. Die meisten anderen Layoutparameter in LaTeX2ε sind direkt von der physikalischen Papiergröße abhängig, so daß sie sich automatisch ändern, wenn die Größen `\paperwidth` oder `\paperheight` am Anfang der Klassendatei geändert werden. Diese Größen in der Dokumentenpräambel zu ändern, hat nicht

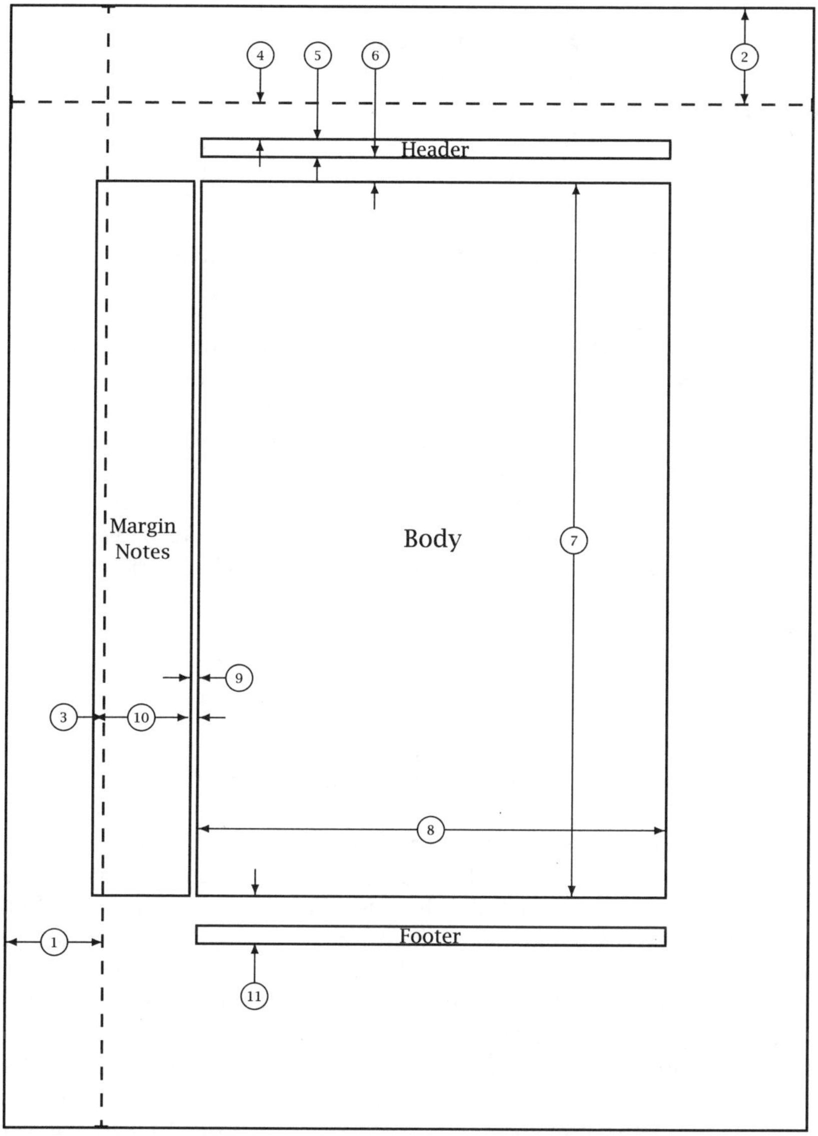

1	`one inch + \hoffset`	2	`one inch + \voffset`
3	`\evensidemargin = 71pt`	4	`\topmargin = 28pt`
5	`\headheight = 12pt`	6	`\headsep = 20pt`
7	`\textheight = 538pt`	8	`\textwidth = 348pt`
9	`\marginparsep = 7pt`	10	`\marginparwidth = 71pt`
11	`\footskip = 36pt`		`\marginparpush = 5pt (not shown)`
	`\hoffset = 0pt`		`\voffset = 0pt`

Abbildung 4.1: Das Seitenlayout des Buches *»Der LaTeX-Begleiter«*

Eine Darstellung wie diese läßt sich mit Hilfe das Befehls `\layout` aus dem Paket layout (von Kent McPherson reimplementiert für LaTeX2ε von Johannes Braams) erzeugen. Die Größen werden im Verhältnis eins zu zwei dargestellt.

letterpaper	$8^1/_2 \times 11$	Zoll		
legalpaper	$8^1/_2 \times 14$	Zoll		
executivepaper	$7^1/_4 \times 10^1/_2$	Zoll		
a4paper	$\approx 8^1/_4 \times 11^3/_4$	Zoll	210×297	mm
a5paper	$\approx 5^7/_8 \times 8^1/_4$	Zoll	148×210	mm
b5paper	$\approx 7 \times 9^7/_8$	Zoll	176×250	mm

Tafel 4.1: Standardoptionen für Papierformate in LaTeX2ε

die gleiche Wirkung, da die anderen Parameter bereits berechnet sind, wenn die Präambel gelesen wird.

Die Klassendateien von LaTeX2ε unterstützen eine Anzahl verschiedener Optionen, mit denen sich Ausdrucke leichter auf andere Papiergrößen anpassen lassen. Sie setzen `\paperwidth` und `\paperheight` auf die erforderliche Papiergröße und passen die davon abhängigen Parameter (wie z. B. `\textheight`) entsprechend an. Die von den Standardklassen unterstützten Optionen für Papiergrößen sind in Tafel 4.1 aufgelistet. Mit Hilfe des folgenden Befehls kann man z. B. auf DIN A4-Papier drucken:

```
\documentclass[a4paper]{article}
```

Für andere Klassen mögen weitere oder andere Optionen zur Verfügung stehen. Es erscheint jedoch nicht sehr sinnvoll, beispielsweise für die Dokumentenklasse book eine Option a0paper zu definieren, die unglaublich breite Zeilen erzeugt.

Dem Standard entsprechende dvi-Treiber setzen den Bezugspunkt für TeX ein Zoll unterhalb und rechts der oberen linken Papierecke. Der dadurch vom Treiber erzeugte, zusätzliche Rand von einem Zoll legt den *Druckbereich* einer Seite fest. Der Bezugspunkt läßt sich verschieben, indem man die Längen `\hoffset` und `\voffset` ändert. Sie sind auf null voreingestellt und sollten im allgemeinen nicht verändert werden. Man kann jedoch mit ihrer Hilfe auf einfache Art und Weise den gesamten Satzspiegel (Text, Kopf, Fuß und Marginalien) auf der Ausgabefläche verschieben, ohne das Layout zu beeinträchtigen. Die von Treibern erzeugten Ränder wurden aus TeX übernommen. Zum Festlegen des Seitenlayouts in LaTeX werden sie nicht benötigt. Eine Änderung von `\topmargin` verschiebt den Satzspiegel vertikal, eine Änderung von `\oddsidemargin` oder `\evensidemargin` verschiebt ihn horizontal. Um Berechnungen zu erleichtern, kann man `\hoffset` und `\voffset` auch auf `-1in` setzen, so daß der Bezugspunkt genau auf der linken oberen Ecke des Papiers liegt.

Man sollte dabei allerdings beachten, daß einige dvi-Treiber den Satzspiegel um andere Werte verschieben. Um sicherzugehen, daß der Bezugspunkt richtig positioniert ist, kann man die Testdatei `testpage.tex` (ursprünglich von Leslie Lamport, mit Änderungen von Stephen Gildea) unter LaTeX mit dem fraglichen dvi-Treiber ausdrucken lassen. Die ausgegebene Seite zeigt die Position des

Parameter	zweiseitiger Druck			einseitiger Druck		
	10pt	11pt	12pt	10pt	11pt	12pt
`\oddsidemargin`	44pt	36pt	21pt	63pt	54pt	39pt
`\evensidemargin`	82pt	74pt	59pt	63pt	54pt	39pt
`\marginparwidth`	107pt	100pt	85pt	90pt	83pt	68pt
`\marginparsep`	11pt	10pt	10pt	*genauso*		
`\marginparpush`	5pt	5pt	7pt	*genauso*		
`\topmargin`	27pt	27pt	27pt	*genauso*		
`\headheight`	12pt	12pt	12pt	*genauso*		
`\headsep`	25pt	25pt	25pt	*genauso*		
`\footskip`	30pt	30pt	30pt	*genauso*		
`\textheight`	43	38	36	*genauso*		
	×`\baselineskip`					
`\textwidth`	345pt	360pt	390pt	*genauso*		
`\columnsep`	10pt	10pt	10pt	*genauso*		
`\columnseprule`	0pt	0pt	0pt	*genauso*		

Tafel 4.2: Voreinstellungen von Seitenlayoutparametern (letterpaper)
Diese Werte sind für LaTeXs Standarddokumentenklassen (article, book und report) gleich. Andere Papierformat-Optionen können natürlich andere Werte ergeben.

Bezugspunktes zu den Papierrändern. Diese Datei wurde von Rainer Schöpf für LaTeX 2ε umgeschrieben, so daß die Standardoptionen für Papiergrößen interaktiv unterstützt werden.

4.2 Verändern des Seitenlayouts

Zum Ändern der Parameter für das Seitenlayout sollten die Befehle `\setlength` oder `\addtolength` verwendet werden. Allerdings ist es empfehlenswert, Änderungen dieser Parameter nur in einer Klassen- oder Paketdatei oder in der Dokumentenpräambel vorzunehmen.

Vertikale Abstände sollte man möglichst als Vielfaches von `\baselineskip` initialisieren. Dieser Parameter gibt den Abstand zwischen den Grundlinien zweier aufeinanderfolgender Zeilen in einem Absatz mit »normalem« Dokumentenschriftgrad an. Daher kann `\baselineskip` auch als Höhe einer Zeile betrachtet werden. Somit bezieht sich die folgende Einstellung immer auf »zwei Zeilen Text«.

```
\normalsize                            % Einstellen von \baselineskip
\setlength{\headheight}{2\baselineskip} % "Uberschriftenh"ohe
```

Damit \baselineskip wirklich richtig eingestellt ist, sollte man zunächst den Befehl \normalsize aufrufen, um den Schriftgrad auf auf die im Dokument verwendete Standardgröße zu initialisieren.

In manchen Fällen ist es einfacher, Seitenlayoutparameter in Anlehnung an bestimmte typographische Vorgaben zu errechnen. Die Vorgabe »der Text sollte 50 Zeilen enthalten« kann z. B. durch den unten angegebenen Befehl ausgedrückt werden. Dabei wird davon ausgegangen, daß die Höhe aller Zeilen außer der ersten dem Wert \baselineskip entspricht, während die Höhe der obersten Zeile des Textkörpers \topskip beträgt (das ist die TeX-Entsprechung zu \baselineskip für die erste Zeile, mit einem Standardwert von 10pt). Man beachte, daß in den Beispielen in diesem Kapitel das LaTeX-Paket calc (welches die Notation von Berechnungen erleichtert) und die erweiterten Steuerfunktionen von LaTeX2ε verwendet werden (siehe Anhang A, Abschnitte A.4 und A.5).

```
\setlength{\textheight}{\baselineskip*49+\topskip}
```

Eine Vorgabe wie »der Text sollte eine Höhe von 198 mm haben« kann auf ähnliche Weise erfüllt werden. Die entsprechende Berechnung ist weiter unten aufgeführt. Zunächst ist die Anzahl der Zeilen zu berechnen, die ein Textkörper der gewünschten Höhe enthalten kann: Dazu muß ein Dimensionsparameter durch den anderen geteilt werden, um die entsprechende ganze Zahl zu erhalten. TeX kann diese Operation jedoch nicht direkt durchführen, daher werden die Dimensionsparameter zunächst Zählerregistern zugeordnet. Diese Zuordnung ist sehr präzise, da intern sp-Einheiten verwendet werden.

```
\setlength{\textheight}%                    % erste Zeile abziehen
          {198mm-\topskip}                  %   von gew"unschtem Wert
\newcounter{tempc}                          % 1. tempor"arer Z"ahler
\setcounter{tempc}{\textheight}             % Z"ahler 1 zuordnen
\newcounter{tempcc}                         % 2. tempor"arer Z"ahler
\setcounter{tempcc}{\baselineskip}          % Z"ahler 2 zuordnen
\setcounter{tempc}%                         % Z"ahler dividieren
        {\value{tempc}/\value{tempcc}}
\setlength{\textheight}{\baselineskip*\value{tempc}+\topskip}
```

Der vertikale Abstand \topmargin für den oberen Rand kann ebenfalls angepaßt werden, wenn z. B. der obere Rand nur halb so groß sein soll wie der verbleibende Raum unterhalb des Textkörpers. Die folgende Berechnung zeigt, wie der gewünschte Wert für DIN A4-Papier errechnet wird (Papierhöhe ist 297mm).

```
\setlength{\topmargin}
          {(297mm - \textheight)/3 - 1in - \headheight - \headsep}
```

4.2.1 Seitenlayout-Pakete

Da LaTeXs Original-Klassen auf amerikanischen Papierformaten basieren, haben europäische Anwender verschiedene Pakete entwickelt, mit denen die Seitenlayoutparameter auf metrische Formate angepaßt werden können. Beispiele für derartige Pakete sind a4 (mit relativ kleinen Seiten), das gut dokumentierte Paket a4dutch (von Johannes Braams und Nico Poppelier) und a4wide (von Jean-François Lamy), das etwas längere Zeilen erzeugt. Häufig existieren auch lokale Dateien unter gleichem Namen. Für DIN A5-formatige Seiten gibt es die Pakete a5 und a5comb (von Mario Wolczko). Einen anderen Ansatz hat Volker Kuhlmann mit seinem vmargin-Paket verfolgt: Es stellt Befehle zur Verfügung, mit denen sich die Ränder für alle Arten von metrischen und amerikanischen Papierformaten einstellen lassen. Bei diesem Paket muß man zunächst mit dem Befehl `\setpapersize[`*orient*`]{`*format*`}` ein Papierformat bestimmen. Der Parameter *format* kann dabei `Afour`, `Bfive`, `USletter` oder viele weitere Formate benennen. Der optionale Parameter *orient* stellt die Orientierung als `portrait` (Hochformat) oder `landscape` (Querformat) ein. Voreinstellung ist Hochformat. Man kann auch eigene Papierformate definieren.

Die Seitenränder werden mit Hilfe des folgenden Befehls gesetzt:

```
\setmargins{randlinks}{randoben}{textbreite}{texthöhe}%
           {höhekopf}{abstkopf}{höhefuß}{abstfuß}
```

Alternativ kann man das Seitenlayout durch die Größe der Ränder beschreiben:

```
\setmarginsrb{randlinks}{randoben}{randrechts}{randunten}%
             {höhekopf}{abstkopf}{höhefuß}{abstfuß}
```

Wenn man Papier des Formates `USlegal` verwendet, alle Ränder auf ein Zoll einstellen und keine Kopf- und Fußzeilen einrichten möchte, läßt sich das durch folgenden Befehl bewerkstelligen:

```
\setpapersize{USlegal}
\setmarginsrb{1in}{1in}{1in}{1in}{0mm}{0mm}{0mm}{0mm}
```

Generell gilt: wenn man das Seitenlayout ändert, sollte man einige Grundregeln der Lesbarkeit beachten (siehe z. B. [89]). Untersuchungen gedruckter Texte im englischen Sprachraum haben gezeigt, daß eine Zeile nicht mehr als zehn bis zwölf Wörter enthalten sollte, was einem Maximum von 60 bis 70 Zeichen pro Zeile entspricht.

Die Anzahl der Zeilen pro Seite ist vom verwendeten Schriftgrad abhängig. Der unten angegebene Code zeigt, wie man die Texthöhe `\textheight` in Abhängigkeit vom normalen Schriftgrad eines Dokumentes berechnet. (Die interne LaTeX-Variable `\@ptsize` enthält die Zahlen `0`, `1` oder `2` für den jeweiligen Basisschriftgrad 10pt, 11pt oder 12pt.)

```
\ifthenelse{\@ptsize = 0}%       10-pt Schrift als Basisschriftgrad
  {\setlength{\textheight}{53\baselineskip}}{}
\ifthenelse{\@ptsize = 1}%       11-pt Schrift als Basisschriftgrad
  {\setlength{\textheight}{46\baselineskip}}{}
\ifthenelse{\@ptsize = 2}%       12-pt Schrift als Basisschriftgrad
  {\setlength{\textheight}{42\baselineskip}}{}
\addtolength{\textheight}{\topskip}
```

Ein weiterer wichtiger Parameter ist die Größe der Randflächen um den Text. Da gedruckte Dokumente sehr wahrscheinlich auch gebunden werden, sollte am inneren Rand immer genug Raum dafür gelassen werden. Wenn `\oddsidemargin` festgelegt ist, berechnet sich beim zweiseitigen Druck der Wert für `\evensidemargin` wie folgt:

```
\setlength{\evensidemargin}{\paperwidth - (1in + \hoffset)*2
                            - \oddsidemargin - \textwidth}
```

Der zweiseitige Druck wird durch die Klassenoption twoside aktiviert. Diese setzt das boolesche Register `@twoside` auf `true`. Die folgende Kalkulation zeigt, wie man die horizontalen Seitenlayoutparameter unter Berücksichtigung des normalen Schriftgrades des Dokumentes und des ein- oder zweiseitigen Drucks, berechnet:

```
\ifthenelse{\@ptsize = 0}%         10-pt als Basisschriftgrad
   {\setlength{\textwidth}{5.00in}%
    \setlength{\marginparwidth}{1.00in}%
    \ifthenelse{\boolean{@twoside}}%
       {\setlength{\oddsidemargin}{0.55in}%       zweiseitig
        \setlength{\evensidemargin}{0.75in}}%
       {\setlength{\oddsidemargin}{0.55in}%       einseitig
        \setlength{\evensidemargin}{0.55in}}%
   }{}
```

Wenn ein Dokument viele Marginalien enthält, kann es außerdem angebracht sein, die Ränder des Layouts zu vergrößern. Das Paket a4dutch enthält für diesen Fall z. B. den Befehl `\WideMargins`. Es stellt die geometrischen Parameter so ein, daß auf Kosten der Textbreite ein Rand von 1.5 Zoll für die Marginalien freigehalten wird.

4.2.2 Setzen von Seiten im Querformat

Normalerweise wird die längere Papierseite als die vertikale betrachtet (*Hochformat*). Bei manchen Arten von Dokumenten, wie z. B. Folien oder Tabellen, ist es allerdings besser die längere Seite horizontal auszurichten (*Querformat*). Moderne Drucker und dvi-Treiber können im allgemeinen beide Seitenformate drucken.

Hoch- und Querformat erfordern ein unterschiedliches Seitenlayout. Obwohl die geometrischen Seitenlayoutparameter nach dem Befehl `\begin{document}` eigentlich nicht mehr geändert werden sollten, kann man sie, wenn nötig, zwischen den einzelnen Seiten verändern. Diese Änderungen kann man mit dem Paket portland (von Hubert Partl) vornehmen, das Befehle zum Umschalten zwischen Hoch- und Querformat enthält.

```
\portrait    \landscape
```

Der erste Befehl setzt das Seitenlayout auf das ursprüngliche Hochformat, also die Werte von `\begin{document}` (zurück). Der zweite Befehl ändert das Seitenlayout, indem er die ursprünglichen Werte der horizontalen und vertikalen Dimensionsparameter gegeneinander vertauscht. Die Gesamtfläche des Satzspiegels bleibt damit unverändert. Beide Befehle beginnen mit `\clearpage` eine neue Seite und setzen einige interne LaTeX-Dimensionsparameter um. Außerdem definiert das Paket die beiden Umgebungen `portrait` und `landscape`, die anstelle der oben genannten Befehle verwendet werden können. Der Parameter `\paperheight` des Paketes muß zunächst auf die Höhe des verwendeten Papiers eingestellt werden. Die voreingestellte Höhe entspricht dem DIN A4-Format.[1] Wenn man einen dvi-Treiber einsetzt, der im gleichen Lauf Hoch- und Querformat mischen kann (z. B. dvips), sollte man sich die Mühe machen, direkt nach dem Befehl `\clearpage` die relevanten `\special`-Befehle einzutragen, damit die verschiedenen Seiten korrekt gedruckt werden.

Wenn man Hoch- und Querformat nur für den Text und nicht für Kopf- und Fußzeile einstellen möchte, kann man dazu das Paket lscape von David Carlisle verwenden. Es definiert eine `landscape`-Umgebung, die alle Seiten in ihrem Gültigkeitsbereich um 90 Grad dreht. In diesem Fall braucht man die `\special`-Befehle nicht selbst einzugeben, da dieses Paket auf dem neuen graphics-Paket von LaTeX 2_ε basiert (von David Carlisle und Sebastian Rahtz), welches verschiedene Druckertreiber unterstützt.

4.3 Seitenstile

Während die Dimensionsparameter in einem Dokument für nahezu alle Seiten gleich sind, kann sich das Format der Kolumnentitel (*Seitenstil*) im Laufe eines Dokumentes ändern. Der Seitenstil wird durch zwei Befehle ausgewählt:

```
\pagestyle{stil}    \thispagestyle{stil}
```

Der erste Befehl setzt den Seitenstil der aktuellen und der folgenden Seiten auf *stil*, während der zweite Befehl nur die aktuelle Seite betrifft.

Standardseitenstile von LaTeX sind:

empty Sowohl Kopf- als auch Fußzeile sind leer.

1 Sobald dieses Paket für LaTeX 2_ε aktualisiert ist, sollte es direkt die Parameter `\paperheight` und `\paperwidth` aus den Klassendateien verwenden können.

plain	Die Kopfzeile ist leer, die Fußzeile enthält die Seitennummer.
headings	Die Kopfzeile enthält in der Dokumentenklasse festgelegte Informationen und die Seitennummer; die Fußzeile ist leer.
myheadings	ähnlich wie headings, aber die Kopfzeile wird durch den Anwender festgelegt.

Die ersten drei Stile werden in den Standardklassen verwendet. Dabei wird die Titelseite normalerweise durch den Befehl `\thispagestyle{empty}` gebildet. Die erste Seite von Überschriftsbefehlen der höchsten Gliederungsebenen (wie `\part` oder `\chapter`, aber auch `\maketitle`) hingegen, bilden die Standardklassen von LaTeX mit dem Befehl `\thispagestyle{plain}`. Deshalb erhält man weiterhin Seitenzahlen auf den Seiten, die durch den Befehl `\chapter` oder `\maketitle` gebildet werden, auch wenn am Anfang des Dokumentes der Seitenstil empty eingestellt ist. Um also die Seitenzahlen überall zu unterdrücken, muß entweder jedem dieser Befehle wiederum der Befehl `thispagestyle{empty}` folgen, oder der Seitenstil plain muß durch den Befehl `\let\ps@plain=\ps@empty` auf den Seitenstil empty umdefiniert werden.

In Dokumenten kleiner oder mittlerer Größe ist ein ausgeklügeltes System zum Umschalten von Seitenstilen nicht erforderlich. Bei ihnen wird der Seitenstil normalerweise in der Dokumentenklasse gewählt. Bei umfangreicheren Dokumenten wie z. B. Büchern sollte man jedoch die typographische Tradition berücksichtigen. So hat der Vorspann beispielsweise in der Regel römische Seitenzahlen, während der Haupttext arabisch numeriert ist. Teile und Kapitel sollten auf einer (ungeraden) rechten Seite beginnen, usw.

```
\pagenumbering{stil}
```

Seitenzahlen werden durch den Zähler page gesteuert. Dieser Befehl setzt den Zähler auf 1 zurück und definiert den Befehl `\thepage` auf `\`*stil*`{page}` um. Fertige Ausgabeformate für Zählerregister sind: `Alph`, `alph`, `Roman`, `roman` und `arabic` (siehe Abschnitt A.1.3).

```
\clearpage    \cleardoublepage
```

Diese beiden Befehle beenden den aktuellen Absatz und die laufende Seite. Bei zweiseitigem Druck sorgt `\cleardoublepage` außerdem dafür, daß die nächste Seite immer eine rechte (ungerade) Seite ist. Als Beispiel ist die Struktur dieses Buches, soweit es Seitenstile betrifft, in Abbildung 4.2 auf der nächsten Seite schematisch dargestellt. Man beachte die Definition des Befehls `\clearemptydoublepage`, der bei Bedarf eine völlig leere Seite ohne irgendwelche Seitenmarkierungen erzeugt.

4.3.1 Erstellen neuer Seitenstile

Die Formatierungsbefehle, die jeweils mit dem Argument *stil* des Befehls `\pagestyle` verbunden sind, werden durch entsprechende Makros mit Namen `\ps@`*stil* gesteuert. Diese Makros wiederum definieren die internen LaTeX-Befehle,

```
\documentclass[...]{companion}  %%% Klassendatei stellt Standardseitenstil ein
...
\newcommand{\clearemptydoublepage}{\newpage{\pagestyle{empty}\cleardoublepage}}
\begin{document}
%  ================== Vorspann ============================
\title{Der \LaTeX{}-Begleiter}
\author{...}
\pagenumbering{roman}  % r"omische Seitenzahlen
\maketitle             % Titelseite verwendet Seitenstil "`empty"'
\include{ch0}          % Copyright-Seiten verwendet Seitenstil "`empty"'
\clearemptydoublepage
\tableofcontents       % erste Seite verwendet Seitenstil "`empty"'
\clearemptydoublepage  % gehe zu ungerader Seite
% ==================== Hauptteil ===================
\pagenumbering{arabic} % arabische Seitenzahlen
\include{ch1}          % erste Seite verwendet Seitenstil "`empty"'
\clearemptydoublepage  % gehe zu ungerader Seite
\include{ch2}
\clearemptydoublepage  % gehe zu ungerader Seite
\include{ch3}
\clearemptydoublepage  % gehe zu ungerader Seite
...
%  ================== Anh"ange ================================
...                    % besonderer Seitenstil f"ur den Index
```

Abbildung 4.2: Im *»Der LaTeX-Begleiter«* verwendete Seitenstile

mit denen die Kopf- und Fußzeilen festgelegt werden.

`\@oddhead`	Generiert bei zweiseitigem Druck die Kopfzeile für ungerade Seiten, ansonsten die Kopfzeile für alle Seiten.
`\@oddfoot`	Generiert bei zweiseitigem Druck die Fußzeile für ungerade Seiten, ansonsten die Fußzeile für alle Seiten.
`\@evenhead`	Generiert bei zweiseitigem Druck die Kopfzeile für gerade Seiten.
`\@evenfoot`	Generiert bei zweiseitigem Druck die Fußzeile für gerade Seiten.

Die Definition des Seitenstiles plain, der nur eine zentrierte Seitenzahl in der Fußzeile enthält, ist äquivalent zu:

```
\newcommand{\ps@plain}{%
   \renewcommand{\@oddhead}{}%            leer
   \renewcommand{\@evenhead}{}%           leer
   \renewcommand{\@evenfoot}{\hfil\textrm{\thepage}\hfil}%
   \renewcommand{\@oddfoot}{\@evenfoot}}
```

Die Verwendung von Abschnittsüberschriften als Kolumnentitel stellt sicherlich ein Problem dar. Mit den Befehlen `\chaptermark`, `\sectionmark`, usw. lassen sich (Teile von) Abschnittsüberschriften übernehmen. Diese Befehle werden automatisch von den Gliederungsbefehlen aufgerufen. Sie erhalten als Argument die Überschrift bzw. deren Kurzform aus dem optionalen Argument des Gliederungsbefehls. Die übernommenen Überschriftentexte können unverändert bleiben oder wie gewünscht formatiert werden. In der Dokumentenklasse book sind die Befehle (etwa) folgendermaßen definiert:

```
\renewcommand{\chaptermark}[1]{\markboth{\chaptername\
                                        \thechapter. #1}{}}
\renewcommand{\sectionmark}[1]{\markright{\thesection. #1}}
```

Für ein Kapitel wird mit dem Befehl `\chaptermark` das Wort »Chapter« (oder seine Entsprechung in einer anderen Sprache, siehe Tafel 9.2 auf Seite 274) gespeichert. Dem Wort folgt die laufende Nummer des Kapitels (die im Zähler `chapter` gespeichert ist) und die Kapitelüberschrift (in Kurzversion). Für einen Abschnitt wird die Abschnittsnummer (aus dem Zähler `section`), gefolgt von (einer Kurzversion) der Abschnittsüberschrift in dem Befehl `\sectionmark` gespeichert.

Traditionellerweise enthält ein Kolumnentitel die neueste Überschrift der zweiten Gliederungsebene (z. B. die Abschnittsüberschrift) der aktuellen Seite. Im allgemeinen lassen sich Abschnittsüberschriften jedoch nicht einfach speichern und in den Kolumnentitel eintragen. Da TeXs Algorithmus für den Seitenumbruch asynchron angelegt ist, läßt sich nicht im voraus feststellen, welcher Gliederungsbefehl auf welcher Seite erscheint, bevor der Seitenumbruch stattfindet. TeX löst dieses Problem mit seinem *Textmarken*-System: Der Anwender gibt Textmarken in den Text ein, und bevor die aktuelle Seite als dvi-Datei ausgegeben wird, bestimmt die Ausgaberoutine von TeX, welches die ersten und letzten Textmarken auf der aktuellen Seite sind.

`\markboth{`*kopf_links*`}{`*kopf_rechts*`}`   `\markright{`*kopf_rechts*`}`

Diese beiden LaTeX-Befehle positionieren Textmarken an einer gegebenen Stelle im Text. Der erste Befehl setzt ein Paar von linken und rechten Textmarken. Er wird normalerweise direkt nach einem Gliederungsbefehl aufgerufen. Der zweite Befehl setzt ebenfalls ein Paar von Textmarken, ändert dabei allerdings nur die für den rechten Kolumnentitel, während die andere unverändert übernommen wird. Auch dieser Befehl wird unmittelbar nach einem Gliederungsbefehl aufgerufen.

`\leftmark`   `\rightmark`

Diese beiden Befehle enthalten die aktuellen Einstellungen für linke und rechte Textmarken, wie sie von LaTeXs Ausgaberoutine mittels der Befehle `\markboth` und `\markright` für die Seite, die gerade ausgegeben wird, definiert werden. `\leftmark` enthält das Argument *kopf_links* des letzten `\markboth`-Befehls vor dem Ende der Seite. `\rightmark` enthält das Argument *kopf_rechts* des ersten

```
                                        Textmarkenpaar  Gedruckte Marken
                                                        links     rechts
\markboth{L1}{}                          {L1}{}
\newpage%    ----Seitenumbruch ----                       L1
\markright{R1.1}                         {L1}{R1.1}
\markboth{L2}{}                          {L2}{}
\markright{R2.1}                         {L2}{R2.1}
\newpage%    ---- Seitenumbruch ---                       L2        R1.1
\markright{R2.2}                         {L2}{R2.2}
\markright{R2.3}                         {L2}{R2.3}
\markright{R2.4}                         {L2}{R2.4}
\newpage%    ---- Seitenumbruch ----                      L2        R2.2
\markboth{L3}{}                          {L3}{}
\markright{R3.1}                         {L3}{R3.1}
\newpage%    ---- Seitenumbruch ----                      L3
\newpage%    ---- Seitenumbruch ----                      L3        R3.1
\markright{R3.2}                         {L3}{R3.2}
\markboth{L4}{}                          {L4}{}
\markboth{L5}{}                          {L5}{}
\newpage%    ---- Seitenumbruch ----                      L5        R3.2
\markright{R5.1}                         {L5}{R5.1}
\end{document}                                            L5        R5.1
```

Abbildung 4.3: Überblick über die Arbeitsweise des Textmarkensystems

`\markright`- oder `\markboth`-Befehls auf der Seite, sofern ein solcher existiert; andernfalls enthält es das zuletzt definierte Argument.

Die Textmarkenbefehle funktionieren in akzeptabler Weise für rechte Textmarken, die in ihrer Numerierung von linken Textmarken abhängig sind. (Dies gilt z. B., wenn die linke Textmarke durch einen `\chapter`-Befehl geändert wird und die rechte durch einen `\section`-Befehl). Sie können allerdings auch recht seltsame Resultate erzielen, wenn einem `\markboth`-Befehl ein anderer Textmarkenbefehl auf derselben Seite vorangeht – siehe in Abbildung 4.3 die Seite, die `L5 R3.2` erhält. Die Abbildung zeigt schematisch, welche linken und rechten Textmarken für die jeweils ausgegebenen Seiten generiert werden.

Beim Seitenstil headings verwenden die Gliederungsbefehle, wie in Tafel 4.3 auf der nächsten Seite angezeigt, automatisch `\markboth` und `\markright` zur Erzeugung von Kopfzeilen.

Der Standardseitenstil myheadings ähnelt dem headings-Stil, allerdings muß der Anwender hier die Informationen für die Kopfzeile selbst angeben, indem er die oben beschriebenen Befehle `\markboth` und `\markright` verwendet.

Außerdem lassen sich auch Überschriften von anderen Abschnitten wie Inhaltsverzeichnissen, Abbildungsverzeichnissen und Index übernehmen. Die Be-

Ausdruck	Befehl	Dokumentenklasse	
		book, report	article
zweiseitiger Druck	\markboth[a]	\chapter	\section
	\markright	\section	\subsection
einseitiger Druck	\markright	\chapter	\section

[a] erzeugt leere rechte Textmarke (siehe Abbildung 4.3 auf der vorherigen Seite)

Tafel 4.3: Befehle zum Definieren von Seitenstilen in LaTeX

fehle (\tableofcontents, \listoffigures und \listoftables) sowie die Umgebungen (thebibliography und theindex) verwenden den Befehl \chapter*, der nicht \chaptermark sondern den Befehl \@mkboth aufruft. Der Seitenstil headings definiert \@mkboth als \markboth, während der Seitenstil myheadings dieses Kommando so definiert, daß es keine Wirkung hat.

4.3.2 fancyheadings – **Seitenstile einfach gemacht**

Mit dem Paket fancyheadings (von Piet van Oostrum) lassen sich Kopf- und Fußzeilen in einfacher Art und Weise anpassen. Es bietet die folgenden Funktionen:

◇ dreiteilige Kopf- und Fußzeilen;
◇ Linien in Kopf- und Fußzeilen;
◇ Kopf- und Fußzeilen mit einer größeren Breite als \textwidth;
◇ mehrzeilige Kopf- und Fußzeilen ;
◇ verschiedene Kopf- und Fußzeilen für gerade und ungerade Seiten;
◇ andere Kopf- und Fußzeilen für erste Kapitelseiten.

Dieser Seitenstil wird durch den Befehl \pagestyle{fancy} aktiviert. Er muß nach jeder Änderung von \textwidth erneut aufgerufen werden.

Die folgenden Befehle liefern die Informationen für die sechs Felder der Kopf- und Fußzeilen des Seitenstils fancy. Diese Felder sind in Abbildung 4.4 auf der nächsten Seite dargestellt.

\lhead[*LK-gerade*]{*LK-ungerade*}	\lfoot[*LF-gerade*]{*LF-ungerade*}
\chead[*MK-gerade*]{*MK-ungerade*}	\cfoot[*MF-gerade*]{*MF-ungerade*}
\rhead[*RK-gerade*]{*RK-ungerade*}	\rfoot[*RF-gerade*]{*RF-ungerade*}

Die Informationen erscheinen in den L-Feldern linksbündig, in den M-Feldern zentriert und in den R-Feldern rechtsbündig.

Die Stärke der Linien unter der Kopfzeile und über der Fußzeile werden durch die Längenparameter \headrulewidth (Voreinstellung 0.4pt) und \footrulewidth (Voreinstellung 0pt) gesteuert. Eine Stärke von 0pt macht eine Li-

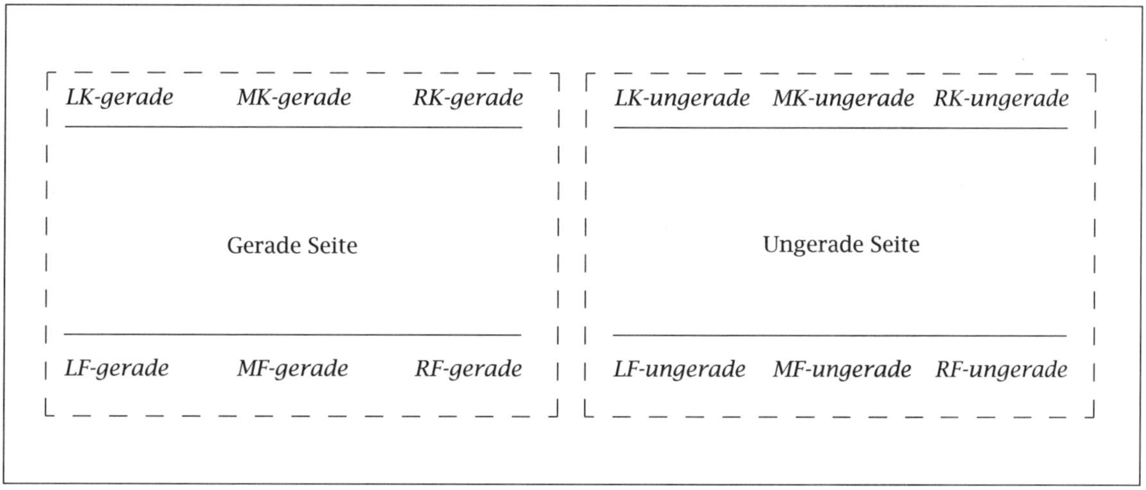

Abbildung 4.4: Seitenlayoutparameter für das Paket fancyheadings

nie unsichtbar. Es lassen sich auch komplexere Änderungen erzielen, indem man die Befehle `\headrule` und/oder `\footrule` neu definiert.

Die Kopf- und Fußzeilen werden in einer Box der Breite `\headwidth` gesetzt, die auf den Wert von `\textwidth` voreingestellt ist. Mit dem Befehl `\setlength` läßt sich `\headwidth` auf eine größere (oder kleinere) Breite einstellen. Die Kopf- und Fußzeilen ragen auf der gleichen Seite über den Text hinaus, auf der die Marginalien positioniert werden. Dadurch kann man z. B. einfach die Werte von `\marginparsep` und `\marginparwidth` zu `\headwidth` hinzuaddieren, damit sie sich auch über die Marginalien erstrecken (siehe Abbildung 4.6 auf Seite 99).

Jedes der sechs Felder wird in eine geeignete `\parbox` gesetzt, so daß man mit Hilfe des Befehls `\\` auch mehrzeilige Einträge erzeugen kann. Mit `\vspace`-Befehlen läßt sich zusätzlicher vertikaler Leerraum einfügen. In solchen Fällen ist zu beachten, daß möglicherweise der Wert der Länge `\headheight` und unter Umständen der von `\footskip` erhöht werden muß.

Einige LaTeX-Befehle wie z. B. `\chapter` oder `\maketitle` verwenden den Befehl `\thispagestyle`, um automatisch auf den Seitenstil plain umzuschalten und damit den aktuell eingestellten Seitenstil zu übergehen. Auf diese Weise erzeugte Seiten lassen sich mit dem Seitenstil fancyplain anpassen. Er stellt für normale Seiten den Stil fancy ein und definiert außerdem den Seitenstil plain neu, so daß dieser den Stil fancy mit folgenden Modifikationen verwendet: Die Linienstärke wird durch die Befehle `\plainheadrulewidth` und `\plainfootrulewidth` festgelegt, die beide auf 0pt voreingestellt sind. Die sechs Felder der Kopf- und Fußzeilen können mit Hilfe des `\fancyplain`-Befehls für normale und plain-Seiten unterschiedlich eingestellt werden.

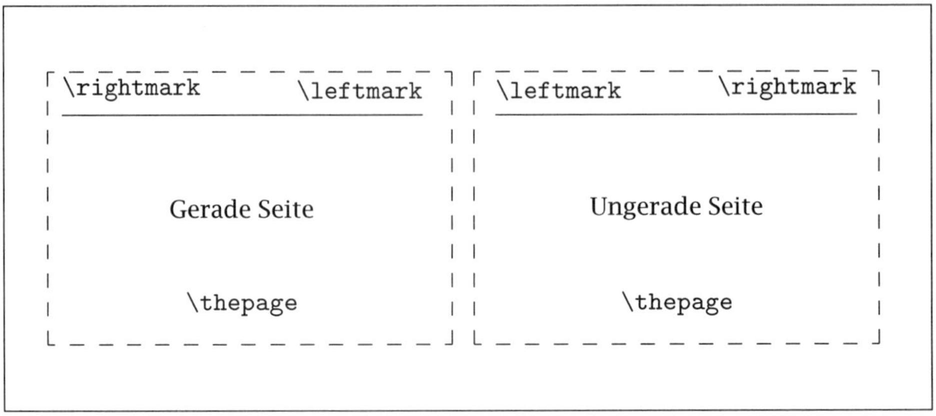

Abbildung 4.5: Das voreingestellte Seitenlayout des Paketes fancyheadings

\fancyplain{*plain_wert*}{*normal_wert*}

Dieser Befehl kann sowohl in den obligatorischen als auch in den optionalen Argumenten der oben definierten Befehle `\..head` und `\..foot` verwendet werden. Zum Beispiel ist

```
\lhead[\fancyplain{F1}{F2}]{\fancyplain{F3}{F4}}
```

eine Spezifikation für die linke Kopfzeile `\lhead` in einem zweiseitigen Dokument. In diesem Fall ist `F1` die Spezifikation für eine gerade Seite im Stil plain, `F2` für eine normale gerade Seite, `F3` für eine ungerade Seite im Stil plain und `F4` für eine normale ungerade Seite.

Die Parameter sind folgendermaßen voreingestellt:

`\headrulewidth`	0.4pt	`\footrulewidth`	0pt
`\plainheadrulewidth`	0pt	`\plainfootrulewidth`	0pt

Das Layout enthält einen lebenden Kolumnentitel (Kopfzeile) mit schräggestelltem Schriftschnitt und einen toten Kolumnentitel (Fußzeile) mit der Seitenzahl.

```
\lhead[\fancyplain{}{\sl\rightmark}]{\fancyplain{}{\sl\leftmark}}
\rhead[\fancyplain{}{\sl\leftmark}]{\fancyplain{}{\sl\rightmark}}
\cfoot{\rm\thepage}
\chead{}\lfoot{}\rfoot{}
```

Seiten, die im Stil plain formatiert werden, enthalten im obigen Beispiel eine leere Kopfzeile und eine zentrierte Seitenzahl als Fußzeile. Normale Seiten enthalten ebenfalls eine zentrierte Seitenzahl als Fußzeile, als Kopfzeile jedoch die Textmarken, wie in Abbildung 4.5 gezeigt.

```
\documentclass{book}
\usepackage{fancyheadings}
\pagestyle{fancyplain}
\addtolength{\headwidth}{\marginparsep}
\addtolength{\headwidth}{\marginparwidth}
%       Kapitel"uberschrift merken
\renewcommand{\chaptermark}[1]%
                    {\markboth{#1}{}}
%       Abschnittsnummer und -"uberschrift
\renewcommand{\sectionmark}[1]%
                 {\markright{\thesection\ #1}}
\lhead[\fancyplain{}{\bfseries\thepage}]%
      {\fancyplain{}{\bfseries\rightmark}}
\rhead[\fancyplain{}{\bfseries\leftmark}]%
      {\fancyplain{}{\bfseries\thepage}}
\cfoot{}
```

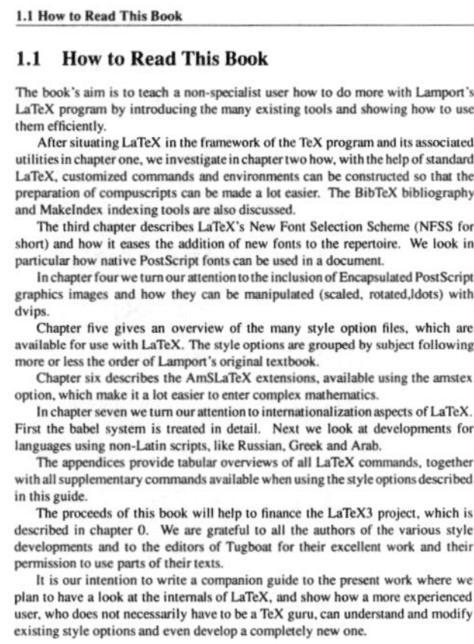
1.1 How to Read This Book 3

1.1 How to Read This Book

The book's aim is to teach a non-specialist user how to do more with Lamport's LaTeX program by introducing the many existing tools and showing how to use them efficiently.

After situating LaTeX in the framework of the TeX program and its associated utilities in chapter one, we investigate in chapter two how, with the help of standard LaTeX, customized commands and environments can be constructed so that the preparation of compuscripts can be made a lot easier. The BibTeX bibliography and MakeIndex indexing tools are also discussed.

The third chapter describes LaTeX's New Font Selection Scheme (NFSS for short) and how it eases the addition of new fonts to the repertoire. We look in particular how native PostScript fonts can be used in a document.

In chapter four we turn our attention to the inclusion of Encapsulated PostScript graphics images and how they can be manipulated (scaled, rotated,ldots) with dvips.

Chapter five gives an overview of the many style option files, which are available for use with LaTeX. The style options are grouped by subject following more or less the order of Lamport's original textbook.

Chapter six describes the AmSLaTeX extensions, available using the amstex option, which make it a lot easier to enter complex mathematics.

In chapter seven we turn our attention to internationalization aspects of LaTeX. First the babel system is treated in detail. Next we look at developments for languages using non-Latin scripts, like Russian, Greek and Arab.

The appendices provide tabular overviews of all LaTeX commands, together with all supplementary commands available when using the style options described in this guide.

The proceeds of this book will help to finance the LaTeX3 project, which is described in chapter 0. We are grateful to all the authors of the various style developments and to the editors of Tugboat for their excellent work and their permission to use parts of their texts.

It is our intention to write a companion guide to the present work where we plan to have a look at the internals of LaTeX, and show how a more experienced user, who does not necessarily have to be a TeX guru, can understand and modify existing style options and even develop a completely new one.

Abbildung 4.6: Einstellungen der Kolumnentitel für das LaTeX-Buch

Ein Beispiel für die komplexeren Möglichkeiten des fancyheadings-Paketes wäre ein Layout mit zwei Zeilen in der unteren rechten Seitenecke, welche die Überschriften der Abschnitte (section) und Unterabschnitte (subsection) enthalten. Für einen solchen Fall müßte eine Spezifikation wie die folgende erstellt werden:

```
\documentclass{book}
\usepackage{fancyheadings}
\pagestyle{fancy}
\renewcommand{\sectionmark}[1]{\markboth{#1}{}}
\renewcommand{\subsectionmark}[1]{\markright{#1}}
\rfoot{\leftmark\\\rightmark}
..... % weitere Pr"aambelbefehle
\begin{document}
```

Abbildung 4.6 zeigt als letztes Beispiel die Definitionen für einen Seitenstil, wie ihn Leslie Lamport für sein LaTeX-Buch verwendet hat.

4.4 Visuelle Formatierung

Wie bereits in der Einführung erwähnt, ist es in der letzten Bearbeitungsphase für ein wichtiges Dokument oft notwendig, einige manuelle Formatierungen vorzunehmen, um ungünstige Seitenumbrüche zu vermeiden. Für diesen Zweck stellt LaTeX die Befehle `\pagebreak`, `\nopagebreak`, `\newpage` und `\clearpage` sowie die Deklaration `\samepage` zur Verfügung, wobei letztere in LaTeX 2_ε als veraltet angesehen wird. Durch die Deklaration `\samepage` in Verbindung mit einer geeigneten Anzahl von `\nobreak`-Befehlen kann man festlegen, daß bestimmte Teile des Dokumentes zusammengehalten werden sollen. Unglücklicherweise sind die Ergebnisse oft nicht zufriedenstellend; so verlängert LaTeX z. B. niemals eine Seite über ihre nominale Höhe (`\textheight`) hinaus, sondern bewegt eher alles, was sich im Gültigkeitsbereiches der `\samepage`-Deklaration befindet, auf die nächste Seite. (Für diesen Fall stellt der weiter unten beschriebene LaTeX 2ε-Befehl `\enlargethispage*` eine Alternative dar.)

Bei der Buchproduktion ist es üblich, eine gewisse Anzahl von Seiten (normalerweise Doppelseiten) zu verkürzen oder zu verlängern, um dadurch spätere ungünstige Seitenumbrüche zu vermeiden. Das bedeutet, daß die nominale Höhe dieser Seiten um ein bestimmtes Maß, z. B. eine Zeile (`\baselineskip`), vergrößert oder verkleinert wird. LaTeX 2ε unterstützt diese Praxis durch den Befehl

`\enlargethispage{`*größe*`}`

Wenn man also die Länge einiger Seiten um eine Zeile verlängern oder verkürzen möchte, kann man folgende Definition verwenden:

```
\newcommand{\longpage}{\enlargethispage{\baselineskip}}
\newcommand{\shortpage}{\enlargethispage{-\baselineskip}}
```

Diese Befehle müssen zwischen zwei Absätzen auf den betreffenden Seiten eingefügt werden.[2]

Der Befehl `\enlargethispage` vergrößert die Höhe `\textheight` der aktuellen Seite, ändert ansonsten jedoch keinen der Formatierungsparameter. Wenn also `\flushbottom` eingestellt ist, füllt der Text die gesamte Länge der fraglichen Seite aus, falls erforderlich auch, indem der vertikale Abstand auf der Seite gedehnt oder gestaucht wird. Auf diese Weise setzen die oben aufgeführten Definitionen genau eine Zeile Text mehr bzw. weniger auf eine Seite, während die Position der übrigen Zeilen unverändert bleibt. Das ist wichtig für das einheitliche Erscheinungsbild.

`\enlargethispage*{`*größe*`}`

Die Sternform des Befehls, `\enlargethispage*`, vergrößert oder verkleinert ebenfalls die Seitenlänge. Dabei wird jedoch die resultierende Seite so weit wie möglich gepreßt (d.h. soweit es der verfügbare Leerraum auf der Seite zuläßt). Das kann hilfreich sein, wenn man einen bestimmten Teil seines Dokumentes auf einer Seite zusammenhalten möchte, auch wenn die Seite dadurch etwas zu lang wird. (Ansonsten kann man einfach die Umgebung `minipage` verwenden.) Der Trick dabei ist, im voraus einen ausreichend großen zusätzlichen Leerraum festzulegen und

2 Aufgrund der vielen Beispiele in diesem Buch, war dieser Trick einige Male notwendig, um halbleere Seiten zu vermeiden. So wurde z. B. die Doppelseite 50–51 um eine Zeile (`\baselineskip`) verlängert.

dann dort, wo der Seitenumbruch erfolgen soll, einen Seitenumbruch zu erzwingen, z. B.:

```
\enlargethispage*{100cm}          % absurde Forderung
\begin{center}
 \begin{tabular}{llll}            % etwas zu lange
  ....                            % Tabelle
 \end{tabular}
\end{center}
\pagebreak                        % erzwungener Seitenumbruch
```

Aus der obigen Beschreibung ist ersichtlich, daß beide Befehle nur in der letzten Bearbeitungsphase verwendet werden sollten, da jegliche spätere Änderungen im Text (im unglücklichsten Fall selbst das Hinzufügen oder Löschen eines einzigen Wortes) die manuelle Formatierung ad absurdum führen und damit sehr häßliche Seiten erzeugen können.

Kapitel 5
Tabellen

Daten lassen sich oft am effektivsten in Tabellenform präsentieren. TEX verfügt intern über sehr leistungsfähige Funktionen, mit denen Text in Zeilen und Spalten angeordnet wird. Da diese zum Formatieren jedoch nur eine Low-Level-Funktionalität bereitstellen, wurden zahlreiche Makropakete entwickelt, die auf diesen Funktionen aufsetzen. Sie bilden eine High-Level-Befehlssprache und eine benutzerfreundliche Oberfläche.

Am einfachsten lassen sich Tabellen in LATEX mit Hilfe der Umgebungen `tabular` oder `array` erstellen. In einigen Fällen kann sich jedoch auch die Umgebung `tabbing` als nützlich erweisen.

Nach einem kurzen Blick auf die Umgebung `tabbing` werden die Erweiterungen für die Grundumgebungen `tabular` und `array` die mit dem Paket array zur Verfügung gestellt werden, beschrieben. Dieses Paket bietet einen erweiterten Funktionsumfang; vor allem lassen sich Absätze flexibler positionieren, Spalten- und Zeilenabstand lassen sich besser einstellen, und in der Tabellenpräambel können neue Spaltenoptionen definiert werden. Kombiniert man die Vorteile der Pakete array und tabularx, so kann man auf einfache Weise komplexe Tabellen erzeugen.

Die nächsten Abschnitte befassen sich mit der Problematik mehrseitiger Tabellen. Die beiden Umgebungen `supertabular` und `longtable` teilen eine Tabelle automatisch sobald eine Seite voll ist, oder wenn der Benutzer LATEX anweist, eine neue Seite zu beginnen.

Die darauffolgenden Abschnitte befassen sich mit Paketen, die zusammen mit den bereits beschriebenen verwendet werden können. Dabei geht es im Einzelnen um folgende Pakete und Funktionen: das Paket delarray errechnet automatisch die Höhe der Begrenzungssymbole für »Arrays«; das Paket dcolumn vereinfacht das Ausrichten von Zahlen an Dezimaltrennzeichen; und das Paket hhline legt die Art und Weise fest, wie sich horizontale und vertikale Linien überschneiden können.

Der letzte Abschnitt gibt einige praktische Hinweise und zeigt eine Reihe interessanter komplexer Beispiele, die mit Hilfe der in diesem Kapitel beschriebenen Werkzeuge gesetzt wurden.

Mathematisch orientierte Leser sollten das Kapitel über Höhere Mathematik, insbesondere den Abschnitt 8.5, konsultieren, wo die Ausrichtungsstrukturen für Formeln beschrieben werden. Außerdem sollten sie sich die Beispiele ab Seite 250 näher ansehen. Für Anwender, die über ein PostScript-fähiges Ausgabegerät verfügen, eröffnen sich noch viele weitere Möglichkeiten, mit Tabellen zu arbeiten (siehe Abschnitt 11.4.1).

5.1 Ein Vergleich zwischen `tabbing` und `tabular`

LaTeX verfügt über zwei Familien von Umgebungen, mit deren Hilfe sich Daten in Spalten anordnen lassen, und zwar die Umgebung `tabbing` und die Umgebungen `tabular` und `array`. Die Hauptunterschiede zwischen diesen beiden Umgebungsarten sind:

- ◇ Die Umgebung `tabbing` ist nicht so flexibel wie die `tabular`-Umgebung. Erstere erzeugt immer einen eigenen Absatz, während letztere beliebig innerhalb von Text oder Formeln positioniert werden kann.
- ◇ Die Umgebung `tabbing` läßt sich auf mehrere Seiten umbrechen, die Standardform der `tabular`-Umgebung nicht.
- ◇ Für die Umgebung `tabbing` muß jede Tabulatorposition explizit angegeben werden. Für die Umgebung `tabular` werden die Spaltenbreiten automatisch berechnet.
- ◇ Die Formatierung einer `tabbing`-Umgebung läßt sich etwas leichter modifizieren. Dadurch ist sie zum Setzen von Computerprogrammen besonders gut geeignet.
- ◇ `tabbing`-Umgebungen können im Gegensatz zu `tabular`-Umgebungen nicht geschachtelt werden, so daß letztere sich für komplexe Tabellen eher eignen.

Manchmal ist es hilfreich, ein oder mehrere `tabbing`- oder `tabular`-Umgebungen in einem Gleitobjekt (siehe Kapitel 6), wie z. B. der Umgebung `table` zusammenzufassen. Das ist besonders dann nützlich, wenn die Tabellen zusammengehalten werden sollen und der Text um sie herumfließen soll.

Man darf allerdings die Umgebungen `tabular` und `table` nicht miteinander verwechseln. Erstere ermöglicht es, Tabellentext in Spalten anzuordnen, während letztere ein logisches Dokumentenelement (für Tafeln) ist, dessen Inhalt zusammengehalten wird und im Text gleiten kann. In einer `table`-Umgebung können mehrere `tabular`-Umgebungen enthalten sein. Tabellen, die sich über mehr als eine Seite erstrecken, können mit Hilfe der Umgebungen `longtable` oder `supertabular` (beschrieben in Abschnitt 5.4) gesetzt werden.

5.2 Verwenden der `tabbing`-Umgebung

Dieser Abschnitt befaßt sich mit einigen der weniger bekannten Funktionen der `tabbing`-Umgebung. Zunächst ist es wichtig zu wissen, daß die Formatierung hier völlig vom Anwender gesteuert wird. Anders als vielleicht erwartet, gelangt man, wenn man sich zu einem gegebenen Tabulator bewegt, immer genau an die horizontale Position, an welcher dieser gesetzt wurde, egal wo die aktuelle Position ist. Das bedeutet, daß sich die aktuelle Position auch zurück bewegen kann und man somit den vorherigen Text überschreibt.

Außerdem ist zu beachten, daß die herkömmlichen LaTeX-Befehle für Akzente - `\'`, `` \` `` und `\=` - innerhalb der `tabbing`-Umgebung redefiniert sind. Die Akzente sind stattdessen als `\a'`, `` \a` `` und `\a=` verfügbar. Der Befehl `\-`, der normalerweise eine mögliche Trennung kennzeichnet, wird ebenfalls redefiniert. Dies ist allerdings nicht weiter wichtig, da Zeilen in einer `tabbing`-Umgebung nicht umgebrochen werden.

Die Reichweite der Befehle in den Zeilen ist normalerweise auf den Bereich zwischen zwei Tabulatoren begrenzt.

Der Stilparameter `\tabbingsep`, der zusammen mit dem Befehl `\'` verwendet wird, setzt Text rechtsbündig in einer bestimmten Entfernung vom nachfolgenden Tabulator. Die Voreinstellung für den Parameter entspricht der von `\labelsep` (normalerweise 5pt).

Herkömmlicherweise werden Tabulatoren gesetzt, indem sich der Benutzer entweder an einer Zeile orientiert oder explizit den Abstand zum nächsten Tabulator angibt.

Das nächste Beispiel zeigt eine ungünstige Auswahl für eine Orientierung an der ersten Zeile, da die erste Spalte der zweiten Zeile länger ist als die angegebene. Die letzte Zeile definiert die Tabulatorposition neu und zeigt die Verwendung des `` \` ``-Befehls.

verwirrt embrouillé *verwirrter Geist* esprit trouble
Verwirrung dé confiture

Vermutung hypothèse (griech.)

```
\begin{tabbing}
\textbf{verwirrt} \= embrouill\a'e \=
   \em verwirrter Geist \= esprit trouble \kill
\textbf{verwirrt} \> embrouill\a'e \>
   \em verwirrter Geist\> esprit trouble  \\
\textbf{Verwirrung}\> d\a'econfiture    \\[3mm]
\textbf{Vermutung} \= hypoth\a`ese \`(griech.)\\
\end{tabbing}
```

Die Umgebung `tabbing` ist sehr nützlich, um Informationen in Spalten mit bekannter, gleichbleibender Breite anzuordnen. Es folgt ein Auszug aus Tafel A.1 auf Seite 469.

pc	Pica = 12pt	⊔
cc	Cicero = 12dd	⊔
cm	Zentimeter = 10mm	⊔

```
\newcommand{\Rivpt}{\rule{.4pt}{4pt}}
\begin{tabbing}
dd\quad \= \hspace{.55\linewidth} \= \kill
pc      \> Pica = 12pt
     \> \makebox[1pc]{\Rivpt\hrulefill\Rivpt} \\
cc      \> Cicero  = 12dd
     \> \makebox[1cc]{\Rivpt\hrulefill\Rivpt} \\
cm      \> Zentimeter = 10mm
     \> \makebox[1cm]{\Rivpt\hrulefill\Rivpt} \\
\end{tabbing}
```

5.2.1 program – Setzen von Computerprogrammen

Das Paket program (von Martin Ward) ist ein komplexes Beispiel für die Möglichkeiten der `tabbing`-Umgebung. Damit lassen sich sehr gut Abschnitte von Computerprogrammen (speziell in Pascal) setzen. Das Paket definiert die Umgebungen `program` und `programbox` sowie Befehle für Schlüsselwörter und hervorgehobene (fette) Einzelzeichen. Letztere Befehle werden zur Darstellung von Programmfragmenten verwendet. Sie haben nur ein Argument, welches einen tiefgestellten Index erzeugt. (wenn keine Tiefstellung benötigt wird, sollte ein leeres Argument wie `\Z{}` angegeben werden).

Zeilenumbrüche innerhalb der Umgebung `program` sind signifikant. Leerzeichen in der Eingabedatei sind jedoch nicht von Bedeutung, da jede Zeile im mathematischen Modus gesetzt wird. Ein `\\`-Befehl erzeugt einen Zeilenumbruch in der Ausgabe.

Die Umgebung `programbox` setzt ein Programm in eine LaTeX-Box. Dadurch lassen sich Programmfragmente auf einer Seite zusammenhalten oder kurze Programme im laufenden Text setzen.

Es folgt ein komplettes ALGOL68-Programm als Beispiel für die Notation, die für Prozeduren und Funktionen verwendet wird. Zu beachten sind der Befehl `\mbox` für den Text in der Ausgabe und der Befehl `\rcomment` für rechtsbündige Kommentare.

A fast exponentiation procedure:
<u>**begin**</u> <u>**for**</u>
    $i := 1$ <u>**to**</u> 10 <u>**step**</u> 1 <u>**do**</u>
    expt$(2, i)$;
    newline() <u>**od**</u>
<u>**where**</u>   A comment flush to the right margin
<u>**proc**</u> *expt*$(x, n) \equiv$
  $z := 1$;
  <u>**do**</u> <u>**if**</u> $n = 0$ <u>**then**</u> <u>**exit**</u> <u>**fi**</u>;
    <u>**do**</u> <u>**if**</u> *odd*(n) <u>**then**</u> <u>**exit**</u> <u>**fi**</u>;
      $n := n/2$; $x := x * x$ <u>**od**</u>;
    $n := n - 1$; $z := z * x$ <u>**od**</u>;
  print(z).
<u>**end**</u>

```
\begin{programbox}
\mbox{A fast exponentiation procedure:}
\BEGIN %
  \FOR i:=1 \TO 10 \STEP 1 \DO
     |expt|(2,i); \\ |newline|() \OD
\WHERE  \rcomment{A comment flush to the right margin}
\PROC |expt|(x,n) \BODY
          z:=1;
          \DO \IF n=0 \THEN \EXIT \FI;
             \DO \IF |odd|(n) \THEN \EXIT \FI;
                n:=n/2; x:=x*x \OD;
             n:=n-1; z:=z*x \OD;
          |print|(z) \ENDPROC
\END
\end{programbox}
```

5.3 array – Eine Erweiterung der tabular-Umgebung

Werden komplexere Tabellen benötigt, so ist es im allgemeinen günstiger, die `tabular`-ähnlichen Umgebungen von LaTeX zu verwenden. Diese Umgebungen ordnen Material horizontal in Reihen und vertikal in Spalten an.

`\begin{array}[`*pos*`]{`*sp-form*`}`	*rows*	`\end{array}`
`\begin{tabular}[`*pos*`]{`*sp-form*`}`	*rows*	`\end{tabular}`
`\begin{tabular*}{`*breite*`}[`*pos*`]{`*sp-form*`}`	*rows*	`\end{tabular*}`

Unveränderte Spaltenoptionen	
l	Linksbündige Spalte.
c	Zentrierte Spalte.
r	Rechtsbündige Spalte.
p{*width*}	Äquivalent zu \parbox[t]{*breite*}.
@{*dekl*}	Unterdrückt den Spaltenzwischenraum und fügt stattdessen *dekl* ein.
Veränderte Spaltenoptionen	
|	Fügt eine vertikale Linie ein. Dabei wird der Spaltenabstand gegenüber der ursprünglichen Definition von LaTeX um die Breite dieser Linie vergrößert.
Neue Spaltenoptionen	
m{*breite*}	Erzeugt eine Spalte mit der Breite *breite*. Jeder Eintrag wird proportional zum Rest der Zeile vertikal zentriert. Ist vergleichbar mit \parbox{*width*}.
b{*breite*}	Stimmt mit \parbox[b]{*breite*} überein.
>{*dekl*}	Kann vor den Optionen l, r, c, p, m und b verwendet werden. Es fügt *dekl* direkt vor dem Eintrag in der Spalte ein.
<{*dekl*}	Kann nach den Optionen l, r, c, p{..}, m{..} und b{..} verwendet werden. Es fügt *dekl* direkt hinter dem Eintrag in der Spalte ein.
!{*dekl*}	Kann überall verwendet werden und entspricht der Option |, allerdings mit dem Unterschied, daß *dekl* anstelle der vertikalen Linie eingefügt wird. Dadurch unterdrückt diese Option im Unterschied zu @{...} nicht den normalen Spaltenabstand.

Tafel 5.1: Spaltenoptionen für das Paket array

Die Familie der tabular-Umgebungen, wie sie im LaTeX-Buch beschrieben ist, wurde über die Jahre mehrfach erweitert. Der verbleibende Teil dieses Kapitels wird sich genauer mit der erweiterten Funktionalität des Paketes array befassen, das von Frank Mittelbach, mit Beiträgen von David Carlisle, entwickelt wurde.

Tafel 5.1 zeigt die Optionen für das Argument *sp-form* für Umgebungen der tabular-Familie. Mit diesem Argument wird das Spaltenformat festgelegt, sowohl für die Ausrichtung innerhalb der Spalte, die Trennung der Spalten voneinander, die Spaltenbreite und mögliche weitere Deklarationen für die jeweilige Spalte.

5.3.1 Einige Beispiele für Präambelbefehle

Wenn man in einer linksbündigen Spalte einen besonderen Schriftschnitt wie z. B. \bfseries verwenden möchte, kann man dazu einfach >{\bfseries}l schreiben.

Es muß nicht mehr jeder einzelne Eintrag mit dem Befehl `\bfseries` beginnen.

A	**B**	*C*
100	**10**	*1*

```
\begin{tabular}{| >{\large}c | >{\large\bfseries}l
                | >{\large\itshape}c |}
\hline A & B & C\\\hline 100 & 10 & 1 \\\hline
\end{tabular}
```

Im zweiten Beispiel weiter unten wird die Deklaration `\extrarowheight` verwendet. Sie fügt einen zusätzlichen vertikalen Leerraum von 4pt über jeder Zeile ein.[1]

A	**B**	*C*
100	**10**	*1*

```
\setlength{\extrarowheight}{4pt}
\begin{tabular}{| >{\large}c | >{\large\bfseries}l
                | >{\large\itshape}c |}
\hline A & B & C\\\hline 100 & 10 & 1 \\\hline
\end{tabular}
```

Der Unterschied zwischen den drei Optionen für Absätze `p` (die Absatzbox ist nach oben ausgerichtet), `m` (die Absatzbox ist zentriert) und `b` (die Absatzbox ist nach unten ausgerichtet) wird anhand der nächsten Beispiele schematisch dargestellt.

1 1 1 1 1 1 1 1 1 1 1 1	2 2 2 2 2 2 2 2	3 3 3 3

```
\begin{tabular}{|p{1cm}|p{1cm}|p{1cm}|}
\hline 1 1 1 1 1 1 1 1 1 1 1 1 &
       2 2 2 2 2 2 2 2          & 3 3 3 3 \\ \hline
\end{tabular}
```

1 1 1 1 1 1 1 1 1 1 1 1	2 2 2 2 2 2 2 2	3 3 3 3

```
\begin{tabular}{|m{1cm}|m{1cm}|m{1cm}|}
\hline 1 1 1 1 1 1 1 1 1 1 1 1 &
       2 2 2 2 2 2 2 2          & 3 3 3 3 \\ \hline
\end{tabular}
```

1 1 1 1 1 1 1 1 1 1 1 1	2 2 2 2 2 2 2 2	3 3 3 3

```
\begin{tabular}{|b{1cm}|b{1cm}|b{1cm}|}
\hline 1 1 1 1 1 1 1 1 1 1 1 1 &
       2 2 2 2 2 2 2 2          & 3 3 3 3 \\ \hline
\end{tabular}
```

In Spalten, die mit `p`, `m` oder `b`, erzeugt wurden, beträgt der voreingestellte Wert für `\parindent 0pt`. Er kann mit dem Befehl `\setlength` z. B. folgendermaßen geändert werden: `>{\setlength{\parindent}{1cm}}p{...}`.

---

1 Dieser zusätzliche Leerraum wird allerdings nur sichtbar, wenn die Summe aus dem Wert von `\extrarowheight` und dem Produkt `\baselineskip`×`\arraystretch` (siehe Abschnitt 5.3.2) die Zellhöhe übersteigt. Genauer gesagt, im Falle der Optionen `p`, `m` oder `b`, die Höhe der *ersten Zeile* der Zelle.

1 2 3 4 5 6 7 8 9 0 1 2 3 4 5 6 7 8 9 0	1 2 3 4 5 6 7 8 9 0 1 2 3 4 5 6 7 8 9 0

```
\begin{tabular}
  {|>{\setlength{\parindent}{5mm}}p{2cm}|p{2cm}|}
\hline 1 2 3 4 5 6 7 8 9 0 1 2 3 4 5 6 7 8 9 0 &
 1 2 3 4 5 6 7 8 9 0 1 2 3 4 5 6 7 8 9 0 \\ \hline
\end{tabular}
```

Die Option < wurde ursprünglich für folgenden Zweck entwickelt: `>{$}c<{$}` erzeugt in einer `tabular`-Umgebung eine Spalte im mathematischen Modus. In einer `array`-Umgebung erzeugt diese Art von Präambel eine Spalte im LR-Modus, da die zusätzlichen $'s die existierenden $'s aufheben.

$10!^{10!}$	eine große Zahl
10^{-999}	eine kleine Zahl

```
\setlength{\extrarowheight}{2pt}
\[  \begin{array}{|l|>{$}l<{$}|}    \hline
     10!^{10!}          & eine gro"se Zahl \\
     10^{-999}          & eine kleine Zahl \\
   \hline  \end{array}    \]
```

Es gibt einen wichtigen Unterschied zwischen `r@{\hspace{5mm}}l` und `r!{\hspace{5mm}}l`. Im ersten Fall beträgt der Spaltenabstand *genau* 5mm. Im zweiten Fall wird dem Spaltenabstand (`\arraycolsep` oder `\tabcolsep` je nach verwendeter Umgebung) ein Leerraum von 5mm hinzugefügt.

LINKE BOX RECHTE BOX

LINKE BOX RECHTE BOX

```
\begin{tabular}{r@{\hspace{5mm}}l}
  \fbox{LINKE BOX} & \fbox{RECHTE BOX}
\end{tabular}
\par \vspace{\baselineskip} \par
\begin{tabular}{r!{\hspace{5mm}}l}
  \fbox{LINKE BOX} & \fbox{RECHTE BOX}
\end{tabular}
```

Vertikale Linien mit variabler Stärke

Vertikale Linien mit variabler Stärke können auch mit der Deklaration `!{`*dekl*`}` und dem Plain-TEX-Befehl `\vrule` mit einem Argument für die Linienstärke erzeugt werden. Dieser Befehl eignet sich sehr gut, da er automatisch die gesamte Spaltenhöhe ausfüllt, während für LATEX-Linien eine genaue Höhe angegeben werden muß.

A	B	C
100	10	1

```
\begin{tabular}{|c!{\vrule width 3pt}c|c|}
\hline
 A   & B & C  \\ \hline
100 & 10 & 1  \\ \hline
\end{tabular}
```

Setzen schmaler Spalten

Wenn man mit schmalen Spalten arbeitet, muß man nicht nur die Trennung des ersten Wortes ermöglichen (siehe Seite 66), sondern auch berücksichtigen, daß sich kurze Texte besser im Flattersatz setzen lassen (nicht am rechten Rand ausgerichtet). Dieser Effekt läßt sich erzielen, indem man dem Tabelleninhalt den Befehl `\raggedright` voranstellt (siehe Abschnitt 3.1.4). Da dieser Befehl allerdings den Befehl `\\` für den Zeilenumbruch neu definiert, muß der Zeilenendebefehl `\\` der Umgebungen `tabular` oder `array` gesichert werden. Zu diesem Zweck kann der Befehl `\PreserveBackslash` definiert werden, der den `\\`-Befehl wieder auf seine korrekte Bedeutung zurücksetzt.

```
\newcommand{\PreserveBackslash}[1]{\let\temp=\\#1\let\\=\temp}
```

Wie aus dem Beispiel weiter unten ersichtlich, kann nun das Tabellenmaterial in einer `tabular`-Umgebung linksbündig, rechtsbündig oder zentriert gesetzt werden, ohne daß man die Kontrolle über die Zeilenumbrüche verliert. Es wird ebenfalls deutlich, daß das erste Wort nun korrekt getrennt werden kann, wenn auch im Falle des niederländischen Eintrages TeX durch Angabe der möglichen Trennpositionen ein wenig nachgeholfen wurde. Das akzentuierte französische Wort »Possibilités« wurde getrennt, das zweite französische Wort »espérances« dagegen nicht. Der Grund hierfür ist, daß sich der Trennpunkt im ersten Falle vor dem Akzent befindet, im zweiten Falle jedoch dahinter.

Supercon- ciousness is a long word	Pos- sibilités et espérances	Mogelijk- heden en hoop
Flatter- satz links in Spalte eins	Zentrier- ter Text in Spalte zwei	Flatter- satz rechts in Spalte drei

```
\let\PBS=\PreserveBackslash %Abk"urzung
\begin{tabular}%
     {|>{\PBS\raggedleft\hspace{0pt}}p{14mm}%
      |>{\PBS\centering\hspace{0pt}}p{14mm}%
      |>{\PBS\raggedright\hspace{0pt}}p{14mm}|}
\hline
  Superconciousness is a long word    &
  Possibilit\'es et esp\'erances      &
  Moge\-lijk\-heden en hoop            \\ \hline
  Flattersatz links in Spalte eins    &
  Zentrierter Text in Spalte zwei     &
  Flattersatz rechts in Spalte drei    \\ \hline
\end{tabular}
```

Einstellen von Spaltenabständen

Die Art und Weise, wie die `tabular`-Umgebung Spaltenbreiten, den Abstand zwischen Spaltenseparierer und Spalteninhalt und die verschiedenen Arten von Linien handhabt, wird anhand einer Reihe von Beispielen näher betrachtet.

Wenn keine vertikalen Linien vorhanden sind, eliminiert die Spaltenoption `@{}` den Spaltenzwischenraum. Die Beispieltabellen haben die Form:

```
\begin{tabular}{...} %%%%%% <---- variierender Teil
  BOXEN & BOXEN  \\   BOXEN & BOXEN  \\
\end{tabular}
```

Die unterschiedlichen `tabular`-Präambeln werden jeweils rechts angezeigt.

BOXEN	BOXEN	`{ll}`
BOXEN	BOXEN	

BOXEN	BOXEN	`{@{}ll@{}}`
BOXEN	BOXEN	

BOXEN	BOXEN	`{@{}l@{}l@{}}`
BOXEN	BOXEN	

Wenn vertikale Balken existieren, kann der Leerraum vor und nach dem Spaltenseparierern (&) eingestellt werden. Um das Zusammenspiel zu zeigen, wurden in den folgenden Beispielen zusätzlich horizontale Linien eingefügt.

```
\begin{tabular}{...} %%%%%% <---- variierender Teil
                      \hline
  BOXEN & BOXEN  \\   \hline
  BOXEN & BOXEN  \\   \hline
\end{tabular}
```

BOXEN	BOXEN	`{|l|l|}`
BOXEN	BOXEN	

BOXEN	BOXEN	`{|@{}l|l@{}|}`
BOXEN	BOXEN	

BOXEN	BOXEN	`{|@{}l@{}|l@{}|}`
BOXEN	BOXEN	

BOXEN	BOXEN	`{|@{}l@{}|@{}l@{}|}`
BOXEN	BOXEN	

Die folgenden, etwas komplexeren Beispiele zeigen, wie die `tabular`-Umgebung doppelte Linien verarbeitet.

```
\begin{tabular}{...} %%%%%% <---- variierender Teil
  \hline\hline
  BOXEN & BOXEN \\   \hline\hline
 BOXEN & BOXEN \\   \hline\hline
\end{tabular}
```

BOXEN	BOXEN	`{||l||l||}`
BOXEN	BOXEN	

BOXEN	BOXEN	`{||@{}l||l@{}||}`
BOXEN	BOXEN	

BOXEN	BOXEN
BOXEN	BOXEN

```
{||@{}l@{}||l@{}||}
```

BOXEN	BOXEN
BOXEN	BOXEN

```
{||@{}l@{}||@{}l@{}||}
```

BOXEN	BOXEN
BOXEN	BOXEN

```
{|@{}|@{}l@{}|@{}|@{}l@{}|@{}|}
```

Wenn man alle Spaltenzwischenräume eliminieren möchte, geht dies im allgemeinen direkter, indem man die Längen `\arraycolsep` und `\tabcolsep` auf Null setzt. Das letzte Beispiel zeigt darüber hinaus eine falsche Verwendung von `@{...}`: Um den Abstand innerhalb einer doppelten vertikalen (und genauso der horizontalen) Linie einzustellen, sollte der Wert des Parameters `\doublerulesep` verändert werden.

5.3.2 Stilparameter

Das visuelle Erscheinungsbild `tabular`-ähnlicher Umgebungen ist von verschiedenen Stilparametern abhängig. Diese Parameter lassen sich überall im Dokument mit Hilfe der Befehle `\setlength` und `\addtolength` einstellen. Sie können für das ganze Dokument verändert oder lokal modifiziert werden. In letzterem Falle sollte ihr Gültigkeitsbereich explizit mit Hilfe von geschweiften Klammern oder durch eine Umgebung begrenzt werden.

`\arraycolsep` Hälfte des Spaltenabstandes in einer `array`-Umgebung (voreingestellt auf 5pt).

`\tabcolsep` Hälfte des Spaltenabstandes in einer `tabular`-Umgebung (voreingestellt auf 6pt).

`\arrayrulewidth` Stärke der vertikalen Linie zwischen zwei Spalten (wenn in der Tabellenpräambel `|` angegeben wurde) oder der Linien, die durch `\hline`, `\cline` oder `\vline` erzeugt werden (voreingestellt auf 0.4pt). Bei Verwendung des Paketes array wird diese Breite auch beim Errechnen der gesamten Tabellenbreite berücksichtigt (Standard-LaTeX setzt Linien so, daß sie die endgültige Tabellenbreite nicht beeinflussen).

`\doublerulesep` Abstand zwischen Linien, die durch zwei aufeinanderfolgende `||`-Zeichen in der Tabellenpräambel oder zwei aufeinanderfolgende `\hline`-Befehle erzeugt werden (voreingestellt auf 2pt).

`\arraystretch` Dezimalzahl, mit dem der normale Zeilenabstand multipliziert wird. Ein Wert von 1.5 würde die Zeilen z. B. um 50% weiter separieren. Wird mit dem Befehl `\renewcommand` eingestellt (voreingestellt auf 1.0).

`\extrarowheight` Zusätzlicher Parameter des Paketes array. Sein Wert wird zur normalen Höhe jeder Tabellenzeile addiert, während die Tiefe unbeeinträchtigt bleibt. Er ist vor allem für Tabellen mit horizontalen Linien wichtig, da bei diesen oft der Abstand zwischen den Linien und dem Inhalt einer Zelle genau eingestellt werden muß (voreingestellt auf 0pt).

Die Umgebung `TabularC` weiter unten zeigt, wie man mit Hilfe dieser Stilparameter eine Tabelle mit einer festgelegten Anzahl von Spalten gleicher Breite erzeugen kann, deren Gesamtbreite gleich `\linewidth` ist. Zur Definition wurde das Paket calc, welches in Abschnitt A.4 beschrieben ist, eingesetzt. Außerdem wurde der Befehl `\PreserveBackslash`, der auf Seite 110 definiert wurde, verwendet. Das Argument dieser Umgebung gibt die gewünschte Spaltenanzahl an. Diese Anzahl, hier x genannt, wird verwendet, um die tatsächliche Breite jeder Spalte zu errechnen. Dazu wird zwei mal x mal der Spaltenabstand und $x + 1$ mal die Linienstärke von der Zeilenlänge abgezogen. Die verbleibende Länge wird durch x geteilt, um die Breite einer einzelnen Spalte zu erhalten. Der Spalteninhalt wird zentriert, der Befehl \\ wird zurückgesetzt und die Trennung des ersten Wortes wird ermöglicht.

```
\let\PBS=\PreserveBackslash
\newlength{\tmplength}
\newenvironment{TabularC}[1]
  {%
   \setlength{\tmplength}{\linewidth/(#1)
                           - \tabcolsep*2
                           - \arrayrulewidth*(#1+1)/(#1)}%
   \par\begin{tabular*}{\linewidth}%
                        {*{#1}{|>{\PBS\centering\hspace{0pt}}%
                         p{\the\tmplength}}|}%
  }
  {\end{tabular*}\par}
```

Diese Definition ergibt folgendes Resultat:

Inhalt Spalte eins	Spalte zwei	Das ist Spalte drei
Wieder Spalte eins	und Spalte zwei	Das ist Spalte drei
Nochmal Spalte eins	Spalte zwei	Ein letztes Mal Spalte drei

```
\begin{TabularC}{3}
\hline
Inhalt Spalte eins    & Spalte zwei
   & Das ist Spalte drei          \\ \hline
Wieder Spalte eins    & und Spalte zwei
   & Das ist Spalte drei          \\ \hline
Nochmal Spalte eins   & Spalte zwei
   & Ein letztes Mal Spalte drei \\ \hline
\end{TabularC}
```

Genauso einfach lassen sich Umgebungen für andere Spaltenkonfigurationen einstellen. Wenn man nicht so gerne mit all diesen Befehlen und Parametern arbeitet, kann man auch die Umgebung `tabularx` verwenden, welche die Berechnungen übernimmt. (Siehe Abschnitt 5.3.5 und Tafel 5.2 auf Seite 118 zum Vergleich.)

5.3.3 Definieren neuer Spaltenoptionen

Wenn in einer Tabelle eine Spaltendefinition nur einmal benötigt wird, ist es praktisch, einfach folgenden Befehl verwenden zu können:

>{*Deklarationen*}c<{*weitere Deklarationen*}

Dies wird jedoch ziemlich aufwendig, wenn Spalten dieser Art häufiger auftreten. Für den Fall daß eine bestimmte Spaltenspezifikation häufiger benötigt wird, läßt sich mit dem folgenden Befehl ein neuer Spaltentyp festlegen:

`\newcolumntype{`*spal*`}[`*narg*`]{`*dekl*`}`

Hierbei ist *spal* ein einzelner Buchstabe, der als Spezifikation für den Spaltentyp in der Präambel verwendet werden kann. *narg* ist ein optionales Argument, das angibt, wieviele Argumente die Spaltenoption haben kann, und *dekl* sind zulässige Deklarationen. Eine mögliche Definition sähe z. B. folgendermaßen aus:

\newcolumntype{x}{>{*Deklarationen*}c<{*weitere Deklarationen*}}

Die neu definierte Spaltenoption `x` kann dann in den Präambelargumenten der `array`- und `tabular`-Umgebungen überall dort verwendet werden, wo diese Spaltenform benötigt wird.

Oft benötigt man sowohl Spalten im mathematischen als auch im LR-Modus. Für diesen Fall eignen sich folgende Definitionen:

```
\newcolumntype{C}{>{$}c<{$}}
\newcolumntype{L}{>{$}l<{$}}
\newcolumntype{R}{>{$}r<{$}}
```

Mit diesen Definitionen erhält man z. B. durch `C` eine zentrierte Spalte im LR-Modus in der `array`-Umgebung bzw. im mathematischen Modus in der Umgebung `tabular`.

Wie bei `\newcommand` gibt das optionale Argument von `\newcolumntype` die Anzahl von Argumenten der definierten Spaltenoption an. Die aktuelle Implementierung unterstützt jedoch nicht die erweiterte Syntax des Befehls `\newcommand` in LaTeX 2ε.

Eine ganz andere Verwendung von `\newcolumntype` ergibt sich aus der Tatsache, daß der Ersetzungstext dieses Befehls sich auf mehr als eine Spalte beziehen kann. Wenn ein Dokument viele `tabular`-Umgebungen mit der gleichen Präambel enthält und man mit verschiedenen Präambeln experimentieren möchte, kann man daher eine Definition wie die folgende verwenden:

```
\newcolumntype{Z}{clr}
\begin{tabular}{Z}
   ...
\end{tabular}
```

Der Ersetzungstext in einem \newcolumntype-Befehl kann jede Spaltenoption des array-Paketes enthalten, oder jeden neuen Buchstaben, der mit einem \newcolumntype-Befehl definiert wurde.

Um am Bildschirm eine Liste aller zur Zeit aktiven \newcolumntype-Definitionen zu erhalten, kann man den Befehl \showcols in der Präambel verwenden.

5.3.4 Einige Besonderheiten der array-Implementierung

Eventuelle Fehlermeldungen, die auftreten, wenn LaTeX die Spaltenspezifikation einer automatischen Syntaxkontrolle (Parsing) unterzieht, beziehen sich immer auf die bereits mit \newcolumntype *umgeschriebenen* Präambelargumente und nicht auf die vom Anwender eingegebene Präambel.

Der Einsatz des Befehls \extracolsep ist zwei Einschränkungen unterworfen: pro @- oder !-Option kann nur höchstens ein \extracolsep-Befehl verwendet werden, und dieser muß direkt im Argument verwendet werden, d.h. er darf nicht in einer Befehlsdefinition versteckt sein. Dementsprechend funktioniert der Befehl \newcommand{\ef}{\extracolsep{\fill}} ...@{\ef} nicht mit diesem Paket, wohl aber der Befehl \newcolumntype{e}{@{\extracolsep{\fill}}.

5.3.5 tabularx – Automatisches Berechnen der Spaltenbreite

Das Paket tabularx (von David Carlisle) ist eine besondere Version der tabular*-Umgebung, in welcher die Breite bestimmter p-Spalten automatisch aus der Gesamtbreite der Tabelle errechnet wird. Die automatisch berechneten Spalten werden in der Präambel mit der Spezifikation X angegeben. Die Spaltenspezifikation wird später zu p{*breite*} umgesetzt, sobald die korrekte *breite* errechnet ist.

Die folgende Tabelle mit den Titeln von Shakespeares Komödien wurde mit der Deklaration \begin{tabularx}{100mm}{|Y|Y|Y|} und der Deklaration \newcolumntype{Y}{>{\small\raggedright\arraybackslash}X} erstellt. Für eine Erklärung zu \arraybackslash siehe weiter unten.

The Two Gentlemen of Verona	The Taming of the Shrew	The Comedy of Errors
Love's Labour's Lost	A Midsummer Night's Dream	The Merchant of Venice
The Merry Wives of Windsor	Much Ado About Nothing	As You Like It
Twelfth Night	Troilus and Cressida	Measure for Measure
All's Well That Ends Well	Pericles Prince of Tyre	The Winter's Tale
Cymbeline	The Tempest	

Eine Änderung der Deklaration zu \begin{tabularx}{\linewidth}{|Y|Y|Y|}

ergibt das folgende Tabellenlayout:

The Two Gentlemen of Verona	The Taming of the Shrew	The Comedy of Errors
Love's Labour's Lost	A Midsummer Night's Dream	The Merchant of Venice
The Merry Wives of Windsor	Much Ado About Nothing	As You Like It
Twelfth Night	Troilus and Cressida	Measure for Measure
All's Well That Ends Well	Pericles Prince of Tyre	The Winter's Tale
Cymbeline	The Tempest	

Befehle zum Setzen von X-Spalten

Die `X`-Spezifikation wird per Voreinstellung in `p{`*berechnete-breite*`}` umgesetzt. Schmale Spalten wie diese erfordern häufig ein besonderes Format, welches sich mit Hilfe der >-Syntax erreichen läßt. So kann man z. B. eine Spezifikation wie `>{\small}X` verwenden. Ein weiteres, nützliches Format für schmale Spalten ist der Flattersatz (ragged right). Der LaTeX-Befehl `\raggedright` definiert jedoch den Befehl `\\` in einer Weise um, die bei seiner Verwendung in den Umgebungen `tabular` und `array` zu Konflikten führt (siehe auch die Erläuterungen zu dem Befehl `\PreserveBackslash` auf Seite 110). Aus diesem Grund wurde in dem Paket tabularx der Befehl `\arraybackslash` definiert. Er kann nach den Deklarationen `\raggedright`, `\raggedleft` oder `\centering` verwendet werden. Dadurch kann eine `tabularx`-Präambel die Spezifikation `>{\raggedright\arraybackslash}X` erstellen. Diese Spezifikation wird mit `\newcolumntype{Y}{>{\small\raggedright\arraybackslash}X}` gespeichert. Danach kann `Y` als Präambelargument für die Umgebung `tabularx` verwendet werden.

Zum Setzen von `X`-Spalten werden `p`-Spalten verwendet, was dem Befehl `\parbox[t]` entspricht. In manchen Fällen möchte man diese Spalten vielleicht als `m`-Spalten, entsprechend `\parbox[c]` setzen. Der Spaltentyp läßt sich allerdings nicht mit Hilfe der > Syntax ändern, daher wurde ein anderes Verfahren entwickelt. Der Befehl `\tabularxcolumn` kann als Befehl mit einem Argument definiert werden, welches dann zu der `tabular`-Präambelspezifikation umgesetzt wird, die in Zukunft für `X` verwendet werden soll. Als Argument wird, wenn der Befehl ausgeführt wird, die tatsächliche Spaltenbreite übergeben. Die Voreinstellung lautet `\newcommand{\tabularxcolumn}[1]{p{#1}}`. Eine mögliche Alternative wäre `\renewcommand{\tabularxcolumn}[1]{>{\small}m{#1}}`.

Spaltenbreiten

Normalerweise erhalten alle `X`-Spalten einer einzelnen Tabelle die gleiche Breite. Es ist allerdings auch möglich, ihnen mit `tabularx` unterschiedliche Breiten zuzuweisen. Eine Präambel wie

```
>{\setlength{\hsize}{.5\hsize}}X>{\setlength{\hsize}{1.5\hsize}}X}
```

legt zwei Spalten fest bei denen die zweite Spalte dreimal so breit wie die erste ist. Wenn man diese Methode verwendet, sollte man allerdings zwei Regeln beachten:

- Die Summe der Breite aller X-Spalten sollte gleich bleiben. In dem oben aufgeführten Beispiel sollten die neuen Werte für die Breite genau zweimal die Breite einer normalen X-Spalte betragen.
- Ein \multicolumn-Befehl sollte sich nicht über modifizierte X-Spalten erstrecken.

Superconciousness is a long word	Mogelijkheden en hoop
Text in Spalte eins	Etwas längerer Text in Spalte zwei

```
\tracingtabularx
\begin{tabularx}{\linewidth}%
    {|>{\setlength{\hsize}{.8\hsize}}X|%
      >{\setlength{\hsize}{1.2\hsize}}X|}
 Superconciousness is a long word   &
 Moge\-lijk\-heden en hoop              \\
 Text in Spalte eins            &
 Etwas l"angerer Text in Spalte zwei \\
\end{tabularx}
```

Unterschiede zwischen tabularx und tabular*

Die Umgebungen tabular* (Standard-LaTeX) und tabularx verwenden die gleichen Argumente, um eine Tabelle mit festgelegter Breite zu erzeugen. Die Hauptunterschiede sind:

- tabularx verändert die Breite der *Spalten*, während tabular* den *Spaltenabstand* verändert.
- tabular- und tabular*-Umgebungen können ohne Einschränkung verschachtelt werden; wenn aber eine tabularx-Umgebung innerhalb einer anderen vorkommt, *muß* die innere in {...}-Klammern eingeschlossen sein.
- Der Inhalt einer tabularx-Umgebung ist das Argument eines Befehls. Dabei gelten gewisse Einschränkungen: Man kann zwar die Befehle \verb und \verb* verwenden, jedoch können Leerzeichen falsch verarbeitet werden, und das Argument darf keinen %-Befehl oder eine alleinstehende Klammer { oder } enthalten.
- Die Umgebung tabular* verwendet eine interne TeX-Funktion zum Verändern der Spaltenabstände einer Ausrichtung. Dagegen muß eine tabularx-Tabelle wiederholt formatiert werden, bis die optimale Spaltenbreite gefunden ist – die Umgebung ist also erheblich langsamer. Darüber hinaus kann die Tatsache, daß der Inhalt der Umgebung mehrmals formatiert wird, dazu führen, daß einige TeX-Konstrukte nicht funktionieren.

Tafel 5.2 auf der nächsten Seite zeigt einen Vergleich der Umgebungen tabularx und TabularC (beschrieben in Abschnitt 5.3.2).

```
\begin{TabularC}{4}                                          \hline
Inhalt von Spalte eins        & Spalte zwei     &
Das ist Spalte drei           & Spalte vier        \\
Erneut Inhalt von Spalte eins & und Spalte zwei &
Das ist Spalte drei           & Spalte vier        \\
Noch einmal Spalte eins       & Spalte zwei     &
Spalte drei                   & \hfill Spalte vier \\\hline
\end{TabularC}

\begin{tabularx}{\linewidth}{|X|X|X|X|}                      \hline
        . . . . . gleicher Inhalt . . . . .
                                                             \hline
\end{tabularx}

\newcolumntype{Y}{>{\centering\arraybackslash}X}%
\begin{tabularx}{\linewidth}{|Y|Y|Y|Y|}                      \hline
        . . . . . gleicher Inhalt . . . . .
                                                             \hline
\end{tabularx}
```

Inhalt von Spalte eins Erneut Inhalt von Spalte eins Noch einmal Spalte eins	Spalte zwei und Spalte zwei Spalte zwei	Das ist Spalte drei Das ist Spalte drei Spalte drei	Spalte vier Spalte vier Spalte vier

Inhalt von Spalte eins Erneut Inhalt von Spalte eins Noch einmal Spalte eins	Spalte zwei und Spalte zwei Spalte zwei	Das ist Spalte drei Das ist Spalte drei Spalte drei	Spalte vier Spalte vier Spalte vier

Inhalt von Spalte eins Erneut Inhalt von Spalte eins Noch einmal Spalte eins	Spalte zwei und Spalte zwei Spalte zwei	Das ist Spalte drei Das ist Spalte drei Spalte drei	Spalte vier Spalte vier Spalte vier

Tafel 5.2: Vergleich der Umgebungen `TabularC` und `tabularx`

Wie in diesem Vergleich zu sehen ist, kann das gewünschte Layout sowohl mit Hilfe der Umgebung `TabularC` als auch mit `tabularx` gesetzt werden. David Carlisle, der Entwickler des `tabularx`-Paketes, bemerkt dazu: »Wenn der Benutzer mit den TEX-Berechnungen gut zurechtkommt, kann er in Situationen, in denen sich die Spaltenbreite vorausberechnen läßt, viel besser die `TabularC`-Methode verwenden, da sie das Problem der wiederholten Formatierung (welche in dem Paket tabularx verwendet wird) vermeidet. Die Umgebung `tabularx` ist vor allem dann von Nutzen, wenn es sich bei einigen Spalten um `c`-, `l`- oder `r`-Spalten handelt, so daß die Breite der `p`-Spalten nicht vorausberechnet werden kann, da diese von den Tabelleneinträgen abhängen.«

Verfolgen der Formatierung am Computer

`\tracingtabularx`

Wenn diese Deklaration z. B. in der Dokumentenpräambel angegeben wird, dann geben alle folgenden tabularx-Umgebungen Informationen über die Spaltenbreiten aus, die beim wiederholten Formatieren der Tabellen erzeugt werden, um die optimalen Breiten zu finden. So wurden für das letzte Beispiel folgende Werte ausgegeben:

```
Target width: \linewidth  = 204.0pt.
    Table Width     Column Width    X Columns
    433.19998pt     204.0pt           3
    203.99998pt     89.40001pt        2
Reached target.
```

5.3.6 delarray – Begrenzungssymbole für ein Array

Wenn man viel mit array-Umgebungen arbeitet, ist das Paket delarray (von David Carlisle) unter Umständen eine nützliche Erweiterung zum array-Paket. Mit seiner Hilfe lassen sich die Begrenzungssymbole festlegen, welche die gesamte Umgebung einschließen. Dadurch werden implizite `\left` `\right`-Paare um die array-Konstruktion erzeugt.

$$\begin{pmatrix} A & B \\ C & D \end{pmatrix}$$

```
\[
   \begin{array}({cc})
       A & B  \\  C & D
   \end{array}
\]
```

Die Präambel kann von beliebigen Begrenzungssymbolen (siehe auch Tafeln 8.10 und 8.11 auf Seite 226) umgeben sein. Benutzer von Plain-TEX oder $\mathcal{A}_\mathcal{M}\mathcal{S}$-TEX werden die folgenden Umgebungen wiedererkennen (siehe auch Abschnitte 8.4.1 und 8.4.2):

```
\newcolumntype{L}{>{$}l<{$}}
\newenvironment{Cases}{\begin{array}\{{lL}.}{\end{array}}
\newenvironment{Matrix}{\begin{array}|{*{20}{c}}|}{\end{array}}
\newenvironment{Pmatrix}{\begin{array}({*{20}{c}})}{\end{array}}
```

$$|x| = \begin{cases} x, & \text{if } x \geq 0; \\ -x, & \text{otherwise.} \end{cases}$$

```
\[
    |x| = \begin{Cases}
              x,& if $x\ge0$; \\[2mm]
             -x,& otherwise.  \\
           \end{Cases}
\]
```

$$a = \begin{vmatrix} x-\lambda & 1 & 0 \\ 0 & x-\lambda & 1 \\ 0 & 0 & x-\lambda \end{vmatrix}^2.$$

```
\[  a = {\begin{Matrix}
              x-\lambda & 1 & 0 \\
              0 & x-\lambda & 1 \\
              0 & 0 & x-\lambda \\
              \end{Matrix}
        }^2.
\]
```

$$A = \begin{pmatrix} x-\lambda & 1 & 0 \\ 0 & x-\lambda & 1 \\ 0 & 0 & x-\lambda \end{pmatrix}.$$

```
\[  A = \begin{Pmatrix}
              x-\lambda & 1 & 0 \\
              0 & x-\lambda & 1 \\
              0 & 0 & x-\lambda \\
        \end{Pmatrix}.
\]
```

Diese Funktionalität ist in Kombination mit den Argumenten [t] oder [b] besonders nützlich. Wie man bei einem Vergleich der folgenden Beispiele miteinander sieht, ist die Verwendung von `\left...\right` nicht äquivalent:

$$\begin{array}[t]({c})1\\2\\3\end{array} \begin{array}[c]({c})1\\2\\3\end{array} \begin{array}[b]({c})1\\2\\3\end{array}$$

```
\[  \begin{array}[t]({c})1\\2\\3\end{array}
    \begin{array}[c]({c})1\\2\\3\end{array}
    \begin{array}[b]({c})1\\2\\3\end{array}
\]
```

$$\left(\begin{array}[t]{c}1\\2\\3\end{array}\right)\left(\begin{array}[c]{c}1\\2\\3\end{array}\right)\left(\begin{array}[b]{c}1\\2\\3\end{array}\right)$$

```
\[  \left(
      \begin{array}[t]{c}1\\2\\3\end{array}
    \right)
    \left(
      \begin{array}[c]{c}1\\2\\3\end{array}
    \right)
    \left(
      \begin{array}[b]{c}1\\2\\3\end{array}
    \right)                                     \]
```

5.4 Mehrseitige Tabellen

In der ursprünglichen Implementation von Leslie Lamport muß eine `tabular`-Umgebung immer auf eine Seite passen. Wenn die Tabelle zu lang wird, überschreibt der Text den unteren Seitenrand und man erhält die Fehlermeldung: `Overfull \vbox`.

Für mehrseitige Tabellen stehen zwei Pakete zur Verfügung, und zwar supertab und longtable. In ihrer Funktionalität sind sich beide sehr ähnlich, wobei die Befehle des ersten Paketes für einen ersten Einsatz wohl leichter zu handhaben sind, da sie eine eher intuitive Oberfläche bieten. Wenn man jedoch die Breite einer Tabelle exakt festlegen will, sollte man das zweite Paket verwenden. In den folgenden Abschnitten werden die Pakete zunächst nacheinander beschrieben, und abschließend wird anhand eines komplexeren Beispiels der Unterschied zwischen beiden Ansätzen gezeigt.

5.4.1 supertab – Erstellen mehrseitiger Tabellen

Das Paket supertab (Original von Theo Jurriens, überarbeitet von Johannes Braams) definiert die Umgebung `supertabular`. Intern verwendet es die Umgebung `tabular`, wobei es allerdings bei jedem `\\`-Befehl den verbrauchten Platz berechnet. Wenn die Tabellenhöhe den Wert von `\textheight` erreicht, fügt es automatisch einen `\end{tabular}`-Befehl ein, beginnt eine neue Seite und fügt auf der nächsten Seite einen Tabellenkopf ein, um die `tabular`-Umgebung fortzusetzen. Dadurch kann die Spaltenbreite und damit auch die gesamte Tabelle auf nacheinanderfolgenden Seiten unterschiedlich sein.

Von `supertabular` werden die folgenden Befehle zur Verfügung gestellt:

`\tablehead{...}` legt den Inhalt des Tabellenkopfes fest. Wenn auch `\tablefirsthead` angegeben ist, bestimmt letzterer den Tabellenkopf der ersten Seite. Das Argument kann auch vollständige Zeilen (mit `\\` am Ende) oder Material, das zwischen Zeilen gesetzt wird (wie `\hline`) enthalten.

`\tablefirsthead{...}` legt den Inhalt des ersten Tabellenkopfes der ersten Seite fest. Dieser Befehl sollte dann verwendet werden, wenn der Titeltext der ersten Seite von dem durch `\tablehead` angegebenen verschieden ist.

`\tabletail{...}` legt den Inhalt fest, der am Ende jeder Seite eingefügt wird, wenn auch `\tablelasttail` angegeben ist, mit Ausnahme der letzten Seite.

`\tablelasttail{...}` legt den Inhalt fest, der am Ende der `supertabular`-Umgebung eingefügt wird. Dieser optionale Befehl sollte dann verwendet werden, wenn der Schlußtext der letzten Seite von dem durch `\tabletail` angegebenen verschieden ist.

`\topcaption{...}`
`\bottomcaption{...}`
`\tablecaption{...}` liefern die Überschrift für die `supertabular`-Umgebung. Sie wird entweder am Kopf oder am Fuß der Tabelle eingefügt. Im Falle von `\tablecaption` wird die Überschrift an der voreingestellten Position plaziert, normalerweise am Kopf.

Table 1: Surats of the Holy Koran

001	The Opening	002	The Cow
003	The Family Of Imran	004	Women
005	The Food	006	The Cattle
007	The Elevated Places	008	The Spoils Of War
009	Repentance	010	Yunus
011	Hud	012	Yusuf
013	The Thunder	014	Ibrahim
015	The Rock	016	The Bee
017	The Israelites	018	The Cave
019	Marium	020	TaHa
021	The Prophets	022	The Pilgrimage
023	The Believers	024	The Light
025	The Criterion	026	The Poets
027	The Ant	028	The Narrative
029	The Spider	030	The Romans
031	Luqman	032	The Adoration
033	The Allies	034	Saba
035	The Originator	036	Ya Seen
037	The Rangers	038	Suad
039	The Companies	040	The Believer
041	HaMim	042	The Counsel
043	The Embellishment	044	The Evident Smoke
045	The Kneeling	046	The Sandhills
047	Muhammad	048	The Victory
049	The Chambers	050	Qaf
051	The Scatterers	052	The Mountain
053	The Star	054	The Moon
055	The Beneficient	056	The Great Event
057	The Iron	058	The Pleading One
059	The Banishment	060	The Examined One

061	The Ranks	062	Friday
063	The Hypocrites	064	Loss And Gain
065	The Divorce	066	The Prohibition
067	The Kingdom	068	The Pen
069	The Sure Calamity	070	The Ways Of Ascent
071	Nuh	072	The Jinn
073	The Wrapped Up	074	The Clothed One
075	The Resurrection	076	The Man
077	The Emissaries	078	The Great Event
079	Those Who Pull Out	080	He Frowned
081	The Covering Up	082	The Cleaving Asunder
083	The Defrauders	084	The Bursting Asunder
085	The Mansions Of The Stars	086	The Night-Comer
087	The Most High	088	The Overwhelming Calamity
089	The Daybreak	090	The City
091	The Sun	092	The Night
093	The Early Hours	094	The Expansion
095	The Fig	096	The Clot
097	The Majesty	098	The Clear Evidence
099	The Shaking	100	The Assaulters
101	The Terrible Calamity	102	The Multiplication Of Wealth And Children
103	Time	104	The Slanderer
105	The Elephant	106	The Qureaish
107	The Daily Necessaries	108	The Heavenly Fountain
109	The Unbelievers	110	The Help
111	The Flame	112	The Unity
113	The Dawn	114	The Men

Abbildung 5.1: Die Suren des Heiligen Koran (`supertabular`)

Innerhalb einer `supertabular`-Umgebung werden neue Zeilen wie bisher mit `\\`-Befehlen begonnen. Darüber hinaus können alle Befehle zum Definieren von Spalten verwendet werden, einschließlich `@{...}` und `p{...}`. Optionale Positionsargumente der Umgebungen `\begin{tabular}` oder `\begin{tabular*}`, wie `t` und `b`, lassen sich jedoch nicht verwenden.

Ein Beispiel für die `supertabular`-Umgebung

Das erste Beispiel (Abbildung 5.1) hat ein einfaches Layout, und die mehrseitige Tabelle läßt sich in diesem Falle einfach erstellen. Zu beachten ist der Wechsel der Tabellenbreite von der ersten zur zweiten Seite (linke und rechte Seite des Bildes). Für das Layout wurden folgende Befehle verwendet:

```
\tablecaption{Surats of the Holy Koran}
\tablehead{\hline}
\tabletail{\hline}
\begin{supertabular}{|cl|cl|}
001 & The Opening          & 002 & The Cow              \\
003 & The Family Of Imran  & 004 & Women                \\
005 & The Food             & 006 & The Cattle           \\
  ....
113 & The Dawn             & 114 & The Men              \\
\end{supertabular}
```

Table 1: Surats of the Holy Koran

Nb. and name of Surat		Nb. and name of Surat	
001	The Opening	002	The Cow
003	The Family Of Imran	004	Women
005	The Food	006	The Cattle
007	The Elevated Places	008	The Spoils Of War
009	Repentance	010	Yunus
011	Hud	012	Yusuf
013	The Thunder	014	Ibrahim
015	The Rock	016	The Bee
017	The Israelites	018	The Cave
019	Marium	020	TaHa
021	The Prophets	022	The Pilgrimage
023	The Believers	024	The Light
025	The Criterion	026	The Poets
027	The Ant	028	The Narrative
029	The Spider	030	The Romans
031	Luqman	032	The Adoration
033	The Allies	034	Saba
035	The Originator	036	Ya Seen
037	The Rangers	038	Suad
039	The Companies	040	The Believer
041	HaMim	042	The Counsel
043	The Embellishment	044	The Evident Smoke
045	The Kneeling	046	The Sandhills
047	Muhammad	048	The Victory
049	The Chambers	050	Qaf
051	The Scatterers	052	The Mountain
053	The Star	054	The Moon
055	The Beneficient	056	The Great Event

continued on next page

continued from previous page

Nb. and name of Surat		Nb. and name of Surat	
057	The Iron	058	The Pleading One
059	The Banishment	060	The Examined One
061	The Ranks	062	Friday
063	The Hypocrites	064	Loss And Gain
065	The Divorce	066	The Prohibition
067	The Kingdom	068	The Pen
069	The Sure Calamity	070	The Ways Of Ascent
071	Nuh	072	The Jinn
073	The Wrapped Up	074	The Clothed One
075	The Resurrection	076	The Man
077	The Emissaries	078	The Great Event
079	Those Who Pull Out	080	He Frowned
081	The Covering Up	082	The Cleaving Asunder
083	The Defrauders	084	The Bursting Asunder
085	The Mansions Of The Stars	086	The Night-Comer
087	The Most High	088	The Overwhelming Calamity
089	The Daybreak	090	The City
091	The Sun	092	The Night
093	The Early Hours	094	The Expansion
095	The Fig	096	The Clot
097	The Majesty	098	The Clear Evidence
099	The Shaking	100	The Assaulters
101	The Terrible Calamity	102	The Multiplication Of Wealth And Children
103	Time	104	The Slanderer
105	The Elephant	106	The Qureaish
107	The Daily Necessaries	108	The Heavenly Fountain
109	The Unbelievers	110	The Help
111	The Flame	112	The Unity
113	The Dawn	114	The Men

Abbildung 5.2: Die Suren des Heiligen Koran (`supertabular*`)

Ein Beispiel für die `supertabular*`-Umgebung

Die Breite einer `supertabular*`-Umgebung kann auf einen bestimmten Wert festgelegt werden, wie z. B. in Abbildung 5.2 auf die Textbreite `\textwidth`. Im Unterschied zu Abbildung 5.1 wurden auf jeder Seite Titel und Fuß, und zwischen den letzten beiden Spalten eine Gummilänge (Dehnung) eingefügt. Hier sind die unterschiedlichen Abstände zwischen diesen Spalten auf der ersten (linken) und der zweiten (rechten) Seite zu beachten. Das Layout wurde mit den folgenden Befehlen erzeugt:

```
\tablecaption{Surats of the Holy Koran}
\tablefirsthead{\hline \multicolumn{2}{|l|}{Nb. and name of Surat}
              & \multicolumn{2}{l|}{Nb. and name of Surat}\\\hline}
\tablehead{\hline \multicolumn{4}{|l|}%
                    {\small\slshape continued from previous page}\\
          \hline  \multicolumn{2}{|l|}{Nb. and name of Surat}
          &  \multicolumn{2}{l|}{Nb. and name of Surat} \\ \hline}
\tabletail{\hline\multicolumn{4}{|r|}%
                    {\small\slshape continued on next page}\\\hline}
\tablelasttail{\hline}
\begin{supertabular*}{\textwidth}%
     {|cl@{\hspace*{2mm}\extracolsep{\fill}}|c@{\extracolsep{1mm}}l|}
001 & The Opening             & 002 & The Cow               \\
  ....
113 & The Dawn                & 114 & The Men               \\
```

Bekannte Schwierigkeiten

- ◇ Wenn auf der Anfangsseite einer mehrseitigen Tabelle ein Gleitobjekt erscheint, kann dies unerwartete Auswirkungen haben: Wurde das Gleitobjekt auf der gleichen Seite definiert, kann es sein, daß die Tabelle auf einer eigenen Seite beginnt. Falls außerdem noch nicht positionierte Gleitobjekte aufgelaufen sind, werden diese vor den ersten Teil der Tabelle plaziert (wenn sich diese über mehrere Seiten erstreckt), da dieser den Befehl `\clearpage` aufruft.
- ◇ Die Umgebung `supertabular` sollte nicht *innerhalb* einer Gleitumgebung wie z. B. `table` verwendet werden, da TEX in diesem Falle versuchen würde, die gesamte Tabelle auf *eine* Seite zu setzen.
- ◇ In einigen Fällen können immer noch »overfull `\vbox`«-Meldungen auftreten. Diese Fälle sind in der (dokumentierten Version des) Paketes beschrieben.

5.4.2 longtable – Komplexe mehrseitige Tabellen

Wie bereits zu Anfang dieses Abschnittes erwähnt, sollte für komplexere mehrseitige Tabellen, bei denen man eine gleichbleibende Tabellenbreite für mehrere Seiten einstellen möchte, das Paket longtable (von David Carlisle) in Betracht gezogen werden. Genau wie die `supertabular`-Umgebung hat es einige Gemeinsamkeiten mit der Umgebung `table`. Im einzelnen verwendet das Paket den gleichen Zähler (`table`) und einen ähnlichen `\caption`-Befehl. Der Befehl `\listoftables` erstellt ein kombiniertes Verzeichnis der `table`- und `longtable`-Umgebungen.

Der Hauptunterschied zwischen den Umgebungen `supertabular` und `longtable` ist, daß letztere die Breite jeder `longtable`-Umgebung in der Hilfsdatei mit der Erweiterung `.aux` speichert und diese dann in einem späteren Lauf verwendet, um die größte benötigte Breite für die jeweilige Tabelle zu finden. Auf diese Weise kann der gesamten Tabelle die entsprechende Breite zugewiesen werden. Diese Funktion muß zunächst mit dem Befehl `\setlongtables` aktiviert werden. Dabei ist allerdings zu beachten, daß das Einfügen einer zusätzlichen `longtable`-Umgebung nach einem ersten Lauf dazu führt, daß alle folgenden Tabellen die falsche Breite erhalten, da die ausgelesenen Werte den falschen Tabellen zugewiesen werden (die Numerierung ist um eins verschoben). Genauso können Probleme auftreten, wenn der breiteste Eintrag in einer der Tabellen verkürzt wird. Da die Umgebung `longtable` immer die größte benötigte Breite für die jeweilige Tabelle speichert, kann sie den Wert in der `.aux`-Datei nicht verkleinern und die Tabelle wird mit zu großer Breite ausgegeben. In diesem Falle gibt es nur die Lösung, zunächst einen LATEX-Lauf ohne `\setlongtables` durchzuführen, wodurch die falschen Werte in den Hilfsdateien gelöscht werden, um dann in zwei weiteren Läufen mit `\setlongtables` wieder korrekte Werte zu erhalten. Da longtable LATEXs Algorithmus für den Seitenumbruch verwendet, werden die Seitenumbrüche nicht durch die Breite der Spalten in den einzelnen Tabellenfragmenten beeinflußt. Daher sollte man sich nicht an den zunächst unterschiedlichen Spaltenbreiten auf den verschiedenen Seiten einer Tabelle

Surats of the Holy Koran

001	The Opening	002	The Cow
003	The Family Of Imran	004	Women
005	The Food	006	The Cattle
007	The Elevated Places	008	The Spoils Of War
009	Repentance	010	Yunus
011	Hud	012	Yusuf
013	The Thunder	014	Ibrahim
015	The Rock	016	The Bee
017	The Israelites	018	The Cave
019	Marium	020	TaHa
021	The Prophets	022	The Pilgrimage
023	The Believers	024	The Light
025	The Criterion	026	The Poets
027	The Ant	028	The Narrative
029	The Spider	030	The Romans
031	Luqman	032	The Adoration
033	The Allies	034	Saba
035	The Originator	036	Ya Seen
037	The Rangers	038	Suad
039	The Companies	040	The Believer
041	HaMim	042	The Counsel
043	The Embellishment	044	The Evident Smoke
045	The Kneeling	046	The Sandhills
047	Muhammad	048	The Victory
049	The Chambers	050	Qaf
051	The Scatterers	052	The Mountain
053	The Star	054	The Moon
055	The Beneficient	056	The Great Event
057	The Iron	058	The Pleading One

Surats of the Holy Koran

059	The Banishment	060	The Examined One
061	The Ranks	062	Friday
063	The Hypocrites	064	Loss And Gain
065	The Divorce	066	The Prohibition
067	The Kingdom	068	The Pen
069	The Sure Calamity	070	The Ways Of Ascent
071	Nuh	072	The Jinn
073	The Wrapped Up	074	The Clothed One
075	The Resurrection	076	The Man
077	The Emissaries	078	The Great Event
079	Those Who Pull Out	080	He Frowned
081	The Covering Up	082	The Cleaving Asunder
083	The Defrauders	084	The Bursting Asunder
085	The Mansions Of The Stars	086	The Night-Comer
087	The Most High	088	The Overwhelming Calamity
089	The Daybreak	090	The City
091	The Sun	092	The Night
093	The Early Hours	094	The Expansion
095	The Fig	096	The Clot
097	The Majesty	098	The Clear Evidence
099	The Shaking	100	The Assaulters
101	The Terrible Calamity	102	The Multiplication Of Wealth And Children
103	Time	104	The Slanderer
105	The Elephant	106	The Qureaish
107	The Daily Necessaries	108	The Heavenly Fountain
109	The Unbelievers	110	The Help
111	The Flame	112	The Unity
113	The Dawn	114	The Men

Abbildung 5.3: Die Suren des Heiligen Koran (`longtable`)

stören und `\setlongtables` wirklich erst dann einsetzen, wenn das Dokument fertiggestellt ist und eine endgültige Fassung ausgedruckt werden soll.

Um die Unterschiede deutlich zu machen, wird hier noch einmal das erste `supertabular`-Beispiel (Abbildung 5.1 auf Seite 122) wiederholt, diesmal jedoch als `longtable`-Tabelle (Abbildung 5.3). Da in diesem Falle der Befehl `\setlongtables` bereits aktiviert wurde, haben die Spalten der Tabelle auf beiden Seiten (auf dem linken und rechten Teil des Bildes) die gleiche Breite. Die Befehle zum Erzeugen dieser Tabelle lauten wie folgt:

```
\setlongtables
\begin{longtable}{|cl|cl|}
\caption*{Die Surats of the Holy Koran}                   \\
\hline                                                    \endhead
\hline                                                    \endfoot
001 & The Opening           &  002 & The Cow    \\
003 & The Family Of Imran   & 004 & Women       \\
  ....
113 & The Dawn              & 114 & The Men     \\
\end{longtable}
```

Die Befehle für die globale Formatierung der Umgebung longtable sind in Tafel 5.3 auf der nächsten Seite zusammengefaßt.

Parameter (voreingestellte Werte erscheinen in Klammern)		
`\LTleft`	(`\fill`)	Gummilänge links der Tabelle.
`\LTright`	(`\fill`)	Gummilänge rechts der Tabelle.
`\LTpre`	(`\bigskipamount`)	Gummilänge vor der Tabelle.
`\LTpost`	(`\bigskipamount`)	Gummilänge nach der Tabelle.
`LTchunksize`	(20)	Anzahl der Zeilen pro Teil (LaTeX-Zähler).
`\LTcapwidth`	(4in)	Breite der `\parbox` mit der Tabellenüberschrift.
Setlongtables		
`\setlongtables`		Spaltenbreiten des vorigen Laufs verwenden.
Optionale Argumente für `\begin{longtable}`		
kein Argument		Position wie mit `\LTleft` und `\LTright` angegeben, normalerweise zentriert.
`[c]`		Tabelle zentrieren.
`[l]`		Tabelle linksbündig positionieren.
`[r]`		Tabelle rechtsbündig positionieren.
Innerhalb `longtable` **verfügbare Befehle**		
`\endhead`		Ende der Zeile, die am Kopf der Tabelle normalerweise auf jeder Seite erscheint.
`\endfirsthead`		Ende der Kopfzeile der ersten Seite, falls vorhanden.
`\endfoot`		Ende der Tabellenfußzeile für jede Seite.
`\endlastfoot`		Ende der Tabellenfußzeile für die letzte Seite, falls vorhanden.
`\kill`		Zeile wird nicht gesetzt (»gekillt«), aber zum Berechnen der Breite verwendet.
`\caption{`*text*`}`		Tabellenüberschrift »Tafel *x*: *text*«, mit Eintrag im Tafelverzeichnis.
`\caption[`*lot*`]{`*text*`}`		Tabellenüberschrift »Tafel *x*: *text*«, mit dem Eintrag *lot* im Tafelverzeichnis.
`\caption[]{`*text*`}`		Tabellenüberschrift »Tafel *x*: *text*«, ohne Eintrag im Tafelverzeichnis.
`\caption*{`*text*`}`		Tabellenüberschrift *text*, ohne Eintrag im Verzeichnis.
`\newpage`		Erzwingt einen Seitenumbruch.

Tafel 5.3: Zusammenfassung der Befehle für die Umgebung `longtable`

Die Umgebung `longtable` erlaubt keinen Umbruch in der Mitte einer Zeile (das ist wichtig für Absatzzellen mit den Spaltenoptionen `p`, `m` und `b`). Innerhalb der Umgebung lassen sich jedoch Fußnoten und `\newpage`-Befehle verwenden.

Tafel 5.3 gibt einen Überblick über die verschiedenen Parameter und Befehle für die `longtable`-Umgebung. Die Befehle `\endhead` und `\endfirsthead` geben z. B. den Text an, der als Titel der Tabellenteile auf jeder Seite und auf der ersten Seite erscheinen soll (vergleiche die Befehle `\tablehead` und `\tablefirsthead` der Umgebung `supertabular` in Abschnitt 5.4.1). Entsprechend geben die Befehle `\endfoot` und `\endlastfoot` an, welche Einträge am Fuß der Tabellenteile erscheinen sollen (vergleiche die `supertabular`-Befehle `\tabletail` und `\tablelasttail`). Im folgenden werden einige der anderen Parameter genauer betrachtet.

`\setcounter{LTchunksize}{`*nzeilen*`}`

Damit TEX mehrseitige Tabellen setzen kann, müssen diese in kleinere Teile aufgeteilt werden, so daß TEX nicht alle Informationen gleichzeitig im Arbeitsspeicher halten muß. Die Umgebung `longtable` ist auf einen Wert von 20 Zeilen pro Teil voreingestellt. Diese Einstellung kann mit einem Befehl wie `\setcounter{LTchunksize}{10}` geändert werden. Die Aufteilung hat keinerlei Einfluß auf die Seitenumbrüche. Steht ein großer Arbeitsspeicher zur Verfügung, kann man `LTchunksize` auf einen hohen Wert einstellen, wodurch TEX beschleunigt wird. Der Wert von `LTchunksize` muß mindestens so groß sein wie die Anzahl von Zeilen im Tabellentitel oder -fuß.

`\setlongtables`

Wenn der Befehl `\setlongtables` vor dem Anfang einer Tabelle erscheint, verwendet LATEX die Daten bezüglich der Tabellenbreite aus einem früheren Lauf. Wie bereits zuvor erwähnt, sollte dieser Befehl erst eingesetzt werden, wenn das Dokument fertiggestellt ist und nur noch einige kosmetische Änderungen verbleiben.

`\caption[`*kurztitel*`]{`*langtitel*`}`

Der Befehl für die Tabellenüberschrift `\caption` und seine Variante `\caption*` entsprechen im Grunde einem `\multicolumn`-Eintrag:

```
\multicolumn{n}{p{\LTcapwidth}}{...}
```

Dabei ist *n* die Spaltenanzahl der Tabelle. Die Breite der Tabellenüberschrift wird mit Hilfe des Parameters `\LTcapwidth` gesteuert. So kann man z. B. den Eintrag `\setlength{\LTcapwidth}{`*breite*`}` in der Dokumentenpräambel vornehmen. Der Parameter ist auf `4in` voreingestellt. Genau wie bei den `\caption`-Befehlen der Umgebungen `figure` und `table`, gibt das optionale Argument den Text für das Tafelverzeichnis an, sofern sich dieser von der Tabellenüberschrift unterscheiden soll.

Wenn auf späteren Seiten andere Tabellenüberschriften erscheinen sollen als auf der ersten Seite, kann man mit dem `\caption`-Befehl den vollständigen Text als erste Überschrift und mit dem Befehl `\caption[ ]` den Text für die nachgeordnete Überschrift als Hauptüberschrift setzen, da (in diesem Falle) kein Eintrag im Tafelverzeichnis erfolgt. Wenn dabei nicht jedesmal die Nummer der Tafel (bzw. Tabelle) wiederholt werden soll, kann man alternativ den Befehl `\caption*` verwenden. Genau wie bei der Umgebung `table` lassen sich Querverweise auf die Tabelle im Text mit Hilfe des `\label`-Befehls erzeugen.

Die Umgebung `longtable` ist darauf voreingestellt, Tabellen zu zentrieren. So entsprechen z. B. `\LTleft` und `\LTright` beide `\fill`. Für diese beiden Parameter können beliebige Werte angegeben werden, dabei muß jedoch mindestens einer eine Gummilänge sein (es sei denn, es wurde mittels `\extracolsep` dehnbarer Leerraum hinzugefügt), damit die Tabelle die gesamte Seitenbreite füllen kann. Eine Tabelle kann z. B. mit Hilfe der folgenden Definitionen linksbündig gesetzt werden:

```
\setlength{\LTleft}{0pt}
\setlength{\LTright}{\fill}
```

oder einfach mit `\begin{longtable}[l]`.

Mit Hilfe der Parameter `\LTleft` und `\LTright` kann man auch eine mehrseitige Tabelle über die gesamte Breite einer Seite setzen. Dabei wäre die folgende Deklaration:

```
\setlength{\LTleft}{0pt}
\setlength{\LTright}{0pt}
\begin{longtable}{l@{\extracolsep{\fill}}l}
```

das Äquivalent zu der Startzeile

```
\begin{supertabular*}{\textwidth}{l@{\extracolsep{\fill}}l}
```

die ähnlich dem auf Seite 123 behandelten Code für Abbildung 5.2 ist. Wenn es sich bei `\LTleft` und `\LTright` um feste Größen handelt, wird die Tabelle im allgemeinen mit der Breite `\columnwidth - \LTleft - \LTright` gesetzt.

5.4.3 Ein abschließender Vergleich

Abbildung 5.4 auf der nächsten Seite zeigt eine mehrseitige Tabelle, die über drei Seiten gesetzt ist (die Seitenbegrenzungen sind schematisch durch schwache Linien dargestellt). Dabei sind die Unterschiede zwischen den Umgebungen `supertabular` und `longtable` klar zu erkennen. Bei gleichen Ausgangsdaten setzt die Titelzeile der Umgebung `supertabular` die Inhalte Seite für Seite mit unterschiedlichen Breiten für die einzelnen Tabellenabschnitte. Die Umgebung `longtable` dagegen verwendet den längsten Tabelleneintrag als Maß, um die gesamte Tabelle auf allen Seiten mit der gleichen Breite zu setzen. Ein weiterer Unterschied ist, daß die Seiten, die mit der `supertabular`-Umgebung erzeugt wurden, leicht kürzer werden als Standardseiten. Das hat seine Ursache darin, daß `supertabular` einen eigenen Algorithmus für den Seitenumbruch verwendet. Die Umgebung `longtable` verwendet LaTeXs Standardseitenumbruch, so daß keine abweichenden Seitenlängen erzeugt werden. Der Benutzer muß selbst entscheiden, ob die etwas höhere Komplexität der `longtable`-Umgebung für die Darstellung seiner Daten von Bedeutung ist. Abbildung 5.5 auf Seite 130 zeigt, daß die Komplexität der Tabellendeklarationen für beide Umgebungen ähnlich ist.

Table 9: Codes of the languages of the world (supertabular)

Languages codes (ISO 639:1988)					
code	language	code	language	code	language
aa	Afar	ab	Abkhazian	af	Afrikaans
am	Amharic	ar	Arabic	as	Assamese
ay	Aymara	az	Azerbaijani		
ba	Bashkir	be	Byelorussian	bg	Bulgarian
bh	Bihari	bi	Bislama	bn	Bengali; Bangla
bo	Tibetan	br	Breton		
ca	Catalan	co	Corsican	cs	Czech
cy	Welch				
da	Danish	de	German	dz	Bhutani
el	Greek	en	English	eo	Esperanto
es	Spanish	et	Estonian	eu	Basque
fa	Persian	fi	Finnish	fj	Fiji
fo	Faeroese	fr	French	fy	Frisian
ga	Irish	gd	Scots Gaelic	gl	Galician
gn	Guarani	gu	Gujarati		
ha	Hausa	hi	Hindi	hr	Croatian
hu	Hungarian	hy	Armenian		

continued on next page

continued from previous page

code	language	code	language	code	language
ia	Interlingua	ie	Interlingue	ik	Inupiak
in	Indonesian	is	Icelandic	it	Italian
iw	Hebrew				
ja	Japanese	ji	Yiddish	jw	Javanese
ka	Georgian	kk	Kazakh	kl	Greenlandic
km	Cambodian	kn	Kannada	ko	Korean
ks	Kashmiri	ku	Kurdish	ky	Kirghiz
la	Latin	ln	Lingala	lo	Laothian
lt	Lithuanian	lv	Latvian, Lettish		
mg	Malagasy	mi	Maori	mk	Macedonian
ml	Malayalam	mn	Mongolian	mo	Moldavian
mr	Marathi	ms	Malay	mt	Maltese
my	Burmese				
na	Nauru	ne	Nepali	nl	Dutch
no	Norwegian				
oc	Occitan	om	(Afan) Oromo	or	Oriya
pa	Punjabi	pl	Polish	ps	Pashto, Pushto
pt	Portuguese				
qu	Quechua				

continued on next page

continued from previous page

code	language	code	language	code	language
rm	Rhaeto-Romance	rn	Kirundi	ro	Romanian
ru	Russian	rw	Kinyarwanda		
sa	Sanskrit	sd	Sindhi	sg	Sangro
sh	Serbo-Croatian	si	Singhalese	sk	Slovak
sl	Slovenian	sm	Samoan	sn	Shona
so	Somali	sq	Albanian	sr	Serbian
ss	Siswati	st	Sesotho	su	Sudanese
sv	Swedish	sw	Swahili		
ta	Tamil	te	Tegulu	tg	Tajik
th	Thai	ti	Tigrinya	tk	Turkmen
tl	Tagalog	tn	Setswana	to	Tonga
tr	Turkish	ts	Tsonga	tt	Tatar
tw	Twi				
uk	Ukrainian	ur	Urdu	uz	Uzbek
vi	Vietnamese	vo	Volapuk		
wo	Wolof				
xh	Xhosa				
yo	Yoruba				
zh	Chinese	zu	Zulu		

Table 10: Codes of the languages of the world (longtable)

Language codes (ISO 639:1988)					
code	language	code	language	code	language
aa	Afar	ab	Abkhazian	af	Afrikaans
am	Amharic	ar	Arabic	as	Assamese
ay	Aymara	az	Azerbaijani		
ba	Bashkir	be	Byelorussian	bg	Bulgarian
bh	Bihari	bi	Bislama	bn	Bengali; Bangla
bo	Tibetan	br	Breton		
ca	Catalan	co	Corsican	cs	Czech
cy	Welch				
da	Danish	de	German	dz	Bhutani
el	Greek	en	English	eo	Esperanto
es	Spanish	et	Estonian	eu	Basque
fa	Persian	fi	Finnish	fj	Fiji
fo	Faeroese	fr	French	fy	Frisian
ga	Irish	gd	Scots Gaelic	gl	Galician
gn	Guarani	gu	Gujarati		
ha	Hausa	hi	Hindi	hr	Croatian
hu	Hungarian	hy	Armenian		
ia	Interlingua	ie	Interlingue	ik	Inupiak
in	Indonesian	is	Icelandic	it	Italian

continued on next page

continued from previous page

code	language	code	language	code	language
iw	Hebrew				
ja	Japanese	ji	Yiddish	jw	Javanese
ka	Georgian	kk	Kazakh	kl	Greenlandic
km	Cambodian	kn	Kannada	ko	Korean
ks	Kashmiri	ku	Kurdish	ky	Kirghiz
la	Latin	ln	Lingala	lo	Laothian
lt	Lithuanian	lv	Latvian, Lettish		
mg	Malagasy	mi	Maori	mk	Macedonian
ml	Malayalam	mn	Mongolian	mo	Moldavian
mr	Marathi	ms	Malay	mt	Maltese
my	Burmese				
na	Nauru	ne	Nepali	nl	Dutch
no	Norwegian				
oc	Occitan	om	(Afan) Oromo	or	Oriya
pa	Punjabi	pl	Polish	ps	Pashto, Pushto
pt	Portuguese				
qu	Quechua				
rm	Rhaeto-Romance	rn	Kirundi	ro	Romanian
ru	Russian	rw	Kinyarwanda		
sa	Sanskrit	sd	Sindhi	sg	Sangro
sh	Serbo-Croatian	si	Singhalese	sk	Slovak

continued on next page

continued from previous page

code	language	code	language	code	language
sl	Slovenian	sm	Samoan	sn	Shona
so	Somali	sq	Albanian	sr	Serbian
ss	Siswati	st	Sesotho	su	Sudanese
sv	Swedish	sw	Swahili		
ta	Tamil	te	Tegulu	tg	Tajik
th	Thai	ti	Tigrinya	tk	Turkmen
tl	Tagalog	tn	Setswana	to	Tonga
tr	Turkish	ts	Tsonga	tt	Tatar
tw	Twi				
uk	Ukrainian	ur	Urdu	uz	Uzbek
vi	Vietnamese	vo	Volapuk		
wo	Wolof				
xh	Xhosa				
yo	Yoruba				
zh	Chinese	zu	Zulu		

Abbildung 5.4: Vergleich der Umgebungen `longtable` und `supertabular`

Deklaration für die supertabular-Tabelle

```
\tablefirsthead{\hline \multicolumn{6}{|c|}{Languages codes (ISO 639:1988)}\\
                code & language & code & language & code & language    \\\hline}
\tablehead{\hline \multicolumn{6}{|l|}{\small\slshape
                                   continued from previous page} \\\hline
                code & language & code & language & code & language    \\\hline}
\tabletail{\hline\multicolumn{6}{|r|}{\small\slshape continued on next page}
                                                                       \\\hline}
\tablelasttail{\hline}
\topcaption{Codes of the languages of the world (supertabular)}
\begin{center}
\begin{supertabular}{|*{3}{cl}|}
\ttfamily aa &  Afar     & \ttfamily ab &  Abkhazian    &  ...........
.......................................................................
\ttfamily zh &  Chinese  & \ttfamily zu &  Zulu         &    &  \\
\end{supertabular}
\end{center}
```

Deklaration für die longtable-Tabelle

```
\setlongtables
\begin{longtable}[c]{|*{3}{cl}|}
\caption{Codes of the languages of the world (longtable)}
\\ \hline
\multicolumn{6}{|c|}{Language codes (ISO 639:1988)}                 \\
          code & language & code & language & code & language        \\ \hline
\endfirsthead
\hline
\multicolumn{6}{|l|}{\small\slshape continued from previous page} \\ \hline
          code & language & code & language & code & language        \\ \hline
\endhead
\hline\multicolumn{6}{|r|}{\small\sl continued on next page}        \\ \hline
\endfoot
\hline
\endlastfoot
\ttfamily aa &  Afar     & \ttfamily ab &  Abkhazian    &  ...........
.......................................................................
\ttfamily zh &  Chinese  & \ttfamily zu &  Zulu         &    &  \\
\end{longtable}
```

Abbildung 5.5: Vergleich der Tabellendeklarationen für longtable und supertabular

5.5 Zusätzliche Kontrollfunktionen

In diesem Abschnitt werden zwei weitere Pakete vorgestellt, die sehr gut mit den bereits beschriebenen Umgebungen zusammenarbeiten. Das erste ermöglicht das Ausrichten von Dezimalzahlen in Spalten und das andere bietet eine größere Auswahl an möglichen Kombinationen für vertikale und horizontale Linien in `tabular`-ähnlichen Umgebungen.

5.5.1 dcolumn – Ausrichtung am Dezimalpunkt

Das Paket dcolumn (von David Carlisle) eröffnet ein System, das dazu dient, innerhalb von `array`- und `tabular`-Umgebungen Spalten zu erzeugen, deren Inhalt an Dezimal- oder anderen Zeichen ausgerichtet wird. Dabei werden auch Einträge ohne Stellen vor oder hinter dem Komma und leere Einträge richtig verarbeitet.

Das Paket definiert eine »Dezimal«-Spaltenoption `D` mit drei Argumenten.

D{*eing-trenn*}{*ausg-trenn*}{*kommastellen*}

eing-trenn Ein einzelnes Zeichen, das als Trennzeichen in der `.tex`-Datei verwendet wird (z. B. »`.`« oder »`,`«).

ausg-trenn Das Trennzeichen, das bei der Ausgabe verwendet wird. Dabei kann es sich um das gleiche Zeichen wie bei dem ersten Argument handeln. Es kann aber auch jeder andere mathematische Ausdruck verwendet werden, wie z. B. `\cdot`.

kommastellen Die maximale Anzahl von Dezimalstellen in der Spalte. Bei einem negativen Wert ist in dieser Spalte jede beliebige Anzahl erlaubt, und alle Einträge werden am Dezimaltrennzeichen zentriert. Dadurch kann eine Spalte allerdings auch zu breit werden (siehe die ersten beiden Spalten in dem Beispiel weiter unten).

Wenn man die `D`-Option mit ihren Argumenten nicht direkt in der Präambel verwenden möchte, kann man sich eigene Optionen mittels `\newcolumntype` wie folgt deklarieren:

```
\newcolumntype{d}[1]{D{.}{\cdot}{#1}}
```

Die so definierte Spaltenoption »`d`« erhält als Argument die Anzahl der Dezimalstellen. Als Dezimaltrennzeichen wird in der `.tex`-Eingabedatei der normale Punkt »`.`« und in der Ausgabe das mathematische Zeichen »$\cdot$« verwendet.

```
\newcolumntype{.}{D{.}{.}{-1}}
```

In diesem Falle hat die Spezifikation »`.`« kein Argument, der normale Punkt wird in Ein- und Ausgabe verwendet, und die Einträge werden an dem Punkt zentriert.

```
\newcolumntype{,}{D{,}{,}{2}}
```

Die hier definierte Spaltenoption »,« verwendet in Ein- und Ausgabe das Komma »,« als Trennzeichen, und die Spalte erlaubt (höchstens) zwei Dezimalstellen.

Diese Definitionen werden in dem folgenden Beispiel verwendet. Dabei fällt auf, daß die erste Spalte, mit einem negativen Wert für *kommastellen* (das Dezimaltrennzeichen wird in der Spalte zentriert) breiter ist als die zweite Spalte, obwohl beide die gleichen Daten enthalten.

1·2	1·2	1.2	1,2
1·23	1·23	12.5	300,2
1121·2	1121·2	861.20	674,29
184	184	10	69
·4	·4		,4
		.4	

```
\begin{tabular}{|d{-1}|d{2}|.|,|}
   1.2   & 1.2    &1.2      &1,2     \\
   1.23  & 1.23   &12.5     &300,2   \\
   1121.2& 1121.2&861.20    &674,29  \\
   184   & 184    &10       &69      \\
   .4    & .4     &         &,4      \\
         &        &.4       &
\end{tabular}
```

Das folgende Beispiel ist die Variante eines Beispiels aus dem LaTeX-Buch.

GG&A Hoofed Stock			
	Price		
Year	low-high	Comments	Other
1971	97-245	Bad year for farmers in the West.	23,45
72	245-245	Light trading due to a heavy winter.	435,23
73	245-2001	No gnus was very good gnus this year.	387,56

```
\newcolumntype{+}{D{/}{\mbox{--}}{4}}
% Trennzeichen sind / und ,
\begin{tabular}{|r||+|p{2cm}|,|}   \hline
\multicolumn{4}{|c|}{GG\&A Hoofed Stock}
  \\ \hline\hline
& \multicolumn{1}{c|}{Price}& &
\\ \cline{2-2} \multicolumn{1}{|c||}{Year}
& \mbox{low}/\mbox{high}
& \multicolumn{1}{c|}{Comments}
& \multicolumn{1}{c|}{Other}     \\ \hline
1971 & 97/245  &Bad year for farmers in
        the West. & 23,45         \\ \hline
  72 &245/245  &Light trading due to a
        heavy winter.   & 435,23\\ \hline
  73 &245/2001 &No gnus was very good
        gnus this year. & 387,56\\ \hline
\end{tabular}
```

5.5.2 hhline – Kombinieren horizontaler und vertikaler Linien

Das Paket hhline (von David Carlisle) definiert den Befehl `\hhline`, der sich ähnlich wie `\hline` verhält, mit Ausnahme des Zusammenspiels mit vertikalen Linien.

`\hhline{`*dekl*`}`

Das Argument *dekl* besteht aus einer Liste nachfolgender Zeichen.

- = Eine doppelte `\hline` (horizontale Linie) von der Breite einer Spalte.
- \- Eine einfache `\hline` von der Breite einer Spalte.

~ Eine Spalte ohne \hline, d.h. ein Leerraum von der Breite einer Spalte.

| Eine \vline (vertikale Linie), die eventuelle horizontale Linien durchkreuzt.

: Eine \vline, die von einer doppelten \hline unterbrochen wird.

Segment einer doppelten \hline zwischen zwei \vlines.

t Obere Linie eines doppelten \hline-Segmentes.

b Untere Linie eines doppelten \hline-Segmentes.

* Z.B. wird *{3}{==#} zu ==#==#==# umgesetzt, wie bei der *-Form für die Präambel.

Wenn eine \vline mit (|| oder ::) spezifiziert ist, werden die \hlines, die durch \hhline erzeugt werden, unterbrochen. Um mit einer \hline eine doppelte \vline zu durchkreuzen, muß sie mit # angegeben werden.

Die Zeichen t und b können zwischen zwei vertikalen Linien verwendet werden. Die Zeichenfolge |tb| erzeugt z. B. die gleichen Linien wie #, ist jedoch viel weniger effizient. Diese Zeichen werden hauptsächlich für Konstruktionen wie |t: (obere linke Ecke) und :b| (untere rechte Ecke) verwendet.

Wenn man mit \hhline eine einzelne \hline erzeugen möchte, sollte das Argument nur die Zeichen »-«, »~« oder »|« (und *-Ausdrücke) enthalten.

In dem folgenden Beispiel werden die meisten dieser Funktionen dargestellt:

a	b	c	d
1	2	3	4
i	j	k	l
w	x	y	z

```
\setlength{\arrayrulewidth}{.8pt}
\begin{tabular}{||cc||c|c||}
                  \hhline{|t:==:t:==:t|}
a & b & c & d \\ \hhline{|:==:|~|~||}
1 & 2 & 3 & 4 \\ \hhline{#==#~|=#}
i & j & k & l \\ \hhline{||--||--||}
w & x & y & z \\ \hhline{|b:==:b:==:b|}
\end{tabular}
```

Die von \hline erzeugten Linien bestehen aus einer einzelnen (TEX-internen) \hrule. Die mit \hhline erzeugten Linien bestehen aus vielen kleinen Liniensegmenten. TEX plaziert diese sehr exakt in der .dvi-Datei, aber zur Ansicht oder zum Ausdruck eingesetzte dvi-Treiber setzen die Liniensegmente eventuell nicht richtig aneinander. Wenn durch einen solchen Effekt Probleme auftreten, kann man \arrayrulewidth erhöhen, um die Auswirkungen abzuschwächen.

5.6 Anwendungen

Die folgenden Beispiele sind hinsichtlich ihrer Anforderungen für komplexe Positionierungen recht anspruchsvoll. Dadurch eignen sie sich zur Darstellung so fortgeschrittener Funktionen wie verschachtelter Tabellen. Dabei kommen viele der in diesem Kapitel beschriebenen Funktionen zur Anwendung.

5.6.1 Silbentrennung in schmalen Spalten

TeX trennt das erste Wort in einem Absatz normalerweise nicht, so daß sehr schmale Zellen leicht übervoll werden können. Hier läßt sich Abhilfe schaffen, indem man dem Text den Befehl `\hspace{0pt}` voranstellt.

Charakteristika

Charak-
teristi-
ka

```
\fbox{\parbox{11mm}{Charakteristika}}
\hfill
\fbox{\parbox{11mm}%
        {\hspace{0pt}Charakteristika}}
```

5.6.2 Tabellenfußnoten

Wie bereits in Abschnitt 3.4.1 erklärt, gehören Tabellenfußnoten nicht zum LaTeX-Standard. Sie werden nur von den Umgebungen `tabularx` und `longtable` richtig verarbeitet.

Da Tabellenfußnoten normalerweise direkt am Fuße einer Tabelle erscheinen sollen, kann man diese etwa mit Fußnotenmarken simulieren und die Fußnotentexte durch `\multicolumn`-Befehle am Ende der `tabular`-Umgebung plazieren.

Es ist auch möglich, die `tabular`- oder `array`-Umgebung in eine `minipage`-Umgebung zu setzen, da deren Fußnoten automatisch direkt am Ende der Umgebung plaziert werden. Man beachte im nächsten Beispiel die Redefinition von `\thefootnote`, welche die Verwendung des Befehls `\footnotemark` innerhalb der `minipage`-Umgebung erlaubt. Ohne diese Redefinition erzeugt `\footnotemark` eine Fußnotenmarke im Stil des Haupttextes, wie in Abschnitt 3.4.1 beschrieben.

PostScript Typ 1 Fonts	
Courier[a]	cour, courb, courbi, couri
Charter[b]	bchb, bchbi, bchr, bchri
Nimbus[c]	unmr, unmrs
URW Antiqua[c]	uaqrrc
URW Grotesk[c]	ugqp
Utopia[d]	putb, putbi, putr, putri

a Gestiftet von IBM.
b Gestiftet von Bitstream.
c Gestiftet von URW GmbH.
d Gestiftet von Adobe.

```
\begin{minipage}{\linewidth}
\renewcommand{\thefootnote}{\thempfootnote}
\begin{tabular}{ll}
\multicolumn{2}{c}{\bfseries PostScript
                   Typ 1 Fonts}  \\
Courier\footnote{Gestiftet von IBM.}
      &  cour, courb, courbi, couri      \\
Charter\footnote{ Gestiftet von Bitstream.}
      &  bchb, bchbi, bchr, bchri        \\
Nimbus\footnote{ Gestiftet von URW GmbH.}
      &  unmr, unmrs                     \\
URW Antiqua\footnotemark[\value{mpfootnote}]
      &  uaqrrc                          \\
URW Grotesk\footnotemark[\value{mpfootnote}]
      &  ugqp                            \\
Utopia\footnote{ Gestiftet von Adobe.}
      &  putb, putbi, putr, putri
\end{tabular}
\end{minipage}
```

Dieser Lösungsansatz paßt die Breite der Fußnoten allerdings nicht automatisch an die Breite der Tabelle an. Deshalb muß man normalerweise etwas experimentieren, um den richtigen Wert für das `minipage`-Argument zu finden.

Eine andere Möglichkeit, Tabellenfußnoten zu setzen, bietet das Paket threeparttable von Donald Arseneau, das einen großen Vorteil hat: Das Paket zeigt eindeutig an, daß es sich bei den Fußnoten um Fußnoten innerhalb von Tabellen handelt. Dabei bietet es vollständige Kontrolle über die Darstellung der Verweise in der Tabelle sowie die Möglichkeit, der Tabelle eine Bildunterschrift hinzuzufügen. In dieser Hinsicht ähnelt die Umgebung threeparttable der nichtgleitenden `table`-Umgebung, die in Abschnitt 6.3.1 beschrieben ist.

Tafel 5.4: **PostScript Typ 1 Fonts**

Courier[a]	cour, courb, courbi, couri
Charter[b]	bchb, bchbi, bchr, bchri
Nimbus[c]	unmr, unmrs
URW Antiqua[c]	uaqrrc
URW Grotesk[c]	ugqp
Utopia[d]	putb, putbi, putr, putri

[a]Gestiftet von IBM.

[b]Gestiftet von Bitstream.

[c]Gestiftet von URW GmbH.

[d]Gestiftet von Adobe.

```
\begin{threeparttable}
\caption[Beispiel f"ur eine \nxLenv{threeparttable}
   Umgebung]{\textbf{PostScript Typ 1 Fonts}}
\begin{tabular}{@{}ll@{}}
Courier\tnote{a} & cour, courb, courbi, couri  \\
Charter\tnote{b} & bchb, bchbi, bchr, bchri    \\
Nimbus\tnote{c}  & unmr, unmrs                 \\
URW Antiqua\tnote{c} & uaqrrc                  \\
URW Grotesk\tnote{c} & ugqp                    \\
Utopia\tnote{d}      & putb, putbi, putr, putri\\
\end{tabular}
\begin{tablenotes}
\item[a] Gestiftet von IBM.
\item[b] Gestiftet von Bitstream.
\item[c] Gestiftet von URW GmbH.
\item[d] Gestiftet von Adobe.
\end{tablenotes}
\end{threeparttable}
```

5.6.3 Tabellen mit breiten Einträgen

Manchmal ist es notwendig, leere Flächen zwischen schmalen Spalten gleichmäßig über die gesamte Tabellenbreite zu verteilen. Die folgende Tabelle hat z. B. eine ziemlich breite erste Zeile, gefolgt von einer Reihe schmaler Spalten.

eine-ziemlich-lange-Zeile		
C1	C2	C3
2.1	2.2	2.3
3.1	3.2	3.3

```
\begin{tabular}{ccc}
\multicolumn{3}{c}{eine-ziemlich-lange-Zeile}\\
C1 &C2 &C3 \\ 2.1&2.2&2.3 \\ 3.1&3.2&3.3
\end{tabular}
```

Mit Hilfe des Befehls `\extracolsep` kann man Gummilängen an den Anfang jeder Spalte setzen. Der tatsächliche Wert einer solchen Gummilänge ist dabei irrelevant, solange diese stark genug schrumpfen kann, um gerade den benötigten Platz auszufüllen. In diesem Fall muß natürlich eine Breite für die gesamte Tabelle angegeben werden.

eine-ziemlich-lange-Zeile		
C1	C2	C3
2.1	2.2	2.3
3.1	3.2	3.3

```
\begin{tabular*}{\linewidth}%
        {!{\extracolsep{4in minus 4in}}ccc}
\multicolumn{3}{c}{eine-ziemlich-lange-Zeile}\\
C1 &C2 &C3 \\ 2.1&2.2&2.3 \\ 3.1&3.2&3.3
\end{tabular*}
```

Im vorangehenden Beispiel waren die Änderungen nicht besonders erfolgreich, da die Spalten zu weit auseinandergezogen werden. Besser wäre es, die Breite des längsten Eintrages vorauszuberechnen und dann die Breite der gesamten `tabular*`-Umgebung darauf einzustellen.

eine-ziemlich-lange-Zeile		
C1	C2	C3
2.1	2.2	2.3
3.1	3.2	3.3

```
\newlength{\Mylen}
\settowidth{\Mylen}{eine-ziemlich-lange-Zeile}
\begin{tabular*}{\Mylen}%
        {!{\extracolsep{4in minus 4in}}ccc}
\multicolumn{3}{c}{eine-ziemlich-lange-Zeile}\\
C1 &C2 &C3 \\ 2.1&2.2&2.3 \\ 3.1&3.2&3.3
\end{tabular*}
```

Dieses Ergebnis ist bereits ganz annehmbar. Um aber die korrekte Ausrichtung zu erhalten, muß auch der Spaltenabstand (`\tabcolsep`) auf beiden Seiten eines Eintrages berücksichtigt werden. Eine noch bessere Ausrichtung läßt sich erreichen, wenn man geeignete Spaltenausrichtungen und -abstände wählt.

eine-ziemlich-lange-Zeile		
C1	C2	C3
2.1	2.2	2.3
3.1	3.2	3.3

```
\settowidth{\Mylen}{eine-ziemlich-lange-Zeile}
\addtolength{\Mylen}{2\tabcolsep}
\begin{tabular*}{\Mylen}%
        {!{\extracolsep{4in minus 4in}}ccc}
\multicolumn{3}{c}{eine-ziemlich-lange-Zeile}\\
C1 &C2 &C3 \\ 2.1&2.2&2.3 \\ 3.1&3.2&3.3
\end{tabular*}
```

Alternativ dazu können auch die Spaltenabstände auf der linken und rechten Seite der `tabular*`-Umgebung mit Hilfe der Ausdrücke `@{}` unterdrückt werden.

eine-ziemlich-lange-Zeile		
C1	C2	C3
2.1	2.2	2.3
3.1	3.2	3.3

```
\settowidth{\Mylen}{eine-ziemlich-lange-Zeile}
\begin{tabular*}{\Mylen}%
        {@{\extracolsep{4in minus 4in}}ccc@{}}
\multicolumn{3}{@{}c@{}}{eine-ziemlich-lange-Zeile}\\
C1 &C2 &C3 \\ 2.1&2.2&2.3 \\ 3.1&3.2&3.3
\end{tabular*}
```

5.6.4 Mehrzeilige Spalten

Eine Zelle, die sich über mehrere Zeilen erstreckt, läßt sich simulieren, indem man den Zellinhalt in eine Box der Höhe null setzt und diese dann anhebt.

100	qqq	
	A	B
20000000	10	10

```
\begin{tabular}{|c|c|c|}                    \hline
         & \multicolumn{2}{c|}{qqq}\\\cline{2-3}
\raisebox{1.5ex}[0cm][0cm]{100}
         & A          & B                \\\hline
20000000 & 10         & 10               \\\hline
\end{tabular}
```

multirow – **Vertikale Ausrichtung in Tabellen**

Das Paket multirow (unbekannter Autor) definiert den Befehl `\multirow`. Mit Hilfe dieses Befehls lassen sich automatisch Tabellen mit mehrzeiligen Spalten konstruieren. Durch optionale Argumente ist eine sehr genaue Einstellung möglich. Dies kann besonders dann von Nutzen sein, wenn die mehrzeiligen Spalten besonders groß sind, wenn `\strut`-Befehle asymmetrisch verwendet wurden, oder bei übergroßen Unterlängen. In allen diesen Fällen kann die vertikale Zentrierung verschoben sein. Mit dem Korrekturargument *vbeweg* lassen sich dann zum Ausgleich manuell vertikale Verschiebungen einfügen.

`\multirow{`*nzeilen*`}[`*njot*`]{`*breite*`}[`*vbeweg*`]{`*inhalt*`}`

Innerhalb von `array`-Umgebungen ist der Befehl nicht so nützlich, da Zeilen dort einen zusätzlichen Abstand von einem `\jot` haben (einer Länge, die auf `3pt` voreingestellt ist, und verwendet wird um abgesetzte Formeln einzuleiten), der von `\multirow` nicht berücksichtigt wird. Es ist nahezu unmöglich, diese Abweichung generell zu beheben. Für eine halbautomatische Regelung kann man jedoch den Längenparameter `\bigstrutjot` auf `\jot` setzen und dann das zweite *njot*-Argument von `\multirow` verwenden. Der Wert des Argumentes sollte dabei die Hälfte der überspannten Zeilen betragen.

Mit Hilfe des Paketes läßt sich auch die Formatierung innerhalb der Zellen bis zu einem gewissen Grad steuern. Kurz vor der Formatierung des zu setzenden Textes wird der Befehl `\multirowsetup` ausgeführt, welcher eine besondere Formatierung der Zelle einstellt. Als Voreinstellung enthält er den Befehl `\raggedright`; dies kann jedoch mit Hilfe von `\renewcommand` umdefiniert werden.

Der Befehl `\multirow` funktioniert bei einer oder mehreren Spalten, wie in dem folgenden Beispiel dargestellt:

Text in Spalte 1	C2a		C4a
	C2b	Text in Spalte 3	C4b
	C2c		C4c
	C2d		C4d

```
\begin{tabular}{|l|l|l|l|}    \hline
\multirow{3}{14mm}{Text in Spalte 1}
    & C2a &      & C4a       \\\cline{2-4}
    & C2b &  \multirow{3}{14mm}%
                         {Text in Spalte 3}
                 & C4b       \\
    & C2c &      & C4c       \\\cline{1-2}
                               \cline{4-4}
    & C2d &      & C4d       \\\hline
\end{tabular}
```

Wir haben nun das Rüstzeug, das kleine Beispiel vom Beginn dieses Abschnitts auch ohne den `\raisebox`-Befehl zu erstellen. Dazu muß zunächst die Ausrichtung des ersten `\multirow`-Absatzes auf `\centering` (zentriert) umgestellt werden. Dann muß man die Breite des Textes in der Spalte errechnen, da diese von dem Befehl `\multirow` benötigt wird. Wenn die Spalte mit der mehrzeiligen Zelle wie in den anderen Beispielen eine feste Breite hat, ist dieser Schritt überflüssig.

100	qqq	
	A	B
20000000	10	10

```
\renewcommand{\multirowsetup}{\centering}
\newlength{\LL} \settowidth{\LL}{100}
\begin{tabular}{|c|c|c|}              \hline
\multirow{2}{\LL}{100}&
          \multicolumn{2}{c|}{qqq}    \\\cline{2-3}
                 & A          & B    \\\hline
20000000         & 10         & 10   \\\hline
\end{tabular}
```

Die Auswirkungen des optionalen Parameters für die vertikale Verschiebung, *vbeweg*, sind aus dem folgenden Beispiel ersichtlich: Das untere Drittel der Tabelle wird um 3 mm aufwärts verschoben.

	Spalte g2a
Gewöhnlicher	Spalte g2b
Text in Spalte 1	Spalte g2c
	Spalte g2d
	Spalte g2a
	Spalte g2b
Gewöhnlicher	Spalte g2c
Text in Spalte 1	Spalte g2d
Gewöhnlicher	Spalte g2a
Text in Spalte 1	Spalte g2b
	Spalte g2c
	Spalte g2d

```
\begin{tabular}{|l|l|}
\hline
\multirow{4}{25mm}{Gew"ohnlicher Text in Spalte 1}
& Spalte g2a \\\cline{2-2} & Spalte g2b\\\cline{2-2}
& Spalte g2c \\\cline{2-2} & Spalte g2d\\\hline
\multirow{4}{25mm}[-3mm]
            {Gew"ohnlicher Text in Spalte 1}
& Spalte g2a \\\cline{2-2} & Spalte g2b\\\cline{2-2}
& Spalte g2c \\\cline{2-2} & Spalte g2d\\\hline
\multirow{4}{25mm}[3mm]
            {Gew"ohnlicher Text in Spalte 1}
& Spalte g2a \\\cline{2-2} & Spalte g2b\\\cline{2-2}
& Spalte g2c \\\cline{2-2} & Spalte g2d\\\hline
\end{tabular}
```

5.6.5 Tabellen in Tabellen

Das unten aufgeführte Beispiel zeigt, wie man in LaTeX mit wenig Mehraufwand komplexe Tabellenlayouts erzeugen kann.

Die Familie der `tabular`-Umgebungen erlaubt eine vertikale Ausrichtung an der Grundlinie des Textes, in dem die Umgebung verwendet wird. Die voreingestellte Ausrichtung ist zentriert. Sie kann jedoch dahingehend geändert werden, bündig mit der ersten oder letzten Zeile der Umgebung abzuschließen, indem das optionale Positionsargument den Wert `t` oder `b` erhält. Dies funktioniert jedoch nicht, wenn das erste oder letzte Element der Umgebung ein `\hline`-Befehl ist. In diesem Falle wird die Umgebung an der horizontalen Linie ausgerichtet.

Tabellen ganz gegen Tabellen | mit einigen |
ohne | hline |
hline | Befehlen |
Befehle
darin.

```
Tabellen
\begin{tabular}[t]{l}
   ganz  \\ ohne \\ hline \\ Befehle
\end{tabular} gegen Tabellen
\begin{tabular}[t]{|l|}
 \hline mit einigen \\ hline \\
  Befehlen            \\ \hline
\end{tabular}
darin.
```

Um in einem solchen Fall eine korrekte Ausrichtung zu erzielen, kann man `\firsthline` und `\lasthline` verwenden (zwei besonderen Versionen von `\hline`), die vom array-Paket definiert werden. Sie sorgen dafür, daß die Tabellen korrekt ausgerichtet werden, solange ihre erste oder letzte Zeile nicht ausgesprochen große Objekte enthält.

Tabellen ganz gegen Tabellen | mit einigen |
ohne | hline |
hline | Befehlen |
Befehle
darin.

```
Tabellen
\begin{tabular}[t]{l}
  ganz  \\ ohne  \\  hline \\ Befehle
\end{tabular} gegen Tabellen
\begin{tabular}[t]{|l|}
 \firsthline
  mit einigen \\ hline \\ Befehlen \\
 \lasthline
\end{tabular}
darin.
```

Die Implementierung dieser beiden Befehle benutzt den zusätzlichen Dimensionsparameter `\extratabsurround`, der am Anfang und Ende der Umgebung zusätzlichen Leerraum einfügt. Diese Eigenschaft ist auch für die Ausrichtung verschachtelter Tabellen nützlich, wie im folgenden Beispiel dargestellt:

```
\setlength{\extratabsurround}{2pt}
\begin{tabular}{|cc|}                                         \hline
\textit{Name} & \textit{Telefon}                      \\\hline\hline
John & \begin{tabular}[t]{|cc|}                  \firsthline
          \textit{Tag} & \multicolumn{1}{c|}{\textit{Telefon}}
                                                      \\\hline\hline
           Mi & 5554434                                     \\\hline
           Mo & \begin{tabular}[t]{|cc|}           \firsthline
                  \textit{Zeit} & \textit{Telefon}    \\\hline\hline
                   8--10 & 5520104 \\ 1--5 & 2425588 \\\lasthline
                \end{tabular}                       \\\lasthline
        \end{tabular}                                       \\\hline
```

```
Martin   &
   \begin{tabular}[t]{|cp{4.5cm}|}                              \firsthline
    \textit{Telefon} & \multicolumn{1}{c|}{\textit{Anweisungen}}
                                                           \\\hline\hline
    3356677 & Mary sollte die nachgesandte Nachricht beantworten.
                                                             \\\lasthline
   \end{tabular}                                                 \\\hline
 Peter   &
   \begin{tabular}[t]{|cl|}                                     \firsthline
    \textit{Monat} &\multicolumn{1}{c|}{\itshape Telefon}
                                                           \\\hline\hline
    Sep--Mai & 5554434  \\  Jun &  Kein Telefon\\
    Jul--Aug & 2211456  \\                                        \lasthline
   \end{tabular}                                                 \\\hline
 James   &
    \begin{tabular}[t]{|cl|}                                    \firsthline
    \textit{Telefon} & \multicolumn{1}{c|}{\itshape Anweisungen}
                                                           \\\hline\hline
    Kein Telefon &  Verwende P.O. Box 007 NY.                \\\lasthline
   \end{tabular}                                             \\\lasthline
\end{tabular}
```

Dieser Eingabetext erzeugt folgende Ausgabe:

<table>
<tr><th>Name</th><th>Telefon</th></tr>
<tr><td>John</td><td>
<table>
<tr><th>Tag</th><th>Telefon</th></tr>
<tr><td>Mi</td><td>5554434</td></tr>
<tr><td>Mo</td><td>
<table>
<tr><th>Zeit</th><th>Telefon</th></tr>
<tr><td>8–10</td><td>5520104</td></tr>
<tr><td>1–5</td><td>2425588</td></tr>
</table>
</td></tr>
</table>
</td></tr>
<tr><td>Martin</td><td>
<table>
<tr><th>Telefon</th><th>Anweisungen</th></tr>
<tr><td>3356677</td><td>Mary sollte die nachgesandte Nachricht beantworten.</td></tr>
</table>
</td></tr>
<tr><td>Peter</td><td>
<table>
<tr><th>Monat</th><th>Telefon</th></tr>
<tr><td>Sep–Mai</td><td>5554434</td></tr>
<tr><td>Jun</td><td>Kein Telefon</td></tr>
<tr><td>Jul–Aug</td><td>2211456</td></tr>
</table>
</td></tr>
<tr><td>James</td><td>
<table>
<tr><th>Telefon</th><th>Anweisungen</th></tr>
<tr><td>Kein Telefon</td><td>Verwende P.O. Box 007 NY.</td></tr>
</table>
</td></tr>
</table>

5.6.6 Zwei weitere Beispiele

Der folgende LaTeX-Code zeigt, wie man verschiedene der zuvor in diesem Kapitel beschriebenen Techniken und Pakete kombinieren kann. Mit Hilfe des Paketes tabularx wird eine Tabelle mit zwölf Spalten erzeugt, wobei die Spalten drei bis zwölf die gleiche Breite haben. Mit dem Paket multirow wird der Zeilentitel »Präfix« erzeugt, der sich in Spalte eins über zwei Zeilen erstreckt. Damit dieser Zeilentitel korrekt positioniert werden kann, muß zunächst die Breite des Titels errechnet werden.

```
\newlength{\Tl}
\settowidth{\Tl}{Pr"afix}
\setlength{\tabcolsep}{1mm}

\newcommand{\T}[1]{$10^{#1}$}

\begin{tabularx}{\linewidth}{|l|l|*{10}{>{\small}X|}}
\hline
  \multicolumn{12}{|c|}{\textbf{Pr"afixe f"ur SI-Einheiten}}
\\\hline
  \multicolumn{2}{|c|}{Faktor} &
   \T{24} & \T{21} & \T{18} & \T{15} & \T{12} & \T{9} & \T{6} & \T{3}  & \T{2}  & \T{ }
\\\cline{1-2}
  \multirow{2}{\Tl}{Pr"afix}  & Name   &
   Yotta  & Zetta  & Exa    & Peta   & Tera    & Giga  & Mega  & Kilo   & Hekto  & Deka
\\
                              & Symbol &
   Y      & Z      & E      & P      & T       & G     & M     & k      & h      & da
\\\hline
  \multirow{2}{\Tl}{Pr"afix}  & Symbol &
   y      & z      & a      & f      & p       & n     & $\mu$ & m      & c      & d
\\
                              & Name   &
   Yocto  & Zepto  & Atto   & Femto  & Piko    & Nano  & Mikro & Milli  & Zenti  & Dezi
\\\cline{1-2}
  \multicolumn{2}{|c|}{Faktor} &
   \T{-24}& \T{-21}& \T{-18}& \T{-15}& \T{-12}& \T{-9}& \T{-6}& \T{-3} & \T{-2} & \T{-1}
\\\hline
\end{tabularx}
```

Präfixe für SI-Einheiten											
Faktor		10^{24}	10^{21}	10^{18}	10^{15}	10^{12}	10^{9}	10^{6}	10^{3}	10^{2}	10
Präfix	Name	Yotta	Zetta	Exa	Peta	Tera	Giga	Mega	Kilo	Hekto	Deka
	Symbol	Y	Z	E	P	T	G	M	k	h	da
Präfix	Symbol	y	z	a	f	p	n	μ	m	c	d
	Name	Yocto	Zepto	Atto	Femto	Piko	Nano	Mikro	Milli	Zenti	Dezi
Faktor		10^{-24}	10^{-21}	10^{-18}	10^{-15}	10^{-12}	10^{-9}	10^{-6}	10^{-3}	10^{-2}	10^{-1}

Wie das folgende Beispiel zeigt, können innerhalb der `tabular`-Umgebung auch beliebige andere LaTeX-Umgebungen verwendet werden.

Eine `picture`-Umgebung (siehe Seite 290)

```
\fbox{\begin{picture}(12,6.3)
      \bezier{200}(2.00,6.00)
       (7.00,6.00)(9.00,3.00)
    ....
\end{picture}}
```

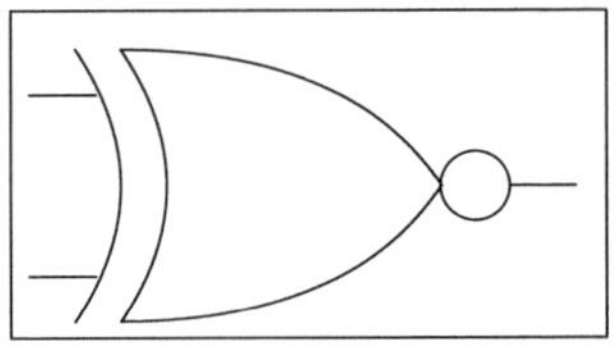

Ein gedrehtes Objekt (`turn`-Umgebung, siehe Abbildung 11.7 auf Seite 331)

```
\fbox{\begin{turn}{-45}
\fbox{\parbox[b]{13mm}{A b C d E f G h
                       I j K l M n P q R}}
      \end{turn}}
```

Eine gedrehte `tabular`-Umgebung (siehe Abschnitt 11.4.1) mit Encapsulated PostScript-Graphiken

```
\fbox{\begin{turn}{-90}
\begin{tabular}{|ccc|}           \hline
$\clubsuit$& &$\diamondsuit$ \\
&\begin{tabular}{|c|c|}          \hline
 \epsfig{file=Escher.eps,width=10mm}
                 & Escher      \\\hline
 Escher &
 \epsfig{file=Escher.eps,width=10mm}
                               \\\hline
  \end{tabular} &              \\
&\heartsuit$ &  & $\spadesuit$\\\hline
\end{tabular}
\end{turn}}
```

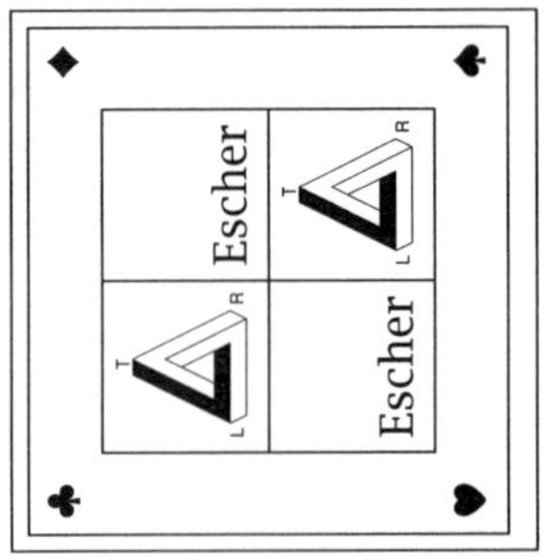

Kapitel 6
Gleitobjekte

Dokumente wären sehr viel leichter zu lesen, wenn alle Informationen, die zusammengehören, nicht über mehrere Seiten verteilt würden. Oft ist dies jedoch schon rein technisch unmöglich, wenn man nur teilweise gefüllte Seiten vermeiden will. Ist eine derartige Aufteilung auf mehrere Seiten nicht gewünscht (wie z. B. im Falle von Abbildungen und Tafeln), muß man das betreffende Material an eine geeignete Position »gleiten« lassen, um halbleere Seiten zu vermeiden. Solche Positionen können beispielsweise der Anfang oder das Ende der aktuellen oder folgenden Seite sein. LATEX stellt standardmäßig die beiden Gleitumgebungen `figure` und `table` zur Verfügung, deren Stilparameter in Abschnitt 6.1 beschrieben sind. Manchmal benötigt man zusätzliche Gleitumgebungen für andere Arten von Objekten wie z. B. Computerlistings. Diese werden in Abschnitt 6.3 näher betrachtet. Abschnitt 6.4 befaßt sich mit verschiedenen Gleitumgebungen und gegliederten Abbildungen, während in Abschnitt 6.5 erklärt wird, wie man Bildunterschriften anpassen kann.

6.1 Parameter für Gleitobjekte

LATEXs Algorithmus zur Plazierung von Gleitobjekten ist komplex und erlaubt es, eine Vielzahl von Regeln zu implementieren. Diese von LATEX verwendeten Regeln, wie »nicht mehr als...« oder »mindestens so viel Platz...« schränken normalerweise die erlaubten Positionen ein, so daß eine unglückliche Kombination dazu führen kann, daß einige oder alle Gleitobjekte nicht plaziert werden können.

Nehmen die Gleitobjekte im Vergleich zum Text nicht zu viel Raum ein, lassen sie sich im allgemeinen selbst bei schlecht gewählten Regeln leicht durch LATEX positionieren. Wenn jedoch viele Gleitobjekte (viele Bilder oder Tafeln) vorhanden sind, gleitet das gesamte Material häufig ab einem bestimmten Punkt an das Ende des Dokumentes. Um diesen unerwünschten Effekt zu vermeiden, kann man von Zeit zu Zeit mit dem Befehl `\clearpage` alle noch nicht positionierten Gleitobjekte plazieren (siehe auch die Diskussion von `\afterpage` in Abschnitt 6.2).

Man kann auch versuchen, die Parameter für Gleitobjekte in einem Dokument besser einzustellen. In der folgenden Liste steht die Bezeichnung »Gleitobjekt« immer für eine `figure`-, `table`- oder eine mit Hilfe des float-Paketes deklarierte Umgebung; Fußnoten und Marginalien werden in diesem Zusammenhang von LATEXs Algorithmus nicht als Gleitobjekte angesehen. Dieser Definition zufolge enthält eine »Gleitobjektseite« ausschließlich Gleitobjekte. Änderungen der Parameter treten grundsätzlich erst ab der nächsten Seite (nicht auf der aktuellen) in Kraft.

`topnumber` Zähler, der die maximal zulässige Anzahl von Gleitobjekten am Kopf der Seite festlegt (voreingestellt ist der Wert 2). Wird mit dem Befehl `\setcounter` geändert.

`bottomnumber` Zähler, der die maximal zulässige Anzahl von Gleitobjekten am Fuß der Seite festlegt (voreingestellt ist der Wert 1). Wird mit dem Befehl `\setcounter` geändert.

`totalnumber` Zähler, der die maximal zulässige Anzahl von Gleitobjekten auf einer Seite festlegt (voreingestellt ist der Wert 3). Wird mit dem Befehl `\setcounter` geändert.

`\topfraction` Maximaler Anteil der Seite, der von Gleitobjekten am Kopf der Seite eingenommen werden darf (0.2 bedeutet z. B. 20% dürfen Gleitobjekte sein; voreingestellt ist der Wert 0.7). Wird mit dem Befehl `\renewcommand` geändert.

`\bottomfraction` Maximaler Anteil der Seite, der von Gleitobjekten am Fuß der Seite eingenommen werden darf (voreingestellt ist der Wert 0.3). Wird mit dem Befehl `\renewcommand` geändert.

`\textfraction` Mindestanteil einer Seite, der von Text eingenommen werden muß (voreingestellt ist 0.2). Wird mit dem Befehl `\renewcommand` geändert.

`\floatpagefraction` Mindestanteil einer Gleitobjektseite, der von Gleitobjekten eingenommen werden muß. Dadurch wird der Leerraum auf der Seite begrenzt (voreingestellt ist 0.5). Wird mit dem Befehl `\renewcommand` geändert.

`dbltopnumber` Analog zu `topnumber` die Anzahl an zweispaltigen Gleitobjekten bei zweispaltigem Seitenlayout (voreingestellt ist 2). Wird mit dem Befehl `\setcounter` geändert.

`\dbltopfraction` Analog zu `\topfraction` der Anteil an zweispaltigen Gleitobjekten auf einer zweispaltigen Seite (voreingestellt ist 0.7). Wird mit dem Befehl `\renewcommand` geändert.

`\dblfloatpagefraction` Analog zu `\floatpagefraction` der Anteil an zweispaltigen Gleitobjekten auf einer Gleitobjektseite (voreingestellt ist 0,5). Wird mit dem Befehl `\renewcommand` geändert.

`\floatsep` Gummilänge, die den zusätzlichen vertikalen Abstand zwischen Gleitobjekten am Kopf oder Fuß einer Seite angibt (voreingestellt sind `12pt plus 2pt minus 2pt` für Dokumente mit Schriftgrad 10pt und 11pt bzw.

`14pt plus 2pt minus 4pt` für Dokumente mit Schriftgrad 12pt). Wird mit dem Befehl `\setlength` geändert.

`\textfloatsep` Gummilänge, die den zusätzlichen vertikalen Abstand von Gleitobjekten am Kopf oder Fuß einer Seite zum Text angibt (voreingestellt ist `20pt plus 2pt minus 4pt`). Wird mit dem Befehl `\setlength` geändert.

`\intextsep` Gummilänge, die den zusätzlichen vertikalen Abstand vor und nach einem Gleitobjekt angibt, das mit der Option `h` mitten im Text positioniert ist (der voreingestellte Wert entspricht `\floatsep`). Wird mit dem Befehl `\setlength` geändert.

`\dblfloatsep` Zu `\floatsep` analoge Gummilänge für Gleitobjekte doppelter Breite auf einer zweispaltig gesetzten Seite (der voreingestellte Wert entspricht `\floatsep`). Wird mit dem Befehl `\setlength` geändert.

`\dbltextfloatsep` Zu `\textfloatsep` analoge Gummilänge für Gleitobjekte doppelter Breite auf einer zweispaltig gesetzten Seite (der voreingestellte Wert entspricht auf einer Textseite `\textfloatsep`; auf einer Gleitobjektseite beträgt er `8pt plus 2fil`). Wird mit dem Befehl `\setlength` geändert.

`\topfigrule` Befehl zum Plazieren einer Trennlinie zwischen Gleitobjekten am Seitenanfang und dem nachfolgenden Text. Die Linie wird direkt vor dem Abstand `\textfloatsep` zwischen Text und Gleitobjekt eingefügt. Wie `\footnoterule` darf sie keinen vertikalen Raum belegen.

`\botfigrule` Wie `\topfigrule`; wird jedoch nach dem Abstand `\textfloatsep` eingefügt, der Text von Gleitobjekten am Seitenende trennt.

`\dblfigrule` Ähnlich funktioniert `\topfigrule`, jedoch für zweispaltige Gleitobjekte.

Durch Ändern der obigen Parameter läßt sich LaTeXs Algorithmus zum Positionieren von Gleitobjekten einstellen. Es ist jedoch wichtig, sich die subtilen Abhängigkeiten der Parameter voneinander bewußt zu machen, um zu vermeiden, daß sich das Verhalten des Algorithmus noch verschlechtert.

Wenn man die voreingestellten Werte in einem Dokument mit zahlreichen Gleitobjekten verwendet, wird das formatierte Dokument normalerweise einige Gleitobjektseiten, d.h. Seiten, auf denen sich nur Gleitobjekte befinden – enthalten. Diese Seiten bestehen häufig zu einem großen Teil aus Weißflächen, so z. B. wenn sie nur ein einziges Gleitobjekt enthalten, das nur die Hälfte der Seite bedeckt. Es sähe sicherlich besser aus, wenn LaTeX den verbleibenden Freiraum mit Text gefüllt hätte. Der Grund für dieses Verhalten ist, daß der Algorithmus angehalten ist, nach jeder Seite so viele aufgelaufene Gleitobjekte wie möglich zu plazieren. Dieser Prozeß erzeugt solange Gleitobjektseiten, bis die Anzahl der Gleitobjekte nicht mehr ausreicht, um eine Seite zu füllen.

Das Erstellen von Gleitobjektseiten wird durch den `\floatpagefraction`-Parameter gesteuert. Er gibt an, wieviel Raum auf einer Seite mindestens von Gleitobjekten eingenommen werden muß – voreingestellt ist eine halbe Seite. Da die Voreinstellung für die Gleitobjektpositionierung (mit dem Argument `tbp`) vorsieht, daß jedes Gleitobjekt auf einer Gleitobjektseite plaziert werden darf, kann jedes Gleitobjekt, das etwas größer ist als eine halbe Seite, alleine auf einer solchen Seite stehen. Halbleere Seiten lassen sich also vermeiden, indem man den Wert für `\floatpagefraction` erhöht. Wenn man diesen Wert erhöht, wird es allerdings auch schwieriger, Gleitobjektseiten zu erzeugen. Dadurch kann die Positionierung einiger Gleitobjekte weiter aufgeschoben werden, was wiederum verhindert, daß andere Gleitobjekte plaziert werden können. Darum ist es oft besser, die erlaubte Position für ein problematisches Gleitobjekt explizit anzugeben (z. B. durch `\begin{figure}[tb]`).

Eine andere häufige Ursache dafür, daß alle Gleitobjekte erst am Ende des Kapitels positioniert werden, ist die Verwendung des Positionsargumentes Seitenfuß `[b]`. Dadurch wird der Fuß der Seite die einzig akzeptable Position für ein Gleitobjekt. Wenn dieses Objekt jedoch größer ist als der durch `\bottomfraction` zugelassene (relativ kleine) Seitenanteil, kann das Objekt gar nicht positioniert werden. Dadurch können alle Gleitobjekte des gleichen Typs nicht positioniert werden. Das gleiche gilt, wenn nur der Parameter `[h]` oder `[t]` angegeben ist und das Objekt für den verbleibenden Platz auf einer Seite oder für `\topfraction` zu groß ist.

Bei der Berechnung der erforderlichen Seitenanteile berücksichtigt LaTeX auch die Trennung zwischen Gleitobjekten (`\floatsep`) bzw. zwischen Gleitobjekten und Haupttext (`\textfloatsep`). Durch Heraufsetzen ihrer Werte verkleinert man deshalb implizit die maximal zulässige Größe, die ein Gleitobjekt haben darf, um am Kopf oder Fuß einer Seite positioniert zu werden.

Wenn wirklich alle Gleitobjekte am Ende eines Kapitels landen, sollte man bei dem ersten prüfen, ob seine Positionsargumente verhindern, daß es ordentlich plaziert wird.

6.2 Feinabstimmung der Positionierung

Der Algorithmus zum Positionieren von Gleitobjekten setzt die Objekte am liebsten an den Anfang einer Seite, selbst wenn sie dadurch vor ihrem eigentlichen Verweis erscheinen. Das ist nicht immer akzeptabel, aber es gibt keine einfache Lösung für dieses Problem, außer den Algorithmus grundlegend zu ändern. Diese Änderung wird durch das Paket flafter (von Frank Mittelbach) vorgenommen. Es stellt sicher, daß Gleitobjekte niemals vor ihrem Verweis erscheinen.

Manchmal mag man jedoch weniger drastische Lösungen bevorzugen. Wenn ein Gleitobjekt z. B. am Anfang einer Seite positioniert wird und zu einem Abschnitt gehört, der erst in der Mitte der Seite beginnt, sieht es so aus, als gehörte das Objekt zum vorhergehenden Abschnitt. Man möchte vielleicht dieses Verhalten vermeiden, aber trotzdem weiterhin zulassen, daß Gleitobjekte in anderen Situationen am Seitenanfang erscheinen können. Für dieses Zweck gibt es in LaTeX 2_ε den `\suppressfloats`-Befehl.

```
\suppressfloats[position]
```

Das optionale Argument kann entweder `t` oder `b` sein. Wenn der Befehl `\suppressfloats` irgendwo in einem Dokument erscheint, werden auf derselben Seite keine weiteren Gleitobjekte mehr am Kopf (`t`) bzw. am Fuß (`b`) plaziert. Ohne Argument verwendet, führt der Befehl dazu, daß keine weiteren Gleitobjekte auf dieser Seite positioniert werden.

Wenn man also verhindern möchte, daß Objekte vor den eigentlichen Beginn ihres Abschnittes gleiten, kann man die Gliederungsbefehle folgendermaßen definieren:

```
\newcommand{\section}{\suppressfloats[t]%
                      \@startsection{section}{..}{..}{..} ... }
```

Die Argumente für `\@startsection` wurden in Abschnitt 2.3.2 behandelt.

Die Positionierung von Gleitobjekten in LaTeX2ε läßt sich auch beeinflussen, indem man das Zeichen `!` zusammen mit den Positionsoptionen `h`, `t`, `b` verwendet.[1] Das bedeutet, daß für dieses eine Gleitobjekt die Einschränkungen durch die zuvor beschriebenen Parametereinstellungen (z. B. `\textfraction`) ignoriert werden. Dadurch kann das betreffende Objekt immer an der vorgesehenen Stelle positioniert werden, solange die beiden folgenden Bedingungen erfüllt sind:

- Das Objekt paßt auf die aktuelle Seite, d.h. seine Höhe plus die Höhe des bereits auf der Seite befindlichen Materials überschreitet nicht den Wert `\textheight`.
- Es existieren keine weitergeleiteten Gleitobjekte desselben Typs.

Alle anderen normalerweise gültigen Einschränkungen (wie z. B. die zulässige Anzahl von Gleitobjekten auf einer Seite) werden ignoriert. Wenn man z. B. `[!b]` angibt, kann das Objekt am Ende der Seite positioniert werden, auch wenn es größer ist als die maximal durch `\bottomfraction` erlaubte Höhe. Beim Positionieren des betreffenden Gleitobjektes werden auch alle `\suppressfloats`-Befehle zum Unterdrücken von Gleitobjekten ignoriert.

Es ist wichtig, daran zu denken, daß die Reihenfolge der Positionsoptionen irrelevant ist und alle Optionen in einem Befehl nur einmal verwendet werden dürfen. Das Argument `[bt]` ist z. B. identisch mit `[tb]`. Es bewirkt also *nicht*, daß LaTeX zunächst versucht, das Objekt am Fuß einer Seite zu positionieren, und es erst bei Mißlingen eine Positionierung am Kopf in Betracht zieht. Stattdessen verwendet LaTeX stets die folgende Testreihenfolge bis eine geeignete Position gefunden ist:

1. Wenn `!` angegeben ist, ignoriere die meisten Einschränkungen (wie oben beschrieben) und fahre fort.
2. Wenn `h` angegeben ist, versuche, das Objekt genau an dieser Stelle zu positionieren. Funktioniert das nicht und es war keine weitere Position angegeben,

1 Das `!`-Zeichen hat keine Auswirkung auf die Positionierung auf Gleitobjektseiten.

ändere das Argument in `t` (um das Objekt möglicherweise auf der nächsten Seite zu positionieren).

3. Wenn `t` angegeben ist, versuche, das Objekt am Kopf der aktuellen Seite zu positionieren.
4. Wenn `b` angegeben ist, versuche, das Objekt am Fuß der aktuellen Seite zu positionieren.
5. Wenn `p` angegeben ist, versuche, das Objekt auf einer Gleitobjektseite (oder in einer Gleitobjektspalte) zu positionieren, wenn die aktuelle Seite (oder Spalte) zu Ende ist.
6. Die Schritte 3 und 4 werden so oft wie nötig am Beginn jeder folgenden Seite wiederholt, gefolgt von 5 am Ende der Seite.

Das Paket afterpage (von David Carlisle) führt den Befehl `\afterpage` ein. Er bewirkt, daß die Befehle, die als seine Argumente angegeben sind, erst ausgeführt werden, wenn die aktuelle Seite beendet ist.

Das Paket kann in folgenden Situationen verwendet werden:

◇ Manchmal ist LaTeXs Algorithmus zum Positionieren von Gleitobjekten überlastet, und alle gleitenden `figure`- und `table`-Umgebungen werden an das Ende des Dokumentes verschoben. Mit einem `\clearpage`-Befehl kann man zwar alle bisher noch nicht positionierten Gleitobjekte ausgeben; das hat allerdings den Nebeneffekt, daß die aktuelle Seite vorzeitig beendet wird. Mit dem beschriebenen Paket kann man den Befehl `\afterpage{\clearpage}` angeben. Dadurch wird die aktuelle Seite zunächst (wie üblich) mit Text gefüllt, und dann werden durch den Befehl `\clearpage` alle aufgelaufenen Gleitobjekte positioniert, bevor die nächste Seite beginnt.

◇ Bei der mehrseitigen Umgebung `longtable` (siehe Abschnitt 5.4.2) können Probleme auftreten, wenn man den vorangehenden und nachfolgenden Text setzt. Für diesen Fall wird die Möglichkeit interessant, die Umgebung `longtable` »gleiten« zu lassen. Dies ist möglich, wenn die Tafel in einer externen Datei, z. B. `ltdatei.tex`, gespeichert wird und man einen der folgenden Befehlszeilen verwendet:

```
\afterpage{\clearpage\input{ltdatei}}
\afterpage{\clearpage\input{ltdatei}\clearpage}
```

Die erste Form läßt am Ende der Umgebung noch weiteren Text auf der gleichen Seite zu. Die zweite Form stellt zudem sicher, daß der nachfolgende Text wieder auf einer neuen Seite beginnt.

◇ Wie am Ende von Abschnitt 6.3 beschrieben, kann man den Befehl `\afterpage` auch zusammen mit dem Paket float und dem Positionsargument `[H]` verwenden.

Der Befehl `\afterpage` funktioniert allerdings nicht mit der Klassenoption twocolumn.

6.3 float - Erstellen eigener Gleitobjektumgebungen

Das Paket float (von Anselm Lingnau) verbessert die LaTeX-Schnittstelle zum Definieren von Gleitobjekten wie Abbildungen und Tafeln. Es entwickelt das Konzept von »Formatierungsstils für Gleitobjekte«, die die Darstellung von Gleitobjekten steuern. Neue Typen von Gleitobjekten können mit dem Befehl `\newfloat` definiert werden.

`\newfloat{`*klasse*`}{`*position*`}{`*erw*`}[`*ebene*`]`

Der Befehl `\newfloat` kann drei obligatorische und ein optionales Argument mit folgender Bedeutung erhalten:

klasse Der Name für die neue Klasse von Gleitobjekten, wie z. B. `program` oder `algorithm`. Dies definiert automatisch eine Gleitumgebung mit diesem Namen.

position Die Voreinstellung zum Positionieren der Gleitobjekte für die gegebene *klasse*. Erlaubt sind die Standardoptionen von LaTeX: `t`, `b`, `p` und `h` für `top` (Seitenanfang), `bottom` (Seitenende), `page` (Seite) und `here` (hier). Das float-Paket definiert noch eine weitere Option `H`, die eigentlich mit einem Gleitobjekt nichts mehr zu tun hat, denn sie bedeutet: das Gleitobjekt soll »genau hier« erscheinen und nirgendwo sonst. Diese Option ist allerdings ein Sonderfall, und aufgrund gewisser Details in Bezug auf ihre Implementierung darf sie nur bei einzelnen Gleitobjekten, nicht aber im Argument zu `\newfloat` verwendet werden. Mit anderen Worten: Man kann keine neue Klasse von Gleitobjekten erstellen, die per Voreinstellung immer »genau hier« erscheinen.

erw Die Dateierweiterung einer Hilfsdatei für das zugehörige Verzeichnis. LaTeX trägt die Bildunterschriften in diese Datei ein.

ebene Dieses optionale Argument bestimmt, ob Gleitobjekte der gegebenen *klasse* innerhalb einer bestimmten Gliederungsebene des Dokumentes numeriert werden. Wenn das Argument *ebene* z. B. `chapter` angibt, werden die Gleitobjekte in Abhängigkeit von Kapiteln numeriert. (In den LaTeX-Standarddokumentenklassen report und book werden Abbildungen und Tafeln auf diese Weise numeriert.)

`\floatstyle{`*stil*`}`

Der Befehl `\floatstyle` macht einen Formatierungsstil für Gleitobjekte zum Standardstil. Dieser gilt dann für alle folgenden Gleitobjektklassen, die mit dem Befehl `\newfloat` definiert werden, bis ein weiterer `\floatstyle`-Befehl erscheint. Die Formatierung der Standard-Gleitumgebungen `figure` und `table` kann mit dem Befehl `\restylefloat`, der weiter unten erklärt wird, geändert werden. Der Befehl `\floatstyle` erhält ein einziges Argument: den Namen des Formatierungsstils, wie z. B. `\floatstyle{ruled}`. Wenn das Argument keinem gültigen Stilnamen entspricht, erhält man eine Fehlermeldung. Das Argument *stil* kann einen der folgenden Namen enthalten:

`plain` Dies ist der Formatierungsstil, den LaTeX normalerweise für Gleitobjekte verwendet, was soviel bedeutet wie: keine besondere Formatierung. Der einzige Unterschied ist, daß die Bildunterschrift immer direkt unter dem Gleitobjekt erscheint, egal, an welcher Stelle dieses im Text steht.

`boxed` Um das Gleitobjekt ist ein Rahmen gezogen. Die Bildunterschrift erscheint unter dem Rahmen.

`ruled` Dieser Stil folgt dem Tafelformat des Buches *Concrete Mathematics* [27]. Die Bildunterschrift erscheint, umgeben von Linien, oberhalb des Gleitobjektes; eine Linie begrenzt das Objekt nach unten.

`\floatname{`*klasse*`}{`*objektname*`}`

Durch den Befehl `\floatname` wird die Bezeichnung definiert, die LaTeX in der Bildunterschrift eines Gleitobjektes verwendet, wie z. B. »Abbildung«, »Tafel« usw. So läßt sich beispielsweise mit `\floatname{program}{Programm}` für Programme die Unterschrift »Programm« festlegen. Soweit kein anderer Name definiert wird, verwendet der Befehl `\newfloat` sein Argument *klasse* als Standardbezeichnung.

`\floatplacement{`*klasse*`}{`*position*`}`

Der Befehl `\floatplacement` legt die Standardpositionsoptionen für die gegebene Klasse von Gleitobjekten fest, z. B. `\floatplacement{figure}{tp}`.

`\restylefloat{`*klasse*`}`

Der Befehl `\restylefloat` wird benötigt, um den Formatierungsstil der Gleitobjektklassen `figure` und `table` zu ändern. Da diese normalerweise nicht durch `\newfloat` definiert werden, ist ihnen keine besondere Formatierung zugewiesen. Um also Tafeln zu erzeugen, die nach dem Stil `ruled` formatiert werden, müßte man folgende Deklaration verwenden:

```
\floatstyle{ruled}
\restylefloat{table}
```

Man kann mit diesem Befehl auch Formatierungsstile für Gleitobjekte ändern, die mit dem Befehl `\newfloat` definiert wurden, was aber normalerweise nicht notwendig sein sollte.

`\listof{`*klasse*`}{`*titel*`}`

Der Befehl `\listof` erzeugt eine Liste aller Gleitobjekte einer bestimmten Klasse. Der erste Parameter *klasse* gibt den Namen der Gleitobjektklasse an, der mit dem Befehl `\newfloat` festgelegt wurde. Das zweite Argument *titel* bestimmt die Überschrift für die Liste der Gleitobjekte, die aus den Bildunterschriften (den

This document shows some of the possibilities of `float.sty` for floating objects.

Program 1.2.1 A simple C++ Program.

```
#include <stream.h>
main(int argc,char #argv[])// get arguments
{
    double sum = 0      // declare variable
    for (int i = 1; i < argc; i++)
      sum += atof(argv[i]); // convert args
    cout << "average=" << sum/argc;
}
```

$$\begin{aligned} \frac{\sin z}{z} &= 1 - \frac{z^2}{3!} + \frac{z^4}{5!} \ldots \\ \cos z &= 1 - \frac{z^2}{2!} + \frac{z^4}{4!} \ldots \end{aligned}$$

Algorithm 1: Trigonometric Expansions.

```
\documentclass{article}
\usepackage{float,times}
\thispagestyle{empty}
\floatstyle{ruled}
\newfloat{Program}{thp}{lop}[section]
\floatstyle{boxed}
\newfloat{algorithm}{thp}{loa}
\floatname{algorithm}{Algorithmus}
\begin{document}
This document shows some of the possibilities
of \texttt{float.sty} for floating objects.
\begin{Program}
\begin{verbatim}
#include <stream.h>
main(int argc,char #argv[])// get arguments
{
    double sum = 0      // declare variable
    for (int i = 1; i < argc; i++)
      sum += atof(argv[i]); // convert args
    cout << "average=" << sum/argc;
}
\end{verbatim}
\caption{A simple C++ Program.}
\end{Program}

\begin{algorithm}
\caption{Trigonometric Expansions.}
\begin{eqnarray*}
\frac{\sin z}{z} & = & 1 - \frac{z^2}{3!}
                + \frac{z^4}{5!} \ldots\\
      \cos z     & = & 1 - \frac{z^2}{2!}
                + \frac{z^4}{4!} \ldots
\end{eqnarray*}
\end{algorithm}
\end{document}
```

Abbildung 6.1: Definition neuer Gleitumgebungen- `Program` und `algorithm`

`\caption`-Befehlen) gebildet wird. Der Befehl funktioniert analog zu den internen LaTeX-Befehlen `\listoffigures` und `\listoftables`.

Abbildung 6.1 ist ein Beispiel für Definitionen zweier neuer Gleitumgebungen - nämlich `Program` und `algorithm`.

6.3.1 Das Gleitobjekt soll »genau hier« erscheinen!

Manchmal können sich die Positionsargumente von LaTeX als zu unflexibel erweisen. Gleitobjekte sollen hin und wieder genau dort im Text erscheinen, wo sie auch in der Eingabedatei eingefügt wurden, d.h. sie sollen eigentlich gar nicht gleiten. Es ist ein weitverbreitetes Mißverständnis, daß das Argument `[h]` »hier und nirgendwo sonst« bedeutet. Tatsächlich hält das Argument LaTeX lediglich an, zu *versuchen* das Gleitobjekt an der aktuellen Position einzufügen. Wenn nicht mehr genug Platz auf der Seite ist oder das Objekt aufgrund bestimmter Stilparameter (siehe Abschnitt 6.1) nicht innerhalb des Textes positioniert werden darf, ignoriert LaTeX diese Anforderung und versucht, das Objekt in Übereinstimmung mit einem der weiteren angegebenen Positionsargumente zu plazieren. So bedeutet `[ht]` z. B., daß ein Gleitobjekt am Anfang einer späteren Seite erscheinen wird, wenn es nicht mehr auf die aktuelle Seite paßt. Das kann ziemlich oft vorkommen, wenn die Gleitobjekte, die man mitten im Text positionieren möchte, vergleichsweise groß sind und daher sehr wahrscheinlich auf Stellen treffen, an denen für sie nicht mehr genug Platz auf der Seite ist. Durch Ignorieren von `h` und Ausprobieren der verbleibenden Positionsargumente verhindert LaTeX übermäßig leere Seiten, die ansonsten in solchen Fällen entstehen würden. Für Situationen, in denen man allerdings tatsächlich große Lücken auf den Seiten vorzieht, stellt das Paket float die Option `[H]` zur Verfügung, welche bedeutet »genau hier, nirgendwo sonst«.

Wenn auf der aktuellen Seite nicht mehr genügend Platz ist, wird das Gleitobjekt am Anfang der nächsten Seite gedruckt. Dabei wird auch alles, was dem Objekt folgt, mit auf die nächste Seite verschoben, auch wenn auf der aktuellen Seite noch Platz gewesen wäre. Damit bleibt es also jedem Benutzer selbst überlassen, die mit `H` positionierten Gleitobjekte so zu plazieren, daß keine großen Leerräume am Seitenende entstehen. Wenn man bei einigen Gleitobjekten Standardoptionen und bei anderen `H` verwendet, können in der Eingabedatei zuerst erscheinende Gleitobjekte in der Ausgabe fälschlicherweise hinter dem mit `H` plazierten Objekt erscheinen, so daß z. B. Abbildung 4 Abbildung 3 vorangeht.

Die Positionsoption `[H]` kann nicht in Verbindung mit anderen Positionsoptionen verwendet werden. Eine Kombination wie `[Ht]` wäre also unzulässig. Ebenso kann `H` nicht als Voreinstellung für eine Klasse von Gleitobjekten benutzt werden. Zusammenfassend sind noch einmal alle Positionsoptionen im folgenden Beispiel einer mit `H` plazierten Tafel zusammen abgebildet.

t	Seitenkopf	b	Seitenfuß
p	Gleitobjektseite		
h	hier, wenn möglich	H	hier, immer

Tafel 6.1: Positionsoptionen für Gleitobjekte des Paketes `float`

```
\begin{table}[H]
\begin{tabular}{*2{>{\ttfamily}cl}}
 t & Seitenkopf  & b & Seitenfu"s    \\
 p & Gleitobjektseite  &             \\
 h & hier, wenn m"oglich & H & hier, immer
\end{tabular}
\caption{Positionsoptionen f"ur Gleitobjekte
         des Paketes \texttt{float}}
\end{table}
```

Ein weiterer wichtiger Punkt ist, daß das Paket float (anders als David Carlisles mittlerweile veraltetes Paket here) nicht die Standardumgebungen `figure` und `table` verändert. Wenn man also die Positionsoption `[H]` für diese Umgebungen verwenden will, muß man zunächst die Befehle `\restylefloat{figure}` und/oder `\restylefloat{table}` eingeben.

Mit dem Paket afterpage, das in Abschnitt 6.2 beschrieben ist, kann man die Positionierung von Gleitobjekten noch besser steuern. In manchen Fällen meint man z. B. gar nicht »genau an diesem Punkt«, wenn man den Parameter H verwendet, sondern eher »hier in der Nähe«. Diese Positionierung kann man folgendermaßen durch Verwendung des \afterpage-Befehls erreichen:

```
\afterpage{\clearpage\begin{figure}[H]...\end{figure}}
```

Dadurch wird sichergestellt, daß die Abbildung am Anfang der nächsten Seite erscheint. Der Befehl behebt auch die bereits beschriebenen Probleme bezüglich der Reihenfolge, da \clearpage verhindert, daß irgendein Gleitobjekt an dem mit H plazierten vorbeigleitet.

6.4 Verschiedene Gleitumgebungen

6.4.1 floatfig – Schmale Gleitbilder

Mit dem Paket floatfig (von Thomas J. Reid [85]) kann man Gleitbilder positionieren, die nicht die ganze Breite der Seite ausfüllen.

\begin{floatingfigure}{*breite*}

Wenn diese Abbildungen nur einen Teil der Seitenbreite einnehmen, kann noch Text daneben gesetzt werden. Das floatfig-Paket ist völlig kompatibel zu LaTeXs Standardumgebung figure:

1. Gleitbilder und normale Abbildungen können in beliebiger Reihenfolge gesetzt werden.
2. Gleitbilder können wie Standardabbildungen mit Bildunterschriften versehen werden.
3. Bildunterschriften von Gleitbildern erscheinen im Abbildungsverzeichnis, das mit dem Befehl \listoffigures gedruckt werden kann.

Die Umgebung floatingfigure kann nur zwischen Absätzen verwendet werden. Nachdem das Gleitbild formatiert wurde, wird es so bald wie möglich eingefügt. Das bedeutet, daß LaTeX überprüft, ob auf der aktuellen Seite noch genügend Platz ist. Ist dies nicht der Fall, gleitet die Abbildung auf die nächste Seite. Gleitbilder werden alternierend gesetzt, d.h. rechts auf ungeraden Seiten und links auf geraden Seiten. Abbildung 6.2 auf der nächsten Seite zeigt die Verwendung der Umgebung floatingfigure.

Die Umgebung floatfig kann nicht mit der Option twocolumn für Zweispaltensatz verwendet werden, und das Gleitbild erscheint niemals in einem Absatz, der am Anfang der Seite beginnt.

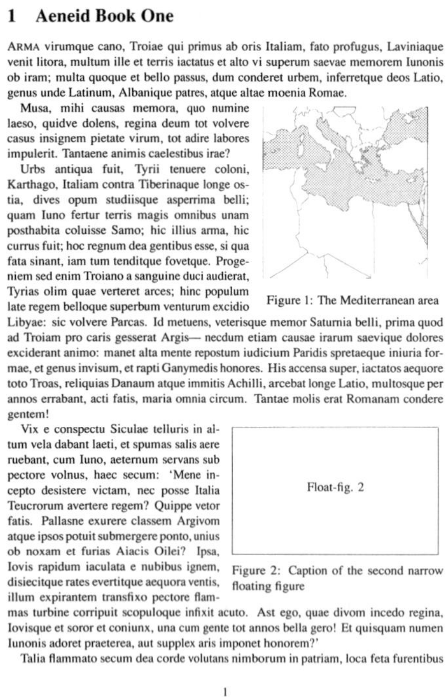

1 Aeneid Book One

ARMA virumque cano, Troiae qui primus ab oris Italiam, fato profugus, Laviniaque venit litora, multum ille et terris iactatus et alto vi superum saevae memorem Iunonis ob iram; multa quoque et bello passus, dum conderet urbem, inferretque deos Latio, genus unde Latinum, Albanique patres, atque altae moenia Romae.

Musa, mihi causas memora, quo numine laeso, quidve dolens, regina deum tot volvere casus insignem pietate virum, tot adire labores impulerit. Tantaene animis caelestibus irae?

Urbs antiqua fuit, Tyrii tenuere coloni, Karthago, Italiam contra Tiberinaque longe ostia, dives opum studiisque asperrima belli; quam Iuno fertur terris magis omnibus unam posthabita coluisse Samo; hic illius arma, hic currus fuit; hoc regnum dea gentibus esse, si qua fata sinant, iam tum tenditque fovetque. Progeniem sed enim Troiano a sanguine duci audierat, Tyrias olim quae verteret arces; hinc populum late regem belloque superbum venturum excidio Libyae: sic volvere Parcas. Id metuens, veterisque memor Saturnia belli, prima quod ad Troiam pro caris gesserat Argis— necdum etiam causae irarum saevique dolores exciderant animo: manet alta mente repostum iudicium Paridis spretaeque iniuria formae, et genus invisum, et rapti Ganymedis honores. His accensa super, iactatos aequore toto Troas, reliquias Danaum atque immitis Achilli, arcebat longe Latio, multosque per annos errabant, acti fatis, maria omnia circum. Tantae molis erat Romanam condere gentem!

Figure 1: The Mediterranean area

Vix e conspectu Siculae telluris in altum vela dabant laeti, et spumas salis aere ruebant, cum Iuno, aeternum servans sub pectore volnus, haec secum: 'Mene incepto desistere victam, nec posse Italia Teucrorum avertere regem? Quippe vetor fatis. Pallasne exurere classem Argivom atque ipsos potuit submergere ponto, unius ob noxam et furias Aiacis Oilei? Ipsa, Iovis rapidum iaculata e nubibus ignem, disiecitque rates evertitque aequora ventis, illum expirantem transfixo pectore flammas turbine corripuit scopuloque infixit acuto. Ast ego, quae divom incedo regina, Iovisque et soror et coniunx, una cum gente tot annos bella gero! Et quisquam numen Iunonis adoret praeterea, aut supplex aris imponet honorem?'

Float-fig. 2

Figure 2: Caption of the second narrow floating figure

Talia flammato secum dea corde volutans nimborum in patriam, loca feta furentibus

1

```
\documentclass{article}
\usepackage{floatfig,epsfig}
\begin{document}
\initfloatingfigs
\section{Aeneid Book One}
\textsc{Arma} virumque cano, ...
..., atque altae moenia Romae.
\par
\begin{floatingfigure}{6cm}
\mbox{\epsfig{file=Mediterranean.eps}}
\caption{The Mediterranean area}
\end{floatingfigure}
\quad Musa, mihi causas ...
...erat Romanam condere gentem!
\par
\begin{floatingfigure}{7cm}
\fbox{\parbox{66mm}{\rule[-2cm]{0mm}{4cm}%
\hfil        Float-fig. 2}}
\caption{Caption of the second narrow
         floating figure}
\end{floatingfigure}
\quad Vix e conspectu Siculae telluris
in altum  ....
\end{document}
```

Abbildung 6.2: Beispiel mit einem schmalen Gleitbild

6.4.2 wrapfig – Text um ein Bild fließen lassen

Das Paket wrapfig (von Donald Arseneau) definiert die Umgebung `wrapfigure`. Mit Hilfe dieser Umgebung kann man ein Bild am Seitenrand plazieren und rundherum Text fließen lassen.

`\begin{wrapfigure}`[*nzeilen*]{*position*}{*breite*}

Die Umgebung `wrapfigure` verfügt über zwei obligatorische und ein optionales Argument mit folgender Bedeutung:

nzeilen (optionales Argument) legt die Anzahl der schmalen Zeilen fest. Abgesetzte Formeln zählen als drei Zeilen.

position horizontale Positionierung (`l` für links und `r` für rechts).

breite Breite des Bildes.

Dem Absatz weiter unten, der mit Abbildung 6.3 illustriert ist, gehen folgende Befehle voran:

```
\begin{wrapfigure}{r}{3in}
\begin{boxit}
  \begin{center}
     Das ist eine \texttt{wrapfigure}-Umgebung.
  \end{center}
  \caption{Beispiel f"ur die Umgebung \texttt{wrapfigure}}
\end{boxit}
\end{wrapfigure}
%%
Die Umgebung \Lmenv{wrapfigure}} ist eine besondere Umgebung f"ur
nichtgleitende Abbildungen...
```

Das ist eine `wrapfigure`-Umgebung.

Abbildung 6.3: Beispiel für die Umgebung `wrapfigure`

Die Umgebung `wrapfigure` ist eine besondere Umgebung für nichtgleitende Abbildungen in LaTeX. Sie erzeugt auf der linken oder rechten Seite eine Abbildung der angegebenen Breite. LaTeX versucht, Text neben die Abbildung zu setzen, indem es eine Anzahl kurzer Zeilen erzeugt. Dabei wird zwischen Abbildung und Text ein Abstand der Größe `\columnsep` gelassen. Die Anzahl der verkürzten Zeilen ist von der Höhe der Abbildung zuzüglich der Länge `\intextsep` abhängig. Diese Rechnung kann man übergehen, indem man das optionale Argument angibt.

Die Umgebung `wrapfigure` sollte nicht innerhalb anderer Umgebungen (z. B. `list`) verwendet werden. Sie funktioniert jedoch in einem mit twocolumn eingestellten, zweispaltigen Seitenlayout. Da es sich nicht um eine Gleitumgebung handelt, kann die Reihenfolge im Zusammenhang mit Gleitobjekten unstimmig sein.

LaTeX bewegt eine `wrapfigure`-Abbildung nicht automatisch an die günstigste Stelle. Damit ist es jedem selbst überlassen, sie optimal zu positionieren. Die Abbildungen sollten erst kurz vor dem *endgültigen Ausdrucken* eingebunden werden, da jede Änderung des Dokumentes ihre sorgfältige Positionierung ruinieren kann. Hier sind einige Regeln für eine günstige Positionierung:

- ◇ Die Umgebung sollte nicht über den Seitenrand hinweg verlaufen.
- ◇ Neben der Abbildung sollte nur normaler Text und keine Überschrift stehen. Formeln sind akzeptabel, vorausgesetzt sie passen.
- ◇ Es ist am einfachsten den Befehl `\begin{wrapfigure}` direkt hinter einem Absatz einzufügen. Wenn man in der Mitte eines Absatzes beginnen will, muß man den Befehl genau zwischen zwei Worten einfügen, die durch einen Zeilenumbruch voneinander getrennt sind.

```
\begin{figure}
\centering
 \subfigure[Gro"s]{\epsfig{figure=elephant.eps,width=.30\textwidth}}\quad
 \subfigure[Mittel]{\epsfig{figure=elephant.eps,width=.25\textwidth}}\quad
 \subfigure[Klein]{\epsfig{figure=elephant.eps,width=.20\textwidth}}
\caption{Beispiel f"ur die Umgebung \texttt{subfigure}}
\label{fig:subfigures}
\end{figure}
```

(a) Groß (b) Mittel (c) Klein

Abbildung 6.4: Beispiel für die Umgebung `subfigure`

6.4.3 subfigure – **Abbildungen in Abbildungen**

Mit dem Paket subfigure (von Steven Cochran) können Unterabbildungen mit eigenen Bildunterschriften erstellt werden. Außerdem ist es möglich, eine globale Bildunterschrift unter die Gesamtabbildung zu setzen.

Die Abbildung wird horizontal zentriert, wobei oberhalb ein Abstand von `\subfigtopskip` (voreingestellter Wert 10pt) und unterhalb, vor der Bildunterschrift, ein Abstand von `\subfigcapskip` (voreingestellter Wert 10pt) gelassen wird. Die Unterabbildung erhält ebenfalls unterhalb einen vertikalen Abstand von `\subfigtopskip`.

Wenn eine Bildunterschrift in eckigen Klammern angegeben ist (auch wenn es eine leere Unterschrift `[ ]` ist), erhält die Unterabbildung einen Zähler, der durch das Makro `\thesubfigure` erstellt wird. Das Makro ist auf `(\alph{subfigure})\space}`, eingestellt, gibt also »`(a) `«, »`(b) `« usw. aus). Es läßt sich, je nach Wunsch, neu definieren. Der Zähler für die Unterabbildungen ist `subfigure`. Er wird für jede Unterabbildung erhöht, egal ob eine Bildunterschrift existiert oder nicht.

Abbildung 6.4 zeigt, wie drei Bilder mit Hilfe der Umgebung `tabular` horizontal nebeneinander ausgerichtet werden können. Jede Unterabbildung hat eine eigene Bildunterschrift, und die Gesamtabbildung hat noch einmal eine globale Bildunterschrift. Die Abbildung kann mittels `\label` und `\ref` referenziert werden.

6.4.4 endfloat – Gleitobjekte am Ende positionieren

Einige Zeitschriften erfordern, daß Tafeln und Abbildungen vom Text getrennt und am Ende des Dokumentes gesammelt werden. Manchmal soll ihnen dabei noch ein Abbildungs- und Tafelverzeichnis vorangehen.

Das Paket endfloat (von James Darrell McCauley) setzt Abbildungen und Tafeln selbständig in einen Abschnitt mit dem Titel `Figures` oder `Tables` am Ende eines Artikels.

Das Tafel- und Abbildungsverzeichnis am Ende des Dokumentes kann durch die Einträge `\nofiglist` und `\notablist` in der Präambel ausgeschaltet werden.

Anmerkungen verbleiben jedoch im Text. Eine Anmerkung wie »`[Figure 4 about here.]`« (Abbildung 4, ungefähr hier) besagt also, wo ungefähr das Gleitobjekt normalerweise erschienen wäre. Diese Anmerkungen können mit dem Befehl `\nomarkersintext` in der Präambel des Dokumentes unterdrückt werden. Der Text der Anmerkungen wird durch die Zeichenfolgen `\figureplace` und `\tableplace` definiert und kann mit `\renewcommand` geändert werden. Die folgenden Definitionen sind voreingestellt:

```
\newcommand{\figureplace}{% F"ur Abbildungen
 \begin{center}[\figurename~\thepostfig\ about here.]\end{center}}
\newcommand{\tableplace}{%  F"ur Tafeln
 \begin{center}[\tablename~\theposttbl\  about here.]\end{center}}
```

Das Paket endfloat erzeugt zwei zusätzliche Dateien mit den Erweiterungen `.fff` und `.ttt`. Wenn man das Paket einsetzt, kann ein weiterer LaTeX-Lauf notwendig werden, da sich aufgrund der Bewegungen der Gleitobjekte während der Formatierung Querverweise geändert haben können.

6.5 Anpassen von Bildunterschriften

Wenn man den Inhalt einer Gleitumgebung (Standardumgebungen `figure` oder `table` in LaTeX), kommentieren möchte, verwendet man dazu normalerweise den Befehl `\caption`. Dieser Befehl ist nur innerhalb von Gleitumgebungen definiert. Er setzt den angegebenen Text, fügt ihn in das Tafel- oder Abbildungsverzeichnis ein und erhöht den Zähler des Gleitobjektes. Er hat die folgende Syntax:

`\caption`[*kurztext*]{*langtext*}

Das optionale Argument *kurztext* wird in das Tafel- oder Abbildungsverzeichnis eingetragen. Ist nur das obligatorische Argument *langtext* angegeben, wird dieses für die Verzeichnisse verwendet. Wenn die Bildunterschrift länger ist als eine Zeile, ist es sehr empfehlenswert, das optionale Argument zu verwenden, um eine kurze und informative Beschreibung des Gleitobjektes zu geben. Andernfalls werden die Verzeichnisse leicht unleserlich und es wird schwierig, die benötigten Informationen zu finden.

`\@makecaption{`*num*`}{`*text*`}`

Dieser Befehl wird intern von `\caption` aufgerufen. Die Nummer der Bildunterschrift *num* wird je nach Art des Gleitobjektes generiert. Das Argument *text* erhält den zu setzenden Text. Die Standarddefinition für den Teil, der das Setzen einer Bildunterschrift übernimmt, sieht etwa folgendermaßen aus:

```
\newcommand{\@makecaption}[2]{% #1 z.B. Abbildung 1, #2 ist der Text
   \vspace{10pt}\sbox{\tempbox}{#1: #2}%
   \ifthenelse{\lengthtest{\wd\tempbox > \linewidth}%
     { #1: #2\par}%                                Mehr als eine Zeile
     {\begin{center}#1: #2\end{center}}}
```

Nach einem Anfangsabstand der Länge 10pt wird die Bildunterschrift in eine temporäre Box `\tempbox` gesetzt, und ihre Breite wird mit der Zeilenbreite verglichen. Wenn alles in eine Zeile paßt, wird es zentriert, andernfalls wird es als Absatz mit der normalen Zeilenbreite gesetzt.

Man kann natürlich auch andere Formate für Bildunterschriften definieren oder sogar für jede Art von Gleitobjekten auch eine eigene Art von Bildunterschriften festlegen. So kann z.B. der Befehl `\@makefigcaption` anstelle von `\@makecaption` verwendet werden, um die Bildunterschriften für die Gleitumgebung `figure` zu bilden.

```
\newcommand{\@makefigcaption}[2]{....}
\renewcommand{\figure}
             {\let\@makecaption\@makefigcaption\@float{figure}}
```

Das Paket hangcaption (von David Jones) definiert den Befehl `\isucaption` (eine Variante des `\caption`-Befehls) als Beispiel für eine andere Formatierung von Bildunterschriften. Er erzeugt einen hängenden Einzug. Wenn die Bildunterschrift keine ganze Zeile füllt, wird sie zentriert. Die Breite der Bildunterschrift kann mit Hilfe der Längenvariablen `\captionwidth` festgelegt werden. Im Vergleich zu dem oben abgebildeten Code ist der folgende Teil der Definition besonders interessant:

```
\newcommand{\@isucaption}[2]{%          #1 ist z.B.:   Abbildung 4
                            %          #2 ist die Bildunterschrift
  \par\vspace{10pt}\sbox{\tempbox}{#1: #2}%
  \ifthenelse{\lengthtest{\wd\tempbox > \linewidth}% <> 1 Zeile?
   {\sbox{\tempbox}{#1:\ }%                         % Messe Text
                                                    %   von Teil 1
    \addtolength{\captionwidth}{-\wd\tempbox}%      % von der Breite
                                                    %   abziehen
    \mbox{#1:\ }\parbox[t]{\captionwidth}{#2}}}%    % positioniere
                                                    %   zwei Boxen
   {\begin{center}#1: #2\end{center}}}%             % Nur eine Zeile
```

Kapitel 7
Zeichensatzauswahl

7.1 NFSS

Als Schriftsatzsystem übernimmt (LA)TEX bereits einen Großteil der Arbeit, die aufgewendet werden muß, um ein gewünschtes Resultat zu erzielen: Aus der Eingabe des Benutzers errechnet es die Positionen der Buchstaben auf der Seite. Es hat jedoch nur ein sehr begrenztes Wissen über diese Buchstaben, die es hauptsächlich als »black boxes« betrachtet, bestehend aus einer Höhe über der Grundlinie, einer Tiefe unter der Grundlinie und einer Breite. Diese Informationen werden für jeden Zeichensatz separat in einer externen Datei abgespeichert, die als TEX Fontmetrik- oder auch `.tfm`-Datei bezeichnet wird.

Die zu diesen `.tfm`-Dateien gehörenden Buchstabenformen treten erst später in Erscheinung, und zwar nachdem (LA)TEX eine `.dvi`-Datei erstellt hat. Die Information über die Positionierung der Buchstaben in der `.dvi`-Datei wird über ein Treiberprogramm, welches das Bild auf das Ausgabemedium produziert, mit der in den `.pk`-Dateien enthaltenen Information über die Buchstabenform gekoppelt. In der Regel wird für jedes Ausgabemedium ein separater Treiber benötigt – z. B. für den Bildschirm, für einen Laserdrucker mit geringer Auflösung, usw.

Im Entstehungsjahr von TEX(1979) wurden dafür von Donald Knuth nur ein Dutzend Zeichensätze entwickelt: die »Almost Computer Modern« Fonts. Da dies die einzigen zur Verfügung stehenden Zeichensätze waren, verwendete man einen direkten Zugriffsmechanismus: mit Hilfe einiger weniger Befehle konnte man von einem auf den anderen externen Zeichensatz umschalten.

Auch fünf Jahre später, als LATEX fertiggestellt war, hatte sich an dieser Situation nicht viel geändert. Nur die Namen der zu (LA)TEX mitgelieferten Zeichensätze waren von »Almost Computer Modern« in »Computer Modern« geändert worden. Die Zeichensatzauswahl in LATEX funktionierte nach dem gleichen Schema wie in Plain-TEX; es waren jedoch einige Größenbefehle hinzugefügt worden, mit denen die Buchstaben in 10 vordefinierten Größen ausgegeben werden konnten.

Die Zeichensatzauswahl in LATEX basierte also nicht auf einem generischen Konzept. Wenn z. B. für eine Überschrift ein Befehl definiert wurde, um eine fette

Schrift zu erhalten (durch Angabe von `\bf` in der Definition), wurde durch die Verwendung von `\sf` (für serifenloser Font) innerhalb der Überschrift beispielsweise keine fettgedruckte serifenlose Schrift produziert, sondern vielmehr eine normale serifenlose Schrift (das Attribut für Fettdruck wurde ignoriert). Ähnliches passierte, wenn `\bf` innerhalb von hervorgehobenen Texten verwendet wurde. In diesem Falle wurde nicht etwa ein fettgedruckter kursiver Zeichensatz geladen, wie es zu erwarten gewesen wäre, sondern lediglich ein fettgedruckter Roman-Font.

Dieses Verhalten ergab sich, weil alle Befehle für den Zeichensatzwechsel, wie etwa `\bf`, auf einen festen Zeichensatz zugriffen. Anstatt nur ein Attribut des gerade geladenen Zeichensatzes zu ändern, wurde somit immer der gesamte Zeichensatz ausgetauscht. LaTeX erweiterte den Mechanismus von Plain-TeX durch Bereitstellung von Größenbefehlen. Das damals zugrundeliegende Konzept hatte jedoch den großen Fehler, daß die Referenztabellen fest in LaTeX verdrahtet waren, so daß ein Wechsel zu anderen Zeichensätzen schwierig bis unmöglich war.

Inzwischen gibt es Laserdrucker zu erschwinglichen Preisen und mit ihnen viele Schriften, wie z. B. die PostScriptfonts. Auch die Anzahl an Zeichensätzen im METAFONT-Quellformat (die für jeden (La)TeX-Benutzer frei zugänglich sind) ist stark gestiegen. Allerdings gab es bisher kein einfaches und einheitliches Verfahren, diese neuen Zeichensätze in LaTeX zu integrieren. In nahezu allen Fällen implizierte Schriftsatz mit LaTeX die Verwendung der Computer Modern Fonts. Mit dem Befehl `\newfont` konnten zwar einzelne Zeichensätze hinzugeladen werden, diese wurden aber nicht im eigentlichen Sinne integriert, da sie den LaTeX-Größenbefehlen nicht gehorchten. Darüber hinaus war es nicht (ohne weiteres) möglich, ein ganzes Dokument mit einem solchen Zeichensatz zu setzen.

Es gab ein paar Ansätze, andere Zeichensätze in LaTeX zu integrieren. Sie beschränkten sich jedoch auf den Austausch der fest installierten Fonttabellen, womit die neue LaTeX-Variante genauso inflexibel war wie die ursprüngliche Version; lediglich die eingebauten Zeichensätze waren verändert.

Diese unbefriedigende Situation wurde schließlich 1989 mit Erscheinen des von Frank Mittelbach und Rainer Schöpf entwickelten “New Font Selection Scheme” (NFSS) [71, 73] behoben. Sein Bekanntheitsgrad stieg enorm, nachdem es erfolgreich in AMS-LaTeX eingesetzt worden war (siehe Kapitel 8).

NFSS basiert auf einem generischen Konzept und ermöglicht die unabhängige Veränderung einzelner Zeichensatzattribute und die einfache Integration weiterer Schriftfamilien in ein LaTeX-System. Das Konzept basiert auf fünf Attributen, die unabhängig voneinander eingestellt werden können, um auf verschiedene Zeichensätze, Zeichensatzcharakteristika oder Schriftfamilien zuzugreifen.

Für die Umsetzung dieses Konzeptes wurden einige LaTeX-Befehle redefiniert, andere hinzugefügt. Einige Zeit später erstellte Mark Purtill eine Prototyp-Version für skalierbare Zeichensätze. Auf dieser Basis entwarf und implementierte Frank Mittelbach NFSS2 und integrierte dabei unter anderem Entwicklungen von Sebastian Rahtz (über PostScript Fonts) und einigen anderen.

Die folgenden Abschnitte beschreiben NFSS2, das Ende 1992 fertiggestellt wurde. Es ist inzwischen ein fester Bestandteil von LaTeX 2ε und soll, was die Benutzerschnittstelle anbelangt, in LaTeX3 integriert werden.

Da sich die Konzepte von NFSS sehr stark von denen im ursprünglichen LaTeX unterscheiden, werden hier zunächst die Konzepte der Zeichencharakteristika im allgemeinen erläutert und die wichtigsten Attribute eingeführt, die NFSS für den orthogonalen Zeichensatzwechsel benutzt. Danach wird näher auf das High-Level-Interface eingegangen – d.h. auf die Befehle, mit denen es der Benutzer im allgemeinen zu tun hat. Dies beinhaltet die Befehle für den Text (Abschnitt 7.3), für mathematische Formeln (Abschnitt 7.4) und einen Überblick über die zu NFSS gehörigen Pakete (Abschnitt 7.5). Der zweite Teil dieses Kapitels beschäftigt sich mit Low-Level-Schnittstellen, die zur Definition komplexer neuer Befehle nützlich und besonders dann wichtig sind, wenn neue Zeichensätze in LaTeX zur Verfügung gestellt werden sollen. Im Abschnitt 7.8 werden schließlich alle Warnungen und Fehlermeldungen vorgestellt.

7.2 Schriftcharakteristika

Zeichensätze können nach verschiedenen Kriterien in sich überlappende Klassen eingeteilt werden. Kenntnisse über deren Charakteristika können sich bei der Entscheidung, welche Schriftfamilie in einem bestimmten Kontext verwendet werden soll, häufig als hilfreich herausstellen [44, 103].

7.2.1 Monospace- und Proportionalschrift

Zeichensätze können entweder aus Buchstaben mit unveränderlicher Zeichenbreite oder aus proportional angeordneten Zeichen bestehen. Bei einer Monospace-Schrift nimmt jeder Buchstabe horizontal immer den gleichen Platz ein, egal welche Form er hat. Im Gegensatz dazu hängt die Breite eines Buchstabens in einer Proportionalschrift von seiner Form ab (siehe Abbildung 7.1). In einer Monospace-Schrift nimmt der Buchstabe `i` genauso viel Platz ein wie der Buchstabe `m`; in Proportionalschriften ist sein Platzbedarf dagegen weitaus geringer. Folglich passen bei Verwendung von Proportionalschriften (auch typographische Schriften genannt) in der Regel mehr Wörter auf eine Seite. Sie sind in der Regel auch lesbarer. Die unterschiedlichen Buchstabenzwischenräume bei Monospace-Fonts erschweren es dem Auge nämlich, Wortgrenzen zu erkennen, wodurch der Text schwieriger zu entziffern ist.

`iiiiiiiii`	iiiiiiiii
`mmmmmmmmm`	mmmmmmmmmm
(Monospace-Schrift)	(Proportionalschrift)

Abbildung 7.1: Monospace- und Proportionalschrift

A A n n

Abbildung 7.2: Buchstaben mit und ohne Serifen

Aber auch für Monospace-Schriften gibt es geeignete Anwendungen. Im richtigen Kontext können sie durchaus die Qualität eines Dokumentes erhöhen. In Tabellen oder Computerlisten, wo es auf eine genaue Ausrichtung der Daten ankommt, ist eine Monospace-Schrift die natürliche Wahl. In Computer-Handbüchern ist es üblich, Programmcode in einer Monospace-Schrift darzustellen, um ihn vom übrigen Text abzuheben.

Doch Monospace-Schriften werden nicht nur zur Auszeichnung verwendet. Man kann sie auch als Basisschrift für den gesamten Text nehmen. Dann sieht der Text aus, als wäre er auf einer Schreibmaschine erstellt. In manchen Situationen ist dieses Aussehen passender als die professionell erscheinende Proportionalschrift. Persönliche Briefe sind ein gutes Beispiel hierfür, denn das Endprodukt macht einen viel persönlicheren Eindruck, als wenn es in Proportionalschrift gesetzt wäre. Man sollte allerdings derartige Schriften immer im Flattersatz setzen, bei Verwendung von Blocksatz wirk eine Monospace-Schrift eher kläglich (siehe Abschnitt 3.1.4 für die Erklärung, wie man den Blocksatz ein- und ausschaltet).

7.2.2 Serifen

Eine weitere Klassifikation erfolgt nach An- oder Abwesenheit von Serifen. Serifen sind die kleinen Striche an den Enden der Buchstabenformen (siehe Abbildung 7.2). Ihren Ursprung haben Serifen in römischen Inschriften, die in Stein gemeißelt wurden. Die Serifenschrift wird deshalb häufig als »Roman« (römische)-Schrift bezeichnet.

Traditionell wurde diese Schrift für längere Texte benutzt, mit dem Argument, daß der Text damit leichter zu lesen sei. Lange Zeit dachte man, daß die Serifen den Augen mehr Anhaltspunkte zur Identifizierung der Buchstaben lieferten. Dies trifft sicherlich zu, wenn man nur Teile der Buchstaben sieht. Neuere Studien [89] ergaben jedoch, daß die Lesegeschwindigkeit durch Abwesenheit der Serifen nicht beeinträchtigt wird, wenn der gesamte Text sichtbar ist.

7.2.3 Schriftfamilien und ihre Attribute

Neben der groben Klassifikation von Schriften, die in den letzten beiden Abschnitten vorgestellt wurde, gibt es eine Einteilung der Schriften in Schriftfamilien. Mitglieder einer Familie unterliegen demselben Designprinzip und unterscheiden sich lediglich in Schriftgrad (Größe der Zeichen), Schriftstärke (Stärke der Linien), Schriftbreite (durchschnittliche Breite der Zeichen) und Schriftform (Gestaltung der Buchstaben). Ein Mitglied einer Schriftfamilie wird häufig als Schriftschnitt

A	B	C	a	b	c	d	e	f	g	x	y	z
A	B	C	a	b	c	d	e	f	g	x	y	z
A	*B*	*C*	*a*	*b*	*c*	*d*	*e*	*f*	*g*	*x*	*y*	*z*

Abbildung 7.3: Senkrechte und kursive Zeichen
In der ersten Zeile sind Buchstaben der Computer Modern Serifenfamilie in senkrechter Form abgebildet. In der dritten Zeile sind dieselben Buchstaben kursiv dargestellt. Zum besseren Vergleich stehen in der zweiten Zeile die Kursivbuchstaben ohne die übliche Neigung, d.h. die Buchstaben sind künstlich aufgerichtet worden.

bezeichnet, ein Begriff der noch aus der Zeit stammt, als das Schriftbild aller Buchstaben manuell von einem Stempelschneider in Stahl geschnitten werden mußte, um so die Formen für die Bleibuchstaben zu erhalten.

Schriftform (font shape)

Bei der Klassifizierung eines Mitglieds einer Schriftfamilie ist die Form ein sehr wichtiges Merkmal. Es ist häufig eine Frage der persönlichen Vorliebe, ob eine Menge von Zeichensätzen mit verschiedenen Formen eine oder mehrere Schriftfamilien bilden sollte. Donald Knuth bezeichnete beispielsweise die 31 Computer Modern Font-Zeichensätze als eine Familie [27, 54]. Im traditionellen Sinne bilden sie allerdings eher eine Metafamilie vieler Einzelfamilien.[1]

Es gibt zwar keine einheitliche Bezeichnungskonventionen für Zeichensatzformen, aber solange man sich an ein bestimmtes Schema innerhalb von NFSS hält, ist das unwichtig.

Nahezu jede Schriftfamilie enthält eine sogenannte »senkrechte« Variante.[2] Die Schrift, die hauptsächlich in diesem Buch verwendet wird (Lucida Bright), ist z. B. ein solcher senkrechter Schriftschnitt.

Eine weitere Form, die es in fast allen Schriftfamilien gibt, ist die *Kursivschrift* (englisch: italic). Sie ist in der Regel nach rechts geneigt und unterscheidet sich zudem auch in ihrer Buchstabenform von dem senkrechten Pendant (vergleiche Abbildung 7.3).

Serifenlose Schriftfamilien enthalten häufig keinen Kursivschnitt, sondern nur einen schräggestellten, der sich aber ansonsten in nichts von dem senkrechten

1 METAFONT ermöglicht es, als Werkzeug zum Erzeugen von Schriften aus derselben Quelldatei die unterschiedlichsten Schriften zu erstellen. Es verwundert also nicht, daß 1989 eine weitere Schriftfamilie geschaffen wurde [54], die aus denselben Quelldateien entstand wie die Computer Modern Fonts. Diese Schriftfamilie, Concrete Roman, entstand, indem einige METAFONT-Parameter in den Quelldateien verändert wurden. Da das Endergebnis aber so anders war, beschloß Knuth, dieser Schriftfamilie einem anderen Namen zu geben.

2 Manchmal wird die senkrechte Schriftform auch als »roman« bezeichnet. Dies liegt daran, daß bis vor kurzem Dokumente fast immer mit Serifenschrift als Basisschrift gesetzt wurden. Viele Leute hielten »roman« deshalb für das Gegenteil von kursiv. Dementsprechend wird der Begriff in einigen Büchern als Bezeichnung für einen senkrechten Schriftschnitt und nicht für eine Serifenschrift verwendet.

EXAMPLE	EXAMPLE	EXAMPLE
(Versalien)	(Kapitälchen)	(Falsche Kapitälchen)

Abbildung 7.4: Echte und falsche Kapitälchen

Gegenstück unterscheidet. Diese Form wird häufig auch als »slanted«, »sloped« oder »oblique« bezeichnet.

Eine weitere gebräuchliche Variante sind Kapitälchen, bei denen alle Kleinbuchstaben als Großbuchstaben mit reduzierter Höhe dargestellt werden, wie Abbildung 7.4 zeigt. Wenn diese Form in einer bestimmten Familie nicht vorhanden ist, verwenden Typographen manchmal Großbuchstaben eines kleineren Schriftgrades.[3] Mit diesem Verfahren erzielt man jedoch nicht dieselbe Qualität wie mit gut konzipierten Kapitälchen. Die echten Kapitälchen haben eine andere Schriftbreite und -stärke als Großbuchstaben des gleichen Zeichensatzes, die lediglich auf die gewünschte Größe der Kapitälchen reduziert wurden (in Abbildung 7.4 ist deutlich zu erkennen, daß die Striche der »falschen« Kapitälchen viel zu dünn sind).

Es gibt noch ein paar weitere, allerdings weniger wichtige Schriftformen. Einige Familien enthalten Schriftschnitte, bei denen das Innere der Buchstaben speziell gestaltet ist. Die wichtigste unter ihnen ist wohl die »Outline«-Form, bei der das Innere der Buchstaben leer ist. Zu Darstellungszwecken gibt es in einigen Schriftfamilien auch sogenannte schattierte Formen, d.h. die Buchstaben erscheinen dreidimensional. Abbildung 7.5 auf der nächsten Seite zeigt einige Beispiele dieser Formen.

Indem einige METAFONT Parameter auf ganz bestimmte Werte gesetzt wurden, konnten spezielle Varianten der Computer Modern Metafamilie erzeugt werden. So gibt es z. B. eine senkrechte Kursivschrift, d.h. einen Schriftschnitt, in dem die Buchstaben aufrecht stehen, sonst aber die typische Form der Kursivbuchstaben besitzen (siehe die zweite Zeile in Abbildung 7.3 auf der vorherigen Seite). Diese Form wurde hauptsächlich entwickelt, um die Leistungsfähigkeit von METAFONT zu demonstrieren. Vielleicht entdeckt aber auch der eine oder andere Benutzer seine Vorliebe für solch ungewöhnliche Schriftschnitte.

Schriftbreite und Schriftstärke (font series)

Die verschiedenen Schriftschnitte einer Familie können sich in ihrer Schriftstärke voneinander unterscheiden. Dieses Merkmal bezeichnet die Stärke der einzel-

3 Eine gute Faustregel ist, Großbuchstaben aus einem Zeichensatz zu verwenden, der etwa einen halben Punkt größer ist als die x-Höhe (Höhe eines x) des ursprünglichen Zeichensatzes. Für nähere Informationen darüber, wie man die x-Höhe eines Zeichensatzes mit TEX bestimmen kann, siehe Abschnitt 7.7.2 auf Seite 207.

Der LaTeX-Begleiter

Abbildung 7.5: Outline und schattierte Schriftschnitte

nen Striche, aus denen die Buchstabenformen bestehen. Auch hier gibt es keine einheitliche Begriffsdefinierung, aber die Einteilung in geeignete Klassen ist recht einfach. Einige Schrift-»Produzenten« bezeichnen die im normalen Text verwendeten Schriftstärken »book«, andere »medium«. Dünne Striche werden »leicht« oder »mager« genannt, während dickere meist als fett bezeichnet werden. Bei großen Schriftfamilien ist häufig eine detaillierte Einteilung notwendig, so daß die Bandbreite hier oft von ultra-leicht über extra-leicht, leicht, halbleicht, usw. bis hin zu ultra-fett geht. Es kann aber auch vorkommen, daß in einer Schriftfamilie nur sehr wenige unterschiedliche Schriftstärken existieren. Die Computer Modern Roman Schriftfamilie verfügt z. B. nur über die Schriftstärken »medium« und »**fett**«.

Ein weiteres wichtiges Attribut eines Zeichensatzes ist seine Breite, d.h. der Platz, den ein gestreckter oder gestauchter Buchstabe im Vergleich zu seiner normal (medium) breiten Form einnimmt. In der Computer Modern Roman Schriftfamilie gibt es eine fette Schrift in »**normaler Breite**« und in »**weiter Breite**«. Schmale Fonts werden häufig in Randbemerkungen verwendet. Einige Schriftsatzsysteme sind sogar in der Lage, die Buchstaben automatisch zu stauchen, damit sie in einen vorgegebenen Freiraum hinein passen, z. B. um eine Zeile in einer Überschrift aufzufüllen. Diese Möglichkeit ist in (LA)TEX nicht so ohne weiteres gegeben, die Ergebnisse solcher Aktionen sind unter ästhetischen Gesichtspunkten sowieso fragwürdig.

Verschiedene Schriftschnitte einer Familie mit gleicher Form, Stärke und Weite, aber von unterschiedlicher Größe, bezeichnet man im Englischen auch als “font series” (Schriftserie).

Schriftgrade (font sizes)

Die Schriftgröße (auch Schriftgrad oder Schriftkegel genannt) wird traditionell in Pica-Punkten (pt) angegeben. 72.27 Punkte entsprechen einem Zoll (Inch). Die Schriftgröße ist kein absolutes Maß irgendeines speziellen Merkmals. Sie stellt vielmehr einen Richtwert für den Benutzer dar. Bei einer 10pt Schrift sind die Buchstaben beispielsweise in der Regel kleiner als 10pt, nur Zeichen wie etwa Klammern weisen in etwa diese Höhe auf.

Zwei gleichhohe Schriften müssen aber nicht notwendigerweise immer zueinander passen, denn das endgültige Erscheinungsbild einer Schrift hängt von vielen verschiedenen Faktoren ab, wie z. B. der Höhe der Kleinbuchstaben (der soge-

Eine zehn-Punkt-Schrift sieht anders aus als eine vergrößerte fünf-Punkt-Schrift

Abbildung 7.6: Skalierte und für eine Größe entworfene Schriften

nannten x-Höhe), der Tiefe der Unterstriche (dem Teil der Buchstaben unterhalb der Grundlinie wie z. B. im Buchstaben q), usw.

Im (LA)TEX-Bereich sind Zeichensätze häufig in Schriftgraden vorhanden, die durch Multiplikation der Basisgröße mit 1.2 entstehen, z. B. 10pt (Basisgröße), 12pt, 14.4pt, 17.28pt, usw. Dieses Konzept wurde gewählt, weil dadurch die Erstellung einer vergrößerten Masterkopie erheblich erleichtert wird, die später wieder photographisch verkleinert werden kann [48, p.17]. Dadurch wird die Auflösung des endgültigen Mediums erheblich verbessert. Wenn z. B. eine Broschüre im DIN A5 Format erstellt werden soll, könnte man sie mit einem Vergrößerungsfaktor von $1.44 \approx \sqrt{2}$ auf A4 Papier ausdrucken lassen. Bei einer photographischen Verkleinerung eines Ausdruckes mit einer Auflösung von 300 dpi (dots per inch = Punkte pro Zoll), wie bei einem normalen Laserdrucker, hätte der endgültige Ausdruck eine Auflösung von 432 dpi. Dies ist qualitativ höherwertig als das, was man normalerweise mit einem solchen Laserdrucker erreichen kann.

Dieses für die (LA)TEX Zeichensätze vom METAFONT Programm erstellte geometrische Vergrößerungsschema ist jedoch eher unüblich. Gewöhnlich werden die Punktgrößen 7, 8, 9, 10, 11, 12, 14, 16, 18, 20, 24, 30, und 36 verwendet. Nicht alle Zeichensätze sind in der gesamten Größenpalette verfügbar; manchmal werden für bestimmte Größen auch zusätzliche Zeichensätze angeboten, nämlich die sogenannten Überschriftsgrade für sehr große Überschriften und sehr kleine Größen für Hoch- und Tiefstellungen.

Die Verwendung von vergrößerten und verkleinerten Zeichensätzen anstelle von Zeichensätzen, die für eine bestimmte Größe entworfen wurden, liefert immer nur ein mäßiges bis unbefriedigendes Ergebnis. Für das menschliche Auge verändern sich die Zeichensätze nämlich nicht linear. Von Hand entworfene Zeichensätze mit großem Schriftgrad sind in der Regel dünner als vergrößerte Zeichensätze derselben Familie. Innerhalb eines kleinen Bereichs ist es durchaus akzeptabel, Schriften zu vergrößern oder zu verkleinern, aber sofern möglich, sollte man immer Zeichensätze verwenden, die für die gewünschte Größe entworfen wurden. Der Unterschied von skalierten und eigens entworfenen Zeichensätzen ist deutlich in Abbildung 7.6 zu sehen.

7.2.4 Kodierschemata

Um auf einen Buchstaben eines bestimmten Zeichensatzes in einem Computer-Schriftsatzprogramm zugreifen zu können, muß dieser zunächst auf irgendeine Art und Weise in der Eingabequelle definiert werden. Dies mag trivial erscheinen, da man in der Regel nur den Buchstaben »`A`« eintippen muß, um selbigen auf dem Bildschirm oder auf dem Papier zu erhalten. Aber schon beim spanischen öffnenden Fragezeichen (¿) wird der Sinn dieser Überlegung sofort klar, denn auf vielen Tastaturen wird man dieses Zeichen sicherlich vergeblich suchen. In (LA)TEX wird das Problem – wie in vielen anderen Computerprogrammen auch – dadurch gelöst, indem den Zeichen die Zahlen von 0–255 zugewiesen werden. Diese Zuordnung wird als »codepage« oder auch Kodierschema bezeichnet. Um zu demonstrieren, was passiert, wenn man einen Zeichensatz mit einer Kodierung verwendet, der nicht auf das Eingabemedium abgestimmt ist, wird hier noch einmal der erste Satz dieses Abschnittes abgedruckt:

> Ум ауф еинен Бучстабен еинес бестиммтен Зеиченсатзес ин еинем Цомпутер-Счрифцатзпрограмм зугреифен зу кѳннен, муё диесер зунвчст ауф иргендеине Арт унд Шеисе ин дер Еингабечуелле дефиниерт щерден.

Das Ergebnis ist ein interessantes Muster, mit dem aber im Normalfall wohl nur die Wenigsten tatsächlich etwas anfangen können.

In (LA)TEX gibt es verschiedene Methoden, um auf einen Buchstaben des aktuellen Zeichensatzes zuzugreifen. Das gebräuchlichste Verfahren ist, ein sichtbares ASCII-Zeichen in das Quelldokument einzugeben, das dann in das Zeichen im aktuellen Zeichensatz übersetzt wird, welches sich an der Position befindet, die dem ASCII-Zeichen in der ASCII-Kodierung zugeordnet ist. In den am häufigsten in (LA)TEX verwendeten Zeichensätzen stimmt die Position der lateinischen Buchstaben in der Kodierung mit ihrer Position im ASCII-Code überein. Wenn man ein »X« eingibt, erhält man so tatsächlich ein »X« und nicht etwa ein »U«. Diese Übereinstimmung trifft aber nicht unbedingt auf alle Zeichen zu. Bei Eingabe von <|> erhält man in der Standardkodierung von (LA)TEX beispielsweise ¡—¿. Weitere Einzelheiten und eine Tabelle mit den intern verwendeten Kodierungen sind in den Abschnitten 7.3.4 und 7.6.1 zu finden.

7.3 Schriften im Text

Beim Schreiben eines Textes in LATEX wird zur Strukturierung des Textes der richtige Zeichensatz in der Regel automatisch durch die logischen Elemente bestimmt, die zur Strukturierung des Dokumentes benutzt werden. Die Zeichensatzattribute für Abschnittsüberschriften, z. B. große, fettgedruckte Zeichen, werden durch die Dokumentenklasse definiert und immer dann aktiviert, wenn etwa ein `\section`-Befehl verwendet wird, so daß der Benutzer die Attribute nur im Ausnahmefall selbst verändern muß.

Manchmal ist es jedoch notwendig, die Attribute auf direktem Wege zu spezifizieren, z. B. wenn alle Zeichensatzattribute geändert werden sollen. Dies ist z. B. der Fall, wenn man für die Basisschrift eine vollkommen andere Schriftfamilie auswählt. Häufig läßt sich dieser Wechsel einfach durch Verwendung eines entsprechenden Paketes bewerkstelligen. Einige Pakete für diesen Zweck sind in den Abschnitten 7.5 und 11.9 beschrieben.

Ein weiterer Grund für die explizite Attributsbestimmung kann die Hervorhebung bestimmter Passagen sein, z. B. zur besseren Kennzeichnung von Beispielen, Abkürzungen, Firmennamen usw. In diesem Buch werden Paketnamen z. B. in einer serifenlosen Schrift dargestellt. Diese Formatierung läßt sich realisieren, indem man den Namen in den Befehl `\textsf{..}` setzt; die elegantere Methode ist aber, einen neuen Befehl (wie z. B. `\Lpack`) zu definieren, so daß zusätzliche Information zum Quelldokument hinzugefügt wird. Durch Definition einzelner Befehle für logisch unterschiedliche Elemente eines Dokumentes (auch wenn diese momentan in gleicher Weise formatiert werden) werden spätere konsistente Änderungen wesentlich vereinfacht.

Schließlich besteht manchmal der Wunsch, bestimmte in den Dokumentenklassen vorgegebene Einstellungen zu überschreiben. Eine Tabelle soll z. B. kleiner gesetzt werden, damit sie noch auf eine Seite paßt. Dieses kann durchaus vorkommen, denn die automatische Formatierung eines Textes funktioniert nur bis zu einem gewissen Grad. Manuelle Formatierung – wie z. B. das Einfügen von Seitenumbrüchen – ist deshalb für die Endversion häufig notwendig. Durch manuelle Formatierung wird ein Dokument bei späterer Nachbearbeitung aber auch fehleranfälliger und schwieriger zu handhaben. Deshalb sollte man direkte Formatierungsbefehle für den Zeichensatzwechsel, genau wie alle anderen visuellen Formatierungsanweisungen, so selten wie möglich verwenden.

7.3.1 Zeichensatzauswahlbefehle von NFSS

Die Schrift die man für den überwiegenden Teil eines Dokumentes verwendet, wird »Basisschrift« genannt. Sie wird zu Beginn des Textes und an einigen anderen Stellen, wie z. B. in Fußnoten, Abbildungen, usw. automatisch ausgewählt. Bei einigen logischen Elementen wie z. B. in Abschnittsüberschriften, wird je nach Dokumentenklasse automatisch die Schriftart oder -größe geändert. Diese Wechsel laufen im Hintergrund ab. Die Aufgabe des Benutzers beschränkt sich darauf, das Dokument mit dem richtigen logischem Markup zu versehen. Wenn Teile des Textes durch Auswahl geeigneter Schriften hervorgehoben werden sollen, können die unten beschriebenen Befehle verwendet werden.

Die meisten Befehle für den Zeichensatzwechsel gibt es in zwei Formen: als Befehl mit einem Argument wie z. B. `\textbf{...}` und als Deklaration wie z. B. `\bfseries`. Deklarationen haben keine Argumente. Sie weisen LaTeX an, die momentanen Einstellungen zu ändern und diese bis zum Ende der aktuellen Umgebung oder bis zu einer schließenden Klammer beizubehalten. Deshalb sollte man nicht `\bfseries{...}`, sondern `{\bfseries...}` schreiben, da andernfalls der gesamte nachfolgende Text fettgedruckt wird.

Um einzelne Worte oder kurze Passagen durch eine andere Schrift abzusetzen, sollte man die Zeichensatzbefehle mit einem Argument verwenden, während Deklarationen eher für Definitionen neuer Umgebungen oder Befehle geeignet sind.

Für längere Passagen kann man alternativ die Umgebungsvariante der Deklaration benutzen (Deklarationsname ohne vorhergehenden Backslash), wie das folgende Beispiel zeigt:

Einige Wörter in diesem **Satz sind fett** gedruckt.

```
Einige W"orter in diesem
\begin{bfseries}Satz sind fett\end{bfseries}
gedruckt.
```

Ein detaillierterer Vergleich von Befehls- und Deklarationsform samt ihrer Vor- und Nachteile in bestimmten Situationen wird in Abschnitt 7.3.3 vorgenommen.

Die Basisschrift

Die Basisschrift erhält man durch Eingabe des Befehls `\textnormal` bzw. der Deklaration `\normalfont`. Beide Formen werden eigentlich nur in Befehls- oder Umgebungsdefinitionen verwendet, bei denen immer derselbe Zeichensatz verwendet werden soll, ganz gleich, wie die äußeren Bedingungen aussehen. Der Befehl, mit dem die Befehlsnamen in diesem Buch generiert werden, sieht z. B. ungefähr so aus:

```
\newcommand{\Lcs}[1]{{\normalfont\ttfamily\bslash#1}%
                     \index{#1@{\normalfont\ttfamily\bslash#1}}}
```

Ohne Verwendung von `\normalfont` würden Befehlsnamen unter Umständen *wie dieser* `\befehl` *gesetzt* werden.

Die Schriftfamilien

LaTeX hat standardmäßig drei Schriftfamilien, die durch kurze Befehlssequenzen ausgewählt werden können, und zwar erstens eine Serifenschrift für Texte, die man mit dem Befehl `\textrm` erhält, eine serifenlose Schrift, aufrufbar mit dem Befehl `\textsf` und eine Schreibmaschinenschrift (Typewriter), in der Regel monospaced, auf die man mit `\texttt` zugreifen kann. Die korrespondierenden Deklarationsformen lauten `\rmfamily`, `\sffamily` und `\ttfamily`.

Die tatsächlichen Schriftfamilien, die man mit diesen Befehlen auswählt, sind von der Dokumentenklasse abhängig. Sie können aber durch Pakete oder in der Präambel geändert werden (siehe Abschnitt 7.3.5). Voreinstellung bei der Installation sind Computer Modern Roman für die Serifenschrift, Computer Modern Sans für die serifenlose Schrift und Computer Modern Typewriter für die Schreibmaschinenschrift. Bei Verwendung einer anderen Einstellung sollte man sicherstellen, daß diese Standardfamilien so definiert sind, daß sich ein harmonisch abgerundetes Bild ergibt. Außerdem müssen die externen Zeichensätze in einer für das Ausgabegerät geeigneten Auflösung verfügbar sein.

In diesem Buch ist die Serifenschrift Lucida Bright, die serifenlose Schrift Lucida Sans und die Typewriterschrift Computer Modern Typewriter. Um dies einzustellen, wurde lediglich das Paket lucidbrb hinzugefügt.[4]

In den meisten Dokumentenklassen ist die Serifenschrift, die man mit `\textrm` erhält, die Basisschrift, so daß der Befehl `\textrm` nicht sehr häufig verwendet wird. Wenn jedoch ein Buchdesigner eine serifenlose Schrift als Basisschrift deklariert hat, stellt `\textrm` die alternative Schriftfamilie dar.

Die Schriftserien

Ein weiteres veränderbares Zeichensatzattribut ist die *Schriftserie*. In NFSS setzt sich die Schriftserie aus zwei Attributen zusammen: der Schriftbreite und der Schriftstärke. Zum Wechsel der Schriftserie stehen in NFSS zwei Befehle zur Verfügung: `\textmd` und `\textbf`; die entsprechenden Deklarationen lauten `\mdseries` und `\bfseries`. Mit dem ersten Befehl wird ein Zeichensatz mittlerer Schriftbreite und -stärke ausgewählt, während der zweite auf eine fettere Schriftserie umschaltet. Die gerade gültigen Werte hängen von der Dokumentenklasse, ihren Optionen oder den eingesetzten Paketen ab. Im Falle der Computer Modern Schriftfamilien schaltet `\textbf` auf die fette, weite Variante des gerade geladenen Zeichensatzes um und `\textmd` wieder zurück auf die mittlere Schriftstärke und -breite derselben Schrift.

Wenn eine Feineinstellung der Schriftserienattribute erwünscht ist, definiert man am besten High-Level-Befehle mittels der low-level `\fontseries` Deklarationen, die im Abschnitt 7.6.1 beschrieben werden. Einige Pakete, die große Schriftfamilien für die LaTeX Verwendung bereitstellen, verfügen manchmal über solche zusätzlichen Befehle.

Die Schriftformen

Ein drittes Schriftattribut, das unabhängig von anderen geändert werden kann, ist die Schriftform. Standardmäßig wird für die meisten Dokumente eine senkrechte Form verwendet. Diese erhält man, wenn nötig, mit dem Befehl `\textup` oder der Deklaration `\upshape`.

Die wahrscheinlich wichtigsten Befehle zur Änderung der Schriftform sind `\textit` und `\textsc`, die einen Wechsel auf *Kursivschrift*, bzw. auf KAPITÄLCHEN bewirken. Die entsprechenden Deklarationen lauten `\itshape` und `\scshape`.

Eine Alternative zum`\textit` ist der Befehl `\textsl` (die zugehörige Deklaration lautet `\slshape`), mit der auf schräggestellte Form umgeschaltet wird. Häufig ist in einer Schriftfamilie nur entweder die kursive oder schräggestellte Form vorhanden. Computer Modern Roman enthält jedoch beides.

An der Stelle, an der von einem schräggestellten auf einen senkrechten Schriftschnitt umgeschaltet wird, geraten die Zeichen meist zu dicht aneinander, besonders wenn der letzte schräggestellte Buchstabe eine Oberlänge hat. Der Leerraum, der an diesem Übergang zusätzlich eingefügt werden muß, um ein optisch ausgewogenes Schriftbild zu erhalten, wird als »Kursivkorrektur« bezeichnet. Die Breite dieses Leerraumes hängt von der einzelnen Zeichenform ab und wird daher in

4 Um Computer Modern Typewriter als Typewriter Schriftfamilie zu erhalten, ist zusätzlich der `\ttdefault`-Befehl so umdefiniert worden, daß er `cmtt` erzeugt. Für nähere Informationen zur Änderung der Standard-Textfonts, siehe Abschnitt 7.3.5.

der `.tfm` Datei gespeichert. Bei Verwendung der Fontbefehle mit Argumenten wird die Kursivkorrektur automatisch durchgeführt, bei Deklarationen dagegen muß sie von Hand durch `\/` eingegeben werden (für nähere Informationen zu diesem Thema siehe Abschnitt 7.3.3). Bei einer senkrechten Schrift beträgt die Kursivkorrektur der Buchstaben normalerweise 0 oder nimmt einen sehr kleinen Wert an. Bei schräggestellten oder kursiven Schriftschnitten hat die Kursivkorrektur normalerweise einen positiven Wert, wobei der aktuelle Wert von der Form der Zeichen abhängt. Das folgende Beispiel demonstriert die richtige Verwendung der formverändernden Deklarationen, mit denen auf schräggestellte Schriftschnitte umgeschaltet wird:

Beim Wechsel von einer *kursiven* oder *schräggestellten* Schrift auf eine senkrechte Schrift sollte eine *Kursivkorrektur* hinzufügt werden, es sei denn, es handelt sich bei dem folgenden Zeichen um ein kleines Interpunktionszeichen (Punkt oder Komma).

```
\raggedright
Beim Wechsel von einer {\itshape kursiven\/} oder
{\slshape schr"aggestellten\/} Schrift auf eine
senkrechte Schrift sollte eine {\itshape
Kursivkorrektur} hinzuf"ugt werden, es sei denn,
es handelt sich bei dem folgenden Zeichen um ein
kleines Interpunktionszeichen (Punkt oder Komma).
```

Kapitälchen werden manchmal in Überschriften oder für Namen benutzt. Für letzteres kann beispielsweise der Befehl `\names` mit einem der folgenden Definitionen verwendet werden:

```
\newcommand{\names}[1]{\textsc{#1}}
```

oder als Deklaration

```
\newcommand{\names}[1]{{\normalfont\scshape #1}}
```

Mit der ersten Definition wird lediglich auf die gewünschte Form umgeschaltet, während bei der zweiten Definition zunächst alle Zeichensatzattribute (mit Ausnahme des Schriftgrades) auf die der Basisschrift zurückgesetzt werden. Welche der beiden Definitionen besser geeignet ist, hängt zum einen von den verfügbaren Fonts und zum anderen von der Art des Dokumentes ab. In Computer Modern enthält beispielsweise nur die Serifen-Familie Kapitälchen. Hier wäre die zweite Möglichkeit zu empfehlen, um auch in einem `\sffamily` Kontext Kapitälchen zu erzeugen. Bei Verwendung der ersten Definition würde NFSS versuchen, auf eine Kapitälchenform mittlerer Schriftstärke innerhalb der Computer Modern Sans Schriftfamilie umzuschalten. Da es solch einen Schriftschnitt nicht gibt, würde NFSS versuchen, einen Ersatz zu finden, indem es zunächst das Attribut für die Schriftform auf seinen Standardwert zurücksetzt. Dadurch würden jedoch keine Kapitälchen erzeugt (weitere Informationen über Ersetzungen sind im Abschnitt 7.6.3 beschrieben).

Auch für die Definition eines Akronymbefehls kann sich die Verwendung der `\scshape` Deklaration als nützlich erweisen, wie das folgende Beispiel zeigt:

```
\newcommand{\acro}[1]{{\scshape\lowercase{#1}}}
```

In dieser Definition wird der Plain-TEX-Befehl `\lowercase` verwendet, mit dem alle im zugehörigen Argument angegebenen Zeichen in Kleinbuchstaben umgewandelt werden, genauer gesagt alle Zeichen, die nicht Teil eines Befehlsnamen sind. Damit werden alle Zeichen im Argument des Befehls `\acro` klein, d.h. mit kleinen Großbuchstaben geschrieben.

In LATEX gibt es noch einen weiteren Fontbefehl, den Befehl `\emph`, der allerdings eine Sonderstellung einnimmt. Mit diesem Befehl kennzeichnet man Hervorhebungen in normalem Text. Die zugehörige Deklaration ist `\em`. Traditionell werden hervorgehobene Wörter im Text kursiv geschrieben. Wenn aber innerhalb eines bereits kursiv geschriebenen Textes etwas hervorgehoben werden soll, wird normalerweise wieder auf die gerade Form zurückgeschaltet. Diese Konvention wird vom `\emph`-Befehl unterstützt, indem es wie `\textit` wirkt, falls der umliegende Text in einer senkrechten Schriftform gesetzt wird, bzw. wie `\textup`, falls die umliegende Schriftform schräggestellt ist (z. B. durch `\itshape` oder `\slshape`). Somit muß sich der Benutzer nicht darum kümmern, in welchem Zustand sich der Text gerade befindet, wenn er den Befehl `\emph` oder die Deklaration `\em` einsetzt.

Allerdings muß man darauf achten, daß Kursivkorrekturen an beiden *Enden des hervorgehobenen Textes nötig sein können.* Bei Verwendung des Befehls `\emph` wird die Kursivkorrektur *automatisch* durchgeführt, so daß der Befehl normalerweise der Deklaration vorzuziehen ist.

```
{\em Allerdings mu"s man darauf achten, da"s
Kursivkorrekturen an\/ {\em beiden\/} Enden des
hervorgehobenen Textes n"otig sein k"onnen.}  Bei
Verwendung des Befehls \verb=\emph= wird die
Kursivkorrektur \emph{automatisch} durchgef"uhrt,
so da"s der Befehl normalerweise der
Deklaration vorzuziehen ist.
```

Hervorzuhebenden Text zu unterstreichen, gilt bei zu veröffentlichenden Werken als schlechter Stil. Diese Form wird eigentlich nur benutzt, wenn das Ausgabegerät keine anderen Möglichkeit bietet, den Text auf eine andere Art hervorzuheben – z. B. wenn man eine Schreibmaschine verwendet. Für alle Fälle wurde in Abschnitt 3.1.2 ein Paket vorgestellt, mit dem man mit dem Befehl `\em` Unterstreichungen produzieren kann.

Die Schriftgrade

In LATEX gibt es zehn Deklarationen zur Änderung des Schriftgrades (siehe Tafel 7.1 auf der nächsten Seite). Da Größenänderungen normalerweise nur in Befehlsdefinitionen vorgenommen werden, gibt es zu diesen zehn Deklarationen keine entsprechenden Befehle mit einem Argument. Die Deklarationsnamen sind in NFSS unverändert geblieben, aber ihre Funktion wurde leicht geändert. In NFSS wird durch den Größenbefehl lediglich die Größe des aktuellen Schriftschnitts verändert, während alle anderen Attribute unverändert bleiben. Im alten Fontauswahlschema von LATEX 2.09 bewirkte dieser Befehl gleichzeitig einen Wechsel zur Basisschrift.

Sowohl in LATEX 2ε als auch im alten LATEX hängt die durch diese Befehle ausgewählte Schriftgröße von Einstellungen in der Dokumentenklasse und eventuell von zugehörigen Optionen (wie z. B. 11pt) ab. Die Anweisung `\normalsize` be-

`\tiny`	winzig	`\Large`	sehr groß
`\scriptsize`	Indexgröße	`\LARGE`	sehr sehr groß
`\footnotesize`	Fußnotengröße		
`\small`	klein	`\huge`	riesig
`\normalsize`	normal		
`\large`	groß	`\Huge`	gigantisch

Tafel 7.1: Größenbefehle

zieht sich dabei in der Regel auf den vornehmlich im Text verwendeten Schriftgrad. Die Befehle zur Änderung der Schriftgröße bilden eine geordnete Reihenfolge, angefangen mit `\tiny` als kleinstem und `\Huge` größtem Schriftgrad, wobei allerdings mehrere Befehle dieselbe reale Größe bezeichnen können. Wenn z. B. für `\normalsize` ein großer Wert gewählt wird, liefert `\Huge` möglicherweise das gleiche Ergebnis wie `\huge`. Die Reihenfolge wird jedoch stets beachtet.

Leider gibt es in LaTeX noch keine relativen Größenbefehle, d.h. Befehle, mit denen man die Schriftgröße z. B. um 2pt vergrößern kann.

7.3.2 Kombinieren verschiedener Fontbefehle

Wie bereits gezeigt, können die Fontbefehle und Deklarationen für den Zeichensatzwechsel miteinander kombiniert werden. Dadurch wird ein Schriftschnitt ausgewählt, auf den alle ausgewählten Attribute zutreffen, wie im folgenden Beispiel zu sehen:

Man kann einen Text **in einer großen fetten Sans-Serif-Schrift** setzen.

```
Man kann einen Text {\sffamily\bfseries\large
in einer gro"sen fetten Sans-Serif-Schrift}
setzen.
```

Hinter den Kulissen passiert dabei folgendes: Der Befehl `\sffamily` bewirkt einen Wechsel zur voreingestellten serifenlosen Schriftfamilie, `\bfseries` zur fettgedruckten Schriftserie innerhalb dieser Familie, und `\large` wählt dann einen größeren Schriftgrad, wobei alle anderen Attribute ungeändert bleiben. Für alle Zwischenschriften werden Fontmetrikdateien (d.h. `.tfm` Dateien) geladen, auch wenn diese Zeichensätze nie benutzt werden. Im obigen Beispiel wird nach dem Befehl `\sffamily` zuerst die serifenlose Schrift, medium, 10pt geladen, nach `\bfseries` die serifenlose Schrift, breitfett 10pt und nach `\large` die serifenlose Schrift, breitfett 14pt, die schließlich auch verwendet wird. Die Verwendung solcher High-Level-Befehle kann demnach dazu führen, daß NFSS Zeichensätze lädt, die später nie benutzt werden. Normalerweise ist das nicht weiter tragisch. Der einzige Nachteil ist eine leichte Verlängerung der Bearbeitungsdauer, die entsteht, wenn solch eine Kombination das erste Mal benutzt wird. Wenn jedoch viele verschiedene Kombinationen dieser Art im Dokument vorkommen, wäre es zu überlegen, ob man diese nicht besser durch Low-Level-Deklarationen definiert (siehe Abschnitt 7.6).

Befehl	*entspricht*	*Aktion*
`\textrm{...}`	`{\rmfamily...}`	Text in Serifenschrift setzen
`\textsf{...}`	`{\sffamily...}`	Text in serifenloser Schrift setzen
`\texttt{...}`	`{\ttfamily...}`	Text in `Typewriter`-Schrift setzen
`\textmd{...}`	`{\mdseries...}`	Text in Schriftstärke medium setzen
`\textbf{...}`	`{\bfseries...}`	Text in **fettgedruckter** Schrift setzen
`\textup{...}`	`{\upshape...}`	Text in senkrechter Schrift setzen
`\textit{...}`	`{\itshape...}`	Text in *Kursivschrift* setzen
`\textsl{...}`	`{\slshape...}`	Text in *schräggestellter* Schrift setzen
`\textsc{...}`	`{\scshape...}`	Text in KAPITÄLCHEN setzen
`\emph{...}`	`{\em...}`	Text *hervorheben*
`\textnormal{..}`	`{\normalfont..}`	Text in Basisschrift setzen

Tafel 7.2: Fontwechselbefehle und Deklarationen

Die Fontwechselbefehle mit Argumenten beginnen alle mit `\text...` (mit Ausnahme des Befehls `\emph`). Damit wird betont, daß sie für die Verwendung im normalen Text bestimmt sind. Außerdem lassen sie sich auf diese Weise einfacher merken. Eventuell notwendige Kursivkorrekturen auf beiden Seiten des Argumentes werden automatisch durchgeführt.

7.3.3 Fontbefehle mit Argument im Vergleich zu Deklarationen

In den vorhergehenden Abschnitten wurden bereits einige Beispiele für Fontbefehle mit Argumenten gezeigt, die Zeichensatzattribute ändern. Gegenüber den Deklarationsformen haben sie den Vorteil, mit anderen LaTeX-Strukturen verträglich zu sein. Sie dienen dazu, kurze Passagen in einer bestimmten Schriftfamilie, Schriftserie oder einer bestimmten Schriftform zu setzen. Tafel 7.2 zeigt die Funktionsweise dieser Befehle. Ein weiterer Vorteil dieser Befehle besteht darin, daß eventuell notwendige Kursivkorrekturen zu beiden Seiten des Argumentes automatisch durchgeführt werden.

Bei einem Zeichensatzwechsel braucht man sich also keine Sorgen zu machen, ob man eine Kursivkorrektur vergessen hat. Es gibt nur wenige Situationen, in denen dieser zusätzliche Leerraum unangebracht ist. Die meisten Typographen empfehlen z. B., keine Kursivkorrektur vorzunehmen, wenn auf den Zeichensatzwechsel ein kleines Interpunktionszeichen, wie z. B. ein Komma, folgt. Da die Größe des gewünschten Zwischenraumes zum Teil aber auch eine Frage des persönlichen Geschmacks ist, kann jeder Benutzer selbst definieren, in welchen Situationen die Kursivkorrektur unterdrückt werden soll. Zu diesem Zweck müssen nur die Zeichen, bei denen eine vorangegangene Kursivkorrektur rückgängig gemacht werden soll, in der Liste `\nocorrlist`[5] eingetragen werden. Standardmäßig ist dieses Kommando durch `\newcommand{\nocorrlist}{,.}` definiert. Es empfiehlt sich,

5 Alle Pakete, die den `\catcode` eines Zeichens in der `\nocorrlist` ändern, müssen die Liste neu deklarieren. Ansonsten wird das Zeichen von der Unterdrückungsfunktion nicht mehr erkannt.

die am häufigsten verwendeten Zeichen an den Anfang der Liste zu stellen, da dadurch die Verarbeitungszeit leicht beschleunigt wird.

Zusätzlich zu der globalen Anpassung kann die Kursivkorrektur auch für einzelne Situationen separat unterdrückt werden. Dies geschieht durch Verwendung des Befehls `\nocorr`, der links oder rechts im Argument des `\text...`-Befehls eingefügt werden muß, je nachdem, auf welcher Seite die Kursivkorrektur unterbunden werden soll.

Bei Verwendung der NFSS High-Level-Befehle wird die Kursivkorrektur automatisch und korrekt *durchgeführt.* Nur *selten* ist es erforderlich, LaTeX durch Hinzufügen des Befehls `\nocorr` zu unterstützen.

```
\emph{Bei Verwendung der NFSS High-Level-Befehle
wird die Kursivkorrektur automatisch und
\emph{korrekt} durchgef"uhrt}. Nur \emph{selten}
ist es erforderlich, \LaTeX{} durch Hinzuf"ugen
des Befehls \verb=\nocorr= zu unterst"utzen.
```

Im Gegensatz dazu eignet sich die Verwendung der Deklarationsformen eher dazu, individuelle Befehle oder Umgebungen zu definieren.

- ◇ **Diese Umgebung erzeugt eine fettgedruckte Aufzählung.**
- ◇ **Sie wurde mit Hilfe der Umgebung** `itemize` **von LaTeX und NFSS-Deklarationen definiert.**

```
\newenvironment{bfitemize}
  {\begin{itemize}\normalfont\bfseries}
  {\end{itemize}}
\begin{bfitemize} \item Diese Umgebung
  erzeugt eine fettgedruckte Aufz"ahlung.
\item Sie wurde mit Hilfe der Umgebung
  \texttt{itemize} von \LaTeX{} und
  \NFSS{}-""Deklarationen definiert.
\end{bfitemize}
```

7.3.4 Zugriff auf alle Zeichen eines Fonts

Manchmal ist es nicht möglich, ein Zeichen direkt über die Tastatur einzugeben, auch wenn dieses Zeichen in dem gewählten Zeichensatz vorhanden ist. Viele nützliche Zeichen können deshalb mit Hilfe von Befehlen wie `\ss` oder `\AE` erzeugt werden, die dann die Zeichen 'ß' und 'Æ' produzieren. Andere werden durch eine bestimmte Buchstabenfolge generiert (dies ist eine Eigenschaft der Fonts), wie z. B. `ffi`, durch das die Buchstabenfolge 'ffi' entsteht, oder `---`, durch die in vielen TeX-Fonts ein '—' erzeugt wird.

Durch den Befehl `\symbol` kann man außerdem jedes in einem Font vorhandene Zeichen ausdrucken lassen, indem man die Nummer des Zeichens im aktuellen Kodierschema als Dezimal-, Oktal- (eingeleitet durch `'`) oder Hexadezimalzahl (eingeleitet durch `"`) eingibt.

Die Cork-Fontkodierung (`T1`) enthält unter anderem die Zeichen Þ, §, und ␣, auf die man mit dem Befehl `\symbol` zugreifen kann.

```
Die Cork-Fontkodierung (\texttt{T1}) enth"alt
unter anderem die Zeichen \symbol{"DE},
\symbol{'237}, und \symbol{32}, auf die man mit
dem Befehl \verb=\symbol= zugreifen kann.
```

Parameter	*Voreinstellung*	*Beschreibung*
\encodingdefault	OT1	Kodierschema der Basisschrift
\familydefault	\rmdefault	Schriftfamilie der Basisschrift
\seriesdefault	m	Schriftserie der Basisschrift
\shapedefault	n	Schriftform der Basisschrift
\rmdefault	cmr	Schriftfamilie ausgewählt von \rmfamily und \textrm
\sfdefault	cmss	Schriftfamilie ausgewählt von \sffamily und \textsf
\ttdefault	cmtt	Schriftfamilie ausgewählt von \ttfamily und \texttt
\bfdefault	bx	Schriftserie ausgewählt von \bfseries und \textbf
\mddefault	m	Schriftserie ausgewählt von \mdseries und \textmd
\itdefault	it	Schriftform ausgewählt von \itseries und \textit
\sldefault	sl	Schriftform ausgewählt von \slshape und \textsl
\scdefault	sc	Schriftform ausgewählt von \scshape und \textsc
\updefault	n	Schriftform ausgewählt von \upshape und \textup

Tafel 7.3: Fontattributparameter

Mit dem Programm nfssfont.tex (beschrieben in 7.5.5) kann man sich die jeweils zu den Zeichen eines Fonts gehörigen Codenummern angeben lassen.

Um den Zugriff auf sogenannte Mediävalziffern (d.h. nach oben und unten versetzte Ziffern wie z.B. 1982) zu erleichtern, gibt es in NFSS den Befehl \oldstylenums, der sowohl in normalem Text als auch in Formeln verwendet werden kann. Die Zahlen, die als Mediävalziffern gesetzt werden sollen, werden im Argument des \oldstylenums-Befehls angegeben. Im normalen Text werden auch im Argument eingegebene Leerzeichen beachtet, andere Zeichen als Zahlen sollten jedoch nicht verwendet werden, da diese nicht zu vorhersagbaren Ergebnissen führen.

7.3.5 Änderung der voreingestellten Textfonts

NFSS verfügt über eine Reihe von internen Parametern, mit denen das allgemeine Erscheinungsbild eines Dokumentes verändert werden kann. Sie beeinflussen das Verhalten der High-Level-Fontwechselbefehle, die in den vorhergehenden Abschnitten vorgestellt wurden. Tafel 7.3 enthält eine Liste dieser Parameter. Mit dem Befehl \renewcommand können die Werte für die Parameter in Paketdateien oder der Präambel geändert werden. Geeignete Werte lassen sich aus den Zeichensatztabellen in diesem Kapitel ersehen.

Gibt man beispielsweise in der Präambel folgende Definition ein:

```
\renewcommand{\familydefault}{cmss}
```

so würde der gesamte Text in Computer Modern Sans Serif gesetzt werden, da diese Definition die Schriftfamilie der von NFSS verwendeten Basisschrift verändert. Genauer gesagt wird die Basisschrift durch die Werte von `\encodingdefault`, `\familydefault`, `\seriesdefault` und `\shapedefault` bestimmt. Man sollte daher sicherstellen, daß diese Befehle so definiert werden, daß die Kombination ihrer Attribute einem in den internen NFSS-Tabellen vorhandenen Schriftschnitt entspricht.

Der Standardwert, der in `\encodingdefault` gespeichert ist, ist zur Zeit `OT1`. Das bedeutet, daß NFSS davon ausgeht, daß die meisten Fonts die Original-TEX-Kodierung benutzen. In absehbarer Zukunft wird diese Kodierung durch den neuen Standard, die sogenannte Cork-Kodierung (siehe Abschnitt 7.5.1) abgelöst werden. Die Voreinstellung von `\encodingdefault` wird dann `T1` sein. Kodierschemata werden ausführlich in Abschnitt 7.6.1 besprochen.

Eine andere Möglichkeit ist, den Befehl für die Schriftserie (`\bfdefault`) so zu definieren, daß er den Wert `b` anstelle von `bx` erzeugt. Damit würde der Befehl `\bfseries` dann **fett** erzeugen und nicht **breitfett** was die Voreinstellung für Computer Modern Fonts ist. Diese Definition birgt jedoch einige Risiken, da z. B. in der Computer Modern nur die Serifenschriften fette Schriftschnitte mittlerer Schriftbreite haben. Die Computer Modern Typewriter und Computer Modern Sans Fonts haben nur breitfette und normale Schriftschnitte. Ohne weitere Korrekturen würde die Anfrage nach beispielsweise einer fettgedruckten serifenlosen Schrift (d.h. `\sffamily\bfseries`) dazu führen, daß NFSS nach einem Ersatzfont sucht und schließlich einen Font mittlerer Schriftstärke auswählt: Dieses kann, wie in Abschnitt 7.7.2 erklärt, vermieden werden, indem der breitfette Schriftschnitt der serifenlosen Schriftfamilie als Ersatz für die fette Variante mittlerer Schriftbreite definiert wird.

Ein Beispiel, in denen voreingestellte Werte geändert werden, ist im Kapitel über PostScript (Abschnitt 11.9.6 auf Seite 348) beschrieben.

Die Voreinstellung von `\familydefault` hat zur Folge, daß bei Änderungen von `\rmdefault` auch `\familydefault` den neuen Wert annimmt, sofern für `\familydefault` keine anderen Einstellungen definiert werden. Umgekehrt haben Änderungen an `\familydefault` jedoch keine Auswirkungen auf `\rmdefault`.

7.3.6 LATEX2.09-Fontbefehle

Die in LATEX2.09 verwendeten zweibuchstabigen Fontbefehle, wie z. B. `\bf`, werden in LATEX2ε nicht mehr direkt, sondern in den Dokumentenklassen definiert. Aus Kompatibilitätsgründen gibt es in den Standardklassen Definitionen für diese Befehle, die das Verhalten der Befehle in LATEX2.09 nachahmen. Je nach persönlichem Geschmack kann man diese Befehle in einem Paket oder der Präambel neu definieren, etwas, was für NFSS-Basisbefehle wie etwa `\bfseries` (außer durch die oben beschriebenen Schnittstellen) nicht erlaubt ist.

7.4 Zeichensätze in mathematischen Formeln

Im Unterschied zu normalem Text ist ein automatischer Zeichensatzwechsel in mathematischen Formeln im allgemeinen unerwünscht. Für den Mathematiker hat jede Form eine ganz bestimmte Bedeutung; so könnten fettgedruckte senkrecht stehende Buchstaben beispielsweise zur Darstellung von Vektoren dienen. Wenn die Zeichen sich aufgrund äußerer Bedingungen ändern würden, würde das Ergebnis verfälscht. Aus diesem Grund werden die Zeichensätze in Formeln anders behandelt als im normalen Text.

Die Zeichen in mathematischen Formeln können grob in zwei Klassen eingeteilt werden: in Sonderzeichen und in alphanumerische Zeichen (Buchstaben und Ziffern). Intern unterscheidet (LA)TEX zwischen acht verschiedenen Arten von mathematischen Zeichen (um für angemessene Zwischenräume sorgen zu können), aber für den Benutzer reicht eine Unterteilung in zwei Klassen normalerweise aus. Einige Sonderzeichen, wie etwa = können direkt über die Tastatur eingegeben werden, aber die meisten müssen über eine Befehlssequenz eingegeben werden, z. B. steht `\leq` für $\leq$. Die alphanumerischen Zeichen, welche die zweite große Gruppe der mathematischen Zeichen bilden, werden normalerweise direkt über die Tastatur eingegeben.

In (LA)TEX sind über 200 Sonderzeichen vordefiniert, wodurch der Benutzer nahezu jede gewünschte Formel erstellen kann. Diese Sonderzeichen sind über mehrere Zeichensätze verteilt, aber ihr Zugriff erfolgt automatisch, so daß der Benutzer nicht wissen muß, in welchem Zeichensatz sich ein Zeichen befindet. Wenn nötig, können dem Benutzer auf ähnliche Weise weitere Zeichensätze mit Sonderzeichen zugänglich gemacht werden; siehe Abschnitt 7.7.6.

Der wichtigste Unterschied zwischen den Sonderzeichen und den alphanumerischen Zeichen besteht aber darin, daß die Sonderzeichen innerhalb einer Formel graphisch immer auf exakt dieselbe Weise dargestellt werden, während der Benutzer das Erscheinungsbild der alphanumerischen Zeichen durchaus ändern kann. Die Befehle, mit deren Hilfe die Form dieser Zeichen in einer Formel verändert werden können, werden im folgenden »Alphabetbefehle für mathematische Formeln« oder einfach »Alphabetbefehle« genannt und die von ihnen erzeugten Zeichensätze »Mathematikalphabete«. Die Alphabetbefehle sind von den Fontbefehlen unabhängig, die außerhalb der Formeln verwendet werden, so daß sich eine Formel auch dann nicht verändert, wenn sie z. B. innerhalb einer Theorem-Umgebung plaziert wird, in der Texte standardmäßig kursiv geschrieben werden. Dieses Verhalten ist sehr wichtig, da die Form der Zeichen in mathematischen Formeln von Bedeutung ist und sich auch dann nicht ändern darf, wenn die Formel an eine andere Stelle im Dokument versetzt wird.

Benutzer, die noch an die alte Methode der Zeichensatzauswahl gewöhnt sind, werden vielleicht überrascht sein zu hören, daß Befehle wie `\bfseries` in Formeln nicht verwendet werden können. Dies ist der Preis für die größere Flexibilität, welche die Wahl der Zeichensatzattribute im normalen Text bietet – eine Flexibilität, die in Formeln unerwünscht ist. Um die Form einiger Zeichen in komplexeren Formeln zu ändern, braucht man deshalb einen anderen Mechanismus (die Alphabetbefehle).

Befehl	*Beispiel*	*Ergebnis*
`\mathcal`	`$\mathcal{A}=a$`	$\mathcal{A}=a$
`\mathrm`	`$\mathrm{max}_i$`	max_i
`\mathbf`	`$\sum x = \mathbf{v}$`	$\sum x = \mathbf{v}$
`\mathsf`	`$\mathsf{G}_1^2$`	G_1^2
`\mathtt`	`$\mathtt{W}(a)$`	$\mathtt{W}(a)$
`\mathnormal`	`$\mathnormal{abc}=abc$`	$\mathnormal{abc}=abc$
`\mathit`	`$diff.\neq\mathit{diff}.$`	$diff.\neq\mathit{diff}.$

Tafel 7.4: Vordefinierte Alphabetbefehle in NFSS

Wie man an den letzten Zeilen sehen kann, werden die Buchstaben für Formeln standardmäßig aus dem mathematischen Alphabet `\mathnormal` entnommen. Die Buchstaben, die mit `\mathit` erzeugt werden, haben dagegen einen kleineren Buchstabenzwischenraum, sie können deshalb besonders gut für Variablennamen verwendet werden, die in einigen Disziplinen gebräuchlich sind.

7.4.1 Alphabetbefehle für mathematische Formeln

Für Mathematiker reichen weder die alphanumerischen Zeichen noch eine noch so große Anzahl von Sonderzeichen aus, um das, was sie ausdrücken wollen, zu Papier zu bringen. Sie tendieren dazu, wenn nötig, von allen zur Verfügung stehenden Zeichensätzen Gebrauch zu machen, um besondere Konzepte zu verdeutlichen. Neben der Verwendung von nicht-lateinischen Buchstaben wie beispielsweise der griechischen, die hauptsächlich als Sonderzeichen benutzt werden – `\alpha`, `\beta`, usw. – findet man serifenlose Buchstaben (etwa für Matrizen), fettgedruckte Kleinbuchstaben (zur Darstellung von Vektoren) sowie die verschiedenen Frakturschriften (zur Kennzeichnung von Gruppen, Idealen oder Körpern). Einige Mathematiker benutzen zur Darstellung von Mengen auch den kalligraphischen Zeichensatz. Es gibt unendlich viele – und vor allem in jedem Fachgebiet andere – Konventionen. NFSS bietet dem Benutzer deshalb die Möglichkeit, neue Alphabetbefehle zu definieren und diese einer gewünschten Schriftschnittgruppe zuzuordnen. Der Benutzer muß sich damit nicht auf ein vordefiniertes und nicht erweiterbares Zeicheninventar beschränken. Ein Alphabetbefehl setzt alle alphanumerischen Zeichen, die ihm als Argument übergeben werden, in Fonts dieser Schriftschnittgruppe (für Sonderzeichen gilt dies nicht). Wie in Abschnitt 7.4.3 zu sehen sein wird, lassen sich diese Fonts auch verändern, um einzelnen Formeln ein anderes Erscheinungsbild zu verleihen. Innerhalb einer Formel kann das Ergebnis eines Alphabetbefehls allerdings nicht variieren.

Vordefinierte Alphabetbefehle

NFSS stellt eine Reihe von Alphabetbefehlen zur Verfügung, die in Tafel 7.4 aufgeführt sind. Darüber hinaus können eigene Alphabetbefehle definiert werden.

Die Alphabetbefehle in NFSS haben ein Argument, das normalerweise aus einem einzelnen Buchstaben (oder einem Wort besteht, die in einer speziellen

Schrift gesetzt werden sollen, z. B.

Deshalb berechnet sich G als

$$\mathsf{G} = \mathcal{A} + \sum_{i=1}^{n} \mathcal{B}_{i} \tag{7.1}$$

```
Deshalb berechnet sich $\mathsf{G}$ als
\begin{equation}
  \mathsf{G} = \mathcal{A} +
             \sum_{i=1}^{n} \mathcal{B}_{i}
\end{equation}
```

Die Verwendung von Fontbefehlen in Formeln ist somit anders als in in LaTeX2.09, wo ein Zeichensatzwechsel mit Befehlen wie `\rm` ausgelöst wurde (`..{\rm A}..`). Die alte Syntax der wichtigsten zweibuchstabigen Zeichensatzwechselbefehle wie `\rm`, `\sf`, `\bf`, `\it` und `\tt` werden in den Standarddokumentenklassen weiterhin unterstützt; für die übrigen kann die Syntax durch Spezifizierung des oldlfont-Paketes erzwungen werden; siehe Abschnitt 7.5.5. Man sollte diese alten Befehle jedoch nach Möglichkeit in neuen Dokumenten nicht mehr verwenden.

Wie bereits erwähnt, besteht ein weiterer Unterschied zwischen dem alten Fontauswahlverfahren und NFSS darin, daß die Zeichensatzbefehle für normalen Text nicht in Formeln verwendet werden dürfen, weil sie nur einige Merkmale der jeweils zugrundeliegenden Schrift verändern, anstatt auf einen festen Zeichensatz umzuschalten. Wird also in einer Formel anstatt von `\mathbf{..}` etwa `{\bfseries..}` eingegeben, gibt NFSS eine Fehlermeldung aus.

Die Namen der Alphabetbefehle sind so gewählt, daß sie eher aussagekräftig als einfach zu tippen sind, so beginnen sie alle mit `\math`. Bei häufigerer Benutzung der Befehle ist es deshalb empfehlenswert, sich in der Präambel einige Abkürzungen für diese Befehle zu definieren, z. B.

```
\newcommand{\mrm}{\mathrm}
```

Man mag sich fragen, welches das Standardmathematikalphabet ist, d.h. aus welchem Zeichensatz die alphanumerischen Zeichen ausgewählt werden, wenn nicht explizit ein Alphabetbefehl benutzt wird, wie z. B. in der Formel `$x = 123$`. Tatsache ist, daß es kein spezielles Standardmathematikalphabet gibt. (LA)TeX ist normalerweise so eingestellt, daß Zeichen aus verschiedenen Zeichensätzen verwendet werden, solange der Benutzer nicht explizit einen speziellen Zeichensatz ausgewählt hat, wie das folgende Beispiel zeigt:

$$x = 12345 \tag{7.2}$$
$$\mathrm{x} = 12345 \tag{7.3}$$
$$\mathnormal{x} = \mathnormal{12345} \tag{7.4}$$

```
\begin{align}
  x              &= 12345                  \\
  \mathrm{x}     &= \mathrm{12345}         \\
  \mathnormal{x} &= \mathnormal{12345}
\end{align}
```

Wie oben zu sehen, werden die Ziffern durch `\mathrm` und die Buchstaben durch `\mathnormal` nicht geändert. Wenn nicht anders angegeben, werden die

Ziffern standardmäßig aus dem Mathematikalphabet ausgewählt, das mit dem Befehl `\mathrm` verbunden ist, die Buchstaben aus jenem, das mit `\mathnormal` verbunden ist.[6] Dieses Verhalten kann mit dem Befehl `\DeclareMathSymbol` gesteuert werden, der in Abschnitt 7.7.6 erläutert wird.

Definition neuer Alphabetbefehle

Neue Alphabetbefehle werden mit dem Befehl `\DeclareMathAlphabet` definiert. Will man z. B. eine schräggestellte serifenlose Schrift als Mathematikalphabet zugänglich machen, muß man zuerst einen neuen Befehlsnamen bestimmen, wie etwa `\mathsfsl`, mit dem das neue Alphabet angewählt werden soll. Danach sucht man sich aus den Zeichensatztabellen, die in diesem Kapitel aufgeführt sind (beginnend auf Seite 184), die passende Schriftschnittgruppe aus, um sie dem neuen Alphabetbefehl zuzuweisen. Unter anderem findet man dort die Computer Modern Sans Schriftfamilie, die aus einer Reihe gerader und schräggelegter Schriftschnitte besteht. Soll der schräggestellte Schriftschnitt verwendet werden, läßt sich dies mit NFSS verwirklichen, indem man folgende Zeile in der Präambel oder in eine Paketdatei einfügt:

```
\DeclareMathAlphabet{\mathsfsl}{OT1}{cmss}{m}{sl}
```

Formaler ausgedrückt, besitzt das `\DeclareMathAlphabet` neben dem Befehlsnamen noch vier Argumente, und zwar die Kodierung, die Schriftfamilie, die Schriftserie und die Schriftform des zu verwendenen Schriftschnittes.

Nach dieser Deklaration kann der Alphabetbefehl in einer Formel eingesetzt werden. Jedesmal wenn dieser Befehl aktiviert wird, schaltet er auf die schräggestellte Computer Modern Sans medium Schrift um.

Dies soll anhand der folgenden Formel verdeutlicht werden:

$$\sum \mathsf{A}_i = a \tan \beta \qquad (7.5)$$

```
Dies soll anhand der folgenden Formel
verdeutlicht werden:
\begin{equation}
  \sum \mathsfsl{A}_{i} = a \tan \beta
\end{equation}
```

Es ist auch möglich, einen bereits existierenden Alphabetbefehl in einem Paket oder in der Präambel umzudefinieren. Der Befehl

```
\DeclareMathAlphabet{\mathsf}{OT1}{pss}{m}{n}
```

bewirkt z. B., daß die Voreinstellung des `\mathsf`-Alphabetbefehls überschrieben wird. Danach schaltet `\mathsf` in Formeln stets auf Pandora Sans um.

6 Bei Verwendung der Standardeinstellung von LaTeX2ε, d.h. wenn in Formeln Computer Modern Fonts verwendet werden, erzeugt `\mathnormal` Mediävalziffern und keine Kursivschrift wie hier im Beispiel, in dem Lucida Fonts benutzt wurden.

7.4.2 Textfontbefehle in Formeln

Wie bereits erwähnt, können Deklarationen, die im normalen Text verwendet werden, wie z. B. `\rmfamily`, nicht in Formeln verwendet werden. Fontwechselbefehle mit Argumenten, wie z. B. `\textrm` können dagegen sowohl in normalen Texten als auch in Formeln verwendet werden.

Diese Befehle können z. B. dazu verwendet werden, um die Formelumgebung zeitweilig zu verlassen und Text einzufügen, der logisch gesehen zu dem Text vor und hinter der Formel gehört. Die für diesen Zwischentext ausgewählte Schrift hängt von den äußeren Bedingungen ab, d.h. sie ergibt sich aus den aktuellen Werten für die Kodierung, Schriftfamilie, Schriftserie und Schriftform, wie man im folgenden Beispiel sehen kann:

Das Ergebnis lautet

$$x = 10 \textbf{ und folglich } y = 12$$

```
\sffamily
Das Ergebnis lautet
\[  x = 10
   \textbf{ und folglich }
    y = 12 \]
```

Wie deutlich erkennbar, wurde die serifenlose Schrift beibehalten und lediglich die Schriftstärke auf fett gesetzt. Zweckmäßiger ist hier eventuell der Befehl `\text`, der im amstext-Paket enthalten ist. Er übernimmt die aktuellen Werte für Kodierung, Schriftfamilie, Schriftserie und Schriftschnitt, ohne sie zu verändern (siehe Abschnitt 8.3.12).

7.4.3 Gestaltung mathematischer Formeln

NFSS ermöglicht dem Benutzer nicht nur, Teile von Formeln durch Alphabetbefehle zu verändern, sondern auch das Erscheinungsbild einer Formel als Ganzes zu verändern. Jede Formel wird in einem bestimmten »Formellayout« formatiert. Dieses kann außerhalb der Formel durch den Befehl `\mathversion` ausgewählt werden und bestimmt das Erscheinungsbild der nachfolgenden Formeln.

NFSS kennt zwei Formellayouts, nämlich `normal` und `bold`. Weitere können durch spezielle Pakete hinzugefügt werden. Das Paket concrete (siehe Abschnitt 7.5.1) enthält beispielsweise das `euler` Formellayout, mit dem Formeln so gesetzt werden wie im Buch *Concrete Mathematics* [27].

Wie der Name schon sagt, ist `\mathversion{normal}` die Voreinstellung. Das `bold` Formellayout erzeugt dagegen fetter gedruckte Zeichen. Im folgenden Beispiel wird dieselbe Formel zuerst in normalem, dann in fettem Layout dargestellt.[7]

7 Aus historischen Gründen gibt es in NFSS zwei weitere Befehle, mit denen man zu einem der vordefinierten Layouts schalten kann: `\boldmath` und `\unboldmath`.

$$\sum_{j=1}^{z} j = \frac{z(z+1)}{2} \tag{7.6}$$

$$\boldsymbol{\sum_{j=1}^{z} j = \frac{z(z+1)}{2}} \tag{7.7}$$

```
\begin{equation}
  \sum_{j=1}^{z} j = \frac{z(z+1)}{2}
\end{equation}
\mathversion{bold}
\begin{equation}
  \sum_{j=1}^{z} j = \frac{z(z+1)}{2}
\end{equation}
```

Der Befehl `\mathversion` mag in einigen Situationen wie z. B. Überschriften sehr nützlich sein, jedoch darf man nicht vergessen, daß sich mit dieser Änderung das Layout der gesamten Formel ändert (und vielleicht sogar die Bedeutung). Wenn nur ein Teil der Zeichen geändert werden soll, sollte man nicht die `\mathversion` ändern, sondern den Alphabetbefehl `\mathbf` für alphanumerische Zeichen bzw. den Befehl `\boldsymbol` für Sonderzeichen verwenden, den das Paket `amsbsy` zur Verfügung stellt; siehe dazu Abschnitt 8.2.1 und Tafel 8.1 auf Seite 224.

Wenn das Formellayout mit dem `\mathversion`-Befehl geändert wird, prüft NFSS in seinen internen Tabellen, woher es das neue Layout laden muß. Gebenenfalls werden auch einige oder alle Alphabetbefehle verändert und mit anderen Schriftschnitten verknüpft.

Die Frage ist jedoch, was mit dem Alphabetbefehlen passiert, die der Benutzer selbst definiert hat, wie beispielsweise `\mathsfsl` in einem früheren Beispiel. Sofern sie nur durch `\DeclareMathAlphabet` definiert wurden, bleiben sie in allen Formellayouts unverändert.

Wenn ein Alphabetbefehl in einem bestimmten Layout eine andere Schrift erzeugen soll, muß dies NFSS mitgeteilt werden, und zwar mit dem Befehl `\SetMathAlphabet`. Die Voreinstellung für den Alphabetbefehl `\mathsf` entsteht z. B. durch folgende Deklarationen:

```
\DeclareMathAlphabet{\mathsf}{OT1}{cmss}{m}{n}
\SetMathAlphabet{\mathsf}{bold}{OT1}{cmss}{bx}{n}
```

In der 1. Zeile ist festgelegt, daß standardmäßig für `\mathsf` in allen Layouts Computer Modern Sans medium benutzt wird. Die 2. Zeile bestimmt, daß im `bold` Layout stattdessen Computer Modern Sans breitfett zu verwenden ist.

Wie das obige Beispiel zeigt, besitzt `\SetMathAlphabet` sechs Argumente: Das erste repräsentiert den Namen des Alphabetbefehls, das zweite gibt den Namen des Formellayouts an, für das diese Einstellung generiert wird; die übrigen vier bezeichnen die Kodierung, die Schriftfamilie, die Schriftserie und die Schriftform, die dem Layout zugeordnet werden.

Ein bestehender Alphabetbefehl kann, wie bereits erwähnt, mit Hilfe von `\DeclareMathAlphabet` umdefiniert werden. In diesem Fall werden alle vorherigen `\SetMathAlphabet` Deklarationen für diesen Befehl aus den internen NFSS-Tabellen entfernt. Die neue Definition gilt für alle Formellayouts, sofern keine neuen `\SetMathAlphabet`-Deklarationen hinzufügt werden.

Familie	Serie	Schriftform(en)	Schriftbeispiel
Computer Modern Roman (T1, OT1)			
cmr	m	n, it, sl, sc, u	COMPUTER ROMAN KAPITÄLCHEN
cmr	bx	n, it, sl	***Comp. Mod. Roman fett breit kursiv***
cmr	b	n	**Computer Modern Roman fett senkrecht**
Computer Modern Sans (T1, OT1)			
cmss	m	n, sl	*Computer Modern Sans schräggestellt*
cmss	bx	n	**Computer Modern Sans breitfett**
cmss	sbc	n	**Computer Modern Sans halbfett schmal**
Computer Modern Typewriter (T1, OT1)			
cmtt	m	n, it, sl, sc	*Computer Modern Typewriter kursiv*
Computer Modern Fibonacci (T1, OT1)			
cmfib	m	n	Computer Modern Fibonacci
Computer Modern Funny Roman (T1, OT1)			
cmfr	m	n, it	Computer Modern Funny Roman
Computer Modern Dunhill (T1, OT1)			
cmdh	m	n	Computer Modern Dunhill

Tafel 7.5: NFSS-Klassifizierung der Computer Modern Fonts

7.5 Standard-Pakete

Zusammen mit NFSS werden verschiedene Pakete mitgeliefert, die in diesem Abschnitt näher erläutert werden. Weitere Pakete kann man aus verschiedenen elektronischen Archiven oder über TEX-Organisationen erhalten. Nähere Informationen hierzu befinden sich im Anhang B. Jede der im folgenden beschriebenen Schriftfamilien ist als METAFONT-Quellcode frei erhältlich.

7.5.1 Verwendung neuer Textfonts

Einer der größten Vorteile, die NFSS bietet, ist die Leichtigkeit, mit der neue Zeichensätze, die im Text verwendet werden sollen, eingebunden werden können. Neben den Computer Modern Schriftfamilien, die standardmäßig verwendet werden, können weitere Schriftfamilien einfach durch Angabe des entsprechenden Paketes nach dem `\documentclass` hinzugefügt werden. Voraussetzung für die erfolgreiche Bearbeitung und für das Ausdrucken ist natürlich, daß die zugehörigen Fontdateien (z. B. die `.tfm`-und `.pk`-Dateien) auf dem System installiert sind.

Die DC-Fonts

Auf der TEX Anwender-Konferenz in Cork (1990) wurde eine Standardkodierung für Textfonts (`T1`) entwickelt, die viele diakritische Zeichen enthält (siehe Tafel 9.1 auf Seite 268) und mit der Dokumente in über 30 Sprachen gesetzt werden können. An der Universität Bochum wurde die Computer Modern Schriftfamilien (unter der Leitung von Norbert Schwarz) neu implementiert. Außerdem wurden zusätzliche Zeichen entworfen, so daß die entstandenen Zeichensätze mit dem Kodierschema übereinstimmten. Inzwischen sind diese Fonts unter der Bezeichnung DC-Fonts verfügbar, an der endgültigen Version wird jedoch noch gearbeitet. Nach ihrer Fertigstellung werden sie unter der Bezeichnung »EC-Fonts« herausgegeben werden. Dem Anwender wird wärmstens empfohlen, diese Fonts zu verwenden. Es bleibt zu hoffen, daß ein Großteil der übrigen Schriftfamilien bald ebenfalls in diesem Kodierschema erhältlich sein wird.

Wenn man nach dem Befehl `\documentclass` das Paket t1enc angibt, wird die Cork-Kodierung (`T1`) zur voreingestellten Kodierung. Anstatt Computer Modern in `OT1`-Kodierung wird LATEX daraufhin die DC-Fonts verwenden. PostScript-Fonts können ebenfalls mit der der Cork-Kodierung verwendet werden, siehe dazu Abschnitt 11.10.

Die Concrete Schriftfamilie

Für den Text seines Buches *Concrete Mathematics* [27] entwickelte Donald Knuth eine neue Schrift, passend zu den von Hermann Zapf entworfenen Euler-Mathematikfonts.

Diese neue Schriftfamilie, die den Namen »Concrete Roman« trägt, sind aus dem Computer Modern METAFONT Quellcode entstanden, indem dieser mit einigen anderen Parametereinstellungen versehen wurde. Basierend auf den Ergebnissen der Arbeit für die DC-Fonts war es relativ einfach, die Concrete Roman Fonts in Cork-Kodierung zu erstellen, geeignete METAFONT-Treiberdateien sind in der NFSS-Software enthalten. Tafel 7.6 auf der nächsten Seite zeigt eine Liste aller Schriftschnitte, die in dieser Schriftfamilie zur Verfügung stehen.

Um diese Schrift als Basisschrift zu verwenden, benutzt man am besten das Paket beton (von Frank Jensen). Dieses Paket enthält auch kleine, aber wesentliche Anpassungen, wie z. B. den Zeilenabstand etwas zu vergrößern (durch Erhöhung des `\baselineskip` Wertes).

Daneben gibt es noch das Paket concrete, daß nicht nur einen Text in Concrete Roman setzt, sondern auch ein neues Formellayout namens `euler` definiert. Es eignet sich, zusammen mit der zugehörigen Dokumentation, gut als Vorlage für all jene Benutzer, die Pakete mit neuen Formellayouts erstellen wollen.

Die Pandora Schriftfamilien

Die Pandora Schriftfamilien, die von Nazeen N. Billawala entworfen wurden, bestehen aus den Schriftfamilien Pandora Roman und Pandora Sans [12, 13]. Die Schriftschnitte dieser Familien sind in Tafel 7.7 auf der nächsten Seite abgebil-

Familie	Serie	Schnitt(e)	Schriftbeispiel
Concrete Roman (T1, OT1)			
ccr	m	n, it, sl, sc	Concrete Roman medium
ccr	c	sl	*Concrete Roman schmal schräggestellt*
Concrete Math (OML)			
ccm	m, c	it	*Concrete Math.* α Ω

Tafel 7.6: Die Schriftfamilie Concrete

Familie	Serie	Schriftform(en)	Schriftbeispiel
Pandora Roman (OT1)			
panr	m	n, sl	Pandora Roman medium
panr	b	n	**Pandora Roman fett**
Pandora Sans (OT1)			
pss	m	n, sl	*Pandora Sans medium schräggestellt*
pss	b	n	**Pandora Sans fett**

Tafel 7.7: Die Schriftfamilie Pandora

det. Leider sind beide Familien bisher nur in der traditionellen TEX-Kodierung (OT1) verfügbar. Um Pandora als Basisschrift zu verwenden, sollte man nach dem \documentclass-Befehl das Paket pandora laden.

Altdeutsche Schriften

Es gibt eine Reihe von sehr schönen Zeichensätzen, mit denen man Texte in Gotisch, auch Textur genannt (Gotisch, auch Textur genannt), Schwabacher (Schwabacher), oder auch Fraktur (Fraktur) setzen kann. Diese Schriften sind von Yannis Haralambous [31] nach den traditionellen Vorbildern entworfen worden. Die Sammlung enthält auch einen Font für Initialen, der in Abbildung 7.7 auf der nächsten Seite vorgestellt wird.

Die Schriften erhält man, indem man nach dem Befehl \documentclass das Paket oldgerm angibt. In diesem Paket sind die Befehle \gothfamily, \frakfamily, und \swabfamily definiert, mit denen auf die jeweilige Schriftfamilie umgeschaltet werden kann. Das Paket enthält außerdem die entsprechenden Fontbefehle mit Argumenten - d.h. \textgoth, \textfrak und \textswab. Da die Schriftfa-

Abbildung 7.7: Der Initialen-Font `yinit` von Yannis Haralambous
Die Definition dieses Fonts lautet: Schriftfamilie `yinit`, Serie `m`, Form `n`, Kodierung `U`.

Familie	Serie	Schriftform(en)	Schriftbeispiel
Gothic (U)			
ygoth	m	n	Yannis Gothic
Fraktur (U)			
yfrak	m	n	Yannis Fraktur
Schwabacher (U)			
yswab	m	n	Yannis Schwabacher

Tafel 7.8: Altdeutsche Schriftfamilien
Da diese Zeichensätze viele Ligaturen enthalten, die für das Setzen dieser traditionellen Schriften notwendig sind und sie deshalb keiner Standardkodierung entsprechen, werden sie momentan mit der `U`-Kodierung definiert.

milien jeweils nur aus einer Schriftserie mit einem Schnitt bestehen, sind Befehle wie `\bfseries` oder `\itshape` beim Setzen in diesen Schriftfamilien wirkungslos. Größenbefehle werden jedoch ausgeführt.

7.5.2 Neue Zeichensätze für Formeln

Die Euler Fonts

Wie bereits erwähnt, entwickelte Hermann Zapf sehr schöne Mathematikfonts: senkrechte Zeichen, die eine handschriftliche Note haben. Sie wurden nach dem berühmten Mathematiker Leonhard Euler benannt und können durch Angabe des Pakets euler geladen werden. Dieses Paket enthält kein eigenes Formellayout; stattdessen werden das `normal` und das `bold` Formellayout derart modifiziert, daß sie die Zeichen aus den Euler Schriftfamilien erzeugen.

Wenn nur das Mathematikalphabet $\mathcal{SCRIPT}$ aus den Euler-Fonts geladen werden soll, kann dafür das Paket eucal verwendet werden. Es ändert den Alphabet-

Familie	Serie	Schriftform(en)	Schriftbeispiel
Euler Roman (U)			
eur	m	n	Euler Roman medium
eur	b	n	**Euler Roman fett**
Euler Script (U)			
eus	m	n	EULER SCRIPT
Euler Fraktur (U)			
euf	m	n	Euler Fraktur

Tafel 7.9: Die Euler Schriftfamilien

Die in der aktuellen Version der mathematischen Euler Schriftfamilien enthaltenen Zeichensätze sind leider nur in Kodierungen verfügbar, die von allen anderen Kodierschemata für Formeln abweichen. Es müssen also einige der mathematischen Sonderzeichen neu deklariert werden, wenn diese Zeichensätze verwendet werden (diese Aufgabe übernimmt das Paket euler). Bis zur Neukodierung wird diesen Zeichensätzen deshalb die Kodierung U zugewiesen.

befehl `\mathcal`, so daß dieser das Euler-Alphabet verwendet. Lädt man dieses Paket mit der Option mathscr, wird das Alphabet stattdessen mit dem Alphabetbefehl `\mathscr` zur Verfügung gestellt.

Die Euler Fraktur Fonts erhält man mit dem Paket eufrak. Dieses Paket definiert den Alphabetbefehl `\mathfrak`. Tafel 7.9 zeigt alle Euler-Schriftschnitte.

latexsym – **Einbindung von LaTeX-Symbolen**

Elf der mathematischen Zeichen aus LaTeX 2.09 sind in der Basisinstallation von LaTeX 2ε nicht mehr automatisch definiert. Es handelt sich um folgende Zeichen:

`\mho` ℧ `\Join` ⋈ `\Box` □ `\Diamond` ◇ `\leadsto` ⇝ `\sqsubset` ⊏
`\sqsupset` ⊐ `\lhd` ◁ `\unlhd` ⊴ `\rhd` ▷ `\unrhd` ⊵

Bei Bedarf können diese Sonderzeichen durch Angabe des Pakets latexsym oder alternativ durch Laden des amsfonts oder amssymb Paketes (siehe dazu Abschnitt 8.6.5) verfügbar gemacht werden.

exscale – **Verschieden große Erweiterungsfonts**

Normalerweise ist der Zeichensatz, der für große mathematische Zeichen verwendet wird (der sogenannte Erweiterungsfont), nur in einer Größe vorhanden. Gewöhnlich reicht dies aus, da die meisten darin enthaltenen Zeichen innerhalb des Zeichensatzes schon in mehreren Größen verfügbar sind und (LA)TeX speziell dafür ausgerüstet ist, die geeigneteste Größe auszuwählen. Wenn in einem Dokument jedoch viele Formeln in großer Schrift benötigt werden – z. B. in Überschriften, oder auf Folien – kann es vorkommen, daß die ausgewählten Zeichen zu klein erscheinen. In diesem Fall kann man auf das Paket exscale zurückgreifen, welches NFSS anweist, passende Erweiterungsfonts für die jeweiligen Schriftgrade zu laden.

Bei Verwendung dieses Paketes müssen die skalierten Versionen des `cmex10`-Font in den Größen 10.95pt, 12pt, 14.4pt, 17.28pt,20.74pt, und 24.88pt vorhanden sein, ebenso wie die cmex-Varianten für die Größen 7pt bis 9pt. Diese Fonts gehören zum AMS Fontpaket und sind auf vielen Servern verfügbar.

7.5.3 slides – Erstellen von Overheadfolien

Um in LaTeX 2.09 Overheadfolien zu erstellen, mußte eine spezielle LaTeX-Variante namens SliTeX verwendet werden, weil vollkommen andere Zeichensätze benötigt wurden. In LaTeX 2ε kann das gleiche Ergebnis mit der Dokumentenklasse slides erzielt werden, die im Prinzip die gleiche Funktionalität bereitstellt.

Die Dokumentenklasse besitzt mehrere Vorteile: Es wird keine spezielle, vorkompilierte Datei mit einem bestimmten Format benötigt, und darüber hinaus können besondere Zeichensätze einfach durch Angabe des entsprechenden Paketes ausgewählt werden. Wenn z. B. für Folien die PostScript-Schrift Times verwendet werden soll, genügt folgende Eingabe:

```
\documentclass{slides}
\usepackage{times}
```

7.5.4 Formatierung alter Dokumente

oldlfont – Kompatibilität zu LaTeX 2.09

NFSS – und damit LaTeX 2ε – unterscheidet sich deutlich von LaTeX 2.09, was die Verwendungsweise der Fontbefehle anbelangt. Am deutlichsten wird dieser Unterschied bei Formeln, in denen Befehle wie z. B. `\bfseries` nicht unterstützt werden. Trotzdem ist es sehr leicht, ältere Dokumente mit LaTeX 2ε zu setzen.

Wenn das Dokument lediglich erneut formatiert werden soll, erkennt LaTeX 2ε anhand des Befehls `\documentstyle`, daß es sich um ein LaTeX 2.09-Dokument handelt und schaltet automatisch in den Kompatibilitätsmodus, in dem das alte Zeichensatzauswahl-Verhalten von LaTeX 2.09 emuliert wird, wie es in der ersten Ausgabe des LaTeX-Buches beschrieben ist. Alternativ dazu kann das Paket oldlfont nach dem Befehl `\documentclass` angegeben werden. Dadurch werden alle alten LaTeX 2.09-Befehle zur Zeichensatzauswahl zur Verfügung gestellt.

Interne Fontbefehle von LaTeX 2.09, wie etwa `\twlrm` oder `\nintt`, führen allerdings zu Fehlermeldungen, da sie nicht mehr definiert sind (auch nicht im Kompatibilitätsmodus). Dies liegt unter anderem daran, daß sie nie auf allen Installationen verfügbar waren. Damit Dokumente, die solche internen Fontbefehle benutzen, trotzdem formatiert werden können, kann man das rawfonts-Paket verwenden. Um etwa `\twlrm` und `\nintt` zu definieren, müßte man folgende Zeile in der Präambel hinzufügen:

```
\usepackage[only,twlrm,nintt]{rawfonts}
```

Lädt man rawfonts ohne Optionen, werden alle 72 internen Fontbefehle von LaTeX 2.09 definiert (und die zugehörigen Fonts geladen), was viel Zeit benötigt und viel Speicherplatz belegt. Deshalb ist es besser, dieses Paket nur in Notfällen zu verwenden und selbst dann mittels der Optionen nur die Befehle zu definieren, die wirklich benötigt werden. Wurden die internen Befehle in einem Paket verwendet, ersetzt man sie dort am besten durch äquivalente Low-Level-NFSS-Befehle, die in Abschnitt 7.6 beschrieben sind. Zum Beispiel:

```
\fontsize{12}{14pt}\normalfont\rmfamily % entspricht \twlrm
\fontsize{9}{11pt}\normalfont\ttfamily  % entspricht \nintt
```

Genauso einfach ist auch die Wiederverwendung alter Dokumentteile, frei nach dem Motto: hinein ins neue Dokument und dann abwarten. Wahrscheinlich wird LaTeX 2_ε den alten Text problemlos verarbeiten können. Andernfalls nennt es die Stellen, an denen die Quelldatei geändert werden muß.

newlfont – **Kompatibilität zu NFSS1**

In der ersten Version von NFSS waren die zweibuchstabigen Befehle für den Zeichensatzwechsel so redefiniert, daß sie nur einzelne Attribute veränderten – z. B. `\sf` oder `\it` verhielten sich wie die NFSS2-Befehle `\sffamily` und `\itshape`. Wer dieses Verhalten der Kurzformen bevorzugt, kann das Paket newlfont benutzen.

7.5.5 Spezialpakete für NFSS

syntonly – **Überprüfung der Syntax**

Mit dem Paket syntonly wird die `\syntaxonly`-Deklaration für LaTeX implementiert. Dieser Befehl kann dann in der Präambel verwendet werden, um mit Hilfe von LaTeX das Dokument auf Syntaxfehler zu überprüfen (jedoch ohne daß dabei Ausgabedateien erzeugt werden). Diese Vorgehensweise ist circa viermal so schnell wie die normale Formatierung.

tracefnt – **Fehlersuche in NFSS**

Das Paket tracefnt dient dazu, Probleme bei der Zeichensatzauswahl aufzuspüren. Seine Optionen (siehe unten) dienen dazu, nach Bedarf Art und Umfang der Meldungen einzustellen, die von NFSS auf dem Bildschirm und in der Protokolldatei aufgezeichnet werden sollen.

errorshow Diese Option unterdrückt alle Meldungen und Warnungen auf dem Bildschirm; sie werden lediglich in der Protokolldatei aufgezeichnet. Echte Fehler werden nach wie vor angezeigt. Da Warnungen zum Thema Zeichensatz implizieren können, daß das Endergebnis nicht dem gewünschten entspricht, sollte die Protokolldatei aufmerksam durchgesehen werden, bevor ein wichtiges Dokument ausgedruckt wird.

warningshow Bei Angabe dieser Option werden Warnungen und Meldungen auf dem Bildschirm ausgegeben. Es werden genauso viele Informationen ausgegeben wie in LaTeX 2ε, wenn das Paket tracefnt nicht geladen ist.

infoshow Dies ist die voreingestellte Option für das Paket tracefnt. Informationen, die normalerweise nur in der Protokolldatei aufgezeichnet werden, erscheinen normalerweise auch auf dem Bildschirm.

debugshow Diese Option erzeugt zusätzliche Meldungen über Änderungen des Textfonts und über die Restaurierung des ursprünglichen Fonts am Ende von Gruppen usw. Vorsicht! Diese Option kann sehr große Protokolldateien erzeugen, die viel Speicherplatz benötigen.

Neben diesen Standardoptionen zur Steuerung der Informationsmenge[8] unterstützt das Paket tracefnt noch die folgenden Optionen:

pausing Alle Warnungen werden wie Fehler behandelt, damit die Fehlersuche in wichtigen Dokumenten vereinfacht wird.

loading Diese Option zeigt an, welche externe Fonts geladen werden. Zeichensätze, die schon im Format oder der in Dokumentenklasse geladen wurden, werden diese von der Option nicht angezeigt.

nfssfont – Erzeugung von Zeichensatztabellen

Die zur NFSS-Software gehörige LaTeX-Datei namens `nfssfont.tex` kann dazu verwendet werden, neue Zeichensätze zu testen, Zeichensatztabellen zu erzeugen, in denen alle Zeichen aufgelistet sind, usw. Diese Datei ist eine überarbeitete Version des ursprünglich von Donald Knuth geschriebenen Programms `testfont.tex`. Bei Ausführung des Programms mit LaTeX wird der Benutzer gebeten, den Namen des zu testenden Zeichensatzes einzugeben. Die Antwort sollte der Name des externen Zeichensatzes ohne Erweiterung sein, z. B. `cmr10` (Computer Modern Roman 10pt) oder `yinit` (Yannis Haralambous' Initialen-Font). Als nächstes folgt die Aufforderung, einen Befehl einzugeben. `\table` ist wohl der wichtigste Befehl, er produziert eine Zeichensatztabelle wie jene auf Seite 213. Um auf einen neuen Zeichensatz umzuschalten, wird `\init` eingegeben; um den Test zu beenden; `\bye` oder `\stop` beenden den Test. Informationen über weitere Tests (die derzeit noch auf die Kodierung `OT1` zugeschnitten sind) liefert der Befehl `\help`.

8 Bei neuen Paketen, die je nach gewählter Option unterschiedliche Mengen von Informationen produzieren sollen, empfiehlt es sich, diese vier Standardnamen auch verwenden.

7.6 Das Low-Level-Interface

Während die High-Level-Befehle für die Verwendung in Dokumenten ausgelegt sind, werden Low-Level-Befehle hauptsächlich für die Definition neuer Befehle in Paketen oder in der Präambel verwendet; siehe auch Abschnitt 7.6.4. Zur optimalen Nutzung dieser Fontbefehle ist es sehr hilfreich, die interne Fontorganisation in NFSS zu verstehen.

Eines der Ziele von NFSS ist, durch Algorithmen, die den Prinzipien des generischen Markups folgen, eine rationale Zeichensatzauswahl zu ermöglichen. Zu diesem Zweck wäre es wünschenswert, möglichst viele Zeichensatzattribute unabhängig voneinander verändern zu können. Die meisten Schriftfamilien verfügen jedoch nur über einen Bruchteil der vorstellbaren Schriftschnitte. Entsprechend würden zu viele unabhängig einstellbare Zeichensatzattribute zu einer zu hohen Anzahl von Kombinationen führen, für die keine (externen) Zeichensätze existieren. In diesem Fall würde ersatzweise ein anderer Zeichensatz geladen, der sich möglicherweise stark von dem gewünschten unterscheidet.

Intern verwaltet NFSS fünf voneinander unabhängige Zeichensatzattribute: »Kodierung«, »Familie«, »Serie«, »Form«, und »Größe«. Das Kodierungsattribut wurde in der Version 2 von NFSS eingeführt, nachdem es sich abzeichnete, daß Mehrsprachigkeit erst dann richtig unterstützt werden können, wenn die Zeichenkodierung von den anderen Zeichensatzattributen unabhängig ist.

Die Werte dieser Attribute bestimmen, welcher Zeichensatz jeweils verwendet wird. Außerdem verwaltet NFSS eine große Anzahl von Tabellen, anhand derer die Attributkombinationen mit passenden externen Zeichensätzen verknüpft werden (d.h. mit den `.tfm`-Dateien, welche die für (LA)TEX notwendigen Informationen enthalten). Die Zeichensatzauswahl innerhalb von NFSS erfolgt in 2 Schritten:

- ◇ Einige oder alle Attribute werden mit den Low-Level-Befehlen `\fontencoding`, `\fontfamily`,`\fontseries`, `\fontshape`, und `\fontsize` geändert.
- ◇ Der Zeichensatz, der dieser neuen Kombination entspricht, wird mit dem Befehl `\selectfont` geladen.

Der zweite Schritt umfaßt gleich mehrere Aktionen. Zunächst prüft NFSS, ob der Font mit der gewünschten Attributeinstellung im System bereits bekannt ist (d.h. ob die `.tfm`-Datei schon geladen ist). In diesem Fall wird der Zeichensatz angewählt. Andernfalls werden die internen Tabellen nach dem Namen des externen Zeichensatzes durchsucht, der zu dieser Einstellung paßt. Wird ein passender Zeichensatz gefunden, wird die dazugehörende `.tfm`-Datei in den Speicher geladen und danach der Zeichensatz angewählt. Wenn diese Suche jedoch nicht erfolgreich ist, wählt NFSS einen Ersatzfont (siehe dazu Abschnitt 7.6.3).

7.6.1 Setzen einzelner Zeichensatzattribute

Zu jedem Zeichensatzattribut gehört ein Befehl, mit dem sein aktueller Wert geändert werden kann. Das Argument für diesen Befehl kann praktisch jede beliebige

Zeichenkette sein, es sind jedoch nur wenige sinnvoll. Diese Werte sind kein fester Bestandteil von NFSS, sondern vielmehr Konventionen, die in den internen Tabellen festgehalten werden. In den folgenden Abschnitten werden die Namenskonventionen eingeführt, die standardmäßig in NFSS verwendet werden. Jedem Benutzer steht es jedoch im Prinzip frei, diese Standardeinstellungen zu ändern, indem er zu den internen Tabellen weitere Fontdeklarationen hinzufügt. Beim Einbinden neuer Zeichensätze sollten die Konventionen wenn möglich beachtet werden, denn nur konsistente Namenskonventionen können sicherstellen, daß die richtigen Zeichensätze in einem generisch markierten Dokument ausgewählt werden.

Um einen bestimmten Schriftschnitt anzuwählen, z. B. Computer Modern Dunhill fett schmal kursiv 14pt, reicht es nicht aus, die Konventionen der Schnittstelle zu kennen, da nicht für jede Attributskombination ein externer Font vorhanden ist. Man könnte natürlich sein Glück versuchen, indem man etwa die folgenden Befehle verwendet:

```
\fontencoding{OT1}\fontfamily{cmdh}\fontseries{bc}\fontshape{it}%
\fontsize{14}{16pt}\selectfont
```

Vom Gesichtspunkt der Namenskonvention ist diese Eingabe völlig korrekt, wie in den folgenden Abschnitten zu sehen sein wird, aber trotzdem müßte NFSS einen anderen Zeichensatz verwenden, da es für diese Attributkombination keinen externen Zeichensatz gibt. Beim Ersetzungsvorgang kann so letztendlich ein Zeichensatz geladen werden, der sich von dem gewünschten erheblich unterscheidet. Man sollte sich deshalb in den Fonttabellen vergewissern, ob die gewünschte Kombination existiert (siehe Abschnitt 7.6.3 für nähere Informationen über den Ersetzungsvorgang). Auf jeder LaTeX-Installation sollte ein »Local Guide« verfügbar sein, der beschreibt, welche Schriftschnitte vorhanden sind und wie sie intern bezeichnet werden.

Auswahl der Schriftfamilie

Die Schriftfamilie wird mit dem Befehl `\fontfamily` festgelegt. Sein Argument bezeichnet die Schriftfamilie, so wie sie in den internen Tabellen deklariert ist, und besteht in der Regel aus einer Folge von Buchstaben, wie z. B. `cmr` für die Computer Modern Roman Schriftfamilie. Die Bezeichnung für eine Schriftfamilie sollte nicht mehr als fünf Buchstaben enthalten, da sie, zusammen mit bis zu drei weiteren Buchstaben, als Dateiname benutzt wird, womit die in einigen Systemen gültige Höchstgrenze von acht Buchstaben erreicht wäre.

Auswahl der Schriftserie

Das Attribut für die Auswahl der Schriftserie wird mit `\fontseries` verändert. Mit diesem Attribut wird sowohl die Schriftbreite als auch die Schriftstärke eingestellt, d.h. es ist nicht möglich, die Breite einer Schrift unabhängig von der Schriftstärke

Einteilung der Schriftstärke	
Ultramager (ultra light)	`ul`
Extramager (extra light)	`el`
Mager (light)	`l`
Halbmager (semi light)	`sl`
Medium (normal)	`m`
Halbfett (semi bold)	`sb`
Fett (bold)	`b`
Extrafett (extra bold)	`eb`
Ultrafett (ultra bold)	`ub`

Einteilung der Schriftbreite		
Ultraschmal (ultra condensed)	50%	`uc`
Extraschmal (extra condensed)	62.5%	`ec`
Schmal (condensed)	75%	`c`
Halbschmal (semi condensed)	87.5%	`sc`
Medium	100%	`m`
Halbbreit (semi expanded)	112.5%	`sx`
Breit (expanded)	125%	`x`
Extrabreit (extra expanded)	150%	`ex`
Ultrabreit (ultra expanded)	200%	`ux`

Tafel 7.10: Klassifizierung von Schriftstärke und Schriftbreite
Die Prozentangaben sind [36] entnommen. Im Argument des `\fontseries`-Befehls wird die Schriftstärke und dann die Schriftbreite angegeben. Ist einer Werte `m` (Medium), wird er weggelassen; sind beide Werte Medium, wird nur ein `m` geschrieben.

zu verändern. Diese Entscheidung wurde getroffen, weil sie der Praxis des Buchdesigns entspricht. In Schriftspezifikationen ist eine Veränderung der Schriftstärke z. B. von normal zu fett normalerweise mit einer Schriftbreitenänderung kombiniert: Dies ist nicht erstaunlich, da Änderungen in der Schriftstärke das horizontale Erscheinungsbild der Zeichen verändern und eine Anpassung der Schriftbreite erforderlich machen, damit ein ausgewogenes Schriftbild entsteht.

Jedes den Namenskonventionen gehorchende Argument des Befehls `\fontseries` ist aus Abkürzungen von Schriftbreite und Schriftstärke zusammengesetzt. Die Abkürzungen sind so gewählt, daß jede Kombination eindeutig ist (siehe Tafel 7.10. Bei der Kombination im Argument von `\fontseries` wird die Abkürzung `m` (für Medium) weggelassen, es sei denn, dieser Wert wurde sowohl für die Schriftstärke als auch die Schriftbreite gewählt. In diesem Fall enthält das Argument ein einziges `m`. Die Auswahl fett breit würde beispielsweise mit `bx` abgekürzt, medium breit nur mit `x`, fett medium mit `b`.

Auswahl der Schriftform

Die Schriftform wird mit dem Befehl `\fontshape` verändert. Wie auch bei den anderen Attributen werden dafür ein- bis zweibuchstabige Abkürzungen verwendet. Diese sind in Tafel 7.11 auf der nächsten Seite aufgelistet.

Auswahl des Schriftgrades

Der Schriftgrad wird mit dem Befehl`\fontsize{`⟨*größe*⟩`}{`⟨*durchschuß*⟩`}` festgelegt. Es ist der einzige Attributbefehl, der zwei Argumente besitzt: ⟨*größe*⟩ für die Schriftgröße und ⟨*durchschuß*⟩ für den Zeilenabstand (Durchschuß). Schriftgrad und Durchschuß werden traditionellerweise in Punkten (`pt`) angegeben, in welchem Fall die Einheit weggelassen werden kann. Wenn der Zeilenabstand jedoch eine Gummilänge ist, d.h. wenn er `plus` oder `minus` Anteile enthält, muß die

Kurzform	*Beschreibung*
`n`	senkrecht
`it`	*kursiv*
`sl`	*schräggestellt oder »oblique«*
`sc`	KAPITÄLCHEN
`ui`	senkrecht kursiv
`ol`	UMRISS

Tafel 7.11: Klassifizierung der Schriftformen

Am Beispiel der Computer Modern Roman Schriftfamilie sind hier exemplarisch die vordefinierten Kurzformen aufgelistet, die im Argument des Befehls `\fontshape` verwendet werden, um verschiedene Schriftformen anzuwählen. Die Outline-Schrift wurde mit dem in [32] vorgestellten METAFONT-Code erstellt.

Einheit mit angegeben werden. Eine gültige Einstellung für den Schriftgrad könnte also folgendermaßen aussehen:

```
\fontsize{14.4}{17}\selectfont
```

Auch wenn der Befehl korrekt ist, kann es vorkommen, daß es in dem gewünschten Schriftgrad keinen externen Zeichensatz gibt. In diesem Fall versucht NFSS, eine ähnliche Größe zu finden, sofern in den internen Tabellen eine Größenkorektur zugelassen ist. Ansonsten wird eine Fehlermeldung ausgegeben.

Bei skalierbaren Zeichensätzen (wie z. B. PostScript-Fonts) kann natürlich jede beliebige Größe ausgewählt werden, z. B.

```
\fontsize{1in}{1.2in}
\selectfont Happy Birthday
```

Durch diesen Befehl wird ein Geburtstagsgruß in ein Zoll (inch) Größe erzeugt. Die Verwendung von Zeichensätzen, die in beliebigen Größen vorhanden sind, hat jedoch einen Nachteil: Falls NFSS in dem neuen Schriftgrad auf eine Formel stößt[9], lädt es alle mathematischen Zeichensätze, die es *möglicherweise* benötigt, um diese Formel im gewählten Schriftgrad zu formatieren. Bei einer noch nie verwendeten Größe bedeutet dies, daß Schriftgrade für hoch- und tiefgestellte Zeichen erster, zweiter, ... Ordnung berechnet werden und eventuell neue Zeichensätze geladen werden müssen – was sich durch einen Blick in die Protokolldatei feststellen läßt. Es kann leicht passieren, daß auf diese Weise die maximale Anzahl von Zeichensätzen, die TEX laden kann, überschritten wird. In diesem Falle kann man NFSS mit Hilfe der Deklaration `\DeclareMathSizes` mitteilen, welche Schriftgrade es in Formeln verwenden soll, um somit das Laden zu vieler Zeichensätze zu verhindern. Zur genauen Vorgehensweise siehe Abschnitt 7.7.6.

9 Das kann auch geschehen, ohne explizit vom Benutzer beabsichtigt: Zum Beispiel benutzt die `tabular`-Umgebung intern den mathematischen Modus, um sich zentriert zu positionieren.

Kodierung	*Beschreibung*	*Deklariert durch*
T1	Cork-Kodierung für Text (8-Bit Standard)	NFSS
OT1	Kodierung nach D. Knuth für Text	NFSS
OML	Kodierung nach D. Knuth für Formeltexte	NFSS
OMS	Kodierung nach D. Knuth für mathematische Symbole	NFSS
OMX	Kodierung nach D. Knuth für Erweiterungssymbole	NFSS
U	Unbekannte Kodierung	NFSS
L..	Lokale Kodierung (für individuelle Kodierungen)	-

Tafel 7.12: Klassifizierung der Zeichensatzkodierungen

Es bleibt zu hoffen, daß die meisten dieser Kodierschemata bald durch Standards ersetzt werden, die von den TEX-Anwendergruppen definiert wurden, so daß Kodierungswechsel nur noch dann erforderlich sind, wenn man von einer Sprache zur anderen wechselt. Um hervorzuheben, daß die Kodierungen *obsolete*, d.h. veraltet sind, beginnen die meisten von ihnen mit einem O.

Auswahl des Kodierschemas

Die Kodierung wird mit dem Befehl `\fontencoding` festgelegt, wobei sein Argument die interne Bezeichnung für das gewünschte Kodierschema ist. Diese Bezeichnung muß NFSS bekannt sein, entweder als eine der vordefinierten Kodierungen, die in Tafel 7.12 aufgelistet sind, oder als Kodierung, die mit dem Befehl `\DeclareFontEncoding` deklariert wurde (siehe Abschnitt 7.7.4).

NFSS baut darauf auf, daß die meisten (oder besser: alle) Fonts, die im normalen Text verwendet werden, dieselbe Kodierung haben, sofern man Text in einer Sprache setzt. Das heißt: Eine Änderung der Kodierung sollte höchstens dann erforderlich sein, wenn auf eine andere Sprache umgeschaltet werden soll. Eine Umgebung zum Setzen von russischen Texten könnte beispielsweise folgendermaßen aussehen:

Ein по русски eingebetteter Text

```
\newenvironment{Cyr}
    {\fontencoding{OT2}\fontfamily{cmr}\selectfont}{}
Ein \begin{Cyr}po russki\end{Cyr} eingebetteter Text
```

Die verwendete Kurzform OT2 steht für die Kyrilliza-Kodierung der Universität Washington. Damit diese Kodierung im Dokument verwendet werden kann, muß sie in der Präambel oder einem Paket deklariert werden.

7.6.2 Festlegen mehrerer Zeichensatzattribute

Bei der Entwicklung eines Seitenstils (siehe Abschnitt 4.3) oder layoutbezogener Befehle möchte man häufig einen bestimmten Schriftschnitt benutzen, d.h. die Werte aller Attribute einstellen. Für diese Aufgabe stellt NFSS den Befehl `\usefont` zur Verfügung. Er hat vier Argumente für Kodierung, Schriftfamilie, Schriftserie und Schriftfom. Der Befehl setzt die Attributwerte und wählt dann den resultierenden Schriftschnitt mittels `\selectfont`. Wenn zusätzlich die Schriftgröße und der Zeilenabstand festgelegt werden sollen, stellt man einen `\fontsize`-Befehl voran, z. B.:

```
\fontsize{14}{16pt}\usefont{OT1}{cmdh}{bc}{it}
```

Diese Befehlsfolge führt zu demselben Ergebnis wie das auf Seite 193 dargestellte Beispiel.

Neben dem Befehl `\usefont` enthält NFSS eine Deklaration namens `\DeclareFixedFont`, mit der neue Befehle definiert werden können, die auf einen vollkommen festgelegten Zeichensatz umschalten. Solche deklarierten Befehle sind extrem schnell, da sie nicht in internen Tabellen nachsehen müssen, ob der zu ladende Zeichensatz existiert. Sie sind daher sinnvoll in Befehlsdefinitionen, die zwischen festen Zeichensätzen hin- und herschalten. Im Paket doc (siehe Kapitel 14) werden die Zeilennummern des Quelltextes mit Hilfe der folgenden Definitionen gesetzt:

```
\DeclareFixedFont{\CodelineFont}{\encodingdefault}{\familydefault}
                 {\seriesdefault}{\shapedefault}{7pt}
\newcommand{\theCodelineNo}{\CodelineFont\arabic{CodelineNo}}
```

Wie das Beispiel zeigt, besitzt `\DeclareFixedFont` sechs Argumente: den Namen des Befehls und die fünf von NFSS verwendeten Zeichensatzattribute. Anstelle von festen Werten (mit Ausnahme des Schriftgrades) werden im obigen Beispiel die Voreinstellungen für die Basisschrift zugewiesen (siehe dazu auch Abschnitt 7.3.5). Deshalb hängt der Befehl `\CodelineFont` immer noch von der Gesamtgestaltung des Dokumentes ab (über die Einstellung von `\encodingdefault`, usw.) und erhält die zum Zeitpunkt der Deklaration aktuellen Werte zugewiesen.

7.6.3 Automatische Fontersetzung

Jedesmal, wenn ein Fontwechselbefehl nicht ausgeführt werden kann, weil NFSS die Attributkombination nicht kennt, versucht das System einen Zeichensatz mit ähnlichen Attributen zu finden. Dabei entsteht folgender Ablauf: Wenn die geforderte Kombination von Kodierschema, Schriftfamilie, Schriftserie und Schriftform nicht deklariert ist (siehe Abschnitt 7.7.2), versucht NFSS, eine ihm bekannte Kombination zu finden, indem das Attribut für die Form auf seinen Standardwert zurückgesetzt wird. Wenn die resultierende Kombination ebenfalls nicht existiert, wird das Attribut für die Schriftserie zurückgesetzt und als letztes das Attribut für die Schriftfamilie.

Das Kodierschema bleibt beim Ersetzungsvorgang unberücksichtigt, da jegliche Änderung zur Ausgabe falscher Zeichen führen könnte. Während die anderen Attribute nur das äußere Erscheinungsbild der Zeichen bestimmen, legt das Kodierschema fest, wie die eingegebenen Zeichen zu interpretieren sind. Es könnte daher katastrophale Auswirkungen haben, wenn das Kodierschema geändert würde, d.h. wenn z. B. anstatt eines £-Zeichens plötzlich ein $-Zeichen auf einer Rechnung erscheinen würde, nur weil die Software versuchte, clever zu sein.[10]

Wenn die Eingabe beispielsweise folgendermaßen lautet: `\ttfamily \bfseries\itshape`, – d.h. wenn ein Typewriter Font in fett und kursiv (den es normalerweise nicht gibt) geladen werden soll – wird ein Typewriter Font in senkrechter Form mittlerer Schriftstärke (medium) ausgewählt, da NFSS als erstes das Attribut für die Schriftform zurücksetzt, bevor der Wert der Schriftserie geändert wird. Wenn bei der Auswahl der Fonts dagegen mehr Wert auf die Kursivform gelegt werden soll, muß dieses NFSS mitgeteilt werden. Zu diesem Zweck kann die Funktion `sub` verwendet werden, die auf Seite 204 näher erläutert wird.

Jedem Kodierschema muß also eine Standard-Schriftfamilie, -Schriftserie und eine Standard-Schriftform zugeordnet sein, und diese Kombination muß, zusammen mit dem Kodierschema, in NFSS definiert sein (siehe auch Abschnitt 7.7.4).

7.6.4 Verwendung von Low-Level-Befehlen im Dokument

Die Low-Level-Befehle, die in den vorhergehenden Abschnitten beschrieben wurden, sind primär dafür vorgesehen, High-Level-Befehle zu definieren, entweder in Dokumentenklassen- oder Paketdateien oder in der Präambel des Dokumentes.

Wenn möglich, sollte auf ihren Einsatz im eigentlichen Dokument verzichtet werden, wenn stattdessen ein High-Level-Fontbefehl wie etwa `\textsf` verwendet werden kann. Dies hat einen triftigen Grund: Low-Level-Befehle sind präzise Anweisungen, mit denen auf einen bestimmten Zeichensatz umgeschaltet wird, während High-Level-Befehle mit Hilfe von Paketen oder Deklarationen in der Präambel den Anforderungen angepaßt werden können. Wenn z. B. in einem Dokument der Computer Modern Sans Zeichensatz mit `\fontfamily{cmss}\selectfont` ausgewählt wurde und später entschieden wird, das gesamte Dokument mit PostScript-Fonts zu setzen, z. B. durch Verwendung des times-Paketes, werden nur die Teile des Dokumentes geändert, die keine `\fontfamily` Befehle enthalten.

7.7 Einbindung neuer Zeichensätze

7.7.1 Übersicht

Neue Zeichensätze in NFSS einzubinden, bedeutet, die internen NFSS-Tabellen zu füllen, so daß NFSS später eine Zeichensatzanforderung in einem Dokument mit den von LaTeX benötigten Zeicheninformationen aus den externen `.tfm`-Dateien assoziieren kann. Die Tabellen sind also das Verbindungsglied, durch das

```
\fontencoding{OT1}\fontfamily{cmdh}\fontseries{m}\fontshape{n}%
\fontsize{10}{12pt}\selectfont
```

mit der externen `.tfm`-Datei `cmdunh10.tfm` assoziiert wird. Wenn neue Schriften

10 Unglücklicherweise ist die $/£ Vertauschung ein Paradebeispiel, welches auch von NFSS nicht vollständig gelöst werden kann, solange man Zeichensätze in `OT1`-Kodierung verwendet (diese Kodierung ist im Gegensatz zu `T1` nicht vollständig normiert).

hinzugefügt werden sollen, muß dieses Verfahren umgedreht werden. Bei jedem neuen externen Zeichensatz müssen daher die folgenden fünf Fragen beantwortet werden:

1. Wie sieht das Kodierschema des Zeichensatzes aus, d.h. welche Zeichen stehen an welcher Stelle?
2. Wie lautet die Bezeichnung der Schriftfamilie?
3. Um welche Schriftserie handelt es sich (Schriftstärke und Schriftbreite)?
4. Welche Form hat die Schrift?
5. Wie groß ist die Schrift?

Die Antworten zu obigen Fragen liefern die Informationen, die man benötigt, um den externen Zeichensatz nach den Konventionen von NFSS zu klassifizieren, wie sie im Abschnitt 7.6 beschrieben sind. In den nächsten Abschnitten wird die Frage geklärt, wie man neue Zeichensätze in die NFSS-Tabellen einfügt, so daß sie später im Text verwendet werden können. Man braucht diese Informationen, wenn man neue Zeichensätze benutzen möchte, wenn man z. B. ein kleines Paket für den Zugriff auf eine neue Schriftfamilie erstellen möchte. Im weiteren Verlauf werden darüber hinaus komplexere Konzepte erläutert, die dann zum Einsatz kommen, wenn man z. B. in mathematischen Formeln andere als die Standard-Zeichensätze verwenden möchte.

7.7.2 Einbindung neuer Schriftfamilien und Schriftschnittgruppen

Jede Kombination von Kodierschema und Schriftfamilie muß NFSS mit Hilfe des Befehls `\DeclareFontFamily` mitgeteilt werden. Der Befehl besitzt drei Argumente. Die ersten beiden sind die Kodierung und die Schriftfamilie. Das dritte Argument, ist meistens leer, kann aber speziellen Code enthalten, der beim Laden von Zeichensätzen ausgeführt wird. Nähere Erläuterungen hierzu finden sich auf Seite 205. Will man also eine neue Schriftfamilie in der alten TEX-Kodierung `OT1` einführen, z. B. Computer Modern Dunhill, schreibt man :

```
\DeclareFontFamily{OT1}{cmdh}{}
```

Eine Schriftfamilie besteht in der Regel aus vielen verschiedenen Zeichensätzen. Mit NFSS wird nicht mehr jedes Mitglied einer Schriftfamilie einzeln definiert, sondern alle Mitglieder eines Schriftschnittes, die sich nur im Schriftgrad voneinander unterscheiden, werden als eine Schriftschnittgruppe deklariert.

Eine derartige Schriftschnittgruppe wird mit dem `\DeclareFontShape`-Befehl in die internen Tabellen des NFSS eingefügt. Der Befehl hat sechs Argumente. Die ersten vier bezeichnen die Kodierung, die Familien, die Schriftserie und die Schriftform, unter denen man den Schriftschnitt später adressieren möchte. Das fünfte Argument besteht aus einer Liste von Schriftgrößen und Namen externer Zeichensätze in einem festgelegten Format, auf das später eingegangen wird. Das sechste Argument ist in der Regel leer, seine Verwendungsweise wird auf Seite 205 erläutert.

Zunächst wird an einigen Beispielen in die Terminologie eingeführt. Danach wird die Funktionalität im Detail erklärt.

Ein NFSS-Tabelleneintrag für den Computer Modern Dunhill Font medium (Schriftserie) senkrecht (Schriftform) im Kodierschema »TeX Text« könnte folgendermaßen aussehen:

```
\DeclareFontShape{OT1}{cmdh}{m}{n}{ <10> cmdunh10 }{}
```

wobei davon ausgegangen wird, daß nur ein externer Zeichensatz im Schriftgrad 10pt vorhanden ist. Wenn es diesen Zeichensatz auch noch in der Schriftgröße 12pt gibt, muß die Anweisung folgendermaßen lauten:

```
\DeclareFontShape{OT1}{cmdh}{m}{n}{ <10> <12>cmdunh10 }{}
```

Wenn der externe Zeichensatz skalierbar ist (wie es z. B. für PostScript-Schriften des Typs 1 (Outline) der Fall ist) oder wenn das Treiberprogramm Zeichensätze bei Bedarf mit Hilfe von METAFONT generieren kann, wird die Deklaration ganz einfach. Times Roman fett (Schriftserie) senkrecht (Schriftform) im »Cork Text Kodierschema« würde z. B. folgendermaßen definiert werden:

```
\DeclareFontShape{T1}{times}{b}{n}{ <-> pstimb }{}
```

Im obigen Beispiel wird für die Schriftgröße ein Bereich mit zwei offenen Enden spezifiziert (weder links noch rechts des - ist ein Wert angegeben). Dies führt dazu, daß für alle Schriftgrade dieselbe externe Datei (`pstimb.tfm`) benutzt und auf die gewünschte Größe skaliert wird. Wenn mehr als eine `.tfm`-Datei für einen PostScript Schriftschnitt zur Verfügung steht – z. B. `pstim` für normale Schriftgrade und `psdtim` für die Überschriftsgrade – könnte die Anweisung folgendermaßen lauten:

```
\DeclareFontShape{T1}{times}{m}{n}{ <-12> pstim <12-> psdtim }{}
```

Durch diese Anweisung wird die `.tfm`-Datei `pstim` für Schriftgrade benutzt, die kleiner sind als 12pt, und `psdtim` für alle größeren.

Wie in den vorangegangen Beispielen gezeigt, besteht das fünfte Argument des Befehls `\DeclareFontShape` aus Größenangaben, die in Spitzklammern (d.h. `<...>`) eingefaßt werden, ergänzt durch die notwendigen Informationen zum Laden der einzelnen Schriftschnitte (z. B. Name des externen Zeichensatzes). Die Informationen innerhalb der Spitzklammern werden als »Größendaten« und jene hinter der Klammer als »Zeichensatzdaten« bezeichnet. Die Zeichensatzdaten sind weiter unterteilt in eine »Größenfunktion« (häufig leer) und ihre Argumente; auf diesen Punkt wird später noch näher eingegangen. In den Argumenten des `\DeclareFontShape`-Befehls werden Leerzeichen ignoriert, damit die Einträge besser lesbar werden. In den Ausnahmefällen, in denen doch ein Leerzeichen eingefügt werden muß, kann man den Befehl `\space` verwenden.

Einfachgrößen und Größenbereiche

Die Größendaten, d.h. die Teile innerhalb der Spitzklammern des fünften Argumentes von `\DeclareFontShape`, lassen sich in »Einfachgrößen« und »Größenbereiche« unterteilen.

Eine Einfachgröße ist eine einzelne (Dezimal-)Zahl, wie z. B. `<10>` oder `<14.4>`, die jeden beliebigen positiven Wert annehmen kann. Da sie jedoch einen Schriftgrad bezeichnet, der in pt gemessen wird, bewegt sie sich meistens zwischen 4 und 120. Ein Größenbereich besteht aus zwei Einfachgrößen, die durch einen Bindestrich voneinander getrennt sind, und gibt den Größenbereich der Schriftschnitte an, die dieselben Zeichensatzdaten haben. Die untere Grenze (d.h. die links vom Bindestrich stehende Größe) gehört zu dem angegebenen Bereich, die obere Grenze nicht. Der Bereich `<5-10>` steht für Schriftgrade, die größer oder gleich 5pt und kleiner als 10pt sind. Die Zahlen vor und hinter dem Bindestrich können aber auch weggelassen werden. Die Interpretation dieser Angabe ist offensichtlich: `<->` bezeichnet einen unbegrenzten Bereich, `<-10>` steht für Schriftgrade, die kleiner sind als 10pt und `<12->` für alle Schriftgrade, die größer oder gleich 12pt sind.

Häufig haben mehrere Einfachgrößen die gleichen Zeichensatzdaten. In diesem Fall kann man alle bis auf die letzten Zeichensatzdaten weglassen, etwa:

```
\DeclareFontShape{OT1}{panr}{m}{n}{ <5> <6> <7> <8> <9> <10>
        <10.95> <12> <14.4> <17.28> <20.74> <24.88> pan10 }{}
```

Dieses Beispiel deklariert die Schriftschnittgruppe Pandora Roman medium als eine Gruppe, die Zeichensätze in mehreren Graden beinhaltet, die alle durch Skalierung aus einem einzigen Zeichensatz (`pan10.tfm`) erzeugt werden.

Größenfunktionen

Wie bereits erwähnt, werden die Zeichensatzdaten (die Zeichenkette hinter der schließenden spitzen Klammer) in eine Größenfunktion und zugehörige Argumente unterteilt. Enthält die Zeichenkette ein `*`, bildet der Teil links davon den Funktionsnamen und der Teil rechts davon die Argumente. Ohne Stern (wie in allen bisherigen Beispielen) wird die gesamte Zeichenkette als das Argument betrachtet, und der Funktionsname ist »leer«.

Auf Basis des vom Benutzer gewünschten Schriftgrades und der Information im Befehl `\DeclareFontShape` erstellen die Größenfunktionen die für NFSS notwendige Spezifikation, um den externen Zeichensatz zu finden und ihn in der richtigen Größe zu laden. Sie haben auch die Aufgabe, den Benutzer über besondere Vorgänge zu informieren. Einige Funktionen unterscheiden sich z. B. nur darin, ob sie eine Warnung ausgeben oder nicht. Dadurch hat der Systembetreuer die Möglichkeit, NFSS optimal an die Bedürfnisse seiner Installation anzupassen.

Der Name einer Größenfunktion kann aus keinem, einem oder mehreren Buchstaben bestehen. Einige Größenfunktionen haben zwei Argumente, wobei das erste optional und das zweite obligatorisch ist. Das optionale Argument muß in eckige Klammern eingeschlossen sein.

Die Spezifikation

```
<-> s * [0.9] cmfib8
```

wählt z. B. für alle Größen die Größenfunktion `s` mit dem optionalen Argument `0.9` und dem obligatorischen Argument `cmfib8` aus.

Die Größenspezifikationen in `\DeclareFontShape` werden in der Reihenfolge geprüft, in der sie angegeben sind. Wenn Größendaten gefunden werden, die auf die Benutzeranforderung passen, wird die entsprechende Größenfunktion ausgeführt. Wenn dieser Prozeß einen gültigen Zeichensatz liefert, werden keine weiteren Einträge geprüft. Andernfalls wird die Suche mit dem nächsten Eintrag fortgesetzt.

Im folgenden werden die Standard-Größenfunktionen beschrieben. In der Dokumentation für NFSS wird erläutert, wie bei Bedarf zusätzliche Funktionen definiert werden können, falls die Standard-Funktionen nicht ausreichen sollten.

Die Funktion »leer« Die leere Funktion wird am häufigsten benutzt, sie trägt deshalb den kürzesten Namen. (Jeder Tabelleneintrag belegt einen kleinen Teil des internen Speichers; die gewählte Syntax ist deshalb ein Kompromiß zwischen perfekter Benutzerschnittstelle und minimalem Speicherbedarf. Bei Einfachgrößen lädt die leere Funktion den Zeichensatz genau in der gewünschten Größe. Bei Größenbereichen wird der Zeichensatz genau in der vom Benutzer geforderten Größe geladen, sofern diese in den Bereich fällt.

Wenn der Benutzer z. B. `14.4` verlangt, wird durch die Spezifikation

```
<-> panr10
```

die `.tfm`-Datei `panr10.tfm` in der Größe 14.4 pt geladen. Da dieser Zeichensatz für 10pt ausgelegt ist (es handelt sich um den Pandora Roman Font in 10pt) werden alle Werte in der `.tfm`-Datei mit dem Faktor 1.44 multipliziert.

Manchmal kommt es aber auch vor, daß ein Zeichensatz in einer Größe geladen werden soll, die leicht von dem im Dokument geforderten Schriftgrad abweicht. Diese Anpassung kann z. B. dann notwendig sein, wenn die Zeichensätze einer bestimmten Schriftfamilie im Vergleich zu den anderen im Dokument verwendeten Zeichensätzen zu groß erscheinen. Zu diesem Zweck besitzt die leere Funktion ein optionales Argument, in dem ein Skalierungsfaktor angegeben werden kann, der – wenn vorhanden – mit der vom Benutzer gewünschten Größe multipliziert wird, um so die tatsächlich zu ladende Schriftgröße zu errechnen. Die Angabe

```
<-> [0.95] helvetica
```

z. B. bewirkt, daß der Helvetica-Zeichensatz in einer Schriftgröße geladen wird, die nur 95% der verlangten Schriftgröße beträgt. Bei Angabe des optionalen Argumentes gibt die leere Funktion eine Warnung aus, um den Benutzer davon Kenntnis zu setzen, daß der Zeichensatz nicht in der angeforderten Größe geladen wird.

Die Funktion »s« Die s-Funktion bewirkt im Prinzip dasselbe wie die leere Funktion; es werden jedoch keine Warnungen auf dem Bildschirm ausgegeben (s steht für Stille). Mit dem Befehl

```
\DeclareFontShape{T1}{times}{b}{n}{ <-> s * [0.9] pstimb }{}
```

werden alle Meldungen unterdrückt, die bei Benutzung der leeren Funktion auf dem Bildschirm ausgegeben würden. Die Meldungen werden aber in der Protokolldatei aufgezeichnet, so daß man stets herausfinden kann, welche Zeichensätze benutzt wurden.

Die Funktion »gen« Häufig werden die Namen der externen Zeichensätze gebildet, indem die Zeichensatzgröße an eine Buchstabenfolge angehängt wird, die für die Schrift steht, z. B. sind `cmtt8`, `cmtt9`, und `cmtt10` die externen Namen für den Computer Modern Typewriter Font in den Schriftgrößen 8, 9, und 10pt. Für alle Zeichensatznamen, die nach einem solchen Schema gebildet werden, kann man die gen-Funktion verwenden, um den Eintrag zu verkürzen. Mit dieser Funktion werden die Zeichensatzdaten und die gewünschte Größe zusammengefügt und daraus der externe Zeichensatzname generiert (daher gen). Man kann also eingeben:

```
<8> <9> <10> gen * cmtt
```

anstatt der Langform

```
<8> cmtt8 <9> cmtt9 <10> cmtt10
```

und damit acht Zeichen in der internen NFSS-Tabelle einsparen. Mit dieser Funktion werden die beiden Teile wortwörtlich zusammengefügt. Man kann sie also nicht bei Dezimalzahlen, wie `14.4`, verwenden. Außerdem sollte man darauf achten, daß die Zahlen im externen Zeichensatznamen auch tatsächlich den Schriftgrad bezeichnen (`cmr17` steht z. B. in Wirklichkeit für Computer Modern Roman in 17.28pt).

Ansonsten verhält sich die gen-Funktion genauso wie die leere Funktion, d.h. im optionalen Argument kann ein Skalierungsfaktor angegeben werden, bei dessen Verwendung eine Mitteilung auf dem Bildschirm ausgegeben wird.

Die Funktion »sgen« Die sgen-Funktion ist die stille Variante der gen-Funktion. Die Meldungen werden nur in der Protokolldatei aufgezeichnet.

Die Funktion »sub« Eine weitere wichtige Größenfunktion ist die sub-Funktion, mit deren Hilfe eine Schriftschnittgruppe durch eine andere ersetzt wird, wenn für die gewünschte Schriftschnittgruppe keine externen Zeichensätze existieren. In diesem Fall stellt das Argument keinen externen Zeichensatznamen dar, sondern eine durch Schrägstriche voneinander getrennte Familien-, Serien- und Schriftform-Kombination (die Kodierung ändert sich aus bereits erwähnten Gründen nicht). In der Computer Modern Sans Schriftfamilie gibt es z. B. keine Kursivschrift, sondern nur die Schrägstellung. Es ist daher sinnvoll, die schräggestellte Schrift als Ersatz für die Kursivschrift zu definieren:

```
\DeclareFontShape{OT1}{cmss}{m}{it}{ <-> sub * cmss/m/sl }{}
```

Ohne diese Definition würde die automatische Ersetzungsfunktion von NFSS (siehe Abschnitt 7.6.3) auf die Standard-Schriftform senkrecht umschalten. Neben der Ersetzung ganzer Schriftschnittgruppen gibt es aber noch andere Verwendungsmöglichkeiten für die sub-Funktion:

```
\DeclareFontShape{OT1}{cmss}{m}{sl}{ <-8> sub * cmss/m/n
   <8> cmssi8  <9> cmssi9  <10><10.95> cmssi10  <12><14.4> cmssi12
   <17.28><20.74><24.88> cmssi17 }{}
```

In dieser Deklaration ist festgehalten, daß NFSS bei Schriftgraden unter 8pt in der Schriftschnittdeklaration von OT1/cmss/m/n nachsehen soll. Solche Ersetzungen können über mehrere Stufen erfolgen. Diejenigen, die sich mit den Standardzeichensätzen auskennen, wissen, daß es keinen Computer Modern Sans Zeichensatz gibt, der kleiner als 8pt ist. Die ersetzende Schriftschnittgruppe wird also wahrscheinlich wiederum einen Ersetzungseintrag enthalten. Diese Methode hat aber den Vorteil, daß man bei Hinzufügen eines neuen Zeichensatzes nur die Definition einer einzigen Schriftschnittgruppe ändern muß. Andere Definitionen, die auf die geänderte zurückgreifen, werden automatisch angepaßt.

Die Größenfunktion sub erzeugt auf dem Bildschirm eine Meldung über die Ersetzung. Will man diese Meldung unterdrücken, muß man stattdessen die ssub-Funktion benutzen.

Die Funktion »ssub« Die ssub-Funktion hat dieselbe Funktionalität wie die sub-Funktion; es werden jedoch keine Warnungen auf dem Bildschirm ausgegeben (das erste s steht für Stille).

Die Funktion »subf« Die subf-Funktion ist eine Mischung zwischen der leeren Funktion und sub-Funktion, denn sie lädt die Zeichensätze auf die gleiche Weise wie die leere Funktion, gibt aber eine Warnung auf dem Bildschirm aus, daß eine Ersetzung erfolgte, weil der gewünschte Schriftschnitt nicht vorhanden war. Man kann diese Funktion also benutzen, um externe Zeichensätze zu ersetzen, ohne für sie eine separate Schriftschnittgruppe definieren zu müssen, wie es bei der sub-Funktion der Fall ist.

Die Funktion »ssubf« Dies ist die stille Variante von `subf`; Meldungen werden nur in die Protokolldatei geschrieben.

Die Funktion »fixed« Diese Funktion ignoriert die vom Benutzer angeforderte Größe und lädt stattdessen den als Argument angegebenen externen Zeichensatz. Wenn vorhanden, gibt das optionale Argument die Größe an (in pt), in welcher der Zeichensatz geladen wird. Mit dieser Funktion kann man also Größenbereiche festlegen, innerhalb derer ein bestimmter Zeichensatz immer in derselben Größe geladen wird.

Die Funktion »sfixed« `sfixed` ist wieder eine stille Variante. Diese Funktion wird z. B. verwendet, um den Zeichensatz zu laden, der die großen mathematische Symbole enthält, die häufig nur in einer Größe vorhanden sind.

Zeichensatz-Ladeoptionen

Wie bereits erwähnt, muß jede Schriftfamilie mit `\DeclareFontFamily` deklariert werden. Das Argument dieses Befehls kann, genau wie das sechste Argument von `\DeclareFontShape`, dazu verwendet werden, spezielle Operationen zu spezifizieren, die beim Laden eines Zeichensatzes ausgeführt werden. Auf diese Weise lassen sich Parameter ändern, die sich auf die ganze Schriftfamilie beziehen.

Neben der Information über jedes Zeichen verwendet (LA)TEX für jeden externen Zeichensatz einige globale Maße und andere Werte, die mit den Zeichensätzen verbunden sind. Jeder Zeichensatz hat z. B. sein eigenes »Trennzeichen«, d.h. das Zeichen, das automatisch eingefügt wird, wenn (LA)TEX ein Wort trennt. Zeichensatzspezifisch sind auch die normale Breite und die Dehnbarkeit des Wortzwischenraumes, deren Werte ebenfalls geändert werden, wenn (LA)TEX auf einen anderen Zeichensatz umschaltet. Dadurch daß diese Werte beim Laden eines Zeichensatzes geändert werden, können Spezialeffekte erzielt werden.

In der Regel gelten die Änderungen immer für eine ganze Schriftfamilie. Man kann beispielsweise die Trennung aller Wörter unterdrücken, die in Typewriter-Schrift gesetzt sind. In diesem Fall sollte das dritte Argument von `\DeclareFontFamily` verwendet werden. Wenn die Änderung nur für eine spezielle Schriftschnittgruppe gelten soll, muß man das sechste Argument von `\DeclareFontShape` verwenden. Anders ausgedrückt: Beim Laden eines Zeichensatzes führt NFSS zuerst das Argument von `\DeclareFontFamily` und danach das sechste Argument von `\DeclareFontShape` aus. Auf diese Weise können die Ladeoptionen, die für die gesamte Schriftfamilie festgelegt worden sind, überschrieben werden.

Im folgenden wird besprochen, was auf diese Weise geändert werden kann (leider läßt sich nicht alles ändern), und es werden einige nützliche Beispiele aufgeführt. Für diese Funktionen werden Low-Level-Befehle von TEX verwendet. Da es sich um sehr spezielle Funktionen handelt, wurden keine Anstrengungen unternommen, die Syntax an LATEX anzupassen. Das Verfahren für die Zuweisung von ganzen Zahlen und Maßen an Variablen ist daher etwas ungewöhnlich.

Mit `\hyphenchar\font=`⟨*Zahl*⟩ bezeichnet (LA)TEX das Zeichen, das als Trennzeichen eingefügt wird, wenn ein Wort getrennt wird. Mit ⟨*Zahl*⟩ wird die Position des Zeichens im Kodierschema angegeben. Standardmäßig ist der Wert von `\defaulthyphenchar` eingestellt, welcher 45 ist und in den meisten Kodierschemata für das Zeichen - steht. Wird diese Zahl auf −1 gesetzt, so wird die Trennung unterdrückt. Mit der Definition

```
\DeclareFontFamily{OT1}{cmtt}{\hyphenchar\font=-1}
```

wird demnach die Trennung in allen Zeichensätzen der `cmtt`-Schriftfamilie mit dem Kodierschema `OT1` unterdrückt. Zeichensätze mit Cork-Kodierung haben zusätzlich ein Trennzeichen auf Position 127. Man kann also z. B. eingeben

```
\DeclareFontFamily{T1}{dcmr}{\hyphenchar\font=127}
```

Der von (LA)TEX eingefügte Trennstrich unterscheidet sich dann von einem Bindestrich in zusammengesetzten Worten wie »C-Dur«. (LA)TEX unterdrückt die Trennung in Wörtern, die bereits ein Trennzeichen enthalten, außer direkt nach dem Trennzeichen. Dies kann in Sprachen, in denen die durchschnittliche Wortlänge sehr viel größer ist als im Englischen, zu einem echten Problem werden. Mit der obigen Einstellung kann das Problem behoben werden.

Mit jedem (LA)TEX-Zeichensatz sind einige Längenparameter verbunden, die durch die Zuweisung der Form `\fontdimen`⟨*zahl*⟩`\font=`⟨*länge*⟩ geändert werden, wobei die ⟨*zahl*⟩ die Bezugszahl für den Parameter und ⟨*länge*⟩ den zuzuweisenden Wert darstellt. Die Standardwerte werden beim Laden des Zeichensatzes aus der `.tfm`-Datei entnommen. Jeder Zeichensatz hat mindestens sieben solcher Parameter:

`\fontdimen1` spezifiziert die Neigung der Zeichen als den Abstand von der Senkrechten in der Höhe von 1pt. Wenn der Wert Null ist, handelt es sich um einen senkrechten Zeichensatz.

`\fontdimen2` gibt den normalen Abstand zwischen Wörtern an.

`\fontdimen3` gibt die zusätzliche Dehnbarkeit des Wortzwischenraumes an, d.h. den zusätzlichen Leerraum, den (LA)TEX zwischen Wörtern einfügen darf, um die Zeilen in einem Absatz auszurichten. Im Notfall kann (LA)TEX über das Höchstmaß hinausgehenden Leerraum einfügen; in diesem Fall wird eine "underfull box" Meldung ausgegeben.

`\fontdimen4` gibt den Wert für die erlaubte Stauchung des Wortzwischenraumes an, d.h. den Leerraum, den (LA)TEX vom normalen Wortzwischenraum (`\fontdimen2`) abziehen kann, um die Zeilen in einem Absatz auszurichten. (LA)TEX wird den Wert für die erlaubte Stauchung des Wortzwischenraumes nie unterschreiten.

`\fontdimen5` gibt die sogenannte x-Höhe des Zeichensatzes an. Es definiert das zeichensatzspezifische Maß `1 ex`.

`\fontdimen6` spezifiziert die Breite eines Gevierts (englisch quad). Es definiert das zeichensatzspezifische Maß `1 em`.

`\fontdimen7` gibt den Wert für den zusätzlichen Leerraum nach dem Satzendezeichen an, falls `\nonfrenchspacing` eingeschaltet ist.

Wenn man den Wortzwischenraum eines Zeichensatzes ändern will, kann man keinen absoluten Wert angeben, da dieser Wert für alle Größen innerhalb einer Schriftschnittgruppe gelten muß. Der Wert muß deshalb durch Verwendung eines anderen, vom jeweiligen Zeichensatz abhängigen Parameters definiert werden. Eine solche Definition kann z. B. folgendermaßen aussehen:

```
\DeclareFontShape{OT1}{cmr}{m}{n}{...}
   {\fontdimen2\font=.9\fontdimen2\font}
```

In diesem Beispiel wird der normale Wortzwischenraum auf 90 Prozent seines ursprünglichen Wertes reduziert. Dehnung und Stauchung können auf ähnliche Weise geändert werden.

Einige Zeichensätze, die in Formeln verwendet werden, benötigen mehr als sieben Fontparameter. Es handelt sich hierbei um die Symbolfonts namens »`symbols`« und »`largesymbols`«; siehe Abschnitt 7.7.6. TeX wird eine Formel nicht setzen, wenn der entsprechende Symbolfont weniger als 22 bzw. 13 `\fontdimen`-Parameter enthält. Die Werte dieser Parameter werden verwendet, um die Zeichen in den Formeln zu positionieren. Die Bedeutung sämtlicher `\fontdimen`-Parameter zu erklären, würde den Rahmen dieses Buches sprengen; nähere Erläuterungen hierzu befinden sich im Anhang G des TeX-Buches [48].

Einen kleinen Schönheitsfehler enthält das TeX-System allerdings, denn TeX lädt jede `.tfm`-Datei in einer bestimmten Größe nur einmal. Es ist daher nicht möglich, eine Schriftschnittgruppe (mit dem Befehl `\DeclareFontShape`) zu definieren, um einen externen Zeichensatz – z. B. `cmtt10` – zu laden und einen anderen `\DeclareFontShape`-Befehl zu benutzen, um denselben externen Zeichensatz zu laden und dabei einige der `\fontdimen`-Parameter oder andere, mit dem Zeichensatz verbundene Parameter zu ändern. In diesem Fall würden die Werte für beide Schriftschnittgruppen geändert.

Wenn man z. B. einen engen Schriftschnitt definieren würde, indem man den Wortzwischenraum verkleinert – z. B. durch

```
\DeclareFontShape{T1}{times}{m}{n}{ <-> pstim }{}
\DeclareFontShape{T1}{times}{c}{n}{ <-> pstim }
                  {\fontdimen2\font=.7\fontdimen2\font}
```

erhält man nicht das gewünschte Resultat. Sobald der schmale Schriftschnitt geladen wird, würde sich auch der Wortzwischenraum für den normalen Schriftschnitt ändern, und zwar auf den Wert, der für den schmalen Schriftschnitt angegeben wurde. Der beste Ausweg aus diesem Dilemma ist, einen virtuellen Font zu erzeugen, der dieselben Zeichen enthält wie der ursprüngliche Zeichensatz, aber andere Werte für die Fontparameter hat (siehe auch Abschnitt 9.1.1).

7.7.3 Änderung der Schriftfamilie und der Schriftschnittgruppen

Wenn man für ein bestimmtes Dokument eine geänderte Schriftschnittgruppendeklaration verwenden möchte, braucht man sie lediglich in einem Paket oder der Präambel definieren. Jede bereits existierende Schriftschnittgruppendeklaration wird damit überschrieben. Man beachte, daß die Verwendung des `\DeclareFontFamily`-Befehls verhindert, daß NFSS später die zugehörige `.fd`-Datei sucht (siehe Abschnitt 7.7.5). Außerdem hat die neue Deklaration keinen Einfluß auf bereits geladene Zeichensätze.

7.7.4 Einbindung neuer Kodierschemata

Zeichensatzwechsel, die Änderungen im Kodierschema beinhalten, bedürfen gewisser Vorsichtsmaßnahmen. Im Cork-Kodierschema sind beispielsweise die meisten Buchstaben mit Akzent separate Zeichen, während sie in der `OT1`-Kodierung mit dem Befehl `\accent` aus Buchstaben und Akzenten zusammengesetzt werden müssen. (Es ist wünschenswert, für akzentuierte Buchstaben separate Zeichen zur Verfügung zu haben und sie nicht mit dem Befehl `\accent` zusammensetzen zu müssen, da unter anderem damit möglich wird, Wörter, die Akzente enthalten korrekt zu trennen.) Wenn diese beiden Kodierungen miteinander kombiniert werden müssen, z. B. weil ein Zeichensatz nur in einer der beiden Kodierungen vorhanden ist, müssen Befehle wie `\"` so verändert werden, daß sie je nach Zeichensatz eine andere Bedeutung haben.

Daher muß jedes Kodierschema mit dem Befehl `\DeclareFontEncoding` formal in NFSS eingeführt werden. Der Befehl hat drei Argumente. Das erste Argument enthält den Namen, mit dem auf die Kodierung mit dem Befehl `\fontencoding` zugegriffen werden kann. Tafel 7.12 auf Seite 196 enthält eine Liste der Basis-Kodierschemata und ihrer in NFSS verwendeten Namen.

Das zweite Argument enthält beliebigen Code (z. B. Definitionen), der ausgeführt wird, sobald NFSS mit Hilfe des `\fontencoding`-Befehls auf dieses Kodierschema umschaltet. Das letzte Argument enthält Code, der verwendet wird, wenn der Zeichensatz als Alphabetbefehl innerhalb von Formeln aufgerufen wird. Die letzten beiden Argumente können dazu benutzt werden, Befehle, deren Definition von der aktuellen Kodierung abhängt, zu redefinieren. Um zu vermeiden, daß überflüssige Abstände im Dokument entstehen (durch Leerzeichen zwischen den Definitionen in den Argumenten von `\DeclareFontEncoding`), werden Leerzeichen innerhalb der Argumente ignoriert. In dem seltenen Fall, in dem für eine der Definitionen in einem Argument doch ein Leerzeichen benötigt wird, kann der Befehl `\space` verwendet werden.

Die Anfangsbuchstaben `T`, `O`, `M` und `S` sind für Standardkodierungen reserviert und sollten nicht zur Definition eigener Kodierungen verwendet werden. Für diese Zwecke sollte man Namen wählen, die mit `L` (für »lokal«) beginnen. Durch diese Vorgehensweise ist sichergestellt, daß Dateien, die Standardkodierungen benutzen, portabel sind. Neue Standardkodierungen für NFSS werden von den NFSS-Entwicklern hinzugefügt.

Wie bereits in Abschnitt 7.6.3 über die Fontersetzung besprochen, gibt es für jede Kodierung eine Standardfamilie, -serie und -form. Um diese festzulegen, steht in NFSS der Befehl `\DeclareFontSubstitution` zur Verfügung, dessen erstes Argument wiederum die Kodierung angibt. In den weiteren drei Argumenten stehen die gültigen) Standardwerte der Kodierung für die Schriftfamilie, Schriftserie und die Schriftform, die für Fontersetzung verwendet werden sollen (siehe dazu Abschnitt 7.6.3).

7.7.5 Interne Dateistruktur

Die Schriftfamilien können auf verschiedene Arten deklariert werden: während der Generierung des TeX-Formates, in Paketen bzw. in der Präambel des Dokumentes oder dynamisch innerhalb des Dokumentes wenn eine Fontattributkombination verlangt wird, über die zu diesem Zeitpunkt noch keinerlei Informationen in den internen Tabellen von NFSS vorhanden ist. Im ersten Fall wird bei jedem LaTeX-Durchlauf Speicherplatz belegt, selbst wenn der Zeichensatz nicht benutzt wird. Bei den anderen beiden Varianten ist dagegen die Formatierung des Dokumentes aufwendiger, weil die Definitionen während der Bearbeitungszeit eingelesen werden müssen. Für die meisten Schriftschnittgruppen ist trotzdem die dynamische Lösung am ehesten geeignet, da auf diese Weise eine Vielfalt von Dokumenten mit ein und demselben LaTeX-Format gesetzt werden kann.

Während der Formatgenerierung liest IniTeX die Datei `fonttext.ltx` ein, welche die Definitionen der Schriftfamilien enthält, die normalerweise in Dokumenten verwendet werden.[11] Deklarationen für alle anderen Schriftfamilien sollten in externen Dateien, d.h. entweder Paketdateien oder Fontdefinitionsdateien (Erweiterung (`.fd`), deklariert sein, die nur bei Bedarf geladen werden.

Wenn sich die Fontdefinitionen in einer Paketdatei befinden, muß diese explizit nach dem `\documentclass`-Befehl geladen werden. Es gibt jedoch eine weitere Möglichkeit: Wenn z. B. in NFSS die Schriftfamilie `foo` mit dem Kodierschema `BAR` geladen werden soll und diese Kombination NFSS nicht bekannt ist, versucht es, die Datei `BARfoo.fd` zu laden. Existiert diese Datei, geht NFSS davon aus, daß sie die Deklarationen für alle Schriftschnittgruppen enthält, die es in der Schriftfamilie `foo` im Kodierschema `BAR` gibt. Mit anderen Worten: NFSS erwartet die folgenden Deklarationen vorzufinden:

```
\DeclareFontFamily{BAR}{foo}{..}
\DeclareFontShape{BAR}{foo}{..}{..}{..}{..}
  ...
\endinput
```

11 Es ist möglich die Generierung des Formates an besondere Bedürfnisse anzupassen, indem man Konfigurationsdateien (mit der Erweiterung `.cfg`) bereitstellt. Diese können dann etwa die Einstellungen in `fonttext.ltx` ersetzen. Dies ist in den Installationsdokumenten für LaTeX2ε beschrieben.

Auf diese Weise kann eine große Anzahl von Schriftfamilien für das NFSS-System deklariert werden, ohne daß wertvoller Speicherplatz für Informationen verschwendet wird, die selten bis gar nicht verwendet werden.

Zusammenfassend läßt sich sagen, daß jede `.fd`-Datei sämtliche Fontdefinitionen für eine Schriftfamilie in einer bestimmten Kodierung enthalten sollte. Eine `.fd`-Datei besteht aus einer oder mehreren `\DeclareFontShape`-Befehlen sowie aus genau einem `\DeclareFontFamily`-Befehl sowie möglicherweise einem `\ProvidesFile`-Befehl. Die Datei sollte keine weiteren Definitionen enthalten. Prinzipiell sollten alle `.fd`-Dateien detaillierte Informationen in die Protokolldatei schreiben, da es für die Fehlerlokalisierung sehr hilfreich ist, Informationen über die Dateien und ihre Version zu erhalten. Bei der Verwendung des `\ProvidesFile`-Befehls sollte man bedenken, daß Leerzeichen und -zeilen in der `.fd`-Datei ignoriert werden. Wenn auf dem Bildschirm oder in der Protokolldatei Leerzeichen ausgegeben werden sollen, muß deshalb in dem Argument der Befehl `\space` benutzt werden.

Neue Kodierschemata können nicht mittels des `.fd`-Mechanismus eingeführt werden. Sie müssen im Format, in Paketen oder in der Präambel deklariert werden. Ist ein Kodierschema nicht deklariert, führt NFSS die Anweisungen, auf diese Kodierung zu wechseln, nicht aus und produziert eine Fehlermeldung.

7.7.6 Deklarierung neuer Fonts für Formeln

Festlegung der Schriftgrade

Für jede Textgröße gibt es in NFSS drei Schriftgrade, die für Formeln verwendet werden (siehe dazu Abschnitt 8.9.1). Dies ist zunächst der Schriftgrad, in dem die meisten Symbole gesetzt werden (explizit auswählbar durch `\textstyle` oder `\displaystyle`). Die beiden anderen Schriftgrade werden zum Setzen von einfachen Hoch- oder Tiefstellungen (`\scriptstyle`) bzw. für Hoch- und Tiefstellungen zweiter Ordnung (`\scriptscriptstyle`) benutzt. Beim Umschalten auf eine Schriftgröße, für welche die zugehörigen Formelschriftgrade noch nicht festgelegt wurden, versucht NFSS, diese Größen aus der für den Text gewählten Schriftgröße zu berechnen. Dem Benutzer steht es jedoch auch frei, die Werte mit Hilfe des Befehls `\DeclareMathSizes` selbst zu bestimmen. Diese Deklaration besitzt vier Argumente: den Schriftgrad des umgebenden Textes und die drei Formelschriftgrade zu diesem Textschriftgrad. Die Dokumentenklassendatei für dieses Buch enthält beispielsweise folgende Einstellungen:

```
\DeclareMathSizes{14}{14}{10}{7}        \DeclareMathSizes{36}{}{}{}
```

Der erste Befehl legt fest, daß für die Überschriftengröße 14pt die Formelschriftgrade 14pt, 10pt und 7pt benutzt werden. Im zweiten Befehl wird NFSS mitgeteilt, daß für den Schriftgrad 36pt (den Schriftgrad für Kapitelüberschriften) keine Formelschriftgrade benötigt werden. Dieser Befehl verhindert, daß mehr als 30 zusätzliche Fonts unnötigerweise geladen werden, was eine Formatierung dieses Buches inklusive aller Beispiele in einem Durchgang unmöglich gemacht hätte. Beim Abschalten der Formelschriftgrade sollte man jedoch sehr vorsichtig sein, denn wenn letztendlich doch eine Formel in dem entsprechenden Textgrad gesetzt wird, wird sie in den Formelschriftgraden gesetzt, die zu einem früheren Zeitpunkt für einen anderen Textgrad geladen wurden und noch aktiv sind.

Einbindung neuer Symbolfonts

In einem früheren Abschnitt wurde bereits erläutert, wie in Formeln mit Hilfe der Alphabetbefehle Buchstaben verwendet werden können, die eine besondere Form haben. An dieser Stelle soll nun besprochen werden, wie man Zeichensätze, die Sonderzeichen enthalten, in NFSS einbindet und diese dann in Formeln verwendet. Solche Zeichensätze werden als »Symbolfonts« bezeichnet.

Die Vorgehensweise für das Einbinden neuer Symbolfonts ist vergleichbar mit jener für das Deklarieren neuer Alphabetbefehle: Mit `\DeclareSymbolFont` wird die Voreinstellung für alle Formellayouts definiert, mit `\SetSymbolFont` wird die Voreinstellung eines bestimmten Layouts überschrieben.

Die Symbolfonts werden mit einem symbolischen Namens angesprochen, der aus einer Reihe von Buchstaben besteht. Angenommen, der AMS-Font `msbm`, der in Tafel 7.8 auf Seite 213 abgebildet ist, soll integriert werden: Zunächst muß die Schriftschnittgruppe NFSS mit Hilfe der Deklarationen bekannt gemacht werden, die in den vorangegangenen Abschnitten vorgestellt wurden. Die Anweisungen in einer Paket- oder `.fd`-Datei würden dann etwa folgendermaßen lauten:

```
\DeclareFontFamily{U}{msb}{}
\DeclareFontShape{U}{msb}{m}{n}{ <5> <6> <7> <8> <9> gen * msbm
        <10> <10.95> <12> <14.4> <17.28> <20.74> <24.88> msbm10}{}
```

Falls die Kodierung in NFSS noch nicht bekannt ist, muß auch diese mittels `\DeclareFontEncoding` deklariert werden.

Als nächstes wird der Symbolfont global für alle Formellayouts deklariert. Dies geschieht mit Hilfe des Befehls

```
\DeclareSymbolFont{AMSb}{U}{msb}{m}{n}
```

Damit wird die Schriftschnittgruppe `U/msb/m/n` unter dem Namen `AMSb` als Symbolfont zur Verfügung gestellt. Wenn in dieser Schriftfamilie eine fette Schriftserie vorhanden wäre (was leider nicht der Fall ist), könnte die obige Einstellung für das `bold` Formellayout auf folgende Weise geändert werden:

```
\SetSymbolFont{AMSb}{bold}{U}{msb}{b}{n}
```

Nachdem der Symbolfont deklariert wurde, kann er im Prinzip in Formeln verwendet werden. Wie aber teilt man NFSS mit, daß `$a\lessdot b$` die Formel $a \lessdot b$ erzeugen soll? Um dies zu erreichen, kann der Benutzer mit `\DeclareMathSymbol`

Typ	*Bedeutung*	*Beispiel*	*Typ*	*Bedeutung*	*Beispiel*
`\mathord`	Einfaches Symbol	/	`\mathop`	Großer Operator	`\sum`
`\mathbin`	Binärer Operator	+	`\mathrel`	Relation	=
`\mathopen`	Öffnendes Symbol	(	`\mathclose`	Schließendes Symbol	)
`\mathpunct`	Satzzeichen	,	`\mathalpha`	Buchstabe	A

Tafel 7.13: Die mathematischen Symboltypen

eigene Symbolnamen definieren. `\lessdot` würde z.B. folgendermaßen deklariert:

```
\DeclareMathSymbol{\lessdot}{\mathbin}{AMSb}{"6C}
```

Das erste Argument des Befehls `\DeclareMathSymbol` ist für den gewählten Befehlsnamen reserviert. Anstelle eines Befehlsnamen kann im ersten Argument aber auch ein einzelnes Zeichen angegeben werden. Im euler-Paket gibt es beispielsweise mehrere Deklarationen der Form:

```
\DeclareMathSymbol{0}{\mathalpha}{letters}{"30}
```

Diese legen fest, aus welchem Symbolfont die Ziffern geladen werden sollen.

Das zweite Argument enthält eines der in Tafel 7.13 angegebenen Kommandos. Es beschreibt den Typ des Zeichens – d.h. ob es sich um ein binäres Symbol, eine Relation, einen Buchstaben usw. handelt. Die Information teilt (LA)TEX mit, wieviel Leerraum um das Zeichen herum eingefügt werden muß, wenn es in einer Formel verwendet wird. Diese Befehle können (mit Ausnahme von `\mathalpha`) auch direkt in Formeln als Befehle mit einem Argument verwendet werden. In diesem Falle wird für das Argument soviel Zwischenraum eingefügt, als würde es zu der entsprechenden Kategorie gehören.

Im dritten Argument wird der Symbolfont angegeben, aus dem das Zeichen geladen werden soll, d.h. der Name, der mit dem Befehl `\DeclareSymbolFont` festgelegt wurde. Das vierte Argument gibt die Position des Zeichens im Kodierschema des Zeichensatzes an, und zwar entweder als Dezimal-, Oktal- oder Hexadezimalzahl. Oktal- (Basis 8) und Hexadezimalzahlen (Basis 16) werden durch ' bzw. " eingeleitet.

Abbildung 7.8 auf der nächsten Seite gibt einen Überblick über die Positionen aller Zeichen dieses Zeichensatzes. Diese und ähnliche Tabellen können mit dem LATEX-Programm nfssfont ausgedruckt werden, siehe dazu den Abschnitt auf Seite 191.

Da die mit `\DeclareMathSymbol` definierten Befehle direkt auf eine Position innerhalb eines Symbolfonts zeigen, muß darauf geachtet werden, daß alle Schriftschnitte, die diesem Symbolfont mit Hilfe der Deklarationen `\DeclareSymbolFont` und `\SetSymbolFont` zugewiesen werden, an identischen Positionen stets die gleichen Zeichen haben. Der einfachste Weg, diese Einheitlichkeit sicherzustellen, besteht darin, nur Zeichensätze zu verwenden, die dieselbe

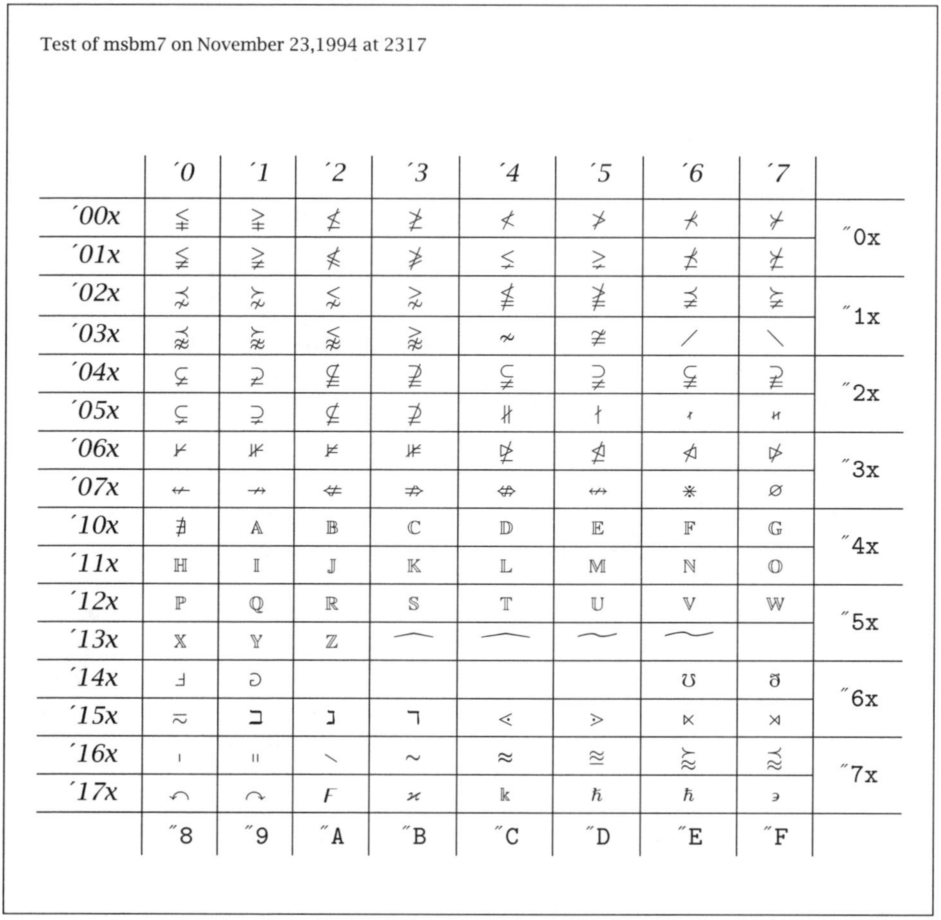

Abbildung 7.8: Ausdruck des Programms nfssfont.tex für den Font `msbm7`.

Kodierung haben (es sei denn, es ist die Kodierung `U`, denn dies bedeutet »unbekannt« und kann daher von Zeichensatz zu Zeichensatz verschieden sein).

Bei einem erneuten Blick auf die Zeichensatztabelle für `msbm7` stellt man fest, daß dieser Zeichensatz sogenannte »Mengenbezeichner« enthält, wie z. B. $\mathbb{ABC}$. Wenn diese Buchstaben als Mathematikalphabet benutzt werden sollen, könnte dazu der Befehl `\DeclareMathAlphabet` benutzt werden. Da dieser Schriftschnitt **NFSS** aber schon als Symbolfont bekannt ist, ist es besser, folgende Kurzform zu verwenden:

```
\DeclareSymbolFontAlphabet{\mathbb}{AMSb}
```

In diesem Befehl wird der Name des Alphabetbefehls und der symbolische Name des zuvor deklarierten Symbolfonts angegeben.

Ein gewichtiger Grund, mathematische Schriftschnitte nicht mehrfach unter verschiedenen Namen zu deklarieren, liegt darin, daß es eine Obergrenze von maximal sechzehn Schriftschnitten gibt, die zur gleichen Zeit in einem Formellayout verwendet werden können. Die Anzahl der aktiven mathematischen Schriftschnitte in einem Formellayout ergibt sich als Summe aller deklarierten Symbolfonts sowie aller in diesem Formellayout tatsächlich verwendeten Alphabetbefehle. Wenn z. B. acht Symbolfonts deklariert wurden, können also innerhalb jedes Formellayouts bis zu acht (durchaus verschiedene) Alphabetbefehle verwendet werden.

Als kurze Zusammenfassung: Neue Symbolfonts können integriert werden, indem mit Hilfe von `\DeclareFont...`-Befehlen die Schriftschnitte deklariert werden, mittels `\...SymbolFont` diese dann Formellayouts zugeordnet werden und einzelne Symbole durch `\DeclareMathSymbol`-Befehle definiert werden. Das geeignete Medium hierfür sind Paketdateien.

Definieren neuer Formellayouts

Wie bereits erwähnt, sind in LaTeX die zwei Formellayouts `normal` und `bold` vordefiniert. Zur Deklaration weiterer Formellayouts steht der Befehl `\DeclareMathVersion` zur Verfügung. Er besitzt ein Argument, in dem der Name des neuen Formellayouts angegeben wird. Sämtliche Symbolfonts und Alphabetbefehle, die zuvor deklariert wurden, sind in diesem Formellayout automatisch verfügbar. Für sie werden die Schriftschnitte benutzt, die ihnen bei der Definition mit `\DeclareMathAlphabet` oder `\DeclareSymbolFont` zugewiesen wurden. Die Einstellung des neuen Formellayouts kann mit den entsprechenden `\Set...`-Befehle geändert werden, wie in den vorangegangenen Abschnitten anhand des `bold` Formellayouts gezeigt. Auch die Deklaration neuer Formellayouts wird normalerweise in einer Paketdatei vorgenommen.

Änderung der Symbolfonteinstellung

Die soeben besprochenen Befehle dienen nicht nur dazu, neue Symbolfonts zu laden, um zusätzliche Zeichen einzubinden; sie können auch dazu verwendet werden, eine bereits existierende Einstellung zu ändern. Diese Funktionalität ist dann von Interesse, wenn spezielle Schriftschnitte in einigen oder allen Formellayouts benutzt werden sollen. In NFSS gibt es folgende Standardeinstellungen:

```
\DeclareMathVersion{normal}  \DeclareMathVersion{bold}
\DeclareSymbolFont{operators}          {OT1}{cmr}{m} {n}
\SetSymbolFont     {operators}{bold}{OT1}{cmr}{bx}{n}
\DeclareSymbolFont{letters}            {OML}{cmm}{m}{it}
\SetSymbolFont     {letters}  {bold}{OML}{cmm}{b}{it}
\DeclareSymbolFont{symbols}            {OMS}{cmsy}{m}{n}
\SetSymbolFont     {symbols}  {bold}{OMS}{cmsy}{b}{n}
\DeclareSymbolFont{largesymbols}{OMX}{cmex}{m}{n}
```

Aus dem Symbolfont `operators` werden in der Standardeinstellung alle Ziffern in Formeln entnommen sowie alle Texte, die von Befehlen wie `\log` oder `\max` generiert werden. Um diese Elemente den Zeichen des Zeichensatzes anzupassen, der für den Basistext verwendet wird, z. B. bei Verwendung von Computer Modern Sans anstelle von Computer Modern Roman, reicht beispielsweise folgende Änderung aus:

```
\SetSymbolFont{operators}{normal}{OT1}{cmss}{m} {n}
\SetSymbolFont{operators}{bold}  {OT1}{cmss}{bx}{n}
```

Die Symbolfonts `symbols` und `largesymbols` haben eine Sonderstellung in TEX, da sie eine Reihe zusätzlicher `\fontdimen`-Parameter besitzen müssen. Für diese beiden Symbolfonts können deshalb nur speziell für diesen Zweck erstellte Zeichensätze bzw. speziell präparierte Schriftschnitte verwendet werden. Im Prinzip können die zusätzlichen `\fontdimen`-Parameter jedem beliebigen Zeichensatz während des Ladevorgangs zugewiesen werden. Dies geschieht mit Hilfe des dritten Parameters von `\DeclareFontFamily` oder des sechsten Parameters von `\DeclareFontShape`. Informationen zu den speziellen Parametern für diese Symbolfonts befinden sich im Anhang G des TEX-Buches [48].

7.7.7 Die Deklarationsreihenfolge

In NFSS ist die Reihenfolge, in der die Deklarationen angegeben werden, vorgeschrieben. Auf diese Weise kann das System prüfen, ob alle erforderlichen Angaben gemacht wurden. Wird die Reihenfolge nicht eingehalten, gibt NFSS eine Fehlermeldung aus. Im folgenden sind die zu beachtenden Punkte aufgelistet:

- ◇ `\DeclareFontFamily` überprüft, ob das Kodierschema zuvor mit dem Befehl `\DeclareFontEncoding` deklariert wurde.
- ◇ `\DeclareFontShape` überprüft, ob die Schriftfamilie so deklariert wurde, daß sie im angeforderten Kodierschema verfügbar ist (`\DeclareFontFamily`).
- ◇ `\DeclareSymbolFont` überprüft, ob das Kodierschema gültig ist.
- ◇ `\SetSymbolFont` stellt zusätzlich sicher, daß sowohl das angeforderte Formellayout bereits deklariert ist (`\DeclareMathVersion`) als auch der angeforderte Symbolfont (`\DeclareSymbolFont`).
- ◇ `\DeclareSymbolFontAlphabet` überprüft, ob der Befehlsname für den Alphabetbefehl verwendet werden kann und ob der Symbolfont zuvor deklariert wurde.
- ◇ `\DeclareMathAlphabet` überprüft, ob der ausgewählte Befehlsname verwendet werden kann und ob das Kodierschema bereits deklariert wurde.
- ◇ `\SetMathAlphabet` überprüft, ob der Alphabetbefehl zuvor mit `\DeclareMathAlphabet` oder `\DeclareSymbolFontAlphabet` deklariert wurde und ob Formellayout und Kodierschema dem System bekannt sind.
- ◇ `\DeclareMathSymbol` stellt sicher, daß der Befehlsname verwendet werden kann (d.h. daß er entweder noch nicht definiert ist oder vorher als mathematisches Symbol deklariert war) und daß der Symbolfont zuvor deklariert wurde.

◇ Nach Erreichen des Befehls \begin{document} führt NFSS schließlich noch einige zusätzliche Überprüfungen durch. So stellt es beispielsweise fest, ob die Standardeinstellungen zur Fontersetzung für jedes Kodierschema auch tatsächlich mit einer existierenden Schriftschnittgruppe verknüpft sind.

7.8 Warnungen und Fehlermeldungen

Am deutlichsten zeigt sich der Unterschied zwischen dem alten Zeichensatzauswahlmechanismus und NFSS wohl in der Darstellung von »overfull box«-Meldungen. Vorversionen dieses Buches erzeugten beispielsweise Meldungen wie:

```
Overfull \hbox (14.13165pt too wide) in paragraph at lines 775--775
[]\OT1/cmtt/m/n/8 oldlfont.sty      {\errmessage{The package
'oldlfont' does not make sense if you[]
```

Wie man sieht, zeigt der »overfull box«-Text die interne Darstellung des Zeichensatzes, wie z. B. \OT1/cmtt/m/n/8. Er ist in NFSS sehr viel länger und detaillierter und benennt die Kodierung, die Schriftfamilie, die Schriftserie und die Schriftform der verwendeten Zeichensätze. Im LaTeX 2.09 stünde an dieser Stelle vermutlich so etwas wie \\ptt\@viiipt (ja, tatsächlich mit zwei Schrägstrichen!), die NFSS-Anzeige ist jedoch aussagekräftiger. Wenn die »overfull box« jedoch Informationen über eine Formel enthält, wird das Ergebnis leider nahezu unleserlich, da in Formeln beinahe jedes Zeichen aus einem anderen Zeichensatz stammt. So ist beispielsweise die folgende Meldung

```
Overfull \hbox (10.01093pt too wide) detected at line 23
$\OML/cmm/m/it/10 A \OMS/cmsy/m/n/10 ^^T [][] \OML/cmm/m/it/10 x$
```

die symbolische Repräsentation der nachfolgenden einfachen Formel:

$A \leq \sum_{i=1}^{n} x$

```
$A\leq\sum_{i=1}^n x$
```

In diesem Fall ist es einfacher, die Zeilennummer im Quelltext zu suchen (hier 23), um das Problem zu lokalisieren.

Die folgende alphabetische Liste zeigt die übrigen Warnungen und Fehlermeldungen, die von NFSS ausgegeben werden, sowie ihre wahrscheinlichsten Ursachen. Warnungen beginnen in der Regel mit `Warning:` oder `Info:`. Fehlermeldungen geben sich entweder als LaTeX-Fehler zu erkennen oder, wenn sie nur in einem falsch installierten System auftreten, als TeX-Fehler.

`Calculating math sizes for size` ⟨*text size*⟩

NFSS muß die richtigen Schriftgrade für Hoch- und Tiefstellungen selbst auswählen, weil es diese Informationen für die aktuelle ⟨*text size*⟩, d.h. für den aktuellen Schriftgrad des Textes, in seinen internen Tabellen nicht finden konnte. Dieser Meldung folgen normalerweise mehrere Meldungen über Korrekturen des Schriftgrades, da der erste Versuch von NFSS meistens nicht erfolgreich ist. Diese Situation kann auftreten, wenn mit `\fontsize` ein ungewöhnlicher Schriftgrad ausgewählt wird; siehe auch Abschnitt 7.7.6.

`Checking defaults for` ⟨*encoding*⟩/⟨*font shape*⟩
: Diese Meldung wird in die Protokolldatei geschrieben, wenn NFSS überprüft, ob die Standardeinstellung für die Fontersetzung einer Kodierung ⟨*encoding*⟩ sinnvoll ist. Ihr folgt entweder die Meldung `...okay` oder eine Fehlermeldung. Im letzteren Fall ist die Schriftschnittgruppe ⟨*font shape*⟩, die mit `\DeclareFontSubstitution` definiert wurde, NFSS nicht bekannt.

`Command` ⟨*name*⟩ `already defined`
: NFSS gibt diese Meldung aus, wenn ein Befehl deklariert wurde, der bereits eine andere Bedeutung hat. Die Deklaration wird ignoriert, der Benutzer muß einen anderen Namen wählen.

`Command` ⟨*name*⟩ `invalid in math mode`
: Dieser Text wird entweder als Warnung oder als Fehlermeldung ausgegeben und bedeutet, daß in einer Formel ein Befehl verwendet wurde, der nur im normalen Text verwendet werden sollte. Bei einer Fehlermeldung kann man durch Eingabe von `h` weitere Informationen erhalten.

`Command` ⟨*name*⟩ `not defined as a math alphabet`
: Diese Fehlermeldung wird ausgegeben, wenn die Deklaration `\SetMathAlphabet` für einen Namen ⟨*name*⟩ verwendet wurde, der zuvor weder mit `\DeclareMathAlphabet` noch mit `\DeclareSymbolFontAlphabet` als Alphabetbefehl deklariert wurde.

`Command \tracingfonts not provided`
: In der Präambel wurde der Befehl `\tracingfonts=...` spezifiziert, aber das Paket tracefnt nicht (mehr) geladen. Diese Meldung ist nur ein freundlicher Hinweis, der ignoriert werden darf.

`Corrupted NFSS tables`
: Diese Meldung wird ausgegeben, wenn NFSS bei einem Fontersetzungsprozeß in eine Schleife kommt. Wenn `\DeclareErrorFont` richtig eingestellt ist, kann die Bearbeitung fortgesetzt werden. Auf jeden Fall sollte dieser Fehler aber dem Systembetreuer mitgeteilt werden.[12]

`Encoding` ⟨*name*⟩ `has changed to` ⟨*new name*⟩ `for ...`
: Diese Warnung wird ausgegeben, wenn in der Deklaration eines Symbolfonts für verschiedene Formellayouts unterschiedliche Kodierungen verwendet wurden. Dies kann zur Folge haben, daß die `\DeclareMathSymbol`-Befehle für diesen Symbolfont nicht in allen Formellayouts gültig sind.

`Encoding scheme` ⟨*name*⟩ `unknown`
: Das Kodierschema ⟨*name*⟩, das in einer Deklaration oder in `\fontencoding`

12 Der Befehl `\DeclareErrorFont` wird während der Installation verwendet und verweist auf einen Zeichensatz, der bei Totalausfall aller anderen Maßnahmen verwendet werden soll. Für weitere Einzelheiten siehe die Installationsanweisung von NFSS.

angegeben wurde, ist dem System nicht bekannt. Der Benutzer hat entweder vergessen, es mit `\DeclareFontEncoding` zu definieren oder den Namen falsch eingegeben.

`External Font` ⟨*name*⟩ `loaded for size` ⟨*size*⟩
: NFSS hat den Befehl, einen bestimmten Schriftschnitt im Schriftgrad ⟨*size*⟩ zu laden, ignoriert und hat stattdessen den externen Zeichensatz ⟨*name*⟩ geladen. (Diese Meldung wird von der Größenfunktion `fixed` erzeugt.)

`Font family` ⟨*encoding*⟩`+`⟨*family*⟩ `unknown`
: Es wurde eine Schriftschnittgruppe mit `\DeclareFontShape` definiert, ohne daß vorher mit `\DeclareFontFamily` deklariert wurde, daß die Schriftfamilie ⟨*family*⟩ in der Kodierung ⟨*encoding*⟩ verfügbar ist.

`Font` ⟨*name*⟩ `not found`
: Die internen Tabellen von NFSS sind defekt, so daß NFSS nicht in der Lage war, den externen Zeichensatz ⟨*name*⟩ zu finden.

`Font shape` ⟨*font shape*⟩ `in size` ⟨*size*⟩ `not available`
: Diese Meldung wird von NFSS ausgegeben, wenn es versucht, einen Font auszuwählen und dabei feststellt, daß die gewünschte Attributkombination nicht vorhanden ist. Je nach Inhalt der internen Tabellen wird anschließend eine der folgenden zusätzlichen Meldungen ausgegeben:

  `external Font` ⟨*name*⟩ `used`
  : NFSS hat in dieser Situation den externen Zeichensatz ⟨*name*⟩ geladen, weiß aber nicht, zu welcher Schriftschnittgruppe er gehört. (Diese Meldung wird von der Größenfunktion `subf` erzeugt.)

  `size` ⟨*size*⟩ `substituted`
  : NFSS hat zwar den richtigen Schriftschnitt gefunden, da aber der gewünschte Schriftgrad nicht existiert, hat NFSS die davon leicht abweichende Schriftgröße ⟨*size*⟩ ausgewählt. Dies passiert automatisch, wenn keine der Einfachgrößen oder Größenbereiche in der Deklaration der Schriftschnittgruppe von ⟨*font shape*⟩ passen.

  `shape` ⟨*font shape*⟩ `tried`
  : NFSS hat eine andere Schriftschnittgruppe ⟨*font shape*⟩ geladen, weil es die gewünschte Schriftschnittgruppe keine Zeichensätze im angeforderten Schriftgrad ⟨*size*⟩ enthält. (Diese Meldung wird von der Größenfunktion `sub` erzeugt.)

`Font shape` ⟨*font shape*⟩ `will be scaled to size` ⟨*size*⟩
: NFSS teilt dem Benutzer mit, daß es den gewünschten Zeichensatz durch Vergrößerung oder Verkleinerung des Schriftschnitts ⟨*font shape*⟩ auf die Größe ⟨*size*⟩ erhalten hat. Mit dieser Aktion ist (LA)TEX zufriedengestellt, aber zum Ausdrucken eines Dokumentes mit skalierten Zeichensätzen muß der Druckertreiber diese Zeichensätze entweder in der richtigen Größe vorliegen haben oder aber in der Lage sein, diese automatisch zu skalieren.

`Font shape` ⟨*font shape*⟩ `undefined. Using '`⟨*other shape*⟩`' instead`
: (Schriftschnitt ⟨*font shape*⟩ ist nicht definiert. Benutze stattdessen ⟨*other shape*⟩.) Diese Meldung wird ausgegeben, nachdem feststeht, welcher Schriftschnitt von NFSS als Ersatz verwendet wird.

`Font shape` ⟨*font shape*⟩ `not found`
: (Schriftschnitt ⟨*font shape*⟩ wurde nicht gefunden.) Diese Fehlermeldung wird ausgegeben, wenn die `\DeclareFontShape`-Deklaration einen groben Fehler enthält, z. B. wenn keinerlei Größen vorhanden sind. Bitte die Einstellung der betroffenen Schriftschnittgruppe prüfen!

`Math alphabet identifier` ⟨*id*⟩ `is undefined in math version` ⟨*name*⟩
: Der Alphabetbefehl ⟨*id*⟩ wurde in einem Formellayout (⟨*name*⟩) verwendet, für das er nicht definiert wurde. Der Fehler läßt sich beheben, indem in der Präambel des Dokumentes eine weitere `\SetMathAlphabet`-Deklaration hinzugefügt wird, in der diesem Alphabetbefehl eine Schriftschnittgruppe zugewiesen wird.

`Math version` ⟨*name*⟩ `is not defined`
: Ein Alphabetbefehl oder ein Symbolfont wurde einem Formellayout zugewiesen, das NFSS unbekannt ist. Entweder wurde der Name falsch geschrieben, oder das Formellayout wurde nicht deklariert (vielleicht muß ein Paket hinzugefügt werden). Die Fehlermeldung wird auch generiert, wenn ein mit `\mathversion` ausgewähltes Formellayout dem System nicht bekannt ist.

`*** NFSS release 1 command` ⟨*name*⟩ `found`
: Dieser Text wird entweder als Warnung oder als Fehlermeldung ausgegeben. NFSS traf auf den Befehl ⟨*name*⟩, der in Version 2 nicht mehr gültig ist. In den meisten Fällen kann NFSS den Fehler selbst beheben, indem es den alten Befehl durch den entsprechenden Befehl von Version 2 austauscht. In jedem Fall sollte aber die Datei, die diesen ungültigen Befehl enthält, aktualisiert werden.

`No declaration for shape` ⟨*font shape*⟩
: Die im Befehl `\DeclareFontShape` verwendete Größenfunktion `sub` oder `ssub` verweist auf eine in NFSS unbekannte Schriftschnittgruppe ⟨*font shape*⟩.

`Overwriting` ⟨*something*⟩ `in version` ⟨*name*⟩ `...`
: Durch einen Befehl wie z. B. `\SetSymbolFont` oder `\DeclareMathAlphabet`, wurde die Zuordnung einer Schriftschnittgruppe zu ⟨*something*⟩ (einem Symbolfont oder einem Alphabetbefehl) in dem Formellayout ⟨*name*⟩ geändert.

`Redeclaring math alphabet` ⟨*name*⟩
: Der Alphabetbefehl ⟨*name*⟩ wurde mit einem `\DeclareSymbolFontAlphabet`- oder `\DeclareMathAlphabet`-Befehl erneut deklariert. Die neue Deklaration überschreibt alle vorhergehenden Einstellungen für ⟨*name*⟩.

`Redeclaring math symbol` ⟨*name*⟩
: Der Befehl ⟨*name*⟩ wurde bereits als mathematisches Symbol deklariert und wurde mit einer neuen Deklaration überschrieben.

`Redeclaring math version` ⟨*name*⟩
: Der Befehl `\DeclareMathVersion` wurde für ein Formellayout verwendet, das bereits deklariert war. Die neue Deklaration überschreibt alle vorhergehenden Einstellungen für dieses Formellayout mit den Standardwerten.

`Redeclaring symbol font` ⟨*name*⟩
: Der Befehl `\DeclareSymbolFont` wurde für einen Symbolfont verwendet, der bereits deklariert war. Die neue Deklaration überschreibt den Symbolfont ⟨*name*⟩ in allen Formellayouts.

`Size substitutions with differences up to` ⟨*size*⟩ `have occured`
: Diese Meldung wird am Ende eines LaTeX-Durchlaufs ausgegeben, wenn von NFSS mindestens einmal ein Schriftgrad, der von dem im Dokument geforderten Schriftgrad deutlich abwich, ausgewählt wurde, weil die gewünschte Größe nicht verfügbar war. Die Größe ⟨*size*⟩ stellt die maximale Abweichung dar.

`Some font shapes were not available, defaults substituted`
: Diese Meldung wird am Ende eines Laufes ausgegeben, wenn von NFSS für einige Schriftschnitte eine automatische Fontersetzung vorgenommen wurde.

`Symbol font` ⟨*name*⟩ `is not defined`
: Der Symbolfont ⟨*name*⟩ wurde verwendet, zum Beispiel in dem Befehl `\DeclareMathSymbol`, ohne daß er vorher mit dem Befehl `\DeclareSymbolFont` deklariert wurde.

`This NFSS system isn't set up properly`
: Wenn diese Meldung ausgegeben wird, hat NFSS bei der Überprüfung der Fontersetzungstabelle einen Fehler gefunden. In diesem Fall ist entweder eine `\DeclareFontSubstitution` oder die `\DeclareErrorFont`-Deklaration defekt. Durch Eingabe von `h` erhält man weitere Informationen. Auf jeden Fall sollte der Systembetreuer von dieser Meldung in Kenntnis gesetzt werden. Weitere Informationen für Systembetreuer befinden sich in Abschnitt 7.7.4.

`Try loading font information for` ⟨*encoding*⟩`+`⟨*family*⟩
: Diese Meldung erscheint in der Protokolldatei, wenn NFSS versucht, eine `.fd`-Datei für die Kombination aus Kodierung und Schriftfamilie (⟨*encoding*⟩/⟨*family*⟩) zu laden.

`Undefined font size function` ⟨*name*⟩
: Eine in `\DeclareFontShape` verwendete Größenfunktion ist falsch geschrieben. Bitte Deklaration überprüfen oder Systembetreuer informieren.

`*** Use` ⟨*command*⟩ `for` ⟨*old command*⟩ `***`
: Die Quelldatei enthält den Befehl ⟨*old command*⟩, der in NFSS Version 2 veraltet ist. Man sollte stattdessen den Befehl ⟨*command*⟩ benutzen.

Kapitel 8
Höhere Mathematik

Standard-LaTeX bietet viele Möglichkeiten, mathematische Formeln zu setzen. Dem Benutzer steht es aber auch frei, sich selbst neue Befehle oder Umgebungen zu definieren, mit denen der Tippaufwand verringert werden kann, wenn komplexe Formeln oder andere mathematische Gebilde mehrfach eingegeben werden müssen. In Anerkennung dieser Tatsache hat die amerikanische Gesellschaft für Mathematik AMS (American Mathematical Society) die Entwicklung von TeX-Erweiterungen, des sogenannten AMS-TeX-Formates, gefördert. Diese Erweiterungen erleichtern die Vorbereitung von mathematischen Computermanuskripten und sorgen für eine einheitlichere Gestaltung.

Vor kurzem wurden diese Erweiterungen in LaTeX integriert. Sie unterscheiden sich aber sehr wohl von der originalen, nicht in LaTeX implementierten AMS-TeX-Version. Die LaTeX-Variante ist allgemein als AMS-LaTeX Software bekannt [28]. In diesem Buch wird die AMS-LaTeX Software beschrieben, deren wichtigstes Paket `amstex` ist. Bei Verweisen auf die Originalversion (die nicht zusammen mit LaTeX benutzt werden kann), verwenden wir das Logo AMS-TeX.

8.1 Das AMS-LaTeX Projekt

Die erste AMS-TeX-Version wurde im Jahre 1982 herausgegeben. Seine größte Stärke liegt darin, mathematische Formeln einfacher zu setzen und dabei eine Qualität zu erzeugen, die den hohen Anforderungen mathematischer Publikationen genügt. Es enthält einen vordefinierten Satz einfacher Befehle wie etwa `\matrix` und `\text`, mit denen komplexere Formeln recht einfach eingegeben werden können. Diese Befehle verkörpern die Schriftsatzerfahrungen und -standards der amerikanischen Gesellschaft für Mathematik, was die Handhabung von problematischen Fällen wie etwa Matrizen in Matrizen oder hochgestellten Wörtern anbelangt, ohne daß dadurch der Benutzer zusätzlich belastet wird.

AMS-TeX hat aber, im Unterschied zu LaTeX, keine der anderen wichtigen Funktionen zur Entlastung für den Benutzer – z. B. automatische Numerierung, die angepaßt wird, wenn Text oder Formeln eingefügt oder gelöscht werden. Es verfügt auch nicht über die arbeitssparenden Mittel von LaTeX zur automatischen Erstellung eines Indexes, eines Literaturverzeichnisses, von Tabellen oder einfachen Diagrammen. Diese Optionen stellen für den Benutzer eine solch große Arbeitsentlastung dar, daß sich LaTeX Mitte der achtziger Jahre schnell steigender Beliebtheit erfreute. (Eine einigermaßen ausgereifte LaTeX-Version gibt es seit Ende 1983.) Die amerikanische Gesellschaft für Mathematik wurde von Autoren gefragt, ob sie mit LaTeX erstellte und auf Datenträger eingereichte Manuskripte zu akzeptieren.

So wurde 1987 das AMS-LaTeX-Projekt gegründet und drei Jahre später die AMS-LaTeX-Version 1.0 herausgebracht. Frank Mittelbach und Rainer Schöpf, beide als Berater der AMS tätig, verwirklichten die Übertragung der mathematischen Funktionen von AMS-TeX in LaTeX und die Integration der mathematischen Zeichensätze in NFSS, unterstützt von Michael Downes, der in der technischen Abteilung von AMS arbeitete.

Um die Erweiterungen von AMS-LaTeX benutzen zu können, muß das amstex-Paket mit dem Befehl `\usepackage` geladen werden.

8.2 Fonts und Symbole in Formeln

8.2.1 Namen von mathematischen Fontbefehlen

Die Liste der mathematischen Fontbefehle, die durch das amstex-Paket definiert werden, ist in Tafel 8.1 auf Seite 224 abgebildet. Für jeden Fall ist ein Beispiel angeführt. Zudem können die mathematischen Fontbefehle der Tafel 7.4 auf Seite 179 verwendet werden.

Im amstex-Paket wird der Befehl `\boldsymbol` für einzelne fettgedruckte mathematische Symbole und griechische Buchstaben verwendet, also für alle Zeichen in mathematischen Formeln außer den lateinischen Buchstaben (dafür würde man `\mathbf` benutzen). Um beispielsweise ein fettgedrucktes $\boldsymbol{\infty}$, $\boldsymbol{+}$, $\boldsymbol{\pi}$ oder $\mathbf{0}$ zu erhalten, verwendet man die Befehle `\boldsymbol{\infty}`, `\boldsymbol{+}`, `\boldsymbol{\pi}` oder `\boldsymbol{0}`.

Da in Zusammenhang mit dem Befehl `\boldsymbol` eine ganze Menge eingetippt werden muß, kann man für häufig auftretende fettgedruckte Symbole neue Befehle einführen:

$$B_\infty + \pi B_1 \sim \mathbf{B}_{\boldsymbol{\infty}} \boldsymbol{+} \boldsymbol{\pi} \mathbf{B}_{\boldsymbol{1}}$$

```
\newcommand{\bpi}{\boldsymbol{\pi}}
\newcommand{\binfty}{\boldsymbol{\infty}}
\[ B_\infty + \pi B_1 \sim
   \mathbf{B}_{\binfty} \boldsymbol{+}
   \bpi \mathbf{B}_{\boldsymbol{1}}    \]
```

Für die mathematischen Symbole, für die der Befehl `\boldsymbol` keine Wirkung hat, weil die fettgedruckte Variante des entsprechenden Symbols in den gegenwärtig erhältlichen Zeichensätzen nicht existiert, gibt es einen »Poor man's bold«-Befehl (`\pmb`), der den Fettdruck simuliert, indem er das Symbol mit leichter Verschiebung mehrfach erzeugt. Dieses Verfahren muß z. B. für die Erweiterungssymbole und große Operatoren aus dem cmex-Font verwendet werden sowie für zusätzliche mathematische $\mathcal{A}\mathcal{M}\mathcal{S}$-Symbole aus den msam- und msbm-Fonts.

$$\frac{\partial w}{\partial u} \Bigg\vert \frac{\partial u}{\partial v}$$

```
\[ \frac{\partial w}{\partial u}
   \pmb{\Bigg\vert}
   \frac{\partial u}{\partial v} \]
```

Bei großen Operatoren und Erweiterungssymbolen (wie z. B. $\sum$ und $\prod$) ist der Befehl `\pmb` jedoch nicht sehr effektiv, da Wortzwischenräume und Grenzen nicht richtig eingehalten werden. Für diese Fälle sollte zudem der Befehl `\mathop` verwendet werden (siehe Tafel 7.13 auf Seite 212).

$$\sum_{j<P} \prod_\lambda \lambda R(r_i) \qquad \mathop{\boldsymbol{\sum}}_{x_j} \mathop{\boldsymbol{\prod}}_\lambda \lambda R(x_j)$$

```
\[ \sum_{j<P}
   \prod_\lambda \lambda R(r_i) \qquad
   \mathop{\pmb{\sum}}_{x_j}
   \mathop{\pmb{\prod}}_\lambda \lambda R(x_j) \]
```

Um die gesamte Formel fett zu setzen (oder so viel davon, wie mit den vorhandenen Fonts möglich) ist der Formel der Befehl `\boldmath` voranzustellen.

Der Befehl `\mathbf{\hat{A}}` erzeugt einen fettgedruckten Akzent über dem **A**. Kombinationen wie `\mathcal{\hat{A}}` können jedoch nicht im einfachen LaTeX verwendet werden, da der `\mathcal`-Zeichensatz nicht über eigene Akzente verfügt. Im amstex-Paket dagegen sind die Fontwechselbefehle so definiert, daß die Akzentzeichen aus dem `\mathrm`-Zeichensatz entnommen werden, wenn sie im gerade geladenen Zeichensatz nicht verfügbar sind. (Außer dem `\mathcal`-Zeichensatz haben auch der `\mathbb`- und `\mathfrak`-Zeichensatz keine eigenen Akzente.)

8.2.2 Mathematische Symbole

Die Tafeln 8.3 auf der nächsten Seite bis 8.12 auf Seite 226 geben einen Überblick über die mathematischen Symbole, die im Standard-LaTeX vorhanden sind. Ein Schrägstrich durch ein LaTeX-Symbol kann z. B. dadurch erreicht werden, daß ihm der Befehl `\not` vorangestellt wird.

$u \not< v$ oder $a \not\in \mathbf{A}$

```
$u \not< v$ oder $a \not\in \mathbf{A}$
```

Die Tafeln 8.19 auf Seite 228 bis 8.18 auf Seite 228 enthalten die zusätzlichen mathematischen Symbole der $\mathcal{A}\mathcal{M}\mathcal{S}$-Fonts, die automatisch zur Verfügung gestellt werden, sobald das amssymb-Paket geladen wird.[1] Wenn jedoch nur einige von ihnen benötigt werden (z. B. weil die spezielle TeX-Installation nicht genügend Speicherplatz hat, um alle Symbolnamen zu definieren), kann entweder das amsfonts-Paket verwendet werden zusammen mit dem Befehl `\DeclareMathSymbol`, der in Abschnitt 7.7.6 erläutert wird.

1 Die in diesem Buch verwendeten Lucida Zeichensätze enthalten alle Symbole der LaTeX- und $\mathcal{A}\mathcal{M}\mathcal{S}$-Fonts. Sie unterscheiden sich aber an einigen Stellen in der Form der Zeichen von den normalerweise in LaTeX verwendeten Computer Modern Math Zeichensätzen.

`\mathbb`	als Mengenzeichen verwendetes Alphabet, z. B. `$\mathbb{NQRZ}$` ergibt: $\mathbb{NQRZ}$.
`\boldsymbol`	wird verwendet, um fettgedruckte Zahlen und andere nicht-alphabetische Symbole sowie fettgedruckte griechische Buchstaben zu erhalten.
`\mathfrak`	Euler Fraktur Alphabet, z. B. `$\mathfrak{E}=\mathfrak{mc}^2$` ergibt: $\mathfrak{E} = \mathfrak{mc}^2$.
`\pmb`	»Poor man's bold« wird für mathematische Symbole verwendet, wenn fettgedruckte Versions in den aktuellen Zeichensätzen nicht verfügbar sind, z. B. `$\pmb{\oint}$` ergibt $\pmb{\oint}$ und `$\pmb{\triangle}$` ergibt: $\pmb{\triangle}$.
`\text`	erzeugt normalen Text mit korrekten Textabständen im aktuellen Zeichensatz außerhalb von Formeln , z. B. `$E=mc^2\quad\text{(Einstein)}$` ergibt: $E = mc^2 \quad \text{(Einstein)}$.

Tafel 8.1: Fontbefehle des amstex-Pakets für Formeln

$\hat{a}$	`\hat{a}`	$\acute{a}$	`\acute{a}`	$\bar{a}$	`\bar{a}`	$\dot{a}$	`\dot{a}`	$\breve{a}$	`\breve{a}`
$\check{a}$	`\check{a}`	$\grave{a}$	`\grave{a}`	$\vec{a}$	`\vec{a}`	$\ddot{a}$	`\ddot{a}`	$\tilde{a}$	`\tilde{a}`

Tafel 8.2: Akzente in mathematischen Formeln

α	`\alpha`	β	`\beta`	γ	`\gamma`	δ	`\delta`
ϵ	`\epsilon`	ε	`\varepsilon`	ζ	`\zeta`	η	`\eta`
θ	`\theta`	ϑ	`\vartheta`	ι	`\iota`	κ	`\kappa`
λ	`\lambda`	μ	`\mu`	ν	`\nu`	ξ	`\xi`
o	`o`	π	`\pi`	ϖ	`\varpi`	ρ	`\rho`
ϱ	`\varrho`	σ	`\sigma`	ς	`\varsigma`	τ	`\tau`
υ	`\upsilon`	ϕ	`\phi`	φ	`\varphi`	χ	`\chi`
ψ	`\psi`	ω	`\omega`				
Γ	`\Gamma`	Δ	`\Delta`	Θ	`\Theta`	Λ	`\Lambda`
Ξ	`\Xi`	Π	`\Pi`	Σ	`\Sigma`	Υ	`\Upsilon`
Φ	`\Phi`	Ψ	`\Psi`	Ω	`\Omega`		

Tafel 8.3: Griechische Buchstaben

$\pm$	`\pm`	$\cap$	`\cap`	$\diamond$	`\diamond`	$\oplus$	`\oplus`
$\mp$	`\mp`	$\cup$	`\cup`	$\bigtriangleup$	`\bigtriangleup`	$\ominus$	`\ominus`
$\times$	`\times`	$\uplus$	`\uplus`	$\bigtriangledown$	`\bigtriangledown`	$\otimes$	`\otimes`
$\div$	`\div`	$\sqcap$	`\sqcap`	$\triangleleft$	`\triangleleft`	$\oslash$	`\oslash`
$\ast$	`\ast`	$\sqcup$	`\sqcup`	$\triangleright$	`\triangleright`	$\odot$	`\odot`
$\star$	`\star`	$\vee$	`\vee`	$\lhd$	`\lhd`[a]	$\bigcirc$	`\bigcirc`
$\circ$	`\circ`	$\wedge$	`\wedge`	$\rhd$	`\rhd`[a]	$\dagger$	`\dagger`
$\bullet$	`\bullet`	$\setminus$	`\setminus`	$\unlhd$	`\unlhd`[a]	$\ddagger$	`\ddagger`
$\cdot$	`\cdot`	$\wr$	`\wr`	$\unrhd$	`\unrhd`[a]	$\amalg$	`\amalg`

[a] In NFSS nicht vordefiniert. latexsym oder amssymb-Paket verwenden.

Tafel 8.4: Binärsymbole

$\leq$	\leq, \le	$\geq$	\geq, \ge	$\equiv$	\equiv	$\models$	\models	$\prec$	\prec
$\succ$	\succ	$\sim$	\sim	$\perp$	\perp	$\preceq$	\preceq	$\succeq$	\succeq
$\simeq$	\simeq	$\mid$	\mid	$\ll$	\ll	$\gg$	\gg	$\asymp$	\asymp
$\parallel$	\parallel	$\subset$	\subset	$\supset$	\supset	$\approx$	\approx	$\bowtie$	\bowtie
$\subseteq$	\subseteq	$\supseteq$	\supseteq	$\cong$	\cong	$\Join$	\Join	$\sqsubset$	\sqsubset
$\sqsupset$	\sqsupset	$\neq$	\neq	$\smile$	\smile	$\sqsubseteq$	\sqsubseteq	$\sqsupseteq$	\sqsupseteq
$\doteq$	\doteq	$\frown$	\frown	$\in$	\in	$\ni$	\ni	$\propto$	\propto
$=$	=	$\vdash$	\vdash	$\dashv$	\dashv	$<$	<	$>$	>

Tafel 8.5: Vergleichssymbole

$\leftarrow$	\leftarrow	$\longleftarrow$	\longleftarrow	$\uparrow$	\uparrow
$\Leftarrow$	\Leftarrow	$\Longleftarrow$	\Longleftarrow	$\Uparrow$	\Uparrow
$\rightarrow$	\rightarrow	$\longrightarrow$	\longrightarrow	$\downarrow$	\downarrow
$\Rightarrow$	\Rightarrow	$\Longrightarrow$	\Longrightarrow	$\Downarrow$	\Downarrow
$\leftrightarrow$	\leftrightarrow	$\longleftrightarrow$	\longleftrightarrow	$\updownarrow$	\updownarrow
$\Leftrightarrow$	\Leftrightarrow	$\Longleftrightarrow$	\Longleftrightarrow	$\Updownarrow$	\Updownarrow
$\mapsto$	\mapsto	$\longmapsto$	\longmapsto	$\nearrow$	\nearrow
$\hookleftarrow$	\hookleftarrow	$\hookrightarrow$	\hookrightarrow	$\searrow$	\searrow
$\leftharpoonup$	\leftharpoonup	$\rightharpoonup$	\rightharpoonup	$\swarrow$	\swarrow
$\leftharpoondown$	\leftharpoondown	$\rightharpoondown$	\rightharpoondown	$\nwarrow$	\nwarrow

Tafel 8.6: Pfeile

$\ldots$	\ldots	$\cdots$	\cdots	$\vdots$	\vdots	$\ddots$	\ddots	$\aleph$	\aleph
$\prime$	\prime	$\forall$	\forall	∞	\infty	$\hbar$	\hbar	$\emptyset$	\emptyset
$\exists$	\exists	∇	\nabla	$\surd$	\surd	$\Box$	\Box[a]	$\triangle$	\triangle
$\Diamond$	\Diamond[a]	$\imath$	\imath	$\jmath$	\jmath	ℓ	\ell	$\neg$	\neg
$\top$	\top	$\flat$	\flat	$\natural$	\natural	$\sharp$	\sharp	$\wp$	\wp
$\bot$	\bot	$\clubsuit$	\clubsuit	$\diamondsuit$	\diamondsuit	$\heartsuit$	\heartsuit	$\spadesuit$	\spadesuit
$\mho$	\mho[a]	$\Re$	\Re	$\Im$	\Im	$\angle$	\angle	∂	\partial

[a] In LaTeX2ε nicht vordefiniert. latexsym oder amssymb-Paket verwenden.

Tafel 8.7: Sonderzeichen

$\sum$	\sum	$\prod$	\prod	$\coprod$	\coprod	$\int$	\int	$\oint$	\oint
$\bigcap$	\bigcap	$\bigcup$	\bigcup	$\bigsqcup$	\bigsqcup	$\bigvee$	\bigvee	$\bigwedge$	\bigwedge
$\bigodot$	\bigodot	$\bigotimes$	\bigotimes	$\bigoplus$	\bigoplus	$\biguplus$	\biguplus		

Tafel 8.8: Große-Operatoren

\arccos	\cos	\csc	\exp	\ker	\limsup	\min	\sinh
\arcsin	\cosh	\deg	\gcd	\lg	\ln	\Pr	\sup
\arctan	\cot	\det	\hom	\lim	\log	\sec	\tan
\arg	\coth	\dim	\inf	\liminf	\max	\sin	\tanh

Tafel 8.9: Logarithmusähnliche Symbole

<table>
<tr><td>$\uparrow$</td><td>\uparrow</td><td>$\Uparrow$</td><td>\Uparrow</td><td>$\downarrow$</td><td>\downarrow</td><td>$\Downarrow$</td><td>\Downarrow</td></tr>
<tr><td>$\{$</td><td>\\lcb</td><td>$\}$</td><td>\\rcb</td><td>$\updownarrow$</td><td>\updownarrow</td><td>$\Updownarrow$</td><td>\Updownarrow</td></tr>
<tr><td>$\lfloor$</td><td>\lfloor</td><td>$\rfloor$</td><td>\rfloor</td><td>$\lceil$</td><td>\lceil</td><td>$\rceil$</td><td>\rceil</td></tr>
<tr><td>$\langle$</td><td>\langle</td><td>$\rangle$</td><td>\rangle</td><td>$/$</td><td>/</td><td>$\backslash$</td><td>\backslash</td></tr>
<tr><td>$\vert$</td><td>|</td><td>$\Vert$</td><td>\|</td><td></td><td></td><td></td><td></td></tr>
</table>

Tafel 8.10: Begrenzungssymbole

$\rmoustache$	\rmoustache	$\lmoustache$	\lmoustache	$\rgroup$	\rgroup	$\lgroup$	\lgroup
$\arrowvert$	\arrowvert	$\Arrowvert$	\Arrowvert	$\bracevert$	\bracevert		

Tafel 8.11: Große Begrenzungssymbole

$\widetilde{abc}$	\widetilde{abc}	$\widehat{abc}$	\widehat{abc}
$\overleftarrow{abc}$	\overleftarrow{abc}	$\overrightarrow{abc}$	\overrightarrow{abc}
$\overline{abc}$	\overline{abc}	$\underline{abc}$	\underline{abc}
$\overbrace{abc}$	\overbrace{abc}	$\underbrace{abc}$	\underbrace{abc}
$\sqrt{abc}$	\sqrt{abc}	$\sqrt[n]{abc}$	\sqrt[n]{abc}
f'	f'	$\frac{abc}{xyz}$	\frac{abc}{xyz}

Tafel 8.12: Mathematische Konstrukte

$\dashrightarrow$	\dashrightarrow	$\dashleftarrow$	\dashleftarrow	$\leftleftarrows$	\leftleftarrows
$\leftrightarrows$	\leftrightarrows	$\Lleftarrow$	\Lleftarrow	$\twoheadleftarrow$	\twoheadleftarrow
$\leftarrowtail$	\leftarrowtail	$\looparrowleft$	\looparrowleft	$\leftrightharpoons$	\leftrightharpoons
$\curvearrowleft$	\curvearrowleft	$\circlearrowleft$	\circlearrowleft	$\Lsh$	\Lsh
$\upuparrows$	\upuparrows	$\upharpoonleft$	\upharpoonleft	$\downharpoonleft$	\downharpoonleft
$\multimap$	\multimap	$\leftrightsquigarrow$	\leftrightsquigarrow	$\rightrightarrows$	\rightrightarrows
$\rightleftarrows$	\rightleftarrows	$\rightrightarrows$	\rightrightarrows	$\rightleftarrows$	\rightleftarrows
$\twoheadrightarrow$	\twoheadrightarrow	$\rightarrowtail$	\rightarrowtail	$\looparrowright$	\looparrowright
$\rightleftharpoons$	\rightleftharpoons	$\curvearrowright$	\curvearrowright	$\circlearrowright$	\circlearrowright
$\Rsh$	\Rsh	$\downdownarrows$	\downdownarrows	$\upharpoonright$	\upharpoonright
$\downharpoonright$	\downharpoonright	$\rightsquigarrow$	\rightsquigarrow		

Tafel 8.13: Zusätzliche Pfeile (verfügbar mit dem amssymb-Paket)

$\nleftarrow$	\nleftarrow	$\nrightarrow$	\nrightarrow	$\nLeftarrow$	\nLeftarrow
$\nRightarrow$	\nRightarrow	$\nleftrightarrow$	\nleftrightarrow	$\nLeftrightarrow$	\nLeftrightarrow

Tafel 8.14: Zusätzliche negierte Pfeile (verfügbar mit dem amssymb-Paket)

$\leqq$	\leqq	$\leqslant$	\leqslant	$\eqslantless$	\eqslantless
$\lesssim$	\lesssim	$\lessapprox$	\lessapprox	$\approxeq$	\approxeq
$\lessdot$	\lessdot	$\lll$	\lll	$\lessgtr$	\lessgtr
$\lesseqgtr$	\lesseqgtr	$\lesseqqgtr$	\lesseqqgtr	$\doteqdot$	\doteqdot
$\risingdotseq$	\risingdotseq	$\fallingdotseq$	\fallingdotseq	$\backsim$	\backsim
$\backsimeq$	\backsimeq	$\subseteqq$	\subseteqq	$\Subset$	\Subset
$\sqsubset$	\sqsubset	$\preccurlyeq$	\preccurlyeq	$\curlyeqprec$	\curlyeqprec
$\precsim$	\precsim	$\precapprox$	\precapprox	$\vartriangleleft$	\vartriangleleft
$\trianglelefteq$	\trianglelefteq	$\vDash$	\vDash	$\Vvdash$	\Vvdash
$\smallsmile$	\smallsmile	$\smallfrown$	\smallfrown	$\bumpeq$	\bumpeq
$\Bumpeq$	\Bumpeq	$\geqq$	\geqq	$\geqslant$	\geqslant
$\eqslantgtr$	\eqslantgtr	$\gtrsim$	\gtrsim	$\gtrapprox$	\gtrapprox
$\gtrdot$	\gtrdot	$\ggg$	\ggg	$\gtrless$	\gtrless
$\gtreqless$	\gtreqless	$\gtreqqless$	\gtreqqless	$\eqcirc$	\eqcirc
$\circeq$	\circeq	$\triangleq$	\triangleq	$\thicksim$	\thicksim
$\thickapprox$	\thickapprox	$\supseteqq$	\supseteqq	$\Supset$	\Supset
$\sqsupset$	\sqsupset	$\succcurlyeq$	\succcurlyeq	$\curlyeqsucc$	\curlyeqsucc
$\succsim$	\succsim	$\succapprox$	\succapprox	$\vartriangleright$	\vartriangleright
$\trianglerighteq$	\trianglerighteq	$\Vdash$	\Vdash	$\shortmid$	\shortmid
$\shortparallel$	\shortparallel	$\between$	\between	$\pitchfork$	\pitchfork
$\varpropto$	\varpropto	$\blacktriangleleft$	\blacktriangleleft	$\therefore$	\therefore
$\backepsilon$	\backepsilon	$\blacktriangleright$	\blacktriangleright	$\because$	\because

Tafel 8.15: Zusätzliche binäre Relationen (verfügbar mit dem amssymb-Paket)

$\nless$	\nless	$\nleq$	\nleq	$\nleqslant$	\nleqslant
$\nleqq$	\nleqq	$\lneq$	\lneq	$\lneqq$	\lneqq
$\lvertneqq$	\lvertneqq	$\lnsim$	\lnsim	$\lnapprox$	\lnapprox
$\nprec$	\nprec	$\npreceq$	\npreceq	$\precnsim$	\precnsim
$\precnapprox$	\precnapprox	$\nsim$	\nsim	$\nshortmid$	\nshortmid
$\nmid$	\nmid	$\nvdash$	\nvdash	$\nvDash$	\nvDash
$\ntriangleleft$	\ntriangleleft	$\ntrianglelefteq$	\ntrianglelefteq	$\nsubseteq$	\nsubseteq
$\subsetneq$	\subsetneq	$\varsubsetneq$	\varsubsetneq	$\subsetneqq$	\subsetneqq
$\varsubsetneqq$	\varsubsetneqq	$\ngtr$	\ngtr	$\ngeq$	\ngeq
$\ngeqslant$	\ngeqslant	$\ngeqq$	\ngeqq	$\gneq$	\gneq
$\gneqq$	\gneqq	$\gvertneqq$	\gvertneqq	$\gnsim$	\gnsim
$\gnapprox$	\gnapprox	$\nsucc$	\nsucc	$\nsucceq$	\nsucceq
$\succnsim$	\succnsim	$\succnapprox$	\succnapprox	$\ncong$	\ncong
$\nshortparallel$	\nshortparallel	$\nparallel$	\nparallel	$\nvDash$	\nvDash
$\nVDash$	\nVDash	$\ntriangleright$	\ntriangleright	$\ntrianglerighteq$	\ntrianglerighteq
$\nsupseteq$	\nsupseteq	$\nsupseteqq$	\nsupseteqq	$\supsetneq$	\supsetneq
$\varsupsetneq$	\varsupsetneq	$\supsetneqq$	\supsetneqq	$\varsupsetneqq$	\varsupsetneqq

Tafel 8.16: Zusätzliche negierte binäre Relationen (verfügbar mit dem amssymb-Paket)

$\dotplus$	\dotplus	$\smallsetminus$	\smallsetminus	$\Cap$	\Cap
$\Cup$	\Cup	$\barwedge$	\barwedge	$\veebar$	\veebar
$\doublebarwedge$	\doublebarwedge	$\boxminus$	\boxminus	$\boxtimes$	\boxtimes
$\boxdot$	\boxdot	$\boxplus$	\boxplus	$\divideontimes$	\divideontimes
$\ltimes$	\ltimes	$\rtimes$	\rtimes	$\leftthreetimes$	\leftthreetimes
$\rightthreetimes$	\rightthreetimes	$\curlywedge$	\curlywedge	$\curlyvee$	\curlyvee
$\circleddash$	\circleddash	$\circledast$	\circledast	$\circledcirc$	\circledcirc
$\centerdot$	\centerdot	$\intercal$	\intercal		

Tafel 8.17: Zusätzliche Binärsymbole (verfügbar mit dem amssymb-Paket)

$\hbar$	\hbar	$\hslash$	\hslash	$\vartriangle$	\vartriangle
$\triangledown$	\triangledown	$\square$	\square	$\lozenge$	\lozenge
$\circledS$	\circledS	$\angle$	\angle	$\measuredangle$	\measuredangle
$\nexists$	\nexists	$\mho$	\mho	$\Finv$	\Finv[a]
$\Game$	\Game[a]	$\Bbbk$	\Bbbk[a]	$\backprime$	\backprime
$\varnothing$	\varnothing	$\blacktriangle$	\blacktriangle	$\blacktriangledown$	\blacktriangledown
$\blacksquare$	\blacksquare	$\blacklozenge$	\blacklozenge	$\bigstar$	\bigstar
$\sphericalangle$	\sphericalangle	$\complement$	\complement	$\eth$	\eth
$\diagup$	\diagup[a]	$\diagdown$	\diagdown[a]		

[a] In der alten Version des amssymb-Paketes nicht definiert; Definition mit dem \DeclareMathSymbol-Befehl vornehmen.

Tafel 8.18: Zusätzliche Sonderzeichen (verfügbar mit dem amssymb-Paket)

$\digamma$	\digamma	$\varkappa$	\varkappa	$\beth$	\beth	$\daleth$	\daleth	$\gimel$	\gimel

Tafel 8.19: Griechisch und Hebräisch-Zusatz (verfügbar mit dem amssymb-Paket)

$\ulcorner$	\ulcorner	$\urcorner$	\urcorner	$\llcorner$	\llcorner	$\lrcorner$	\lrcorner

Tafel 8.20: Zusätzliche-Begrenzungssymbole (verfügbar mit dem amssymb-Paket)

8.3 Verknüpfungssymbole, Begrenzungssymbole und Operatoren

Dieser Abschnitt[2] beschäftigt sich mit den mathematischen Symbolen, die mit dem amstex-Paket mitgeliefert werden und eine Ergänzung zu LaTeX im Bereich der Verknüpfungssymbole, großen Begrenzungssymbole usw. darstellen. In den Beispielen werden die amstex-Umgebungen zur Ausrichtung von Formeln verwendet. Zu diesem Zeitpunkt ist ein detailliertes Verständnis ihrer Funktionsweise nicht notwendig, der interessierte Leser kann aber in Abschnitt 8.5 weitere Informationen erhalten.

2 Einige Passagen in diesem und in den folgenden Abschnitten sind mit der Erlaubnis der amerikanischen Gesellschaft für Mathematik aus dem elektronischen Dokument testart.tex übernommen und ins Deutsche übersetzt worden.

8.3.1 Mehrfachintegrale

`\iint`, `\iiint` und `\iiiint` erzeugen Mehrfachintegrale mit einem fest ausgerichteten Zwischenraum, sowohl im normalen Text als auch in abgesetzten Formeln. `\idotsint` erzeugt zwei Integralzeichen, die durch Punkte getrennt sind.

$$\iint\limits_V \mu(u,v)\,du\,dv \tag{8.1}$$

$$\iiint\limits_V \mu(u,v,w)\,du\,dv\,dw \tag{8.2}$$

$$\iiiint\limits_V \mu(t,u,v,w)\,dt\,du\,dv\,dw \tag{8.3}$$

$$\idotsint\limits_V \mu(u_1,\dots,u_k) \tag{8.4}$$

```
\begin{gather}
\iint\limits_V \mu(u,v)\,du\,dv                  \\
\iiint\limits_V \mu(u,v,w)\,du\,dv\,dw           \\
\iiiint\limits_V \mu(t,u,v,w)\,dt\,du\,dv\,dw\\
\idotsint\limits_V \mu(u_1,\dots,u_k)
\end{gather}
```

8.3.2 Pfeile über und unter mathematischen Ausdrücken

Es gibt einige zusätzliche Funktionen, um Pfeile über bzw. unter mathematische Ausdrücke zu setzen (in Standard-LaTeX stehen dafür der `\overrightarrow`- und `\overleftarrow`-Befehl zur Verfügung).

$$\overrightarrow{\psi_\delta(t) E_t h} = \underrightarrow{\psi_\delta(t) E_t h}$$
$$\overleftarrow{\psi_\delta(t) E_t h} = \underleftarrow{\psi_\delta(t) E_t h}$$
$$\overleftrightarrow{\psi_\delta(t) E_t h} = \underleftrightarrow{\psi_\delta(t) E_t h}$$

```
\begin{align*}
 \overrightarrow{\psi_\delta(t) E_t h}      &
=\underrightarrow{\psi_\delta(t) E_t h}     \\
 \overleftarrow{\psi_\delta(t) E_t h}       &
=\underleftarrow{\psi_\delta(t) E_t h}      \\
 \overleftrightarrow{\psi_\delta(t) E_t h}  &
=\underleftrightarrow{\psi_\delta(t) E_t h}
\end{align*}
```

Für Hoch- und Tiefstellungen werden sie entsprechend skaliert.

$\int_{\overrightarrow{uv}} vt\,dt$

```
$ \int_{\overrightarrow{uv}} vt\,dt $
```

8.3.3 Auslassungspunkte

Auslassungspunkte sollten möglichst immer mit dem Befehl `\dots` erstellt werden. Die Positionierung (auf der Grundlinie oder auf halber Höhe) wird automatisch vorgenommen, je nachdem, was nach dem Befehl `\dots` folgt. Wenn das nächste Zeichen ein Pluszeichen ist, werden die Punkte mittig gesetzt; ist es ein Komma, werden die Punkte auf der Grundlinie positioniert. Diese Standardplazierung der Punkte, die im amstex-Paket vorgenommen wird, kann geändert werden, wenn andere Konventionen erforderlich werden.

Wenn Auslassungspunkte an das Ende einer mathematischen Formel gesetzt werden sollen, liefert das nachfolgende Kommando (z. B. `\end`, `\)`, `$` oder ähnliches) keine Information darüber, wie die Punkte positioniert werden sollen. In diesem Falle muß die Punktpositionierung näher bestimmt werden, indem `\dotsc` für »Punkte zwischen Kommata« oder `\dotsb` für »Punkte zwischen binären Operatoren/Relationen« oder `\dotsm` für »Multiplikationspunkte« oder `\dotsi` für »Punkte zwischen Integralen« angegeben wird. Im untenstehenden Beispiel werden die Voreinstellungen für diese Befehle gezeigt:

Eine Reihe $H_1, H_2, \dotsc$, eine lokale Summe $H_1 + H_2 + \dotsb$, ein orthogonales Produkt $H_1 H_2 \dotsm$ und ein unendliches Integral

$$\int_{H_1}\int_{H_2}\dotsi$$

```
Eine Reihe $H_1,H_2,\dotsc$,
eine lokale Summe $H_1+H_2+\dotsb$, ein
orthogonales  Produkt $H_1H_2\dotsm$ und
ein unendliches Integral
\[\int_{H_1}\int_{H_2}\dotsi\]
```

8.3.4 Akzente in Formeln

Mit den folgenden Akzentbefehlen werden Doppelakzente automatisch korrekt positioniert.

$$\acute{\acute{A}} \qquad \bar{\bar{B}} \qquad \breve{\breve{C}} \qquad \check{\check{D}}$$
$$\ddot{\ddot{E}} \qquad \dot{\dot{F}} \qquad \grave{\grave{G}} \qquad \hat{\hat{H}}$$
$$\tilde{\tilde{I}} \qquad \vec{\vec{J}}$$

```
\begin{gather*}
\Acute{\Acute{A}} \qquad\Bar{\Bar{B}} \qquad
\Breve{\Breve{C}} \qquad\Check{\Check{D}}   \\
\Ddot{\Ddot{E}}   \qquad\Dot{\Dot{F}} \qquad
\Grave{\Grave{G}} \qquad\Hat{\Hat{H}}       \\
\Tilde{\Tilde{I}} \qquad\Vec{\Vec{J}}
\end{gather*}
```

Diese Doppelakzentfunktion ist kompliziert und führt dazu, daß die Bearbeitung einer LaTeX-Datei verlangsamt wird. Enthält das Dokument viele Doppelakzente, kann in der Präambel der Befehl `\accentedsymbol` aus dem amsxtra-Paket benutzt werden, um die Bearbeitung zu beschleunigen. Dieser Befehl speichert das Ergebnis des Doppelakzentbefehls für einen schnelleren Zugriff in einem Boxregister. Der Befehl `\accentedsymbol` wird wie `\newcommand` verwendet:

$\hat{\hat{A}}$ ist ein doppelakzentiges A, $\dot{\bar{\delta}}$ ein Delta mit einem Strich und einem Punkt.

```
\accentedsymbol{\Ahathat}{\Hat{\Hat A}}
\accentedsymbol{\dbardot}{\Dot{\Bar \delta}}
$\Ahathat$ ist ein doppelakzentiges A, $\dbardot$
ein Delta mit einem Strich und einem Punkt.
```

8.3.5 Hochgestellte Akzente

Zwei Akzente wachsen mit der Breite der akzentuierten Zeichen. So wird mit den Befehlen `$\widehat{xy}, \widetilde{xy}$` die Ausgabe $\widehat{xy}, \widetilde{xy}$ erzeugt. Da diese breiten Akzente eine bestimmte maximale Ausdehnung haben, sollte für extrem lange Ausdrücke besser eine andere Notation verwendet werden, z. B. $(AmBD)\sphat$ anstelle von $\widehat{AmBD}$. Mit den folgenden von amsxtra zur Verfügung gestellten Befehlen kann man auf einfache Art und Weise diese hochgestellten Akzente erzeugen:

$$(AmBD)\sphat \qquad (AmBD)\spcheck \tag{8.5}$$
$$(AmBD)\sptilde \qquad (AmBD)\spdot \tag{8.6}$$
$$(AmBD)\spddot \qquad (AmBD)\spdddot \tag{8.7}$$
$$(AmBD)\spbreve \tag{8.8}$$

```
\begin{gather}
(AmBD)\sphat   \qquad (AmBD)\spcheck \\
(AmBD)\sptilde \qquad (AmBD)\spdot   \\
(AmBD)\spddot  \qquad(AmBD)\spdddot  \\
(AmBD)\spbreve
\end{gather}
```

8.3.6 Punktakzente

Mit den Befehlen \dddot und \ddddot können zusätzlich zu den \dot- und \ddot-Akzenten, die bereits in Standard-LaTeX verfügbar sind, dreifache und vierfache Punktakzente erzeugt werden.

$\dddot{Q} \qquad \ddddot{R}$

```
$  \dddot{Q}  \qquad  \ddddot{R}  $
```

8.3.7 Wurzeln

In Standard-LaTeX ist die Plazierung des Wurzelexponenten nicht immer zufriedenstellend. Mit den von amstex zur Verfügung gestellten Befehlen \leftroot und \uproot kann die Position des Exponenten exakt ausgerichtet werden. Die positiven Argumente bewirken, daß der Wurzelexponent nach links bzw nach oben verschoben wird, während ein negatives Argument eine Verschiebung nach rechts und unten bewirkt. Die Abstufungen sind sehr klein, was für eine derartige Ausrichtung sehr sinnvoll ist. In dem untenstehenden Beispiel wird der Wurzelexponent β um 2 Einheiten nach links und 4 Einheiten nach oben verschoben.

$$\sqrt[\beta]{k} \qquad \sqrt[\leftroot{2}\uproot{4}\beta]{k}$$

```
\[ \sqrt[\beta]{k} \qquad
   \sqrt[\leftroot{2}\uproot{4}\beta]{k} \]
```

8.3.8 Eingerahmte Formeln

Mit dem Befehl \boxed wird ein Rahmen um das Argument gezogen, ähnlich wie mit \fbox. Im Unterschied zu letzterem wird \boxed jedoch in mathematischen Formeln verwendet.

$$\boxed{W_t - F \subseteq V(P_i) \subseteq W_t}$$

```
\[ \boxed{W_t - F \subseteq
          V(P_i)  \subseteq W_t} \]
```

8.3.9 Verlängerbare Pfeile

`@>>>` und `@<<<` erzeugen Pfeile, die sich automatisch der Länge von hoch- bzw. tiefgestelltem Text anpassen. Der Text der Hoch- oder Tiefstellung wird zwischen > oder <-Symbolen angegeben.

$$F \times \triangle[n-1] \xrightarrow[\partial_0\alpha(b)]{} E^{\partial_0 b}$$

```
\[ F\times\triangle[n-1]
   @>>{\partial_0\alpha(b)}>E^{\partial_0b} \]
```

Siehe auch Abschnitt 8.4.4 über kommutative Diagramme. Bei Tastaturen, die keine < und > Tasten haben, können `@)))` und `@(((` als Synonyme verwendet werden.

8.3.10 Die Befehle `\overset`, `\underset` und `\sideset`

LaTeX verfügt über den Befehl `\stackrel`, mit dem ein hochgestelltes Zeichen über einer binären Relation erzeugt werden kann. amstex führt allgemeinere Befehle ein, und zwar `\overset` und `\underset`. Diese können verwendet werden, um ein Symbol über oder unter ein anderes Symbol zu setzen, unabhängig davon, ob es sich dabei um eine binäre Relation oder ein anderes Zeichen handelt. Die Eingabe `\overset{*}{X}` plaziert ein hochgestelltes $*$ über dem X. Mit `\underset` wird die entsprechende tiefgestellte Variante erzeugt.

$$\overset{*}{X} \qquad \underset{*}{X} \qquad \overset{a}{\underset{b}{X}}$$

```
\[ \overset{*}{X}             \qquad
   \underset{*}{X}            \qquad
   \overset{a}{\underset{b}{X}}    \]
```

Daneben gibt es einen weiteren Befehl namens `\sideset`, der mehr für spezielle Zwecke verwendet wird. Mit ihm werden Zeichen in die hoch- und tiefgestellte Position von großen Operatoren wie $\sum$ und $\prod$ gesetzt. Ein gutes Beispiel hierfür ist die Plazierung eines Ableitungssymbols über einem Summenzeichen. Wenn keine Grenzen über oder unter dem Symbol existieren, kann einfach der `\nolimits`-Befehl verwendet werden:

$$\sum\nolimits' E_n. \tag{8.9}$$

```
\begin{equation}
   \sum\nolimits' E_n.
\end{equation}
```

Wenn jedoch nicht nur das Ableitungssymbol sondern auch Grenzen auf dem Symbol angegeben werden sollen, ist die Umsetzung nicht so einfach. Angenommen, man wolle ein Ableitungssymbol zu einem Ausdruck wie dem folgenden hinzufügen:

$$\sum_{n<k,\;n\ \mathrm{odd}} nE_n \tag{8.10}$$

```
\begin{equation}
   \sum_{n<k,\;n\ \mathrm{odd}}nE_n
\end{equation}
```

In diesem Falle kann der `\sideset`-Befehl wie folgt verwendet werden: `\sideset{}{'}\sum_{...}nE_n`. Das erste Argument von `\sideset` kann dazu verwendet werden, ein weiteres Symbol bzw. Symbole an die linke Seite des Operators zu plazieren.

$$\sideset{_*^*}{_*^*}\prod_k \qquad \sideset{}{'}\sum_{0\le i\le m} E_i\beta x$$

```
\[
   \sideset{_*^*}{_*^*}\prod_k           \qquad
   \sideset{}{'}\sum_{0\le i\le m} E_i\beta x
\]
```

8.3.11 Der `\smash`-Befehl

Der Plain-TeX-Befehl `\smash` erzeugt eine Box, unterdrückt jedoch deren Höhe und Tiefe für Positionierungszwecke. Das amstex-Paket führt die optionalen Argumente `t` und `b` für den `\smash`-Befehl ein. Mit `\smash[t]{...}` wird nur die Höhe unterdrückt, während die Tiefe der Box erhalten bleibt; mit `\smash[b]{...}` wird die Tiefe unterdrückt und die Höhe erhalten.

$$X_j=(1/\sqrt{\smash[b]{\lambda_j}})X_j' \qquad X_j=(1/\sqrt{\lambda_j})X_j'$$

```
\[ X_j=(1/\sqrt{\smash[b]{\lambda_j}})X_j'
   \qquad
   X_j=(1/\sqrt{\lambda_j})X_j'                \]
```

Im vorangegangenen Beispiel wird gezeigt, wie der `\smash`-Befehl verwendet wird, um die Tiefe eines Wurzelzeichens zu begrenzen. Ohne diese Angabe würde das Wurzelzeichen dieselbe Unterlänge haben wie das tiefgestellte Zeichen (wie in der rechten Formel zu sehen).

8.3.12 Der `\text`-Befehl

Der `\text`- Befehl, den es auch separat im amstext-Paket gibt, wird hauptsächlich für Wörter und Phrasen in abgesetzten Formeln verwendet. In seiner Wirkung ähnelt er dem LaTeX-Befehl `\mbox`, wobei er jedoch eine Reihe von Vorteilen besitzt. Wenn z. B. ein Wort oder eine Phrase tiefgestellt gesetzt werden soll, muß folgendes eingegeben werden:

`..._{\text{`*wort-oder-satz*`}}`

Diese Angabe läßt sich nicht nur leichter merken, sondern ist auch einfacher einzugeben als der entsprechende `\mbox`-Befehl, da die richtige Größe automatisch bestimmt wird.

`..._{\mbox{\scriptsize`*wort-oder-satz*`}}`

$$\mathbf{y}=\mathbf{y}' \quad \text{if and only if} \quad y'_k=\delta_k y_{\tau(k)}$$

```
\[  \mathbf{y}=\mathbf{y}'          \quad
    \text{if and only if}           \quad
    y'_k=\delta_k y_{\tau(k)}                \]
```

8.3.13 Operatornamen

Mathematische Funktionen wie log, sin und lim werden traditionell in Roman gesetzt, um Verwechslungen mit einzelnen mathematischen Variablen, die kursiv gesetzt werden, zu vermeiden. Die häufiger verwendeten Funktionen haben vordefinierte Namen: `\log`, `\sin`, `\lim`, usw. (siehe Tafel 8.9 auf Seite 225). Jedoch tauchen in mathematischen Schriften ständig neue Funktionen auf. Zu diesem Zweck verfügt das amstex-Paket über die Befehle `\operatorname` und `\operatorname*`, mit denen neue Funktionsnamen erzeugt werden können, die das gleiche typographische Erscheinungsbild haben wie die vordefinierten Namen. Der Befehl `\operatorname{xxx}` erzeugt beispielsweise xxx in dem passenden Zeichensatz und fügt, wenn notwendig, auf beiden Seiten den richtigen Abstand hinzu, so daß anstatt von *AxxxB* $A\operatorname{xxx}B$ erzeugt wird. Wenn ein bestimmter Operatorname mehrfach verwendet wird, kann die LaTeX-Datei lesbarer gestaltet werden, indem man sich eine Abkürzung definiert, wie das folgende Beispiel zeigt (die `\:`-Befehle fügen Leerzeichen hinzu; siehe Tafel 8.21 auf Seite 248):

Eingabe

```
\newcommand{\meas}{\operatorname{meas}}
\begin{align*}
\|f\|_\infty                                              = &
  \operatorname*{ess\,sup}_{x\in R^n}|f(x)|               \\
\meas_1\{u\in R_+^1\:f^*(u)>\alpha\}                       = &
  \meas_n\{x\in R^n\:|f(x)|\geq\alpha\} \qquad \forall\alpha>0.
\end{align*}
```

$$\|f\|_\infty = \operatorname*{ess\,sup}_{x\in R^n}|f(x)|$$
$$\operatorname{meas}_1\{u\in R_+^1\:f^*(u)>\alpha\} = \operatorname{meas}_n\{x\in R^n\:|f(x)|\geq\alpha\} \qquad \forall\alpha>0.$$

Ergebnis

Der Befehl `\operatorname*` kann genauso verwendet werden wie `\operatorname`. Der einzige Unterschied besteht in der Plazierung der hoch- und tiefgestellten Zeichen, wie im obigen Beispiel zu sehen ist.

Im amstex-Paket sind die folgenden Operatoren zusätzlich vordefiniert: `\varlimsup`, `\varliminf`, `\varinjlim` und `\varprojlim`. Hier ein Beispiel, wie sie verwendet werden:

$$\varlimsup_{n\rightarrow\infty}\mathcal{Q}(u_n,u_n-u^{\#}) \le 0 \tag{8.11}$$
$$\varliminf_{n\rightarrow\infty}\left|a_{n+1}\right|/\left|a_n\right| = 0 \tag{8.12}$$
$$\varinjlim (m_i^\lambda\cdot)^* \le 0 \tag{8.13}$$
$$\varprojlim_{p\in S(A)}A_p \le 0 \tag{8.14}$$

```
\begin{gather}
\varlimsup_{n\rightarrow\infty}
  \mathcal{Q}(u_n,u_n-u^{\#}) \le 0                    \\
\varliminf_{n\rightarrow\infty}
 \left|a_{n+1}\right|/\left|a_n\right| = 0            \\
\varinjlim (m_i^\lambda\cdot)^* \le 0                   \\
\varprojlim_{p\in S(A)}A_p \le 0
\end{gather}
```

8.3.14 `\mod` und verwandte Befehle

Die Befehle `\mod`, `\bmod`, `\pmod` und `\pod` dienen dazu, die speziellen Abstandskonventionen der »mod«-Notation zu realisieren. `\bmod` und `\pmod` gibt es auch in Standard-LaTeX, die Definition von `\pmod` in amstex erzeugt allerdings etwas weniger Leerraum, wenn sie in Formeln verwendet, wird die im Text eingebettet sind. `\mod` und `\pod` sind Varianten von `\pmod`, die von einigen Autoren bevorzugt werden. Mit dem Befehl `\mod` werden die Klammern weggelassen, während mit `\pod` die Klammern erzeugt, dafür aber der Text »mod« unterdrückt wird.

$$u \equiv v + 1 \pmod{n^2} \tag{8.15}$$
$$u \equiv v + 1 \bmod{n^2} \tag{8.16}$$
$$u \equiv v + 1 \mod{n^2} \tag{8.17}$$
$$u \equiv v + 1 \pod{n^2} \tag{8.18}$$

```
\begin{align}
  u & \equiv v + 1 \pmod{n^2}  \\
  u & \equiv v + 1 \bmod{n^2}  \\
  u & \equiv v + 1 \mod{n^2}   \\
  u & \equiv v + 1 \pod{n^2}
\end{align}
```

8.3.15 Brüche und ähnliche Konstruktionen

Zusätzlich zu `\frac` (das in LaTeX vorhanden ist) verfügt amstex über x`\dfrac` und `\tfrac`, die bequeme Kurzformen für `{\displaystyle\frac ... }` und `{\textstyle\frac ... }` darstellen. Darüber hinaus kann die Dicke des Bruchstriches variiert werden, indem mit dem `\frac`-Befehl ein optionales Argument angegeben wird.

`\frac[`*maß*`]{...}{...}`

$$\frac{M(y+u) - M(y) - CM(y)u}{\|u\|}$$

```
\[
  \frac[1.3pt]{M(y+u)-M(y)-CM(y)u}{\|u\|}
\]
```

Mit dem `\fracwithdelims`-Befehl des amsxtra-Paketes können Begrenzungssymbole links und rechts des Bruches festgelegt werden.

`\fracwithdelims{`*linkes-symbol*`}{`*rechtes-symbol*`}[`*maß*`]{...}{...}`

$$\left[\frac{M(y+u) - M(y) - CM(y)u}{\|u\|}\right]$$

```
\[
  \fracwithdelims[]{M(y+u)-M(y)-CM(y)u}{\|u\|}
\]
```

Für binomische Ausdrücke wie $\binom{n}{k}$ stellt amstex die Befehle `\binom`, `\dbinom` und `\tbinom` zur Verfügung. `\binom` ist ein Abkürzung für `\fracwithdelims()[0pt]`.

Die Befehle \dbinom und \tbinom sind ähnliche Kurzformen wie die oben beschriebenen \dfrac- und \tfrac-Befehle.

$$\begin{split}\sum_{\gamma\in\Gamma_C} I_\gamma &=2^k-\binom{k}{1}2^{k-1}+\binom{k}{2}2^{k-2}\\ &\quad+\dots+(-1)^l\binom{k}{l}2^{k-l}+\dots+(-1)^k\\ &=(2-1)^k=1\end{split} \tag{8.19}$$

```
\begin{equation}
\begin{split}
\sum_{\gamma\in\Gamma_C} I_\gamma
     &=2^k-\binom{k}{1}2^{k-1}+
                         \binom{k}{2}2^{k-2}\\
     &\quad+\dots+(-1)^l\binom{k}{l}2^{k-l}
                         +\dots+(-1)^k\\
     &=(2-1)^k=1
\end{split}
\end{equation}
```

8.3.16 Kettenbrüche

Ein Kettenbruch kann folgendermaßen erzeugt werden:

$$\cfrac{1}{\sqrt{2}+\cfrac{1}{\sqrt{3}+\cfrac{1}{\sqrt{4}+\cfrac{1}{\sqrt{5}+\cfrac{1}{\sqrt{6}+\dotsb}}}}} \tag{8.20}$$

```
\begin{equation}
\cfrac{1}{\sqrt{2}+
 \cfrac{1}{\sqrt{3}+
  \cfrac{1}{\sqrt{4}+
   \cfrac{1}{\sqrt{5}+
    \cfrac{1}{\sqrt{6}+\dotsb
}}}}}
\end{equation}
```

Zähler können am linken oder rechten Rand ausgerichtet werden, indem man anstelle des \cfrac-Befehls die Variante \cfrac[l]{..}{..} bzw. \cfrac[r]{..}{..} verwendet.

8.3.17 Große Begrenzungssymbole

In Plain-TeX und Standard-LaTeX gibt es vier Befehle, \big, \Big, \bigg und \Bigg, mit denen verschieden große Versionen eines Begrenzungssymbols, welches als Parameter angegeben wird, erzeugt werden können. Damit kann die Größe der mathematischen Begrenzungssymbole genau festgelegt werden. Die Befehle können für jedes der Begrenzungssymbole verwendet werden, die dem \left oder \right-Befehl folgen können (siehe Tafeln 8.10, 8.11 und 8.20 auf Seite 228). Jeder der vier oben angegebenen Befehle kann in drei verschiedenen Varianten angegeben werden, entweder als öffnendes Zeichen (z. B. \bigl), als binäre Relation (z. B. \Bigm) oder als schließendes Zeichen (z. B. \Biggr).[3] Während die Größen der erzeugten Begrenzungssymbole in Plain-TeX sich nicht ändern, passen sich die

3 Siehe Tafel 7.13 auf Seite 212 zur Besprechung der diversen mathematischen Symboltypen.

Begrenzungszeichen bei Verwendung des amstex-Paketes der Größe des sie umgebenden Textes an. Würde das folgende Beispiel mit Standard-LaTeX formatiert, so würden die äußeren Klammern in beiden Fällen die gleiche Größe besitzen.

$$\biggl(\mathbf{E}_{y}\int_0^{t_\varepsilon} L_{x,y^x(s)}\varphi(x)\,ds \biggr)$$

$$\Bigg(\mathbf{E}_{y}\int_0^{t_\varepsilon} L_{x,y^x(s)}\varphi(x)\,ds \Bigg)$$

```
\[ \biggl(\mathbf{E}_{y}\int_0^{t_\varepsilon}
     L_{x,y^x(s)}\varphi(x)\,ds \biggr)
\]
\begin{Large}
\[ \biggl(\mathbf{E}_{y}\int_0^{t_\varepsilon}
     L_{x,y^x(s)}\varphi(x)\,ds \biggr)     \]
\end{Large}
```

8.4 Matrixähnliche Umgebungen und kommutative Diagramme

8.4.1 Die cases-Umgebung

Fallunterscheidungen können mit Hilfe der cases-Umgebung erzeugt werden.

(8.21)
$$P_{r-j}=\begin{cases} 0 & \text{falls } r-j \text{ ungerade,}\\ r!\,(-1)^{(r-j)/2} & \text{sonst} \end{cases}$$

```
\begin{equation}
P_{r-j}=
 \begin{cases}
  0 &       \text{falls $r-j$ ungerade},\\
  r!\,(-1)^{(r-j)/2} &    \text{sonst}
 \end{cases}
\end{equation}
```

Man achte auf die Verwendung von \text und die eingebettete Formel.

8.4.2 Die Matrix-Umgebungen

Die Matrix-Umgebungen sind ähnlich den array-Umgebungen von LaTeX. Im Unterschied zu diesen besitzen sie jedoch kein Argument, in dem das Format der Spalten bestimmt wird. Stattdessen wird ein Standardformat mit bis zu 10 zentrierten Spalten vorgegeben. Die unten angegebenen Beispiele zeigen die Verwendung der Matrix-Umgebungen matrix, pmatrix, bmatrix, vmatrix und Vmatrix:

$$\begin{matrix} 0 & 1 \\ 1 & 0\end{matrix} \quad \begin{pmatrix}0 & -i \\ i & 0\end{pmatrix}\quad \begin{bmatrix}1 & 0 \\ 0 & -1\end{bmatrix}$$
$$\begin{vmatrix}a & b \\ c & d\end{vmatrix}\quad \begin{Vmatrix}1 & 0 \\ 0 & 1\end{Vmatrix}$$

```
\begin{gather*}
\begin{matrix} 0 & 1 \\ 1 & 0\end{matrix} \quad
\begin{pmatrix}0 &-i \\ i & 0\end{pmatrix}\quad
\begin{bmatrix}1 & 0 \\ 0 &-1\end{bmatrix}\\
\begin{vmatrix}a & b \\ c & d\end{vmatrix}\quad
\begin{Vmatrix}1 & 0 \\ 0 & 1\end{Vmatrix}
\end{gather*}
```

Die maximale Anzahl der Spalten wird durch den Zähler `MaxMatrixCols` festgelegt, der mit Hilfe der Standardzählerbefehle von LaTeX verändert werden kann. Für eine große Matrix mit 19 oder 20 Spalten könnte die Definition z. B. folgendermaßen aussehen:

```
\begin{equation}
\setcounter{MaxMatrixCols}{20}
A=\begin{pmatrix}
...&...&...&...&...&...&...&...&...&...&...&   ... \\
  ...  \\
  ...
\end{pmatrix}
\end{equation}
\setcounter{MaxMatrixCols}{10}
```

Zähler werden in LaTeX global verwendet. Es kann aber durchaus vorkommen, daß der Wert von `MaxMatrixCols` nach Beendigung der großen Matrix wieder auf den Standardwert von 10 zurückgesetzt werden soll, denn mit einem hohen Wert benötigt LaTeX sehr viel mehr Zeit, um eine Matrix zu setzen.

Für die Darstellung einer kleinen Matrix innerhalb von Texten, ist die `smallmatrix`-Umgebung am besten geeignet.

Im folgenden sei die Wirkung der Matrix auf die umgebenen Zeilen innerhalb eines Absatzes demonstriert, indem die Formel $\left(\begin{smallmatrix} a&b\\ c&d \end{smallmatrix} \right)$ mitten in den Text gesetzt wird und genügend Text angefügt wird, damit mindestens eine volle Zeile unterhalb der Matrix entsteht.

```
Im folgenden sei die Wirkung der Matrix auf die
umgebenen Zeilen innerhalb eines Absatzes
demonstriert, indem die Formel
\begin{math}
  \left( \begin{smallmatrix}
       a&b\\ c&d
     \end{smallmatrix} \right)
\end{math}
mitten in den Text gesetzt wird und gen"ugend
Text angef"ugt wird, damit mindestens eine volle
Zeile unterhalb der Matrix entsteht.
```

Eine Reihe von Punkten in einer Matrix, die eine gegebene Anzahl von Spalten umfaßt, kann mit dem folgenden Befehl erzeugt werden:

`\hdotsfor[`*abstandsfaktor*`]{`*anzahl*`}`

Der Abstand der Punkte kann mit Hilfe des optionalen Parameters *abstandsfaktor* variiert werden, z. B. `\hdotsfor[1.5]{3}`. Die Zahl in den eckigen Klammern gibt den Multiplikationsfaktor für den Abstand der Punkte zueinander an. Der Standardwert ist 1.

Eingabe

```
\[ W(\Phi)= \begin{Vmatrix}
   \dfrac\varphi{(\varphi_1,\varepsilon_1)}           &0&\dots&0\\
   \dfrac{\varphi k_{n2}}{(\varphi_2,\varepsilon_1)}&
   \dfrac\varphi{(\varphi_2,\varepsilon_2)}           &\dots&0  \\
   \hdotsfor{5}                                              \\
   \dfrac{\varphi k_{n1}}{(\varphi_n,\varepsilon_1)}&
   \dfrac{\varphi k_{n2}}{(\varphi_n,\varepsilon_2)}&\dots&
   \dfrac{\varphi k_{n\,n-1}}{(\varphi_n,\varepsilon_{n-1})}&
   \dfrac{\varphi}{(\varphi_n,\varepsilon_n)}
\end{Vmatrix}\]
```

$$W(\Phi) = \begin{Vmatrix} \dfrac\varphi{(\varphi_1,\varepsilon_1)} & 0 & \dots & 0 \\ \dfrac{\varphi k_{n2}}{(\varphi_2,\varepsilon_1)} & \dfrac\varphi{(\varphi_2,\varepsilon_2)} & \dots & 0 \\ \hdotsfor{5} \\ \dfrac{\varphi k_{n1}}{(\varphi_n,\varepsilon_1)} & \dfrac{\varphi k_{n2}}{(\varphi_n,\varepsilon_2)} & \dots & \dfrac{\varphi k_{n\,n-1}}{(\varphi_n,\varepsilon_{n-1})} & \dfrac{\varphi}{(\varphi_n,\varepsilon_n)} \end{Vmatrix}$$

Ergebnis

8.4.3 Die Sb- und Sp-Umgebungen

Die Sb- und Sp-Umgebungen können verwendet werden, um mehrere Zeilen hoch oder tief zu stellen, wobei \\ als Zeilenbegrenzung verwendet wird. Diese Umgebungen können überall dort verwendet werden, wo normale Hoch- und Tiefstellungen ebenfalls verwendet werden können.

$$\sum_{\substack{0\le i\le m \\ 0<j<n}} P(i,j) \tag{8.22}$$

```
\begin{equation}
  \sum  \begin{Sb}
          0\le i\le m \\
          0<j<n
        \end{Sb}          P(i,j)
\end{equation}
```

8.4.4 Kommutative Diagramme

Die $\mathcal{AMS}$-TEX-Befehle für kommutative Diagramme sind im amstex-Paket nicht enthalten, aber als separates Paket, amscd, erhältlich. Dadurch können jene Benutzer, die kommutative Diagramme nicht benötigen, Speicherplatz sparen. Die picture-Umgebung kann für komplexe kommutative Diagramme verwendet werden. Für einfache Diagramme ohne diagonale Pfeile sind jedoch die amscd-Befehle sehr viel bequemer. (Komplexere Pakete für kommutative Diagramme sind das

»XY-pic system« [87] von Kristoffer Rose, das »Commutative Diagram«-Paket [98] von Paul Taylor und das »Diagram 3«-System von Francis Borceux [16].)

$$\begin{CD}
S^{{\mathcal{W}}_\Lambda}\otimes T @>j>> T\\
@VVV @VV{\operatorname{End} P}V\\
(S\otimes T)/I @= (Z\otimes T)/J
\end{CD}$$

```
\newcommand{\End}{\operatorname{End}}
\begin{equation*}
\begin{CD}
S^{{\mathcal{W}}_\Lambda}\otimes T@>j>>T\\
    @VVV                        @VV{\End P}V\\
(S\otimes T)/I              @= (Z\otimes T)/J
\end{CD}
\end{equation*}
```

Ein ähnliches Ergebnis, das jedoch nicht ganz so gut aussieht, kann in Standard-LaTeX folgendermaßen erzielt werden:

$$\begin{array}{ccc}
S^{\mathcal{W}_\Lambda}\otimes T & \stackrel{j}{\longrightarrow} & T \\
\Big\downarrow & & \Big\downarrow\vcenter{\rlap{$\scriptstyle{\mathrm{End}}\,P$}}\\
(S\otimes T)/I & = & (Z\otimes T)/J
\end{array}$$

```
\[
  \begin{array}{ccc}
    S^{\mathcal{W}_\Lambda}\otimes T &
      \stackrel{j}{\longrightarrow}  &
    T                                         \\
    \Big\downarrow                   &   &
    \Big\downarrow\vcenter{%
      \rlap{$\scriptstyle{\mathrm{End}}\,P$}}\\
    (S\otimes T)/I                   & = &
    (Z\otimes T)/J
  \end{array}
\]
```

Mit dem amscd-Paket lassen sich längere Pfeile und ein besser abgestimmter Abstand der einzelnen Elemente des Diagramms erzeugen.

In der CD-Umgebung ergeben die Befehle @>>>, @<<<, @VVV und @AAA jeweils Pfeile nach rechts, links, oben und unten. Wenn die spitzen Klammern auf der Tastatur fehlen, kann alternativ die Schreibweise @))) und @(((verwendet werden.

Bei Längspfeilen wird alles, was zwischen dem ersten und zweiten > oder <-Symbol geschrieben wird, hochgestellt und alles, was zwischen dem zweiten und dritten Symbol steht, tiefgestellt. Entsprechend wird bei senkrechten Pfeilen alles, was sich zwischen dem ersten und zweiten bzw. dem zweiten und dritten A oder V befindet, links bzw. rechts vom Pfeil gesetzt. Im obigen Beispiel wurde auf diese Weise der Operator »End P« rechts vom Pfeil plaziert.

8.5 Umgebungen zur Ausrichtung von Formeln

Mit dem amstex-Paket können verschiedene Umgebungen für mehrzeilige abgesetzte Formeln definiert werden. Sie funktionen ähnlich wie die Umgebungen equation und eqnarray. In den nächsten Abschnitten werden die folgenden Umgebungen erläutert:

align	align*	Ausrichtung an einer einzigen Position
alignat	alignat*	Ausrichtung an mehreren Positionen
xalignat	xxalignat	gesperrte Varianten der obengenannten Umgebungen
equation	equation*	einzeilige Formel
gather	gather*	Formelkombination ohne Ausrichtung
multline	multline*	mehrzeilige Formel (eine Formelnummer)
split		Aufsplittung langer Formeln

Mit einigen dieser mehrzeiligen Formelumgebungen können Teile der Formel ausgerichtet werden. Im Gegensatz zu den Original-Umgebungen von LaTeX, eqnarray und eqnarray*, verwenden die Umgebungen, die im amstex-Paket implementiert sind, ein anderes Konzept zur Markierung der Ausrichtungspositionen. Während eqnarray im Verhalten einer array-Umgebung ähnelt, die eine {rcl}-Präambel hat und deshalb vor und hinter dem auszurichtenden Teil mit einem &-Zeichen versehen wird, wird bei den amstex-Umgebungen der Ausrichtungspunkt (oder Punkte in z. B. alignat) nur mit einem einzigen &-Zeichen versehen, und zwar links von dem Zeichen, das an den vorhergehenden oder folgenden Zeilen ausgerichtet werden soll.

Bei den amstex-Umgebungen wird der Abstand zu den Ausrichtungspunkten automatisch richtig gesetzt, während bei der eqnarray-Umgebung je nach Parametereinstellung für array zusätzlicher Leerraum eingefügt wird. Das nächste Beispiel zeigt diesen Unterschied deutlich. Hier wurde dieselbe Gleichung sowohl mit equation als auch mit der align- und der eqnarray-Umgebung formatiert. Idealerweise sollten alle drei dasselbe Resultat erzielen; wie jedoch zu sehen ist, erzeugt die eqnarray-Umgebung zu große Zwischenräume.

$$x^2 + y^2 = z^2 \tag{8.23}$$

$$x^2 + y^2 = z^2 \tag{8.24}$$
$$x^3 + y^3 < z^3 \tag{8.25}$$

$$x^2 + y^2 \quad = \quad z^2 \tag{8.26}$$
$$x^3 + y^3 \quad < \quad z^3 \tag{8.27}$$

```
\begin{equation}
  x^2+y^2  =  z^2
\end{equation}
\begin{align}
  x^2+y^2 &= z^2 \\
  x^3+y^3 &< z^3
\end{align}
\begin{eqnarray}
  x^2+y^2 &=& z^2 \\
  x^3+y^3 &<& z^3
\end{eqnarray}
```

8.5.1 Die align-Umgebung

Die align-Umgebung wird für zwei oder mehr Gleichungen verwendet, bei denen eine vertikale Ausrichtung vorgenommen werden soll (normalerweise wird an Relationssymbolen wie etwa dem Gleichheitszeichen ausgerichtet). Der Begriff »Gleichung« wird hier im weitesten Sinne verwendet und umfaßt jegliche Art mathematischer Ausdrücke, die der Autor als unabhängigen Teil einer größeren abgesetzten Formel betrachtet. Diese enthält normalerweise, wenn auch nicht immer, eine binäres Relationssymbol.

$$x^2 + y^2 = 1 \tag{8.28}$$
$$x = \sqrt{1 - y^2} \tag{8.29}$$

```
\begin{align}
x^2  + y^2 & = 1\\
x          & = \sqrt{1-y^2}
\end{align}
```

Weitere Beispiele werden in Abschnitt 8.7.4 auf Seite 254 vorgestellt.

8.5.2 Die `gather`-Umgebung

Ebenso wie die `align`-Umgebung wird die `gather`-Umgebung für zwei oder mehrere Gleichungen verwendet, bei denen jedoch keine Ausrichtung zueinander erwünscht ist. Jede wird unabhängig von den anderen zwischen dem linken und dem rechten Rand zentriert.

$$(a + b)^2 = a^2 + 2ab + b^2 \tag{8.30}$$
$$(a + b) \cdot (a - b) = a^2 - b^2 \tag{8.31}$$

```
\begin{gather}
(a + b)^2 = a^2 + 2ab + b^2\\
(a + b) \cdot (a - b) = a^2 - b^2
\end{gather}
```

Weitere Beispiele hierzu sind in Abschnitt 8.7.3 auf Seite 254 beschrieben.

8.5.3 Die `alignat`-Umgebung

Die `align`-Umgebung erzeugt abgesetzte Formeln, die sich über die gesamte Breite des Textes erstrecken. Wenn mehrere Strukturen des »align«-Typs nebeneinander gesetzt werden sollen, kann dafür die `alignat`-Umgebung verwendet werden. Diese Umgebung hat ein obligatorisches Argument, in dem die Anzahl der »align«-Teile angegeben wird. Für ein Argument von n ist die Anzahl der `&`-Zeichen pro Zeile $2n - 1$ (ein `&`-Zeichen pro Ausrichtung innerhalb jedes Ausrichtungsteils und jeweils ein `&`-Zeichen, um die Teile voneinander zu trennen).

`xalignat` und `xxalignat` sind Varianten der `alignat`-Umgebung, bei denen zwischen den einzelnen Ausrichtungsteilen zusätzlicher Zwischenraum eingefügt wird. Die `xalignat`-Umgebung für einen gleichmäßigen Abstand der Ausrichtungsteile zueinander sowie zum Rand. `xxalignat` fügt auch gleichmäßigen Leerraum zwischen den Teilen ein, läßt jedoch keinen Platz zum Rand hin.

$$
\begin{alignat}{2}
L_1 & = R_1 & \qquad L_2 & = R_2 \tag{8.32}\\
L_3 & = R_3 & \qquad L_4 & = R_4 \tag{8.33}
\end{alignat}
$$

```
\begin{alignat}{2}
L_1 & = R_1 & \qquad L_2 & = R_2  \\
L_3 & = R_3 & \qquad L_4 & = R_4
\end{alignat}
```

$$
\begin{xalignat}{2}
L_1 & = R_1 & \qquad L_2 & = R_2 \tag{8.34}\\
L_3 & = R_3 & \qquad L_4 & = R_4 \tag{8.35}
\end{xalignat}
$$

```
\begin{xalignat}{2}
L_1 & = R_1 & \qquad L_2 & = R_2  \\
L_3 & = R_3 & \qquad L_4 & = R_4
\end{xalignat}
```

$$
\begin{xxalignat}{2}
L_1 & = R_1 & \qquad L_2 & = R_2 \\
L_3 & = R_3 & \qquad L_4 & = R_4
\end{xxalignat}
$$

```
\begin{xxalignat}{2}
L_1 & = R_1 & \qquad L_2 & = R_2  \\
L_3 & = R_3 & \qquad L_4 & = R_4
\end{xxalignat}
```

Da bei Verwendung von `xxalignat` Formelnummern wenig sinnvoll wären, werden keine erzeugt. Weitere Beispiele für diese Umgebungen findet man in Abschnitt 8.7.6 auf Seite 256.

8.5.4 Die `multline`-Umgebung

Die `multline`-Umgebung stellt eine Variation der `equation`-Umgebung dar, die für Gleichungen verwendet wird, die nicht auf eine einzige Zeile passen. Die erste Zeile von `multline` wird dabei am linken Rand ausgerichtet, während die letzte Zeile am rechten Rand ausgerichtet wird. Durch Veränderung des Längenparameters `\multlinegap` kann der Einzug am linken und rechten Rand festgelegt werden. Der Wert von `\multlinegap` kann mit Hilfe der LaTeX-Befehle `\setlength` und `\addtolength` verändert werden. Wenn `multline` mehr als zwei Zeilen enthält, werden alle Zeilen außer der ersten und letzten zentriert.

(8.36) Erste Zeile der Gleichung
Mittlere Zeile der Gleichung
Eine weitere Zeile der Gleichung
Letzte Zeile der Gleichung

```
\begin{multline}
\text{Erste Zeile der Gleichung}          \\
\text{Mittlere Zeile der Gleichung}       \\
\text{Eine weitere Zeile der Gleichung}   \\
\text{Letzte Zeile der Gleichung}
\end{multline}
```

Weitere Beispiele sind in Abschnitt 8.7.2 auf Seite 253 abgebildet.

8.5.5 Die split-Umgebung

Wie multline wird die split-Umgebung für einzelne Gleichungen verwendet, die zu lang sind, um auf eine Zeile zu passen und deshalb auf mehrere Zeilen verteilt werden müssen. Im Gegensatz zu multline werden die einzelnen Zeilen in einer split-Umgebung jedoch zueinander ausgerichtet, sofern sie mit &-Zeichen wie üblich markiert worden sind. Zusätzlich (und anders als in den anderen Umgebungen von amstex) werden die Gleichungen der split-Umgebung nicht numeriert, da diese Umgebung nur innerhalb anderer, abgesetzter Formelumgebungen verwendet werden kann, wie etwa equation, align oder gather. Die Formelnummer wird dann von der äußeren Umgebung erzeugt.

$$\begin{split}(a+b)^4 &= (a+b)^2(a+b)^2\\ &= (a^2+2ab+b^2)(a^2+2ab+b^2)\\ &= a^4+4a^3b+6a^2b^2+4ab^3+b^4\end{split} \tag{8.37}$$

```
\begin{equation}
\begin{split}
(a+b)^4 &= (a+b)^2 (a+b)^2                 \\
        &= (a^2+2ab+b^2)(a^2+2ab+b^2)      \\
        &= a^4+4a^3b+6a^2b^2+4ab^3+b^4     \\
\end{split}
\end{equation}
```

Lädt man das amstex-Paket mit der centertags-Option, wird die Formelnummer für die split-Umgebung vertikal an der Höhe der split-Umgebung zentriert, sofern der Platz dafür ausreicht. Dies erzeugt etwa folgendes Bild:

$$\begin{split}(a+b)^3 &= (a+b)(a+b)^2\\ &= (a+b)(a^2+2ab+b^2)\\ &= a^3+3a^2b+3ab^2+b^3\end{split} \tag{8.38}$$

```
\begin{equation}
\begin{split}
(a+b)^3 &= (a+b) (a+b)^2        \\
        &= (a+b)(a^2+2ab+b^2)   \\
        &= a^3+3a^2b+3ab^2+b^3  \\
\end{split}
\end{equation}
```

Weitere Beispiele befinden sich in Abschnitt 8.7.1 auf Seite 250.

8.5.6 Ausrichtungsumgebungen als Teil von abgesetzten Formeln

Neben der split-Umgebung gibt es noch andere Ausrichtungsumgebungen, die keine eigenständigen Formeln erzeugen, sondern innerhalb anderer Formelumgebungen benutzt werden. Die Namen dieser Umgebungen lauten: aligned, gathered und alignedat. Die Umgebungen haben ein optionales Argument, mit dem die vertikale Positionierung in bezug auf die umgebenden mathematischen Ausdrücke angegeben wird. Die Standardausrichtung ist zentriert ([c]). Ihre Funktionsweise wird im folgenden Beispiel demonstriert.

$$\begin{aligned} x^2 + y^2 &= 1 \\ x &= \sqrt{1-y^2} \end{aligned} \qquad \begin{gathered} (a+b)^2 = a^2 + 2ab + b^2 \\ (a+b) \cdot (a-b) = a^2 - b^2 \end{gathered}$$

```
\begin{equation*}
\begin{aligned}
  x^2  + y^2 & = 1              \\
           x & = \sqrt{1-y^2}
\end{aligned}                          \qquad
\begin{gathered}
  (a + b)^2 = a^2 + 2ab + b^2 \\
  (a + b) \cdot (a - b) = a^2 - b^2
\end{gathered}
\end{equation*}
```

Ein und dieselbe Formel kann mit verschiedenen Umgebungen sowie mit unterschiedlicher vertikaler Ausrichtung gesetzt werden.

$$\begin{aligned}[b] x^2 + y^2 &= 1 \\ x &= \sqrt{1-y^2} \end{aligned} \qquad \begin{gathered}[t] (a+b)^2 = a^2 + 2ab + b^2 \\ (a+b) \cdot (a-b) = a^2 - b^2 \end{gathered}$$

```
\begin{equation*}
\begin{aligned}[b]
  x^2  + y^2 & = 1              \\
           x & = \sqrt{1-y^2}
\end{aligned}                          \qquad
\begin{gathered}[t]
  (a + b)^2 = a^2 + 2ab + b^2 \\
  (a + b) \cdot (a - b) = a^2 - b^2
\end{gathered}
\end{equation*}
```

8.5.7 Vertikaler Abstand und Seitenumbruch in Formelumgebungen

Mit dem `\\[`*maß*`]`-Befehl kann ein zusätzlicher vertikaler Abstand zwischen den Zeilen in allen abgesetzten Formelumgebungen von amstex erzeugt werden, so wie in Standard-LaTeX üblich. Im Gegensatz zu `eqnarray` erlauben die amstex-Umgebungen jedoch keine Seitenumbrüche zwischen den Zeilen, es sei denn, daß `\displaybreak` oder `\allowdisplaybreaks` verwendet wird. Dadurch wird die Entscheidung über einen Seitenumbruch auf den Autor verlagert. `\displaybreak` muß dem `\\` vorangestellt werden, vor dem es in Kraft treten soll. Ebenso wie der `\pagebreak`-Befehl in LaTeX besitzt `\displaybreak` ein optionales Argument, der Werte zwischen 0 und 4 annehmen kann, die die Dringlichkeit eines Seitenumbruchs angeben. `\displaybreak[0]` bedeutet »an dieser Stelle wird ein Seitenumbruch erlaubt, ohne er daß dadurch empfohlen wird«. `\displaybreak` ohne optionales Argument hat dieselbe Bedeutung wie `\displaybreak[4]` und erzwingt einen Seitenumbruch.

Auch `\allowdisplaybreaks` hat ein optionales Argument mit gleicher Bedeutung. Da die Reichweite für diesen Befehl auf die in LaTeX übliche Art festgelegt wird, besteht der normale Weg, die Reichweite dieses Befehls zu begrenzen darin, `{\allowdisplaybreaks` an den Anfang und `}` an das Ende des gewünschten Bereichs zu setzen. Innerhalb der Reichweite des `\allowdisplaybreaks`-Befehls kann der *-Befehl wie gewöhnlich verwendet werden, um einen Seitenumbruch zu verhindern.

8.5.8 Der \intertext-Befehl

Der \intertext-Befehl wird für einen kurzen Einschub von ein oder zwei Zeilen Text verwendet, der inmitten einer abgesetzten justierten Formel stehen soll. Er zeichnet sich dadurch aus, daß die Ausrichtung der Gesamtformel erhalten wird. Dieses wäre nicht möglich, wenn die Formelumgebung einfach beendet und nach dem dem Einschub wieder begonnen würde. \intertext kann nur unmittelbar nach einem \\ oder *-Befehl benutzt werden.

$$A_1 = N_0(\lambda;\Omega') - \phi(\lambda;\Omega'), \tag{8.39}$$

$$A_2 = \phi(\lambda;\Omega')\phi(\lambda;\Omega), \tag{8.40}$$

und schließlich

$$A_3 = \mathcal{N}(\lambda;\omega). \tag{8.41}$$

```
\begin{align}
A_1&=N_0(\lambda;\Omega') -
              \phi(\lambda;\Omega'), \\
A_2&=\phi(\lambda;\Omega')
              \phi(\lambda;\Omega),   \\
\intertext{und schlie"slich}
A_3&=\mathcal{N}(\lambda;\omega).
\end{align}
```

In diesem Beispiel stehen die Worte »und schließlich« außerhalb der abgesetzten Formel am linken Rand.

8.6 Diverses

In diesem Abschnitt werden amstex-Befehle erörtert, auf die bisher noch nicht eingegangen wurde. Außerdem werden hier einige Dokumentenklassen aufgelistet, die zu der $\mathcal{AMS}$-LaTeX-Software gehören.

8.6.1 Formelnummern

Mit Ausnahme von split gibt es von jeder Umgebung eine normale und eine Stern-Variante, wobei die normale Form mit Hilfe des equation-Zählers von LaTeX automatisch numeriert wird. Die Nummer kann jedoch auch unterdrückt werden, indem in der entsprechenden Zeile \notag dem Befehl \\ *vorangestellt* wird. Man kann die Nummer allerdings auch mit einem selbsterstellten Marker überschreiben, und zwar mit dem folgenden Befehl:

\tag{*label*} \tag*{*label*}

Der Platzhalter *label* kann ein beliebiger Text sein, der als Nummer für die Gleichung herangezogen werden soll. Die Sternform \tag* bewirkt, daß *label* ohne

Zusätze wie Klammern erzeugt wird, die ansonsten durch die Dokumentenklasse hinzugefügt würden. `\tag` und `\tag*` können auch in der Stern-Version aller amstex-Ausrichtungsumgebungen verwendet werden.

$$x^2 + y^2 = z^2 \tag{8.42}$$
$$x^3 + y^3 = z^3$$
$$x^4 + y^4 = r^4 \tag{$*$}$$
$$x^5 + y^5 = r^5 \tag*{$*$}$$
$$x^6 + y^6 = r^6 \tag{8.42$'$}$$

```
\begin{gather}
  x^2+y^2 = z^2 \label{eq:r2}      \\
  x^3+y^3 = z^3 \notag             \\
  x^4+y^4 = r^4 \tag{$*$}          \\
  x^5+y^5 = r^5 \tag*{$*$}         \\
  x^6+y^6 = r^6 \tag{\ref{eq:r2}$'$}
\end{gather}
```

In dem vorhergehenden Beispiel sei darauf hingewiesen, daß mit `\label` und `\ref` eine Unternumerierung der Gleichung möglich ist.

Verwendet man die Option leqno beim Laden des amstex-Pakets wird die Formelnummer, wie in diesem Buch, auf der linken Seite der Gleichung angeordnet, mit reqno erscheint sie auf der rechten Seite.[4]

$$\sin^2\eta + \cos^2\eta = 1 \tag{8.43}$$

```
\begin{equation}
  \sin^2\eta + \cos^2\eta = 1
\end{equation}
```

8.6.2 Zurücksetzen des Formelzählers

Wenn man in LaTeX die Formeln bezogen auf die Abschnitte durchnumerieren möchte – d.h. in den Abschnitten 1, 2, usw. die Formelnummern (1.1), (1.2), ... , (2.1), (2.2), ... erzeugt werden sollen – würde man wahrscheinlich als allererstes den Befehl `\theequation` neu definieren:

```
\renewcommand{\theequation}{\thesection.\arabic{equation}}
```

In diesem Fall muß die Formelnummer am Anfang jedes neuen Abschnittes oder Kapitels zurückgesetzt werden. Um diese Aufgabe ein wenig bequemer zu gestalten, gibt es in amstex den Befehl `\numberwithin`. Um die Formelnumerierung an die `\section`-Numerierung zu koppeln, wobei der Formelzähler automatisch zurückgesetzt wird, muß der Befehl folgendermaßen verwendet werden:

```
\numberwithin{equation}{section}
```

Der Befehl `\numberwithin` kann außer für den Formelzähler auch für andere Zähler verwendet werden. Es kann jedoch sein, daß das Resultat nicht in allen Fällen gleichermaßen befriedigend ausfällt, da eventuell Komplikationen auftreten können. Wenn möglich sollten gebräuchliche LaTeX-Methoden verwendet werden, wie z. B. in `\newtheorem`.[5]

4 Voreinstellung in amstex 1.2 ist reqno.

5 Siehe auch die Besprechung des `\@addtoreset`-Befehls auf Seite 21.

Positiver Leerraum			Negativer Leerraum		
Abk.	Bsp.	Langform	Abk.	Bsp.	Langform
	xx (normal)			xx (normal)	
`\,`	$x\,x$	`\thinspace`	`\!`	$x\!x$	`\negthinspace`
`\:`	$x\:x$	`\medspace`		$x\negmedspace x$	`\negmedspace`
`\;`	$x\;x$	`\thickspace`		$x\negthickspace x$	`\negthickspace`
`@,`	xx		`@!`	xx	
	$x\quad x$	`\quad`			
	$x\qquad x$	`\qquad`			

Tafel 8.21: Positionierungsbefehle in Formeln

Um Querverweise auf Gleichungen zu vereinfachen, gibt es den `\eqref`-Befehl. Er versieht die Formelnummer automatisch mit Klammern und nimmt, wenn erforderlich, vor der schließenden Klammer eine Kursivkorrektur vor. Eine Gleichung mit dem Label `e:baset` würde beispielsweise so referenziert: `\eqref{e:baset}`.

8.6.3 Feinpositionierung in mathematischen Formeln

Obwohl TeX bereits einen Großteil der Positionierung übernimmt, ist es manchmal notwendig, kleine Korrekturen an der Positionierung einzelner Elemente vorzunehmen. Für diesen Zweck können die in Tafel 8.21 aufgeführten Positionierungsbefehle verwendet werden. Sowohl die Lang- als auch die Kurzformen dieser Befehle sind robust. Beide können ebenfalls außerhalb von Formeln verwendet werden.

Mit den Befehlen `@,` und `@!` wird nur ein Zehntel des Leerraumes von `\,` bzw. `\!` gesetzt, womit eine Feinstellung vorgenommen werden kann.

8.6.4 Einige Hinweise

Viele der vom amstex-Paket hinzugefügten Befehle sind zerbrechlich und müssen daher in Befehlen mit »bewegten Argumenten« mit dem `\protect`-Befehl geschützt werden.

In amstex wird das `@`-Zeichen in den verlängerbaren Pfeilen `@>>>` und `@<<<` sowie in den mathematischen Positionierungsbefehlen für die Feineinstellung `@,` und `@!` für einen speziellen Zweck verwendet. Wenn man ein einfaches @-Zeichen erhalten will, muß man `@@` eingeben. Durch die verschiedenen Ausrichtungsumgebungen, die mit dem amstex-Paket verfügbar sind, wird die `eqnarray`-Umgebung nicht länger benötigt. Es ist sogar empfehlenswert, auf die Verwendung dieser Umgebung zu verzichten, da anders als bei den meisten Ausrichtungsumgebungen des amstex-Paketes die Überlappung von Formelnummern in breiten Formeln nicht verhindert werden. In amstex wird die `equation`-Umgebung von LaTeX als eine einzeilige `gather`-Umgebung wieder implementiert sowie eine nicht numerierte Version, `equation*`, hinzugefügt. Man sollte auch bedenken, daß der Befehl `\verb` in den Ausrichtungsumgebungen eventuell nicht funktioniert.

`\nonumber` ist austauschbar mit `\notag`. Letzterer scheint empfehlenswerter aufgrund der Einheitlichkeit mit dem Befehl `\tag`.

8.6.5 Optionen und Unterpakete zum amstex-Paket

Einige Optionen werden vom amstex-Paket und den Dokumentenklassen erkannt, die von $\mathcal{A}_{\mathcal{M}}\mathcal{S}$-LaTeX zur Verfügung gestellt werden. Sie betreffen hauptsächlich das Setzen der mathematischen Operatorgrenzen oder der `\tag`-Befehle (die Voreinstellung ist jeweils als zweite Option angegeben).

centertags/tbtags Der Inhalt der Marker (tags) wird an der Höhe der `split`-Umgebung vertikal zentriert.

intlimits/nointlimits Die Grenzen eines Integrals werden oberhalb und unterhalb des Integrals anstatt seitlich vom Integral plaziert.

nonamelimits/namelimits Die Grenzen eines »Operator«-Namens werden seitlich des Namens anstatt von ober- und unterhalb plaziert.

nosumlimits/sumlimits Die Grenzen einer Summe werden seitlich anstatt ober- und unterhalb der Summe plaziert.

leqno/reqno Die Formelmarker werden links anstelle von rechts plaziert. leqno war in amstex 1.1 Voreinstellung und reqno hieß damals righttag.

Einige Teile des amstex-Paketes sind auch separat verfügbar und können unabhängig von den anderen in einem `\usepackage`-Befehl verwendet werden.

amsbsy definiert die amstex-Befehle `\boldsymbol` und `\pmb` (poor man's bold).

amscd definiert einige Befehle, mit denen die Erstellung kommutativer Diagramme vereinfacht wird.

amsfonts definiert die `\mathfrak`- und `\mathbb`-Befehle und stellt die zusätzlichen Symbolfonts zur Verfügung.

amssymb definiert die Namen aller mathematischen Symbole, die mit den $\mathcal{A}_{\mathcal{M}}\mathcal{S}$-Fonts verfügbar sind.

amstext definiert den `\text`-Befehl von amstex.

amsthm definiert Theorem-Umgebungen.

amsxtra enthält selten benutzte Befehle.

Bei Verwendung des amstex-Paketes werden die Pakete amsbsy und amstext automatisch mitgeladen. Die anderen können hinzugeladen werden, wenn ihre Funktionen benötigt werden.

8.6.6 $\mathcal{A}_\mathcal{M}\mathcal{S}$-LaTeX-Dokumentenklassen

Zur $\mathcal{A}_\mathcal{M}\mathcal{S}$-LaTeX-Software gehören zwei Dokumentenklassen namens amsart und amsbook, die den LaTeX-Dokumentenklassen article und book entsprechen. Sie wurden hauptsächlich zu dem Zweck entworfen, Manuskripte zu erstellen, die an die amerikanische mathematische Gesellschaft AMS weitergeleitet werden. Es spricht jedoch nichts dagegen, sie auch für andere Zwecke zu verwenden. Bei diesen Klassendateien ist das amstex-Paket normalerweise automatisch enthalten, so daß das Dokument einfach mit dem Befehl `\documentclass{amsart}` oder `\documentclass{amsbook}` begonnen werden kann.

Diese KLassen unterstützen gegenüber LaTeXs Standardklassen eine Reihe zusätzlichen Optionen: 8pt, 9pt als alternative Basisschriftgrößen und nomath welche verhindert, daß das amstex-Paket von der Klasse geladen wird.

8.7 Beispiele für mehrzeilige Formelumgebungen

Auf den nächsten Seiten folgen eine Reihe realistischer Beispiele für die bereits besprochenen Ausrichtungsumgebungen. Die Linien zur Markierung der Ränder sind nicht Teil der Umgebungen selbst. Sie wurden lediglich hinzugefügt, um das Setzen des Leerraumes am Rand zu verdeutlichen.

8.7.1 Die `split`-Umgebung

Die `split`-Umgebung ist keine unabhängige Umgebung, sondern sollte vielmehr innerhalb einer anderen wie `equation` oder `align` verwendet werden.

Wenn nicht genügend Platz vorhanden ist, wird die Formelnummer der `split`-Umgebung auf die vorhergehende Zeile ausgelagert, wenn die Numerierung auf der linken Seite vorgenommen wird. Bei Numerierung auf der rechten Seite wird die Formelnummer auf die folgende Zeile gesetzt.

Wenn keine Formelnummer gewünscht wird, ist die `equation*`- Umgebung zu verwenden.

(8.44)
$$\begin{split}
f_{h,\varepsilon}(x,y) &= \varepsilon\mathbf{E}_{x,y}\int_0^{t_\varepsilon} L_{x,y_\varepsilon(\varepsilon u)}\varphi(x)\,du\\
&= h\int L_{x,z}\varphi(x)\rho_x(dz)\\
&\quad + h\biggl[\frac{1}{t_\varepsilon}\biggl(\mathbf{E}_y\int_0^{t_\varepsilon} L_{x,y^x(s)}\varphi(x)\,ds - t_\varepsilon\int L_{x,z}\varphi(x)\rho_x(dz)\biggr)\\
&\qquad + \frac{1}{t_\varepsilon}\biggl(\mathbf{E}_y\int_0^{t_\varepsilon} L_{x,y^x(s)}\varphi(x)\,ds - \mathbf{E}_{x,y}\int_0^{t_\varepsilon} L_{x,y_\varepsilon(\varepsilon s)}\varphi(x)\,ds\biggr)\biggr]
\end{split}$$

Diese Formel wurde durch die nachfolgende Eingabe erzeugt (für die Einfügung eines Leerraumes, welcher der Weite des Argumentes entspricht, wurde der `\phantom`-Befehl von TeX verwendet).

```
\begin{equation}
\begin{split}
f_{h,\varepsilon}(x,y)
  &= \varepsilon \mathbf{E}_{x,y} \int_0^{t_\varepsilon}
     L_{x,y_\varepsilon(\varepsilon u)} \varphi(x) \, du      \\
  &= h \int L_{x,z} \varphi(x) \rho_x (dz)                   \\
  & \quad +h \biggl[ \frac{1}{t_\varepsilon} \biggl(
    \mathbf{E}_{y} \int_0^{t_\varepsilon} L_{x,y^x(s)} \varphi(x)\,ds
    -t_\varepsilon \int L_{x,z} \varphi(x) \rho_x(dz) \biggr) \\
  & \phantom{{=}+h\biggl[}+\frac{1}{t_\varepsilon}
    \biggl( \mathbf{E}_{y} \int_0^{t_\varepsilon} L_{x,y^x(s)}
      \varphi(x) \,ds - \mathbf{E}_{x,y} \int_0^{t_\varepsilon}
      L_{x,y_\varepsilon(\varepsilon s)}
      \varphi(x) \,ds \biggr) \biggr]                        \\
\end{split}
\end{equation}
```

Wenn die Option centertags in der Optionsliste des amstex-Paketes enthalten ist, werden die Formelnummern für die split-Umgebungen an der Höhe von split vertikal zentriert, wie im folgenden Beispiel demonstriert.

$$\begin{split}|I_2| &= \left| \int_{0}^T \psi(t) \left\{ u(a,t)-\int_{\gamma(t)}^a \frac{d\theta}{k(\theta,t)} \int_{a}^\theta c(\xi)u_t(\xi,t)\,d\xi \right\} dt \right| \\ &\le C_6 \left| \left| f\int_\Omega \left| \widetilde{S}^{-1,0}_{a,-} W_2(\Omega,\Gamma_l) \right| \right| \left| |u|\overset{\circ}{\to} W_2^{\widetilde{A}}(\Omega;\Gamma_r,T) \right| \right| .\end{split} \tag{8.45}$$

Diese Formel wurde durch die folgende Eingabe erzeugt:

```
\begin{equation}
\begin{split}
|I_2|
 &=\left| \int_{0}^T \psi(t)
     \left\{ u(a,t)-\int_{\gamma(t)}^a \frac{d\theta}{k(\theta,t)}
           \int_{a}^\theta c(\xi)u_t(\xi,t)\,d\xi \right\} dt
   \right| \\
 &\le C_6 \left| \left|
           f\int_\Omega
             \left| \widetilde{S}^{-1,0}_{a,-} W_2(\Omega,\Gamma_l)
              \right|
           \right|
           \left|
             |u|\overset{\circ}\to W_2^{\widetilde{A}}
             (\Omega;\Gamma_r,T)
         \right| \right|.
\end{split}
\end{equation}
```

Hier ein weiteres Beispiel für die `split` und `align`-Umgebung. Wenn eine nicht numerierte Formel erstellt werden soll, muß stattdessen die `align*`-Umgebung verwendet werden.

(8.46)
$$\begin{split}
|I_1| &= \left| \int_\Omega gRu \,d\Omega \right| \\
&\le C_3 \left[\int_\Omega \left(\int_{a}^x g(x\imath,t) \,d \xi \right)^2 d \Omega \right]^{1/2} \\
&\quad\times \left[\int_\Omega \left\{ u^2_x + \frac{1}{k} \left(\int_{a}^x cu_t \, d\xi \right)^2 \right\} c \Omega \right]^{1/2} \\
&\le C_4 \left| \left| f \left| \widetilde{S}^{-1,0}_{a,-} W_2(\Omega,\Gamma_l) \right| \right| \left| |u| \overset{\circ}{\to} W_2^{\widetilde{A}}(\Omega;\Gamma_r,T) \right| \right| .
\end{split}$$

(8.47)
$$\begin{split}
|I_2| &= \left| \int_{0}^T \psi(t) \left\{ u(a,t) -\int_{\gamma(t)}^a \frac{d\theta}{k(\theta,t)} \int_{a}^\theta c(\xi) u_t(\xi,t) \,d \xi \right\} dt \right| \\
&\le C_6 \left| \left| f \int_\Omega \left| \widetilde{S}^{-1,0}_{a,-} W_2(\Omega,\Gamma_l) \right| \right| \left| |u| \overset{\circ}{\to} W_2^{\widetilde{A}}(\Omega;\Gamma_r,T) \right| \right| .
\end{split}$$

Die Eingabe für die obige Formel lautet wie folgt:

```
\begin{align}
\begin{split}
|I_1| &= \left| \int_\Omega gRu \,d\Omega \right|                        \\
      &\le C_3 \left[ \int_\Omega \left( \int_{a}^x
         g(x\i,t) \,d \xi \right)^2d \Omega \right]^{1/2}                \\
      &\quad\times \left[ \int_\Omega \left\{ u^2_x + \frac{1}{k}
        \left( \int_{a}^x cu_t \, d\xi \right)^2 \right\}
        c \Omega \right]^{1/2}                                          \\
      &\le C_4 \left| \left| f \left| \widetilde{S}^{-1,0}_{a,-}
        W_2(\Omega,\Gamma_l) \right| \right|
        \left| |u| \overset{\circ} \to W_2^{\widetilde{A}}
         (\Omega;\Gamma_r,T) \right| \right|.
\end{split}\label{eq:A}                                   \\
\begin{split}
|I_2| &= \left| \int_{0}^T \psi(t) \left\{ u(a,t)
          -\int_{\gamma(t)}^a \frac{d\theta}{k(\theta,t)}
          \int_{a}^\theta c(\xi) u_t(\xi,t) \,d \xi \right\} dt
         \right|                                                        \\
      &\le C_6 \left| \left| f \int_\Omega
          \left| \widetilde{S}^{-1,0}_{a,-}
             W_2(\Omega,\Gamma_l)  \right| \right|
          \left| |u| \overset{\circ} \to W_2^{\widetilde{A}}
            (\Omega;\Gamma_r,T) \right| \right|.
\end{split}
\end{align}
```

8.7.2 Die `multline`-Umgebung

Numerierte Version:

$$\int_a^b \biggl\{ \int_a^b [f(x)^2 g(y)^2 + f(y)^2 g(x)^2] -2f(x) g(x) f(y) g(y) \,dx \biggr\} \,dy \\ =\int_a^b \biggl\{ g(y)^2 \int_a^b f^2 + f(y)^2 \int_a^b g^2 - 2f(y) g(y) \int_a^b fg \biggr\} \,dy \tag{8.48}$$

Diese Formel wurde durch die folgende Eingabe erzeugt:

```
\begin{multline}\label{eq:E}
  \int_a^b \biggl\{ \int_a^b [ f(x)^2 g(y)^2 + f(y)^2 g(x)^2 ]
   -2f(x) g(x) f(y) g(y) \,dx \biggr\} \,dy                        \\
 =\int_a^b \biggl\{ g(y)^2 \int_a^b f^2 + f(y)^2
  \int_a^b g^2 - 2f(y) g(y) \int_a^b fg \biggr\} \,dy
\end{multline}
```

Durch dieselbe Eingabe kann auch eine unnumerierte Version erstellt werden, indem die `multline`-Umgebung durch die `multline*`-Umgebung ersetzt wird.

$$\int_a^b \biggl\{ \int_a^b [f(x)^2 g(y)^2 + f(y)^2 g(x)^2] -2f(x) g(x) f(y) g(y) \,dx \biggr\} \,dy \\ =\int_a^b \biggl\{ g(y)^2 \int_a^b f^2 + f(y)^2 \int_a^b g^2 - 2f(y) g(y) \int_a^b fg \biggr\} \,dy$$

Hier ein Beispiel für eine nicht numerierte Version, die mit einem `\tag*`-Befehl numeriert wird.

$$\int_a^b \biggl\{ \int_a^b [f(x)^2 g(y)^2 + f(y)^2 g(x)^2] -2f(x) g(x) f(y) g(y) \,dx \biggr\} \,dy \\ =\int_a^b \biggl\{ g(y)^2 \int_a^b f^2 + f(y)^2 \int_a^b g^2 - 2f(y) g(y) \int_a^b fg \biggr\} \,dy \tag*{[a]}$$

Sie wurde erzeugt durch:

```
\begin{multline*}\tag*{[a]}    ...  \end{multline*}
```

Das folgende Beispiel bezieht sich auf dieselbe Formel, wobei `\multlinegap` auf null gesetzt wurde. Man beachte, daß sich der Abstand der ersten Zeile nach links aufgrund der Formelnummer nicht ändert, während die zweite Zeile an den rechten Rand gerückt wird.

$$\int_a^b \biggl\{ \int_a^b [f(x)^2 g(y)^2 + f(y)^2 g(x)^2] -2f(x) g(x) f(y) g(y) \,dx \biggr\} \,dy \\ =\int_a^b \biggl\{ g(y)^2 \int_a^b f^2 + f(y)^2 \int_a^b g^2 - 2f(y) g(y) \int_a^b fg \biggr\} \,dy \tag*{[a]}$$

Dieses wurde durch die folgende Eingabe erreicht:

```
{\setlength{\multlinegap}{0pt}
\begin{multline*}\tag*{[a]}  ...  \end{multline*}}
```

8.7.3 Die gather-Umgebung

Numerierte Version mit \notag-Befehl auf der zweiten Zeile:

$$D(a,r) \equiv \{ z \in \mathbf{C}: |z-a|<r \}, \tag{8.49}$$

$$\operatorname{seg}(a,r) \equiv \{ z \in \mathbf{C}: \Im z = \Im a,\ |z-a|<r\},$$

$$c(e,\theta,r) \equiv \{ (x,y) \in \mathbf{C}: |x-e|<y \tan \theta,\ 0<y<r \}, \tag{8.50}$$

$$C(E,\theta,r) \equiv \bigcup_{e \in E}c(e,\theta,r). \tag{8.51}$$

Die Formel wurde erstellt durch die Eingabe:

```
\begin{gather}
  D(a,r) \equiv \{ z \in \mathbf{C}: |z-a|<r \},          \\
  \operatorname{seg}(a,r) \equiv \{ z \in \mathbf{C}:
      \Im z = \Im a, \ |z-a|<r\},                  \notag \\
  c(e,\theta,r) \equiv \{ (x,y) \in \mathbf{C}:
      |x-e|<y \tan \theta, \  0<y<r \},                   \\
  C(E,\theta,r) \equiv \bigcup_{e \in E}c(e,\theta,r).
\end{gather}
```

8.7.4 Die align-Umgebung

Numerierte Version:

$$\gamma_x(t) = (\cos tu + \sin tx, v), \tag{8.52}$$

$$\gamma_y(t) = (u, \cos tv + \sin ty), \tag{8.53}$$

$$\gamma_z(t) = \left(\cos tu + \frac\alpha\beta \sin tv, - \frac\beta\alpha \sin tu + \cos tv \right). \tag{8.54}$$

Die Eingabe zu dieser Formel lautet:

```
\begin{align}
  \gamma_x(t) &= (\cos tu + \sin tx, v),                    \\
  \gamma_y(t) &= (u, \cos tv + \sin ty),                    \\
  \gamma_z(t) &= \left( \cos tu + \frac\alpha\beta \sin tv,
                 - \frac\beta\alpha \sin tu + \cos tv \right).
\end{align}
```

Nicht numerierte Version:

$$\begin{aligned} \gamma_x(t) &= (\cos tu + \sin tx, v), \\ \gamma_y(t) &= (u, \cos tv + \sin ty), \\ \gamma_z(t) &= \left(\cos tu + \frac{\alpha}{\beta}\sin tv, -\frac{\beta}{\alpha}\sin tu + \cos tv\right). \end{aligned}$$

Für diese Formel wurde die folgende Konstruktion verwendet:

```
\begin{align*}  ...  \end{align*}
```

8.7.5 Die align- und split-Umgebungen innerhalb von gather

Wenn die align-Umgebung innerhalb der gather-Umgebung verwendet wird, sollte bei mindestens einer die *-Form verwendet werden, da eine Numerierung für beide, d.h. innere und äußere Umgebung wenig sinnvoll wäre.

Hier eine numerierte gather-Umgebung mit split und align*:

$$\begin{split} \varphi(x,z) &= z - \gamma_{10} x - \sum_{m+n\ge2} \gamma_{mn} x^m z^n \\ &= z - M r^{-1} x - \sum_{m+n\ge2} M r^{-(m+n)} x^m z^n \end{split} \tag{8.55}$$

$$\begin{aligned} \zeta^0 &= (\xi^0)^2, \\ \zeta^1 &= \xi^0 \xi^1 \end{aligned}$$

In diesem Fall bekommt die split-Umgebung die Nummer von der äußeren gather-Umgebung. Die Nummern für die einzelnen Zeilen der align*-Umgebung werden aufgrund des Sterns unterdrückt.

```
\begin{gather}
  \begin{split}
    \varphi(x,z)
      &= z - \gamma_{10} x - \sum_{m+n\ge2} \gamma_{mn} x^m z^n \\
      &= z - M r^{-1} x - \sum_{m+n\ge2} M r^{-(m+n)} x^m z^n
  \end{split}                                                    \\[6pt]
  \begin{align*}
    \zeta^0   &= (\xi^0)^2,       \\
    \zeta^1   &= \xi^0 \xi^1
    \end{align*}
  \end{gather}
```

Das folgende Beispiel zeigt die Verwendung der *-Form von gather, wobei für align die normale Form verwendet wird.

$$\begin{split}\varphi(x,z) &= z - y_{10}x - \sum_{m+n\geq 2} y_{mn}x^m z^n\\ &= z - Mr^{-1}x - \sum_{m+n\geq 2} Mr^{-(m+n)}x^m z^n\end{split}$$

$$\zeta^0 = (\xi^0)^2, \tag{8.56}$$

$$\zeta^1 = \xi^0\xi^1 \tag{8.57}$$

Hier wurde die folgende Konstruktion verwendet:

```
\begin{gather*}
     \begin{split} ...\end{split}                    \\[6pt]
     \begin{align}...\end{align}
\end{gather*}
```

8.7.6 Die alignat-Umgebungen

Numerierte Version:

$$V_i = v_i - q_i v_j, \qquad X_i = x_i - q_i x_j, \qquad U_i = u_i, \qquad \text{for } i \ne j; \tag{8.58}$$

$$V_j = v_j, \qquad X_j = x_j, \qquad U_j u_j + \sum_{i\ne j} q_i u_i. \tag{8.59}$$

Diese Formel wurde mit Hilfe untenstehender Befehle erstellt:

```
\begin{alignat}{3}
V_i &= v_i - q_i v_j,  &  \qquad X_i &= x_i - q_i x_j,
  & \qquad U_i &= u_i, \qquad \text{for $i\ne j\,$;}\label{eq:B}  \\
V_j &= v_j,            &  \qquad X_j &= x_j,
  & \qquad U_j & u_j + \sum_{i\ne j} q_i u_i.
\end{alignat}
```

Nicht numerierte Version:

$$\begin{aligned} V_i &= v_i - q_i v_j, &\qquad X_i &= x_i - q_i x_j, &\qquad U_i &= u_i, \qquad \text{for } i \ne j;\\ V_j &= v_j, & X_j &= x_j, & U_j & u_j + \sum_{i\ne j} q_i u_i.\end{aligned}$$

In diesem Fall wurde die folgende Konstruktion verwendet:

```
\begin{alignat*}{3}  ...  \end{alignat*}
```

Die alignat-Umgebung wird hauptsächlich für die folgenden Fälle verwendet:

$$
\begin{alignedat}{2}
x &= y &&\qquad \text{von (8.46)} \quad (8.60)\\
x' &= y' &&\qquad \text{von (8.58)} \quad (8.61)\\
x + x' &= y+y' &&\qquad \text{von Axiom 1.} \quad (8.62)
\end{alignedat}
$$

Dieses Beispiel wurde mit den folgenden Befehlen erzeugt:

```
\begin{alignat}{2}
 x      &= y      && \qquad \text{von (\ref{eq:A})}\label{eq:C} \\
 x'     &= y'     && \qquad \text{von (\ref{eq:B})}\label{eq:D} \\
 x + x' &= y+y'   && \qquad \text{von Axiom 1.}
\end{alignat}
```

Die erweiterte Version xalignat sieht folgendermaßen aus:

$$
\begin{alignedat}{2}
x &= y &&\qquad\qquad \text{von (8.60)} \quad (8.63)\\
x' &= y' &&\qquad\qquad \text{von (8.61)} \quad (8.64)\\
x + x' &= y+y' &&\qquad\qquad \text{von Axiom 1.} \quad (8.65)
\end{alignedat}
$$

Hier wurde die folgende Konstruktion verwendet:

```
\begin{xalignat}{2}  ...  \end{xalignat}
```

8.8 Erweiterungen zur der theorem-Umgebung

Das theorem-Paket, das von Frank Mittelbach [66] entwickelt wurde, stellt eine Erweiterung des Theorem-Mechanismus von LaTeX dar. Durch Angabe eines Stils kann damit das Theoremlayout verändert werden.

Der Begriff »Theorem« wird in diesem Kontext für jede Art von markierten Ausdrücken benutzt, die vom Haupttext häufig durch zusätzlichen Zwischenraum und einen Zeichensatzwechsel abgesetzt werden. Theoreme, Korollare, Hypothesen, Definitionen und Bemerkungen gelten in diesem Sinne als »Theoreme«. Der Kopf dieser Umgebungen setzt sich zusammen aus einem Label (wie etwa THEOREM oder REMARK) und einer Nummer, die angibt, um welchen Teil einer Serie von Elementen mit demselben Label es sich handelt.

Um den Anforderungen der verschiedenen mathematischen Zeitschriften zu genügen, ist es häufig notwendig, das Layout der Theoremumgebung den speziellen Erfordernissen anzupassen. Außerdem kann es sein, daß die »Art des Theorems« weiter differenziert werden muß. So werden Bemerkungen und Definitionen beispielsweise in Roman gesetzt, während für Hauptsätze Kursivschrift verwendet wird.

8.8.1 Definition neuer Theoremumgebungen

Wie in der Originalversion von LaTeX definiert der Befehl `\newtheorem` eine neue »theoremartige Umgebung«. In den zwei obligatorischen Argumenten wird die neue Umgebung sowie der jeweils bei ihrem Auftreten ausgedruckte Name spezifiziert, während in einem optionalen Argument angegeben werden kann, wie die Umgebung numeriert werden soll.

`\newtheorem{`*umgeb*`}{`*label-text*`}`

Im obigen Beispiel definiert der `\newtheorem`-Befehl die *umgeb*-Umgebung. Der ausgedruckte Name entspricht dem im zweiten Argument angegebenen *label-text*. Der Befehl verwendet seinen eigenen Zähler.

`\newtheorem{`*umgeb2*`}[`*umgeb*`]{`*label-text2*`}`

Hier wird mit dem `\newtheorem`-Befehl die *umgeb2*-Umgebung definiert sowie als ausgedruckter Name *label-text2*. Es wird derselbe Zähler verwendet wie in der theoremähnlichen Umgebung *umgeb*.

`\newtheorem{`*umgeb3*`}{`*label-text3*`}[`*section*`]`

Die obige Variante definiert die *umgeb3*-Umgebung sowie den ausgedruckten Namen *label-text3*. Die Numerierung erfolgt innerhalb des Zählers *section*, d.h. mit jedem neuen `\section`-Befehl wird der Zähler wieder zurückgesetzt. Die Nummer setzt sich dabei aus der Abschnittsnummer und dem Theoremzähler selbst zusammen.

`\theoremstyle{`*stil*`}`

Der `\theoremstyle`-Befehl kann das Layout einiger – oder auch aller – theoremartigen Umgebungen definieren. Dabei muß man beachten, daß jede theoremartige Umgebung, die mit dem `\newtheorem`-Befehl definiert wurde, in dem `\theoremstyle` gesetzt wird, der zum Zeitpunkt der Definition gerade aktiv ist.

Dies bedeutet, daß

```
\theoremstyle{break}        \newtheorem{Cor}{Corollary}
\theoremstyle{plain}        \newtheorem{Exa}{Example}[section]
```

dazu führt, daß die Umgebung `Cor` im Stil `break` gesetzt wird, während die Umgebung `Exa` und alle folgenden im Stil `plain` formatiert werden, sofern kein anderer `\theoremstyle` folgt.

Die mit dem Befehl `\newtheorem` eingeführten Definitionen wirken global. Eine lokale Begrenzung von `\theoremstyle` ist jedoch möglich, indem die betroffene Stelle in geschweifte Klammern eingefaßt wird.

`\theoremboydfont{`*fontdeklarationen*`}`

Die Wahl des Zeichensatzes für den Theoremkörper ist unabhängig von dem gewählten `\theoremstyle`. Mit der folgenden Konstruktion

```
{\theorembodyfont{\rmfamily}            \newtheorem{Rem}{Remark}}
```

wird beispielsweise die theoremartige Umgebung `Rem` definiert, die in dem gerade aktuellen Layout (das in diesem Beispiel `plain` ist) in `\rmfamily` gesetzt wird. Wie bei `\theoremstyle` wird auch für `\theorembodyfont` der Zeichensatz geladen, der bei Definition des `\newtheorem`-Befehls aktiv war. Wenn für `\theorembodyfont` kein Zeichensatz angegeben wird oder `\theorembodyfont{}` definiert wird, wird der zu verwendende Zeichensatz durch `\theoremstyle` definiert.

`\theoremheaderfont{`*fontdeklarationen*`}`

Auch die Zeichensätze für den Theoremkopf können verändert werden. Da diese Deklaration global wirkt, sollte zumindest ein `\theoremheaderfont`-Befehl in der Präambel vorhanden sein. Wenn es jedoch notwendig sein sollte, verschiedene Zeichensätze für den Theoremkopf zu definieren, müssen neue Stile für theoremartige Umgebungen erstellt werden (mit denen der aktuelle durch den jeweils gewünschten Zeichensatz ausgetauscht werden kann).

Mit den Parametern `\theorempreskipamount` und `\theorempostskipamount` kann der vertikale Zwischenraum rund um die Theoremumgebungen verändert werden. Sie definieren den Leerraum vor bzw. nach einer solchen Umgebung. Diese Parameter werden für alle theoremähnlichen Umgebungen verwendet und können mit den normalen Längenbefehlen verändert werden. Sie sind Gummilängen und können daher `plus` und `minus`-Anteile besitzen.

Sämtliche in diesem Abschnitt beschriebenen Befehle für die Definition von theoremähnlichen Umgebungen werden nur in der Präambel des Dokumentes oder in einer Paketdatei akzeptiert.

Die bisher für theoremähnliche Umgebungen existierenden Stile werden in Tafel 8.22 auf der nächsten Seite vorgestellt.

8.8.2 Beispiele für die Verwendung von Theoremen

Angenommen, die Präambel enthielte die folgenden Deklarationen:

```
\theoremstyle{break}          \newtheorem{Cor}{Korollar}
\theoremstyle{plain}          \newtheorem{Exa}{Beispiel}[section]
{\theorembodyfont{\rmfamily} \newtheorem{Rem}{Bemerkung}}
\theoremstyle{marginbreak}    \newtheorem{Lem}[Cor]{Lemma}
\theoremstyle{change}
\theorembodyfont{\itshape}    \newtheorem{Def}[Cor]{Definition}

\theoremheaderfont{\scshape}
```

`plain`	Emuliert die Originaldefinition von LaTeX, mit dem Unterschied, daß zusätzlich die Parameter `\theorempreskipamount` und `\theorempostskipamount` verwendet werden.
`break`	In diesem Stil wird nach dem Theoremkopf ein Zeilenumbruch vorgenommen.
`marginbreak`	Die Nummer für die theoremähnliche Umgebung wird in den Rand gesetzt. Außerdem wird, ebenso wie bei `break`, ein Zeilenumbruch vorgenommen.
`changebreak`	Wie `break`, jedoch mit vertauschter Kopfnummer und Text.
`change`	Kopfnummer und Text sind vertauscht, kein Zeilenumbruch.
`margin`	Die Nummer wird in den linken Rand gesetzt, kein Zeilenumbruch.

Tafel 8.22: Liste der existierenden Stile für theoremähnliche Umgebungen
Mit allen Stilen (außer `plain`) wird `\normalfont\slshape` als Voreinstellung für `\theorembodyfont` gewählt.

Die exemplarischen Beispiele unten zeigen, wie das Ergebnis aussieht, wenn diese Definitionen verwendet werden.

KOROLLAR 1
Dies ist ein Satz, der in der Theoremumgebung `Cor` *gesetzt ist.*

```
\begin{Cor}
   Dies ist ein Satz, der in der Theoremumgebung
   \Lenv{Cor} gesetzt ist.
\end{Cor}
```

BEISPIEL 8.8.1 *Dies ist ein Satz, der in der Theoremumgebung* `Exa` *gesetzt ist.*

```
\begin{Exa}
   Dies ist ein Satz, der in der Theoremumgebung
   \Lenv{Exa} gesetzt ist.
\end{Exa}
```

BEMERKUNG 1 Dies ist ein Satz, der in der Theoremumgebung `Rem` gesetzt ist.

```
\begin{Rem}
   Dies ist ein Satz, der in der Theoremumgebung
   \Lenv{Rem} gesetzt ist.
\end{Rem}
```

2 LEMMA (STANISŁAW LEM)
Dies ist ein Satz, der in der Theoremumgebung `Lem` *gesetzt ist.*

```
\begin{Lem}[Stanis\l{}aw Lem]
   Dies ist ein Satz, der in der Theoremumgebung
   \Lenv{Lem} gesetzt ist.
\end{Lem}
```

3 DEFINITION (EINDRUCKSVOLLE DEFINITION) *Dies ist ein Satz, der in der Theoremumgebung* Def *gesetzt ist.*

```
\begin{Def}[Eindrucksvolle Definition]
  Dies ist ein Satz, der in der Theoremumgebung
  \Lenv{Def} gesetzt ist.
\end{Def}
```

Die beiden letzten Beispiele zeigen, wie sich das optionale Argument auf eine Theoremumgebung auswirkt (es wird normalerweise in runden Klammern direkt hinter dem Label ausgegeben).

8.8.3 Besondere Hinweise

Theoremkopf und -körper werden als eine Einheit implementiert. Dies bedeutet, daß `\theoremheaderfont` Charakteristiken von `\theorembodyfont` übernimmt, wenn NFSS verwendet wird. Wenn z. B. für `\theorembodyfont \itshape` und `\theoremheaderfont \bfseries` gewählt würde, wird der Zeichensatz, der für den Kopf geladen wird, die Merkmale »breit fett kursiv« enthalten. Wenn dies nicht dem gewünschten Ergebnis entspricht, sollte man am besten folgendes eingeben: `\theoremheaderfont{\normalfont\bfseries}` erfolgen.

Auf diese Weise werden sämtliche benötigten Zeichensatzinformationen explizit angegeben. Siehe dazu auch Kapitel 7 für weitere Details über die genaue Vorgehensweise.

8.9 Mathematische Stilparameter

In diesem Abschnitt wird erklärt, wie der Stil von mathematischen Formeln bestimmt werden kann und wie die Größe von bestimmten (Teil)formelelementen verändert werden kann.

8.9.1 Bestimmung der Zeichengröße

Es kann vorkommen, daß Buchstaben und mathematische Symbole in einem kleineren Schriftgrad als dem ausgewählten gesetzt werden, wenn sie in Brüchen, Hoch- oder Tiefstellungen verwendet werden. TEX verfügt über acht verschiedene Stile für die Bearbeitung von Formeln, nämlich:

D, D'	`\displaystyle`	abgesetzte Formeln
T, T'	`\textstyle`	im Text eingebettete Formeln
S, S'	`\scriptstyle`	Hoch- oder Tiefstellungen erster Ordnung
SS, SS'	`\scriptscriptstyle`	Hoch- oder Tiefstellungen höherer Ordnung

Die akzentuierten Zeichen repräsentieren sogenannte »*cramped*« Stile. Sie ähneln den normalen Formatierungsstilen, jedoch werden die Exponenten nicht so stark hochgestellt. TEX verwendet außerdem drei verschiedene Schriftgrade für Formeln, und zwar je eine Größe für normalen Text, für einfache Hoch- bzw. Tiefstellungen und für solche höherer Ordnung.

Eine Formelgruppe innerhalb von Text (eingeschlossen in ein $-Paar oder `\(...\)`) wird mit dem Textstil (Stilgröße T) gesetzt. Eine abgesetzte Formel, etwa durch `\[...\]` erzeugt, wird im Display-Format (Stilgröße D) gesetzt. Die Schriftgrade der einzelnen Formelelemente können aus dem folgenden Schema ersehen werden:

Zeichen in Stilgröße	wird gesetzt in	(Beispiel)
D, D', T, T'	text size	(normale Textgröße)
S, S'	script size	(Größe für einfache Hoch- bzw. Tiefstellungen)
SS, SS'	scriptscript size	(Größe für Hoch- bzw. Tiefstellungen höherer Ordnung)

Die Stilgrößen, die für mathematische Formeln verwendet werden, sind wie folgt verteilt:

Stilgröße	Hochstellung	Tiefstellung	Zähler	Nenner
D	S	S'	T	T'
D'	S'	S'	T'	T'
T	S	S'	S	S'
T'	S'	S'	S'	S'
S, SS	SS	SS'	SS	SS'
S', SS'	SS'	SS'	SS'	SS'

Die beiden letzten Spalten beschreiben die Formate, die für Zähler und Nenner eines Bruches verwendet werden. Im folgenden Beispiel wird die Verwendung der verschiedenen Stilgrößen mittels eines Kettenbruchs demonstriert (siehe auch Abschnitt 8.3.16):

$$b^0 + \frac{a^1}{b_1 + \frac{a^2}{b_2 + \frac{a^3}{b_3}}}$$

```
\normalsize
\[ b^0 + \frac{a^1}{b_1 +
           \frac{a^2}{b_2 +
            \frac{a^3}{b_3}}}
\]
```

In der obigen Formel ist das b von b^0 in D gesetzt, wobei das 0 in S gesetzt wird. Das a und b von a^1 und b_1 sind in T bzw. T' gesetzt, der Exponent 1 in S und die Tiefstellung 1 in S'; a und b von a^2 und b_2 sind beide in S' gesetzt, wobei der Exponent und die Tiefstellung in SS' gesetzt wurden. Die Ausdrücke a^3 und b_3 sind schließlich komplett in SS' gesetzt.

Das Aussehen des obigen Beispiels kann eventuell noch verschönert werden, indem für das eine oder andere Beispiel eine andere Stilgröße gewählt wird. Zur Erleichterung der Eingabe wurde der Kurzbefehl `\D` als Abkürzung für den `\displaystyle`-Befehl definiert.

$$b^0 + \frac{a^1}{\displaystyle b_1 + \frac{a^2}{\displaystyle b_2 + \frac{a^3}{b_3}}}$$

```
\newcommand{\D}{\displaystyle}
\normalsize
\[ b^0 +  \frac{a^1}{\D b_1 +
            \frac{a^2}{\D b_2 +
             \frac{a^3}{b_3}}}
\]
```

8.9.2 Mathematische Stilparameter in LaTeX

Da LaTeX viele der mathematischen Funktionen von TeX übernimmt, werden die mathematischen Stilparameter, die LaTeX zum Setzen von Formeln verwendet, hier in aller Kürze beschrieben. Sämtliche Parameter sind Längenparameter, die mit dem `\setlength`- oder `\addtolength`-Befehl (siehe Abschnitt A.1.4 auf Seite 468) verändert werden können. Mit Hilfe von zwei Standardoptionen, nämlich leqno und fleqn, können die Position der Numerierung und die Ausrichtung der Formeln bestimmt werden. Mit der Klassenoption fleqn wird die Formel nicht zentriert, sondern linksbündig gesetzt, wobei ein vorgegebener Abstand zum linken Rand eingehalten wird (siehe `\mathindent` weiter unten).[6]

Mit der Klassenoption leqno werden die Formelnummern, die mit der `equation`- oder `eqnarray`-Umgebung erzeugt werden, auf der linken Seite anstelle auf der rechten positioniert. Standardmäßig setzt LaTeX Formelnummern an den rechten Rand, während das amstex-Paket in Version 1.1 die Nummern linksbündig setzte, Ab Release 1.2 verwendet amstex die Voreinstellung von LaTeX. Dementsprechend muß man leqno angegeben werden, wenn die Nummer auf der linken Seite gesetzt werden soll (siehe Abschnitt 8.6.5 auf Seite 249).

In der folgenden Liste der mathematischen Stilparameter sind alle Längen (außer `\jot` und `\arraycolsep`) Gummilängen. Bei der Option fleqn werden die vier `displayskip`-Längen der in Listen verwendeten Länge `\topsep` gleichgestellt, zu welcher der Wert von `\partopsep` hinzugefügt wird, wenn die abgesetzte Formel oder der abgesetzte Text am Anfang eines Absatzes steht (siehe Abbildung 3.5 auf Seite 62).

`\arraycolsep` halbe Breite des horizontalen Spaltenzwischenraumes, der in einer `array`-Umgebung definiert wird (Voreinstellung `5pt`, siehe auch Abschnitt 5.3.2).

`\jot` zusätzlicher vertikaler Leerraum, der in einer `eqnarray`- oder `eqnarray*`-Umgebung zwischen den Zeilen eingefügt wird (Voreinstellung `3pt`).

`\mathindent` Einzug vom linken Rand von abgesetzten Formeln Verwendung der fleqn-Option. (Die Voreinstellung entspricht der Einrückung einer Liste erster Ebene, d.h. `2.5em`.)

6 Diese Option wird ab Release 1.2 auch von den Umgebungen des amstex-Paketes unterstützt.

`\abovedisplayskip` zusätzlicher Leerraum, der oberhalb einer langen abgesetzten Formel eingefügt wird (außer bei der Option fleqn, bei der `\topsep` verwendet wird). Eine lange Formel zeichnet sich dadurch aus, daß ihr Anfang näher am linken Rand liegt als das Ende der vorhergehenden Zeile (Voreinstellung `12pt plus 3pt minus 9pt`).

`\belowdisplayskip` zusätzlicher Leerraum, der unterhalb einer langen abgesetzten Formel eingefügt wird (außer bei der Option fleqn, bei der `\topsep` verwendet wird). (Voreinstellung `12pt plus 3pt minus 9pt`).

`\abovedisplayshortskip` zusätzlicher Leerraum oberhalb einer kurzen abgesetzten Formel (außer bei der Option fleqn, bei der `\topsep` verwendet wird). Eine kurze Formel zeichnet sich dadurch aus, daß das Ende der vorhergehenden Zeile näher am linken Rand liegt als der Anfang der Formel (Voreinstellung `0pt plus 3pt`).

`\belowdisplayshortskip` zusätzlicher Leerraum unterhalb einer kurzen abgesetzten Formel (außer bei der Option fleqn, bei der `\topsep` verwendet wird). (Voreinstellung `7pt plus 3pt minus 4pt`).

Kapitel 9
LaTeX in einer mehrsprachigen Umgebung

Dieses Kapitel beginnt mit einer kurzen Einführung in die vielen technischen Probleme, die gelöst werden müssen, damit (La)TeX mit nicht-englischen Dokumenten verwendet werden kann. Der zweite Abschnitt beschäftigt sich mit dem Babel-System, das eine günstige Methode darstellt, Dokumente in verschiedenen Sprachen zu erstellen. Als Beispiel für ein komplexeres Paket wird anschließend das Paket french vorgestellt, das von Bernard Gaulle entwickelt wurde. Dieses Paket trägt ein gutes Stück dazu bei, das äußere Erscheinungsbild und den Stil der Dokumente an die typographischen Traditionen der französischen Sprache anzupassen.

9.1 TeX und nicht-englische Sprachen

Aufgrund seiner Popularität im akademischen Bereich verbreitete sich TeX schnell in der ganzen Welt. Heute wird es nicht nur mit verschiedenen Sprachen verwendet, die sich auf dem lateinischen Alphabet gründen, sondern mit Chinesisch, Japanisch, Koreanisch, Koptisch, Russisch, Thai, Vietnamesisch, mit verschiedenen indischen Sprachen, Persisch, Arabisch und Hebräisch. Diese Entwicklung verdeutlichte schnell die Beschränkungen von TeX2.x, insbesondere die Beschränkung auf den 7-Bit Zeichensatz und die Tatsache, daß es nicht mehr als ein Trennmuster zur selben Zeit laden kann. Donald Knuth verkündete daraufhin im Jahre 1989 auf dem 10. Jahrestreffen der TUG, daß eine neue TeX- und METAFONT-Version entwickelt würde, in denen das Problem der Unterstützung mehrerer Sprachen in Angriff genommen werde. Diese Versionen, TeX3 und METAFONT2, wurden offiziell im März 1990 verteilt. Obwohl sie schon einen (sehr) großen Schritt in die richtige Richtung darstellen, können sie dennoch nicht alle Probleme beseitigen, die damit zusammenhängen, eine passende Umgebung für die Verwendung von

LaTeX mit mehreren verschiedenen oder nicht-englischen Sprachen zu schaffen. Zur Beseitigung dieser Probleme sollten TeX und seine Begleitprogramme internationalisiert werden. Dabei müssen die folgenden Punkte beachtet werden:

1. Anpassung aller Programme an die speziellen Sprache(n):
   - ◇ Erstellung von Zeichensätzen mit den entsprechenden nationalen Zeichen, Akzenten usw.
   - ◇ Definition von Standardkodierungen für Fonts
   - ◇ Generierung von Mustern für den Trennungsalgorithmus
   - ◇ Unterstützung verschiedener Schreibrichtungen, etc., implementiert z. B. als TeX-Erweiterung in TeX-XeT
2. Bereitstellung von Übersetzungen für Elementennamen des Dokumentes, Erstellung von nationalen Layouts für verschiedene Dokumentenklassen und Bereitstellung von TeX-Code für die automatische Bearbeitung von sprachabhängigen Schriftsatzregeln.
3. Unterstützung für die Bearbeitung von mehrsprachigen (d.h. mehr als eine Sprache in demselben Dokument) und internationalen Dokumenten (nur eine Sprache, jedoch mit einer Auswahl verschiedener Möglichkeiten). So sollte beispielsweise die Sortierung der Indexeinträge und des Literaturverzeichnisses nach dem Alphabet bzw. der Sortierreihenfolge der betroffenen Sprache erfolgen.

Gleichzeitig sollte es möglich sein, Dokumente unter Verwendung einer nationalen Eingabekodierung bequem zu editieren und durchzusehen. LaTeX sollte in der Lage sein, die auf diese Art und Weise erstellten Dateien erfolgreich zu bearbeiten. Es gibt jedoch bereits heute fast genauso viele Eingabekodierungen wie Sprachen (IBM PCs verfügen z. B. über Dutzende von Tastaturkodierungen). Zusätzlich existieren verschiedene internationale Standards, wie etwa die Reihe ISO-8859-x [39] (siehe unten). Man sollte in diesem Zusammenhang daher über die Frage der Kompatibilität und der Übertragbarkeit nachdenken. Wenn ein Dokument in mehreren Umgebungen reproduzierbar sein soll, müssen Fragen der Standardisierung erörtert werden. Besonders das Versenden von 8-bit-kodierten Dokumenten wirft häufig Probleme auf, da einige Mail-Gateways das höchste Bit ignorieren und damit eine Weiterbearbeitung des Dokumentes unmöglich machen. Das Problem, das mit dem Versendung von Mails verbunden ist, wird wahrscheinlich gelöst werden, wenn sich Mailprogramme an den Mail Extentions (MIME)-Standard halten, in dem die Verwendung eines bestimmten Kodierstandards (z. B. ISO-8859-x) ausdrücklich im Kopf der Mail angegeben wird. Die Probleme der Eingabekodierung können jedoch nur gelöst werden, wenn neue Standards wie z. B. Unicode [106] oder ISO-10646 [41], von jedermann angenommen werden.

Die Bedeutung dieses Problems wurde in der TeX-Gemeinschaft erkannt, und im Juli 1992 setzte das technische Gremium der TUG in Portland eine Arbeitsgruppe zur Koordinierung verschiedener Sprachen (TWGMLC) ein, in der Yannis

Haralambous den Vorsitz führt. Diese Arbeitsgruppe hat sich zum Ziel gesetzt, die Standardisierung und Entwicklung von TEX-bezogener Software, die an verschiedene Sprachen angepaßt ist, zu fördern und zu koordinieren. Für jede Sprache oder Sprachgruppe soll ein Softwarepaket erstellt werden, mit dem das Setzen von Dokumenten in dieser Sprache vereinfacht wird. Es sollte nähere Informationen über Zeichensätze, Eingabekonventionen, Trennmuster, eine LATEX-Optionsdatei (die mit dem babel-Konzept (siehe Abschnitt 9.2) kompatibel ist), möglicherweise einen Präprozessor sowie natürlich eine Dokumentation in Englisch und der in Zielsprache enthalten.

Im Abschnitt 7.5.1 wurden die DC-EC-Fonts eingeführt, die in der Cork-Kodierung vorliegen, siehe Tafel 9.1 auf der nächsten Seite. Für die Zuordnung verschiedener Eingabekodierungen zu den Zeichen des 256-bit DC-Fonts gibt es diverse Pakete. Das isolatin1-Paket übersetzt beispielsweise Dateien, die gemäß ISO-8859-1 (auch bekannt als Latin-1) kodiert wurden. So wird der Eingabecode "ab (die französischen öffnenden Anführungszeichen « in Latin1) beispielsweise mit diesem Paket in die DC-Kodierung "13 (vergleiche Tafel 9.1 auf der nächsten Seite) übertragen, wenn die DC-Fonts geladen werden, ansonsten in den TEX-Befehl, der die entsprechende Darstellung $<<$ erzeugt. Ähnliche Pakete können auch für andere Kodierungen entwickelt werden, wie z. B. für die bekannte internationale IBM PC-Kodierung 850.

Ab dem Winterrelease 1994 wird LATEX2ε mittels des Paketes inputenc eine offizielle Schnittstelle zur Definition und Verwendung von Eingabekodierungen bereitstellen. Um etwa die Latin1-Kodierung in der Eingabe zu verwenden, reicht dann folgende Deklaration in der Präambel:

```
\usepackage[latin1]{inputenc}
```

9.1.1 Der virtuelle Fontmechanismus

Mit dem virtuellen Fontmechanismus [55] können neue Zeichensätze auf einfache Weise erstellt werden. Virtuelle Fonts bieten eine gute Lösung für das Problem, einen Zeichensatz neu anzuordnen, d.h. die Kodierung der Zeichen neu zu definieren. Sie ermöglichen außerdem, zusammengesetzte Zeichen, (z. B. Zeichen mit diakritischen Markierungen) sowie zusammengesetzte Zeichensätze (in denen Zeichen aus verschiedenen Zeichensätzen kombiniert werden, z. B. Computer Modern Roman und griechische Kleinbuchstaben) zu erstellen, ohne daß dafür spezielle TEX-Makros geschrieben werden müssen. Mit virtuellen Fonts können Standardeingabeverfahren verwendet werden, die an die gerade verwendete Sprache angepaßt sind (z. B. eine ISO-8859 Kodierung, bzw. später ISO-10646 Kodierung).

Ein virtueller Font muß lediglich im logischen, nicht notwendigerweise im physikalischen Sinne vorhanden sein. TEX kann die an es gestellten Anforderungen erfüllen, ohne zu wissen, woher die gerade verwendeten Zeichen tatsächlich kommen. Es ist Aufgabe des Gerätetreibers, unter Verwendung der Information in

	´0	´1	´2	´3	´4	´5	´6	´7	
´00x	`	´	ˆ	˜	¨	˝	˚	ˇ	˝0x
´01x	˘	¯	˙	¸	˛	‚	‹	›	
´02x	“	”	„	«	»	–	—		˝1x
´03x	₀	ı	ȷ	ff	fi	fl	ffi	ffl	
´04x	␣	!	"	#	$	%	&	’	˝2x
´05x	(	)	*	+	,	-	.	/	
´06x	0	1	2	3	4	5	6	7	˝3x
´07x	8	9	:	;	<	=	>	?	
´10x	@	A	B	C	D	E	F	G	˝4x
´11x	H	I	J	K	L	M	N	O	
´12x	P	Q	R	S	T	U	V	W	˝5x
´13x	X	Y	Z	[	\	]	^	_	
´14x	‘	a	b	c	d	e	f	g	˝6x
´15x	h	i	j	k	l	m	n	o	
´16x	p	q	r	s	t	u	v	w	˝7x
´17x	x	y	z	{	|	}	~	-	
´20x	Ă	Ą	Ć	Č	Ď	Ě	Ę	Ğ	˝8x
´21x	Ĺ	Ľ	Ł	Ń	Ň	Ŋ	Ő	Ŕ	
´22x	Ř	Ś	Š	Ş	Ť	Ţ	Ű	Ů	˝9x
´23x	Ÿ	Ź	Ž	Ż	IJ	İ	đ	§	
´24x	ă	ą	ć	č	ď	ě	ę	ğ	˝Ax
´25x	ĺ	ľ	ł	ń	ň	ŋ	ő	ŕ	
´26x	ř	ś	š	ş	ť	ţ	ű	ů	˝Bx
´27x	ÿ	ź	ž	ż	ij	¡	¿	£	
´30x	À	Á	Â	Ã	Ä	Å	Æ	Ç	˝Cx
´31x	È	É	Ê	Ë	Ì	Í	Î	Ï	
´32x	Ð	Ñ	Ò	Ó	Ô	Õ	Ö	Œ	˝Dx
´33x	Ø	Ù	Ú	Û	Ü	Ý	Þ	SS	
´34x	à	á	â	ã	ä	å	æ	ç	˝Ex
´35x	è	é	ê	ë	ì	í	î	ï	
´36x	ð	ñ	ò	ó	ô	õ	ö	œ	˝Fx
´37x	ø	ù	ú	û	ü	ý	þ	ß	
	˝8	˝9	˝A	˝B	˝C	˝D	˝E	˝F	

Tafel 9.1: Das erweiterte TEX-Fontlayout (T1), 1990 angenommen in Cork

der virtuellen Fontdatei Informationen über das äußere Erscheinungsbild der geladenen Zeichen zu sammeln. Die Zeichen können dabei verschoben, vergrößert oder aber mit anderen Zeichen aus vielen verschiedenen Zeichensätzen kombiniert werden. Ein virtueller Font kann sich sogar der Zeichen eines anderen virtuellen Zeichensatzes bedienen. Virtuelle Fonts erleichtern außerdem die Ersetzung der Zeichen zu Korrekturzwecken, wenn Zeichensätze, die für ein Ausgabegerät entworfen wurden, auf einem anderen nicht verfügbar sind. Der virtuelle Fontmechanismus übernimmt hier also die Funktion einer Schnittstelle, die es ermöglicht, zwischen unzähligen Zeichensatzkodierungen hin- und herzuschalten, die von diversen Herstellern von Hard- und Software für Schriftsatzsysteme angeboten werden.

Das Problem der Übertragbarkeit von `.dvi`-Dateien bleibt jedoch bestehen. Ein virtueller Font kann lokal einige geladene Zeichensätze neu kodieren. Nach einer Bearbeitung mit TeX entsteht dadurch aber eine `.dvi`-Datei, die nicht mehr übertragbar ist. Um dieses Problem in den Griff zu bekommen, können `.dvi`-Dateien, die virtuelle Fonts enthalten, auf verschiedene Arten gehandhabt werden:

- Verwendung eines `dvi`-Treibers, der virtuelle Fonts versteht. Beispiele für solche Treiber sind dvips und die Treiber der emTeX-Implementation sowie mittlerweile auch viele kommerzielle Treiber.
- Wenn der `dvi`-Treiber virtuelle Fonts nicht unterstützt, kann ein Konvertierungsprogramm von `dvi` nach `dvi` (dvicopy von Peter Breitenlohner oder PosTeX von Vassily Malyshev) verwendet werden, um die Referenzen auf virtuelle Fonts aus der `.dvi`-Datei zu entfernen und sie durch Referenzen auf reale Zeichensätze zu ersetzen. Durch diesen Vorgang wird die `.dvi`-Datei übertragbar.

9.2 Babel—LaTeX spricht mehrere Sprachen

Die LaTeX-Software enthält ein paar Standard-Dokumentenklassen, die von den meisten Benutzern verwendet werden. Diese Klassen (article, report, book und letter) haben ein bestimmtes amerikanisches Erscheinungsbild, das nicht jedem gefällt. Wichtiger ist jedoch, daß auch die Dokumentenelemente wie »Kapitel« und »Inhaltsverzeichnis« standardmäßig in Englisch erscheinen.

Das babel-Paket, das von Johannes Braams [17] entwickelt wurde, verfügt über eine Reihe von Optionen, die es dem Benutzer ermöglichen, die Sprache auszuwählen, in der das Dokument gesetzt werden soll. Es zeichnet sich durch folgende Merkmale aus:

- Mehrere Sprachen können simultan verwendet werden.
- Die Trennmuster, die während des IniTeX-Laufs geladen werden, können dynamisch durch eine externe Datei definiert werden.

◇ Für über zwanzig verschiedene Sprachen gibt es Übersetzungen für die Namen der Dokumentenelemente und Befehle, wodurch die Texteingabe erleichtert wird.

Das System hat eine einfache Benutzerschnittstelle, die aus zwei Benutzerbefehlen besteht: einem zur Auswahl der Sprache und einem weiteren zur Abfrage, welche Sprache gerade aktiv ist.

9.2.1 Die Benutzerschnittstelle

Jede Sprache, die im Dokument verwendet wird, sollte im Befehl `\usepackage` als Sprachoption definiert werden.[1] Die derzeit unterstützten Optionen sind in Tafel 9.3 auf Seite 274 aufgeführt. Mit der folgenden Deklaration wird beispielsweise angegeben, daß das Dokument in den Sprachen Deutsch (Option german[2]) und Italienisch (Option italian) gesetzt werden soll.

```
\usepackage[german,italian]{babel}
```

Die zuletzt im `\usepackage`-Befehl angegebene Sprache ist die Sprache, die standardmäßig zu Beginn des Dokumentes geladen wird. Im obigen Beispiel werden zunächst die Namen der Dokumentenelemente, die Trennmuster (sofern sie für die gegebene Sprache geladen wurden, als das LaTeX-Format mit IniTeX erstellt wurde; siehe dazu die Erläuterung auf Seite 275), und eventuell die Interpretation einiger sprachabhängiger Befehle (wie etwa des Datums) für die italienische Sprache geladen. Die Einstellung bleibt so lange aktiv, bis der Benutzer eine andere Sprache auswählt. Der Wechsel der Sprache kann mit dem Befehl `\selectlanguage` vorgenommen werden. Dieser Befehl hat folgende Syntax:

`\selectlanguage{`*sprache*`}`

Wenn man beispielsweise auf die deutsche Sprache umschalten möchte, müßte man den Befehl `\selectlanguage{german}` verwenden. Für die Umschaltung auf andere Sprachen ist der Vorgang identisch. Voraussetzung ist jedoch, daß sie zu Beginn des Dokumentes in einem `\usepackage`-Befehl definiert wurden.

Wenn mehr als eine Sprache verwendet wird, kann es notwendig sein zu wissen, welche Sprache zu einem bestimmten Zeitpunkt aktiv ist. Dies kann durch Aufruf des Befehls `\iflanguage` kontrolliert werden, der folgende Syntax besitzt:

---

1 Da die Sprache(n), in der/denen ein Dokument geschrieben ist, im Prinzip ein globales Merkmal des betreffenden Dokumentes darstellt/darstellen, ist es sehr sinnvoll, sie im Befehl `\documentclass` zu definieren, z. B. `\documentclass[polish]{...}`. Siehe Abschnitt 2.1 für eine detaillierte Beschreibung

2 Aus Kompatibilitätsgründen mit der babel-Version von LaTeX2.09 wird die Option germanb ebenfalls von babel erkannt.

`\iflanguage{`*sprache*`}{`*wahr-klausel*`}{`*falsch-klausel*`}`

Das erste Argument *sprache* gibt den Namen der Sprache an. Das zweite Argument *wahr-klausel* gibt an, welche Befehle ausgeführt werden sollen, wenn *sprache* die derzeit aktive Sprache ist, während das dritte Argument *falsch-klausel* angibt, welche Befehle ausgeführt werden sollen, wenn dies nicht der Fall ist.

9.2.2 Die Option german

Im folgenden soll die Option german vorgestellt werden[3], an dem beispielhaft gezeigt werden soll, welche Funktionen das babel-System enthält.

Neben der Übersetzung der sprachabhängigen Dokumentenelementnamen ins Deutsche bietet die Option german die folgenden Möglichkeiten:

- `"a` steht als Abkürzung für `\"a`, mit dem ein ä erzeugt wird. In ähnlicher Weise können auch die anderen Umlaute gesetzt werden (siehe Abbildung 9.2 auf Seite 276);
- `"s` für das scharfe s: ß, `"S` ergibt »SS« (siehe Abbildung 9.2 auf Seite 276);
- `"ck` für »ck«, das bei der Silbentrennung in die Form »k-k« umgewandelt wird;
- `"ff` für »ff«, das bei der Silbentrennung in die Form »ff-f« umgewandelt wird; entsprechend werden l, m, n, p und t behandelt;
- `"‘` oder `\glqq` für die vorderen bzw. `"’` oder `\grqq` für die hinteren „deutschen Anführungsstriche“ (Gänsefüßchen);
- `\glq` für die vorderen und `\grq` für die hinteren ‚einfachen Anführungsstriche‘;
- `"<` oder `\flqq` für die linken und `">` oder `\frqq` für die rechten « französischen Anführungszeichen » (guillemets);
- `\flq` für die linken und `\frq` für die rechten ‹einfachen französischen Anführungszeichen›, die für *Zitate innerhalb von Zitaten* verwendet werden;
- `"|` zur Vermeidung von Ligaturen z. B. auflösen und nicht auflösen;
- `"-` zur Markierung der Stelle, an der eine Silbentrennung vorgenommen werden soll; ähnlich wie `\-`, jedoch bleibt eine Silbentrennung vor und hinter der markierten Stelle möglich;
- `""` markiert ebenfalls die Stelle, an der getrennt werden soll, bei der Silbentrennung wird jedoch kein Trennungszeichen ausgedruckt;
- `\dq` druckt das "-Zeichen.

---

3 Die babel-Option german stellt die gleichen Zusatzbefehle zur Verfügung wie das im deutschen Sprachraum weit verbreitete german-Paket [77], das von DANTE koordiniert wurde und von Bernd Raichle gepflegt wird. Bei rein deutschen Texten kann man deshalb wahlweise babel oder german verwenden; es ist aber nicht möglich, beide Pakete gleichzeitig zu verwenden.

Nachfolgend sind einige Beispiele für die Verwendung der deutschen Befehle aufgeführt:

Die schönste älteste Brücke
DIE SCHÖNSTE ÄLTESTE BRÜCKE
Straße oder STRASSE

„Ja, bitte!“, »Nein, danke!«
„Sag’ immer ‚Ja, bitte!‘“
»Sag’ immer ›Ja, bitte!‹«

Drucker erzeugt Druk-ker bei Trennung
Rolladen erzeugt Roll-laden bei Trennung
Auflage (statt Auflage)

```
\begin{flushleft}
Die sch"onste "alteste Br"ucke         \\
DIE SCH"ONSTE "ALTESTE BR"UCKE         \\
Stra"se oder STRA"SE                   \\[3pt]
"`Ja, bitte!"', ">Nein, danke!"<       \\
"`Sag' immer \glq Ja, bitte!\grq"'     \\
">Sag' immer \frq Ja, bitte!\flq"<     \\[3pt]
Dru"cker erzeugt Druk-ker bei Trennung    \\
Ro"lladen erzeugt Roll-laden bei Trennung \\
Auf"|lage (statt Auflage)
\end{flushleft}
```

Unterschiede der einzelnen »Dialekte« einer Sprache können ebenfalls behandelt werden, wie in Abbildung 9.1 auf der nächsten Seite gezeigt, in der die verschiedenen Schreibweisen für die Datumsangabe dargestellt sind.

Abbildung 9.2 auf Seite 276 zeigt eine Quelldatei, die einen deutschen Text enthält, der gemäß den Konventionen der babel-Option german eingegeben wurde. Man beachte vor allem die Verwendung der LaTeX-Befehle für die Erstellung der verschiedenen Verzeichnisse sowie die Beschriftung von Abbildungs- und Tafelunterschriften. Wie der Ausdruck dieser Datei aussieht, ist auf der darauffolgenden Seite dargestellt. Wie zu sehen ist, wurden die Namen für die Dokumentenelemente ins Deutsche übersetzt (»Inhaltsverzeichnis« für »Table of Contents«, »Abbildung« für »Figure«, usw.). Diese beiden Seiten sollten mit der Abbildung 9.3 auf Seite 278 und der dazugehörigen rechten Seite verglichen werden. Auf diesen Seiten ist eine Eingabedatei sowie ihr ausgedrucktes Ergebnis dargestellt, das dem auf Seite 276 entspricht, wobei jedoch der Grundtext ins Französische übersetzt wurde. In beiden Fällen wurden dieselben LaTeX-Befehle verwendet. Lediglich die Angabe von french anstelle von german im `\usepackage`-Befehl bewirkt, daß alle sprachabhängigen Dokumentenelementnamen in Französisch ausgegeben werden.[4]

9.2.3 Die Struktur der babel-Sprachpakete

Die sprachspezifischen Dateien des babel-Systems müssen mit einer Reihe von Konventionen übereinstimmen. Zunächst müssen sie die neue Sprache deklarieren und anschließend die sprachspezifischen Daten zur Verfügung stellen.

`\addlanguage{`*sprache*`}`

Der Befehl `\addlanguage` deklariert die neue Sprache *sprache*.

4 Allerdings mußte in diesem Fall babel zuletzt geladen werden, da es sonst Probleme mit aktiven Zeichen beim Laden von epsfig gibt.

`\selectlanguage`	Ausgabe des `\today`-Befehls
`english`	31st January 1993
`german`	31. Januar 1993
`austrian`	31. Jänner 1993

Abbildung 9.1: Daten und Dialekte in babel

`\adddialect{`*dialekt-name*`}{`*sprache*`}`

Der Befehl `\adddialect` kann verwendet werden, wenn zwei Sprachen dieselben Trennmuster verwenden können (oder müssen). Dies kann dann sinnvoll sein, wenn man eine Sprache verwendet, für die kein Trennmuster im LaTeX-Format geladen wurde. In diesen Fällen ist die Standardreaktion des babel-Systems, diese Sprache als »Dialekt« derjenigen Sprache anzusehen, deren Trennmuster als erste in das Format geladen wurden. Durch Verwendung des `\adddialect`-Befehls in der Präambel läßt sich dies verhindern.

`\captions`*sprache*

Die sprachspezifischen Daten werden in vier Makros gespeichert. Das Makro `\captions`*sprache* gibt die Namen der Befehle an, welche die äquivalenten Begriffe enthalten, durch die die Namen der Dokumentenelemente des englischen Originals in der Sprache *sprache* ersetzt werden. Die Befehlsnamen sind in der linken Spalte in Tafel 9.2 auf der nächsten Seite aufgeführt. Die anderen Spalten dieser Tafel geben die Werte für diese Befehle in Deutsch und Tschechisch an.

`\date`*sprache*

Das Makro `\date`*sprache* definiert den Befehl `\today` in der Sprache *sprache*, inklusive der korrekten Schreibweise und Monatsnamen.

`\extras`*sprache*

Das Makro `\extras`*sprache* enthält alle zusätzliche Definitionen, die für die gegebene Sprache *sprache* benötigt werden, wie etwa Hilfen für die Eingabe von Akzenten und Umlauten sowie Aktivierung der Satzzeichen. In einigen Fällen gibt es verschiedene Varianten in den einzelnen Sprachgemeinschaften derselben Basissprache (z. B. für Portugiesisch in Brasilien und Portugal oder Deutsch in Deutschland und Österreich). Für einige Sprachen sind in der Optionsdatei zusätzliche Befehle definiert, welche die korrekte Verwendung typographischer Konventionen vereinfachen, z. B. für Tschechisch (für einige Akzente), Holländisch (Eingabehilfen und Regeln zur Silbentrennung), Französisch (eine Reihe von Regeln, Eingabehilfen, spezielle Formate für Listen und Literaturverzeichnisse), Deutsch (Eingabehilfen und Regeln zur Silbentrennung; siehe Abschnitt 9.2.2 für Beispiele) und Spanisch (typographische Konventionen).

Befehl	Deutsch	Tschechisch
\abstractname	Zusammenfassung	Abstrakt
\appendixname	Anhang	Dodatek
\bibname	Literaturverzeichnis	Literatura
\ccname	Verteiler	cc
\chaptername	Kapitel	Kapitola
\contentsname	Inhalt	Obsah
\enclname	Anlage(n)	Příloha
\figurename	Abbildung	Obrázek
\headtoname	An (Brief)	Komu
\indexname	Index	Index
\listfigurename	Abbildungsverzeichnis	Seznam obrázků
\listtablename	Tabellenverzeichnis	Seznam tabulek
\pagename	Seite	Strana
\partname	Teil	Část
\prefacename	Vorwort	Předmluva
\seename	siehe	viz
\alsoname	siehe auch	viz též
\refname	Literatur	Reference
\tablename	Tabelle	Tabulka

Tafel 9.2: Beispiele für die Übersetzung der Dokumentenelementnamen von LaTeX mit babel

Die aktuelle babel-Version erkennt die folgenden Optionen:

american (Variante von english),
austrian (Variante von german),
brazil (Variante von portuges),
catalan, croatian,
czech, danish,
dutch, english,
esperanto, finnish,
french, galician,
german, italian,
magyar, norsk,
nynorsk (Variante von norsk),
polish, portuges,
romanian, russian,
slovak, slovene,
spanish, swedish,
turkish.

(auch francais und germanb)

Tafel 9.3: Vom babel-System unterstützte Optionen

Der Benutzer kann aber auch selbst Befehlsdefinitionen hinzufügen, die bei der Auswahl der Sprache aktiviert werden, indem er diese Definitionen als Argument des Befehls `\addto` angibt. Hier ein Beispiel dafür:

```
\addto\extrasgerman{\renewcommand{\listtablename}{Tafelverzeichnis}}
\addto\extrasgerman{\renewcommand{\tablename}{Tafel}}
```

Sämtliche zusätzliche Befehlsdefinitionen werden zusammen mit dem bereits in babel angegebenen Definitionen aktiv (bzw. überschreiben diese), wenn der Befehl `\selectlanguage`, in diesem Fall `\selectlanguage{german}`, erreicht wird.

`\noextras`*sprache*

Wenn die gewählte Sprache *sprache* nicht mehr benötigt wird, sollte babel in den Zustand zurückkehren, der vorlag, bevor die Sprache *sprache* angewählt wurde. Wie bereits erwähnt, werden mit dem Befehl `\extras`*sprache* alle Befehlsdefinitionen für die Sprache *sprache* gesetzt. Gleichzeitig speichert der Befehl aber auch die Einstellungen der Definitionen, an denen er Änderungen vorgenommen hat. Der Befehl `\noextras`*sprache* verwendet diese gespeicherten Werte, um LaTeX in den Zustand zurückzuversetzen, in dem es sich befand, bevor der Befehl `\extras`*sprache* ausgeführt wurde.

Die Trennmuster für die unterschiedlichen Sprachen, die in einer gegebenen babel-Konfiguration unterstützt werden, können nicht während eines LaTeX-Laufes geladen werden, sondern müssen eingelesen werden, wenn das LaTeX-Format mit IniTeX generiert wird. Das von IniTeX vorgenommene Laden dieser Trennmuster wird vom babel-System durch eine externe Datei namens `language.dat` gesteuert, die pro Sprache für jedes Trennmuster einen einzeiligen Eintrag enthält.

Die `language.dat`-Datei könnte z. B. folgendermaßen aussehen:

```
% Name: language.dat
% Use:  Correspondence language name - hyphenation patterns
english     ehyphen.tex   % English
german      ghyphen3.tex  % German
francais    fr8hyph.tex   % French
italian     italhyph.tex  % Italian
spanish     spanhyph.tex  % Spanish
```

Das erste Element in jeder Zeile gibt den Namen der Sprache an, gefolgt von dem Namen der Datei, in dem die Trennmuster gespeichert werden. Für jede Sprache in der Datei `language.dat` ist ein `\l@`*sprache*-Befehl definiert, d.h. `\l@english` und so weiter. Wenn LaTeX Text in der Sprache *sprache* formatieren soll, prüft babel zunächst, ob der Befehl `\l@`*sprache* definiert ist und lädt die entsprechenden Trennmuster, wenn dies der Fall ist. Ansonsten lädt es die Muster für die Standardsprache (der ersten, die von IniTeX geladen wird, d.h. im obigen Beispiel Englisch).

9.3 Implementierung von Schriftsatzregeln

Das im vorangegangenen Abschnitt vorgestellte babel-System kann Dokumentenelementnamen übersetzen und erleichtert die Texteingabe. In diesem Abschnitt soll auf eine zweite Klasse von Paketen eingegangen werden, die noch einen Schritt weitergehen, da sie versuchen, eine stärkere Anpassung von LaTeX vorzunehmen, um die typographischen Traditionen der Zielsprache besser wiederzugeben.

Der Code solcher Pakete ist zum Teil sehr komplex; oft werden interne LaTeX-Definition modifiziert; manchmal muß man zunächst ein spezielles LaTeX-Format generieren. Aus diesem Grunde kann man diese Pakete oft nur mit Einschränkungen zusammen mit anderen Paketen verwenden.

Ein Beispiel für ein solches Paket ist french [25], das von Bernard Gaulle entwickelt wurde. Das french-Paket beschränkt sich nicht auf die Übersetzung von sprachabhängigen Begriffen für die Dokumentenelemente und auf die Definition von Abkürzungen für die Eingabe von Akzenten, sondern enthält weitere Befehle zur leichteren Umsetzung der französischen Schriftsatzregeln. Desweiteren fügt es einige andere LaTeX-Befehle hinzu oder definiert sie neu, um den Dokumenten, die mit dem french-Paket gesetzt werden, ein realistisches französisches Erscheinungsbild zu verleihen.

```
\documentclass[german]{article}  % Klasse article mit globaler Option german
\usepackage{babel}               % lade babel Paket
\usepackage[dvips]{epsfig}       % lade epsfig Paket und benutze dvips Treiber
\usepackage{makeidx}             % lade makeidx Paket
\newcommand{\DQ}[1]{\texttt{\dq#1}\enspace"#1}
\makeindex
\begin{document}                 % Ende der Pr"aambel; Start des Textes
\begin{center}\Large Beispiel eines Artikels in deutscher Sprache\\\today\end{center}
\tableofcontents
\listoffigures
\listoftables
\section{Eine EPS Abbildung}\index{Abschnitt}
Dieser Abschnitt zeigt, wie man eine PostScript-Abbildung\cite{bib-PS}
in ein \LaTeX{} Dokument einbinden kann.
Abbildung~\ref{Fpsfig} wurde mit dem Befehl
\verb!\epsfig{file=colorcir.eps,width=3cm}! in den Text aufgenommen.
\index{Abbildung}\index{PostScript}
\begin{figure}[hbt]
  \centering
  \begin{tabular}{c@{\qquad}c}
     \epsfig{file=colorcir.eps,width=3cm}&
     \epsfig{file=tac2dim.eps,width=3cm}
  \end{tabular}
  \caption{Zwei EPS Bilder}\label{Fpsfig}
\end{figure}
\section{Beispiel einer Tabelle}
Die Tabelle~\ref{tab:exa} auf Seite~\pageref{tab:exa}
zeigt, wie man die Umgebung \texttt{table} gebrauchen kann.
\begin{table}[hbt]
  \centering\begin{tabular}{ccccccc}
    \DQ{a}  & \DQ{A} & \DQ{o} & \DQ{O} & \DQ{u}  & \DQ{U} & \DQ{s}
  \end{tabular}
  \caption{Eingabe der deutschen Zusatzzeichen}\label{tab:exa}\index{Tabelle}
\end{table}
\begin{thebibliography}{99}
\index{Literaturverzeichnis}
  \bibitem{bib-PS} Adobe Inc. \emph{PostScript Handbuch (2. Auflage)}
                   Addison-Wesley (Deutschland) GmbH, Bonn, 1991
\end{thebibliography}
\printindex
\index{Index}
\end{document}                   % Ende des Dokumentes.
```

Abbildung 9.2: Beispiel für die babel-Option german (Ausdruck auf der gegenüberliegenden Seite)

Beispiel eines Artikels in deutscher Sprache

11. Oktober 1993

Inhaltsverzeichnis

Abbildungsverzeichnis

Tabellenverzeichnis

1 Eine EPS Abbildung

Dieser Abschnitt zeigt, wie man eine PostScript-Abbildung[1] in ein LaTeX Dokument einbinden kann. Abbildung 1 wurde mit dem Befehl `\epsfig{file=colorcir.eps,width=3cm}` in den Text aufgenommen.

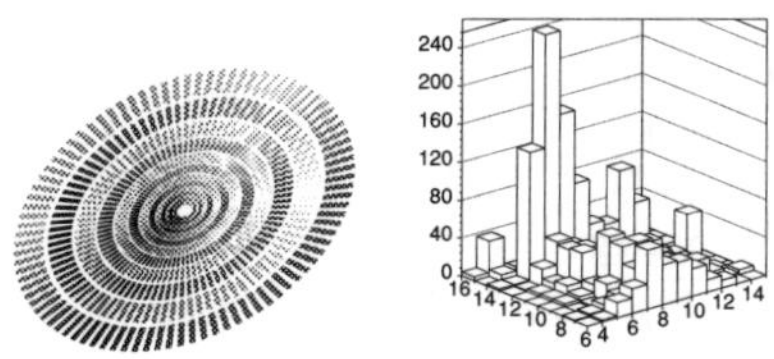

Abbildung 1: Zwei EPS Bilder

2 Beispiel einer Tabelle

Die Tabelle 1 auf Seite 1 zeigt, wie man die Umgebung `table` gebrauchen kann.

"a	ä	"A	Ä	"o	ö	"O	Ö	"u	ü	"U	Ü	"s	ß

Tabelle 1: Eingabe der deutschen Zusatzzeichen

Literatur

[1] Adobe Inc. *PostScript Handbuch (2. Auflage)* Addison-Wesley (Deutschland) GmbH, Bonn, 1991

Index

```
\documentclass{article}
\usepackage[textures]{epsfig}    % lade epsfig Paket und benutze textures Treiber
\usepackage{makeidx}             % lade makeidx Paket
\usepackage[french]{babel}       % lade babel Paket mit Option french (zuletzt!)
\newcommand{\Lcs}[1]{\texttt{\symbol{'134}#1}\enspace}
\makeindex
\begin{document}                 % Ende der Pr"aambel; Start des Textes
\begin{center}\Large Exemple d'un article en fran\c{c}ais\\\today\end{center}
\tableofcontents
\listoffigures
\listoftables
\section{Une figure EPS}
\index{section}
Cette section montre comment inclure une figure PostScript\cite{bib-PS}
dans un document \LaTeX. La figure~\ref{Fpsfig}
est ins\'er\'ee dans le texte \`a l'aide de la commande
\verb+\epsfig{file=colorcir.eps,width=3cm}+.
\index{figure}\index{PostScript}
\begin{figure}[hbt]
  \centering
  \begin{tabular}{c@{\qquad}c}
    \epsfig{file=colorcir.eps,width=3cm}&
    \epsfig{file=tac2dim.eps,width=3cm}
  \end{tabular}
  \caption{Deux images EPS}\label{Fpsfig}
\end{figure}
\section{Exemple d'un tableau}
Le tableau~\ref{tab:exa} \`a la page \pageref{tab:exa}
montre l'utilisation de l'environnement \texttt{table}.
\begin{table}[hbt]
  \centering\begin{tabular}{cccccc}
    \Lcs{primo} \primo & \Lcs{secundo} \secundo & \Lcs{tertio} \tertio &
    \Lcs{quatro} \quatro & 2\Lcs{ieme}\ 2\ieme
  \end{tabular}
  \caption{Quelques commandes du paquet \texttt{francais}}\label{tab:exa}
  \index{tableau}
\end{table}
\begin{thebibliography}{99}
  \bibitem{bib-PS} Adobe Inc.
  \emph{PostScript, manuel de r\'ef\'erence (2\ieme \'edition)}
  Inter\'Editions (France), 1992 \index{r\'ef\'erences}
\end{thebibliography}
\printindex
\index{index}
\end{document}                   % Ende des Dokumentes.
```

Abbildung 9.3: Beispiel für die babel-Option french (Ausdruck auf der gegenüberliegenden Seite)

Exemple d'un article en français

11 octobre 1993

Table des matières

Liste des figures

Liste des tableaux

1 Une figure EPS

Cette section montre comment inclure une figure PostScript[1] dans un document LaTeX. La figure 1 est insérée dans le texte à l'aide de la commande `\epsfig{file=colorcir.eps,width=3cm}`.

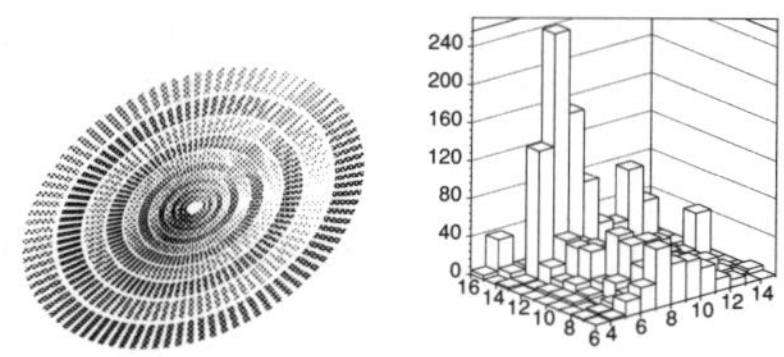

Figure 1: Deux images EPS

2 Exemple d'un tableau

Le tableau 1 à la page 1 montre l'utilisation de l'environnement `table`.

`\primo`	1°	`\secundo`	2°	`\tertio`	3°	`\quatro`	4°	`2\ieme`	2^{e}

Tableau 1: Quelques commandes du paquet `francais`

Références

[1] Adobe Inc. *PostScript, manuel de référence (2e édition)* InterÉditions (France), 1992

Index

9.3.1 Traditionelle französische Schriftsatzregeln

In diesem Abschnitt werden die wichtigsten Regeln für das Setzen französischer Texte zusammengefaßt (siehe die Referenzwerke [38, 97, 6]). Wenn diese Regeln befolgt werden, können die Möglichkeiten des french-Paketes am besten ausgeschöpft werden. Wenn man diese Regeln bei der Eingabe nicht befolgen will bzw. einen fertigen Text vorliegen hat, der ihnen nicht entspricht, kann man das Paket anweisen, die Formatierung zu modifizieren. Wenn man beispielsweise die Leerzeichen vor zweiteiligen Satzzeichen usw. nicht selbst eingeben möchte, kann man auch den Befehl `\untypedspaces` verwenden, der bewirkt, daß die Leerzeichen von LaTeX eingefügt werden. Man sollte jedoch bedenken, daß die automatische Vorgehensweise nicht immer zu dem gewünschten Ergebnis führt.

◇ Ein Leerzeichen muß eingefügt werden
  - vor einem zweiteiligen Satzzeichen (`! ? : ;`);
  - vor den schließenden Guillemets (»);
  - vor % und vor allen Einheiten z. B. 10 km, 1000 francs;
  - nach den öffnenden Guillemets («)

◇ Die französischen Anführungszeichen (« und ») werden als `<<` und `>>` eingegeben. Im Französischen werden normalerweise keine anderen Anführungszeichen verwendet.

◇ Auslassungspunkte (points de suspension) werden als drei normale Punkte (. . .) eingegeben.

◇ Bei Dezimalbrüchen steht ein Komma zwischen der ganzen Zahl und den Dezimalstellen, z. B. 3,14159.

◇ Lateinische Ausdrücke (die in Französisch recht gebräuchlich sind) werden in Texten, die in Roman gesetzt sind, *kursiv* geschrieben (mit Ausnahme von cf., etc. und lateinischen Ausdrücken, die als fester Bestandteil in den französischen Sprachschatz eingeflossen sind, wie z. B. das Wort critérium).

◇ Einige gebräuchliche Abkürzungen und ihre empfohlene Schreibweise

```
c.-\'a-d. / \emph{i.e.} / p.ex. / etc. / cf. / id. / p.i. / p.o.
chap. / part. / vol. / paragr. /  R.S.V.P.  / T.S.V.P. /...
```

Die wichtigsten Abkürzungen in der französischen Sprache werden mit der french-Paketsoftware in der Datei `frabbrev` mitgeliefert.

◇ Punkte sollten nicht gesetzt werden, wenn es sich um Abkürzungen für Marken, Firmennamen usw. handelt. Derartige Namen werden in Kapitälchen gesetzt. Der Befehl `\lcs` nimmt das Setzen dieser Abkürzungen vor, d.h. `\lcs{RATP}` und `\lcs{SnCf}` ergeben RATP bzw. SNCF, ganz gleich, ob die Wörter in den Argumenten klein oder groß geschrieben werden.

Deutsch		Französisch	
Eingabe	Ausgabe	Eingabe	Ausgabe
Auslassung\ldots	Auslassung . . .	points de suspension...	points de suspension...
123.456,789	123.456,789	123 456,789	123 456,789
Semikolon;	Semikolon;	point-virgule ;	point-virgule ;
Er sagte: Ja	Er sagte: Ja	Il dit : oui	Il dit : oui
Mein Gott!	Mein Gott!	Mon Dieu !	Mon Dieu !
Warum nicht?	Warum nicht?	Pourquoi pas ?	Pourquoi pas ?
"`Ich sage"'	„Ich sage“	<< Je dis >>	« Je dis »

Abbildung 9.4: Vergleich der deutschen und französischen Typographie

- ◇ Großgeschriebene Vokale tragen Akzente.
- ◇ Nur der erste Buchstabe im ersten Wort einer Überschrift sollte groß geschrieben werden [4].
- ◇ In einer einfachen Aufzählungsliste, d.h. einer Liste, in der es nur einen Satz pro Listenelement gibt, sollte jedes Element mit einem Strich in halbgeviert Breite beginnen. Außerdem sollte das erste Wort mit einem Kleinbuchstaben beginnen und alle Einträge, bis auf den letzten, mit einem Semikolon beendet werden.
- ◇ Nachnamen werden in Kapitälchen geschrieben, während Vornamen in Roman gesetzt werden, z. B. Donald KNUTH. Diese Schreibweise wird durch den Befehl `\fcs` realisiert, der sowohl `\fcs{KNUTH}` wie auch `\fcs{knuth}` als KNUTH ausgibt.

Einige der größten Unterschiede in der Art und Weise, wie deutsche und französische Texte eingegeben werden sowie die Unterschiede im Ausdruck sind in Abbildung 9.4 dargestellt.

9.3.2 Struktur des french-Paketes

Das french-Paket besteht aus vier separaten Teilen: Schriftsatz (im Haupttext), Seitenlayout, Übersetzung der Dokumentenelementbegriffe sowie zusätzliche Befehlsdefinitionen. Beim Laden des Paketes werden alle vier Teile aktiviert. Jedes dieser Teile kann separat ein- oder ausgeschaltet werden, und zwar mit den folgenden Befehlen:

```
\frenchtypography     ...   \nofrenchtypography
\frenchlayout         ...   \nofrenchlayout
\frenchtranslation    ...   \nofrenchtranslation
\frenchmacros         ...   \nofrenchmacros
```

9.3.3 Befehle des french-Paketes

Um die Erstellung von Dokumenten in französischer Sprache zu erleichtern, wurden einigen Befehle hinzugefügt. Die folgende Liste zeigt nur eine Auswahl der Befehle. Für weitere Details sollte der Benutzer die dem Paket beigefügte Dokumentation heranziehen.

- `\begin{resume}` texte du résumé `\end{resume}`
- `\begin{order} ... \end{order}` generiert eine numerierte Liste des Typs (1° ... 2° ...);
- `\sommaire[n]` für eine Zusammenfassung, wobei `[n]` die Schachtelungstiefe für die Überschrift angibt;
- `\annexe` oder `\annexes` für Anhänge;
- `\glossaire` oder `\glossaires` für Glossare;
- im Haupttext sind folgende Befehle verfügbar:
  - `\ier` für 1er (`1\ier{}`); `\iere` für 1re (`1\iere{}`); `\ieme` für 2^{e} (`2\ieme{}`);
  - `\primo`, `\secundo`, `\tertio`, `\quatro` lautet ausgedruckt 1°, 2°, 3°, 4°. Die Folge kann mit dem `\quando` Befehl fortgeführt werden, z. B. `\quando={11}` ergibt 11°;
  - `\fup{`*text*`}` bewirkt eine Hochstellung des Argumentes *text* und druckt es in einer kleineren Schrift aus, z. B. zur Erstellung von XVIe (`XVI\fup{e}`);
- verschiedene spezielle Befehle für das Setzen von persönlichen Korrespondenzen und Geschäftsbriefen, die ein französisches Erscheinungsbild haben.

Je nach der genauen Kombination der angegebenen Optionsbefehle aktiviert das french-Paket verschiedene Zeichen, und zwar < ‘ " ’ > und : ; ! ?. Damit werden diese Zeichen Befehlen gleichgestellt. Ihr Erscheinen in der Eingabe aktiviert die mit den Zeichen verknüpften Befehle. Dies kann zu Problemen führen, wenn das french-Paket zusammen mit anderen Paketen verwendet wird, in denen diese Zeichen verwendet werden. Um diese Zeichen im Text als reine Zeichen auszudrucken, können die folgenden Befehle verwendet werden:

`\inferieura`	für	<	`\pointvirgule`	für	;
`\superieura`	für	>	`\pointexclamation`	für	!
`\lq`	für	‘	`\pointinterrogation`	für	?
`\rq`	für	’	`\dittomark`	für	"
`\lqq`	für	‘‘	`\deuxpoints`	für	:
`\rqq`	für	’’			

Kapitel 10
Ausgabeunabhängige Graphiken in LaTeX

Unter den heutigen Satzsystemen für automatischen Computersatz besitzt TeX wahrscheinlich den besten Algorithmus, um Absätze zu formatieren und einen akzeptablen, um Seiten aus ihnen zu erstellen. Aber in dieser Zeit, in der der Informationsaustausch ständig zunimmt, beschränken sich die meisten Veröffentlichungen nicht mehr auf reine Texte – die Bedeutung von Graphiken ist stark angestiegen. TeX befaßt sich nicht selbst mit dieser Problematik, da es sich ausschließlich auf die Positionierung von Boxen auf einer Seite konzentriert. Knuth hat jedoch eine Schnittstelle vorgesehen, um »Funktionen«, die in der Basissprache nicht verfügbar sind, über den `\special`-Befehl zu implementieren. Dieser Befehl hat keinen Einfluß auf die Formatierung[1] der endgültigen Seite, doch er veranlaßt TeX, den Inhalt des Argumentes des `\special`-Befehls wortwörtlich an der gegenwärtigen Position in der `.dvi`-Datei zu plazieren. Es ist Aufgabe des `dvi`-Treibers, die so erhaltenen Daten zu interpretieren und entsprechend das endgültige Erscheinungsbild zu erstellen.

Viele Artikel haben sich bereits damit befaßt, wie man mit TeX am besten Bilder generiert. Verschiedene Autoren haben dabei Lösungen entwickelt, die häufig benutzerspezifisch sind, und deshalb für die Allgemeinheit unbrauchbar sind.

In seinem Überblicksartikel »A Survey of TeX and Graphics« [81] erörtert Sebastian Rahtz sechs verschiedene Methoden, mit denen Graphiken in TeX erstellt werden können:[2]

1. Bild aus ASCII-Zeichen, z. B. mit PiCTeX [110], das eine vollständige Sprache

1 Es gibt Situationen, in denen der `\special`-Befehl die Formatierung beeinflußt, da er unter Umständen LaTeX eine zusätzliche Möglichkeit zum Seitenumbruch verschafft, bzw. durch seine Existenz LaTeX daran hindert, vorangegangenen Leerraum als solchen zu erkennen, so daß das Programm zuviel Leerraum einfügt.

2 Siehe auch »Portable Graphics in TeX« [22] von Malcolm Clark.

zur Erstellung von Zeichnungen zur Verfügung stellt. Kurven werden hierbei erzeugt, indem eine große Anzahl von kleinen Punkten kombiniert wird. Für komplexere Zeichnungen benötigt dieses Verfahren einen großen internen Speicher für das TeX-Programm sowie sehr viel Rechenzeit.

2. Zeichensätze mit Bildelementen wie etwa LaTeXs `picture`-Umgebung. Das von Kristoffer Rose entwickelte XY-pic System [87] verwendet spezielle Zeichensätze, um Diagramme zu setzen.
3. Bildmakropakete, die hauptsächlich auf der `picture`-Umgebung basieren oder auf TeXs Linienbefehlen. Unter anderem existieren Pakete zum Zeichnen von Feynman-Diagrammen, chemischen Formeln und Baumdiagrammen.
4. Bildzeichensätze, in denen jedes Zeichen, das gesetzt werden soll, einer eventuell sehr großen »Drucktype« in einem Zeichensatz entspricht. Zur Erstellung der Bilder kann man METAFONT verwenden [34], oder bereits existierende Bitmaps, die man direkt in eine `.pk`-Datei umwandeln kann. Das pbmtopk-Programm von Angus Duggan kann ein Bild aus einem der »pbm« (portable bitmap)-Formate in ein `.pk`-Dateiformat umwandeln. Außerdem weist es aufeinanderfolgenden Bildern Buchstaben des Alphabetes zu. BM2FONT verwandelt verschiedene Arten von Bitmap-Dateien in TeX-Fonts und erstellt eine Eingabedatei für die Integration dieser Graphiken in die Dokumente [94, 95].
5. Halbton-Zeichensätze sind kleine Flächen, die aus verschiedenen Graustufen bestehen. Zur Erstellung von Bildern können sie auf die herkömmliche TeX-Weise miteinander kombiniert werden [53, 21].
6. Graphiken können mit Hilfe des `\special`-Befehls eingefügt werden. Dieser Ansatz ist per Definition geräteabhängig, da es auf den Möglichkeiten des `dvi`-Treibers und des Ausgabegerätes aufsetzt. Da es jedoch immer mehr PostScript-Drucker und Previewer zu erschwinglichen Preisen gibt, gewinnt dieser Ansatz mehr und mehr an Popularität. psfrag [9] und pstricks [26, 115, 116] sind Beispiele für Systeme, die PostScript zusammen mit LaTeX verwenden. Siehe auch die Diskussion in Kapitel 11.

All diese Methoden haben ihre Stärken und Schwächen. Obwohl die Ansätze 1 bis 5 ausgabeunabhängig sind, fehlt es ihnen an Flexibilität, besonders dann, wenn die Druckvorlage skaliert oder gedreht werden muß. Das Verfahren mittels `\special`-Befehls ist dagegen nur durch die Möglichkeiten der Zielsprache selbst beschränkt, und obwohl dieser Ansatz per Definition geräteabhängig ist, ermöglicht er im Falle von PostScript die Verwendung aller Befehle dieser mächtigen Sprache sowie das Einfügen von Graphiken, die mit einem der vielen Programme erstellt wurden, die eine Ausgabe in PostScript erzeugen. Auf die Integration dieser Graphiken wird im nächsten Kapitel näher eingegangen.

Dieses Kapitel konzentriert sich vornehmlich auf die systemeigenen Zeichenwerkzeuge von LaTeX, die auf der `picture`-Umgebung basieren sowie auf Pakete, die Erweiterungen zu dieser Umgebung darstellen, mit denen hochqualitative, geräteunabhängige Graphiken erstellt werden können. Desweiteren beschäftigt sich dieses Kapitel mit anderen optischen Effekten wie etwa »schattierten Boxen«, die in einer ausgabeunabhängigen Weise realisiert werden können. Durch die Verwendung geräteunabhängiger Lösungen kann sichergestellt werden, daß der Empfänger eines Dokumentes, dem die gleiche LaTeX-Umgebung zur Verfügung steht wie dem Autor, die gleiche Ausgabe erhält wie der Absender.

Im ersten Abschnitt dieses Kapitels werden Rahmen vorgestellt, die zur Hervorhebung wichtiger Stellen nützlich sein können. Der nächste Abschnitt geht auf die `picture`-Umgebung ein. Desweiteren präsentiert er Pakete, mit denen Balkendiagramme und beliebige Kurvenverläufe erstellt werden können. Danach werden zwei Pakete namens epic und eepic erläutert, durch welche die `picture`-Umgebung um eine Reihe von neuen Befehlen erweitert wird. Sie werden im Detail besprochen, und Beispiele zeigen, wie sie in der Praxis verwendet werden. Schließlich werden zwei Pakete vorgestellt, die auf epic und eepic basieren. Mit diesen Paketen können bipartite Graphen und Baumdiagramme erstellt werden.

10.1 Rahmen

Eine kurze Einführung in die LaTeX-Boxen wird in Anhang A.2 gegeben. Im folgenden werden Pakete vorgestellt, die eine Erweiterung zu den herkömmlichen LaTeX-Boxen darstellen.

10.1.1 Gerahmte Minipage-Umgebung

Die `boxedminipage`-Umgebung, die in dem boxedminipage-Paket (von Mario Wolczko) definiert ist, verhält sich wie die gewöhnliche `minipage`-Umgebung, mit dem Unterschied, daß sie von einem Rahmen umgeben ist. Die Dicke der Linien wird durch die `\fboxrule`- und `\fboxsep`-Stilparameter festgelegt.

Dies ist ein Beispiel für eine kleine gerahmte minipage-Umgebung,[a] die zudem eine Fußnote besitzt. ——— a Sehr einfaches Beispiel

```
\begin{boxedminipage}[t]{5cm}
Dies ist ein Beispiel f"ur eine kleine
gerahmte minipage-Umgebung,\footnote{Sehr
einfaches Beispiel} die zudem eine
Fu"snote besitzt.
\end{boxedminipage}
```

10.1.2 Schattierte Boxen

Das shadow-Paket (von Mauro Orlandini) definiert den `\shabox`-Befehl, der dem LaTeX-Befehl `\fbox` ähnelt. Im Unterschied zum letzteren wird bei dem `\shabox`-Befehl unterhalb und rechts von der Box ein »Schatten« hinzugefügt.

Drei Parameter steuern das Aussehen der Box (die Standardwerte sind in Klammern angegeben).

`\sboxrule` Dicke der Linien für den Rahmen (0.4pt);

`\sboxsep` Abstand zwischen Rahmen und Text (10pt);

`\sdim` Breite der Schattierung (4pt).

Eine gerahmte Standardbox gerahmter Text, dann eine schattierte Box Text mit Schattierung.

Ein ganzer Absatz kann hervorgehoben werden, indem er in einer Absatzbox gesetzt wird, die in einer framebox eingebettet wurde.

```
\setlength{\fboxsep}{2pt}
\setlength{\sboxsep}{\fboxsep}
  Eine gerahmte Standardbox \fbox{gerahmter
  Text}, dann eine schattierte Box
  \shabox{Text mit Schattierung}.
\par\bigskip
\setlength{\sdim}{3\fboxsep}
\shabox{\parbox{5cm}{Ein ganzer Absatz kann
  hervorgehoben werden, indem er in einer
  Absatzbox gesetzt wird, die in einer
  \texttt{framebox} eingebettet wurde.}}
```

10.1.3 Zierrahmen

Timothy van Zandt entwickelte für sein seminar-Paket, mit welchem Folien erstellt werden, das fancybox-Paket. Er führt verschiedene neue Befehle zur Umrahmung von Texten, Bildern, usw. in LATEX ein. Dieser Abschnitt gibt lediglich einen Überblick über ein paar der grundlegenden Befehle. Weitere Informationen kann der interessierte Leser der Dokumentation entnehmen, die mit dem obengenannten seminar-Paket mitgeliefert wird.

Varianten für `\fbox`

Das fancybox-Paket enthält vier Varianten für den Befehl `\fbox`. Wie beim `\fbox`-Befehl wird der Abstand des Rahmens zur Box durch den Längenparameter `\fboxsep` (Standardwert 3pt) angegeben. Weitere Parameter, mit denen diese Boxen beschrieben werden, sind unten aufgeführt.

`\shadowbox` Dies ist eine schattierte Box

Die Dicke der Linien wird durch `\fboxrule` definiert (demselben Parameter wie für `\fbox`). Die Breite der Schattierung entspricht `\shadowsize` (Standardwert: 4pt).

`\doublebox` Dies ist eine Doppelbox

Die Breite des inneren und äußeren Rahmens beträgt .75`\fboxrule` bzw. 1.5`\fboxrule`. Der Abstand zwischen den beiden Rahmen beträgt 1.5`\fboxrule` plus 0.5pt.

`\ovalbox` Dies ist eine ovale Box

Die Breite des Rahmens wird mit dem Befehl `\thinlines` definiert, während der Durchmesser der Eckbögen mit einem

`\cornersize`-Befehl bestimmt wird. Die Form `\cornersize{`*num*`}` setzt den Durchmesser auf *num* × Minimum von Höhe bzw. Breite der Box, während die Form `\cornersize*{`*länge*`}` ihn auf die Länge *länge* einstellt. Voreinstellung ist `\cornersize{0.5}`.

`\Ovalbox` Dies ist eine dicke ovale Box

Ähnlich wie `\ovalbox`, wobei die Dicke der Linien durch den Befehl `\thicklines` bestimmt wird.

Definieren von Box-Umgebungen

Zur Unterstützung für die Definition von Box-Umgebungen gibt es in fancybox die `Sbox`-Umgebung. Sie funktioniert ähnlich wie der `\sbox`-Befehl. Der Inhalt der Umgebung wird in einem Boxregister gespeichert und kann mit dem Befehl `\TheSbox` weiterverwendet werden. Mit Hilfe dieses Befehls läßt sich die `boxedminipage`-Umgebung, die in Abschnitt 10.1.1 besprochen wurde, auf einfachere Weise neu implementieren. LaTeX 2_ε stellt mit der `lrbox`-Umgebung in etwa die gleiche Funktionalität zur Verfügung. Man vergleiche nachfolgendes Beispiel mit der Definition der `fminipage`-Umgebung auf Seite 480.

Ein Beispiel für eine gerahmte minipage-Umgebung, definiert mit dem Sbox-Befehl.

```
\newenvironment{Boxedminipage}%
 {\begin{Sbox}\begin{minipage}}%
 {\end{minipage}\end{Sbox}\fbox{\TheSbox}}
\begin{Boxedminipage}{5cm}
Ein Beispiel f"ur eine gerahmte
minipage-Umgebung, definiert mit dem
Sbox-Befehl.
\end{Boxedminipage}
```

Im `fancybox`-Paket werden die folgenden Box-Umgebungen vordefiniert:

- ◇ `Bcenter`, `Bflushleft` und `Bflushright` erzeugen eine `center`, `flushleft` bzw. `flushright`-Umgebung in einer Box. Alle Zeilen müssen durch `\\` separiert werden.
- ◇ `Bitemize`, `Benumerate` und `Bdescription` erzeugen eine `itemize`, `enumerate` bzw. `description`-Umgebung in einer Box.
- ◇ `Beqnarray` erzeugt eine Box-Umgebung, ähnlich wie `eqnarray`, jedoch wird die Formelnummer immer rechts gesetzt. `Beqnarray*` ist wie `eqnarray*`, wobei die erstellte Box gerade groß genug ist, um alle Gleichungen aufzunehmen.

Diese Umgebungen erzeugen Boxen, die so breit wie die breiteste ihrer Zeilen (abgetrennt durch `\\`) sind. Sie sind hauptsächlich dazu gedacht, innerhalb der obigen Zierrahmenbefehle verwendet zu werden. Hier sind zwei Beispiele:

$$\begin{aligned} y &= x^2 \\ a^2 + 2ab + b^2 &= (a+b)^2 \\ \int_0^\infty e^{-ax} dx &= \frac{1}{a} \end{aligned}$$

$$\begin{aligned} y &= x^2 && (10.1) \\ a^2 + 2ab + b^2 &= (a+b)^2 && (10.2) \\ \int_0^\infty e^{-ax} dx &= \frac{1}{a} && (10.3) \end{aligned}$$

```
\Ovalbox{\begin{Beqnarray*}
                        y & = & x^2        \\
          a^2 + 2ab + b^2 & = & (a + b)^2 \\
\int_0^\infty e^{-ax} dx & = & \frac{1}{a}
      \end{Beqnarray*}}
   \par\bigskip
\fbox{\begin{Beqnarray}
                        y & = & x^2        \\
          a^2 + 2ab + b^2 & = & (a + b)^2 \\
\int_0^\infty e^{-ax} dx & = & \frac{1}{a}
      \end{Beqnarray}}
```

Das Paket definiert auch Befehle zur Umrahmung einer ganzen Seite und implementiert verschiedene Befehle neu, um Texte so zu setzen, wie sie eingegeben werden (siehe auch Abschnitt 3.3).

Ein Beispiel für Definition und Verwendung von unformatiertem Text zeigt der folgenden Code:

```
\newenvironment{FramedVerb}%
 {\VerbatimEnvironment
   \begin{Sbox}\begin{minipage}{60mm}\begin{Verbatim}}%
 {\end{Verbatim}\end{minipage}\end{Sbox}
  \setlength{\fboxsep}{3mm}\fbox{\TheSbox}}
```

```
\newcommand{\Com}[1]{#1^a_b}
```

```
\begin{FramedVerb}
\newcommand{\Com}[1]{#1^a_b}
\end{FramedVerb}
```

10.2 Die picture-Umgebung

Die LaTeX-Umgebung picture kann in vielen Situationen verwendet werden, um einfache Graphiken zu erstellen. In diesem Buch wird sie für viele Strichzeichnungen benutzt. Der vorliegende Abschnitt erörtert verschiedene Pakete, die als Erweiterung für die picture-Umgebung entwickelt wurden.

10.2.1 Bezier-Kurven

LaTeX 2ε ermöglicht, relativ komplizierte mathematische Kurven durch Näherungsverfahren mit Bezier-Splines zu erzeugen. Übrigens verwendet auch die Sprache PostScript Bezierkurven (kubische oder dritter Ordnung) als Basis für seine Funktionen zum Kurvenzeichnen.

\qbezier[*N*](*AX,AY*)(*BX,BY*)(*CX,CY*)

Der obige Befehl definiert eine quadratische Bezier-Kurve, die durch ihre zwei Endpunkte (*AX,AY*) und (*CX,CY*) festgelegt ist, wobei (*BX,BY*) als Kontrollpunkt dient. Der optionale Parameter *N* gibt, sofern vorhanden, an, daß zur Annäherung der Kurve $N + 1$ Punkte geplottet werden.[3] Im nächsten Beispiel sind *A* und *C* die Endpunkte, und *B* ist der Kontrollpunkt. Die Anzahl der zu plottenden Punkte wird automatisch berechnet.

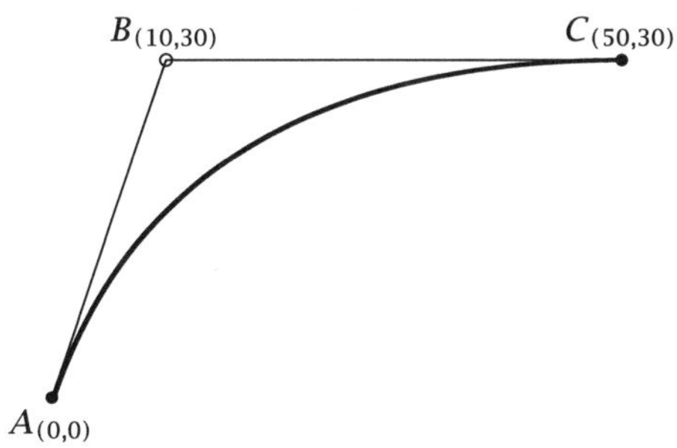


```
\setlength{\unitlength}{1mm}
\begin{picture}(50,30)(-10,10)
  \linethickness{1pt}
  \qbezier(0,0)(10,30)(50,30)
  \thinlines
  \put(0,0){\line(1,3){10}}
  \put(50,30){\line(-1,0){40}}
  \put(0,0){\circle*{1}}
  \put(0,-1){\makebox(0,0)[t]{$A_{(0,0)}$}}
  \put(10,30){\circle{1}}
  \put(10,31){\makebox(0,0)[b]{$B_{(10,30)}$}}
  \put(50,30){\circle*{1}}
  \put(50,31){\makebox(0,0)[b]{$C_{(50,30)}$}}
\end{picture}
```

Veränderungen in der Anzahl der Punkte und der Lage des Kontrollpunktes wirken sich deutlich aus. Im nächsten Beispiel verwenden zwei Kurven die Standardanzahl an Punkten, bei den anderen wird die Anzahl explizit angegeben.

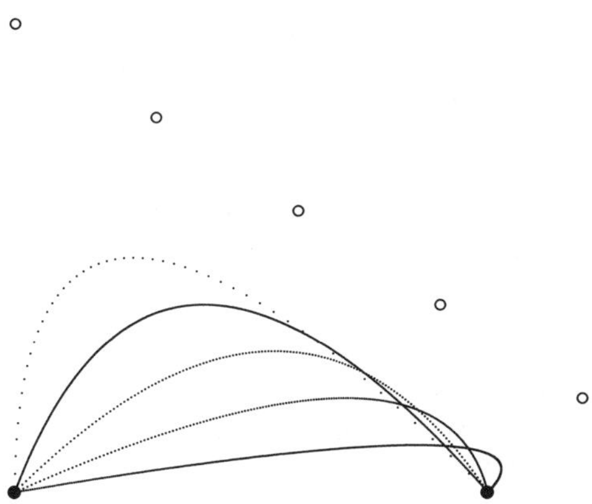

```
\setlength{\unitlength}{.5mm}
\begin{picture}(120,100)(-5,0)
  \linethickness{.5pt}
  \qbezier [50](0,0)(0,100)(100,0)
  \qbezier     (0,0)(30,80)(100,0)
  \qbezier[150](0,0)(60,60)(100,0)
  \qbezier[200](0,0)(90,40)(100,0)
  \qbezier     (0,0)(120,20)(100,0)
% mark the end points
  \put(0,0){\circle*{3}}
  \put(100,0){\circle*{3}}
% mark the control points
  \multiput(0,100)(30,-20){5}{\circle{2}}
\end{picture}
```

3 Für LaTeX2.09 definierte Leslie Lamports bezier-Paket den Befehl `\bezier`, der zu `\qbezier` in der Beziehung `\bezier{N}(AX,AY)(BX,BY)(CX,CY)=\qbezier[N](AX,AY)(BX,BY)(CX,CY)` steht. Der größte Unterschied besteht darin, daß die Anzahl der Punkte, die für eine geglättete kontinuierliche Kurve erforderlich sind, automatisch von `\qbezier` berechnet wird und nicht mehr angegeben werden muß.

Schließlich folgt hier der Code für eines der Diagramme in Abbildung 10.4 auf Seite 302:

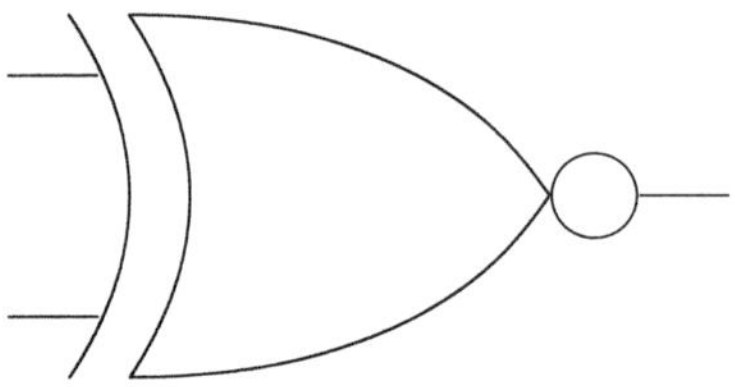

```
\setlength{\unitlength}{4mm}
\begin{picture}(12,10)(-2,0)
  \linethickness{0.4pt}
  \qbezier(2.00,6.00)(7.00,6.00)(9.00,3.00)
  \qbezier(2.00,0.00)(7.00,0.00)(9.00,3.00)
  \qbezier(2.00,6.00)(4.00,3.00)(2.00,0.00)
  \qbezier(1.00,6.00)(3.00,3.00)(1.00,0.00)
  \put(9.75,3.00){\circle{1.50}}
  \put(10.50,3.00){\line(1,0){1.50}}
  \put(0.00,5.00){\line(1,0){1.50}}
  \put(0.00,1.00){\line(1,0){1.50}}
\end{picture}
```

10.2.2 Plazierung mehrerer Boxen

Das multibox-Paket (von Brian Hamilton Kelly) definiert die folgenden zwei neuen Befehle, die innerhalb der `picture`-Umgebung verwendet werden können.

`\multimake`(*x*,*y*)(*dx*,*dy*){*n*}(*w*,*h*)[*pos*]{$text_1$}{$text_2$}...{$text_n$}
`\multiframe`(*x*,*y*)(*dx*,*dy*){*n*}(*w*,*h*)[*pos*]{$text_1$}{$text_2$}...{$text_n$}

Mit diesen Befehlen werden *n* Texte, d.h. $text_1$ bis $text_n$, in einer `\makebox` bzw. `\framebox` gesetzt. Die erste Box hat ihre untere linke Ecke bei (*x*,*y*), die nachfolgenden Boxen liegen bei (*x+dx*,*y+dy*) bis (*x+(n-1)dx*,*y+(n-1)dy*).

Jede Box hat eine Breite und Höhe, die durch (*w*,*h*) angegeben ist, während der optionale Box-Positionsparameter *pos* auf alle erzeugten Texte angewendet wird. Es folgt ein einfaches Beispiel, in welchem die Syntax mit der des LaTeX-Befehls `\multiput` verglichen werden kann.

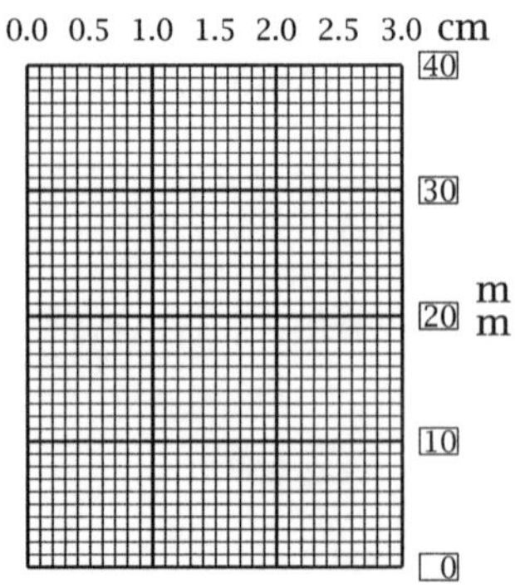


```
\setlength{\unitlength}{1mm}
\begin{picture}(40,50)(-10,0)
\linethickness{0.25mm}\scriptsize
 \multiput(0,0)(10,0){4}{\line(0,1){40}}
 \multiput(0,0)(0,10){5}{\line(1,0){30}}
\linethickness{0.1mm}
 \multimake(-2,42)(5,0){8}(4,3)[b]{0.0}{0.5}%
    {1.0}{1.5}{2.0}{2.5}{3.0}{\small cm}
 \multiframe(31.5,-1)(0,10){5}(3,2)[r]%
                    {0}{10}{20}{30}{40}
 \small
 \put(36,18.5){\shortstack{m\\ m}}
 \multiput(1,0)(1,0){29}{\line(0,1){40}}
 \multiput(0,1)(0,1){39}{\line(1,0){30}}
\end{picture}
```

10.2.3 Zeichnen von binären und ternären Bäumen

Das trees-Paket (von Peter Vanroose) basiert ausschließlich auf der `picture`-Umgebung.[4] Es definiert Makros, mit denen (binäre oder ternäre) Bäume jeglicher Größe gezeichnet werden können. Für jeden internen Knoten muß der Benutzer lediglich mit dem Befehl `\branch` (für binäre Knoten) bzw. `\tbranch` (für ternäre Knoten) die absteigenden Knoten angeben. Die Baumdiagramme werden innerhalb einer `picture`-Umgebung erstellt. Die folgenden Befehle sind zusammen mit dem trees-Paket verfügbar:

`\branchlabels{`*labela*`}{`*labelb*`}{`*labelc*`}`

Der obige Befehl gibt die Label an, die für jeden der Zweige zu verwenden sind.

`\root(`*x-koord*, *y-koord*`)` *wurzelid.*

(*x-koord*, *y-koord*) sind in dem Bild die absoluten Koordinaten der Wurzel, die von *wurzelid* identifiziert werden. Hinweis: Die Klammern, das Leerzeichen und der Punkt sind obligatorisch.

`\branch{`*steilheit*`}{`*text*`}{`*zweigid*`}`:*tochtera*,*tochterb.*

Der *steilheit*-Parameter legt den Anstieg der Zweige fest. Er wird durch eine ganze Zahl von 0 bis 3 angegeben. *text* ist der Platzhalter für erklärenden Text, der über dem entsprechenden Punkt eingefügt wird. *branchid* kennzeichnet die gegenwärtige Verzweigung, während *tochtera* und *tochterb* die beiden Tochterknoten darstellen. Doppelpunkt, Komma und Punkt sind obligatorisch.

`\tbranch{`*steilheit*`}{`*text*`}{`*zweigid*`}`:*tochtera*,*tochterb*,*tochterc.*

Dieser Befehl entspricht im wesentlichen dem vorhergehenden, mit der Ausnahme, daß er drei statt zwei Bezeichner für Tochterknoten ermöglicht.

`\leaf{`*kopftext*`}{`*seitentext*`}{`*blattid*`}.`

Die Parameter *kopftext* und *seitentext* geben den Text an, der oberhalb bzw. rechts von dem aktuellen Blatt geschrieben wird, das den Bezeichner *blattid* hat.

Bäume sind mit Labeln an den Zweigen ausgestattet (Voreinstellung 0 und 1) sowie mit Text (dem Namen oder Wert) an den Knoten.

Ein Beispiel dafür ist im folgenden dargestellt. Die (internen) Bezeichner (0–7), die für die Beschriftung der Zweige und Blätter verwendet werden, können durch beliebige andere Bezeichner ersetzt werden.

4 Ein weiteres Paket zum Zeichnen von Baumdiagrammen wird in Abschnitt 10.5.2 besprochen.

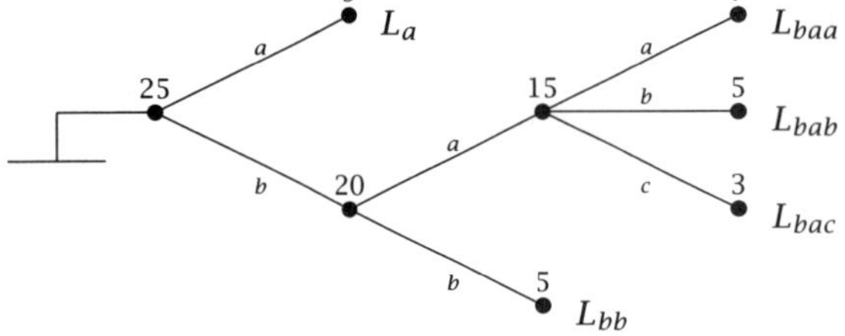


```
\setlength{\unitlength}{4pt}
  \begin{picture}(50,30)
  \branchlabels abc % Voreinstellung ist 012
  \root(10,15) 0.    % Wurzel-Label 0
             % Knoten 0 hat T"ochter 1 und 2
  \branch2{25} 0:1,2.
    \leaf{5}{$L_a$} 1.  % Knoten 1 ist Blatt
    \branch2{20} 2:3,7.
                    % Verzweigung zu Knoten 3
                    % mit Label a
      \tbranch2{15} 3:4,5,6.
        \leaf{7}{$L_{baa}$}4.
        \leaf{5}{$L_{bab}$}5.
        \leaf{3}{$L_{bac}$}6.
    \leaf{5}{$L_{bb}$}7.
  \end{picture}
```

10.2.4 Zeichnen von Balkendiagrammen

Das bar-Paket [14] von Joachim Bleser und Edmund Lang kann Balkendiagramme erstellen und basiert ausschließlich auf der `picture`-Umgebung. Die Balkendiagramme werden mit der `barenv`-Umgebung erzeugt.

Innerhalb einer `barenv`-Umgebung sind die folgenden Befehle verfügbar:

`\bar{`*höhe*`}{`*schraffur*`}[`*beschreibung*`]`

Ein Balken wird definiert durch Angabe der *höhe* und der *schraffur* – einer Nummer zwischen 1 und 8, gemäß folgendem Schema:

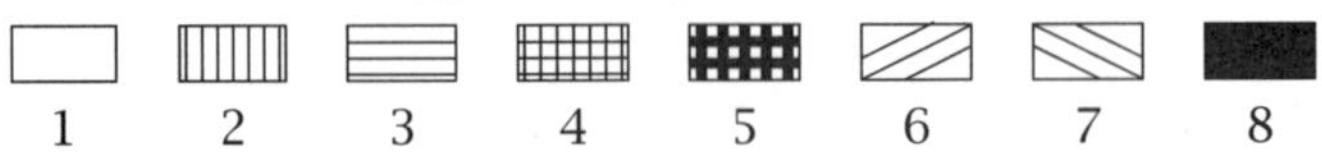

Im optionalen Argument kann mit Worten eine *beschreibung* über dem Balken angegeben werden. Diese wird entsprechend der Einstellung von `\setnumberpos` und `\setstyle` gesetzt.

`\hlineon`

Dieser Befehl aktiviert die horizontalen Linien im Hintergrund.

`\legend{`*schraffur*`}{`*legendentext*`}`

Dieser Befehl verknüpft die Schraffur *schraffur* mit dem erklärenden Text *legendentext*.

`\setdepth{`*nummer*`}`

Dies definiert die Tiefe für ein 3-D-Balkendiagramm (*nummer* ≥ 10).

`\sethspace{`*anteil*`}`

Hiermit wird der horizontale Leerraum zwischen den Balken definiert. Er wird als Anteil der Balkenbreite angegeben.

`\setlinestyle{`*stil*`}`

Hiermit wird die Art der horizontalen Hintergrundlinien definiert (aktiviert mit `\hlineon`). Dieser Befehl kann entweder den Wert `solid` (für eine durchgezogene Linie) oder `dotted` (für eine gepunktete Linie) annehmen.

`\setnumberpos{`*position*`}`

Hiermit wird die Positionierung der Beschreibung des Balkeninhaltes definiert. Folgende Werte können für *position* verwendet werden:

`empty`	(leer) – Beschreibung nicht notwendig.
`axis`	Die Beschreibung wird unter- oder oberhalb der x-Achse plaziert.
`down`	Die Beschreibung wird unterhalb der Balken plaziert.
`inside`	Die Beschreibung wird in den Balken plaziert.
`outside`	Die Beschreibung wird außerhalb der Balken plaziert.
`up`	Die Beschreibung wird oberhalb der Balken plaziert.

`\setprecision{`*nachkommastellen*`}`

Dies definiert die Anzahl von Ziffern, die nach dem Dezimalzeichen ausgedruckt werden.

`\setstretch{`*faktor*`}`

Hiermit wird der Skalierungsfaktor für die vertikale Ausdehnung des Diagramms definiert.

`\setstyle{`*fontstil*`}`

Hiermit werden die Zeichensatzcharakteristiken eingestellt.

`\setwidth{`*zahl*`}`

Dies definiert die Balkenbreite in Punkten.

`\setxaxis{`*ursprung*`}{`*ende*`}{`*schritt*`}`

Hiermit wird die Einteilung der x-Achse definiert. Die drei Parameter geben den Anfangs- und Endwert sowie die Schrittweite an.

`\setxname{`*x-label*`}`

Hiermit wird das beschreibende Label für die x-Achse definiert.

`\setxvaluetyp{`*typ*`}`

Diese Deklaration definiert die Art und Weise, wie die Einteilung der x-Achse beschriftet wird. Standardmäßig werden Zahlen verwendet. Alternativ können jedoch auch die Namen der Tage oder Monate angegeben werden. Entsprechend kann der Parameter *typ* die Werte `month` oder `day` annehmen. In diesem Fall werden die Anfangs- und Endwerte für die x-Achse, die mit dem `\setxaxis`-Befehl definiert werden, entsprechend mit 1 für Januar, 2 für Februar, etc., 12 für Dezember, 13 wieder für Januar, und so fort, beschriftet. Für die Tage ergibt sich die folgende Entsprechung: 1 für Montag, 2 für Dienstag, etc., 7 für Sonntag, 8 wieder für Montag, und so weiter. (In der aktuellen Version des Paketes wird nur die deutsche Sprache unterstützt.)

`\setyaxis[`*verschiebung*`]{`*ursprung*`}{`*ende*`}{`*schritt*`}`

Dieser Befehl definiert die Einteilung der y-Achse. Die drei obligatorischen Parameter sind dieselben wie für `\setxaxis`. Mit dem optionalen Argument *verschiebung* läßt sich die gesamte Graphik inklusive der Beschriftung an der y-Achse vertikal verschieben, z. B. um Platz für eventuelle Zahlen unterhalb der Balken zu schaffen wie etwa in Abbildung 10.2 auf Seite 298.

`\setyname{`*x-label*`}`

Hiermit wird das beschreibende Label für die y-Achse definiert.

Die allgemeine Struktur des Befehls für die Erstellung von Balkendiagrammen sieht folgendermaßen aus:

```
\begin{barenv}
    Deklarationen
       \bar{höhe}{schraffur}
              ⋮
       \bar{höhe}{schraffur}
\end{barenv}
Legende
```

Da die `barenv`-Umgebung die `picture`-Umgebung verwendet, sind natürlich auch alle Befehle, die innerhalb der letztgenannten Umgebung gültig sind, in der `barenv`-Umgebung verfügbar.

10.2.5 Beispiele für die `barenv`-Umgebung

Das erste Beispiel zeigt ein einfaches Balkendiagramm, das mit Hilfe der Standardeinstellung der `barenv`-Umgebung erstellt wurde.

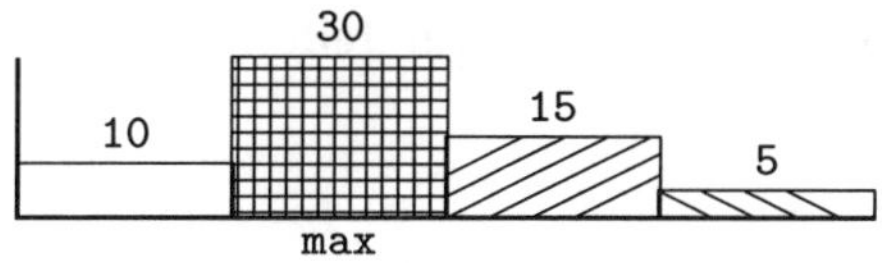


```
\begin{center}
\begin{barenv}
\bar{10}{1}
\bar{30}{4}[\texttt{max}]
\bar{15}{6}
\bar{5}{7}
\end{barenv}
\end{center}
```

Achsenbeschriftungen und eine Überschrift können leicht hinzugefügt werden.

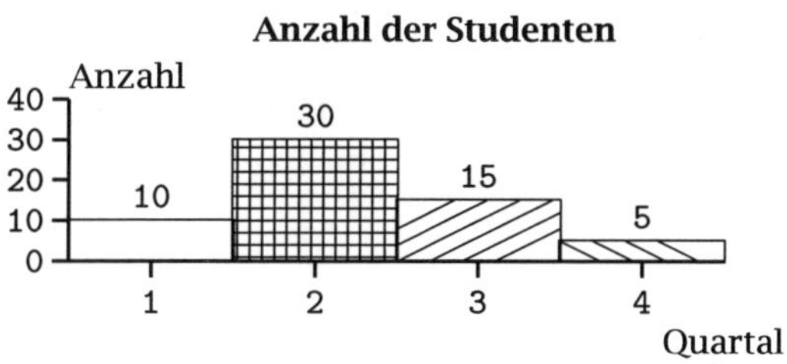


```
\begin{center}
\textbf{Anzahl der Studenten}\\[5mm]
\end{center}
\begin{barenv}
\setxaxis{1}{4}{1}\setxname{Quartal}
\setyaxis{0}{40}{10}\setyname{Anzahl}
\bar{10}{1}    \bar{30}{4}
\bar{15}{6}    \bar{5}{7}
\end{barenv}
```

Manch einer bevorzugt eventuell eine 3-D-Darstellung dieses Balkendiagramms und eine Dehnung der y-Achse, damit die Unterschiede deutlicher werden. Zur Präzisierung der Quartale kann außerdem jeweils der mittlere Monat eines Quartals angegeben werden.

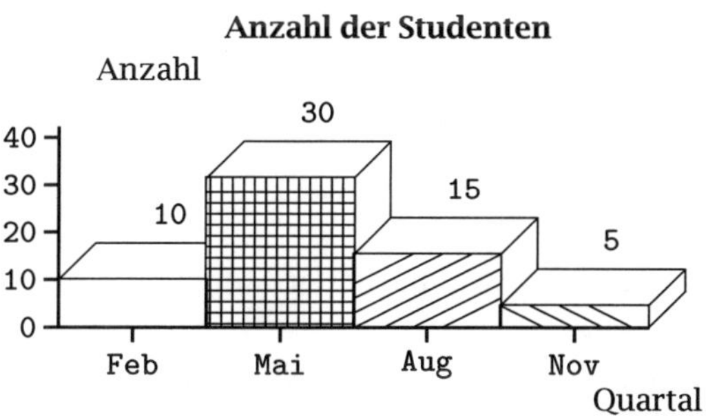


```
\begin{center}
\textbf{Anzahl der Studenten}\\[5mm]
\end{center}
\begin{barenv}
\setdepth{10}% 3-D-Ansicht
\setstretch{1.4}% Dehnung in y-Richtung
\setnumberpos{up}% Anzahl der obigen Balken
\setxvaluetyp{month}% Monate an der x-Achse
\setxaxis{2}{12}{3}\setxname{Quartal}
\setyaxis{0}{40}{10}\setyname{Anzahl}
\bar{10}{1} \bar{30}{4}
\bar{15}{6} \bar{5}{7}
\end{barenv}
```

Wenn die Änderungen in der Anzahl der Studenten von einem zum anderen Quartal hervorgehoben werden sollen, kann die folgende Darstellung verwendet werden.

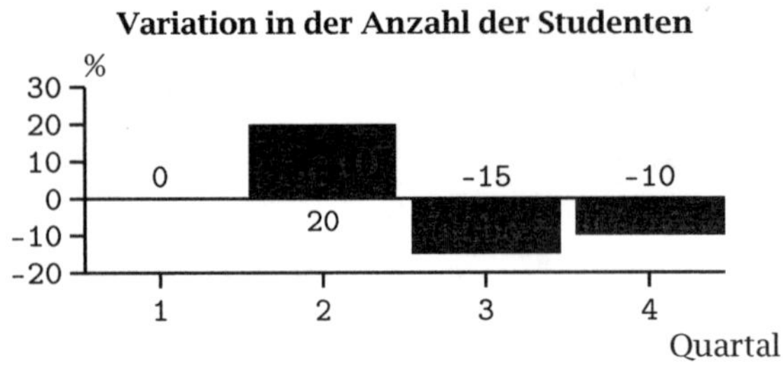


```
\begin{center}
\textbf{Variation in der Anzahl der
        Studenten}\\[5mm]
\end{center}
\begin{barenv}
\setxaxis{1}{4}{1}\setxname{Quartal}
\setyaxis{-20}{30}{10}\setyname{\%}
\sethspace{0.1}\setnumberpos{axis}
\bar{0}{1}     \bar{20}{8}
\bar{-15}{8}  \bar{-10}{8}
\end{barenv}
```

Ein letztes und sehr komplexes Beispiel zeigt die Kursschwankungen für Aktien der Firma XyZ in zwei verschiedenen Darstellungsweisen. Zunächst wird es als 2-D-Balkendiagramm angezeigt (Abbildung 10.1 auf der nächsten Seite) und dann als 3-D-Diagramm (Abbildung 10.2 auf Seite 298)).

10.2.6 Zeichnen von beliebigen Kurven

Das curves-Paket (von I.L. Maclaine-cross) erweitert LaTeXs `picture`-Umgebung um die Möglichkeit, Kurven aus kleinen, sich teilweise überlagernden Kreisen zu erstellen, deren Größe und Anzahl aufeinander abgestimmt sind, damit ein optisch gleichmäßiges Bild entsteht. Die Segmente zwischen den Koordinatenpunkten werden als Parabeln angenähert. Ein spezielles Unterpaket, curvesls, reimplementiert einige der zeit- und speicherplatzintensiven Teile des Codes mit `\special`-Befehlen für emTeX-Treiber von Eberhard Mattes.

Der Funktionsumfang dieses Paketes umfaßt folgendes:

- Die Fähigkeit, die Kurvendicke zwischen 0.5 und 15pt (0.17 und 5.2mm) zu variieren.
- Erzeugung beliebiger Kurven.
- Regulierung des Endkurvenverlaufs mittels `\tagcurve`.
- Erstellung von geschlossenen Kurven mit kontinuierlicher Steigung mittels `\closecurve`.
- Generierung von großen Kreisen mit `\bigcircle` und Kreisbögen mit `\arc`.
- Unabhängige Skalierung von Kurvenabzissen und Ordinaten zur Anpassung von Graphen.
- Affine Skalierung für die Erstellung von elliptischen Bögen und Kreisen.
- Unterstützung für Symbole und Strichmuster.

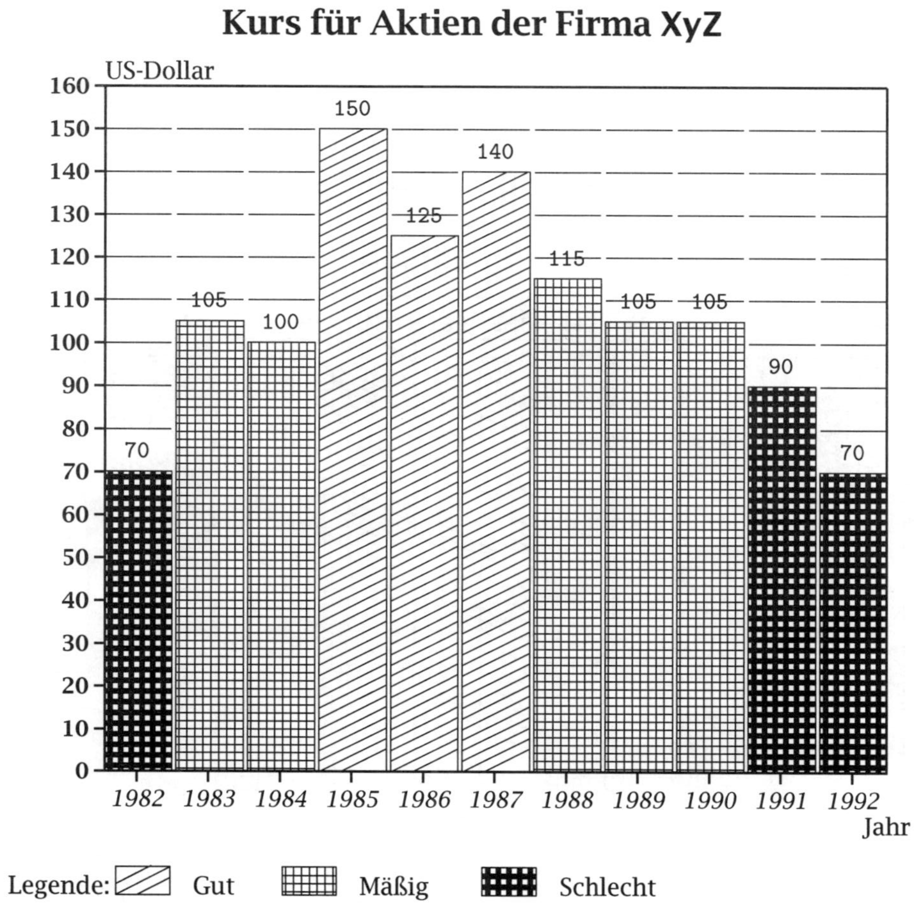


```
\begin{center}
  \Large\bfseries
Kurs f"ur Aktien der Firma
             \textsf{XyZ}\\[6mm]
  \begin{barenv}
    \setstretch{1.6}
    \setwidth{25}
    \sethspace{0.1}
    \setstyle{\bfseries}
    \setxname{Jahr}
    \setyname{US-Dollar}
    \setstyle{\small\itshape}
    \setxaxis{1982}{1992}{1}
    \setstyle{\small\bfseries}
    \setyaxis{0}{160}{10}
    \setlinestyle{solid}
    \hlineon
    \setnumberpos{up}
    \setstyle{\small\ttfamily}
    \bar{70}{5}  \bar{105}{4}
    \bar{100}{4} \bar{150}{6}
    \bar{125}{6} \bar{140}{6}
    \bar{115}{4} \bar{105}{4}
    \bar{105}{4} \bar{90}{5}
    \bar{70}{5}
  \end{barenv}
\end{center}
\par\vspace{2\baselineskip}
Legende: \legend6{Gut}     \qquad
       \legend4{M"a"sig} \qquad
       \legend5{Schlecht}
```

Abbildung 10.1: Beispiel für ein Balkendiagramm - 2-D-Ansicht

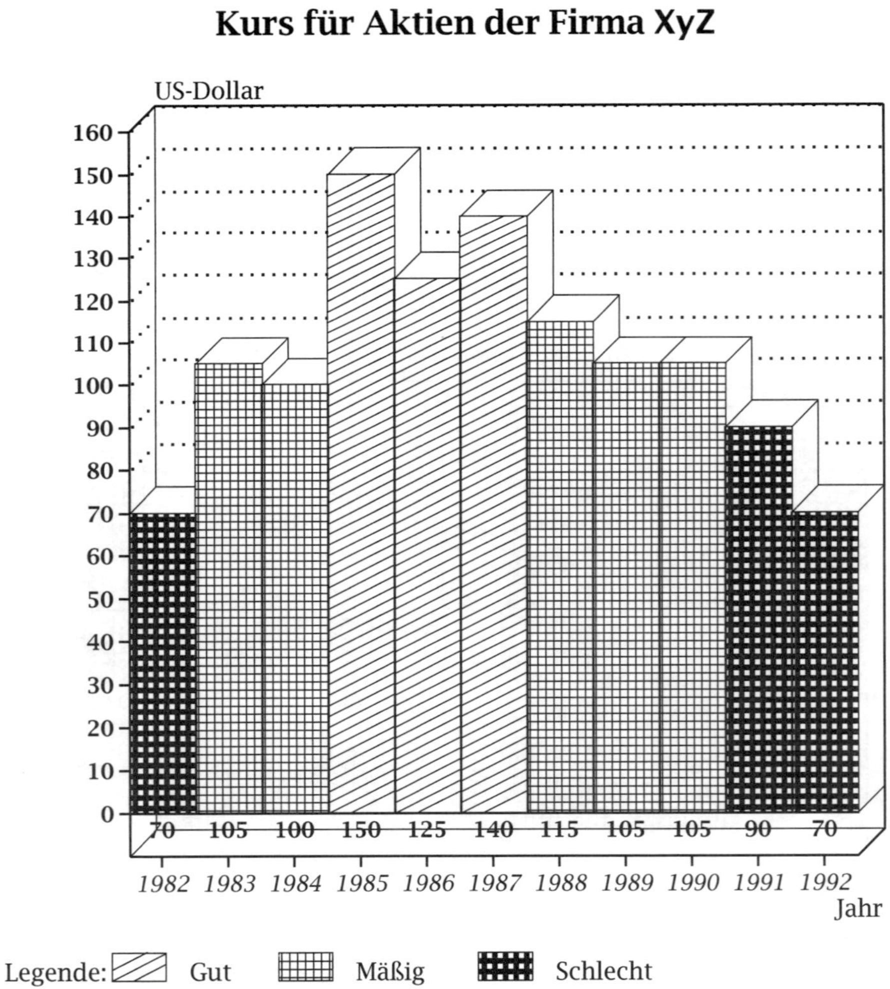


```
\begin{center}
  \textbf{\Large Kurs f"ur Aktien
    der Firma \textsf{XyZ}}\\[5mm]
  \begin{barenv}
    \setstretch{1.6}
    \setnumberpos{down}
    \setwidth{25}\setdepth{10}
    \setstyle{\small\bfseries}
    \setxname{Jahr}
    \setyname{US-Dollar}
    \setstyle{\small\itshape}
    \setxaxis{1982}{1992}{1}
    \setstyle{\small\bfseries}
    \setyaxis[10]{0}{160}{10}
    \setlinestyle{dotted}
    \hlineon
    \setnumberpos{axis}
    \bar{70}{5}  \bar{105}{4}
    \bar{100}{4} \bar{150}{6}
    \bar{125}{6} \bar{140}{6}
    \bar{115}{4} \bar{105}{4}
    \bar{105}{4} \bar{90}{5}
    \bar{70}{5}
  \end{barenv}
\end{center}
\par\vspace{2\baselineskip}
Legende: \legend6{Gut}   \qquad
       \legend4{M"a"sig} \qquad
       \legend5{Schlecht}
```

Abbildung 10.2: Beispiel für ein Balkendiagramm - 3-D-Ansicht

Graphikbefehle für Kurven

Dieser Abschnitt gibt einen Überblick über die wichtigsten Befehle zum Zeichnen von Kurven, die in den nachfolgenden Beispielen verwendet werden. Die gezeichneten Kurven setzen sich aus Parabelbögen zusammen, die zwischen den Koordinatenpunkten eingefügt werden, wobei die Tangenten in jedem Punkt parallel zu der Geraden durch die beiden Nachbarpunkte verlaufen. Die Segmente an den Kurvenendpunkten sind Parabeln, die durch die letzten drei Punkte gehen.

`\arc[`*nbsymb*`](`x_1, y_1`){`*winkel*`}`

Dieser Befehl zieht einen Kreisbogen, der an der aktuellen Position zentriert ist und bei (x_1, y_1) beginnt. Er setzt sich gegen den Uhrzeigersinn in *winkel*-Graden fort. Das optionale Argument *nbsymb*, welches auch von den meisten der nachfolgenden Befehle akzeptiert wird, ermöglicht Spezialeffekte wie die individuelle Festlegung der Anzahl zu zeichnender Kurvensegmente. Einzelheiten sind in der Paketdokumentation beschrieben.

`\bigcircle[`*nbsymb*`]{`*durchmesser*`}`

Dieser Befehl zieht einen Kreis mit einem Durchmesser, der *durchmesser* mal `\unitlength` entspricht.

`\closecurve[`*nbsymb*`](`$x_1, y_1, x_2, y_2 ... x_n, y_n$`)`

Dieser Befehl zeichnet eine geschlossene Kurve mit kontinuierlichen Tangenten an allen Punkten. Es werden mindestens sechs Koordinaten benötigt.

`\curve[`*nbsymb*`](`$x_1, y_1, x_2, y_2 ... x_n, y_n$`)`

Dieser Befehl zeichnet eine Kurve durch die angegeben Koordinaten. Zwei Koordinatenpaare erzeugen eine Gerade, drei Paare eine Parabel, die durch die angegebenen Punkte gezogen wird.

`\scaleput(`x_1, y_1`){`*bildobjekt*`}`

Dieser Befehl plaziert das Bildobjekt *bildobjekt* an der Position (x_1, y_1). Zugleich nimmt er eine Parallelprojektion oder Drehung vor, die durch die Skalierungsfaktoren `\xscale`, `\xscaley`, `\yscale` und `\yscalex` festgelegt ist und deren Anfangswerte 1.0, 0.0, 1.0 bzw. 0.0 sind.

`\tagcurve[`*nbsymb*`](`$x_1, y_1, x_2, y_2 ... x_n, y_n$`)`

Dieser Befehl zeichnet eine Kurve ohne seine ersten und letzten Segmente. Bei Angabe von nur drei Koordinatenpaaren wird nur das letzte Segment gezeichnet.

Beispiele

```
\setlength{\unitlength}{0.4pt}
\linethickness{0.7mm}
\begin{picture}(400,110)(-10,0)
   \tagcurve(80,0, 0,0, 40,100, 80,0, 0,0)
   \closecurve(150,0, 190,100, 230,0)
   \curve(300,0, 340,100, 380,0)
\end{picture}
```

Das folgende Beispiel zeigt einen Flügelquerschnitt, wie er häufig in der Aerodynamikforschung verwendet wird. Mit den `\arc`-Befehlen werden der vordere und hintere Radius gezeichnet. Die innerhalb des ersten `\curve`-Befehls angegebenen Koordinaten werden aus Strömungstabellen entnommen. Sie entsprechen der oberen Sektion des Flügels. Der zweite `\curve`-Befehl, der zwei Koordinatenpaare enthält, zeichnet die untere Profilsehne.

```
\newcommand{\RAFsixE}{%
  \scaleput(1.25,1.25){\arc(0,-1.25){-135}}
  \scaleput(0,0){\curve(0.36,2.13,
    1.25,3.19,2.5,4.42, 5.0,6.10 , 7.5,7.24,
   10,8.09    ,15,9.28 ,20,9.90   ,30,10.3  ,
   40,10.22   ,50,9.80 ,60,8.98   ,70,7.70  ,
   80,5.91    ,90,3.79 ,95,2.58   ,99.24,1.52)}
  \scaleput(99.24,0.76){\arc(0,-0.76){180}}
  \scaleput(0,0){\curve(1.25,0, 99.24,0)}     }
\begin{center}
  \begin{picture}(100,20)
    \RAFsixE
  \end{picture}
\end{center}
```

Dieser Flügel kann nun mit Hilfe der Skalierungsparameter gedreht werden, die mit dem Befehl `\scaleput` beschrieben werden. Im untenstehenden Beispiel wurde eine Drehung im Uhrzeigersinn in einem Winkel von 10° gewählt, so daß die diagonalen Elemente `\xscale` und `\yscale` $\cos(10°)$ entsprechen, während die Elemente links und rechts von der Diagonalen $\pm \sin(10°)$ entsprechen.

```
\begin{picture}(120,50)(0,0)
    \renewcommand{\xscale}{0.9848}
    \renewcommand{\xscaley}{0.1736}
    \renewcommand{\yscale}{0.9848}
    \renewcommand{\yscalex}{-0.1736}
    \put(20,30){\RAFsixE}
    \thicklines
    \put(10,15){\vector(1,0){20}}
\end{picture}
```

Eine andere Anwendung für die Skalierung ist die Parallelprojektion. Dabei werden Kreise in Ellipsen umgeformt und Kreisbögen in elliptische Bögen. In diesem Beispiel wurden die Winkel für den \arc-Befehl allerdings durch Ausprobieren herausgefunden.

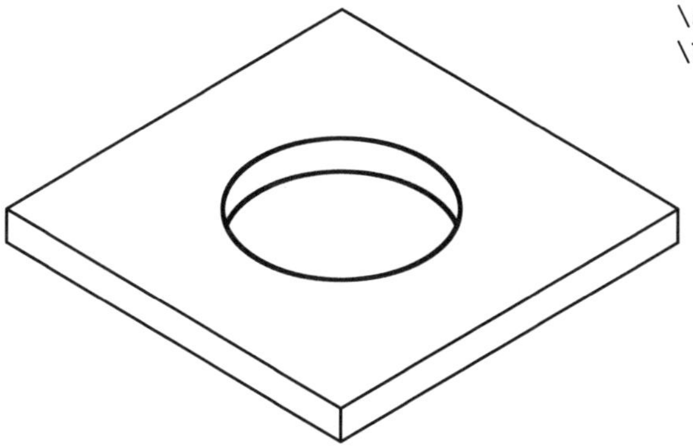

```
\setlength{\unitlength}{1.8mm}
\begin{picture}(40,30)
    \thicklines
    \multiput(20,5)(20,12){2}{%
                \line(0,-1){2}\line(-5,3){20}}
    \multiput(20,5)(-20,12){2}{\line(5,3){20}}
    \put(20,3){\line(5,3){20}}
    \put(20,3){\line(-5,3){20}}
    \put(0,15){\line(0,1){2}}
    \linethickness{1pt}
    \put(20,5){%
      \renewcommand{\xscale}{1}
      \renewcommand{\xscaley}{-1}
      \renewcommand{\yscale}{0.6}
      \renewcommand{\yscalex}{0.6}
      \scaleput(10,10){\bigcircle{10}}
      \put(0,-2){%
        \scaleput(10,10){\arc(5,0){121}}
        \scaleput(10,10){\arc(5,0){-31}}}
    }
\end{picture}
```

10.2.7 Andere Pakete

In der theoretischen Physik ist das Feynman-Paket von Michael Levine [63] inzwischen sehr verbreitet. Es ermöglicht dem Benutzer, mit einer High-Level-Kommandosprache, die auf den picture-Befehlen aufsetzt, die verschiedene Partikelbahnen und Vertexgruppen des Feynman-Diagramms zu zeichnen. Abbildung 10.5 auf Seite 303 zeigt ein typisches Bild, das mit diesem Paket erstellt wurde.

Im Bereich der organischen Chemie entwickelten Roswitha Haas und Kevin O'Kane [30] eine Reihe von Makros. Mit ihrem ChemTEX-System kann der Benutzer komplexe Moleküle zeichnen (siehe Abbildung 10.3 auf der nächsten Seite).

Adrian Johnstone entwickelte eine Reihe von schematischen Schaltkreissymbolen für LATEXs picture-Modus (siehe Abbildung 10.4 auf der nächsten Seite). Das Paket umfaßt alle elementaren Schaltelemente in die vier Richtungen, FETs, Stromversorgungszuführungen, Übertragungsgatter, Kondensatoren, Widerstände und T-Verbindungen.

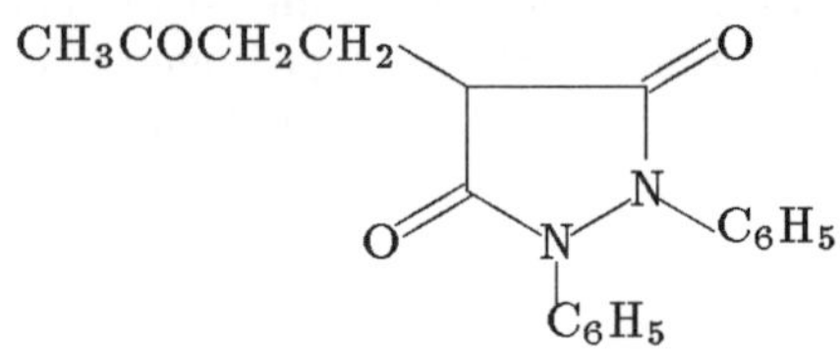

Abbildung 10.3: Beispiel für eine chemische Formel

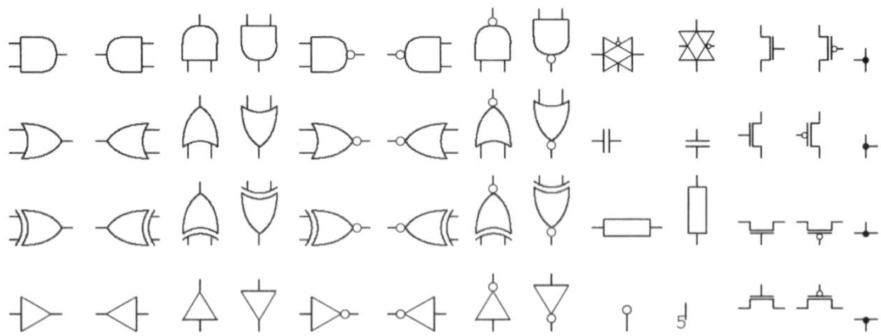

Abbildung 10.4: Elektronische Schaltkreissymbole, erstellt mit den `picture`-Befehlen

10.3 Erweiterungen zur `picture`-Umgebung – epic

Das epic [80]-Paket (von Sunil Podar) ist eine Erweiterung für die Graphikfunktionen von LaTeX und stellt eine leistungsfähige High-Level-Benutzerschnittstelle zur `picture`-Umgebung dar. Seine Hauptaufgabe besteht darin, den Anteil an manueller Berechnung zu reduzieren, der für die Festlegung der Objektpositionen benötigt wird. Die zusätzlichen epic-Befehle ermöglichen das Erstellen von anspruchsvollen Bildern mit einem geringeren Aufwand, als es bisher möglich war.

Die meisten Graphikbefehle für Bilder benötigen eine explizite Angabe der Koordinaten für jedes Objekt. High-Level-Befehle können jedoch dazu beitragen, die Anzahl der Koordinaten zu reduzieren, die von Hand berechnet werden müssen. Grundsätzlich kann man zwei verschiedene Ansätze heranziehen, um solche Befehle zu entwerfen:

◇ Man kann Befehle definieren, die Objekte gemäß ihrer Dimensionen relativ zueinander plazieren – der `\shortstack`-Befehl fällt in diese Kategorie.

◇ Es werden Befehle zur Verfügung gestellt, die den Großteil der Berechnung intern vornehmen und nur die Angabe von Koordinatenpaaren benötigen – der `\multiput`-Befehl ist ein Beispiel für diesen Ansatz.

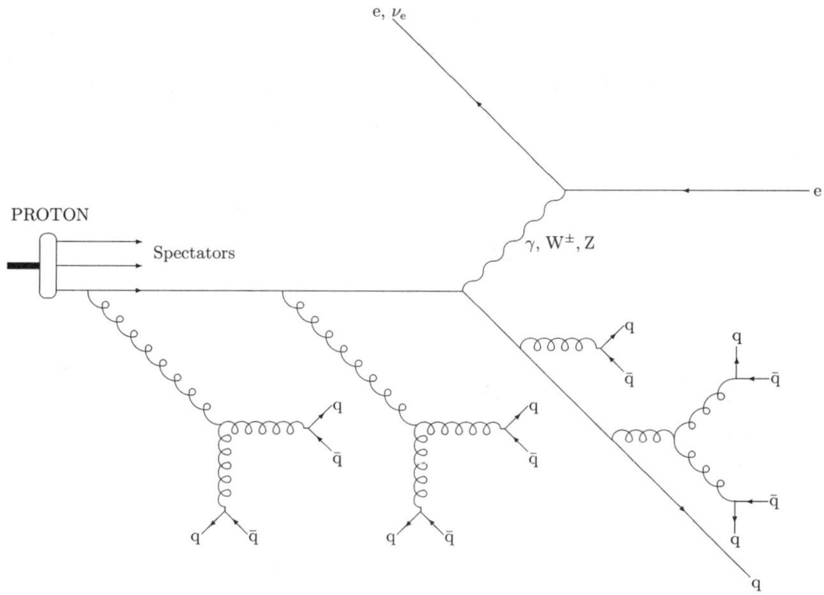

Abbildung 10.5: Beispiel für ein mit dem Feynman-Paket erstelltes Bild

Der offensichtliche Vorteil, Befehle zu verwenden, die in die obengenannten Kategorien fallen, besteht nicht nur darin, daß sie anfangs leichter einzugeben sind, sondern auch darin, daß bei einer folgenden Veränderung der Positionierung der Aufwand für Neuberechnungen minimiert wird.

Der häufig verwendete, Low-Level-Befehl `\line` hat starke Beschränkungen und Schwächen. Seine Argumente sind nicht intuitiv verständlich und benötigen umfangreiche Berechnungen - der Denkprozeß beim Schreiben eines `\line`-Befehls beinhaltet häufig folgende Schritte:

1. Berechnung der Koordinaten für die beiden Endpunkte;
2. Berechnung des horizontalen und vertikalen Abstandes;
3. Übersetzung der obigen Resultate in ein (x,y)-Koordinatenpaar zur Angabe der Steigung und in eine horizontale Länge zur Angabe der effektiven Strichlänge.
4. Überprüfung, ob die gewünschte Steigung verfügbar ist und, wenn nicht, Wiederholung der Schritte 1. und 2, bis eine Lösung gefunden wird.

Das obige Verfahren ist sehr schwerfällig. Zudem ist die Länge des kürzesten verfügbaren Strichs in verschiedenen Steigungen aufgrund der Art und Weise, wie der line-Befehl implementiert ist, nicht immer dieselbe. Das epic-Paket führt Zeichenbefehle ein, die diese Mängel ausgleichen, während sie gleichzeitig über eine einfachere Syntax verfügen. Diese Befehle betrachten nur die Koordinaten der Endpunkte, wodurch die Zwischenschritte zur Angabe einer Geraden überflüssig werden. Außerdem werden ein paar neue High-Level-Befehle definiert. Dadurch stellt das epic-Paket eine Möglichkeit dar, anspruchsvolle Bilder mit einem geringeren Aufwand als bisher zu erstellen.

10.3.1 Beschreibung der Befehle

`\multiputlist`$(x,y)(\Delta x,\Delta y)$`[`*pos*`]{`*objekt1,objekt2,objekt3,...,objektN*`}`

Mit Hilfe des LaTeX-Befehls `\multiput` kann man *dasselbe* Objekt an mehreren gleichweit voneinander entfernten Koordinaten einfügen. Die Wirkungsweise des `\multiputlist`-Befehls ist ähnlich, jedoch können hier auch *unterschiedliche* Objekte verwendet werden. Bei der Ausführung des `\multiputlist`-Befehls werden die zu plazierenden Objekte einer *Objektliste* entnommen. (Das erste Objekt wird in Position eins plaziert, das zweite Objekt in Position zwei, usw.) So können z. B. Nummern entlang der x-Achse in einem Diagramm durch folgende Angabe eingefügt werden:

```
\multiputlist(0,0)(10,0){1.00,1.25,1.50,1.75,2.00}
```

Die Objekte in der Liste können praktisch alles sein, inklusive `\makebox`, `\framebox` oder mathematische Zeichen. Dieser Befehl erzwingt eine gewisse Regelmäßigkeit und Symmetrie in der Positionierung der verschiedenen Objekte in einem Bild.

`\matrixput`$(x, y)(\Delta x_1, \Delta y_1)\{n_1\}(\Delta x_2, \Delta y_2)\{n_2\}$`{`*objekt*`}`

Der `\matrixput`-Befehl ist das zweidimensionale Äquivalent des LaTeXBefehls `\multiput`. Es ist jedoch effizienter, den `\matrixput`-Befehl zu verwenden als die äquivalenten $n + 1$ `\multiput`-Anweisungen. Dieser Befehl ist besonders für Bilder nützlich, bei denen ein Muster in regelmäßigen Abständen in zwei Dimensionen wiederholt wird.

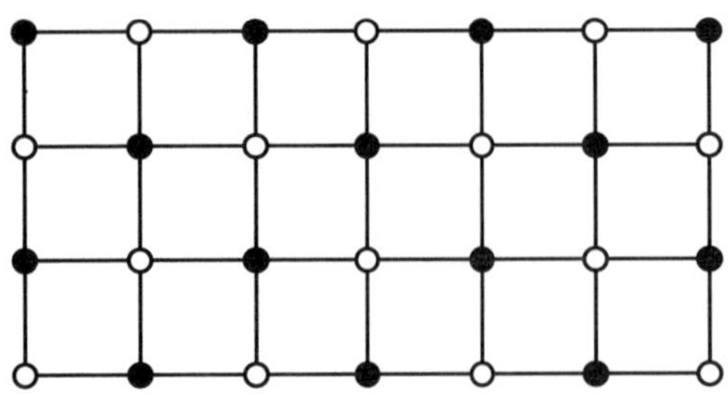

```
\setlength{\unitlength}{1mm}
\begin{picture}(62,32)(-1,-1)
\thicklines
\matrixput(0,0)(10,0){7}(0,10){4}{\circle{2}}
\matrixput(10,0)(20,0){3}(0,20){2}{\circle*{2}}
\matrixput(0,10)(20,0){4}(0,20){2}{\circle*{2}}
\matrixput(1,0)(10,0){6}(0,10){4}{\line(1,0){8}}
\matrixput(0,1)(10,0){7}(0,10){3}{\line(0,1){8}}
\end{picture}
```

`\grid`(*breite, höhe*)(Δ*breite*,Δ*höhe*)[*ursprungs-X-zahl, ursprungs-Y-zahl*]

Der `\grid`-Befehl erstellt ein Raster mit den Dimensionen *breite* × *höhe* in `\unitlength`-Einheiten. Vertikale Linien werden in Intervallen von Δ*breite* gesetzt, horizontale Linien in Intervallen von Δ*höhe*. Bei Verwendung des dritten (optionalen) Argumentes werden die Ränder des Rasters mit Nummern versehen, deren Anfangswerte die ganzen Zahlen *ursprungs-X-zahl* bzw. *ursprungs-Y-zahl* sind. In diesem Fall werden die Achsen in Schritten von Δ*breite* bzw. Δ*höhe* numeriert.

Der `\grid`-Befehl erzeugt eine Box. Aus diesem Grund muß er mittels eines `\put`-Befehls an die richtige Position gebracht werden, wie in den folgenden Beispielen:

```
\put(0,0){\grid(50,100)(5,10)}
\put(0,0){\tiny \grid(100,100)(5,5)[-50,0]} % erzeuge \tiny Zahlen
```

Zeichnen verschiedener Linien

`\dottedline`[*punktzeichen*]{*punktlücke*}$(x_1, y_1)(x_2, y_2)...(x_n, y_n)$

Der `\dottedline`-Befehl verbindet die angegebenen Punkte, indem er eine gepunktete Linie durch die angegebenen Koordinatenpaare zieht. Hierfür müssen mindestens zwei Punkte spezifiziert werden. Der Leerraum zwischen den einzelnen Punkten der gepunkteten Linie wird in dem zweiten (ersten obligatorischen) Argument *punktlücke* (in `\unitlength`-Einheiten) angegeben. Da die Anzahl der zu zeichnenden Punkte ganzzahlig sein muß, kann es vorkommen, daß der Punktzwischenraum nicht ganz der Vorgabe entspricht. Standardmäßig wird ein kleines Quadrat (`\picsquare`, weiter unten beschrieben) als Punkt verwendet, das aber durch Verwendung des optionalen Argumentes *punktzeichen* durch ein beliebiges Zeichen ersetzt werden kann. Bei Verwendung des Standardzeichens wird die Dicke der Punkte durch die gerade aktiven `\thinlines`, `\thicklines` oder `\linethickness`-Deklarationen festgelegt. Zu bedenken ist, daß einige Zeichen wie »*« in einigen Zeichensätzen nicht vertikal zentriert werden. Für die meisten anderen Zeichen trifft dies jedoch zu.

```
\setlength{\unitlength}{1mm}
\begin{picture}(70,20)(0,0)
\thicklines
\dottedline{2}(0,15)(70,15)
\dottedline[$\bullet$]{3}(0,10)(70,10)
\dottedline[$\diamond$]{4}(0,5)(70,5)
\dottedline[$\clubsuit$]{10}(0,0)(70,0)
\dottedline[$\heartsuit$]{10}(5,0)(65,0)
\end{picture}
```

\dashline[*dehn*]{*strichlänge*}[*strichpunktlücke*]$(x_1, y_1)(x_2, y_2)...(x_n, y_n)$

Der \dashline-Befehl verbindet die angegebenen Punkte, indem er eine gestrichelte Linie durch die Koordinatenpaare zieht. Hierfür müssen mindestens zwei Punkte spezifiziert werden. Intern wird jeder Strich mit Hilfe des \dottedline-Befehls erzeugt. Der obligatorische Parameter *strichlänge* legt die Länge des Striches fest, der optionale Parameter *strichpunktlücke* gibt den Zwischenraum zwischen den Punkten an, die zur Erstellung des Strichs verwendet werden. Beide Parameter werden in \unitlength-Einheiten angegeben. Standardmäßig werden durchgezogene Striche erzeugt.

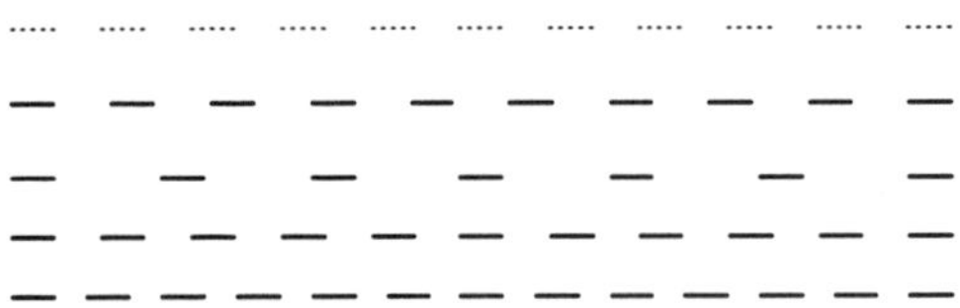

```
\setlength{\unitlength}{1mm}
\begin{picture}(70,22)(0,-2)
\dashline{3}[0.7](0,18)(63,18)
\thicklines
\dashline{3}(0,13)(63,13)
\dashline[-30]{3}(0,8)(63,8)
\dashline[+15]{3}(0,4)(63,4)
\dashline[+30]{3}(0,0)(63,0)
\end{picture}
```

In der Definition des \dashline-Befehls ist der optionale *dehn*-Parameter eine ganze Zahl zwischen -100 und ∞. Er gibt den Prozentsatz an, um den die Anzahl der Striche »gedehnt« (d.h. erhöht; *dehn* > 0) oder »geschrumpft« (d.h. reduziert; *dehn* < 0) wird. Wenn *stretch* gleich null ist, wird eine minimale Anzahl von Strichen verwendet, durch die eine ungefähr gleichmäßige Aufteilung erzielt wird (im Vergleich zu den freien Flächen zwischen den Strichen). Der Sinn dieses prozentualen *dehn*-Parameters besteht darin, daß bei Verwendung von mehreren verschiedenen, gestrichelten Linien unterschiedlicher Länge, alle Linien mit dem gleichen *dehn*-Wert ein ähnliches Erscheinungsbild haben. Die Voreinstellung für den *dehn*-Parameter kann durch Änderung des \dashlinestretch-Parameters (mittels \renewcommand) verändert werden.

```
\renewcommand{\dashlinestretch}{-50} % Nur ganze Zahlen erlaubt
```

Das Argument setzt die prozentuale Erhöhung oder Verringerung fest (als ganze Zahl), die für alle folgenden \dashline-Befehle gelten soll, außer für jene, bei denen der *dehn*-Parameter explizit als erstes optionales Argument angegeben wird.

\drawline[*dehn*]$(x_1, y_1)(x_2, y_2)...(x_n, y_n)$

Der \drawline-Befehl verbindet die angegebenen Punkte, indem er eine Linie durch die Koordinatenpaare zieht, wobei er aus den Zeichensätzen die verfügbaren Strichsegmente verwendet, deren Steigung der gewählten am nächsten kommt. Hierfür müssen mindestens zwei Punkte angegeben werden. Da es in den Strichsegmentfonts nur eine endliche Anzahl von Steigungen gibt, kann es sein, daß einige Linien gezackt erscheinen. `\drawline` kann je nach Einstellung der gültigen `\thinlines` oder `\thicklines`-Parameter eine dünne oder dicke Linie erzeugen. Außer diesen beiden Strichstärken sind für solche Linien keine weiteren verfügbar. Der Befehl stellt in bezug auf Speicherplatzbedarf und Prozessorauslastung die effizienteste Methode dar, Linien mit beliebiger Steigung zu zeichnen. Der optionale *dehn*-Parameter wirkt ähnlich wie der für den `\dashline`-Befehl beschriebene. Wenn *dehn* gleich null ist, wird nur eine minimale Anzahl von Strichen verwendet, die erforderlich ist, um die Linie durchgezogen erscheinen zu lassen, wenn jeder Strich mit dem nächsten an den Enden »verbunden« ist. Wenn *dehn* größer null ist, werden bei der Erstellung der Linie mehr Striche verwendet, wodurch ein weniger gezacktes Bild entsteht. Der Standardwert wird durch Einstellung des `\drawlinestretch`-Parameters verändert.

```
\renewcommand{\drawlinestretch}{20} % Nur ganze Zahlen zugelassen
```

Befehle für das Zeichnen unterschiedlichster Kurven

```
\jput(x, y){objekt}

\begin{dottedjoin}[punktzeichen]{punktlücke}
.....        \jput-Befehle werden intern mit \dottedline verbunden
\end{dottedjoin}

\begin{dashjoin}[dehn]{strichlänge}[strichpunktlücke]
.....        \jput-Befehle werden intern mit \dashline verbunden
\end{dashjoin}

\begin{drawjoin}[dehn]
.....        \jput-Befehle werden intern mit \drawline verbunden
\end{drawjoin}
```

Die drei Umgebungen – `dottedjoin`, `dashjoin` und `drawjoin` – entsprechen den drei Strichzeichenbefehlen – `\dottedline`, `\dashline` und `\drawline`. Die Argumente haben die gleiche Bedeutung wie bei den entsprechenden Zeichenbefehlen. Die `\dashlinestretch` und `\drawlinestretch`-Parameter können verwendet werden, um den *dehn*-Parameter global neu zu definieren. Diese Umgebungen verwenden den neuen Befehl `\jput` (join and put = verbinden und setzen), der mit dem normalen LaTeX-Befehl `\put` identisch ist, es sei denn, er wird innerhalb dieser drei Umgebungen verwendet. Alle Objekte, die der Benutzer mittels `\jput`-Befehl innerhalb einer der drei Umgebungen plaziert, werden nicht nur ausgedruckt, sondern zusätzlich durch Linien des jeweiligen Typs verbunden. Dem Benutzer ist es dabei überlassen, die Objekte an den geplotteten Punkten zu zentrieren.

Jede Anwendung von einem der drei `join`-Umgebungen definiert eine separate »Kurve«. Deshalb sollte jede Gruppe von Punkten, die zu verschiedenen »Kurven« gehört, in separate `join`-Umgebungen eingeschlossen werden. Das Hauptmotiv, eine `join`-Umgebung zu schaffen, besteht im Anlegen von Diagrammen, in denen verschieden Arten von Kurven und unterschiedliche Linien dargestellt werden. Abbildung 10.7 auf Seite 314 zeigt hierfür ein Beispiel.

`\picsquare`

Der `\picsquare`-Befehl generiert einen kleinen quadratischen Punkt, dessen Mitte auf dem Bezugspunkt liegt. Die Größe des Quadrates hängt von der aktuellen Einstellung des `\thinlines`, `\thicklines` oder `\linethickness`-Befehls ab. Die meisten epic-Befehle, die kleine Punkte zeichnen, verwenden diesen Befehl, obwohl er hauptsächlich dafür entworfen wurde, mit dem nachfolgend beschriebenen `\putfile`-Befehl verwendet zu werden.

`\putfile{`*dateiname*`}{`*objekt*`}`

Der `\putfile`-Befehl ähnelt dem LaTeX-Befehl `\put`, mit der Ausnahme, daß die x- und y-Koordinaten, die der `\put`-Befehl benötigt, aus einer externen Datei eingelesen werden und daß an jeder der Koordinaten das gleiche Objekt eingefügt wird. Dieser Befehl wurde entwickelt, weil TeX selbst nicht in der Lage ist, Fließkommaarithmetik durchzuführen, die notwendig ist, wenn man eine Funktion – $y = f(x)$ – plotten möchte, die komplizierter ist als eine Gerade. Die Koordinaten für die Punkte einer solchen Kurve können einfach von einem Programm in irgendeiner Computersprache generiert und danach von TeX eingelesen werden. Die externe Datei muß für jede Linie ein (x, y) Koordinatenpaar enthalten, wobei zwischen den beiden Koordinaten ein Leerzeichen eingefügt sein muß. Das %-Zeichen kann als Kommentarzeichen verwendet werden, jedoch sollte nach dem y-Zeichen mindestens ein Leerzeichen folgen, wenn der Kommentar auf derselben Zeile wie die Daten eingegeben wird, da das %-Zeichen das Zeilenendezeichen verdeckt.

Um beispielsweise entlang einer Reihe von Koordinaten eine geglättete Kurve zu erzeugen, kann man das folgende Verfahren anwenden:

1. Erstellung einer Datei mit den (x, y) Koordinaten der Meßdaten, die man beispielsweise `plot.data` nennen kann.
2. Wenn gewünscht, Glättung der Meßwerte.
3. Einfügen des folgenden Befehls in eine `picture`-Umgebung in der LaTeX-Datei.

   ```
   \putfile{plot.data}{\picsquare}
   ```

10.4 Erweiterungen des epic-Paketes

LaTeX verfügt über ein elementares, aber begrenztes Potential zum Zeichnen, das von epic um Befehle und Umgebungen zum Zeichnen von durchgehenden, gestrichelten und gepunkteten Linien erweitert wird.

Doch epic enthält noch viele der Begrenzungen von LaTeX im Bereich des Zeichnens von Bildern. Die Folge ist, daß viele der Funktionen noch immer sehr zeitaufwendig sind oder das Ergebnis nicht qualitativ hochwertig ist.

Vor ein paar Jahren wurde die Programmiersprache `pic` entwickelt, mit der eine »natürlichsprachliche« Methode zur Beschreibung von einfachen Bildern und Diagrammen angeboten werden sollte. [23]. Ein Präprozessor wie GNU's gpic kann diese Graphikbefehle in ein Format umwandeln, welches das UNIX-Formatierungsprogramm troff versteht. Weitaus interessanter für die TeX-Gemeinde ist jedoch, daß es auch TeX `\special`-Befehle generieren kann, die viele `dvi`-Treiberprogramme unterstützen. Das `dvi`-zu-PostScript Übersetzungsprogramm dvips, das in Abschnitt 11.2 beschrieben wird, ist beispielsweise in der Lage, diese Befehle zu interpretieren.

Das eepic [58]-Paket, das von Conrad Kwok geschrieben wurde, stellt sowohl eine Erweiterung für LaTeX dar als auch für epic. Es hebt einige der Beschränkungen auf, die in LaTeX, epic und gpic existieren, indem es mit Hilfe von TeX-Befehlen gpic `\special`-Befehle generiert. Da die Befehle des eepic-Paketes eine Obermenge von epic bilden, kann man es verwenden, um ein beliebiges Bild zu bearbeiten, das epic-Befehle enthält, und damit ein optisch besseres Ergebnis erzielen.

10.4.1 Erweiterungen des eepic-Paketes zu LaTeX

In LaTeX werden spezielle Zeichensätze verwendet, um Linien und Kreise zu zeichnen. Deshalb steht dafür nur eine begrenzte Anzahl von Funktionen zur Verfügung. Die Erweiterungen in eepic ermöglichen es dem Benutzer, Linien in beliebiger Steigung und Kreise in jeder Größe zu zeichnen. Die Begrenzungen für die Steigung von Vektoren bleiben jedoch erhalten. Das heißt, daß nur Steigungen in der Form x/y gehandhabt werden können, wobei x und y ganze Zahlen im Bereich $[-4, 4]$ darstellen.

`\line(`*x,y*`){`*länge*`}`

Die Syntax des `\line`-Befehls entspricht der in LaTeX verwendeten, mit dem Unterschied, daß x und y jetzt Platzhalter für jede ganze Zahl sind, die von TeX akzeptiert wird. Außerdem entfällt der untere Grenzwert für den Parameter *länge* (in Standard-LaTeX beträgt er ungefähr 3.5mm).

`\circle{`*durchmesser*`}`   `\circle*{`*durchmesser*`}`

Die Syntax für das Anlegen von leeren und gefüllten Kreisen mittels `\circle` und `\circle*` entspricht der in LaTeX verwendeten. Der *durchmesser*-Parameter kann jedoch jetzt für jede Zahl stehen, die von TeX akzeptiert wird. Außerdem können Kreise mit (exakt) dem angegebenen Durchmesser gezeichnet werden.

`\oval(`*x-wert,y-wert*`){`*teil*`}`

Der `\oval`-Befehl wurde so modifiziert, daß der größte Durchmesser der Viertelkreise an den Ecken auf jeden gewünschten TeXWert gesetzt werden kann. Dieser Wert kann durch Verändern der Variablen `\maxovaldiam` festgelegt werden (Voreinstellung 40pt).

10.4.2 Erweiterungen des eepic-Paketes zu epic

epic erzeugt `.dvi`-Dateien, die von jedem Treiberprogramm verarbeitet werden können. Es benötigt lediglich die Standardzeichensätze von LaTeX. Die epic-Erweiterung eepic erzielt beim Zeichnen von Linien ein schöneres Ergebnis, benötigt weniger Bearbeitungszeit und hat einen geringeren Speicherplatzbedarf. Es reimplementiert dafür die `\drawline`-, `\dashline`- und `\dottedline`-Befehle (siehe Seite 305) sowie die entsprechenden `join`-Umgebungen `dashjoin`, `dottedjoin` und `drawjoin` (siehe Seite 307) unter Zuhilfenahme von `\special`-Befehlen, so daß die resultierende `.dvi`-Datei nicht von allen Treibern akzeptiert wird.

10.4.3 Neue Befehle mit eepic

eepic führt eine Reihe von neuen Befehlen ein. Mit Ausnahme von `\path` haben diese Befehle keine Äquivalenten in LaTeX und epic. Auf Kompatibilitätsfragen wird in Abschnitt 10.4.4 eingegangen.

`\allinethickness{`*maß*`}`

Der `\allinethickness`-Befehl legt die Strichstärke für alle Strichzeichenbefehle fest, auch für die Linien in Kurven, Kreisen, Ellipsen, Bögen, Ovalen und Splines.

`\Thicklines`

Nach Verwendung des `\Thicklines`-Befehls werden alle folgenden Linien 1.5 mal dicker gezeichnet, als durch `\thicklines` festgelegt.

`\path`$(x_1, y_1)(x_2, y_2)...(x_n, y_n)$

Der `\path`-Befehl ist eine schnelle Variante des `\drawline`-Befehls. Da das optionale *dehn*-Argument des letztgenannten Befehls nicht zugelassen ist, erzeugt `\path` nur durchgezogene Linien. Der `\path`-Befehl wird hauptsächlich zum Zeichnen von komplexen Pfaden verwendet.

`\spline`$(x_1, y_1)(x_2, y_2)...(x_n, y_n)$

Der `\spline`-Befehl zeichnet eine Chaikins-Kurve, die nur durch den ersten und letzten Punkt geht. Alle anderen Punkte sind nur Kontrollpunkte.

```
\ellipse{x-durchmesser}{y-durchmesser}
\ellipse*{x-durchmesser}{y-durchmesser}
```

Analog zu den `\circle`- und `\circle*`-Befehlen zeichnen die `\ellipse` und `\ellipse*`-Befehle eine leere oder gefüllte Ellipse unter Verwendung der angegebenen *x-durchmesser*- und *y-durchmesser*-Parameter.

```
\arc{durchmesser}{anfangswinkel}{endwinkel}
```

Der `\arc`-Befehl zeichnet einen Kreisbogen. Der erste Parameter *durchmesser* wird in `\unitlength`-Einheiten angegeben. Sowohl der *anfangswinkel* als auch der *endwinkel* werden in Radianten angegeben, wobei der *anfangswinkel* innerhalb des Bereichs $[0, \frac{\pi}{2}]$ liegen muß und der *endwinkel* jeden Wert zwischen dem *anfangswinkel* und *anfangswinkel* $+ 2\pi$ annehmen kann. Bögen werden im Uhrzeigersinn erstellt, wobei der Winkel 0 auf dem Papier rechts liegt.

```
\filltype{bereichsfülltyp}
```

Der `\filltype`-Befehl gibt den Typ der Bereichsfüllung für die `\circle*` und `\ellipse*`-Befehle an. Die Anweisung selbst erstellt keine Zeichnung. Sie ändert lediglich die Interpretation von `*` in den beiden oben angeführten Befehlen. Der *bereichsfülltyp* kann folgende Werte annehmen: `black` (Standardwert), `white` und `shade`. Durch Angabe des folgenden Befehls kann der Fülltyp z. B. auf weiß umgeschaltet werden: `\filltype{white}`.

10.4.4 Kompatibilität

Das eepic-Paket ist nicht notwendigerweise in allen LaTeX-Installationen verfügbar. Um Probleme der Ausgabeabhängigkeit zu vermeiden, die bei Verwendung dieses Paketes auftreten können, und trotzdem die Stärken von eepic zu nutzen, nämlich die Erzielung besserer Qualität, sollte der Benutzer einige Vorsichtsmaßnahmen treffen:

- ◇ Vermeidung von `\line`-Befehlen. Stattdessen sollte man `\drawline` verwenden, denn LaTeXs `\line`-Befehl unterstützt nur eine begrenzte Anzahl von Steigungen.
- ◇ Vermeidung des `\arc`-Befehls. Wenn tatsächlich eine komplexe Kurve erstellt werden muß, sollte `\spline` verwendet werden.
- ◇ Vermeidung von langen gestrichelten Linien mit keinen oder kleinen Punktzwischenräumen, da diese in der originalen epic-Implementation einen großen Teil des TeX-Speichers belegen. Um eine gestrichelte Linie zu erstellen, sollte man den `\drawline`-Befehl mit negativem Dehnwert verwenden.

Wenn die eigene Installation eepic nicht unterstützt und ein mit eepic erstelltes Dokument ausgedruckt werden muß, können die Makros zur Emulation von eepic verwendet werden. Diese werden durch das eepicemu-Paket definiert. Die erweiterten Befehle werden folgendermaßen emuliert:

- Kreise, die größer als 40pt sind, werden mit dem Befehl `\oval` erzeugt.
- Ellipsen werden ebenfalls mit `\oval` gezeichnet.
- Splines werden mit Hilfe von `\drawline` angenähert.
- `\path` wird durch `\drawline` ersetzt.
- `\Thicklines` wird durch `\thicklines` ersetzt.
- `\allinethickness` wird durch `\thicklines` und `\linethickness` ersetzt.

Da das eepic-Paket verschiedene Befehle des epic-Paketes redefiniert, muß die Deklaration des eepic-Paketes nach der Deklaration des epic-Paketes erfolgen, d.h.

```
\documentclass[...]{article}
...
\usepackage{epic}
\usepackage{eepic}
...
```

Es ist zwar nicht unbedingt erforderlich, aber sehr empfehlenswert, bei Verwendung des eepic-Paketes stets das epic-Paket mitzuladen. Auf jeden Fall kann das eepic-Emulationspaket eepicemu nur benutzt werden, wenn beide angegeben sind.

10.4.5 Beispiele

Abbildung 10.6 auf Seite 313 zeigt eine Reihe von Leistungskurven. In diesem Beispiel wurde das Raster dazu verwendet, um das Koordinatensystem zu bilden. Desweiteren wurden zum Zeichnen der verschiedenen Kurven die in den vorhergehenden Abschnitten besprochenen Linienstile (gepunktet, durchgezogen und gestrichelt) verwendet, um die verschiedenen Kurven voneinander abzuheben. Jede Kurve wird durch ein Label gekennzeichnet, das den gebrochenen Exponenten angibt, auf dem die Berechnung der Punkte basiert. Ein deutlicher Unterschied läßt sich auch in der Darstellung der Linien unterhalb bzw. oberhalb der Diagonalen feststellen: erstere wurden mit dem Befehl `\thinlines` erzeugt, während letztere mit Hilfe von `\thicklines` generiert wurden.

Abbildung 10.7 auf Seite 314 ist ein Beispiel für eine mögliche Anwendung aus dem richtigen Leben. Sie stellt die Anregungs(•)- und Schwellen(∘)-Energien von Isotopen dar, die ungefähr ein Atomgewicht von 235 (Uran) haben. In diesem Fall wurde die horizontale und vertikale Achse mit Hilfe der `\multiputlist`-Befehle konstruiert. Der Text entlang der vertikalen Achse wurde mit dem `\shortstack`-Befehl ausgedruckt. Zur Darstellung der verschiedenen Meßpunkte wurden schließlich `dottedjoin`- und `dashjoin`-Umgebungen von epic und die mit ihnen verknüpften `\jput`-Befehle verwendet (siehe Seite 307 und folgende).

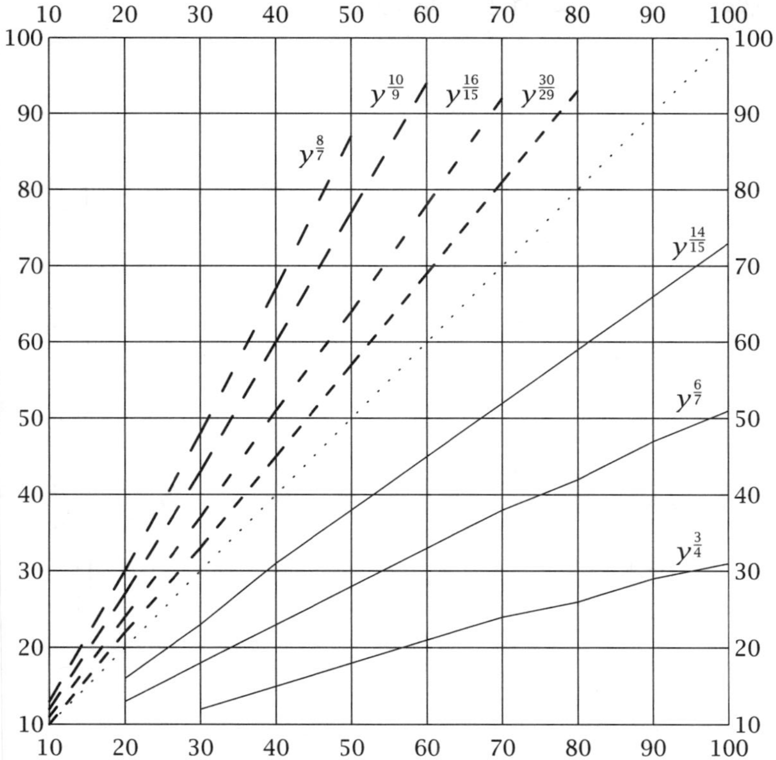


```
\newcommand{\Fr}[2]{$y^{\frac{#1}{#2}}$}
\unitlength = 1mm
\begin{picture}(100,105)(0,0)
  \thinlines
  \put(10,10){\small\grid(90,90)(10,10)[10,10]}
  \dottedline{2}(10,10)(100,100)
  \put(95,33){\makebox(0,0){\Fr{3}{4}}}
  \drawline(30,12)(40,15)(50,18)%
         (60,21)(70,24)(80,26)(90,29)(100,31)
  \put(95,53{\makebox(0,0){\Fr{6}{7}}}
  \path(20,13)(30,18)(40,23)(50,28)%
         (60,33)(70,38)(80,42)(90,47)(100,51)
  \put(95,73}{\makebox(0,0){\Fr{14}{15}}}
  \path(20,16)(30,23)(40,31)(50,38)%
         (60,45)(70,52)(80,59)(90,66)(100,73)
  \thicklines
  \put(45,85){\makebox(0,0){\Fr{8}{7}}}
  \dashline{3}(10,13)(20,30)(30,48)(40,67)(50,87)
  \put(55,93){\makebox(0,0){\Fr{10}{9}}}
  \dashline[+20]{3}(10,12)(20,27)(30,43)(40,60)%
         (50,77)(60,94)
  \put(65,93){\makebox(0,0){\Fr{16}{15}}}
  \dashline{2}(10,11)(20,24)(30,37)(40,51)%
         (50,64)(60,78)(70,92)
  \put(75,93){\makebox(0,0){\Fr{30}{29}}}
  \dashline[+20]{2}(10,10)(20,22)(30,33)(40,45)%
         (50,57)(60,69)(70,81)(80,93)
\end{picture}
```

Abbildung 10.6: Strichenzeichenbefehle mit den Paketen epic und eepic

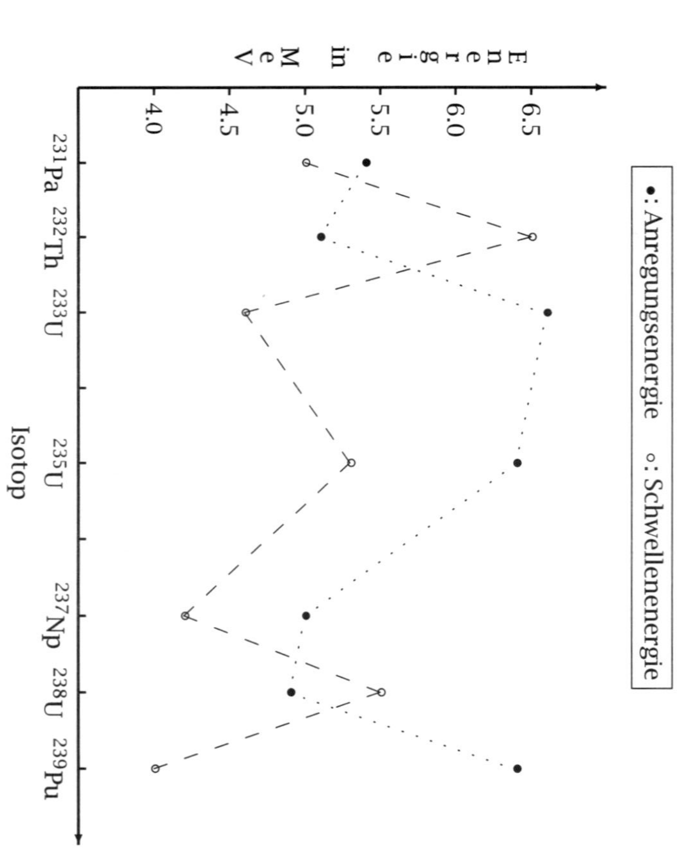


```
\newcommand{\CHo}{\makebox(0,0){$\bullet$}}
\newcommand{\CHc}{\makebox(0,0){$\circ$}}
\newcommand{\El}[2]{\makebox(0,0){${}^{#1}$#2}}
\setlength{\unitlength}{10mm}
\begin{picture}(11,9)(229,-1)
   \linethickness{1pt}
   \put(230,0){\vector(1,0){10}}
   \put(230,0){\vector(0,1){7}}
   \thicklines
   \multiput(230,0)(1,0){10}{\line(0,1){.1}}
   \multiput(230,0)(0,1){7}{\line(1,0){.1}}
   \multiputlist(231,-.3)(1.,0){\El{231}{Pa},%
        \El{232}{Th},\El{233}{U}, ,\El{235}{U},%
       ,\El{237}{Np},\El{238}{U},\El{239}{Pu}}
   \multiputlist(230.2,1)(0,1)[l]{\small
        4.0,4.5,5.0,5.5,6.0,6.5}
   \put(235,-.8){\makebox(0,0){Isotop}}
   \put(229.6,4.){\makebox(0,0){\shortstack{%
       E\\n\\e\\r\\g\\i\\e\\[2ex]in\\[2ex]M\\e\\V}}}
   \put(234.5,7.6){\makebox(0,0){\fbox{%
      \makebox(.3,.2)[lb]{\put(.2,.06){\CHo}}:
          Anregungsenergie\quad
      \makebox(.3,.2)[lb]{\put(.2,.06){\CHc}}:
          Schwellenenergie}}}
   \thinlines
   \begin{dottedjoin}{.2}
     \jput(231,3.8){\CHo}\jput(232,3.2){\CHo}
     \jput(233,6.2){\CHo}\jput(235,5.8){\CHo}
     \jput(237,3.0){\CHo}\jput(238,2.8){\CHo}
     \jput(239,5.8){\CHo}
   \end{dottedjoin}
   \begin{dashjoin}{.2}
     \jput(231,3.0){\CHc}\jput(232,6.0){\CHc}
     \jput(233,2.2){\CHc}\jput(235,3.6){\CHc}
     \jput(237,1.4){\CHc}\jput(238,4.0){\CHc}
     \jput(239,1.0){\CHc}
   \end{dashjoin}
\end{picture}
```

Abbildung 10.7: Ein mit den Paketen epic und eepic erstelltes Diagramm

10.5 epic-basierte Pakete

10.5.1 Zeichnen von bipartiten Graphen

Das eclbip-Paket, das von Hideki Isozaka geschrieben wurde, verwendet zur Erstellung von bipartiten Graphen die Funktionalität des epic-Paketes. Ein bipartiter Graph ist ein lineares Netzwerk, in dem die Knoten in die zwei Gruppen *left* und *right* aufgeteilt werden können. Die Anfangs- und Endpunkte aller Kanten liegen dabei stets in der gegenüberliegenden Gruppe.

`\begin{bipartite}{`*leftwd*`}{`*gapwd*`}{`*rightwd*`}{`*gapht*`}{`*labelwd*`}`

Ein bipartiter Graph wird mit der `bipartite`-Umgebung gezeichnet. Diese Umgebung hat fünf Argumente:

leftwd Maximale Breite der Label in der linken Knotengruppe.

gapwd Breite der Lücke zwischen der linken und rechten Knotengruppe.

rightwd Maximale Breite der Label in der rechten Knotengruppe.

gapht Mindesthöhe des vertikalen Zwischenraumes zwischen den Knotenlabeln.

labelwd Abstand zwischen einem Knoten (Punkt) und seinem Label.

Nachfolgend sind die Befehle beschrieben, die in einer `bipartite`-Umgebung verfügbar sind.

`\leftnode[`*kurz-label*`]{`*lang-label*`}`

Dies ist das Label, das in den linken Knoten eingetragen werden soll. Das obligatorische Argument *lang-label* wird ausgedruckt, während die Kurzform *kurz-label* im Befehl `\match` verwendet werden kann.

`\rightnode[`*kurz-label*`]{`*lang-label*`}`

Dies ist das Label für den rechten Knoten. Die Argumente entsprechen denen des `\leftnode`-Befehls.

`\match{`*leftnode*`}{`*rightnode*`}`

Dieser Befehl verknüpft die Knoten, die mit *leftnode* und *rightnode* gekennzeichnet sind.

`\brush{`*zeichenbefehl*`}`

Hiermit wird der Befehl festgelegt, der von den folgenden `\match`-Befehlen zum Zeichnen verwendet wird.

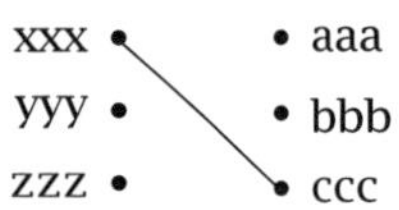


```
\begin{bipartite}{2cm}{1.5cm}{2cm}{3mm}{2mm}
  \leftnode{xxx} \leftnode{yyy} \leftnode{zzz}
  \rightnode{aaa}\rightnode{bbb}\rightnode{ccc}
  \match{xxx}{ccc}
\end{bipartite}
```

Die Verwendung der kurzen und langen Label wird im nächsten Beispiel gezeigt:

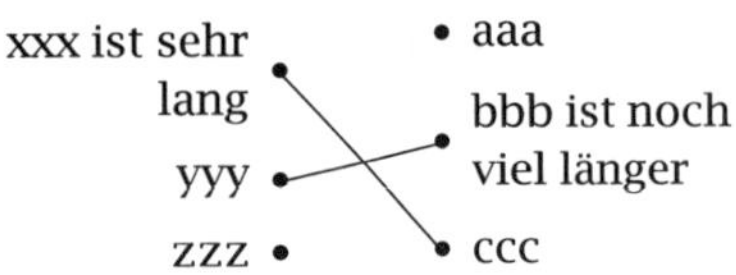


```
\begin{bipartite}{2cm}{1.5cm}{2cm}{3mm}{2mm}
  \leftnode[x]{xxx ist sehr lang}
  \leftnode{yyy} \leftnode{zzz}
  \rightnode{aaa}
  \rightnode[b]{bbb ist noch viel l"anger}
  \rightnode{ccc}
  \match{x}{ccc} \match{yyy}{b}
\end{bipartite}
```

Zum Zeichnen der Verbindungslinien kann man epic's Strichzeichenbefehle verwenden (siehe Seite 305). Die gewählte Strichart wird als Argument des `\brush`-Befehls angegeben.

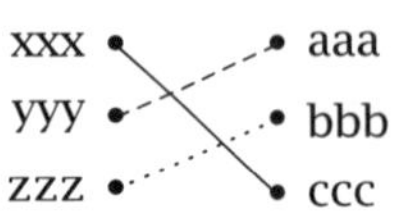


```
\begin{bipartite}{2cm}{1.5cm}{2cm}{3mm}{2mm}
  \leftnode{xxx} \leftnode{yyy} \leftnode{zzz}
  \rightnode{aaa}\rightnode{bbb}\rightnode{ccc}
  \match{xxx}{ccc}
  \brush{\dottedline{3}}   \match{zzz}{bbb}
  \brush{\dashline[50]{3}} \match{yyy}{aaa}
\end{bipartite}
```

10.5.2 Zeichnen von Bäumen

Das ecltree-Paket, das ebenfalls von Hideki Isozaka erstellt wurde, bedient sich der Funktionen des epic-Paketes, um Baumdiagramme zu zeichnen. Ein weiteres Paket, mit dem binäre und ternäre Bäume erzeugt werden, ist in Abschnitt 10.2.3 beschrieben.

Ein Baumdiagramm kann mit der `bundle`-Umgebung gezeichnet werden.

`\begin{bundle}{`*obenknoten*`}`

Die `bundle`-Umgebung hat ein Argument namens *obenknoten*, welches das Label für den obersten Knoten darstellt. Innerhalb der `bundle`-Umgebung stehen die Befehle `\chunk` und `\drawwith` zur Verfügung.

\chunk[*kanten-text*]{*knoten-text*}

Der \chunk-Befehl legt die Knoten des Baumes fest. Das obligatorische *knoten-text*-Argument ist das Label, das für den Knoten verwendet wird, während das optionale *kanten-text* Argument, sofern vorhanden, zur Beschriftung der Kante verwendet wird.

\drawwith{*zeichenbefehl*}

Dieser Befehl steuert die Darstellung der Kanten. Das Argument ist einer der epic-Befehle, die ab Seite 305 beschrieben werden.

Das erste Beispiel zeigt zwei verschachtelte bundle-Umgebungen, während das zweite die Verwendung des optionalen Argumentes demonstriert, mit dem die Kanten beschriftet werden.

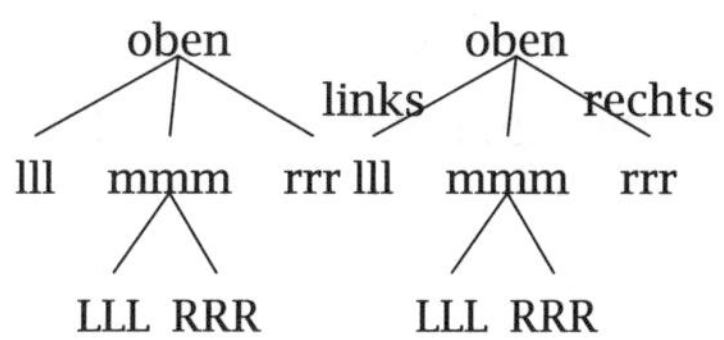


```
\begin{bundle}{oben}
\chunk{lll}
\chunk{\begin{bundle}{mmm}
        \chunk{LLL} \chunk{RRR}
       \end{bundle}}
\chunk{rrr}
\end{bundle}
\vspace{1cm}
\begin{bundle}{oben}
\chunk[links]{lll}
\chunk{\begin{bundle}{mmm}
        \chunk{LLL} \chunk{RRR}
       \end{bundle}}
\chunk[rechts]{rrr}
\end{bundle}
```

Die Kantenattribute werden mit dem \drawwith-Befehl festgelegt. Zu beachten ist, daß der \drawwith-Befehl ausgewertet wird, wenn er die bundle-Umgebung am \end{bundle}-Befehl verläßt. Aus diesem Grund wird im nächsten Beispiel der erste \drawwith-Befehl ignoriert.

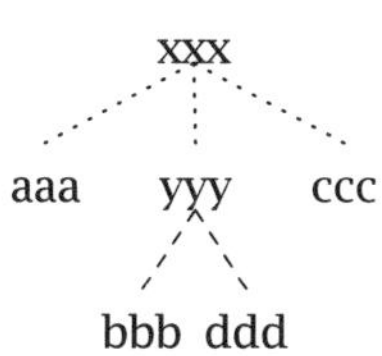


```
\begin{bundle}{xxx}
  \chunk{aaa}
  \chunk{\begin{bundle}{yyy}
          \drawwith{\drawline}%Ignoriert
          \chunk{bbb}
          \drawwith{\dashline[50]{3}}
          \chunk{ddd}
         \end{bundle}}
  \drawwith{\dottedline{3}}
  \chunk{ccc}
\end{bundle}
```

Durch Verschachtelung der `\drawwith`-Befehle können mehrere Attribute gleichzeitig angegeben werden. Sie werden anschließend in umgekehrter Reihenfolge ausgeführt.

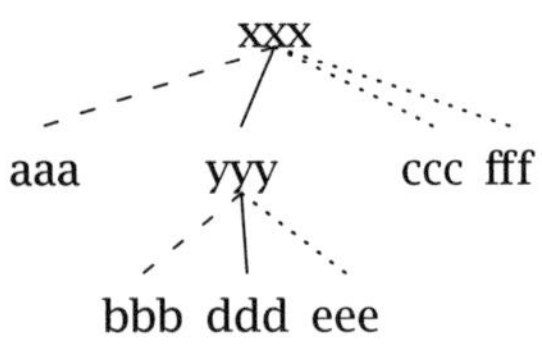


```
\drawwith{\drawwith{\drawwith{\dottedline{3}}%
                   \drawline}%
          \dashline{3}}
\begin{bundle}{xxx}
 \chunk{aaa}
 \chunk{\begin{bundle}{yyy}
          \chunk{bbb} \chunk{ddd} \chunk{eee}
         \end{bundle}}
 \chunk{ccc} \chunk{fff}
\end{bundle}
```

Die Abstände in einer `bundle`-Umgebung werden durch drei Parameter festgelegt, deren Werte vor Eintritt in die `bundle`-Umgebung gesetzt werden sollten.

`\GapDepth` Die minimale Höhe für Lücken nebeneinanderliegender Knoten.

`\GapWidth` Die minimale Breite für Lücken nebeneinanderliegender Knoten.

`\EdgeLabelSep` Der Abstand zwischen einem Kantenlabel und dem unteren Knoten einer Kante.

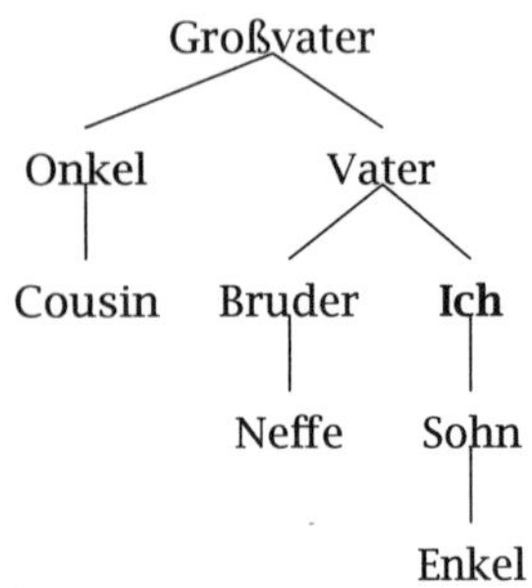


```
\setlength{\GapDepth}{5mm}
\setlength{\GapWidth}{5mm}
\begin{bundle}{Gro"svater}
  \chunk{\begin{bundle}{Onkel}
           \chunk{Cousin}
         \end{bundle}}
  \chunk{\begin{bundle}{Vater}
           \chunk{\begin{bundle}{Bruder}
                    \chunk{Neffe}
                  \end{bundle}}
           \chunk{\begin{bundle}{\textbf{Ich}}
                    \chunk{\begin{bundle}{Sohn}
                             \chunk{Enkel}
                           \end{bundle}}
                  \end{bundle}}
         \end{bundle}}
\end{bundle}
```

Kapitel 11
PostScript

Wie bereits im vorangegangenen Kapitel erwähnt, können komplexe Graphiken, die in PostScript erstellt wurden, in LaTeX-Dokumente mit Hilfe der `\special`-Befehle eingefügt werden. Diese werden dann von einem `dvi`-Treiber interpretiert, der PostScript unterstützt.

Dieses Kapitel gibt zunächst eine kurze Einführung in die Sprache PostScript und geht dann auf dvips ein, einen der bekanntesten frei erhältlichen `dvi`-Treiber, der PostScript unterstützt. Die nächsten Abschnitte beschäftigen sich damit, wie Texte und Bilder gemischt werden können und wie man Elemente des Dokumentes verändert (dreht, skaliert, schattiert und mit Farbe versieht), indem man sich der Funktionen von PostScript und des dvips-Treibers bedient. Im letzten Abschnitt wird schließlich durch einen erneuten Rückbezug auf NFSS gezeigt, wie mit Hilfe von virtuellen Fonts PostScript-Schriften mit LaTeX verwendet werden können.

Die PostScript-Bilder sind natürlich nur sichtbar, wenn Druckertreiber oder Previewer verwendet werden, die PostScript unterstützen, wie etwa ghostview und ghostscript. Diese leistungsfähigen und frei erhältlichen Werkzeuge[1] ermöglichen es dem Benutzer, PostScript-Dateien auch auf Druckern auszugeben, die nicht PostScript-fähig sind, sowie auf einfache Weise an seinem Computerbildschirm die »bounding box« (den Rand) eines PostScript-Bildes zu bestimmen (siehe Abschnitt 11.1.2). Somit können alle in diesem Kapitel besprochenen Pakete auch von Benutzern verwendet werden, die nicht über PostScript-fähige Ausgabegeräte verfügen.

11.1 PostScript

11.1.1 Über die Sprache

PostScript [1, 2, 83, 84, 88, 93] ist eine Seitenbeschreibungssprache. Sie stellt Methoden zur Verfügung, das Erscheinungsbild einer ausgedruckten Seite inklusive

1 ghostscript ist für die verschiedensten Computerplattformen, inklusive MS-DOS, erhältlich.

Text, Linien und Graphiken zu beschreiben. PostScript ist eine geräte- und auflösungsunabhängige Programmiersprache, in der komplette Seiten als Einheit beschrieben werden, anstatt nur einzelne Zeilen wie bei einem Zeilendrucker. PostScript ist eine High-Level-Programmiersprache, die stapelorientiert ist und eine »umgekehrte polnische« oder Postfix-Notation verwendet. Es ist eine flexible Sprache, da es auch Schleifen, Prozeduren und Vergleichsoperatoren enthält. Außerdem unterstützt es viele Datentypen, zu denen auch reelle Zahlen, boolesche Datentypen, Felder, Zeichenketten und komplexe Objekte wie etwa »dictionaries« gehören.

PostScript ist auflösungs- und geräteunabhängig, was bedeutet, daß die Software nicht an eine bestimmte Hardware gebunden ist. Die gleiche Datei kann auf einem herkömmlichen Laserdrucker mit einer Auflösung von 300 dots per inch (dpi) als auch auf einer Lichtsatzmaschine mit einer Auflösung von 2540 dpi ausgedruckt werden. Außerdem kann sie auf einem Computerbildschirm mit Display PostScript oder Previewern, wie etwa ghostscript/ghostview, angesehen werden.

Obwohl es im Prinzip möglich wäre, PostScript für eine gegebene Anwendung zu kompilieren, wird eine PostScript-Datei normalerweise im Drucker interpretiert, so daß die Anwendung in transparenter Weise entwickelt werden kann. Die meisten Benutzer werden dadurch nie in direkten Kontakt mit der Sprache selbst kommen. Sie sollten trotzdem zu jedem Zeitpunkt, an dem sie etwas auf einem PostScript-Drucker ausdrucken, wissen, daß sie PostScript verwenden.

Die PostScript-Sprache bietet die folgenden Möglichkeiten, die in jeder Kombination verwendet werden können.

- Aus Geraden, Bögen und kubischen Kurven können beliebige Formen erstellt werden. Die Formen können sich selbst schneiden und unzusammenhängende Abschnitte und Löcher enthalten.
- Die Zeichenfunktionen ermöglichen es, Flächen mit Linien jeglicher Dicke zu umranden, die mit einer beliebigen Farbe gefüllt sind oder diese Formen zu verwenden, um andere Graphiken zu überdecken.
- Die Graphiken sind im Text integriert. In PostScript werden Buchstaben und Symbole als graphische Formen behandelt, die mit einem der Graphikoperatoren der Sprache überarbeitet werden können. Dies gilt sowohl für Typ-1-Fonts, in denen Zeichenformen über speziell kodierte Prozeduren definiert werden [3], als auch für benutzerdefinierte Typ-3-Fonts, in denen Zeichenformen als einfache Prozeduren der PostScript-Sprache definiert sind. Gegenwärtig sind tausende von Schriften in PostScript-Form verfügbar, inklusive jenen, die von den großen Herstellern von Satzmaschinen angeboten werden, wie Linotype, Agfa-Compugraphic, Monotype, Autologic und Varityper [44]. Diese Fonts können von jedem PC, Mac oder Großrechner auf jeden PostScript-Drucker geladen werden. Dies gilt auch für selbsterstellte Fonts. Es können zwar auch Bitmap-Fonts verwendet werden, doch werden aus den fol-

genden Gründen normalerweise Outline-Fonts bevorzugt.

- Sie sind geräte- und auflösungsunabhängig.
- Sie bauen auf einer mathematischen Beschreibung auf.
- Die Verwendung von Bezier-Kurven erhöht die Präzision und Flexibilität.
- Ein 1 Punkt großes Zeichen wird in einem Koordinatensystem mit 1000 × 1000 Einheiten definiert. Dieses kann nach Belieben skaliert, gedreht und verzerrt werden. (siehe z. B. Abbildung 11.1 auf der nächsten Seite).

◇ Für komplexe Sprachen mit vielen tausend Zeichen (z. B. Chinesisch und Japanisch) können Kombinationsfonts des Typs 0 verwendet werden.

◇ Bilder (wie etwa Photographien oder synthetisch hergestellte Bilder) können in jeder Auflösung und in vielen dynamischen Bereichen (z. B. 256 Graustufen pro Bildpunkt, etc.) gerastert werden. PostScript enthält Funktionen, welche die Wiedergabe der Bilder auf dem Ausgabegerät steuern.

◇ Es werden mehrere Farbmodelle unterstützt. Konvertierung von einem auf ein anderes Farbmodell ist möglich.

  - RGB oder additives *Rot Grün Blau* Modell, das für Bildschirme und Filmprojektoren verwendet wird.
  - HSB oder *Hue Saturation Brightness*-Modell, wobei *Hue* (Farbe) den Anteil von rot, grün und blau angibt, *Saturation* (Sättigung) den Anteil an Farbe und Schattierung und *Brightness* (Helligkeit) den Anteil an heller, dunkler bis voller Farbe.
  - CMYK oder subtraktives *Cyan Magenta Yellow Black* (Zyan Purpur Gelb Schwarz)-Modell, das in der Druckindustrie verwendet wird.
  - CIE oder der internationale Standard, der im graphischen Bereich, dem Fernsehen und in der Druckindustrie als Referenz verwendet wird.

◇ Eine allgemeine Koordinatensystem-Funktion unterstützt alle Kombinationen linearer Transformationen inklusive Skalierung, Drehung, Spiegelung und Verzerrung. Diese Transformationen gelten einheitlich für alle Elemente der Seite, einschließlich Texte, Graphiken und gesampelte Bilder.

◇ Man kann »dictionaries« für Vektorräume der Farbvalenzen, Zeichensätze, Formen, Bilder, Halbton- und andere Muster anlegen.

◇ Es stehen verschiedene Kompressionsfilter, wie z. B. JPEG und LZW zur Verfügung, um den Datentransfer zwischen Computer und Drucker zu beschleunigen.

Einige dieser Eigenschaften sind in Abbildung 11.1 auf der nächsten Seite dargestellt.

Abbildung 11.1: Beispiele für die Fähigkeiten von PostScript

11.1.2 Was ist Encapsulated PostScript?

PostScript-Bilder müssen häufig in Texte integriert werden, die mit einem Textformatierungsprogramm, wie etwa TEX, erstellt werden. Adobe definierte das *Encapsulated PostScript*-Dateiformat (EPS oder EPSF), welches die *PostScript-Strukturierungskonvention für Dokumente* einhält (siehe Anhänge G und H in [2] oder [108]). Das EPS-Format definiert einen Standard, um Dateien, die in der PostScript-Sprache geschrieben sind, in verschiedene Umgebungen einzubinden. EPS-Dateien sollten »wohlgeformt« sein, was die Verwendung verschiedener PostScript-Operatoren, die Manipulation des »graphic state«, des Interpreter-Stapels und globaler »dictionaries« angeht, so daß sie keine destruktiven Änderungen am durch das Textformatierungsprogamm festgelegten Seitenaufbau, hervorrufen.

Die meisten modernen Graphikanwendungen generieren eine Encapsulated PostScript-Datei, die problemlos in LATEX verwendet werden kann. Manchmal kann es jedoch auch vorkommen, daß man auf eine PostScript-Datei trifft, welche nicht die notwendigen Strukturierungsinformationen enthält. Zur Verwendung einer PostScript-Datei mit LATEX muß die Datei sich nicht unbedingt strikt an die eben erwähnten Strukturierungskonventionen halten. Wenn die Datei »wohlgeformt« ist (siehe oben), reicht es aus, wenn die PostScript-Datei die Maße der Box, die von dem Bild belegt werden, enthält. Diese Maße werden LATEX durch die PostScript-Kommentarzeile `%%BoundingBox` zur Verfügung gestellt:

```
%!
%%BoundingBox: LLx LLy URx URy
```

Die erste Zeile gibt an, daß es sich um eine nicht normgemäße Encapsulated PostScript-Datei handelt. Die Zeichen `%!` *müssen* in den ersten beiden Spalten der ersten Zeile plaziert werden. In der zweiten Zeile, die für diesen Zweck sehr viel wichtiger ist, wird die Größe des eingefügten Bildes in »großen« PostScript-Punkten angegeben. Diese entsprechen 1/72 eines Zolls (siehe auch Tafel A.1 auf Seite 469). Die vier in dieser Zeile angegebenen Parameter sind die X- und Y-Koordinaten der unteren linken Ecke (`LLx` und `LLy`) sowie jene der oberen rechten Ecke (`URx` und `URy`) des Bildes. Die Deklaration für eine ganze A4-Seite (210 mm mal 297 mm) mit dem Nullpunkt in der linken unteren Ecke würde beispielsweise folgendermaßen aussehen:

```
%!
%%BoundingBox: 0 0 595 842
```

Wenn das Bild bei (100, 200) beginnt und in einem Quadrat von 4 Zoll (288 Punkten) eingeschlossen ist, würde die Anweisung folgendermaßen lauten:

```
%!
%%BoundingBox: 100 200 388 488
```

Es empfiehlt sich, ein oder zwei Punkte hinzuzufügen, um sicher zu gehen, daß das gesamte Bild erfaßt ist, da bei internen Berechnungen durch den Interpreter Rundungsfehler auftreten können.

11.2 dvips – Ein PostScript-Treiber

Die meisten TEX-Dokumente eines Standortes sind für das dortige Standardpapierformat konzipiert (z. B. letter size in den Vereinigten Staaten oder A4 in Europa). Der PostScript-Treiber dvips, der von Tomas Rokicki [86] entwickelt wurde, kann auf unterschiedliche Papiergrößen voreingestellt werden – systemweit oder auch individuell pro Drucker. dvips unterstützt Graphiken auf eine natürlichen Weise, erlaubt es, PostScript-Graphiken einzufügen und automatisch zu skalieren sowie auf vielfältige Art zu positionieren. PostScript-Befehle können auch direkt in `\special`-Befehlen an den Konvertierer weitergereicht werden; von dieser Möglichkeit wird jedoch abgeraten.

Fehlende Zeichensätze können automatisch generiert werden, sofern METAFONT auf dem System vorhanden ist. Wenn ein Zeichensatz nicht erstellt werden kann, wird stattdessen eine skalierte Version desselben Zeichensatzes in einer anderen Größe verwendet. In diesem Fall wird dvips jedoch auf eine zu erwartende Verschlechterung des Erscheinungsbildes hinweisen.

Eine der wichtigsten Funktionen von dvips ist jedoch seine Unterstützung von virtuellen Fonts, durch welche die Verwendung von ursprünglichen PostScript-Zeichensätzen mit TEX ermöglicht wird (siehe Abschnitt 11.9 für weitere Informationen). PostScript-Zeichensätze werden von einer (`.afm`)-Datei (Adobe Font-Metrik), wie etwa `Times-Roman.afm` begleitet, welche die Merkmale des Zeichensatzes beschreibt. Um diese Zeichensätze mit TEXzu verwenden, müssen aus den `.afm`-Dateien die für TEX lesbaren `.tfm`-Dateien erstellt werden. Das afm2tfm-Programm, das mit dvips mitgeliefert wird, entnimmt die erforderlichen Daten aus der `.afm`-Datei und erstellt die `.tfm`- und, falls nötig, `.vf`-Dateien. Es ermöglicht außerdem, den PostScript-Zeichensatz in verschiedenen Kodierungen zu verwenden, was in einigen Situationen sehr nützlich ist.

Der dvips-Treiber hat eine Fülle von Kommandozeilenoptionen. Tafel 11.1 auf der nächsten Seite gibt einen Überblick über diese Optionen.

11.3 Mischen von Text und Graphiken

Für LATEX2ε wurde von David Carlisle und Sebastian Rahtz eine Standardschnittstelle geschaffen, die es ermöglicht, neue Druckertreiber transparent in LATEX einzubinden. Dies bedeutet, daß der Benutzer innerhalb seiner Dokumente auch für druckerspezifische Funktionen, wie etwa Rotation von Boxen oder Einbindung von Graphiken, immer dieselben Befehle verwenden kann. Diese Schnittstelle ist in den Paketen graphics (für graphische Funktionen) bzw. color (für die Verwendung von Farbe) implementiert. Die korrekte Auswahl des druckerabhängigen Codes wird jeweils mittels einer Option (dem Namen des verwendeten Druckertreibers) realisiert, siehe Tabelle 11.2 auf Seite 326. Falls ein Treiberprogramm nicht in der Lage ist, eine gewisse Funktion zu unterstützen (z. B. Rotation), wird eine Fehlermeldung ausgegeben. Mit Hilfe von Spezialoptionen kann man aber auch mit einem derartigen Treiber weiterarbeiten: monochrome unterdrückt Farbanwei-

`a*`	Speicherplatz sparen, nicht Zeit	`y #`	Mit dvi-Vergrößerung multiplizieren
`b #`	Kopien pro Seite, z. B. für Poster	`A`	nur ungerade (TeX-) Seiten ausdrucken
`c #`	Kopien pro Seite (schnell)	`B`	nur gerade (TeX-) Seiten ausdrucken
`d #`	Fehlersuche	`C #`	Anzahl sortierter Kopien
`e #`	Maxdrift-Wert	`D #`	Auflösung
`f*`	Als Filter fungieren	`E*`	versuchen, EPSF zu erstellen
`h f`	Headerdatei hinzufügen	`F*`	als letztes Zeichen `Control-D` schreiben
`i*`	getrennte Dateien pro Abschnitt	`K*`	Kommentare aus Includedateien entfernen
`k*`	Schnittzeichen drucken	`M*`	keine Zeichensätze erstellen
`l #`	letzte Seite	`N*`	keine strukturierten Kommentare
`m*`	manuelle Papierzuführung	`O c`	oberen Rand setzen/ändern
`n #`	maximale Seitenanzahl	`P s`	`config.$s` laden
`o f`	Ausgabedatei	`R`	ignoriere Systembefehle
`p #`	erste Seite	`S #`	maximale Abschnittsgröße in Seiten
`q*`	Bildschirmausgaben unterdrücken	`T c`	gewünschte Seitengröße angeben
`r*`	Reihenfolge der Seiten umkehren	`U*`	Bugfix für Xerox 4045-Drucker
`s*`	Ausgabe in Save/Restore einbetten	`X #`	horizontale Auflösung
`t s`	Papierformat	`Y #`	vertikale Auflösung
`x #`	dvi-Vergrößerung überschreiben	`Z*`	Bitmapfonts komprimieren
`pp #`	einzelne Seite	`pp` $\#_1$`:`$\#_2$	Seitenbereich von $\#_1$ bis $\#_2$

= Nummer `f` = Dateiname `s` = Zeichenkette * = Suffix, `'0'` um auszuschalten
`c` = durch Komma getrenntes Dimensionspaar (z. B. `3.2in, -32.1cm`)

Tafel 11.1: Die wichtigsten Optionen des dvips-Programms

sungen, draft das Einbinden von Graphiken und hiderotate und hidescale rotierte bzw. skalierte Objekte. Die Funktionalität dieser beiden Pakete ist ausführlich in der LaTeX 2$_\varepsilon$-Distribution dokumentiert.

Die meisten der Graphikpakete verwenden diese Standardschnittstelle, d.h. sie laden intern graphics bzw. color, so daß sie automatisch in der Lage sind, neue Druckertreiber zu unterstützen, sobald diese auch im graphics- bzw. color-Paket unterstützt werden. Deshalb sollte man sich stets in der beiliegenden Dokumentation die aktuelle Liste ansehen. Neue Pakete sollten aus dem gleichen Grund auf Basis dieser Pakete erstellt werden.

Die für LaTeX 2$_\varepsilon$ aktualisierten Versionen der in diesem Kapitel beschriebenen Pakete unterstützen die Treibernamen als Optionen des Paketes, d.h. man kann z. B. folgendes angeben:

```
\documentclass[..,emtex]{article}
\usepackage{epsfig}    \usepackage{changebar}
```

epsfig und changebar übernehmen dabei die globale Option emtex, um den Code

		Treiberoptionen			
dvi2ps	dvialw	dvilaser	dvipsone	dvips	dvitops
dviwindo	dviwin	emtex	oztex	pctexhp	pctexps
pctexwin	psprint	pubps	textures	xdvi	
		Spezialoptionen			
monochrome	draft	final	hiderotate	hidescale	

Tafel 11.2: Optionen von color und graphics

auszuwählen, der für den gewünschten Treiber geeignet ist. Wie in den Abbildungen 9.2 und 9.3 auf den Seiten 276 und 278 zu sehen, kann man die Option auch alternativ direkt im `\usepackage`-Befehl angeben. Da man jedoch das gesamte Dokument nur mit einem einzigen Treiber bearbeiten kann, ist es ökonomischer, die Option im Befehl `\documentclass` zu plazieren.

Das Paket epsfig (von Sebastian Rahtz, das auf einer früheren Arbeit von Trevor Darrell basiert) erleichtert das Einbinden von Encapsulated PostScript-Abbildungen in TEX-Dokumente.[2] Es sucht sich die Daten über die »bounding box« der Abbildung aus der Datei heraus und positioniert diese automatisch, wobei die Box gemäß den Wünschen des Benutzers skaliert wird und ein angemessener Freiraum eingeräumt wird. Spezialzeichen, wie »⊗« und »⊕« (letzterer wird mit dem Befehl `\epsfig{file=cm.eps,height=3mm}`) erzeugt) können dabei im gesamten Dokument ohne Einschränkung verwendet werden.

```
\epsfig{file=fn,height=ht,width=wd,clip=,angle=degrees,%
        silent=,bbllx=blx,bblly=bly,bburx=brx,bbury=bry}
```

`file` Dies ist der Dateiname der Encapsulated PostScript-Datei (alternativ kann auch das Pendant `figure=` verwendet werden).

`height` Diese Option legt die gewünschte Höhe des Bildes fest (in einer von TEX akzeptierten Einheit). Wenn der Parameter nicht angegeben ist, wird das Bild in seiner »natürlichen Höhe« ausgedruckt, d.h. derjenigen, die in der `BoundingBox`-Zeile innerhalb der PostScript-Datei angegeben ist. Wenn nur die Breite angegeben wurde, aber keine Höhe, wird diese im gleichen Verhältnis wie die Breite skaliert.

`width` Diese Option legt die gewünschte Breite des Bildes fest (in einer von TEX akzeptierten Einheit). Wenn der Parameter nicht angegeben ist, wird das Bild in seiner »natürlichen« Breite ausgedruckt, d.h. in derjenigen, die in der `BoundingBox`-Zeile innerhalb der PostScript-Datei angegeben ist. Wenn nur die Höhe und keine Breite angegeben wurde, wird diese in gleichem Verhältnis wie die Höhe skaliert.

`bbllx` Die X-Koordinate der unteren linken Ecke der Boundingbox.

`bblly` Die Y-Koordinate der unteren linken Ecke der Boundingbox.

2 Es verwendet intern den `\includegraphics`-Befehl des graphics-Paketes.

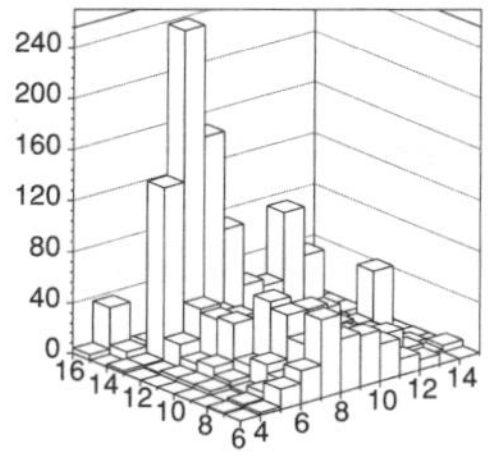


```
\begin{center}
\epsfig{file=tac2dim.eps,
        height=3cm}
\end{center}
```

Abbildung 11.2: Eine skalierte Abbildung

- `bburx` Die X-Koordinate der oberen rechten Ecke der Boundingbox.
- `bbury` Die Y-Koordinate der oberen rechten Ecke der Boundingbox.
- `clip` Dieser Parameter stellt sicher, daß kein Teil der Abbildung außerhalb seiner Boundingbox ausgegeben wird. »`clip=`« ist ein Schalter und hat keinen Wert, jedoch muß das »=« immer vorhanden sein.
- `angle` Mit dieser Option wird der Drehwinkel bestimmt (in Graden gegen den Uhrzeigersinn).
- `silent` Diese Option unterdrückt Bildschirmmeldungen während der Ausführung des `\epsfig`-Befehls.

Bei Verwendung von Encapsulated PostScript-Dateien muß man die Boundingbox-Parameter normalerweise nicht explizit angeben, da sie von `\epsfig` in die Datei eingelesen werden. Zu beachten ist jedoch, daß die Parameter innerhalb der PostScript-Datei ignoriert werden, wenn man vor der Option `file=` im `\epsfig`-Befehl Boundingbox-Parameter angibt. Dies ist dann sinnvoll, wenn die Boundingbox-Parameter in der PostScript-Datei nicht vorhanden oder aber falsch sind. Die Methode sollte jedoch nicht dazu verwendet werden, bestimmte Skalier- oder Transformationseffekte auf der Seite zu erzielen. Für diesen Zweck verwendet man besser die `width`- oder `height`-Parameter. Das `\epsfig`-Makro beachtet Leerzeichen im Argument nicht; wenn aufgrund von Leerzeichen im Argument Fehler auftreten, ist die verwendete Version des Paketes veraltet.

11.3.1 Einfache Abbildungen

Beim Einbinden einer EPS-Graphik gibt man normalerweise die gewünschte Höhe oder Breite des Bildes auf dem Ausdruck an. Werden keine Angaben gemacht, dann werden die »natürlichen« Maße des Bildes genommen, die in der `BoundingBox`-Zeile in der Datei angegeben wurden. Sie entsprechen der Größe des Bildes, wenn es separat auf einem PostScript-Drucker ausgedruckt wird. Die untere Kante des Bildes wird an dem Punkt positioniert, an dem der Befehl `\epsfig` eingegeben wurde. Die Graphik wird auf die gewünschte Breite (oder Höhe) skaliert, wobei für die horizontale und vertikale Richtung derselbe Faktor verwendet wird, wenn nur einer der beiden Parameter `height` oder `width` angegeben wird.

Abbildung 11.2 zeigt ein Bild, das die gewünschte Höhe von 3cm hat.

```
\psdraft            % Draft-Modus einschalten
\begin{center}
  \epsfig{file=tac2dim.eps,height=3cm}
\end{center}
\psfull             % Draft-Modus ausschalten
```

Abbildung 11.3: Eine Abbildung im Draft-Modus

11.3.2 Draft-Abbildungen

Einige PostScript-Abbildungen benötigen sehr viel Zeit, bevor sie an den Drucker weitergeleitet und ausgedruckt werden. Aus diesem Grund gibt es eine draft-Option[3], mit der das Ausdrucken von Vorversionen eines Dokumentes beschleunigt werden kann. Eine im Draft-Modus ausgedruckte Abbildung erscheint als Box, in welcher nur der Name der Abbildungsdatei (Abbildung 11.3) steht. Eine vollständige Bearbeitung (Voreinstellung) kann durch explizite Angabe der Option final erreicht werden. Innerhalb des Dokumentes schaltet der Befehl `\psdraft` in den Draft-Modus, wodurch alle folgenden `\epsfig`-Befehle Draft-Abbildungen ausgeben, bis das Makro `\psfull` erreicht ist. Dieses schaltet den Draft-Modus wieder aus. Im Draft-Modus werden keine `\special`-Befehle verwendet, so daß ein Draft-Dokument vor dem Ausdruck mit jedem `dvi`-Treiber ausgegeben werden kann.

11.3.3 Komplexere Anordnungen von Abbildungen

Die Abbildungen 11.4 bis 11.6 auf der nächsten Seite zeigen, wie unter Verwendung der `minipage`-Umgebung mehrere Abbildungen auf einer Seite plaziert werden können.

11.4 Drehen von Formen

Das Paket rotating [82] (von Sebastian Rahtz und Leonor Barroca) definiert neue Umgebungen, mit denen der Benutzer Zeichen in LaTeX-Dokumenten auf einfache Weise drehen kann. Die LaTeX 2ε-Erweiterung dieses Paketes basiert auf dem graphics-Paket und unterstützt somit alle in 11.2 auf Seite 326 aufgeführten Treiber. Für die Abwärtskompatibilität kann der verwendete Treiber mit Hilfe des folgenden Befehls angegeben werden:

`\rotdriver{`*treiberoption*`}`

Dieser Befehl bestimmt den Treiber, für den `\special`-Befehle erzeugt werden sollen. Die Voreinstellung ist `dvips`.

3 Dies ist eine Standardoption des graphics-Paketes und somit in allen Paketen verfügbar, die auf diesem Paket aufbauen.

```
\begin{figure}
\noindent
\begin{minipage}[b]{.46\linewidth}
  \centering\epsfig{figure=Europe.eps,width=\linewidth}
  \caption{Europa vor 1991}        \label{fig:Europe}
\end{minipage}\hfill
\begin{minipage}[b]{.46\linewidth}
  \centering\epsfig{figure=CentralAmerica.eps,width=\linewidth}
  \caption{Zentralamerika}         \label{fig:CentralAmerica}
\end{minipage}
\centering\epsfig{figure=TheWorld.eps,width=\linewidth}
\caption{Eine Weltkarte}           \label{fig:World}
\end{figure}
```

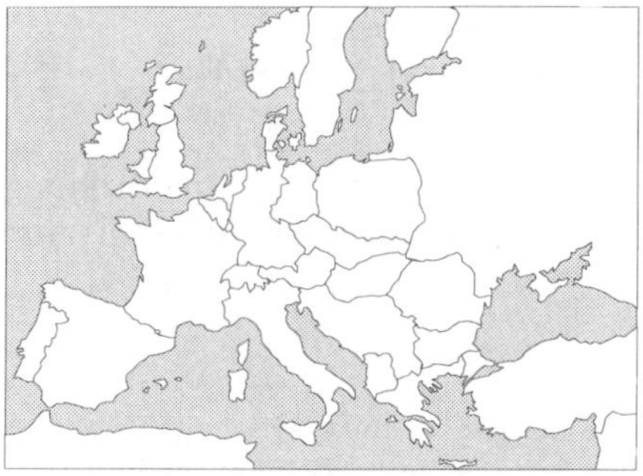

Abbildung 11.4: Europa vor 1990

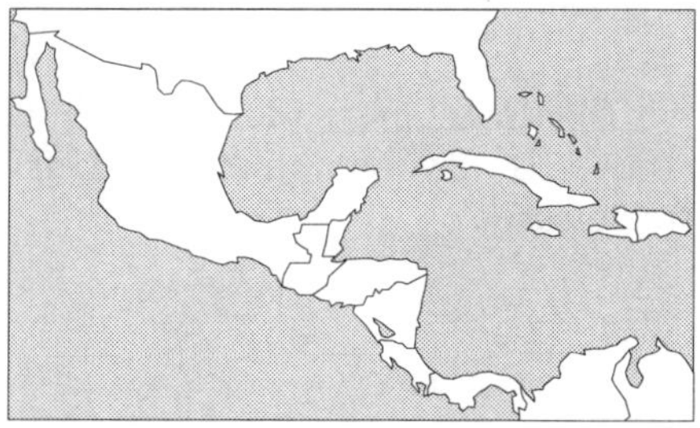

Abbildung 11.5: Zentralamerika

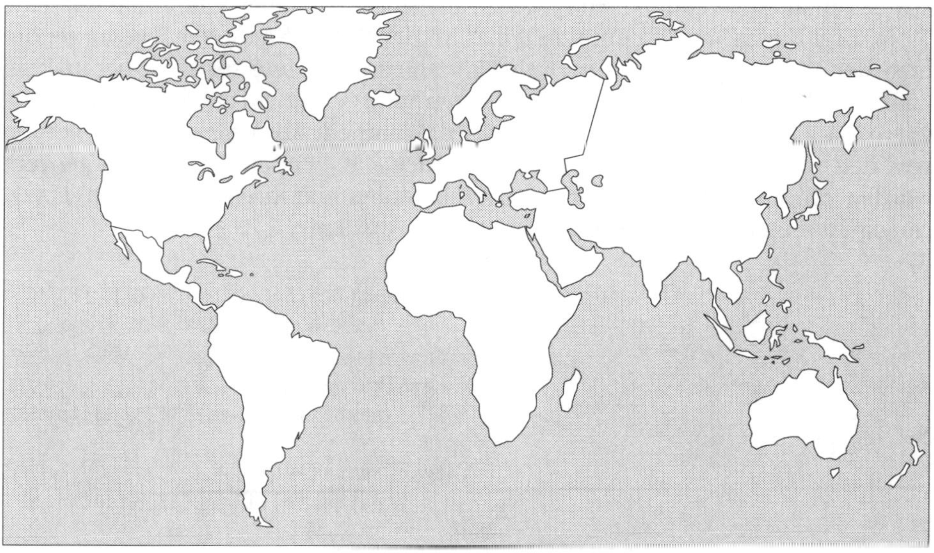

Abbildung 11.6: Eine Weltkarte

Die Umgebung `rotate` ermöglicht es, Text oder Graphiken zu drehen. Der Grad der Drehung (im Uhrzeigersinn, wie in PostScript üblich) wird dabei als Parameter angegeben (in Winkelgraden). Es werden jedoch keine Vorkehrungen getroffen, für die endgültige gedrehte Form Platz zu lassen.

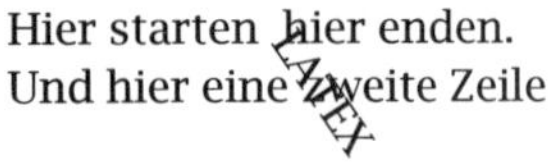


```
Hier starten \begin{rotate}{56}
   LATEX     \end{rotate} hier enden.\\
Und hier eine zweite Zeile
```

Wenn der Benutzer wünscht, daß LaTeX für die gedrehte Box Freiraum läßt, sollte er die Umgebung `turn` verwenden.

```
Hier eine erste Zeile.\\
Hier starten \begin{turn}{-56}
   LATEX     \end{turn} hier enden.
```

Die Umgebung `sideways` stellt einen Spezialfall dar. Hier wird eine Drehung von −90 Grad vorgenommen und für die gedrehte Box ein angemessener Leerraum freigelassen.

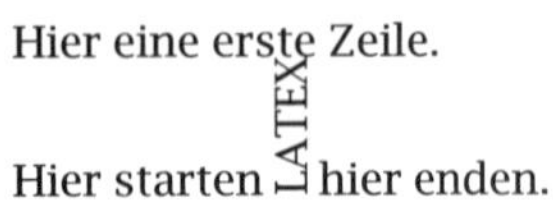


```
Hier eine erste Zeile.\\
Hier starten \begin{sideways}
   LATEX     \end{sideways} hier enden.
```

Wenn ganze Absätze gedreht werden sollen, wird man schnell bemerken, daß TeX-Boxen nicht so einfach sind, wie sie aussehen: Sie haben eine Höhe *und* eine Tiefe. Drehungen werden um den Punkt an der linken Kante der Box vorgenommen, der die Grundlinie berührt. Dabei können unerwartete Resultate herauskommen, wie in Abbildung 11.7 auf der nächsten Seite gezeigt, in der eine ganze Reihe von Absatzdrehungen vorgenommen wird. Wenn ein Absatz so gedreht werden soll, daß es aussieht, als sei er um den *tatsächlichen* Boden der TeX-Box gedreht worden, muß die Box mit Hilfe von LaTeX-Befehlen und ihren (optionalen) Plazierungsparametern justiert werden; siehe auch Abschnitt A.2.

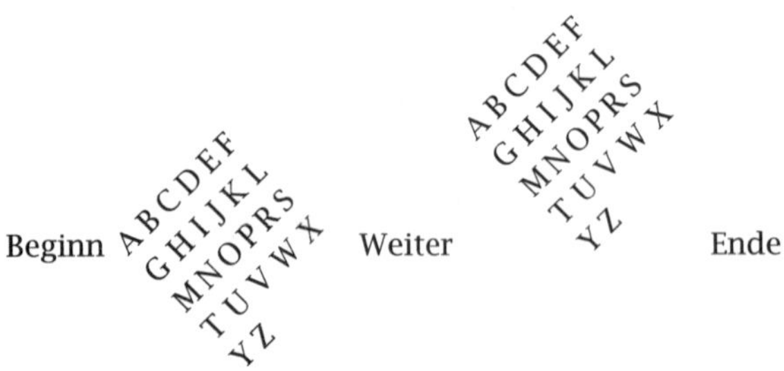


```
\newcommand{\T}{A B C D E F G H I J K
                L M N O P R S T U V W X Y Z}
Beginn
  \begin{turn}{-45}
        \parbox[t]{15mm}{\T}\end{turn}
Weiter
  \begin{turn}{-45}
        \parbox[b]{15mm}{\T}\end{turn}
Ende
```

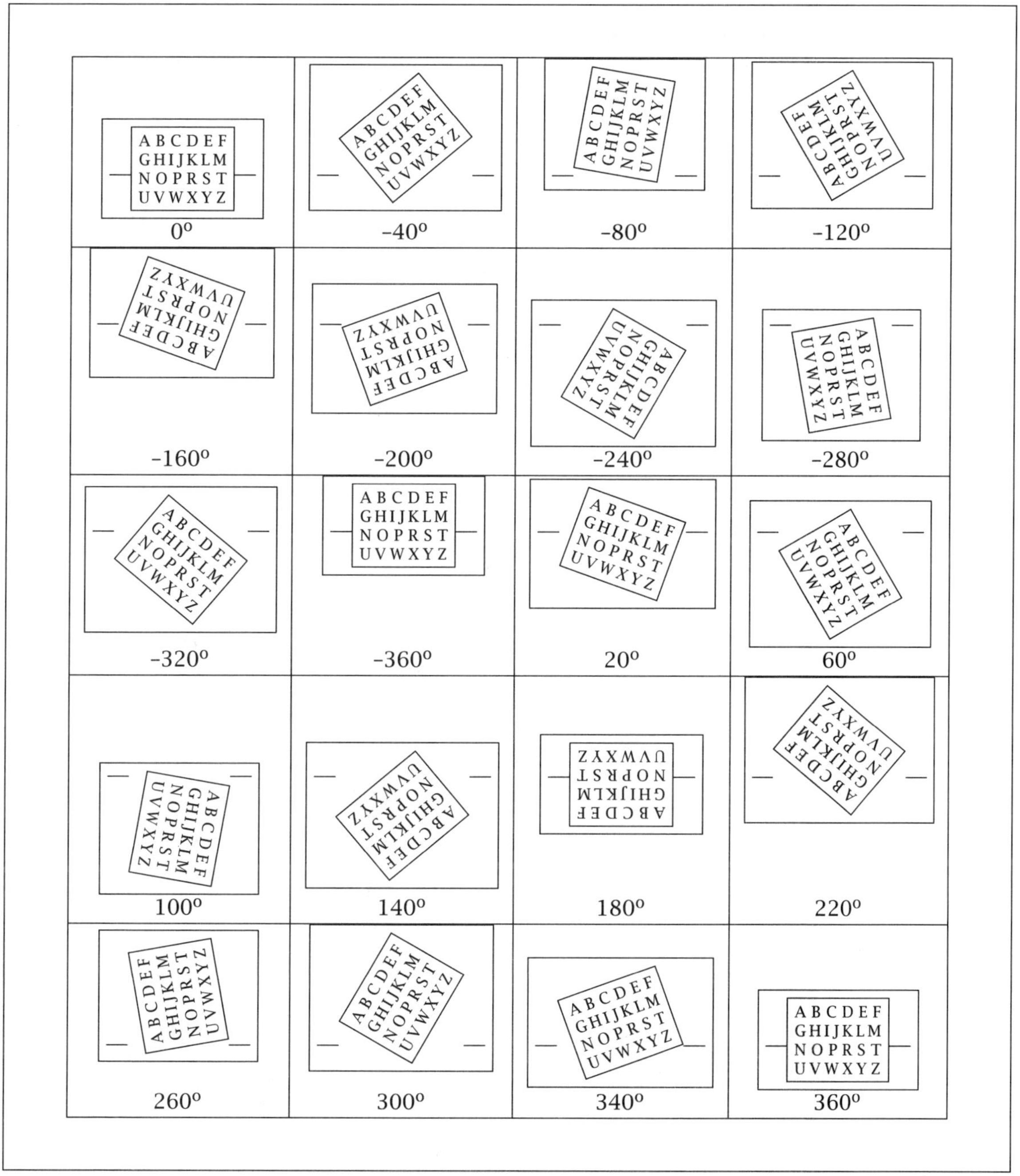

Abbildung 11.7: Gedrehte Absätze

11.4.1 Drehen von Tabellenzellen

Tabelleninhalte können auf die gleiche Weise gedreht werden. Die folgenden Beispiele zeigen, wie durch Verwendung von Linien der Höhe oder Breite Null die Abstände zwischen den Spalten und die vertikale Anordnung der Tabelle kontrolliert werden können.

Spalte 1	Spalte 2	Spalte 3
1	2	3
4	5	6
7	8	9

```
\begin{tabular}{rrr}
\rule{0pt}{15mm}% vertikale Positionierung
\begin{rotate}{-45}Spalte 1\end{rotate}&
\begin{rotate}{-45}Spalte 2\end{rotate}&
\begin{rotate}{-45}Spalte 3\end{rotate}\\
\hline 1& 2& 3\\ 4& 5& 6\\ 7& 8& 9\\ \hline
\end{tabular}
```

Spalte 1	Spalte 2	Spalte 3
1	2	3
4	5	6
7	8	9

```
\begin{tabular}{ccc}
\begin{turn}{-45}Spalte 1\end{turn}&
\begin{turn}{-45}Spalte 2\end{turn}&
\begin{turn}{-45}Spalte 3\end{turn}\\
\hline 1& 2& 3\\ 4& 5& 6\\ 7& 8& 9\\ \hline
\end{tabular}
```

Spalte 1	Spalte 2	Spalte 3
1	2	3
4	5	6
7	8	9

```
\begin{tabular}{rrr}
\rule{0pt}{15mm}% vertikale Positionierung
\begin{rotate}{-45}Spalte 1\end{rotate}
\rule{.5cm}{0pt}&
\begin{rotate}{-45}Spalte 2\end{rotate}
\rule{.5cm}{0pt}&
\begin{rotate}{-45}Spalte 3\end{rotate}
\rule{.5cm}{0pt}\\
\hline 1& 2& 3\\ 4& 5& 6\\ 7& 8& 9\\ \hline
\end{tabular}
```

Drehungen können ineinander verschachtelt werden, wie man hier sieht:

Wort	Häufigkeit
Hallo	33
Tschüs	34

```
\begin{sideways}
\begin{tabular}{l@{\qquad}r}
\em Wort \rule{0pt}{1in}
          & \begin{rotate}{-90}%
H"aufigkeit\end{rotate}  \\[1mm]
\hline
Hallo & 33\\ Tsch"us & 34\\ \hline
\end{tabular}
\end{sideways}
```

Ein komplexeres Beispiel ist in Tafel 11.3 auf der nächsten Seite dargestellt. Der Tabelleninhalt wurde mit Hilfe der Umgebung `sideways` gedreht. Man beach-

ISO-Papierformate (mm)				
		A Reihe	B Reihe	C Reihe
Formatklassen	0	841×1189	1000×1414	917×1297
	1	594×841	707×1000	648×917
	2	420×594	500×707	458×648
	3	297×420	353×500	324×458
	4	210×297	250×353	229×324
	5	148×210	176×250	162×229
	6	105×148	125×176	114×162
	7	74×105	88×125	81×114
	8	52×74	62×88	57×81

```
\renewcommand{\arraystretch}{1.2}
\setlength{\tabcolsep}{2mm}
\begin{sideways}
\begin{tabular}{|l|l*3{r@{$\times$}l}|}\hline
\multicolumn{8}{|c|}{ISO-Papierformate (mm)}
                                          \\\hline
&&\multicolumn{2}{c}{A Reihe}
 &\multicolumn{2}{c}{B Reihe}
 &\multicolumn{2}{c|}{C Reihe}\\\cline{2-8}
&0&841&1189&1000&1414&917&1297 \\\cline{2-8}
&1&594&841 & 707&1000&648&917  \\\cline{2-8}
&2&420&594 & 500&707 &458&648  \\\cline{2-8}
&3&297&420 & 353&500 &324&458  \\\cline{2-8}
&4&210&297 & 250&353 &229&324  \\\cline{2-8}
&5&148&210 & 176&250 &162&229  \\\cline{2-8}
&6&105&148 & 125&176 &114&162  \\\cline{2-8}
&7& 74&105 &  88&125 & 81&114  \\\cline{2-8}
\rule{1mm}{0pt}
\begin{rotate}{-90}\hspace*{8mm}Format Klassen
\end{rotate}\rule{1mm}{0pt}
&8& 52&74  &  62&88  & 57&81    \\\hline
\end{tabular}
\end{sideways}
```

Tafel 11.3: Gedrehte Tabellenzellen

te auch die Verwendung der Umgebung `rotate`, mit der ein von oben nach unten verlaufender Text erstellt wird. Da `rotate` eine Box der Breite Null erzeugt, wird sie durch zwei unsichtbare Linien von jeweils 1mm Dicke umrandet. Diese werden zu dem `\tabcolsep`-Wert von 2mm hinzugezählt, womit das in der Tafel dargestellte Resultat erzielt wird.

Eine gedrehte Tabelle kann auch mit der Umgebung `sidewaystable` erzeugt werden. In diesem Fall werden sowohl die Tabelle als auch die Bildunterschriften gedreht (siehe Tafel 11.4 auf der nächsten Seite). Die Umgebung `sidewaystable` arbeitet mit der Breite von `\textheight`, so daß das Gleitobjekt die richtige Höhe erhält, nachdem es gedreht wurde. Dieses Ergebnis ist jedoch nicht immer sehr zufriedenstellend, denn was tatsächlich herauskommen soll, sind gedrehte Gleitobjekte, die genau den Platz belegen, den sie tatsächlich benötigen. Bildunterschriften stellen jedoch ein gewisses Problem dar, weil sie der Abbildung oder Tafel vorangestellt sein können. Folglich können sie nicht in einer Box der richtigen Breite gesetzt werden (das heißt mit der Höhe des nachfolgenden Objektes), da diese noch nicht bekannt ist. Eine mögliche Lösung besteht darin, `sidewaystable` (und sein Äquivalent `sidewaysfigure`, das im nächsten Abschnitt besprochen wird) so zu definieren, daß es immer eine komplette Seite ausfüllt. Wenn man dieses nicht will, kann man eine Box der gewünschten Größe konstruieren und den Inhalt der Abbildung oder Tafel sowie die Bildunterschrift hineinsetzen.

```
\begin{sidewaystable}
\centering
\begin{tabular}{|l|c|c|c|c|l|}
   .....
\end{tabular}
\caption[...]{....}
\label{tab:sidewaystable}
\end{sidewaystable}
```

	Stichprobengebiet	Anzahl der Standorte				Annahme oder Ablehnung der Null-Hypoth.
		To-tal	In der Grenzzone			
			Beob.	Erwartet		
				von	bis	
Grundeinheiten	gesamte Stichprobe	41	31	10.3	27.0	Ablehnung
	Stichprobengebiet 1	23	16	4.3	16.7	Annahme
	Stichprobengebiet 2	18	15	2.8	13.7	Ablehnung
	Rushen	13	9	1.2	10.4	Annahme
	Arbory	10	7	0.6	8.8	Annahme
	Marown	10	8	0.4	8.6	Annahme
	Santon	8	7	0.0	7.3	Annahme

Tafel 11.4: Drehung der Tabelleninhalte mit Hilfe der Umgebung `sidewaystable`

Wie zu sehen ist, wurde in diesem Fall der gesamte Inhalt der Umgebung inklusive der Bildunterschrift gedreht.

```
\newcommand{\HR}{\rule{1em}{.4pt}}
\HR
  \epsfig{figure=Escher.eps,width=1.7cm}
\HR
```

```
\HR\begin{turn}{-240}
  \epsfig{figure=Escher.eps,width=1.7cm}
\end{turn}\HR
```

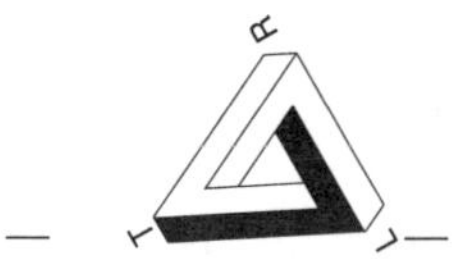

```
\HR\begin{turn}{240}
  \epsfig{figure=Escher.eps,width=1.7cm}
\end{turn}\HR
```

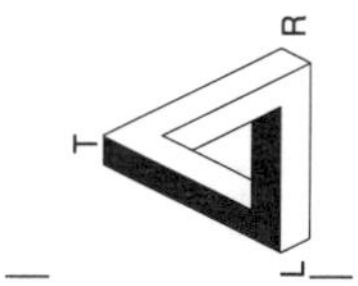

```
\HR\begin{sideways}
  \epsfig{figure=Escher.eps,width=1.7cm}
\end{sideways}\HR
```

Abbildung 11.8: Ein normales, ein gedrehtes und ein liegendes Bild

11.4.2 Drehen von Abbildungen

Abbildungen können mit den selben Befehlen gedreht werden. Abbildung 11.8 zeigt, wie eine EPS-Datei mit Hilfe des `\epsfig`-Befehls beliebig gedreht werden kann. Man beachte die Position der Grundlinie, die durch Spiegelstriche dargestellt ist (produziert durch den Befehl `\HR`).

Genau wie die Tafelumgebung kann auch die gesamte Abbildungsumgebung inklusive Bildunterschrift gedreht werden, indem anstelle einer `figure`-Umgebung `sidewaysfigure` verwendet wird.

11.4.3 Nur Bildunterschriften drehen

Manchmal stellt es sich heraus, daß die Drehung einer ganzen Abbildung nicht das gewünschte Resultat ergibt. Es kann daher wünschenswert sein, innerhalb eines Gleitobjektes Bildunterschrift und den Inhalt des Gleitobjektes separat zu drehen. Eine separate Drehung der Bildunterschrift um 90° ist möglich, indem man anstelle des `\caption`-Befehls den Befehl `\rotcaption` verwendet.

11.5 Verwendung von Revisionsbalken

Das changebar-Paket, das Johannes Braams an PostScript anpaßte und das auf früheren Arbeiten von Michael Fine und Neil Winton aufbaut, ermöglicht es, Änderungen in einem Dokument durch Balken im Rand anzuzeigen. Dieses Paket arbeitet mit den meisten PostScript-Treibern zusammen, insbesondere mit dvips.

Wird dieses Paket verwendet, darf man nicht vergessen, daß man ein Dokument, ähnlich wie bei Querverweisen und Labeln, zwei- (und manchmal sogar drei-) mal bearbeiten muß, um sicherzustellen, daß die Revisionsbalken richtig gesetzt sind. Sollte ein weiterer Durchlauf erforderlich sein, wird eine Warnung ausgegeben.

Revisionsbalken können ineinander verschachtelt werden. Jede Schachtelungsebene kann durch eine andere Balkendicke gekennzeichnet werden. Revisionsbalken können auch innerhalb anderer Umgebungen, inklusive Gleitobjekten und Fußnoten, verschachtelt werden. Sie werden auf den gesamten Inhalt innerhalb der Balkenumgebung angewendet, inklusive der Gleitobjekte. Dabei ist es nicht von Bedeutung, an welche Stelle das Gleitobjekt verschoben wird. Eine Ausnahme hierzu bilden Randnotizen, die mit `\marginpar` erstellt werden. Revisionsbalken können auch Seitengrenzen überschreiten.

11.5.1 Die Benutzerschnittstelle

`\driver{`*treiber*`}`

Dieser Befehl gibt den Treiber an, für den `\special`-Befehle erstellt werden müssen. Zur Zeit unterstützt dieses Paket die Treiber ln, dvips, dvitops und emtex; die Voreinstellung ist dvips.

`\cbstart[`*balkenbreite*`]`

Der `\cbstart`-Befehl markiert den Anfang des Bereichs, der mit einem Revisionsbalken gekennzeichnet werden soll. Der optionale Parameter *balkenbreite* gibt die Breite des Balkens an. Voreinstellung ist der Wert des Parameters `\changebarwidth`. Dieser kann jederzeit mittels `\setlength` verändert werden.

`\cbend`

Der Befehl `\cbend` markiert das Ende des Bereichs, für den ein Revisionsbalken verwendet werden soll. `\cbstart` und `\cbend` können überall eingesetzt werden. Lediglich in Gleitobjekten und Fußnoten müssen sie paarweise verwendet werden. Es ist beispielsweise nicht möglich, ein Ende des Balkens innerhalb und das andere außerhalb eines Gleitobjektes zu plazieren.

`\begin{changebar}`

Außer den `\cbstart`- und `\cbend`-Makros ist eine Umgebung `changebar` definiert, die das gleiche bewirkt, wie das Befehlspaar `\cbstart` und `\cbend`. Die Umgebung überall dort zu verwenden, wo es möglich ist, hat den Vorteil, daß LaTeX selbständig die korrekte Verschachtelung verschiedener Umgebungen überprüft.

`\cbdelete[`*balkenbreite*`]`

Der `\cbdelete`-Befehl druckt einen quadratischen Balken im Rand, mit dem angezeigt wird, daß an dieser Stelle Text aus dem Dokument entfernt wurde. Das optionale Argument *balkenbreite* gibt die Breite des Balkens an. Voreinstellung ist der aktuelle Wert des Parameters `\deletebarwidth`. Diese kann mit dem `\setlength`-Befehl verändert werden.

Dies ist der Text im ersten Absatz. Dies ist der Text im ersten Absatz.

Dies ist der Text im zweiten Absatz. Dies ist der Text im zweiten Absatz.

Dies ist Absatz drei.

Dies ist Absatz vier.

```
\cbstart
Dies ist der Text im ersten Absatz.
Dies ist der Text im ersten Absatz.\cbend

Dies ist der Text im zweiten Absatz.
\cbdelete
Dies ist der Text im zweiten Absatz.

\begin{changebar}
Dies ist Absatz drei.
\par Dies ist Absatz vier.\par
\end{changebar}
```

`\nochangebars`

Der Befehl `\nochangebars` deaktiviert die Befehle des changebar-Paketes.

11.5.2 Revisionsbalken-Parameter

`\changebarwidth`

Die normale Breite der Revisionsbalken; Voreinstellung ist 2pt.

`\deletebarwidth`

Die normale Breite der Auslassungsmarkierungen; Voreinstellung beträgt 4pt.

`\changebarsep`

Der Abstand zwischen dem Text und den Balken; Voreinstellung ist 35pt.

`changebargrey`

Die »Schwärze« der Balken kann mit Hilfe des LaTeX-Zählers changebargrey festgelegt werden. Ein Befehl wie `\setcounter{changebargrey}{85}` ändert diesen Wert. Der Wert dieses Zählers wird in Prozent angegeben, wobei der Wert 0 einen schwarzen Balken ergibt, und 100 zur Ausgabe von weißen Balken führt. Sein Standardwert beträgt 65.

`outerbars`

Eine boolesche Variable (siehe Abschnitt A.5 über das ifthen-Paket). Normalerweise werden die Revisionsbalken im »inneren« Rand des Dokumentes plaziert, d.h. sie erscheinen auf der linken Seite des Papiers. Wenn die Option twoside eingeschaltet ist, werden die Balken auf geraden Seiten am rechten Rand ausgegeben. Diese Einstellung kann geändert werden, indem der Befehl `\outerbarstrue` in das Dokument eingefügt wird.

11.5.3 Mängel und Fehlerquellen

- Pro Seite können höchstens zwanzig Balken ausgegeben werden.
- Diese Implementation ist nicht für den mehrspaltigen Ausdruck ausgelegt.
- Der Algorithmus kann bei Fußnoten, die über mehrere Seiten verteilt sind, versagen. Dieses läßt sich am einfachsten dadurch umgehen, indem man vermeidet, daß Fußnoten geteilt werden. Dies kann jedoch zu weniger schönen Seitenumbrüchen führen.
- Der `\cbend`-Befehl wird normalerweise mit dem ihm folgenden Text »verknüpft« anstelle des ihm vorangehenden. Dadurch kann es unbeabsichtigt zu Verlängerungen des Balkens kommen. Dazu folgendes Beispiel: Gegeben seit die Folge »`Wort1 \cbend Wort2`«. Wenn zwischen »`Wort1`« und »`Wort2`« ein Zeilenumbruch erfolgt, wird der Balken unkorrekter Weise um eine zusätzliche Zeile erweitert. In diesem speziellen Fall kann man durch die folgende Schreibweise Abhilfe schaffen: »`Wort1\cbend{}␣Wort2`«.

11.6 Boxen und Grauschattierung

Das psboxit-Paket (von Jérôme Maillot) plaziert eine in PostScript erstellte Box als Hintergrund hinter eine TEX-Box. Die Position der PostScript-Box und ihre Größe werden durch die TEX-Box festgelegt. Um die PostScript-Befehle dieses Pakete zu initialisieren, sollte der Befehl `\PScommands` zu Beginn des LATEX-Dokumentes ausgeführt werden.

`\psboxit{`*PSbefehle*`}{`*TEX-material*`}`

Der `\psboxit`-Befehl entnimmt den auszuführenden PostScript-Code aus *PSbefehle*. Das Paket definiert verschiedene PostScript-Prozeduren, wie etwa `cartouche`, `rectcartouche` und `roundedbox`, die im ersten Argument von `\psboxit` verwendet werden können, um bestimmte Effekte zu erzielen (siehe die untenstehenden Beispiele). Das zweite Argument *TEX-Material* wird erst in einer Box gesetzt, bevor es von den PostScript-Befehlen in *PSbefehle* bearbeitet wird.

-CCC- - DDD - - EEE -

```
--\psboxit{5 cartouche}{CCC}--
--\psboxit{rectcartouche}{\spbox{DDD}}--
--\psboxit{box .7 setgray fill}{\spbox{EEE}}--
```

Der zusätzliche Befehl `\spbox` funktioniert wie `\fbox`, d.h. er plaziert eine Box um sein Argument. Dabei zeichnet er den Rahmen nicht selbst, sondern fügt lediglich einen zusätzlichen Leerraum um die natürlichen Grenzen der Box hinzu, der `\fboxsep` entspricht. Der Hauptzweck dieses Befehls besteht darin, eine graue Box zu konstruieren, welche die gleiche rechteckige Fläche einnimmt wie ihr gerahmtes `\fbox`-Äquivalent. Bequemere Befehle können leicht selbst definiert werden, z. B.:

```
\newcommand{\graybox}[1]{\psboxit{box .7 setgray fill}{\fbox{#1}}}
```

`\begin{boxitpara}{`*PSbefehle*`}`

Die `boxitpara`-Umgebung ermöglicht die Handhabung von größeren Passagen.

Dies ist der Text eines Absatzes. Dies ist der Text eines Absatzes. Dies ist der Text eines Absatzes. Dies ist der Text eines Absatzes.

```
\begin{boxitpara}{box 0.7 setgray fill}
Dies ist der Text eines Absatzes.
Dies ist der Text eines Absatzes.
Dies ist der Text eines Absatzes.
Dies ist der Text eines Absatzes.
\end{boxitpara}
```

11.7 Farbdruck

In LaTeX 2.09 wurde Farbdruck nicht unterstützt. Mit den `\special`-Befehlen und dem colordvi-Paket von James Hafner bot dvips allerdings schon damals eine Unterstützung für einige Farbmodelle, die in PostScript verfügbar sind.

Wie schon eingangs erwähnt, wurde für LaTeX 2ε mit dem color-Paket eine Standardschnittstelle geschaffen, mit der es möglich ist, jeden Treiber zu integrieren, der Farbdruck bzw. Graustufen unterstützt. Da sich die Zahl der unterstützten Treiber – und damit die Zahl der möglichen Optionen – ständig vergrößert, sollte man die dem color-Paket beigefügte Dokumentation konsultieren, um herauszufinden, welche Ausgabegeräte verwendet werden können.

`\textcolor{`*farbe*`}{`*text*`}`

In Analogie zu den Zeichensatzbefehlen gibt es einen `\textcolor`-Befehl dessen erstes Argument ein Farbname ist. Der *text* wird dann in dieser Farbe gedruckt. Vordefinierte Farbnamen sind `black`, `white`, `red`, `green`, `blue`, `yellow`, `cyan` und `magenta`.

`\color{`*farbe*`}`

Dies ist die Deklarationsform, d.h. `\color{`*farbe*`}` druckt allen nachfolgenden Text bis zum Ende der aktuellen Umgebung oder einer schließenden Klammer in der Farbe *farbe*. Derartige Deklarationen kann man etwa in Definitionen von Umgebungen verwenden.

`\pagecolor{`*farbe*`}`

Diese Deklaration ändert die Hintergrundfarbe der aktuellen und aller folgenden Seiten. Sie ist im Gegensatz zu `\color` eine globale Deklaration, d.h. sie wird nur von einer weiteren `\pagecolor`-Deklaration aufgehoben.

`\colorbox{`*farbe*`}{`*text*`}`

Dieser Befehl erzeugt eine Box, deren Hintergrundfarbe *farbe* ist. Der *text* innerhalb der Box wird in der aktuellen Vordergrundfarbe gesetzt, welche mit `\textcolor` oder `\color` verändert werden kann:

Farbig?

```
\colorbox{red}{\textcolor{white}{Farbig?}}
```

`\fcolorbox{`*rahmenfarbe*`}{`*farbe*`}{`*text*`}`

Dieser Befehl ähnelt dem `\colorbox`; nur wird zusätzlich ein Rahmen (wie bei `\fbox`) in der Farbe *rahmenfarbe* gezeichnet

Hier nicht farbig!
Damit das Buch nicht
unnötig verteuert
wird.

```
\setlength{\fboxrule}{5pt}
\fcolorbox{red}{yellow}
 {\parbox{3cm}{Hier nicht farbig!\\
      Damit das Buch nicht
      \textcolor{white}{unn"otig}
      verteuert wird.}}
```

`\definecolor{`*farbe*`}{`*modell*`}{`*spez*`}`

Neue Farben können mit dem `\definecolor`-Befehl definiert werden. Das erste Argument ist der Name der neuen Farbe, das zweite ein Farbmodell und das dritte die Spezifikation der neuen Farbe in diesem Modell.

Das color-Paket unterstützt standardmäßig die folgenden Farbmodelle:

`rgb` RGB-Farbmodell. Die Spezifikation *spez* ist eine durch Kommata abgetrennte Liste dreier Zahlen zwischen 0 und 1. Diese beschreiben den Anteil von rotem, grünem und blauem Licht.

`cmyk` CMYK-Farbmodell. Die Spezifikation ist eine durch Kommata abgetrennte Liste von vier Zahlen zwischen 0 und 1. Diese beschreiben den Anteil von Zyan, Purpur, Gelb und Schwarz.

`gray` Grauwert. Die Spezifikation ist eine Zahl zwischen 0 (Schwarz) und 1 (Weiß).

Während die ersten beiden Modelle normalerweise eher in Paketen und Klassendateien Verwendung finden, ist das `gray`-Modell sicherlich häufiger in der Präambel von Dokumenten zu finden.

Grau unterlegter Text

```
\definecolor{light}{gray}{.80}
\colorbox{light}{Grau unterlegter Text}
```

Die Implementation von Farbe in den Treiberprogrammen (welche die von dem color-Paket erzeugten `\special`-Befehle auswerten müssen) ist nicht ganz einfach, so daß zur Zeit einige Treiber die obigen Befehle nur eingeschränkt unterstützen. Insbesondere, wenn sich die Änderung der Farbe über den Seitenrand zieht ist Vorsicht angesagt. Manche Treiber geraten dann durcheinander und produzieren die falschen Farben an den falschen Plätzen.

11.8 Überlagern von Text auf der Ausgabeseite

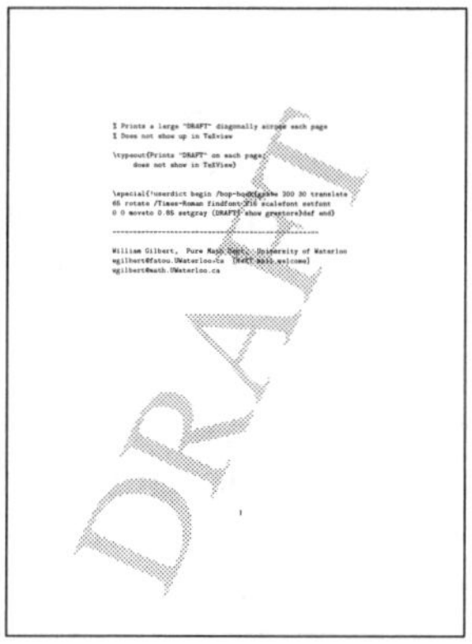

Entwürfe

dvips enthält verschiedene Parameter, z. B. `start-hook`, `end-hook`, `bop-hook` und `eop-hook`, mit denen benutzereigener PostScript-Code am Beginn oder Ende eines Dokumentes oder am Ende jeder Seite (siehe [86] für weitere Details) eingefügt werden kann.

Man kann diese Funktionen beispielsweise verwenden, um ein Wort oder eine andere Markierung quer über jede Seite zu drucken. Ein Beispiel hierfür ist das draftcopy-Paket (Autor unbekannt), welches das Wort »DRAFT« diagonal über jede Seite ausgibt.

11.9 NFSS unter einem anderen Blickwinkel

Durch Kombinieren der Möglichkeiten von NFSS und des virtuellen Fontmechanismus ist es relativ einfach, PostScript-Fonts mit LaTeX zu verwenden. dvips besitzt die notwendige Funktionalität, die es ermöglicht, im Drucker residente oder (von Festplatte oder Diskette) ladbare PostScript-Fonts mit LaTeX zu verwenden.

11.9.1 Nomenklatur für Fonts

Eine Fontnomenklatur, die mit TeX verwendet werden kann, wurde von Karl Berry [11] vorgeschlagen und rief einige Diskussionen hervor [68]. Sie versucht, für alle Zeichensätze Dateinamen mit maximal acht Zeichen (Kleinbuchstaben und

Ziffern) zu definieren. Diese Beschränkung auf acht Zeichen stellt sicher, daß derselbe Dateiname auf allen Computer-Plattformen verwendet werden kann (dies werden Benutzer von IBM-Großrechnern und MS-DOS sehr schätzen). Das Prinzip des Schemas wird in Tafel 11.5 beschrieben, während Tafel 11.6 auf der nächsten Seite die Klassifizierung der fünfunddreißig »elementaren« PostScript-Fonts gemäß des NFSS-Schemas zeigt. Für jeden Zeichensatz ist der volle Adobe-Name und, in Klammern, der entsprechende kurze (Karl Berry-) Dateiname angegeben. Das Schema stellt eine praktische Methode dar, lange Schriftnamen mit kürzeren Äquivalenten zu verknüpfen, die von dvips auf allen Systemen, auf denen es installierbar ist, leicht gehandhabt werden können.

Die meisten, oder sogar alle Zeichensätze in Tafel 11.6 auf der nächsten Seite sind im ROM der herkömmlichen Laserdrucker vorhanden. Es gibt aber immer noch einige Drucker (häufig ältere oder billigere Modelle), die nicht alle diese Zeichensätze besitzen. Sollte die Frage der Portabilität des ausgedruckten Dokumentes von Bedeutung sein, ist es daher ratsam, sich auf die drei elementaren PostScript-Fonts zu beschränken: `Times-Roman`, `Helvetica` und `Courier`.

Die Verknüpfung zwischen der Zeichenkodierung innerhalb eines PostScript-Fonts und der von TEX benötigten Zeichensatzkodierung wird mit Hilfe des virtuellen Font-Mechanismus vollzogen, den dvips versteht. Die Verknüpfung von Fontnamen, die innerhalb von TEX verwendet werden, und externen (Karl Berry-) Dateinamen wird durch die Datei `psfonts.map` gesteuert. dvips sucht diese Datei, um festzustellen, ob Fonts in das Dokument eingefügt werden sollen oder im Drucker resident vorliegen. Durch einfaches Editieren dieser Datei ist es beispielsweise möglich, die PostScript-Version der Computer Modern Schriftfamilie anstelle der Bitmap `.pk`-Bilder zu verwenden. Der Vorteil liegt hierbei darin, daß das Dokument nun auf jedem PostScript-Drucker ausgedruckt werden kann, unabhängig von Auflösung oder Drucker. Dadurch wird besonders bei hoher Auflösung der Speicherplatz, der zur Speicherung von Font-Bildern benötigt wird, erheblich reduziert. Die PostScript-Versionen der Computer Modern Fonts wurden von Blue Sky Research entwickelt; Y&Y fügten die LATEX, AMS und Euler Fonts hinzu.

11.9.2 Das PSNFSS-System

Das PSNFSS-System, das von Sebastian Rahtz entwickelt wurde und auf früheren Arbeiten von Kresten Thorup und Timothy van Zandt basiert, besteht aus einer Reihe von Paketen, die die Verwendung von PostScript-Fonts in LATEX 2_ε vereinfachen. Das PSNFSS-System verwendet die Nomenklatur von Karl Berry.

H	SN	S	V	B	EG
Herkunft	Schriftname	Stärke	Variante	Breite	Entwurfsgröße
z. B. p=PostScript	tm=Times	b=Bold	i=Italic	c=Condensed	10=10 point

Tafel 11.5: Karl Berrys Klassifizierungsschema für Fontdateinamen

Familie	Serie	Schnitt	Externe Namen
(T1, OT1)			*Serifenschriftfamilien*
ptm	m	n, it	Times-Roman(ptmr), Times-Italic(ptmri)
	b	n, it	Times-Bold(ptmb), Times-BoldItalic(ptmbi)
ppl	m	n, it	Palatino-Roman(pplr), Palatino-Italic(pplri)
	b	n, it	Palatino-Bold(pplb), Palatino-BoldItalic(pplbi)
pnc	m	n, it	NewCenturySchlbk-Roman(pncr), NewCenturySchlbk-Italic(pncri)
	b	n, it	NewCenturySchlbk-Bold(pncb), NewCenturySchlbk-BoldItalic(pncbi)
pbk	m	n, it	Bookman-Light(pbkl), Bookman-LightItalic(pbkli)
	b	n, it	Bookman-Demi(pbkd), Bookman-DemiItalic(pbkdi)
(T1, OT1)			*Serifenlose Schriftfamilien*
phv	m	n, sl	Helvetica(phvr), Helvetica-Oblique(phvro)
	b	n, sl	Helvetica-Bold(phvb), Helvetica-BoldOblique(phvbo)
	c	n, sl	Helvetica-Narrow(phvrrn), Helvetica-Narrow-Oblique(phvron)
	bc	n, sl	Helvetica-Narrow-Bold(phvbrn), Helvetica-Narrow-BoldOblique(phvbon)
pag	m	n, sl	AvantGarde-Book(pagk), AvantGarde-BookOblique(pagko)
	b	n, sl	AvantGarde-Demi(pagd), AvantGarde-DemiOblique(pagdo)
(T1, OT1)			*Monospace Schriften*
pcr	m	n, sl	Courier(pcrr), CourierOblique(pcrro)
	b	n, sl	Courier-Bold(pcrb), Courier-BoldOblique(pcrbo)
(U) [a]			*Spezielle Display-Schriften*
psy	m	n	Symbol(psyr)
pzd	m	n	ZapfDingbats(pzdr)
pzc	m	n	ZapfChancery-MediumItalic(pzcmi)

a Außer ZapfChancery, die in T1- und OT1-Kodierung verfügbar ist

Tafel 11.6: NFSS-Klassifizierung der grundlegenden PostScript-Fonts (in Klammern – Karl Berrys Dateiname)

Im normalen Anwendungsfalle wird man wahrscheinlich nur eins der Pakete times, newcent, helvet, palatino, usw. in das Dokument einfügen, um Standardtext-Fonts für eine oder mehrere der Roman-, serifenlosen und Typewriter-Schriften zu ersetzen. In Tafel 11.7 auf der nächsten Seite sind PostScript-Fonts aufgelistet, die für jede dieser drei Kategorien verwendet werden.

Für jedes Paket sind die ausgewählten Schriftfamilien für die Serifenschrift (normalerweise die Basisschift eines Dokumentes), serifenlose und die Typewriter-Schrifte aufgeführt, ausgenommen der Pakete helvet und avant, die nur die serifenlose Schrift auf Helvetica bzw. AvantGarde umschalten. Die Pakete im oberen Teil der Tabelle verwenden ausschließlich Fonts, die im allgemeinen im ROM der PostScript-Laserdrucker vorhanden sind. Die Pakete in der unteren Hälfte der Tabelle beziehen sich auf Fonts, die man käuflich erwerben muß (mit Ausnahme

Paket	Serifenlose Schrift	Serifenschrift	Typewriter-Schrift
times	Helvetica	Times	Courier
palatino	Helvetica	Palatino	Courier
helvet	Helvetica		
avant	AvantGarde		
newcent	AvantGarde	NewCenturySchoolbook	Courier
bookman	AvantGarde	Bookman	Courier
garamond	Optima	Garamond	Courier
basker	Univers	Baskerville	Courier
mtimes	Univers	Monotype Times	cmtt
bembo	Optima	Bembo	Courier
lucid	LucidaSans	Lucida	Courier
lucidbrb	LucidaSans	LucidaBright	LucidaSansTypewriter
lucidbry	LucidaSans	LucidaBright	LucidaSansTypewriter

Tafel 11.7: Fonts, die von verschiedenen PSNFSS-Paketen benutzt werden

von Courier und cmtt). Die Pakete lucidbrb und lucidbry laden übrigens die gleiche Lucida Bright Schriftfamilie, wobei jedoch ersteres die Karl Berry-Namen für die Fontdateien verwendet, während letztere die Originalnamen verwendet, wie sie in der Software von Y&Y definiert sind.

Wissenswert ist auch, daß mathematische Fonts unverändert bleiben, es sei denn, daß die passenden Fonts geladen werden können. Wenn man sich die Lucida Math Fonts gekauft hat und geeignete Metriken (`.tfm`) erzeugt oder besorgt wurden, werden nach dem Laden des lucmath-Paketes auch mathematische Formeln ohne Verwendung von Computer Modern Schriften gesetzt. Alternativ kann man auch das Lucida Bright-Fontpaket kaufen und das lucidbrb (lucidbry) Paket verwenden. Ein weiteres interessantes Paket ist pifont, das verschiedene neue Befehle für die sogenannten Pi-Fonts einführt, d.h. für spezielle Zeichensätze, wie ZapfDingbats oder Symbol.

11.9.3 Verwendung der PostScript Pi-Fonts

Fonts, die eine Ansammlung von Spezialzeichen enthalten, die man normalerweise nicht in einem Textfont findet, werden Pi-Fonts genannt. Einer dieser Fonts, der PostScript-Font ZapfDingbats, ist bei Verwendung des pifont-Paketes verfügbar. Dieses ist Teil des PSNFSS-Systems.

Die direkt verwendbaren Zeichen des PostScript-Fonts ZapfDingbats sind in Tafel 11.8 auf der nächsten Seite aufgelistet. Jedes dieser Zeichen kann mit dem `\ding`-Befehl ausgewählt werden. Der Parameter für den `\ding`-Befehl ist eine ganze Zahl, die gemäß der Tabelle das zu setzende Zeichen angibt. `\ding{38}` ergibt beispielsweise ✆.

Die `dinglist`-Umgebung ist eine spezielle `itemize`-Liste. Ihr Argument gibt die Nummer des Zeichens an, das als Markierung für jeden Punkt der Liste ange-

				32		33	✁	34	✂	35	✃	36	✄	37	☎	38	✆	39	✇
40	✈	41	✉	42	☛	43	☞	44	✌	45	✍	46	✎	47	✏	48	✐	49	✑
50	✒	51	✓	52	✔	53	✕	54	✖	55	✗	56	✘	57	✙	58	✚	59	✛
60	✜	61	✝	62	✞	63	✟	64	✠	65	✡	66	✢	67	✣	68	✤	69	✥
70	✦	71	✧	72	★	73	✩	74	✪	75	✫	76	✬	77	✭	78	✮	79	✯
80	✰	81	✱	82	✲	83	✳	84	✴	85	✵	86	✶	87	✷	88	✸	89	✹
90	✺	91	✻	92	✼	93	✽	94	✾	95	✿	96	❀	97	❁	98	❂	99	❃
100	❄	101	❅	102	❆	103	❇	104	❈	105	❉	106	❊	107	❋	108	●	109	❍
110	■	111	❏	112	❐	113	❑	114	❒	115	▲	116	▼	117	◆	118	❖	119	◗
120	❘	121	❙	122	❚	123	❛	124	❜	125	❝	126	❞						
		161	❡	162	❢	163	❣	164	❤	165	❥	166	❦	167	❧	168	♣	169	♦
170	♥	171	♠	172	①	173	②	174	③	175	④	176	⑤	177	⑥	178	⑦	179	⑧
180	⑨	181	⑩	182	❶	183	❷	184	❸	185	❹	186	❺	187	❻	188	❼	189	❽
190	❾	191	❿	192	➀	193	➁	194	➂	195	➃	196	➄	197	➅	198	➆	199	➇
200	➈	201	➉	202	➊	203	➋	204	➌	205	➍	206	➎	207	➏	208	➐	209	➑
210	➒	211	➓	212	➔	213	→	214	↔	215	↕	216	➘	217	➙	218	➚	219	➛
220	➜	221	➝	222	➞	223	➟	224	➠	225	➡	226	➢	227	➣	228	➤	229	➥
230	➦	231	➧	232	➨	233	➩	234	➪	235	➫	236	➬	237	➭	238	➮	239	➯
		241	➱	242	➲	243	➳	244	➴	245	➵	246	➶	247	➷	248	➸	249	➹
250	➺	251	➻	252	➼	253	➽	254	➾										

Tafel 11.8: Die Zeichen des PostScript-Fonts ZapfDingbats

geben werden soll.

➤ Der erste Punkt in der Liste.

➤ Der zweite Punkt in der Liste.

➤ Der dritte Punkt in der Liste.

```
\begin{dinglist}{228}
\item Der erste Punkt in der Liste.
\item Der zweite Punkt in der Liste.
\item Der dritte Punkt in der Liste.
\end{dinglist}
```

Man kann auch eine ganze Zeile mit einem beliebigen Zeichen füllen, indem man den Befehl `\dingline` verwendet, wobei das Argument wiederum das gewünschte Zeichen angibt. An den Rändern wird dabei jeweils ein halber Zoll (.5in) Leerraum gelassen. Um den restlichen Teil der Zeile auszufüllen, ist der Befehl `\dingfill` zu verwenden.

✃ ✃ ✃ ✃ ✃ ✃ ✃ ✃

Text Text Text Text ➽ ➽ ➽ ➽ ➽ ➽ ➽ ➽

```
\dingline{35}
\par\medskip
Text Text Text Text \dingfill{253}
```

Des weiteren gibt es eine Umgebung `dingautolist`, die es ermöglicht, eine numerierte Liste mit einer Reihe von ZapfDingbats-Zeichen zu erstellen. In diesem Fall gibt das Argument die Nummer des Zeichens für den ersten Listenpunkt an. Die nachfolgenden Punkte werden mit den nächsten Zeichen numeriert, die dem Startzeichen in Tafel 11.8 auf der vorherigen Seite folgen. Sinnvolle Startzeichen sind somit 172, 182, 192 und 202. Man beachte auch, daß eine derartig numerierte Liste nicht mehr als zehn Punkte umfassen sollte.

① Der erste Punkt in der Liste.

② Der zweite Punkt in der Liste.

③ Der dritte Punkt in der Liste.

Referenzen auf Listenpunkte haben die Form ①, ②, ③.

```
\begin{dingautolist}{192}
\item Der erste Punkt in der Liste.
      \label{lst:zd1}
\item Der zweite Punkt in der Liste.
      \label{lst:zd2}
\item Der dritte Punkt in der Liste.
      \label{lst:zd3}
\end{dingautolist}
Referenzen auf Listenpunkte haben die Form
\ref{lst:zd1}, \ref{lst:zd2}, \ref{lst:zd3}.
```

11.9.4 Generische Befehle im pifont-Paket

Das pifont-Paket hat einen generellen Mechanismus, um mit Pi-Fonts umzugehen. Es enthält die folgenden generischen Befehle, bei denen stets das erste Argument *fontname* den (kurzen Karl Berry-) Namen des in Frage kommenden Pi-Fonts angibt (wie etwa `psy` für den Symbol-Font und `pzd` für den ZapfDingbats-Font; siehe Tafel 11.6 auf Seite 343).

`\Pifont{`*fontname*`}`

Hiermit wird auf den Font *fontname* umgeschaltet.

`\Pisymbol{`*fontname*`}{`*numsym*`}`

Das Zeichen an der Position *numsym* wird im *fontname*-Font gesetzt (man vergleiche dies mit dem `\ding`-Befehl).

`\Piline{`*fontname*`}{`*numsym*`}`

Hiermit wird eine ganze Zeile gesetzt, die aus mehreren gleichen Zeichen an der Position *numsym* im Font *fontname* besteht (man vergleiche dies mit dem `\dingline`-Befehl).

`\Pifill{`*fontname*`}{`*numsym*`}`

Der noch vorhandene Freiraum der Zeile wird mit mehreren gleichen Zeichen an der Position *numsym* im Font *fontname* aufgefüllt (man vergleiche dies mit dem `\dingfill`-Befehl).

				32		33	!	34	∀	35	#	36	∃	37	%	38	&	39	∋
40	(	41	)	42	*	43	+	44	,	45	−	46	.	47	/	48	0	49	1
50	2	51	3	52	4	53	5	54	6	55	7	56	8	57	9	58	:	59	;
60	<	61	=	62	>	63	?	64	≅	65	A	66	B	67	X	68	Δ	69	E
70	Φ	71	Γ	72	H	73	I	74	ϑ	75	K	76	Λ	77	M	78	N	79	O
80	Π	81	Θ	82	P	83	Σ	84	T	85	Y	86	ς	87	Ω	88	Ξ	89	Ψ
90	Z	91	[	92	∴	93	]	94	⊥	95	_	96	‾	97	α	98	β	99	χ
100	δ	101	ε	102	ϕ	103	γ	104	η	105	ι	106	φ	107	κ	108	λ	109	μ
110	ν	111	ο	112	π	113	θ	114	ρ	115	σ	116	τ	117	υ	118	ϖ	119	ω
120	ξ	121	ψ	122	ζ	123	{	124	|	125	}	126	~						
		161	ϒ	162	′	163	≤	164	⁄	165	∞	166	ƒ	167	♣	168	♦	169	♥
170	♠	171	↔	172	←	173	↑	174	→	175	↓	176	°	177	±	178	″	179	≥
180	×	181	∝	182	∂	183	•	184	÷	185	≠	186	≡	187	≈	188	…	189	⏐
190	⎯	191	↵	192	ℵ	193	ℑ	194	ℜ	195	℘	196	⊗	197	⊕	198	∅	199	∩
200	∪	201	⊃	202	⊇	203	⊄	204	⊂	205	⊆	206	∈	207	∉	208	∠	209	∇
210	®	211	©	212	™	213	∏	214	√	215	·	216	¬	217	∧	218	∨	219	⇔
220	⇐	221	⇑	222	⇒	223	⇓	224	◊	225	⟨	226	®	227	©	228	™	229	∑
230	⎛	231	⎜	232	⎝	233	⎡	234	⎢	235	⎣	236	⎧	237	⎨	238	⎩	239	⎪
		241	⟩	242	∫	243	⌠	244	⎮	245	⌡	246	⎞	247	⎟	248	⎠	249	⎤
250	⎥	251	⎦	252	⎫	253	⎬	254	⎭										

Tafel 11.9: Die Zeichen des PostScript-Fonts Symbol

`\begin{Pilist}{`*fontname*`}{`*numsym*`}`

Hiermit wird eine Umgebung definiert, in der das Zeichen an der Position *numsym* im Font *fontname* vor jedem Punkt einer Aufzählungsliste verwendet wird (man vergleiche dies mit der `dinglist`-Umgebung).

`\begin{Piautolist}{`*fontname*`}{`*numsym*`}`

Hiermit wird eine Umgebung definiert, in der eine Reihe von Symbolen, beginnend mit dem Zeichen an der Position *numsym* im Font *fontname* verwendet wird, um die Listenpunkte durchzunumerieren (man vergleiche dies mit der `dingautolist`-Umgebung).

11.9.5 Der PostScript-Font Symbol

Mit Hilfe der im vorherigen Abschnitt beschriebenen Befehle ist es nun sehr einfach, auf Zeichen des Symbol-Fonts zuzugreifen, der in Tafel 11.9 abgebildet ist. `\Pisymbol{psy}{224}` ergibt beispielsweise ◊.

Wenn ausschließlich griechische Buchstaben verwendet werden sollen, kann man den `\Pifont`-Befehl verwenden und dabei die in Tafel 11.10 aufgeführten

a	α	b	β	c	χ	d	δ	e	ε	f	φ	g	γ	h	η	i	ι	j	φ	k	κ	l	λ	m	μ
n	ν	o	ο	p	π	q	θ	r	ρ	s	σ	t	τ	u	υ	v	ϖ	w	ω	x	ξ	y	ψ	z	ζ
A	Α	B	Β	C	Χ	D	Δ	E	Ε	F	Φ	G	Γ	H	Η	I	Ι	J	ϑ	K	Κ	L	Λ	M	Μ
N	Ν	O	Ο	P	Π	Q	Θ	R	Ρ	S	Σ	T	Τ	U	ϒ	V	ς	W	Ω	X	Ξ	Y	Ψ	Z	Ζ

Tafel 11.10: Zugriff auf die griechischen Zeichen im PostScript-Font Symbol

Entsprechungen zur Hilfe nehmen, beispielsweise derart:

ΑΛΦΑ ω μεγα ΛΟΓΟΣ.

```
{\Pifont{psy} ALFA\quad w mega\quad LOGOS}.
```

Man kann auch eine Liste aus Zeichen des Symbolfonts erstellen, wie z. B.:

⇒ Das erste Beispiel in der Liste.

⇒ Das zweite Beispiel in der Liste.

```
\begin{Pilist}{psy}{222}
  \item Das erste Beispiel in der Liste.
  \item Das zweite Beispiel in der Liste.
\end{Pilist}
```

11.9.6 Einbinden neuer PostScript-Fonts

Wenn man neue (PostScript-) Fonts und die dafür notwendigen `.fd`-Dateien erstellen möchte, sollte man dafür das Verfahren verwenden, das in Abschnitt 7.7 erklärt wurde. Geeignete Vorlagen für eine Installation großer Schriftfamilien finden sich in `psfonts.fdd` (das sowohl die alte TeX-Kodierung (`OT1`) wie auch die EC-Kodierung (`T1`) abdeckt).

Für eine einzelne Schriftfamilie läßt sich die `.fd`-Datei von Hand erstellen, sofern man die Zeichensatzkodierung kennt. Als Beispiel sei hier auf die Deklarationsdatei `OT1ppl.fd` für Palatino in der alten TeX-Kodierung (`OT1`) eingegangen. Diese hier gezeigte Datei sowie die zugehörigen virtuellen Fonts wurden automatisch mit Hilfe des fontinst Programms von Alan Jeffrey erstellt.

```
%Filename: OT1ppl.fd
%Created by: tex 16778palatino
%Created using fontinst v1.328
%THIS FILE SHOULD BE PUT IN A TEX INPUTS DIRECTORY

\DeclareFontFamily{OT1}{ppl}{}
\DeclareFontShape{OT1}{ppl}{b}{n}{<->pplb7t}{}
\DeclareFontShape{OT1}{ppl}{b}{sc}{<->pplbc7t}{}
\DeclareFontShape{OT1}{ppl}{b}{it}{<->pplbi7t}{}
\DeclareFontShape{OT1}{ppl}{b}{sl}{<->pplbo7t}{}
\DeclareFontShape{OT1}{ppl}{m}{n}{<->pplr7t}{}
\DeclareFontShape{OT1}{ppl}{m}{sc}{<->pplrc7t}{}
\DeclareFontShape{OT1}{ppl}{m}{it}{<->pplri7t}{}
\DeclareFontShape{OT1}{ppl}{m}{sl}{<->pplro7t}{}
```

```
\DeclareFontShape{OT1}{ppl}{bx}{n}{<->ssub * ppl/b/n}{}
\DeclareFontShape{OT1}{ppl}{bx}{sc}{<->ssub * ppl/b/sc}{}
\DeclareFontShape{OT1}{ppl}{bx}{it}{<->ssub * ppl/b/it}{}
\DeclareFontShape{OT1}{ppl}{b}{ui}{<->sub * ppl/b/it}{}
\DeclareFontShape{OT1}{ppl}{bx}{ui}{<->ssub * ppl/b/ui}{}
\DeclareFontShape{OT1}{ppl}{bx}{sl}{<->ssub * ppl/b/sl}{}
\DeclareFontShape{OT1}{ppl}{m}{ui}{<->sub * ppl/m/it}{}
\endinput
```

Nachdem einmal die Schriftfamilie und Kodierung deklariert ist, wird jede Kombination von Schriftserie und Stil mit dem Namen einer `.tfm`-Datei verknüpft. Im Falle von PostScript muß sich der Benutzer nicht darum kümmern, welche Größen verfügbar sind, da diese Fonts auf jede Größe skaliert werden können (daher die <-> Deklarationen in den `\DeclareFontShape`-Befehlen). Der zweite Teil der Datei definiert, was ersatzweise verwendet werden soll, wenn eine Kombination nicht verfügbar sein sollte (fette Kapitälchen, eine fette schräggestellte oder breitfette Schriftserie).

Wenn man selbst ein Paket erstellen möchte, das in der gleichen Weise verwendet werden kann, wie diejenigen, die durch PSNFSS zur Verfügung gestellt werden, sollte man auf die Deklarationsbefehle von NFSS2 zurückgreifen, siehe Kapitel 7. Im folgenden ist der relevante Teil der Datei times dargestellt. Nachdem der serifenlose (Helvetica, `phv`), Roman- (Times-Roman, `ptm`) und der Typewriter- (Courier, `pcr`) Font deklariert wurden, wird »b« (fett) anstelle von »bx« (breitfett) als Voreinstellung für Fettdruck angegeben.

```
\renewcommand{\sfdefault}{phv}% Deklarierung der serifenlosen Schrift
\renewcommand{\rmdefault}{ptm}% Deklarierung des Roman Fonts
\renewcommand{\ttdefault}{pcr}% Deklarierung der Typewriter-Schrift
\renewcommand{\bfdefault}{b}  % verwende 'b' f"ur fett
\endinput
```

11.9.7 Ersetzen aller TEX-Fonts

Mit Hilfe des PSNFSS-Systems ist es relativ einfach, alle Textschriften in einem Dokument durch PostScript-Fonts zu ersetzen.

Man kann natürlich zunächst die `.pk`-Versionen der Computer Modern Schriftfamilie durch ihre kommerziellen Typ-1-Äquivalenten ersetzen, und zwar einfach durch Editieren der dvips-Kontrolldatei `psfonts.map`. Danach kann das Dokument auf allen PostScript-Geräten ohne Qualitätsverlust ausgedruckt werden. Abbildung 11.9 auf Seite 352 zeigt eine Beispielseite mit Computer Modern Schriften.

Eine andere Möglichkeit besteht darin, einen Font wie Times-Roman für den Text zu verwenden (z. B. mittels Verwendung des times-Paketes). Viele Leute kombinieren dies mit den Computer Modern Schriften für Formeln, doch derartige Dokumente erscheinen unausgeglichen, da die typographischen Merkmale von Times-Roman, `cmsy` und `cmmi` recht verschieden sind (cm-Fonts sehen zu dünn aus und haben auch eine andere x-Höhe). Um optisch ansprechendere Ergebnisse zu erzielen, kann man das Fontpaket *mathtime* von Michael Spivak [100] ausprobieren. Diese Schriftfamilie von Typ-1-PostScript-Fonts wurde speziell dafür entwickelt, mathematische Formeln so zu setzen, daß sie mit Text in Times-Roman harmonieren; Abbildung 11.11 auf Seite 354 zeigt eine Beispielseite. Allerdings existiert zur Zeit kein Paket, das die *mathtime*-Fonts vollständig unterstützt.

Des weiteren entwickelte Alan Jeffrey das mathptm-Paket [42], welches die Computer Modern Math Zeichensätze durch Zeichen von Adobe-Times, Symbol und ZapfChancery ersetzt. Das Paket wurde zum Setzen technischer Bücher und Artikel mit Times als Basisschrift entwickelt, kann aber auch gut mit anderen PostScript-Fonts verwendet werden. Da es nur Zeichensätze verwendet, die frei verfügbar sind, können Dokumente, die mit mthptm erzeugt wurden, ohne Verletzung von Lizenzvereinbarungen weiterverteilt werden. Dies ist insbesondere dann wichtig, wenn man PostScript-Dokumente mittels Anonymous-FTP oder www zur Verfügung stellen möchte.

Eine andere Lösung besteht darin, alle TEX-Fonts komplett durch die Lucida Bright- und LucidaNewMath-Fonts zu ersetzen, die von Y&Y [114] vertrieben werden. Diese wurden von Charles Bigelow und Chris Holmes entwickelt. Das Paket besteht aus 22 Typ-1-Fonts mit über 4000 verschiedenen Zeichen. Es umfaßt alle Zeichen, die sowohl von LATEX als auch von AMS-TEX benötigt werden (siehe die Tafeln 8.2 bis 8.18 ab Seite 224), außerdem eine Reihe von zusätzlichen Schriften, wie eine Kalligraphie- und Frakturschrift, sowie natürlich alle normalen TEX-Zeichen. Das lucidbrb- (oder lucidbry-) Paket enthält alle Definitionen für das Setzen des kompletten Dokumentes mit diesen Schriftfamilien; ein Beispiel ist in Abbildung 11.13 auf Seite 356 zu sehen.

Schließlich kann man auch eine Lösung mit METAFONT-Fonts wählen: Abbildung 11.10 auf Seite 353 zeigt die Beispielseite unter Verwendung der Pakete beton und euler, d.h. mit Concrete Roman als Basisschrift und den Euler-Schriften für die Mathematik.

11.10 DCPS – Die Cork-Kodierung mit PostScript-Fonts

Die Adobe PostScript-Fonts enthalten nicht immer alle Zeichen, die zum Drucken von Dokumenten in sämtlichen Sprachen mit lateinischer Schrift notwendig sind. Den meisten Fonts fehlen insbesondere einige der Zeichen der Cork-Kodierung (Tafel 9.1 auf Seite 268).

Die normale Adobe-Zeichensatzkodierung unterscheidet sich ebenfalls von derjenigen, die im Cork-Schema verwendet wird. Man betrachte sich als Beispiel die Kodierung für den PostScript-Font Helvetica (dargestellt in Tafel 11.11). Wie zu sehen ist, fehlen die meisten Zeichen mit Akzenten, wie etwa à oder ü, da diese im Standard Adobe-Kodierungsvektor nicht kodiert sind [2, Seite 598].

Zur Anpassung der Cork-Kodierung müssen die PostScript-Fonts neu kodiert werden. Dies kann man sehr einfach mit Hilfe der virtuellen Fonts durchführen. Die aktuellen Versionen von afm2tfm und dvips enthalten Funktionen zur Neukodierung, so daß alle vorhandenen Zeichen auf direktem Wege ihren Positionen im erweiterten Kodierschema zugewiesen werden können. Das Ergebnis ist in Tafel 11.12 dargestellt.

	00	10	20	30	40	50	60	70	80	90	A0	B0	C0	D0	E0	F0
0				0	@	P	‘	p						—		
1			!	1	A	Q	a	q			¡	–	`		Æ	æ
2			"	2	B	R	b	r			¢	†	´			
3			#	3	C	S	c	s			£	‡	ˆ		ª	
4			$	4	D	T	d	t			⁄	·	˜			
5			%	5	E	U	e	u			¥		¯			ı
6			&	6	F	V	f	v			ƒ	¶	˘			
7			’	7	G	W	g	w			§	•	˙			
8			(	8	H	X	h	x			¤	‚	¨		Ł	ł
9			)	9	I	Y	i	y			'	„			Ø	ø
A			*	:	J	Z	j	z			“	”	˚		Œ	œ
B			+	;	K	[	k	{			«	»	¸		º	ß
C			,	<	L	\	l	|			‹	…				
D			-	=	M	]	m	}			›	‰	˝			
E			.	>	N	^	n	~			fi		˛			
F			/	?	O	_	o				fl	¿	ˇ			

Tafel 11.11: Original Adobe Font-Kodierschema für den Helvetica-Font

	00	10	20	30	40	50	60	70	80	90	A0	B0	C0	D0	E0	F0
0	`	“	␣	0	@	P	‘	p	Ă	Ř	ă	ř	À	■	à	■
1	´	”	!	1	A	Q	a	q	Ą	Ś	ą	ś	Á	Ñ	á	ñ
2	ˆ	„	"	2	B	R	b	r	Ć	Š	ć	š	Â	Ò	â	ò
3	˜	«	#	3	C	S	c	s	Č	Ş	č	ş	Ã	Ó	ã	ó
4	¨	»	$	4	D	T	d	t	Ď	Ť	ď	ť	Ä	Ô	ä	ô
5	˝	–	%	5	E	U	e	u	Ě	Ţ	ě	ţ	Å	Õ	å	õ
6	˚	—	&	6	F	V	f	v	Ę	Ű	ę	ű	Æ	Ö	æ	ö
7	ˇ		’	7	G	W	g	w	Ğ	Ů	ğ	ů	Ç	Œ	ç	œ
8	˘	■	(	8	H	X	h	x	Ĺ	Ÿ	ĺ	ÿ	È	Ø	è	ø
9	¯	ı	)	9	I	Y	i	y	Ľ	Ź	ľ	ź	É	Ù	é	ù
A	˙	▮	*	:	J	Z	j	z	Ł	Ž	ł	ž	Ê	Ú	ê	ú
B	¸	ff	+	;	K	[	k	{	Ń	Ż	ń	ż	Ë	Û	ë	û
C	˛	fi	,	<	L	\	l	|	Ň	IJ	ň	ij	Ì	Ü	ì	ü
D	‚	fl	-	=	M	]	m	}	■	İ	■	¡	Í	Ý	í	ý
E	‹	ffi	.	>	N	^	n	~	Ő	đ	ő	¿	Î	■	î	■
F	›	ffl	/	?	O	_	o	-	Ŕ	§	ŕ	£	Ï	SS	ï	ß

Tafel 11.12: DC TEX Font-Kodierschema mit Helvetica

1 Mehrfachintegrale

`\iiint` und `\iiiint` erzeugen drei und vier Integralzeichen mit gleichmäßigem Zwischenraum, und zwar sowohl im normalen Text, wie z.B. $\iiint\limits_A f(x,y,z)\,dx\,dy\,dz$ und $\iiiint\limits_A f(w,x,y,z)\,dw\,dx\,dy\,dz$, als auch in abgesetzten Formeln.

$$\iiint\limits_A f(x,y,z)\,dx\,dy\,dz \tag{1}$$

$$\iiiint\limits_A f(w,x,y,z)\,dw\,dx\,dy\,dz \tag{2}$$

2 Binomische Ausdrücke

Für binomische Ausdrücke, wie etwa $\binom{n}{k}$ gibt es die Befehle `\binom`, `\dbinom` und `\tbinom`. `\binom` ist eine Kurzform für `\fracwithdelims()[0pt]`.

$$\begin{aligned}\sum_{\gamma\in\Gamma_C} I_\gamma &= 2^k - \binom{k}{1}2^{k-1} + \binom{k}{2}2^{k-2}\\ &\quad + \dots + (-1)^l\binom{k}{l}2^{k-l} + \dots + (-1)^k\\ &= (2-1)^k = 1\end{aligned} \tag{3}$$

3 Split-Formeln

Die `split`-Umgebung erzeugt keine Numerierung, da sie nur innerhalb anderer abgesetzter Formelumgebungen verwendet werden kann, wie etwa `equation`, `align` oder `gather`. Die Formelnummer wird dann von der äußeren Umgebung erzeugt.

$$\begin{aligned}(a+b)^4 &= (a+b)^2(a+b)^2\\ &= (a^2+2ab+b^2)(a^2+2ab+b^2)\\ &= a^4+4a^3b+6a^2b^2+4ab^3+b^4\end{aligned} \tag{4}$$

Abbildung 11.9: Beispiel für eine mit den Computer Modern Fonts gesetzte Seite.

1 Mehrfachintegrale

`\iiint` und `\iiiint` erzeugen drei und vier Integralzeichen mit gleichmäßigem Zwischenraum, und zwar sowohl im normalen Text, wie z.B. $\iiint_A f(x,y,z)\,dx\,dy\,dz$ und $\iiiint_A f(w,x,y,z)\,dw\,dx\,dy\,dz$, als auch in abgesetzten Formeln.

$$\iiint\limits_A f(x,y,z)\,dx\,dy\,dz \tag{1}$$

$$\iiiint\limits_A f(w,x,y,z)\,dw\,dx\,dy\,dz \tag{2}$$

2 Binomische Ausdrücke

Für binomische Ausdrücke, wie etwa $\binom{n}{k}$ gibt es die Befehle `\binom`, `\dbinom` und `\tbinom`. `\binom` ist eine Kurzform für `\fracwithdelims()[0pt]`.

$$\begin{aligned}\sum_{\gamma\in\Gamma_C} I_\gamma &= 2^k - \binom{k}{1}2^{k-1} + \binom{k}{2}2^{k-2} \\ &\quad + \cdots + (-1)^l\binom{k}{l}2^{k-l} + \cdots + (-1)^k \\ &= (2-1)^k = 1\end{aligned} \tag{3}$$

3 Split-Formeln

Die `split`-Umgebung erzeugt keine Numerierung, da sie nur innerhalb anderer abgesetzter Formelumgebungen verwendet werden kann, wie etwa `equation`, `align` oder `gather`. Die Formelnummer wird dann von der äußeren Umgebung erzeugt.

$$\begin{aligned}(a+b)^4 &= (a+b)^2(a+b)^2 \\ &= (a^2+2ab+b^2)(a^2+2ab+b^2) \\ &= a^4+4a^3b+6a^2b^2+4ab^3+b^4\end{aligned} \tag{4}$$

Abbildung 11.10: Beispiel für eine mit den Euler Math Fonts gesetzte Seite.

1 Mehrfachintegrale

`\iiint` und `\iiiint` erzeugen drei und vier Integralzeichen mit gleichmäßigem Zwischenraum, und zwar sowohl im normalen Text, wie z.B. $\iiint\limits_A f(x,y,z)\,dx\,dy\,dz$ und $\iiiint\limits_A f(w,x,y,z)\,dw\,dx\,dy\,dz$, als auch in abgesetzten Formeln.

$$\iiint\limits_A f(x,y,z)\,dx\,dy\,dz \tag{1}$$

$$\iiiint\limits_A f(w,x,y,z)\,dw\,dx\,dy\,dz \tag{2}$$

2 Binomische Ausdrücke

Für binomische Ausdrücke, wie etwa $\binom{n}{k}$ gibt es die Befehle `\binom`, `\dbinom` und `\tbinom`. `\binom` ist eine Kurzform für `\fracwithdelims()[0pt]`.

$$\begin{aligned}\sum_{\gamma\in\Gamma_C} I_\gamma &= 2^k - \binom{k}{1}2^{k-1} + \binom{k}{2}2^{k-2}\\ &\quad + \cdots + (-1)^l\binom{k}{l}2^{k-l} + \cdots + (-1)^k\\ &= (2-1)^k = 1\end{aligned} \tag{3}$$

3 Split-Formeln

Die `split`-Umgebung erzeugt keine Numerierung, da sie nur innerhalb anderer abgesetzter Formelumgebungen verwendet werden kann, wie etwa `equation`, `align` oder `gather`. Die Formelnummer wird dann von der äußeren Umgebung erzeugt.

$$\begin{aligned}(a+b)^4 &= (a+b)^2(a+b)^2\\ &= (a^2+2ab+b^2)(a^2+2ab+b^2)\\ &= a^4+4a^3b+6a^2b^2+4ab^3+b^4\end{aligned} \tag{4}$$

Abbildung 11.11: Beispiel für eine mit den Mathtime Fonts gesetzte Seite.

1 Mehrfachintegrale

\iiint und \iiiint erzeugen drei und vier Integralzeichen mit gleichmäßigem Zwischenraum, und zwar sowohl im normalen Text, wie z.B. $\iiint_A f(x,y,z)\,dx\,dy\,dz$ und $\iiiint_A f(w,x,y,z)\,dw\,dx\,dy\,dz$, als auch in abgesetzten Formeln.

$$\iiint_A f(x,y,z)\,dx\,dy\,dz \tag{1}$$

$$\iiiint_A f(w,x,y,z)\,dw\,dx\,dy\,dz \tag{2}$$

2 Binomische Ausdrücke

Für binomische Ausdrücke, wie etwa $\binom{n}{k}$ gibt es die Befehle \binom, \dbinom und \tbinom. \binom ist eine Kurzform für \fracwithdelims()[0pt].

$$\begin{aligned}\sum_{\gamma\in\Gamma_C} I_\gamma &= 2^k - \binom{k}{1}2^{k-1} + \binom{k}{2}2^{k-2}\\ &\quad + \cdots + (-1)^l\binom{k}{l}2^{k-l} + \cdots + (-1)^k\\ &= (2-1)^k = 1\end{aligned} \tag{3}$$

3 Split-Formeln

Die split-Umgebung erzeugt keine Numerierung, da sie nur innerhalb anderer abgesetzter Formelumgebungen verwendet werden kann, wie etwa equation, align oder gather. Die Formelnummer wird dann von der äußeren Umgebung erzeugt.

$$\begin{split}(a+b)^4 &= (a+b)^2(a+b)^2\\ &= (a^2+2ab+b^2)(a^2+2ab+b^2)\\ &= a^4+4a^3b+6a^2b^2+4ab^3+b^4\end{split} \tag{4}$$

Abbildung 11.12: Beispiel für eine mit dem mathptm-Paket gesetzte Seite.

1 Mehrfachintegrale

\iiint und \iiiint erzeugen drei und vier Integralzeichen mit gleichmäßigem Zwischenraum, und zwar sowohl im normalen Text, wie z. B. $_{A} \; f \; x \; y \; z \;\; dx\,dy\,dz$ und $_{A} \; f \; w \; x \; y \; z \;\; dw\,dx\,dy\,dz$, als auch in abgesetzten Formeln.

$$_{A} \; f \; x \; y \; z \;\; dx\,dy\,dz \tag{1}$$

$$_{A} \; f \; w \; x \; y \; z \;\; dw\,dx\,dy\,dz \tag{2}$$

2 Binomische Ausdrücke

Für binomische Ausdrücke, wie etwa $\genfrac{}{}{0pt}{}{n}{k}$ gibt es die Befehle \binom, \dbinom und \tbinom. \binom ist eine Kurzform für \fracwithdelims()[0pt].

$$
\begin{aligned}
_{C} I \quad 2^{k} \quad \genfrac{}{}{0pt}{}{k}{1} \, 2^{k \;\; 1} \quad \genfrac{}{}{0pt}{}{k}{2} \, 2^{k \;\; 2} \\
1^{\; l} \, \genfrac{}{}{0pt}{}{k}{l} \, 2^{k \;\; l} \qquad\qquad 1^{\; k} \\
2 \quad 1^{\; k} \quad 1
\end{aligned}
\tag{3}
$$

3 Split-Formeln

Die split-Umgebung erzeugt keine Numerierung, da sie nur innerhalb anderer abgesetzter Formelumgebungen verwendet werden kann, wie etwa equation, align oder gather. Die Formelnummer wird dann von der äußeren Umgebung erzeugt.

$$
\begin{aligned}
a \quad b^{\;4} \quad & a \quad b^{\;2} \, a \quad b^{\;2} \\
& a^2 \quad 2ab \quad b^2 \quad a^2 \quad 2ab \quad b^2 \\
& a^4 \quad 4a^3b \quad 6a^2b^2 \quad 4ab^3 \quad b^4
\end{aligned}
\tag{4}
$$

Abbildung 11.13: Beispiel für eine mit den Lucida Math Fonts gesetzte Seite.

Kapitel 12
Indexerstellung

Um Informationen zu einem bestimmten Thema in einem großen Dokument, Buch oder Nachschlagewerk zu erhalten, schlägt man normalerweise das Inhaltsverzeichnis oder, noch häufiger, den Index auf. Aus diesem Grund bildet das Stichwortverzeichnis einen sehr wichtigen Teil eines Dokumentes, nicht zuletzt deshalb, weil die meisten Benutzer erst einmal den Index konsultieren, wenn sie Informationen zu einem bestimmten Thema suchen. Man sollte deshalb einen Index planen und ihn zusammen mit dem Haupttext anlegen. Aus Gründen der Einheitlichkeit ist es sinnvoll, mit den nachfolgend beschriebenen Verfahren im Text spezielle Befehle zu verwenden, um ein bestimmtes Schlüsselwort im gesamten Dokument stets in der gleichen Weise im Text und im Index erscheinen zu lassen.

Dieses Kapitel gibt zunächst einen Überblick über die grundlegenden Befehle zur Indexerstellung. Außerdem erläutert es, welche Werkzeuge zur Verfügung stehen, um ein gut durchdachtes Indexregister zu erzeugen. Das LaTeX-Buch selbst geht nicht sehr detailliert auf die Syntax der Indexeinträge ein. Im *TUGboat* sind jedoch bereits verschiedene Artikel erschienen, die sich mit der Frage der Erstellung eines Index mit TeX oder LaTeX auseinandersetzen. [35, 7, 117, 8, 24, 101, 102]. Die Syntax, die in Abschnitt 12.1 beschrieben ist, wird von *MakeIndex* [61, 20] erkannt, welches das am häufigsten zur Indexerstellung verwendete Programm darstellt. Seine Benutzerschnittstelle wird in den Abschnitten 12.2 und 12.3 beschrieben.

Abschnitt 12.4 bespricht die verschiedenen Zwischenschritte, die zum Setzen eines Index erforderlich sind, und geht dabei näher mehr auf die Formate für die Eingabe- und Ausgabedatei ein, die von *MakeIndex* eingelesen bzw. geschrieben wird. Die Interpretation der Eingabedatei und das Format der Ausgabedatei werden durch Stilparameter festgelegt. Auch diese Parameter werden erläutert. Des weiteren werden einige einfache Beispiele angeführt, um zu zeigen, welchen Einfluß eine Veränderung der Parameter auf das Ergebnis hat.

Der letzte Abschnitt widmet sich schließlich Dokumenten mit mehreren Indexregistern. Zur Illustration wird dazu ein Beispiel angeführt.

Der Prozeß der Indexerstellung wird schematisch in Abbildung 12.1 auf der nächsten Seite dargestellt. In einem Flußdiagramm sind dort die einzelnen Schritte für die Erstellung eines Indexes mit LaTeX und *MakeIndex* aufgeführt.

① Im ersten LaTeX-Lauf wird ein unsortierter Index (`.idx`-Datei) erstellt.

② Der unsortierte Index wird zusammen mit optionalen Stil-Informationen (`.ist`-Datei) als Eingabe für den Stichwortprozessor *MakeIndex* verwendet, der einen alphabetisch sortierten Index (`.ind`-Datei) und eine Protokolldatei (`.ilg`-Datei) generiert.

③ Der Index (`.ind`-Datei) wird von LaTeX eingelesen und bekommt sein endgültiges Erscheinungsbild.

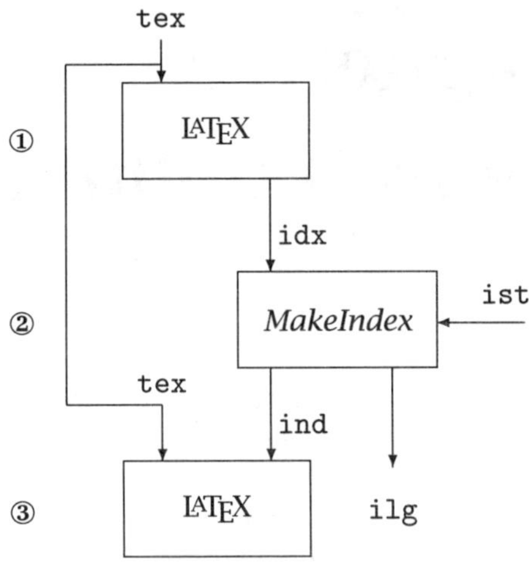

Abbildung 12.1: Flußdiagramm für die Indexerstellung

Abbildung 12.2 auf der nächsten Seite zeigt anhand eines Beispiels die verschiedenen Stufen von der Eingabedatei bis hin zum endgültigen Index. An ihr erkennt man auch, welche Dateien in den Indexerstellungsprozeß einbezogen sind. Abbildung 12.2(a) enthält einige Indexbefehle (`\index`), die in der Quelldatei eines Dokumentes vorkommen. In Abbildung 12.2(b) ist die von LaTeX daraus erstellte, unsortierte Indexdatei `.idx` abgebildet. Durch eine Bearbeitung mit dem Stichwortprozessor *MakeIndex* wird aus ihr eine alphabetisch sortierte Indexdatei `.ind` erzeugt, die zur Angabe des Ausgabeformates LaTeX-Befehle enthält (Abbildung 12.2(c)). Das Endergebnis nach der Formatierung mit LaTeX ist in Abbildung 12.2(d) dargestellt.

LaTeX und *MakeIndex* verwenden zusammen eine Reihe von Markup-Konventionen, um dem Benutzer bei der Bestimmung des exakten Formats des endgültigen Index zu helfen. In Abschnitt 12.1, der die Syntax und Semantik des Argumentes des `\index`-Befehls beschreibt, werden die Voreinstellungen für die Sonderzeichen verwendet (wie sie in den Tafeln 12.1 auf Seite 371 und 12.2 auf Seite 372 beschrieben sind). Da diese Einstellungen speziell für die Belange der englischen Sprache gewählt wurden, sind die Beispiele in diesem Abschnitt in Englisch gehalten. Abschnitt 12.4.1 zeigt dann, wie man diese Zeichen und das formatierte Register an seine eigenen Anforderungen anpassen kann. Insbesondere wird dort gezeigt, wie man *MakeIndex* an die deutschen Eingabekonventionen anpaßt.

12.1 Syntax der Indexeinträge

Dieser Abschnitt befaßt sich mit der Syntax, die standardmäßig zur Erstellung der Indexeinträge mit LaTeX und *MakeIndex* verwendet wird. Nach und nach werden Register mit immer komplexeren Elementen vorgestellt, wobei für jeden Fall sowohl die Eingabedatei als auch das Endergebnis zu sehen sind.

Auf Seite vi:	`\index{animal}`	`\indexentry{animal}{vi}`
Auf Seite 5:	`\index{animal}`	`\indexentry{animal}{5}`
Auf Seite 6:	`\index{animal}`	`\indexentry{animal}{6}`
Auf Seite 7:	`\index{animal}`	`\indexentry{animal}{7}`
Auf Seite 11:	`\index{animalism|see{animal}}`	`\indexentry{animalism|see{animal}}{11}`
Auf Seite 17:	`\index{animal@\emph{animal}}`	`\indexentry{animal@\emph{animal}}{17}`
	`\index{mammal|textbf}`	`\indexentry{mammal|textbf}{17}`
Auf Seite 26:	`\index{animal!mammal!cat}`	`\indexentry{animal!mammal!cat}{26}`
Auf Seite 32:	`\index{animal!insect}`	`\indexentry{animal!insect}{32}`

(a) Die Eingabedatei

(b) Die .idx-Datei

```
\begin{theindex}
  \item animal, vi, 5-7
    \subitem insect, 32
    \subitem mammal
      \subsubitem cat, 26
  \item \emph{animal}, 17
  \item animalism, \see{animal}{11}
  \indexspace
  \item mammal, \textbf{17}
\end{theindex}
```

(c) Die .ind-Datei

animal, vi, 5-7
  insect, 32
  mammal
    cat, 26
animal, 17
animalism, *see* animal

mammal, **17**

(d) Der formatierte Index

Abbildung 12.2: Zwischenschritte bei der Indexerstellung

12.1.1 Einfache Indexeinträge

Jeder `\index`-Befehl bewirkt, daß LaTeX einen Eintrag in die `.idx`-Datei schreibt. Das folgende Beispiel zeigt einige einfache `\index`-Befehle, zusammen mit den Indexeinträgen, die sie generieren. Die Seitenzahl bezieht sich auf die Seite, die den Text enthält, in dem der `\index`-Befehl auftaucht. Wie in untenstehendem Beispiel gezeigt, führen mehrere gleiche Befehle auf derselben Seite (wie etwa `\index{style}` auf Seite 23) nur zu einem Eintrag »23« im Index.

style, 14
style , 16
style, iii, 12
style , 15
style file, 34
styles, 12
Stylist, xi
stylist, 34
stylistic, 23

Auf Seite iii:	`\index{style}`
Auf Seite xi:	`\index{Stylist}`
Auf Seite 12:	`\index{style}`
	`\index{styles}`
Auf Seite 14:	`\index{ style}`
Auf Seite 15:	`\index{style }`
Auf Seite 16:	`\index{ style }`
Auf Seite 23:	`\index{stylistic}`
	`\index{stylistic}`
Auf Seite 34:	`\index{style file}`
	`\index{stylist}`

Ein besonderes Augenmerk richtet sich auf die Art und Weise, wie Leerzeichen behandelt werden. Innerhalb der `\index`-Befehle werden Leerzeichen wortwörtlich in die `.idx`-Datei übernommen und von *MakeIndex* standardmäßig als normale Zeichen betrachtet, die den Buchstaben vorangestellt werden. Man achte im obigen Beispiel auf die `Stil`-Einträge auf Seite 14 und 16. Die Einträge mit den vorangestellten Leerzeichen werden an den Anfang des Index plaziert, und zwar auf zwei verschiedene Zeilen, da das nachgestellte Leerzeichen auf Seite 16 die Zeichenkette um ein Zeichen verlängert. Durch diese Schreibweise entstehen vier verschiedene Einträge für denselben Begriff, ein Effekt, der wahrscheinlich nicht beabsichtigt war. Daher ist es wichtig, diese unerwünschten Leerzeichen zu beseitigen. Als Alternative kann man beim Aufruf des *MakeIndex*-Programms die Option `-c` angeben. Diese Option unterdrückt die Wirkung von voran- und nachgestellten Leerzeichen (siehe Abschnitt 12.3.1). Ein weiterer, zumindest in Sprachen wie Englisch häufig auftretender Fehler ist die uneinheitliche Schreibweise eines Wortes, etwa wechselweise mit kleinem und großem Anfangsbuchstaben (wie z. B. `Stylist` auf Seite `xi`). Sofern die unterschiedliche Schreibweise nicht beabsichtigt ist, sollten diese unerwünschten Doppeleinträge beseitigt werden.

12.1.2 Erstellen von Nebeneinträgen

Mit LaTeX-*MakeIndex* sind bis zu drei Ebenen für Indexeinträge möglich (Haupteinträge, Nebeneinträge und Nebeneinträge zweiter Ordnung). Um solche Einträge zu erstellen, gibt man im Argument des `\index`-Befehls sowohl Haupt- als auch Nebeneinträge durch `!`-Zeichen getrennt an. Dieses Zeichen kann in der *MakeIndex*-Stildatei neu definiert werden (siehe Tafel 12.1 auf Seite 371).

```
box, 21
    dimensions of, 33
    parameters, 5
dimensions
    figure, 12
    rule
        height, 12
        width, 3
    table, 9
```

Auf Seite 3:	`\index{dimensions!rule!width}`
Auf Seite 5:	`\index{box!parameters}`
Auf Seite 9 :	`\index{dimensions!table}`
Auf Seite 12:	`\index{dimensions!rule!height}`
	`\index{dimensions!figure}`
Auf Seite 21:	`\index{box}`
Auf Seite 33:	`\index{box!dimensions of}`

12.1.3 Seitenbereiche und Querverweise

Ein Seitenbereich kann definiert werden, indem man zu Beginn des Bereichs den Befehl `\index{...|(}` angibt und an seinem Ende `\index{...|)}` einfügt. Seitenbereiche sollten innerhalb einer homogenen Seitennumerierung liegen. Zum Beispiel sollte man einen Bereich nicht im Vorwort (mit römischen Seitenzahlen) beginnen und im ersten Kapitel (mit arabischen Seitenzahlen) beenden. *MakeIndex* erzeugt übrigens automatisch nur eine Seitenzahl, wenn die beiden Enden eines Seitenbereichs auf dieselbe Seite fallen, und einzelne Einträge innerhalb eines Bereichs erzeugen keine zusätzliche Seitenzahl.

Auch für den Index können Querverweise erstellt werden. Hierfür wird die Einkapselungsfunktion `see` verwendet. Da von einem `see`-Eintrag keine Seitenzahl erzeugt wird, können die `\index{...|see{...}}`-Befehle in der Eingabedatei nach dem `\begin{document}`-Befehl an jeder beliebigen Stelle plaziert werden. Aus praktischen Erwägungen bietet es sich an, solche Querverweisbefehle an einer Stelle zusammenzufassen.

fonts	Auf Seite ii:	`\index{table|(}`
Computer Modern, 13–25	Auf Seite xi:	`\index{table|)}`
math, *see* math, fonts	Auf Seite 5:	`\index{fonts!PostScript|(}`
PostScript, 5		`\index{fonts!PostScript|)}`
table, ii–xi, 14	Auf Seite 13:	`\index{fonts!Computer Modern|(}`
	Auf Seite 14:	`\index{table}`
	Auf Seite 17:	`\index{fonts!math|see{math, fonts}}`
	Auf Seite 21:	`\index{fonts!Computer Modern}`
	Auf Seite 25:	`\index{fonts!Computer Modern|)}`

12.1.4 Bestimmung der Darstellungsform

Es kann vorkommen, daß ein Eintrag nach einem bestimmten Schlüsselwort sortiert werden soll, im Ausdruck aber eine andere visuelle Repräsentation gewählt werden soll, wie z. B. bei griechischen Buchstaben, mathematischen Zeichen oder besonderen typographischen Zeichen. Dies wird durch die Syntax *schlüssel@darstellung* ermöglicht. Der *schlüssel* legt dabei die Position im Index fest, während die Zeichenkette *darstellung* den formatierten Text des Eintrages generiert.

delta, 14	Auf Seite 5:	`\index{ninety-five}`
, 23	Auf Seite 14:	`\index{delta}`
delta wing, 16	Auf Seite 16:	`\index{delta wing}`
flower, 19	Auf Seite 19:	`\index{flower@\textbf{flower}}`
ninety, 26	Auf Seite 23:	`\index{delta@$\delta$}`
xc, 28		`\index{tabular@\texttt{tabular} environment}`
ninety-five, 5	Auf Seite 26:	`\index{ninety}`
`tabular` environment, 23	Auf Seite 28:	`\index{ninety@xc}`

Bei einigen Indizes sollen bestimmte Seitenzahlen in besonderer Weise formatiert werden, so daß z. B. eine kursive Seitenzahl angibt, daß sich dieser Indexeintrag auf die wichtigste Textstelle zu diesem Begriff bezieht. Ein *n* kann nach einer Seitenzahl beispielsweise angeben, daß der Begriff auf den angegebenen Seiten in einer Fußnote steht. Mit *MakeIndex* kann eine einzelne Seitenzahl nach Belieben individuell formatiert werden, indem man die Syntax der Einkapselungsfunktion ausnutzt, die durch das `|`-Zeichen gekennzeichnet ist. Alles was nach dem `|`-Zeichen angegeben wird, wandelt *MakeIndex* in einen Befehl um, der als Parameter die Seitenzahl bekommt, die zu dem Indexeintrag gehört. Der Befehl `\index{`*schlüssel*`|xxx}` erzeugt z. B. eine Seitenzahl in der Form `\xxx{`*n*`}`, wobei *n* die betreffende Seitenzahl darstellt. In ähnlicher Weise erzeugt der Befehl `\index{`*schlüssel*`|(xxx}` einen Seitenbereich der Form `\xxx{`*n–m*`}`.

Bereits existierende Befehle (wie im nachfolgenden Beispiel `\textit`) oder selbst definierte Befehle können zur Einkapselung von Seitenzahlen verwendet werden. Ein Dokument mit der Befehlsdefinition

```
\newcommand{\nn}[1]{#1n}
```

würde beispielsweise den folgenden Ausdruck erzeugen:

<table>
<tr><td>tabular, ii, 21, 22n</td><td>Auf Seite ii:</td><td><code>\index{tabular|textbf}</code></td></tr>
<tr><td>tabbing, 7, 34–37</td><td>Auf Seite 7:</td><td><code>\index{tabbing}</code></td></tr>
<tr><td></td><td>Auf Seite 21:</td><td><code>\index{tabular|textit}</code></td></tr>
<tr><td></td><td>Auf Seite 22</td><td><code>\index{tabular|nn}</code></td></tr>
<tr><td></td><td>Auf Seite 34:</td><td><code>\index{tabbing|(textit}</code></td></tr>
<tr><td></td><td>Auf Seite 37:</td><td><code>\index{tabbing|)textit}</code></td></tr>
</table>

Die Einkapselungsfunktion `see` stellt einen Spezialfall dieser Funktion dar. Der `\see`-Befehl wird dabei durch das makeidx-Paket vordefiniert.

12.1.5 Ausdruck der *MakeIndex*-Sonderzeichen

Um eines der Zeichen, die für *MakeIndex* eine besondere Bedeutung haben (`!`, `"`, `@` oder `|`), im Index zu setzen, muß diesem ein `"`-Zeichen vorangestellt werden.[1] Dies unterdrückt die Sonderbedeutung des nachfolgenden Zeichens; man spricht davon, daß das Sonderzeichen maskiert ist. Etwas technischer ausgedrückt maskiert ein nicht maskiertes `"` Zeichen das nachfolgende Zeichen, es sei denn, es ist Teil eines |\"-Befehls. Maskierte Zeichen werden wie normale Zeichen behandelt, d.h. sie verlieren ihre besondere Bedeutung. Das `"`, das diesen Zeichen vorangestellt ist, wird vor dem Einsortieren der Indexeinträge entfernt.

<table>
<tr><td>@ sign, 2</td><td></td><td><code>\index{bar@\texttt{"|}|see{vertical bar}}</code></td></tr>
<tr><td>|, see vertical bar</td><td>Auf Seite 1:</td><td><code>\index{quote (\verb+""+)}</code></td></tr>
<tr><td>exclamation (!), 4</td><td></td><td><code>\index{quote@\texttt{""} sign}</code></td></tr>
<tr><td>   Ah!, 5</td><td>Auf Seite 2:</td><td><code>\index{atsign@\texttt{"@} sign}</code></td></tr>
<tr><td>Mädchen, 3</td><td>Auf Seite 3:</td><td><code>\index{maedchen@M\"{a}dchen}</code></td></tr>
<tr><td>quote ("), 1</td><td>Auf Seite 4:</td><td><code>\index{exclamation ("!)}</code></td></tr>
<tr><td>" sign, 1</td><td>Auf Seite 5:</td><td><code>\index{exclamation ("!)!Ah"!}</code></td></tr>
</table>

12.1.6 Weitere Hinweise

Verwendet man einen `\index`-Befehl direkt im Text, wird sein Argument unverändert in die `.idx`-Datei übernommen. Wenn der `\index`-Befehl jedoch im Argument eines anderen Befehls steht, müssen Zeichen, die für TeX eine besondere Bedeutung haben, wie \, gegen das Ersetzen geschützt werden. Dies kann z. B. bei Indizierung von Fußnoten oder in Befehlen, die ihr Argument gleichzeitig in den

1 Wie bereits erwähnt, können die voreingestellten Zeichen, die normalerweise eine besondere Bedeutung haben, auch durch andere Zeichen ersetzt werden. Zum Beispiel ist `"` als Maskierungszeichen für die deutsche Sprache recht ungeeignet. Die Vorgehensweise hierfür ist auf Seite 374 in Abschnitt 12.4.3 erläutert. Dieser Abschnitt enthält ein Beispiel für eine Stildatei, welche die deutsche Sprache unterstützt.

Text und den Index schreiben, Probleme aufwerfen (siehe die Besprechung im nächsten Abschnitt). Robuste Befehle können auch in diesem Fall in dem »@«-Teil des Eintrages verwendet werden, wie z. B. in `\index{Rose@\textit{Rose}}`. Zerbrechliche Befehle müssen jedoch mit dem `\protect`-Befehl geschützt werden.

Wenn das Argument eines Indexbefehls selbst wiederum andere Befehle enthält, wie in `\index{\Prog}`, ist es wahrscheinlich, daß der Eintrag falsch einsortiert wird, da er im Haupttext unter dem Sortierschlüssel `\Prog` einsortiert wird (wobei das Sonderzeichen \ als Anfang des Sortierbegriffs gewertet wird), unabhängig davon, wie der Befehl `\Prog` definiert ist. Wenn man dagegen diesen `\index`-Befehl im Argument eines anderen Befehls verwendet, wird `\Prog` expandiert, d.h. durch seine Definition ersetzt, bevor es in die `.idx`-Datei geschrieben wird, so daß die Plazierung im Stichwortverzeichnis dann vom Ersetzungstext des `\Prog`-Befehls abhängt.

Wie bei jedem Argument eines Befehls, müssen auch beim `\index`-Befehl die geschweiften Klammern ausbalanciert sein. Aufgrund der Eigenschaft des `\index`-Befehls, Zeichen wie `%` oder `\` im Argument zu erlauben,[2] weist die Zuordnung der Klammerpaare hier jedoch eine Anomalie auf: Klammern in Befehlen wie `\{` oder `\}` werden in diesem Fall mitgezählt. Aus diesem Grund erhält man bei Eingabe von `\index{\{}` oder ähnlichem eine Fehlermeldung.

Bei der Sortierung geht *MakeIndex* davon aus, daß Seiten, die mit kleinen römischen Zahlen versehen sind, jenen mit arabischen Zahlen vorangehen, die wiederum vor Seitenangaben mit Buchstaben stehen. Diese Sortierreihenfolge kann jedoch auch verändert werden (siehe den Eintrag `page_precedence` in Tafel 12.2 auf Seite 372).

In der Ausgabe sortiert *MakeIndex* Symbole (d.h. Zeichenfolgen, die mit einem nicht alphanumerischen Zeichen beginnen) vor die Zahlen und diese vor die alphabetischen Einträge. Symbole werden nach ihrem ASCII-Wert sortiert. Bei der Sortierung der Wörter werden Groß- und Kleinbuchstaben gleich behandelt. Bei gleichen Wörtern wird die großgeschriebene Version jedoch der kleingeschriebenen vorangestellt. Zahlen werden in numerischer Reihenfolge sortiert. Leerzeichen werden bei der alphabetischen Sortierung der Einträge als normale Zeichen behandelt, auch bei der Entscheidung, ob zwei Einträge identisch sind (siehe auch das Beispiel auf Seite 360). Angenommen »␣« kennzeichne ein Leerzeichen. Dann ergeben die Befehle `\index{Katze}`, `\index{␣Katze}` und `\index{Katze␣}` drei separate Einträge. Ausgedruckt sind alle drei Einträge normalerweise identisch. In ähnlicher Weise erzeugen `\index{ein␣Leerzeichen}` und `\index{ein␣␣Leerzeichen}` zwei verschiedene Einträge, die im Ausdruck identisch sind. Man sollte deshalb den gedruckten Index auf derartige Doppeleinträge überprüfen. Spezielle Vorsicht ist angebracht, wenn man das Argument von `\index` in der Eingabedatei auf mehrere Zeilen verteilt – dies führt leicht zu zusätzlichen Leerzeichen.

Das showidx-Paket (von Leslie Lamport) hilft dem Benutzer, die Indexeinträge zu verbessern und mögliche Problemfälle zu lokalisieren. Es gibt die Argumente aller `\index`-Befehle im Rand der ausgedruckten Seite aus. Die Abbildungen 12.3 und 12.4 auf Seite 365 zeigen die Eingabe und erzeugte Ausgabe

2 Dies gilt nicht, wenn `\index` im Argument eines anderen Befehls verwendet wird.

eines kleinen LaTeX-Dokumentes, in denen mehrere einfache Möglichkeiten des \index-Befehls zusammen mit der Ausgabe des eingebundenen showidx-Paketes aufgeführt sind. Um die Indexeinträge einheitlich zu gestalten, wurden die Befehle \Com und \Prog definiert und verwendet (siehe dazu den nächsten Abschnitt). Die theindex-Umgebung, die zur Erstellung von Indizes dient, wurde so umdefiniert, daß die Ausgabe auf eine Seite paßt (siehe dazu Abschnitt 12.5).

12.1.7 Einheitlichkeit der Indexeinträge

Wie bereits in der Einleitung erwähnt wurde, ist es sehr wichtig, gleiche Namen oder Befehle im gesamten Dokument immer gleich darzustellen. Dies gilt auch für den Index. Für diesen Zweck kann man sich Benutzerbefehle definieren, mit denen die gleichen Elemente stets in derselben Weise im Text und im Index gesetzt werden.

Beispielsweise kann man den Befehl \Index definieren, dessen Argument gleichzeitig in den Text und in den Index gesetzt wird.

```
\newcommand{\Index}[1]{#1\index{#1}}
```

Wie zu Beginn des vorhergehenden Abschnitts erläutert, muß man darauf achten, daß das Argument eines solchen Befehls keine aktiven Zeichen (d.h. Zeichen, die von LaTeX als Befehle interpretiert werden) oder unerwünschte Leerzeichen enthält. Bei einfachen Begriffen, wie z. B. einzelnen Worten treten in der Regel keine Probleme auf, so daß hierfür dieses Verfahren verwendet werden kann. Man kann sogar einen Schritt weiter gehen und für den Eintrag eine bestimmte Darstellungsform angeben, z. B. um ihn in einer Typewriter-Schrift auszudrucken.

```
\newcommand{\Indextt}[1]{\texttt{#1}\index{#1@\texttt{#1}}
```

Schließlich können mehrere Begriffe auch zusammengefaßt werden, indem man Befehle definiert, die eine generische Bedeutung haben. LaTeX-Befehle und Programmnamen könnten beispielsweise mit speziellen Befehlen wie den folgenden erfaßt werden:

```
\newcommand{\bs}{\symbol{'134}}% Backslash ausdrucken
\newcommand{\Com}[1]{\texttt{\bs#1}\index{#1@\texttt{\bs#1}}}
\newcommand{\Prog}[1]{\texttt{#1}\index{#1@\texttt{#1} Programm}}
```

Der Befehl \Com fügt einen Backslash zum Befehlsnamen hinzu, und zwar sowohl im Text als auch im Index, womit die Eingabe für den Benutzer erleichtert wird. Gleichzeitig werden Befehle im Index nach Namen sortiert, wobei der \ ignoriert wird. In ähnlicher Weise bleibt beim \Prog-Befehl der \texttt-Befehl während des Sortiervorgangs unberücksichtigt, da ansonsten Einträge wie \index{\texttt{*schlüssel*}} und \index{*schlüssel*} zu verschiedenen Einträgen im Index führen würden.

```
\documentclass{article}
\renewcommand{theindex}{...}{...}
\usepackage[german]{babel}
\usepackage{makeidx,showidx}  \makeindex
\newcommand{\bs}{\symbol{'134}}%  Backslash ausdrucken
\newcommand{\Com}[1]{\texttt{\bs#1}\index{#1@\texttt{\bs#1}}}
\newcommand{\Prog}[1]{\texttt{#1}%
                      \index{#1@\texttt{#1} Programm}}
\begin{document}
\section{Erstellen eines Index}
Mit Hilfe des \textsf{showidx}-Paketes k"onnen Benutzer die
Erstellung der Indexeintr"age direkt dort kontrollieren, wo
diese erstellt werden.\par Die Eintr"age werden durch den
\Com{index}-Befehl in das Stichwortverzeichnis eingegeben.
Genauer gesagt wird das Argument des \Com{index}-Befehls
unver"andert in die Hilfsdatei \texttt{idx} geschrieben.
Dies geschieht jedoch nur, wenn der \Com{makeindex}-Befehl
in der Pr"aambel des Dokumentes angeben wurde.

\section{Bearbeiten des Index}
Um Indizes auszudrucken, mu"s zuvor die \texttt{idx}-Datei
mit Hilfe eines externen Programms, wie z.\,B. \Prog{makeindex}
in eine \texttt{ind}-Datei umgewandelt werden.
\begin{verbatim}
makeindex filename
\end{verbatim}

\section{Ausdrucken des Index}
\index{Enddurchlauf}
W"ahrend des Enddurchlaufs kann der Index in das Dokument
eingef"ugt werden, indem an der Textstelle, an welcher der
Index erscheinen soll (normalerweise am Ende des Dokumentes),
ein \Com{printindex}-Befehl gesetzt wird. Dieser Befehl f"ugt
die von \Prog{makeindex} bearbeitete \texttt{ind}-Datei ein,
woraufhin \LaTeX{} die in ihr enthaltenen Daten setzt.
\printindex
\end{document}
```

Abbildung 12.3: Ein Beispiel für den Einsatz von `\index`-Befehlen und des showidx-Paketes. Diese Datei wird zunächst mit LaTeX bearbeitet, danach wird das Programm *MakeIndex* ausgeführt, bevor LaTeX ein zweites Mal aufgerufen wird. Die `theindex`-Umgebung wurde redefiniert, damit sie keine neue Seite beginnt; siehe dazu Abschnitt 12.5.

1 Erstellen eines Index

Mit Hilfe des showidx-Paketes können Benutzer die Erstellung der Indexeinträge direkt dort kontrollieren, wo diese erstellt werden.

Die Einträge werden durch den `\index`-Befehl in das Stichwortverzeichnis eingegeben. Genauer gesagt wird das Argument des `\index`-Befehls unverändert in die Hilfsdatei `idx` geschrieben. Dies geschieht jedoch nur, wenn der `\makeindex`-Befehl in der Präambel des Dokumentes angeben wurde.

index@`\index`
index@`\index`
makeindex@`\makeindex`
makeindex@`makeindex` Programm
Enddurchlauf
printindex@`\printindex`
makeindex@`makeindex` Programm

2 Bearbeiten des Index

Um Indizes auszudrucken, muß zuvor die `idx`-Datei mit Hilfe eines externen Programms, wie z. B. `makeindex` in eine `ind`-Datei umgewandelt werden.

```
makeindex filename
```

3 Ausdrucken des Index

Während des Enddurchlaufs kann der Index in das Dokument eingefügt werden, indem an der Textstelle, an welcher der Index erscheinen soll (normalerweise am Ende des Dokumentes), ein `\printindex`-Befehl gesetzt wird. Dieser Befehl fügt die von `makeindex` bearbeitete `ind`-Datei ein, woraufhin LaTeX die in ihr enthaltenen Daten setzt.

4 Index

1

Abbildung 12.4: Diese Abbildung zeigt den Index, der von der Eingabedatei generiert wurde, die in der linken Abbildung dargestellt ist. Alle Indexeinträge sind im Rand aufgeführt, so daß Fehler und doppelte Einträge leicht entdeckt werden können.

12.2 Bearbeiten der Indexeinträge

12.2.1 Erstellen des unformatierten Indexes

Nachdem die benötigten `\index`-Befehle – wie im vorherigen Abschnitt beschrieben – in das Dokument eingegeben wurden, muß als nächster Schritt der Index erzeugt werden, der dann in einem nachfolgenden Durchlauf wieder in das LaTeX-Dokument eingebunden werden kann.

Für diesen Zweck müssen einige Änderungen in der Hauptdatei vorgenommen werden. Angenommen, die Hauptdatei des Dokumentes hieße `main.tex`, dann müßte diese in folgender Weise verändert werden:

Einbindung des Paketes makeidx mittels eines `\usepackage`-Befehls.

Einfügen eines `\makeindex`-Befehls in die Dokumentenpräambel.

Plazierung eines `\printindex`-Befehls an der Stelle, an welcher der Index ausgedruckt werden soll – üblicherweise am Ende des Dokumentes, direkt vor dem `\end{document}`-Befehl.

Als nächstes ist ein Durchlauf des gesamten Dokumentes mit LaTeX erforderlich, durch den die Datei `main.idx` erzeugt wird, die im folgenden als `.idx`-Datei bezeichnet wird.

12.2.2 Erstellen eines formatierten Index

Um einen formatierten Index aus einer `.idx`-Datei zu erstellen, sollte man das *MakeIndex*-Programm durch Eingabe des folgenden Befehls aufrufen (`main.idx` ist hierbei der Name der Eingabedatei):

```
makeindex main.idx
```

Dies erzeugt die Datei `main.ind`, welche im folgenden `.ind`-Datei genannt wird. Sofern *MakeIndex* keine Fehlermeldungen ausgegeben hat, kann LaTeX für das Dokument erneut aufgerufen werden. Danach erscheint im Dokument das fertig erstellte Indexregister. (Wenn der Index nicht erneut generiert werden soll, kann der `\makeindex`-Befehl entfernt werden.) Beim Auftreten von Fehlermeldungen siehe Seite 369.

Wenn man beim Durchlesen des Index Fehler findet, sollte man diese beheben, indem man die betreffenden `\index`-Befehle im Dokument ändert und die `.ind`-Datei ein zweites Mal erstellt.

Im folgenden ist ein Beispiel für einen *MakeIndex*-Lauf dargestellt. In diesem Beispiel wird die `.idx`-Datei `main.idx` erzeugt, indem LaTeX die Eingabedatei, die in Abbildung 12.3 auf der vorherigen Seite zu sehen ist, bearbeitet. Wie im Beispiel deutlich zu erkennen ist, werden zwei Dateien erstellt, und zwar die sortierte `.ind`-Indexdatei `main.ind`, die als Eingabedatei für LaTeX dient, und die Index-Protokolldatei `.ilg` namens `main.ilg`, die (in diesem Fall) mit der Bildschirmausgabe übereinstimmt. Beim Auftreten von Fehlern sind in der Protokolldatei alle Fehlermeldungen sowie die Nummern der Zeilen aufgeführt, in welchen die Fehler in der Eingabedatei vorgekommen sind. Abbildung 12.4 auf Seite 365 zeigt das Ergebnis des nachfolgenden LaTeX-Durchlaufs.

```
> makeindex main
This is makeindex, portable version 2.13 (beta) [26-Aug-1994].
Scanning input file main.idx....done (7 entries accepted, 0 rejected).
Sorting entries....done (21 comparisons).
Generating output file main.ind....done (18 lines written, 0 warnings).
Output written in main.ind.
Transcript written in main.ilg.
```

12.3 Aufruf des *MakeIndex*-Programms

Im vorangegangenen Abschnitt wurden Beispiele vorgestellt, in denen das *MakeIndex*-Programm stets mit seinen Standardeinstellungen verwendet wurde. Dieser Abschnitt befaßt sich zunächst näher mit dem *MakeIndex*-Programm selbst und erläutert anschließend die verschiedenen Möglichkeiten, diese Einstellungen zu ändern.

12.3.1 Einzelne Optionen des *MakeIndex*-Programms

Im folgenden werden die Optionen des *MakeIndex*-Aufrufs beschrieben.

`makeindex [-ciglqr] [-o` *ind*`] [-p` *no*`] [-s` *sty*`] [-t` *log*`] [`*idx0 idx1* `...]`

`-c` Mit dieser Option werden Leerzeichen komprimiert bzw. ignoriert. Standardmäßig wird im Index-Schlüssel jedes Leerzeichen berücksichtigt. Die `-c`-Option ignoriert führende und angehängte Leerzeichen sowie Tabulatorzeichen und behandelt mehrere aufeinanderfolgende Leerzeichen zwischen den Wörtern als eines.

`-i` UNIX: Verwendung der Standardeingabe (`stdin`) als Eingabedatei. Bei Aktivierung dieser Option ohne gleichzeitige Verwendung von `-o` wird die Ausgabe in die Standardausgabe (`stdout`) geschrieben.

`-g` Für den Index Verwendung der deutschen Sortierreihenfolge gemäß DIN-Norm 5007. In diesem Fall wird die normale Sortierreihenfolge, nach der *MakeIndex* Wörter einordnet (Symbole, Zahlen, Großbuchstaben, Kleinbuchstaben), durch die deutsche Sortierreihenfolge (Symbole, Kleinbuchstaben, Großbuchstaben, Zahlen) ersetzt. Zusätzlich versetzt diese Option *MakeIndex* in die Lage, die deutschen TeX-Befehle `"a`, `"o`, `"u` und `"s` (siehe Abschnitt 9.2.2) bei der Index-Sortierung als `ae`, `oe`, `ue` und `ss` einzuordnen. Das Maskierungszeichen muß in einer Stildatei redefiniert werden (siehe Seite 374); andernfalls wird eine Fehlermeldung ausgegeben, und *MakeIndex* bricht ab. Allerdings ist diese Option erst ab *MakeIndex* Version 2.13 korrekt implementiert.

`-l` Sortierreihenfolge nach Buchstaben. Bei der voreingestellten Sortierreihenfolge werden Leerzeichen vor den Buchstaben des Alphabetes einsortiert. Bei der Sortierreihenfolge nach Buchstaben werden Leerzeichen ignoriert. Dementsprechend werden Indexeinträge wie »Punkt im Raum« und »Punktierung« in beiden Sortierungsarten unterschiedlich einsortiert.

`-q` Dies ist der stille (quiet) Modus. Es werden keine Meldungen auf dem Bildschirm ausgegeben (UNIX: `stderr`). Normalerweise werden Arbeits- und Fehlermeldungen sowohl auf den Bildschirm (`stderr`) als auch zur Protokolldatei gesandt. Die Option `-q` deaktiviert die `stderr`-Meldungen.

`-r` Diese Option deaktiviert die automatische Seitenbereichserzeugung. Standardmäßig werden drei oder mehr aufeinanderfolgende Seiten automatisch zu einem Bereich zusammengefaßt (z. B. 1–5). Durch Angabe von `-r` wird die Funktion deaktiviert, wodurch Seitenbereiche nur noch durch explizite Bereichsoperatoren erzeugt werden.

`-o` *ind* Verwendung von *ind* als Index-Ausgabedatei. Standardmäßig wird der Dateigrundname der ersten Eingabedatei *idx0*, verknüpft mit der Erweiterung `.ind`, als Name für die Ausgabedatei verwendet.

`-p` *nr* Mit dieser Option wird die Nummer der ersten Seite der Index-Ausgabedatei auf *nr* gesetzt. Dies ist dann nützlich, wenn die Indexdatei separat formatiert werden soll. Außer reinen Zahlen sind für *nr* drei Spezialfälle zugelassen, nämlich `any`, `odd` und `even` (alle, gerade und ungerade). In diesen Fällen wird die Nummer der ersten Seite festgelegt, indem die letzte Seitenzahl aus der `.log`-Datei des letzten LaTeX-Laufs ausgelesen wird. Der Name der `.log`-Datei wird bestimmt, indem der Dateigrundname der ersten unformatierten Indexdatei (`idx0`) mit der Erweiterung `.log` verknüpft wird. Die letzte Seite der Quelldatei wird ermittelt, indem in der Protokolldatei von hinten nach vorne nach der ersten in der Datei vorkommenden Zahl gesucht wird, die in eckigen Klammern eingeschlossen ist. Sollte keine Seitenzahl vorhanden sein oder die `log`-Datei nicht gefunden werden, dann wird die erste Seitenzahl nicht gesetzt. Die drei Spezialfälle haben die folgende Bedeutung:

- `any` Nummer der ersten Seite ist um eins größer als die letzte Seite der Quelldatei.
- `odd` Die Nummer der ersten Seite ist die erste ungerade Seite, die der letzten der Quelldatei folgt.
- `even` Die Nummer der ersten Seite ist die erste gerade Seite, die der letzten Seite der Quelldatei folgt.

`-s` *sty* Verwendung von *sty* als Stildatei. Für diese Datei gibt es keine Standardeinstellung. Die Umgebungsvariable `INDEXSTYLE` legt den Suchpfad für die Stildatei fest.

`-t` *log* Verwendung von *log* als Protokolldatei. Standardmäßig wird für den Namen der Protokolldatei der Dateigrundname der ersten Eingabedatei `idx0` verknüpft mit der Erweiterung `.ilg` verwendet.

12.3.2 Fehlermeldungen

MakeIndex gibt auf dem Bildschirm die Anzahl der eingelesenen und geschriebenen Zeilen aus und teilt dem Benutzer mit, wieviele Fehler gefunden wurden. Gleichzeitig zeichnet die Protokolldatei, die standardmäßig die Erweiterung `.ilg` hat, Meldungen auf, die über die Art der Fehler informieren. *MakeIndex* kann Fehlermeldungen erzeugen, wenn es etwas von der `.idx`-Datei liest oder etwas in die `.ind`-Datei überträgt. Jede Fehlermeldung gibt Auskunft über die Art des Fehlers und führt die Nummer der Zeile an, in welcher der Fehler in der Datei auftrat. In der Lesephase bezieht sich die Zeilennummer auf die `.idx`-Datei. Falls die Sonderzeichen redefiniert wurden, zeigen die Fehlermeldungen die neuen Sonderzeichen.

Fehler in der Lesephase

`Extra '!' at position ...`
: Das Argument des `\index`-Befehls enthält mehr als zwei unmaskierte `!`-Zeichen. Eventuell müssen eines oder mehrere von ihnen maskiert werden.

`Extra '@' at position ...`
: Das Argument des `\index`-Befehls enthält zwei oder mehr unmaskierte @-Zeichen ohne trennendes `!`. Eventuell muß eines der @-Zeichen maskiert werden.

`Extra '|' at position ...`
: Das Argument des `\index`-Befehls enthält mehr als ein unmaskiertes `|`-Zeichen. Eventuell sollten die zusätzlichen Zeichen maskiert werden.

`Illegal null field`
: Das Argument des `\index`-Befehls ergibt keinen Sinn, weil irgendeine Zeichenkette leer ist, die nicht leer sein sollte. Die Eingabe `\index{!komisch}` erzeugt beispielsweise diesen Fehler, da sie einen Nebeneintrag »komisch« definiert, ohne einen Haupteintrag zu besitzen. Aus dem gleichen Grunde ist auch die Eingabe `\index{@komisch}` inkorrekt, da sie für den Sortiervorgang einen Leerstring definiert.

`Argument ... too long (max 1024)`
: Das Dokument enthielt einen `\index`-Befehl mit einem sehr langen Argument. Wahrscheinlich wurde die rechte geschweifte Klammer vergessen, die das Argument begrenzen sollte.

Weitere Fehler

MakeIndex kann eine Anzahl anderer Meldungen erzeugen, die auf schwerwiegende Fehler in der `.idx`-Datei hinweisen. Wenn solch ein Fehler ausgegeben wird, bedeutet dies normalerweise, daß die `.idx`-Datei in irgendeiner Weise defekt ist. Wenn LaTeX bei der Erstellung der `.idx`-Datei keine Fehlermeldung generiert hat, ist es sehr unwahrscheinlich, daß eine fehlerhafte `.idx`-Datei erzeugt wurde. Andernfalls sollte die `.idx`-Datei auf die exakte Fehlerursache hin untersucht werden.

Fehler in der Schreibphase

`Unmatched range opening operator`
: Zu einem `\index{...|(}`-Befehl fehlt der zugehörige schließende Befehl `\index{...|)}`. Der Text (angedeutet mit »...«) muß in beiden Befehlen absolut identisch sein.

`Unmatched range closing operator`
: Zu dem `\index{...|)}`-Befehl fehlt der zugehörige öffnende Befehl `\index{...|(}`.

`Extra range opening operator`
: Zwei `\index{...|(}`-Befehle erscheinen im Dokument ohne trennenden `\index{...|)}`-Befehl.

`Inconsistent page encapsulator ... within range`
: *MakeIndex* wurde angewiesen, einen Seitenbereich für einen Eintrag einzufügen sowie eine einzelne Seitenzahl innerhalb dieses Bereiches, die anders formatiert ist – z. B. in einem Befehl wie `\index{Katze|see{Raubkatze}}` zwischen einem `\index{Katze|(}`- und einem `\index{Katze|)}`-Befehl.

`Conflicting entries`
: *MakeIndex* ist der Meinung, daß es dieselbe Seitenzahl auf zwei verschieden Arten formatieren soll – z. B. durch die Befehle `\index{Liebe|see{...}}` und `\index{Liebe}`, die sich auf derselben Seite befinden.

12.4 Anpassen des Index

Bei *MakeIndex* sind die Formate der Ein- und Ausgabedateien nicht festgelegt, sondern können an die Anforderungen einer bestimmten Anwendung angepaßt werden. Um diese Formatunabhängigkeit zu erreichen, wird das *MakeIndex*-Programm von einer Stildatei gesteuert, die normalerweise mit dem Dateityp `.ist` gekennzeichnet ist (siehe auch Abbildung 12.1 auf Seite 358). Diese Datei besteht aus einer Reihe von Schlüsselwort/Wert-Paaren. Die Schlüsselwörter können in Eingabe- bzw. Ausgabeparameter aufgeteilt werden. Tafel 12.1 auf der nächsten Seite beschreibt die verschiedenen Schlüsselwörter und ihre Voreinstellungen für die Interpretation der Eingabedatei (`.idx`). Diese Tafel muß man

<table>
<tr><th>Schlüsselwort</th><th>Voreinstellung</th><th>Beschreibung</th></tr>
<tr><td><code>keyword</code> (S)</td><td><code>"\\indexentry"</code></td><td>Befehl, der MakeIndex mitteilt, daß sein Argument ein Indexeintrag ist.</td></tr>
<tr><td><code>arg_open</code> (C)</td><td><code>'{'</code></td><td>öffnendes Begrenzungszeichen des Argumentes.</td></tr>
<tr><td><code>arg_close</code> (C)</td><td><code>'}'</code></td><td>schließendes Begrenzungszeichen des Argumentes.</td></tr>
<tr><td><code>range_open</code> (C)</td><td><code>'('</code></td><td>öffnendes Begrenzungszeichen, das den Anfang des expliziten Seitenbereichs angibt.</td></tr>
<tr><td><code>range_close</code> (C)</td><td><code>')'</code></td><td>schließendes Begrenzungszeichen, welches das Ende des expliziten Seitenbereichs angibt.</td></tr>
<tr><td><code>level</code> (C)</td><td><code>'!'</code></td><td>Begrenzungszeichen für Nebeneinträge.</td></tr>
<tr><td><code>actual</code> (C)</td><td><code>'@'</code></td><td>Symbol zur Trennung von schlüssel und darstellung.</td></tr>
<tr><td><code>encap</code> (C)</td><td><code>'|'</code></td><td>Symbol, das angibt, daß der Rest des Argumentes als Einkapselungsfunktion für die Seitenzahl verwendet werden soll.</td></tr>
<tr><td><code>quote</code> (C)</td><td>'«</td><td>Maskierungszeichen.</td></tr>
<tr><td><code>escape</code> (C)</td><td><code>'\\'</code></td><td>Symbol, das nur eine Sonderbedeutung besitzt, wenn es direkt vor dem Maskierungszeichen (<code>quote</code>) verwendet wird. In diesem Fall verliert das Maskierungszeichen seine Sonderbedeutung und beide Zeichen werden in die Ausgabedatei übertragen.</td></tr>
<tr><td><code>page_compositor</code> (S)</td><td><code>"</code></td><td>Zeichenkette, die Zahlen in zusammengesetzten Seitenzahlen abtrennt.</td></tr>
</table>

(*S*) Wert ist Typ »Zeichenkette« (String), (*C*) Wert ist Typ »Zeichen« (Char)

Tafel 12.1: Eingabe-Stilparameter für *MakeIndex*

konsultieren, wenn man beispielsweise das Trennzeichen zur Kennzeichnung der Indexebene (`level`, mit `!` als Voreinstellung) verändern möchte. Die Tafeln 12.2 und 12.3 auf den nächsten Seiten beschreiben die Schlüsselwörter und ihre Voreinstellungen, mit denen die Übersetzung der Eingabedaten in LaTeX-Befehle gelenkt wird. Hier findet man Hinweise, wie die verschiedenen Ebenen (mit Hilfe diverser `item`-Schlüsselworte) formatiert werden. In Beispielen wird näher beschrieben, wie diese verschiedenen Schlüsselworte der Eingabe- und Ausgabedatei in der Praxis verwendet werden können.

MakeIndex verwendet die Syntax von UNIX-Zeichenketten in der Stildatei. Aus diesem Grund muß man zwei `\\` eingeben, um in der Ausgabedatei letztlich ein `\` ausgedruckt zu erhalten. Werte der Schlüsselworte vom Typ »Zeichen« (*C*) müssen in »`'`« eingeschlossen werden, solche vom Typ Zeichenkette (*S*) in »`"`«. Die Zeichen »`\t`« stehen für ein Tabulatorzeichen, »`\n`« erzeugt eine neue Zeile.

12.4.1 Beispiele für Indexstildateien

In den folgenden Abschnitten wird gezeigt, wie das Stichwortverzeichnis angepaßt werden kann, indem lediglich die Standardeinstellungen der Parameter, welche die Indexerstellung steuern, ein wenig verändert werden.

Schlüsselwort	*Standardwert*	*Beschreibung*
Kontext		
`preamble` (*S*)	`"\\begin{theindex}\n"`	Präambelbefehle, die dem Index vorangestellt sind.
`postamble` (*S*)	`"\n\n\\end{theindex}\n"`	Postambelbefehle, die dem Index folgen.
`setpage_prefix` (*S*)	`"\n\\setcounter{page}{"`	Start des Befehls, mit dem die Nummer der ersten Seite festgelegt wird.
`setpage_suffix` (*S*)	`"}\n"`	Zugehöriger Suffix.
Neue Buchstaben- Symbolgruppe		
`group_skip` (*S*)	`"\n\n\\indexspace\n"`	Befehle, die zwischen zwei Gruppen eingefügt werden.
`heading_prefix` (*S*)	`""`	Präfix für die Überschrift einer neuen Gruppe.
`heading_suffix` (*S*)	`""`	Suffix für die Überschrift einer neuen Gruppe.
`headings_flag` (*N*)	`0`	Der Wert `flag=0` führt zu keiner zusätzlichen Einfügung vor den einzelnen Gruppen; ein Wert von `flag>0` (`<0`) fügt den Groß/(Klein)buchstaben - umgeben von `heading_prefix` und (`heading_suffix` - ein, der die neue Gruppe charakterisiert, bzw. bei Symbolen und Ziffern eine der folgenden Zeichenketten.
`symhead_positive` (*S*)	`"Symbols"`	Überschrift vor der Gruppe der Symbole, wenn `heading_flag` positiv ist.
`symhead_negative` (*S*)	`"symbols"`	Überschrift vor der Gruppe der Symbole, wenn `heading_flag` negativ ist.
`numhead_positive` (*S*)	`"Numbers"`	Überschrift vor der Gruppe der Ziffern, wenn `heading_flag` positiv ist.
`numhead_negative` (*S*)	`"numbers"`	Überschrift vor der Gruppe der Ziffern, wenn `heading_flag` negativ ist.
Haupt- und Nebeneinträge		
`item_0` (*S*)	`"\n\\item "`	Befehle, die vor jedem Haupteintrag eingefügt werden.
`item_1` (*S*)	`"\n \\subitem "`	dito für Einträge der Ebene 1, wenn der vorangegangene Eintrag auf Ebene ≥ 1 (d.h. kein Haupteintrag) war.
`item_2` (*S*)	`"\n  \\subsubitem "`	dito für Einträge der Ebene 2, mit vorangegangenem Eintrag auf Ebene ≥ 2.
`item_01` (*S*)	`"\n \\subitem "`	Befehle vor Einträgen der Ebene 1, beginnend bei Ebene 0.
`item_12` (*S*)	`"\n  \\subsubitem "`	dito für Einträge der Ebene 2, beginnend bei Ebene 1.
`item_x1` (*S*)	`"\n \\subitem "`	Befehle, die vor Einträgen der Ebene 1 eingefügt werden, wenn der vorherige Eintrag keine Seitenzahl hat.
`item_x2` (*S*)	`"\n  \\subsubitem "`	dito für Einträge der Ebene 2.

»`\n`«, »`\t`« erzeugen »neue Zeile« und »Tab«; (*S*) Wert vom Typ »Zeichenkette«, (*N*) Wert vom Typ »Zahl«

Tafel 12.2: Stilparameter der Ausgabedatei für *MakeIndex*

Schlüsselwort	*Standardwert*	*Beschreibung*
Trennungszeichen und Suffixe		
delim_0 (*S*)	", "	Trennungszeichen bzw. Befehle zwischen Eintrag und erster Seitenzahl auf Ebene 0.
delim_1 (*S*)	", "	dito für Ebene 1.
delim_2 (*S*)	", "	dito für Ebene 2.
delim_n (*S*)	", "	Trennungszeichen zwischen verschiedenen Seitenzahlen.
delim_t (*S*)	""	Zeichen nach der letzten Seitenzahl eines Eintrags.
delim_r (*S*)	"--"	Kennzeichnungszeichen für einen Seitenbereich.
suffix_p2 (*S*)	""	Falls nicht »leer«, werden Seitenbereiche der Länge 2 durch die erste Seitenzahl gefolgt von suffix_p2 ersetzt.
suffix_p3 (*S*)	""	dito für Seitenbereiche der Länge 3.
suffix_pm (*S*)	""	dito für Seitenbereiche der Länge >3.
Einkapselungsfunktion für Seitenzahlen		
encap_prefix (*S*)	"\\"	Präfix, das vor der Einkapselungsfunktion der Seiten verwendet wird.
encap_infix (*S*)	"{"	Infix, das für die Einkapselungsfunktion der Seiten verwendet wird.
encap_suffix (*S*)	"}"	Suffix, das für die Einkapselungsfunktion der Seiten verwendet wird.
Reihenfolge der Seiten		
page_precedence (*S*)	"rnaRA"	Reihenfolge der Seiten: a, A bedeutet alphabetische Klein-/Großbuchstaben, n Zahlen; r und R klein- und großgeschriebene römische Ziffern.
Zeilenumbruch		
line_max (*N*)	72	maximale Länge einer Zeile der Ausgabedatei.
indent_space (*S*)	"\t\t"	Befehle zum Einrücken umgebrochener Zeilen.
indent_length (*N*)	16	Länge der Einrückung für umgebrochene Zeilen.

»\n«, »\t« erzeugen »neue Zeile« und »Tab«; (*S*) Wert vom Typ »Zeichenkette«, (*N*) Wert vom Typ »Zahl«

Tafel 12.3: Stilparameter der Ausgabedatei für *MakeIndex*

12.4.2 Unabhängiger Index

Die im folgenden dargestellte Stildatei mybook.ist definiert einen unabhängigen Index für ein Buch. Unabhängig bedeutet hier, daß die Datei separat formatiert werden kann. Dies kann sinnvoll sein, wenn der Eingabetext des Buches »eingefroren« ist (d.h. die Seitenzahlen ändern sich nicht mehr) und man nur den Index neu formatieren möchte.

```
% MakeIndex-Stildatei mybook.ist
preamble
"\\documentclass[12pt]{book}
\\begin{document}
\\begin{theindex}\n"
postamble
"\n\n\\end{theindex}
\\end{document}\n"
```

Angenommen, die unformatierten Indexbefehle befänden sich in der Datei mybook.idx, dann kann man *MakeIndex* unter Angabe des Namens der Stildatei folgendermaßen aufrufen:

```
makeindex  -s mybook.ist -o mybookind.tex mybook
```

Hier wurde bewußt kein Standardname für die Ausgabe der Quelldatei gewählt, um zu vermeiden, daß die Dokumentenausgabedatei (wahrscheinlich mybook.dvi) zerstört wird. Wenn der Index sich in der Datei mybook.ind befindet, wird das formatierte Ergebnis ebenfalls in mybook.dvi ausgegeben, womit die originale .dvi-Datei überschrieben wird.

Um mit dem Index auf der richtigen Seite zu beginnen, kann man zusätzlich noch die Seitenzahl angeben, auf welcher der Index beginnen soll (z. B. 181 in folgendem Beispiel).

```
makeindex  -s mybook.ist  -o mybookind.tex -p 181  mybook
```

MakeIndex kann auch die LaTeX-Protokolldatei mybook.log lesen, um die Seitennummer zu ermitteln, an welcher der Index beginnen soll (siehe dazu die Option -p, die auf Seite 367 beschrieben ist).

12.4.3 Ändern der Sonderzeichen

Das nächste Beispiel zeigt, wie man die Interpretation von Sonderzeichen in der Eingabedatei verändern kann. Zu diesem Zweck müssen die neuen Sonderzeichen in einer Stildatei festgelegt werden (z. B. wie in der unten dargestellten Beispieldatei german.ist). Mit Hilfe der Tafel 12.1 auf Seite 371 wurde im folgenden Beispiel das @-Zeichen (siehe Seite 361) durch das =-Zeichen ersetzt, das Ebenentrennzeichen ! (siehe Seite 360) durch > und das "-Zeichen (siehe Seite 362) durch ! (das Standardebenentrennzeichen).

```
% MakeIndex-Stildatei german.ist
actual '='      % = anstelle des Standardzeichens @
quote '!'       % !                               "
level '>'       % >                               !
```

Diese oder eine vergleichbare Stildatei ermöglicht es, die Eingabekonventionen des Paketes german (bzw. der Option german im babel-Paket) auch im Index zu nutzen. Da bei Verwendung dieser Stildatei das "-Zeichen keine Sonderbedeutung mehr besitzt, erzeugt z. B. \index{"Uberschrift} den Indexeintrag »Überschrift« und nicht etwa »Uberschrift«. Man sollte aber nicht vergessen, *MakeIndex* mit der Option -g zu starten, da andernfalls Wörter mit Umlauten an der falschen Stelle einsortiert werden.

Im nächsten Beispiel werden die neuen Sonderzeichen verwendet. An diesem Beispiel wird auch eine weitere Eigenschaft des Sortiermechanismus von *MakeIndex* deutlich, nämlich daß inkonsistente Erzeugung von Umlauten (z. B. Verwenden von sowohl "a als auch \"a oder \"{a}) zu Doppeleinträgen führt.

Solche Eingaben erzeugen verschiedene Einträge, obwohl die Ausgabe identisch ist (im Beispiel `Br"ucke` und `Br\"ucke`). Dies gilt auch dann, wenn der Sortierbegriff identisch ist, wie bei den zwei Einträgen mit Sortierbegriff `Maedchen` zu erkennen ist. Daher ist es wichtig, im gesamten Dokument stets dieselbe Eingabekonvention zu verwenden.

"-Zeichen, 1
=-Zeichen, 2
@-Zeichen, 2
Ausruf (!), 4
    Ah!, 5
Brücke, 5
Brücke, V
Brücke, v
Mädchen, c
Mädchen, 3
Maße
    Linie
        Breite, 3

Auf Seite 1:	`\index{\texttt{"}-Zeichen}`
Auf Seite 2:	`\index{\texttt{@}-Zeichen}`
Auf Seite 2:	`\index{\texttt{!=}-Zeichen}`
Auf Seite 3:	`\index{Maedchen=M\"{a}dchen}`
Auf Seite c:	`\index{Maedchen=M"adchen}`
Auf Seite v:	`\index{Bruecke=Br"ucke}`
Auf Seite 5:	`\index{Br"ucke}`
Auf Seite V:	`\index{Br\"ucke}`
Auf Seite 3:	`\index{Ma"se>Linie>Breite}`
Auf Seite 4:	`\index{Ausruf (!!)}`
Auf Seite 5:	`\index{Ausruf (!!)>Ah!!}`

12.4.4 Ändern des Ausgabeformates

Auch das Ausgabeformat des Index kann man selbst gestalten. Als erstes könnte man z. B. einen Index erstellen, in dem jede Buchstabengruppe von der nächsten durch einen großen Buchstaben getrennt ist. Dieses Ergebnis kann man mit der unten aufgeführten Stildatei `myhead.ist` erreichen (siehe Tafel 12.2 auf Seite 372 für nähere Angaben). Das Resultat dieser Maßnahme ist in Abbildung 12.5 auf der nächsten Seite dargestellt.

```
% MakeIndex-Stildatei myhead.ist
heading_prefix "{\\bfseries\\hfil "      % vor Buchstabe einf"ugen
heading_suffix "\\hfil}\\nopagebreak\n" % nach Buchstabe einf"ugen
symhead_positive "Symbole"              %
numhead_positive "Zahlen"               %
headings_flag       1                   % "Uberschriften einschalten
                                        % (Gro"sbuchstaben)
```

Ein weiterer Schritt könnte die Ausrichtung der Seitenzahlen am rechten Rand sein, wobei zwischen dem Text und der Seitenangabe Punkte eingefügt werden, die das Auge leiten. Ein Beispiel hierfür ist in Abbildung 12.6 auf der nächsten Seite zu sehen. Diese Ausgabe ist durch Hinzufügen der folgenden Befehle realisierbar:

```
% MakeIndex-Stildatei myright.ist
delim_0    "\\dotfill "
delim_1    "\\dotfill "
delim_2    "\\dotfill "
```

Der LaTeX-Befehl `\dotfill` kann durch ausgefallenere Befehle ersetzt werden, das Prinzip bleibt jedoch dasselbe.

Symbole

@-Zeichen, 2

B

Box, 21
    Maße der, 33
    Parameter, 5

F

Fonts
    Computer Modern, 21
    PostScript, 5

L

Linie
    Breite, 41
    Tiefe, 33, 48

M

Maße
    Abbildung, 17
    Linie
        Breite, 3
        Höhe, 12
    Tabelle, 9

Auf Seite 2:	`{\texttt{"@}-Zeichen}`
Auf Seite 3:	`{Ma"se!Linie!Breite}`
Auf Seite 5:	`{Box!Parameter}`
	`{Fonts!PostScript}`
Auf Seite 9:	`{Ma"se!Tabelle}`
Auf Seite 12:	`{Ma"se!Linie!H"ohe}`
Auf Seite 17:	`{Ma"se!Abbildung}`
Auf Seite 21:	`{Box}`
	`{Fonts!Computer Modern}`
Auf Seite 33:	`{Box!Ma"se der}`
	`{Linie!Tiefe}`
Auf Seite 41:	`{Linie!Breite}`
Auf Seite 48:	`{Linie!Tiefe}`

Abbildung 12.5: Überschriften im Index

@ sign 2
Box 21
    Maße der 33
    Parameter 5
Fonts
    Computer Modern 21
    PostScript 5
Linie
    Breite 41
    Tiefe 33, 48
Maße
    Abbildung 17
    Linie
        Breite............3
        Höhe 12
    Tabelle 9

Auf Seite 2:	`{\texttt{"@}-Zeichen}`
Auf Seite 3:	`{Ma"se!Linie!Breite}`
Auf Seite 5:	`{Box!Parameter}`
	`{Fonts!PostScript}`
Auf Seite 9:	`{Ma"se!Tabelle}`
Auf Seite 12:	`{Ma"se!Linie!H"ohe}`
Auf Seite 17:	`{Ma"se!Abbildung}`
Auf Seite 21:	`{Box}`
	`{Fonts!Computer Modern}`
Auf Seite 33:	`{Box!Ma"se der}`
	`{Linie!Tiefe}`
Auf Seite 41:	`{Linie!Breite}`
Auf Seite 48:	`{Linie!Tiefe}`

Abbildung 12.6: Punktlinien im Index

12.4.5 Arbeiten mit zusammengesetzten Seitenzahlen

Wie bereits beschrieben akzeptiert *MakeIndex* fünf elementare Arten von Seitenzahlen: Ziffern, Groß- und Kleinbuchstaben sowie groß- und kleingeschriebene römische Zahlen. Daneben können aber auch (eingeschränkt) zusammengesetzte Seitenzahlen verarbeitet werden. Das Trennzeichen für zusammengesetzte Seitenzahlen wird durch das *MakeIndex*-Schlüsselwort `page_compositor` festgelegt (das Standardzeichen ist der Trennstrich (`-`); siehe Tafel 12.1 auf Seite 371). Die Sortierreihenfolge der verschiedenen Arten von Seitenzahlen wird dagegen durch das Schlüsselwort `page_precedence` bestimmt (die voreingestellte Reihenfolge ist `rnaRA`; siehe Tafel 12.2 auf Seite 372).

Das erste Beispiel befaßt sich zunächst mit einfachen Seitenzahlen. Angenommen die Seiten mit den Nummern `ii`, `iv`, `1`, `2`, `5`, `a`, `c`, `A`, `C`, `II` und `IV` enthalten einen `\index`-Befehl mit dem Inhalt `Stil`. Dieser Begriff würde im Index dann folgendermaßen gesetzt werden:

Stil, ii, iv, c, 1, 2, 5, a, II, IV, C, A

Wie man sehen kann, wurden hier die Einträge `c` und `C` als römischen Zahlen betrachtet, und nicht etwa als Buchstaben. Diese bedeutet, daß man als Argument zu `\pagenumbering` nicht gleichzeitig `alph` und `roman` (bzw. `Alph` und `Roman`) in einem Dokument verwenden sollte, wenn man dessen Index mit *MakeIndex* aufbereiten will (`roman` und `Alph` oder `Roman` und `alph` kann aber kombiniert werden).

Die Sortierreihenfolge kann mit Hilfe des Schlüsselwortes `page_precedence` verändert werden. Numeriert man etwa das Vorwort mit großen römischen Zahlen, sollte man eine Stildatei verwenden die z. B. folgenden Eintrag enthält:

```
page_precedence "rRnaA"
```

Eine erneute Bearbeitung obigen Indexeinträge mit *MakeIndex* ergibt nun:

Stil, ii, iv, c, II, IV, C, 1, 2, 5, a, A

was aber immer noch eine falsche Einordnung von »c« und »C« zeigt.

Unter Umständen sind die Seiten eines Dokumentes kapitelweise numeriert, mit vorangestellter Kapitelnummer. Dazu muß der Zähler im `\chapter`-Befehl auf eins (nicht null!) zurückgesetzt und `\thepage` z. B. folgendermaßen geändert werden: `\renewcommand{\thepage}{\thechapter--\arabic{page}}`

In einem solchen Dokument kann man `\pagenumbering` nicht verwenden, da dieser Befehl seinerseits `\thepage` verändert.

So generierte Seitenzahlen werden von *MakeIndex* in Standardeinstellung abgewiesen, da sie zusammengesetzt sind, als Trennzeichen aber nicht ein einzelnes »`-`« benutzt wurde. Um sie zu verarbeiten, muß deshalb das Schlüsselwort `page_compositor` folgendermaßen geändert werden:

```
page_compositor "--"
```

Angenommen, es befände sich ein Verweis auf das Wort `Stil` auf den folgenden Seiten: `iv`, `vii`, `1--3`, `1--4`, `2--7`, `3--2`, `3--3`, `3--4`, `3--5`, `A--4`, `A--11`, und `B--5`. Nach einen Durchlauf mit *MakeIndex* wird folgender sortierter Eintrag im Indexregister ausgegeben:

Stil, iv, vii, 1-3, 1-4, 2-7, 3-2-3-5, A-4, A-11, B-5

Dadurch, daß ein Seitenbereich normalerweise auch durch »`--`« gekennzeichnet wird, ergibt sich die merkwürdig anmutende Kombination 3-2-3-5. Abhilfe schafft hier entweder der Verzicht auf Seitenbereiche (Option `-r`), die Redefinierung von `delim_r` z. B. auf »`\\ldots{}`« oder die Verwendung der Schlüsselwörter `suffix_2p`, `suffix_3p` und `suffix_mp` wie z. B.:

```
page_compositor "--"
suffix_2p       "$^{+}$"
suffix_mp       "$^{++}$"
```

Als Resultat erhalten wir jetzt: Stil, iv, vii, $1\text{-}3^{+}$, 2-7, $3\text{-}2^{++}$, A-4, A-11, B-5

12.4.6 Glossareinträge

Zur Erstellung von Glossaren verfügt LaTeX über einen Befehl namens `\glossary`. Der `\makeglossary`-Befehl erzeugt eine Datei mit der Erweiterung `.glo`, die der `.idx`-Datei für die `\index`-Befehle ähnelt. In der gleichen Weise, wie LaTeX `\index`-Befehle in `\indexentry`-Einträge umwandelt, übersetzt LaTeX die `\glossary`-Befehle in `\glossaryentry`-Einträge.

MakeIndex kann diese Glossarbefehle ebenfalls handhaben; jedoch müssen die Werte einiger Schlüsselworte in einer Stildatei geändert werden.

```
% MakeIndex-Stildatei myglossary.ist
keyword   "\\glossaryentry"                 % Glossareintrag
preamble  "\n \\begin{theglossary}\n"       % Anfang des Glossars
postamble "\n\n \\end{theglossary}\n"       % Ende des Glossars
```

Zusätzlich muß man eventuell eine passende `theglossary`-Umgebung definieren.

12.5 Verändern des Layouts

Die Umgebung `theindex`, die standardmäßig zum Ausdrucken des Stichwortverzeichnisses verwendet wird, kann redefiniert werden. Das Layout der `theindex`-Umgebung sowie die Definitionen der Befehle `\item`, `\subitem` und `\subsubitem` sind in den Klassendateien article, book und report definiert.

Anstelle von zwei Spalten kann ein Index auch dreispaltig formatiert werden. Für diesen Zweck kann man das multicol-Paket und die `multicols`-Umgebung verwenden.

```
\renewenvironment{theindex}{\newpage
     \addcontentsline{toc}{chapter}{\indexname}%
     \pagestyle{plain} \setlength{\parindent}{0pt}%
     \renewcommand{\item}{\@idxitem}%
     \begin{multicols}{3}[{\Large\bfseries\indexname}]\par\bigskip}
    {\end{multicols}}
```

Zunächst wird ein Seitenumbruch erzeugt. Anschließend wird das Indexregister als Kapitelüberschrift in das Inhaltsverzeichnis .toc eingetragen und der Seitenstil auf plain umgeschaltet. Danach wird jeglicher Einzug unterdrückt, der \item-Befehl für die Erstellung der Indexeinträge redefiniert[3] und die Einträge mit Hilfe der multicols-Umgebung in drei Spalten gesetzt.

12.5.1 Mehrere Indexregister

Das multind-Paket (von F.W. Long) definiert die Befehle \makeindex, \index und \printindex neu, so daß mehrere Indexregister erzeugt werden können. Es erreicht dieses, indem es den Dateinamen des Index als zusätzliches Argument verwendet.

\makeindex{*indexname*} \index{*indexname*}{*eintrag*} \printindex{*indexname*}{*indextitel*}

Beim ersten Mal, wenn die in Abbildung 12.7 auf der nächsten Seite dargestellte Datei mit LaTeX formatiert wird, erzeugt sie die Dateien A.idx und B.idx. Diese Dateien müssen in die entsprechenden .ind-Dateien umgewandelt werden, indem beide .idx-Dateien mit *MakeIndex* bearbeitet werden.

```
> makeindex -g A
This is makeindex, portable version 2.13 (beta) [26-Aug-1994].
Scanning input file A.idx....done (6 entries accepted, 0 rejected).
Sorting entries....done (19 comparisons).
Generating output file A.ind....done (19 lines written, 0 warnings).
Output written in A.ind.
Transcript written in A.ilg.
```

In gleicher Weise wird die Datei B.idx bearbeitet. Nach einem weiteren LaTeX-Lauf erhält man die in Abbildung 12.8 auf der nächsten Seite gezeigte Ausgabe. Auch in diesem Beispiel wurde eine redefinierte theindex-Umgebung verwendet, die der in Abschnitt 12.5 vorgestellten ähnelt, allerdings ohne Seitenumbruch und ohne Überschrift. Letztere werden durch das zweite Argument des neu definierten \printindex-Befehls generiert.

3 Der Befehl \@idxitem wird in den Klassendateien für die Verwendung im Index definiert.

```
\documentclass{article}
\usepackage[german]{babel}   \usepackage{multind}

\renewcommand{\printindex}[2]{\section*{#2}\input{#1.ind}}
\newcommand{\bs}{\symbol{'134}}% Backslash ausdrucken
\newcommand{\Com}[1]
  {\texttt{\bs#1}\index{A}{#1@\texttt{\bs#1}}}
\newcommand{\Prog}[1]
  {\texttt{#1}\index{A}{#1@\texttt{#1} Programm}}
\renewenvironment{theindex}{...}{...}
\makeindex{A}\makeindex{B}
\begin{document}
\section{Erstellen von mehreren Indexregistern}
   Unter Verwendung des Paketes
\textsf{multind}\index{B}{multind-Paket} k"onnen Benutzer
Daten in mehrere Stichwortverzeichnisse Indizes eingeben.
Die Befehle \Com{makeindex} und \Com{index} wurden so
ver"andert, da"s mehrere Indizes erstellt werden
k"onnen. In beiden F"allen ist der erste Parameter der
Indexname.\index{B}{Indexname}

\section{Neuer \Prog{printindex}-Befehl}
   Wenn man in einem Dokument ein Stichwortverzeichnis
einf"ugen m"ochte, sollte man jede Datei mit dem
\Prog{makeindex}-Programm bearbeiten.\index{B}{Noch ein
Eintrag f"ur B}
\begin{verbatim}
makeindex A
makeindex B
\end{verbatim}
Der modifizierte \Com{printindex}-Befehl erm"oglicht dem
Benutzer, mehrere Indexregister zu erstellen.  Der erste
Parameter gibt den Indexnamen an, der zweite Parameter
steht f"ur den Indextitel (wie ausgedruckt).  Weiterer
Text\index{B}{Eintrag Index B}.  Der letzte
Satz\index{A}{Ende Index A}\index{B}{Ende Index B}.

\printindex{A}{Befehle und Programme}
\printindex{B}{Andere Begriffe}
\end{document}
```

Abbildung 12.7: Mehrere Indexregister mit multind (Eingabe)

1 Erstellen von mehreren Indexregistern

Unter Verwendung des Paketes multind können Benutzer Daten in mehrere Stichwortverzeichnisse Indizes eingeben. Die Befehle `\makeindex` und `\index` wurden so verändert, daß mehrere Indizes erstellt werden können. In beiden Fällen ist der erste Parameter der Indexname.

2 Neuer `printindex`-Befehl

Wenn man in einem Dokument ein Stichwortverzeichnis einfügen möchte, sollte man jede Datei mit dem `makeindex`-Programm bearbeiten.

```
makeindex A
makeindex B
```

Der modifizierte `\printindex`-Befehl ermöglicht dem Benutzer, mehrere Indexregister zu erstellen. Der erste Parameter gibt den Indexnamen an, der zweite Parameter steht für den Indextitel (wie ausgedruckt). Weiterer Text. Der letzte Satz.

Befehle und Programme

Ende Index A, 1

`\index`, 1

`\makeindex`, 1

`makeindex` Programm, 1

`\printindex`, 1
`printindex` Programm, 1

Andere Begriffe

Eintrag Index B, 1
Ende Index B, 1

Indexname, 1

multind-Paket, 1

Noch ein Eintrag für B, 1

1

Abbildung 12.8: Mehrere Indexregister mit multind (Resultat)

12.5.2 Neuimplementierung der Indexbefehle

Das index-Paket (von David Jones) erweitert die Möglichkeiten von LaTeXs Indizierungsverfahren in verschiedenen Bereichen:

1. Mehrere Indexregister werden unterstützt.
2. Für die Erstellung von unformatierten Indexdateien (wie etwa der `.idx`-Datei) wird ein zweistufiger Prozeß verwendet, der demjenigen ähnelt, mit welchem die `.toc`-Datei erzeugt wird. Zunächst werden die Indexeinträge in die `.aux`-Datei geschrieben und anschließend, d.h. am Ende des Durchlaufs in die `.idx`-Datei kopiert. Auf diese Weise bleibt der Index bei großen Dokumenten, die aus mehreren mittels `\include` eingebundenen Dateien bestehen, auch dann erhalten, wenn nur ein Teil des Dokumentes mit `\includeonly` formatiert wird.
3. Eine *-Variante des `\index`-Befehls wird eingeführt. Sie bewirkt, daß das Argument nicht nur im Index, sondern auch im laufenden Text ausgegeben wird.
4. Zur Vereinfachung der Eingabe aktiviert der `\shortindexingon`-Befehl eine Kurzschreibweise. So kann anstelle von `\index{foo}` die Kurzform `^{foo}` und anstelle von `\index*{foo}` `_{foo}` verwendet werden. Die Kurzformen werden mit dem Befehl `\shortindexingoff` deaktiviert. Da der Unterstrich und das Dachzeichen innerhalb von mathematischen Formeln eine besondere Bedeutung haben, kann diese Kurzschreibweise dort nicht verwendet werden.
5. Dieses Paket umfaßt die Funktionalität des showidx-Paketes. Der Befehl `\proofmodetrue` ermöglicht die Ausgabe der Indexeinträge in den Rand. Die Größe und der Stil des Fonts, der für den Rand verwendet wird, kann mit dem Befehl `\indexproofstyle` verändert werden, dessen Argument eine Fontdefinition enthalten sollte, z. B. `\indexproofstyle{\footnotesize\itshape}`.

Neue Indexregister werden mit dem Befehl `\newindex` deklariert, zur Redefinition eines existierenden Registers wird `\renewindex` verwendet.

`\newindex{`*marke*`}{`*roh-erw*`}{`*sort-erw*`}{`*indexname*`}`

Das erste Argument *marke* ist ein Kurzbezeichner, der verwendet wird, um sich auf das Register zu beziehen. Das Paket redefiniert die Befehle `\index` und `\printindex` so, daß sie ein optionales Argument erhalten: Die *marke* des Registers, auf das sie sich beziehen. Wenn dieses optionale Argument fehlt, wird das Register mit der Markierung »default« verwendet, das dem normalen Index entspricht. Das zweite Argument, *roh-erw*, stellt die Erweiterung der unformatierten Indexdatei dar, in welche LaTeX die unbearbeiteten Einträge hineinschreiben soll (für den Standardindex ist dies `.idx`). Das dritte Argument, *sort-erw*, ist der Name der Erweiterung der Indexdatei, in der LaTeX den sortierten Index erwartet (für den Standardindex ist dies `.ind`). Das vierte Argument, *indexname*, gibt die Überschrift an, die LaTeX am Anfang des Index ausdruckt.

```
\documentclass{book}
\usepackage{index}
\makeindex
\newindex{aut}{adx}{and}{Namensverzeichnis}
\newindex{not}{ndx}{nnd}{Sachregister}
\renewindex{default}{idx}{ind}{Sachregister}
\shortindexingon
\proofmodetrue
\newcommand{\aindex}[1]{\index*[aut]{#1}}
\begin{document}
\tableofcontents
\newpage
\chapter{Dies ist eine ^[aut]{Kapitel}"uberschrift}
\section{Abschnitts"uberschrift\index[aut]{Abschnitt}}
\par Das ist ein Text.\index{Thema}
\par Dies ist \index[not]{Schreibweise} ein weiterer
     \index[not]{sin@$\sin$} Text.
\par Dies ist ein ^{weiterer} _[not]{Schreibweise} Text.
\par Dies ist noch mehr \aindex{Text}.

\section{Eine weitere Abschnitts"uberschrift _[aut]{section2}}

\par Und dies ist eine Formel: $x^1_b$.
\par Dies ist ein ^[aut]{Index}eintrag
     \fbox{in einer \index[not]{min@$\min$}fbox}
\par \fbox{Dies ist ein ^[aut]{Eintrag} in einer Box.}

\printindex[not]
\printindex[aut]
\printindex
\end{document}
```

Abbildung 12.9: Mehrere Indexregister mit index (Eingabe)

Die Aufrufe, die zur Erstellung von mehreren Indexregistern für das Beispieldokument in Abbildung 12.9 notwendig waren, sind in Abbildung 12.10 auf der nächsten Seite zusammen mit den erzeugten Bildschirmmeldungen abgebildet. Man kann sehen, daß jede der unformatierten Indexdateien mit *MakeIndex* bearbeitet wird, d.h. zunächst die Standarddatei, dann adx, welche die and-Datei erzeugt, und schließlich ndx, die in die nnd-Datei umgewandelt wird. Danach wird LaTeX erneut aufgerufen. Es liest diese Dateien in der Reihenfolge ein, die durch die `\printindex`-Befehle in der Eingabedatei festgelegt wurde (Abbildung 12.9). Das Ergebnis der gesamten Bearbeitung ist in Abbildung 12.11 auf Seite 384 zu sehen.

```
> latex k12fig12.tex
This is TeX, Version 3.141 (C version d)
(k12fig12.tex
LaTeX2e <1994/12/01> patch level ALPHA TEST (1994/11/09)
Hyphenation patterns for english, german, french, loaded.
(/usr2/users/latex3/distrib/inputs/book.cls
Document Class: book 1994/07/13 v1.2u
                Standard LaTeX document class
(/usr2/users/latex3/distrib/inputs/bk10.clo))
(/usr2/users/latex3/distrib/inputs/babel.sty
(/usr2/users/latex3/distrib/inputs/germanb.sty
(/usr2/users/latex3/distrib/inputs/babel.def))) (index.sty
Style-Option: `index' v3.02 <15 September 1993> (dmj)
)
index.sty> Writing index file k12fig12.idx
index.sty> Writing index file k12fig12.adx
index.sty> Writing index file k12fig12.ndx
No file k12fig12.aux.
No file k12fig12.toc.
[1] [2]
Kapitel 1.
No file k12fig12.nnd.
No file k12fig12.and.
No file k12fig12.ind.
[3] (k12fig12.aux) )
Output written on k12fig12.dvi (3 pages, 1708 bytes).
Transcript written on k12fig12.log.
> makeindex -g k12fig12
This is makeindex, portable version 2.13 (beta) [26-Aug-1994].
Scanning input file k12fig12.idx....done
          (2 entries accepted, 0 rejected).
Sorting entries....done (2 comparisons).
Generating output file k12fig12.ind....done
          (9 lines written, 0 warnings).
Output written in k12fig12.ind.
Transcript written in k12fig12.ilg.
Dynamic memory allocated: 2040 bytes.
> makeindex -g -o k12fig12.and k12fig12.adx
This is makeindex, portable version 2.13 (beta) [26-Aug-1994].
Scanning input file k12fig12.adx....done
          (6 entries accepted, 0 rejected).
Sorting entries....done (17 comparisons).
Generating output file k12fig12.and....done
          (25 lines written, 0 warnings).
Output written in k12fig12.and.
Transcript written in k12fig12.ilg.
Dynamic memory allocated: 2040 bytes.
> makeindex -g -o k12fig12.nnd k12fig12.ndx
This is makeindex, portable version 2.13 (beta) [26-Aug-1994].
Scanning input file k12fig12.ndx....done
          (4 entries accepted, 0 rejected).
Sorting entries....done (9 comparisons).
Generating output file k12fig12.nnd....done
          (10 lines written, 0 warnings).
Output written in k12fig12.nnd.
Transcript written in k12fig12.ilg.
Dynamic memory allocated: 2040 bytes.
> latex k12fig12.tex
This is TeX, Version 3.141 (C version d)
(k12fig12.tex
LaTeX2e <1994/12/01> patch level ALPHA TEST (1994/11/09)
Hyphenation patterns for english, german, french, loaded.
(/usr2/users/latex3/distrib/inputs/book.cls
Document Class: book 1994/07/13 v1.2u
                Standard LaTeX document class
(/usr2/users/latex3/distrib/inputs/bk10.clo))
(/usr2/users/latex3/distrib/inputs/babel.sty
(/usr2/users/latex3/distrib/inputs/germanb.sty
(/usr2/users/latex3/distrib/inputs/babel.def))) (index.sty
Style-Option: `index' v3.02 <15 September 1993> (dmj)
)
index.sty> Writing index file k12fig12.idx
index.sty> Writing index file k12fig12.adx
index.sty> Writing index file k12fig12.ndx
(k12fig12.aux) (k12fig12.toc) [1] [2]
Kapitel 1.
(k12fig12.nnd [3] [4]) (k12fig12.and [5])
(k12fig12.ind [6]) (k12fig12.aux) )
Output written on k12fig12.dvi (6 pages, 2976 bytes).
Transcript written on k12fig12.log.
```

Abbildung 12.10: Mehrere Indexregister mit index (Formatierung)

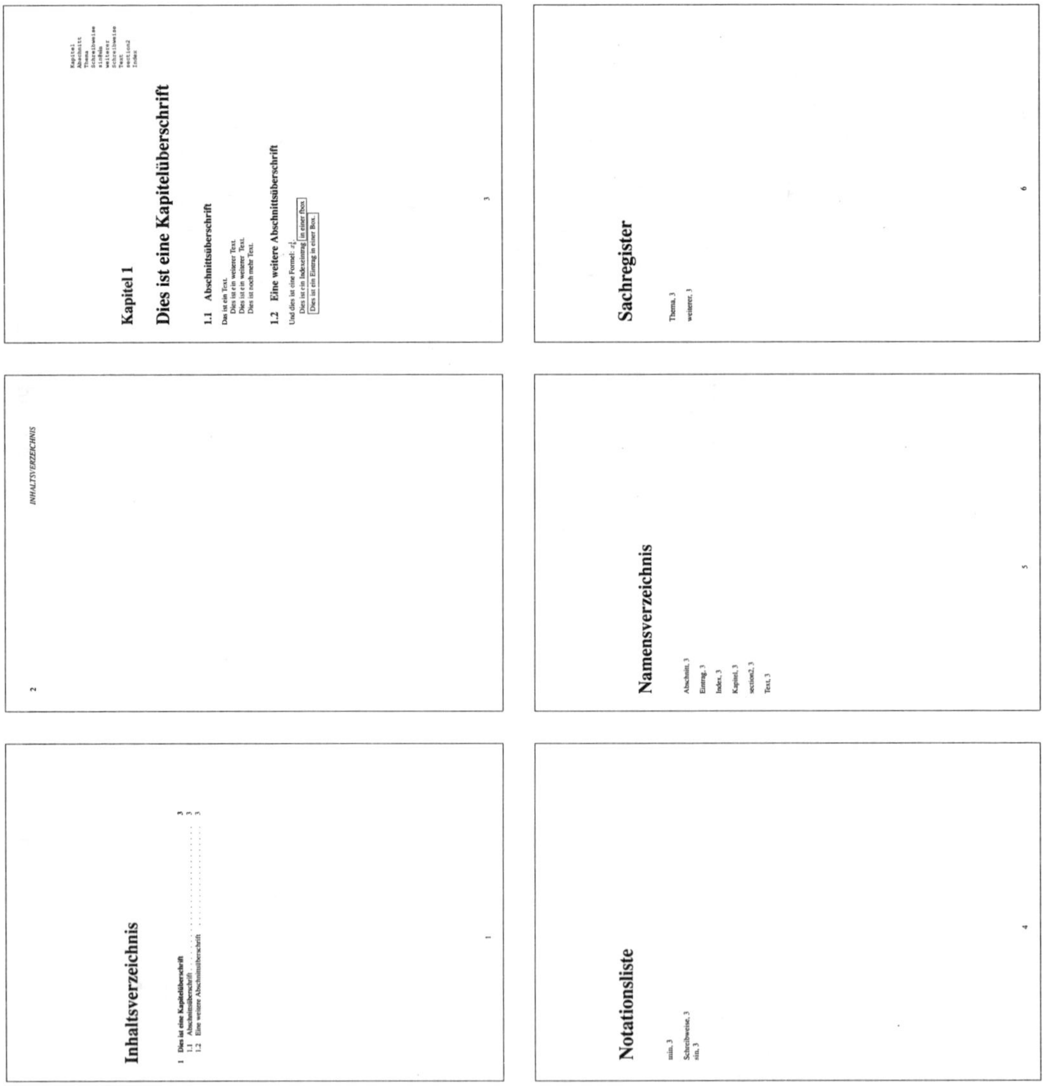

Abbildung 12.11: Mehrere Indexregister mit index (Resultat)

Kapitel 13
Literaturverzeichniserstellung

Während das Inhaltsverzeichnis (siehe Abschnitt 2.4) und der Index (siehe Besprechung in Kapitel 12) die Orientierung im Buch erleichtern, eröffnet ein Literaturverzeichnis dem Leser die Möglichkeit, interessante Themen zu vertiefen. Um dies zu unterstützen, sollten die Verweise exakt sein und mit einem minimalen Aufwand zu der richtigen Quelle führen.

Es gibt viele verschiedene Möglichkeiten, Literaturverzeichnisse anzulegen, und auf verschiedenen wissenschaftlichen Gebieten gibt es präzise Richtlinien für das Erstellen eines Literaturverzeichnisses. Einen interessanten Überblick gibt das Kapitel über Literaturverweise im Nachschlagewerk *The Chicago Manual of Style* [107].

Üblicherweise sind Autoren an die Richtlinien gebunden, die ihnen von ihrem Verleger auferlegt werden. Eine wichtige Aufgabe bei der Erstellung eines Buches oder eines Artikels, der veröffentlicht werden soll, ist daher, ein Literaturverzeichnis gemäß diesen Richtlinien zu erstellen.

Die traditionelle Methode, solche Listen von Hand zu erstellen, d.h. ohne die systematische Hilfe eines Computers, birgt die folgenden Probleme:

- ◇ Literaturverweise sind schwer zu vereinheitlichen, insbesondere in einem Dokument mit Beiträgen von mehreren Autoren. Schwierigkeiten sind z. B. die Verwendung von ausgeschriebenen Vornamen gegenüber Kurzformen (mit oder ohne Abkürzungspunkt), Kursivschreibweise oder Zitierung von Titeln, der Angabe von »Herausgeber« versus »Hrsg.« sowie verschiedene Formen für Zeitschriftennummern.
- ◇ Ein Literaturverzeichnis, das in einem bestimmten Stil angelegt ist (z. B. alphabetisch nach Autor und Jahr), läßt sich nur sehr schwer in einen anderen Stil übertragen (z. B. numerische Zitierreihenfolge), wenn dies vom Verleger gewünscht wird.
- ◇ Es ist schwierig, eine große Datenbank von Literaturverweisen anzulegen, die in verschiedenen Dokumenten wiederverwendet werden kann.

Dieses Kapitel beschreibt eine Lösung zu dem Problem der Literaturverzeichniserstellung, die auf LaTeX und seinem Begleitprogramm BibTeX basiert, das von Oren Patashnik geschrieben wurde. Innerhalb der letzten Jahre sind mehrere Dutzend BibTeX-Stildateien für Literaturverzeichnisse entwickelt worden (siehe Tafel 13.1 auf Seite 391), so daß es nicht allzu schwierig sein sollte, einen bestimmten Stil zu finden oder anzupassen, der den Anforderungen eines bestimmten Verlegers genügt.

Der erste Abschnitt befaßt sich allgemein damit, wie Verweise in den Text eingebettet werden. Danach folgt ein Überblick über das Zusammenspiel von LaTeX und BibTeX sowie eine Beschreibung verschiedener BibTeX-Stilvorlagen. Anhand eines Beispiels, in dem für jeden Eintrag dieselbe Eingabedatei und BibTeX-Datenbank verwendet wurde, wird gezeigt, wie einfach sich das Erscheinungsbild der Literaturverweise im Text sowie der Einträge im Literaturverzeichnis ändern läßt.

Die nächsten Abschnitte beschreiben im Detail, wie eine BibTeX-Datenbank angelegt und gepflegt wird.

Die letzten Abschnitte beschäftigen sich schließlich mit dem Format der BibTeX-Stildateien. Hier wird ein kurzer Überblick über die Befehle und internen Funktionen gegeben, die in diesen Stildateien verwendet werden können. Darauf aufbauend wird gezeigt, wie man eine bestehende Stildatei an die Anforderungen eines bestimmten geforderten Stils oder an eine fremde Sprache anpassen kann.

13.1 Eingabe der Literaturverweise

Literaturverweise im Text eines LaTeX-Dokumentes werden mit dem folgenden Befehl gekennzeichnet:

`\cite[`*text*`]{`*schlüsselliste*`}`

Der `\cite`-Befehl verknüpft die Liste der durch Komma getrennten Schlüsselwörter im *schlüsselliste*-Parameter mit den Argumenten der `\bibitem`-Befehle einer `thebibliography`-Umgebung und überträgt die Schlüssel anschließend in die `.aux`-Datei. Wie bei vielen anderen LaTeX-Bezeichnern wird auch bei den Schlüsseln nach Groß- und Kleinschreibung unterschieden.

Der optionale Parameter *text* ist eine Zusatzinformation, die zusammen mit dem Text ausgedruckt wird, der durch den `\cite`-Befehl generiert wird. Wird BibTeX nicht verwendet, dann werden die Bezugsnummern durch die Reihenfolge definiert, in der die Schlüssel in den `\bibitem`-Befehlen innerhalb der `thebibliography`-Umgebung auftreten bzw. in der Reihenfolge, in der die Schlüssel durch die optionalen Argumente $label_i$ des `\bibitem`-Befehls bereitgestellt werden.

```
\begin{thebibliography}{breitester_eintrag}
\bibitem[label1]{schlüssel1} Literaturangabe
\bibitem[label2]{schlüssel2} Literaturangabe
      ...
\end{thebibliography}
```

Wie oben bereits erwähnt, wird die Verknüpfung des `\cite`-Befehls und einem oder mehreren Literaturverweiseinträgen durch das Argument *schlüsselliste* vorgenommen. Die Referenzinformation, die tatsächlich im formatierten Literaturverzeichnis erscheint, hängt von der Wahl der Stilvorlage für das Literaturverzeichnis ab.

Mit BIBTEX (siehe unten) kann zudem eine Variante des `\cite`-Befehls verwendet werden:

`\nocite{`*schlüsselliste*`}`

Dieser Befehl erzeugt keinen Text, sondern schreibt seine Argumentenliste *schlüsselliste* in die `.aux`-Datei, so daß die zugehörigen Einträge in das Literaturverzeichnis aufgenommen werden. Durch den Befehl `\nocite{*}` werden alle Einträge einer BIBTEX-Datenbank in das Literaturverzeichnis übertragen.

13.1.1 Anpassen der Literaturverweise

Die eigentliche Formatierung der Literaturverweise wird durch den internen LATEX-Befehl `\@cite` gesteuert. Folgende Definitionen können für die Erstellung von Literaturverweisen verwendet werden (siehe Abschnitt A.5 in Anhang A zur Syntax von `\ifthenelse`):

◇ Literaturverweise, eingeschlossen in eckige Klammern (Standardformat):

```
\renewcommand{\@cite}[2]{%
                  [{#1\ifthenelse{\boolean{@tempswa}}{,#2}{}]}
```

◇ Hochgestellte Verweise:

```
\renewcommand{\@cite}[2]{%
                 {$^{#1}$\ifthenelse{\boolean{@tempswa}}{,#2}{}}}
```

Um diesen Code zu verstehen, sollte man wissen, daß LATEX die temporäre boolesche Variable `\if@tempswa` auf `true` setzt, wenn man im `\cite`-Befehl ein optionales Argument angibt.

Das cite-Paket (von Donald Arseneau) faßt eine Liste von drei oder mehr aufeinanderfolgenden Nummern zusammen. [4,5,6,7,9,8,6] wird beispielsweise in die Angabe [4–7,9,8,6] umgeformt. Des weiteren kann ein zusätzlicher Befehl namens `\citen` verwendet werden, um die Nummern ohne Klammern oder weitere Formatierung zu erhalten (und die Referenzinformation in die `.aux`-Datei zu schreiben). Auf diese Weise ergibt »`Siehe auch Lit.~\citen{junk}`« den Eintrag »Siehe auch Lit. 9«.

Das citesort-Paket (von Ian Green) geht noch einen Schritt weiter. Es sortiert die Seitennummern, bevor es sie zusammenfaßt. Aus dem eben zitierten Beispiel würde also die Angabe [4–9].

Das overcite-Paket (von Donald Arseneau) funktioniert wie cite, jedoch mit dem Unterschied, daß die Literaturangaben als hochgestellte Zahlen dargestellt werden, die durch ein Komma und einen kleinen Leerraum voneinander getrennt sind. Angaben von drei oder mehr aufeinanderfolgenden Zahlen werden zusammengefaßt, allerdings nicht zuvor sortiert. Wenn eine optionale Zusatzinformation vorhanden ist, wird das gesamte Literaturverzeichnis so gesetzt, als sei das cite-Paket in Kraft (siehe oben). Satzzeichen (. , ; :), die direkt auf den `\cite`-Befehl folgen, werden dem hochgestellten Ausdruck vorangestellt.

Viele der Stilvorlagen, die im nächsten Abschnitt vorgestellt werden, definieren zusätzliche Befehle, mit denen die Form der Literaturverweise besser gesteuert werden kann. Insbesondere sei hier das chicago-Paket erwähnt, das die Empfehlungen des Handbuchs *The Chicago Manual of Style* [107] umsetzt und die folgende Liste von Befehlen enthält:

`\cite{`*schlüssel*`}`	volle Angabe des/der Autor(en) und des Jahres, z. B. (Brown 1978; Jarke, Turner, Stohl, et al. 1985)
`\citeA{`*schlüssel*`}`	nur vollständige Angabe des/der Autor(en), z. B. (Brown; Jarke, Turner and Stohl)
`\citeN{`*schlüssel*`}`	vollständige Angabe des/der Autor(en) und des Jahres zur Verwendung im Text, z. B. Shneiderman (1978) erklärt, daß ...
`\shortcite{`*schlüssel*`}`	abgekürzte Angabe des/der Autor(en) und des Jahres
`\shortciteA{`*schlüssel*`}`	abgekürzte Angabe des/der Autor(en)
`\shortciteN{`*schlüssel*`}`	abgekürzte Angabe des/der Autoren und des Jahres zur Verwendung im Text
`\citeyear{`*schlüssel*`}`	ausschließlich Angabe des Jahres (in Klammern)

Für jeden dieser Befehle gibt es eine Variante ohne Klammern (der gleiche Name mit der Erweiterung `NP`, z. B. `\citeNP`).

Patrick W. Daly, der Autor des makebst-Programms (siehe Abschnitt 13.9), entwickelte die BIBTEX-Stilvorlage natbib, die zusammen mit dem natbib-Paket verwendet werden muß. Das Paket führt verschiedene Formen des Formats »Autor-Jahr« ein, wie z. B. die oben vorgestellten und kann als geeigneter Ersatz für die BIBTEX-Stilvorlagen apalike, astron, die authordate-Reihe, harvard, named und newapa dienen, die in Tafel 13.1 auf Seite 391 beschrieben sind. Die innerhalb der Literaturverweise verwendete Zeichensetzung kann mit dem `\bibpunct`-Befehl angepaßt werden.

13.1.2 Anpassen der Literaturlabel

Die `thebibliography`-Umgebung ist als Listenumgebung implementiert. Die Formatierung des Labels eines Literatureintrags wird von dem Befehl `\@biblabel` durchgeführt, der standardmäßig die folgende Definition besitzt:

```
\newcommand{\@biblabel}[1]{[#1]}
```

BIBTEX-Stilvorlagen, welche die Namen des oder der Autoren als Literaturverweisschlüssel verwenden, wie die apalike- und chicago-Stilvorlagen, definieren den `\@biblabel`-Befehl als leer (empty), um ihre eigenen, komplexeren Label zu erzeugen. Der Einzug der Einträge wird durch die Länge `\bibhang` festgelegt, deren Standardwert 2em beträgt.

Die einzelnen Bestandteile innerhalb eines Literatureintrages, wie etwa die Angabe der Autoren oder des Titels, werden innerhalb von `\bibitem` im Literaturverzeichnis durch `\newblock`-Befehle voneinander getrennt. Normalerweise werden diese Gruppen zusammen in einem Absatz gesetzt. Wenn der Literaturverweis jedoch »offen« sein soll, d.h. jede Information auf einer neuen Zeile beginnen soll, wobei die nachfolgenden Zeilen innerhalb dieses Blocks um die Länge `\bibindent` (standardmäßig 1,5em) eingezogen werden sollen, sollte das openbib-Paket spezifiziert werden.

13.2 Die Verwendung von BIBTEX mit LATEX

LATEX besitzt einen leistungsfähigen Mechanismus zur Behandlung symbolischer Querverweise jeglicher Art. Eine spezielle Form davon wird intern zur Verwaltung von Literaturverweisen verwendet. Der vorige Abschnitt zeigte, wie man Literaturverweise im Text mit Hilfe des Befehls `\cite{`*schlüssel*`}` spezifizieren kann, wobei *schlüssel* das Schlüsselwort darstellt, das ein Listenelement in der `thebibliography`-Umgebung referenziert. Für eine kleine Anzahl von Referenzen kann diese Liste von Hand erstellt werden. Es ist jedoch praktischer, die Information aus einer Literatur-Datenbank herauszulesen. In diesem Fall sollte derselbe *schlüssel* genau einen Eintrag in dieser Datenbank identifizieren, so daß die Referenz aufgelöst werden kann. Das Zusammenspiel von LATEX und BIBTEX ist schematisch in Abbildung 13.1 auf der nächsten Seite dargestellt.

Auf das genaue Format eines BIBTEX-Eintrages wird in Abschnitt 13.5 näher eingegangen. Um die Besprechung der Beispiele in dem vorliegenden Abschnitt nachvollziehen zu können, sollte man jedoch wissen, daß die grundlegende Struktur eines BIBTEX-Eintrages aus den folgenden drei Teilen besteht:

1. dem *Eintragstyp*, z.B.: »`book`«, »`article`«, »`inproceedings`« oder »`phdthesis`«;
2. einem *vom Benutzer gewählten Schlüsselwort*, das die Publikation identifiziert. Bei einer Referenz im Dokument auf einen Literaturverzeichniseintrag muß das Argument *schlüssel* des `\cite`-Befehls diesem Schlüsselwort entsprechen (auch in der Groß-/Kleinschreibung).
3. einer *Reihe von Feldern*, die aus einem Feldbezeichner bestehen, dem in Anführungsstrichen oder geschweiften Klammern die entsprechenden Angaben folgen, z.B. »`author`«, »`journal`« und »`title`«.

Für eine bequeme Verknüpfung der (Literaturverzeichnis-) Schlüsselwörter und ihrer Einträge in der Datenbank gibt es verschiedene Schemata. Eines der bekanntesten ist das sogenannte Harvard-System, in dem der Zuname des Autors angegeben wird (in Kleinbuchstaben) sowie das Erscheinungsjahr, und beide werden durch einen Doppelpunkt miteinander verbunden; z.B. `schmidt:1987`. Weitere Möglichkeiten für die Bildung von Schlüsselwörtern sind in Abbildung 13.4 auf Seite 396 aufgeführt, die ein Beispiel für eine BIBTEX-Datenbank zeigt.

① Aufruf von LaTeX, das eine Reihe von `\cite`-Verweisen in der Hilfsdatei `.aux` erzeugt.

② Aufruf von BibTeX, das die Hilfsdatei einliest, die Literaturverweise in einer Datenbank nachsieht (eine oder mehrere `.bib`-Dateien) und dann eine Datei (die `.bbl`-Datei) erstellt, welche die formatierten Literaturangaben enthält. Ihr Format wird dabei durch die Stildatei (die `.bst`-Datei) festgelegt. Warnungen und Fehlermeldungen werden in der Protokolldatei (der `.blg`-Datei) aufgezeichnet. BibTeX liest niemals die Original-LaTeX-Quelldatei.

③ Erneuter Aufruf von LaTeX, das nun die Referenzdatei `.bbl` einliest.

④ Dritter Aufruf von LaTeX zur Auflösung aller Referenzen.

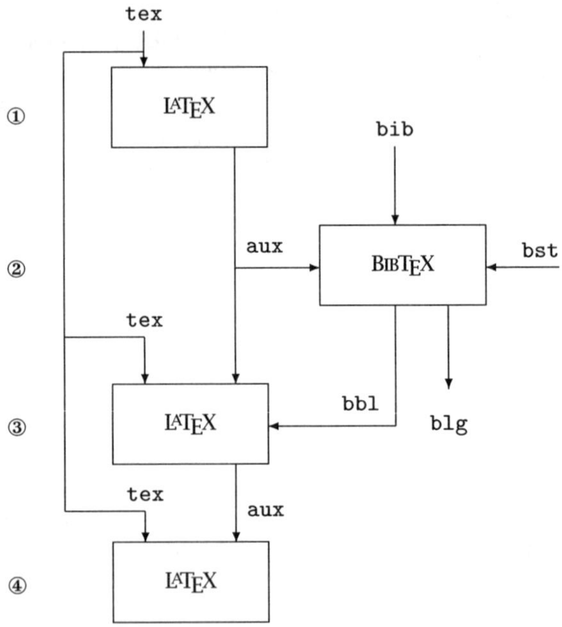

Abbildung 13.1: Flußdiagramm des Zusammenspiels von BibTeX- und LaTeX

Die BibTeX-Einträge werden von BibTeX aus der Literaturdatenbank (der `.bib`-Datei) eingelesen. Die Formatierung der Einträge wird durch die zugehörige BibTeX-Stilvorlage (die `.bst`-Datei) festgelegt, die in einer stapelorientierten Sprache geschrieben ist. Diese Sprache wird vom BibTeX-Programm interpretiert (siehe Abschnitt 13.7ff).

BibTeX weiß, welche Felder für einen Eintragstyp zwingend oder optional sind und welche ignoriert werden (siehe Tafel 13.2 auf Seite 423). Wenn etwas fehlt, gibt es Warnungen wie z. B. »`author name required`« aus. Die Stildatei kann sowohl das Aussehen des Verweises im Haupttext sowie des tatsächlichen Literaturverzeichniseintrages der `thebibliography`-Umgebung steuern.

Auch mit LaTeX kann man ein Literaturverzeichnis anlegen und Querverweise im Text anbringen. Man kann ein Literaturverzeichnis auch ohne BibTeX erzeugen, indem man die einzelnen Literaturverweise selbst erstellt. Des weiteren ist es relativ einfach, die Ausgabe von BibTeX manuell zu bearbeiten, um Ausnahmefälle zu behandeln. Wenn das Dokument unabhängig sein soll, kann der Inhalt der `.bbl`-Datei außerdem in das LaTeX-Dokument eingebunden werden (siehe das `aux2bib`-Hilfsprogramm, das auf Seite 407 beschrieben ist).

13.2.1 BIBTEX-Stildateien

Verschiedene Organisationen oder Einzelpersonen haben Stildateien entwickelt, die den von bestimmten Zeitschriften oder Verlagshäusern verwendeten Stilvorlagen entsprechen. Nelson Beebe hat eine große Anzahl von BIBTEX-Stilvorlagen zusammengestellt (siehe Tafel 13.1). Für jede Stilvorlage stellt er darüber hinaus eine Beispieldatei zur Verfügung, um das Ergebnis eines bestimmten Stils vorzuführen.[1] Einige der BIBTEX-Stilvorlagen, wie z. B. authordate*n*, jmb und named, müssen in Verbindung mit einem bestimmten LATEX-Paket verwendet werden (wie in Tafel 13.1 aufgeführt), um den gewünschten Effekt zu erzielen.

Jeder Benutzer kann eine BIBTEX-Stilvorlage auch selbst an seinen Bedarf anpassen, indem er kleine Änderungen an einer der in der Tabelle vorgestellten Dateien vornimmt (siehe Abschnitt 13.8 für eine Beschreibung der Verfahrensweise) oder aber unter Verwendung des makebst-Programms eine eigene Stilvorlage erstellt (wie in Abschnitt 13.9 erläutert).

Tafel 13.1: Eine Auswahl von BIBTEX-Stildateien

Name der Stildatei	*Beschreibung*
abbrv.bst	Standard-BIBTEX-Stil
abstract.bst	Modifizierte alpha-Stildatei mit `abstract`-Schlüsselwort
acm.bst	Association for Computing Machinery BIBTEX-Stil
agsm.bst	BIBTEX-Stil für Veröffentlichungen der australischen Regierung
alpha.bst	Standard-BIBTEX-Stil
amsalpha.bst	alpha-ähnlicher BIBTEX-Stil für AMS-TEX
amsplain.bst	plain-ähnlicher BIBTEX-Stil für AMS-TEX (numerische Label)
annotate.bst	Modifizierter alpha BIBTEX-Stil mit `annote`-Schlüsselwort
annotation.bst	Modifizierter plain BIBTEX-Stil mit `annote`-Schlüsselwort
apa.bst	American Psychology Association BIBTEX-Stil
apalike.bst	Variante des apa BIBTEX-Stils
apalike.sty	LATEX-Paket zur Verwendung mit apalike.bst
apalike2.bst	Variante des apalike BIBTEX-Stils
astron.bst	BIBTEX-Stil für Astronomie
authordate*n*.bst	*n*=[1,4]. Eine Reihe von BIBTEX-Stilen, die eine nach Autor und Datum sortierte Verweisliste erstellen
authordate1-4.sty	LATEX-Paket, das mit authordate*i*.bst zu verwenden ist
bbs.bst	Behavioral and Brain Sciences BIBTEX-Stil
cbe.bst	Council of Biology Editors BIBTEX-Stil (umfaßt solche Zeitschriften wie American Naturalist, Evolution, usw.)
cell.bst	Leichte Modifikationen zum jmb BIBTEX-Stil
	weiter auf der nächsten Seite

1 Siehe Anhang B für eine Erklärung, wie man diese Dateien aus einem der TEX-Archive erhalten kann.

Fortsetzung	
Name der Stildatei	*Beschreibung*
dcu.bst	Design Computing Unit (Universität von Sydney) BIBTEX-Stil
harvard.sty	LATEX-Paket für die Verwendung mit den Harvard-Stilen (agsm, dcu, kluwer)
humanbio.bst	Human Biology BIBTEX-Stil
humannat.bst	Human Nature und American Anthropologist Zeitschriften
ieeetr.bst	Transactions of the Institute of Electrical and Electronic Engineers BIBTEX-Stil
is-abbrv.bst	abbrev BIBTEX-Stil-Kurzform mit hinzugefügtem ISSN- und ISBN-Schlüsselwort
is-alpha.bst	alpha BIBTEX-Stil mit hinzugefügtem ISSN- und ISBN-Schlüsselwort
is-plain.bst	plain BIBTEX-Stil mit hinzugefügtem ISSN- und ISBN-Schlüsselwort
is-unsrt.bst	unsrt BIBTEX-Stil mit hinzugefügtem ISSN- und ISBN-Schlüsselwort
jmb.bst	Journal of Molecular Biology BIBTEX-Stil
jmb.sty	LATEX-Paket für die Verwendung mit jmb.bst
jtb.bst	Journal of Theoretical Biology BIBTEX-Stil
kluwer.bst	Kluwer Academic Publishers BIBTEX-Stil
named.bst	BIBTEX-Stil mit [Autor(en), Jahr]-Verweistyp
named.sty	LATEX-Paket für die Verwendung mit named.bst
namunsrt.bst	Kombination von unsrt und named
nar.bst	Nucleic Acid Research BIBTEX-Stil
nar.sty	LATEX-Paket für die Verwendung mit nar.bst
natbib.bst	Generische BIBTEX-Stildatei zur Einbindung verschiedener »Author-Jahr«-Verweisformate
natbib.sty	LATEX-Paket für die Verwendung mit natbib.bst
nature.bst	Nature BIBTEX-Stil
nature.sty	LATEX-Paket für die Verwendung mit nature.bst
newapa.bst	Modifikation zu apalike.bst
newapa.sty	LATEX-Paket für die Verwendung mit newapa.bst
phaip.bst	BIBTEX-Stil für Zeitschriften des American Institute of Physics
phcpc.bst	Computer Physics Communications BIBTEX-Stil
phiaea.bst	Conferences of the International Atomic Energy Agency BIBTEX-Stil
phjcp.bst	Journal of Computational Physics BIBTEX-Stil
phnf.bst	Nuclear Fusion BIBTEX-Stil
phnflet.bst	Nuclear Fusion Letters BIBTEX-Stil
	weiter auf der nächsten Seite

Fortsetzung	
Name der Stildatei	*Beschreibung*
phpf.bst	Physics of Fluids BIBTEX-Stil
phppcf.bst	BIBTEX-Stil für Plasma Physics and Controlled Fusion
phreport.bst	BIBTEX-Stil für interne Berichte der Princeton Universität
phrmp.bst	BIBTEX-Stil für Rezensionen des Modern Physics
plain.bst	Standard BIBTEX-Stil
plainyr.bst	plain BIBTEX-Stil mit vorrangiger Sortierung nach Erscheinungsjahr
siam.bst	Society of Industrial and Applied Mathematics BIBTEX-Stil
unsrt.bst	Standard BIBTEX-Stil

13.2.2 BIBTEX-Stil – Beispiele

Die Beispiele in diesem Abschnitt verdeutlichen die Auswirkung verschiedener BIBTEX-Stile bei identischen Eingabe- und Literaturdateien.

Abbildung 13.2 auf der nächsten Seite zeigt die Eingabedatei, die Beispiele für normale Referenztypen enthält. In dieser Beispieldatei wird der BIBTEX-Stil plain verwendet und auf die BIBTEX-Datenbank `bsample` referenziert. Abbildung 13.3 auf Seite 395 zeigt den gesamten Ablauf, der zur Erstellung des endgültigen Dokumentes notwendig ist. Zunächst wird LATEX für diese Datei aufgerufen. Danach wird die erstellte `.aux`-Datei mit BIBTEX bearbeitet. Dafür werden die notwendigen Einträge aus der Datenbank ausgelesen. Ein Auszug aus dieser Datenbank ist in Abbildung 13.4 auf Seite 396 zu sehen. Der BIBTEX-Stil, in dem die Datenbankeinträge in die `.bbl`-Datei zur späteren Bearbeitung mit LATEX übertragen werden, wird durch den Befehl `\bibliographystyle` in der Quelldatei festgelegt. Zur Auflösung aller Referenzen wird LATEX zwei weitere Male aufgerufen.

In dem hier angenommenen Falle, d.h. bei Verwendung des »Standard«-BIBTEX-Stils plain und der in Abbildung 13.2 dargestellten Eingabedatei, erhält man die Ausgabe, die auf der linken Hälfte der Seite 397 abgebildet ist. Die anderen fünf Beispiele, die in den Abbildungen 13.5 bis 13.7, beginnend auf der rechten Hälfte von Seite 397, zu sehen sind, entsprechen den drei restlichen Standard-BIBTEX-Stilen sowie zwei ihrer Varianten. Sie lassen sich erzeugen, indem man den plain-Stil im Beispieldokument ersetzt und dieses, wie oben beschrieben, neu bearbeitet.

plain
: Standard-BIBTEX-Stil. Die Einträge werden alphabetisch sortiert und erhalten numerische Label.

unsrt
: Standard-BIBTEX-Stil. Ähnlich wie plain, jedoch werden die Einträge in der Reihenfolge ihrer Zitierung im Text ausgegeben. Es werden ebenfalls numerische Label erzeugt.

alpha
: Standard-BIBTEX-Stil. Ähnlich wie plain, die Label der Einträge werden jedoch aus dem Namen des Autors und dem Erscheinungsjahr gebildet.

```
\documentclass{article}
\usepackage{times}
\usepackage[german]{babel}
\pagestyle{empty}
\begin{document}
\section*{Beispiele f"ur Verweise des Typs \texttt{plain}}

Verweis auf ein normales Buch~\cite{Eijkhout:1991} und ein Buch mit
Herausgebern~\cite{Roth:postscript}.  Danach ein Verweis auf einen
Artikel eines einzelnen Autors~\cite{Felici:1991} und mehrerer
Autoren~\cite{Mittelbach/Schoepf:1990}.  Ein Verweis auf einen Artikel
innerhalb einer Reihe~\cite{Yannis:1991}.  Ein Verweis auf ein
Handbuch~\cite{Dynatext} und auf einen technischen
Bericht~\cite{Knuth:WEB}.  Ein Verweis auf ein unver"offentlichtes
Werk~\cite{EVH:Office}.  Ein Verweis auf ein Kapitel in einem
Buch~\cite{Wood:color} und auf eine Doktorarbeit~\cite{Liang:1983}.
Ein Beispiel f"ur einen Verweis auf mehrere
Stellen~\cite{Eijkhout:1991,Roth:postscript}.

\bibliographystyle{plain}
\bibliography{bsample}
\end{document}
```

Abbildung 13.2: BIBTEX-Schnittstelle in einer LATEX-Datei

abbrv — Standard-BIBTEX-Stil. Ähnlich wie plain, jedoch mit kompakteren Einträgen, da Vornamen, Monate und Zeitschriftennamen abgekürzt erscheinen.

acm — Alternativer BIBTEX-Stil, der für Zeitschriften der Association for Computing Machinery verwendet wird. Der Autorenname (Nachname, Vorname) wird in Kapitälchen angegeben, und es werden numerische Label erstellt.

apalike — Alternativer BIBTEX-Stil, der für die Zeitschriften der American Psychology Association verwendet wird. Er sollte zusammen mit dem LATEX-Paket apalike benutzt werden. Die Einträge des Literaturverzeichnisses werden alphabetisch sortiert, und zwar nach Nachnamen, wobei die zweite und folgenden Zeilen eingerückt sind und kein Label verwendet wird.

Einige BIBTEX-Stile ändern die Form der Verweise und Literaturverzeichniseinträge im Vergleich zu denen, die standardmäßig mit LATEX verfügbar sind. Deshalb muß für diese BIBTEX-Stile nicht nur ein `\bibliographystyle`-Befehl spezifiziert sein, sondern auch das zugehörige LATEX-Paket mit Hilfe des `\usepackage`-Befehls angegeben werden. Dies trifft beispielsweise für den apalike-Stil zu, der im letzten Beispiel verwendet wurde.

```
$ latex bsample          %%%%%%%%%%% erster Aufruf von LaTeX

This is TeX, Version 3.141 (C version d)
(bsample.tex
LaTeX2e <1994/12/01> patch level ALPHA TEST (1994/11/11)
Hyphenation patterns for english, german, french, loaded.
(/usr2/users/latex3/distrib/inputs/article.cls
Document Class: article 1994/07/13 v1.2u Standard LaTeX document class
(/usr2/users/latex3/distrib/inputs/size10.clo))
(/usr2/users/latex3/distrib/inputs/times.sty)
(/usr2/users/latex3/distrib/inputs/babel.sty (/usr2/users/latex3/distrib/inputs/germanb.sty
(/usr2/users/latex3/distrib/inputs/babel.def)))
No file bsample.aux.
(/usr2/users/latex3/distrib/inputs/OT1ptm.fd File OT1ptm.fd loading Adobe TimesRoman
) (/usr2/users/latex3/distrib/inputs/OT1pcr.fd File OT1pcr.fd loading Adobe Courier)

LaTeX Warning: Citation 'Eijkhout:1991' on page 1 undefined on input line 8.
LaTeX Warning: Citation 'Roth:postscript' on page 1 undefined on input line 9.
LaTeX Warning: Citation 'Felici:1991' on page 1 undefined on input line 11.
LaTeX Warning: Citation 'Mittelbach/Schoepf:1990' on page 1 undefined on input line 12.
LaTeX Warning: Citation 'Yannis:1991' on page 1 undefined on input line 14.
LaTeX Warning: Citation 'Dynatext' on page 1 undefined on input line 15.
LaTeX Warning: Citation 'Knuth:WEB' on page 1 undefined on input line 16.
LaTeX Warning: Citation 'EVH:Office' on page 1 undefined on input line 17.
LaTeX Warning: Citation 'Wood:color' on page 1 undefined on input line 18.
LaTeX Warning: Citation 'Liang:1983' on page 1 undefined on input line 19.
LaTeX Warning: Citation 'Eijkhout:1991' on page 1 undefined on input line 21.
LaTeX Warning: Citation 'Roth:postscript' on page 1 undefined on input line 21.
No file bsample.bbl.
[1] (bsample.aux)

LaTeX Warning: There were undefined references.
 )
Output written on bsample.dvi (1 page, 1000 bytes).
Transcript written on bsample.log.

$ bibtex bsample                         %%%%%%%%%%% BibTeX-Lauf
This is BibTeX, C Version 0.99c
The top-level auxiliary file: bsample.aux
The style file: plain.bst
Database file #1: bsample.bib
Warning--empty volume in Wood:color's crossref of Roth:postscript
(There was 1 warning)

$ latex bsample                          %%%%%%%%%%% zweiter Aufruf von LaTeX
This is TeX, C Version 3.141 (C version d)
(bsample.tex
(bsample.aux)   ...                 %%%%% noch unaufgelöste Verweise

$ latex bsample                          %%%%%%%%%%% dritter Aufruf von LaTeX
This is TeX, C Version 3.141 (C version d)
(bsample.tex (bsample.aux)  ...   %%%%% Auflösung aller Referenzen
```

Abbildung 13.3: Formatierung eines LATEX-Dokumentes bei Verwendung von BIBTEX

```
% BiBTeX Beispiel-Datenbank

%% bibtexfile{
%%  author   = "Michel Goossens",
%%  version  = "1.12",
%%  date     = "15 November 1993",
%%  filename = "bsample.bib",
%%  address  = "CN Division, CERN
%%              CH1211, Geneva 23
%%              Switzerland",
%%  email    = "<goossens at node cern.ch>"  }

@Preamble{{\input{bibnames.sty}}
 # {\hyphenation{Post-Script Sprin-ger}}
}

@String{AW = {{Ad\-di\-son-Wes\-ley}}}
@String{AW:adr = {Reading, Massachusetts}}
@String{j-TUGboat = {TUGboat}}

@manual{Dynatext,
 key          ={Dynatext},
 title        ={{Dynatext, Electronic Book
                 Indexer/Browser}},
 organization={Electronic Book
                Technology Inc.},
 address      ={Providence, Rhode Island},
 year         =1991                          }

@Book{Eijkhout:1991,
 author       ={Victor Eijkhout},
 title        ={{\TeX{} by Topic, a
                {\TeX}nicians Reference}},
 publisher    =AW,
 address      =AW:adr,
 year         =1991,                         }

@techreport{EVH:Office,
 author       ={Eric van Herwijnen},
 title        ={{Future Office Systems
                 Requirements}},
 institution ={CERN DD Internal Note},
 year         =1988, month = nov             }

@Article{Felici:1991,
 author       ={James Felici},
 title        ={{PostScript versus TrueType}},
 journal      ={Macworld},
 volume       =8,pages={195--201},
 month        =sep, year = 1991              }

@techreport{Knuth:WEB,
 title        ={{The \textsf{WEB} System of
                 Structured Documentation}},
 month        =sep, year = 1983,
 author       ={Donald E. Knuth},
 address      ={Stanford, CA 94305},
 number       ={STAN-CS-83-980},
 institution ={Department of Computer
               Science, Stanford University} }

@phdthesis{Liang:1983,
 author       ={Franklin Mark Liang},
 month        =jun, year = 1983,
 school       ={Stanford University},
 address      ={Stanford, CA 94305},
 title        ={{Word Hy-phen-a-tion by
                Com-pu-ter}},
 note         ={Also available as Stanford
               University, Department of
               Computer Science Report
               No. STAN-CS-83-977}           }

@Article{Mittelbach/Schoepf:1990,
 author       ={Frank Mittelbach and
               Rainer Sch{\"o}pf},
 title        ={{The New Font Selection --- User
                Interface to Standard \LaTeX}},
 journal      =j-TUGboat,
 volume       =11, number = 2,
 pages        ={297--305},
 year         =1990                          }

@Inbook{Wood:color,
 author       ={Pat Wood},
 crossref     ={Roth:postscript},
 booktitle    ={{Real World PostScript}},
 title        ={PostScript Color Separation},
 pages        ={201--225}                    }

@Book{Roth:postscript,
 editor       ={Stephen E. Roth},
 title        ={{Real World PostScript}},
 publisher    =AW,
 address      =AW:adr,
 year         =1988,

 ISBN         ={0-201-06663-7}               }
@Inproceedings{Yannis:1991,
 title = {{\TeX} and those other languages},
 author= {Yannis Haralambous},
 pages = {539--548},
 booktitle ={1991 Annual Meeting Proceedings,
            Part 2, \TeX{} Users Group,
            Twelfth Annual Meeting, Dedham,
            Massachusetts, July 15--18, 1991},
 editor = {Hope Hamilton},
 organization ={{\TeX} Users Group},
 year    =    {1991},
 address ={Providence, Rhode Island},
 journal =j-TUGboat,
 volume  = 12, month = dec                   }
```

Abbildung 13.4: Beispiel für eine BIBTEX-Datenbank
Diese Beispiel-Datenbankdatei wurde für die Bearbeitung der in Abbildung 13.2 auf Seite 394 dargestellten Eingabedatei verwendet, um die Ausgabedateien zu erzeugen, die in den Abbildungen 13.5 bis 13.7 ab Seite 397 zu sehen sind.

Beispiele für Verweise des Typs `plain`

Verweis auf ein normales Buch [1] und ein Buch mit Herausgeber [8]. Danach ein Verweis auf einen Artikel eines einzelnen Autors [3] und mehrerer Autoren [7]. Ein Verweis auf einen Artikel innerhalb einer Reihe [4]. Ein Verweis auf ein Handbuch [2] und auf einen technischen Bericht [5]. Ein Verweis auf ein unveröffentlichtes Werk [9]. Ein Verweis auf ein Kapitel in einem Buch [10] und auf eine Doktorarbeit [6]. Ein Beispiel für einen Verweis auf mehrere Stellen [1, 8].

Literatur

[1] Victor Eijkhout. *TeX by Topic, a TeXnicians Reference*. Addison-Wesley, Reading, Massachusetts, 1991.

[2] Electronic Book Technology Inc., Providence, Rhode Island. *Dynatext, Electronic Book Indexer/Browser*, 1991.

[3] James Felici. PostScript versus TrueType. *Macworld*, 8:195–201, September 1991.

[4] Yannis Haralambous. TeX and those other languages. In Hope Hamilton, editor, *1991 Annual Meeting Proceedings, Part 2, TeX Users Group, Twelfth Annual Meeting, Dedham, Massachusetts, July 15–18, 1991*, volume 12, pages 539–548, Providence, Rhode Island, December 1991. TeX Users Group.

[5] Donald E. Knuth. The WEB System of Structured Documentation. Technical Report STAN-CS-83-980, Department of Computer Science, Stanford University, Stanford, CA 94305, September 1983.

[6] Franklin Mark Liang. *Word Hy-phen-a-tion by Com-pu-ter*. PhD thesis, Stanford University, Stanford, CA 94305, June 1983. Also available as Stanford University, Department of Computer Science Report No. STAN-CS-83-977.

[7] Frank Mittelbach and Rainer Schöpf. The New Font Selection — User Interface to Standard LaTeX. *TUGboat*, 11(2):297–305, 1990.

[8] Stephen E. Roth, editor. *Real World PostScript*. Addison-Wesley, Reading, Massachusetts, 1988.

[9] Eric van Herwijnen. Future Office Systems Requirements. Technical report, CERN DD Internal Note, November 1988.

[10] Pat Wood. *PostScript Color Separation*, pages 201–225. In Roth [8], 1988.

Beispiele für Verweise des Typs `unsrt`

Verweis auf ein normales Buch [1] und ein Buch mit Herausgeber [2]. Danach ein Verweis auf einen Artikel eines einzelnen Autors [3] und mehrerer Autoren [4]. Ein Verweis auf einen Artikel innerhalb einer Reihe [5]. Ein Verweis auf ein Handbuch [6] und auf einen technischen Bericht [7]. Ein Verweis auf ein unveröffentlichtes Werk [8]. Ein Verweis auf ein Kapitel in einem Buch [9] und auf eine Doktorarbeit [10]. Ein Beispiel für einen Verweis auf mehrere Stellen [1, 2].

Literatur

[1] Victor Eijkhout. *TeX by Topic, a TeXnicians Reference*. Addison-Wesley, Reading, Massachusetts, 1991.

[2] Stephen E. Roth, editor. *Real World PostScript*. Addison-Wesley, Reading, Massachusetts, 1988.

[3] James Felici. PostScript versus TrueType. *Macworld*, 8:195–201, September 1991.

[4] Frank Mittelbach and Rainer Schöpf. The New Font Selection — User Interface to Standard LaTeX. *TUGboat*, 11(2):297–305, 1990.

[5] Yannis Haralambous. TeX and those other languages. In Hope Hamilton, editor, *1991 Annual Meeting Proceedings, Part 2, TeX Users Group, Twelfth Annual Meeting, Dedham, Massachusetts, July 15–18, 1991*, volume 12, pages 539–548, Providence, Rhode Island, December 1991. TeX Users Group.

[6] Electronic Book Technology Inc., Providence, Rhode Island. *Dynatext, Electronic Book Indexer/Browser*, 1991.

[7] Donald E. Knuth. The WEB System of Structured Documentation. Technical Report STAN-CS-83-980, Department of Computer Science, Stanford University, Stanford, CA 94305, September 1983.

[8] Eric van Herwijnen. Future Office Systems Requirements. Technical report, CERN DD Internal Note, November 1988.

[9] Pat Wood. *PostScript Color Separation*, pages 201–225. In Roth [2], 1988.

[10] Franklin Mark Liang. *Word Hy-phen-a-tion by Com-pu-ter*. PhD thesis, Stanford University, Stanford, CA 94305, June 1983. Also available as Stanford University, Department of Computer Science Report No. STAN-CS-83-977.

Abbildung 13.5: Literaturverzeichnisse, erstellt mit den BibTeX-Stilen plain und unsrt

Beispiele für Verweise des Typs `alpha`

Verweis auf ein normales Buch [Eij91] und ein Buch mit Herausgeber [Rot88]. Danach ein Verweis auf einen Artikel eines einzelnen Autors [Fel91] und mehrerer Autoren [MS90]. Ein Verweis auf einen Artikel innerhalb einer Reihe [Har91]. Ein Verweis auf ein Handbuch [Dyn91] und auf einen technischen Bericht [Knu83]. Ein Verweis auf ein unveröffentlichtes Werk [vH88]. Ein Verweis auf ein Kapitel in einem Buch [Woo88] und auf eine Doktorarbeit [Lia83]. Ein Beispiel für einen Verweis auf mehrere Stellen [Eij91, Rot88].

Literatur

[Dyn91] Electronic Book Technology Inc., Providence, Rhode Island. *Dynatext, Electronic Book Indexer/Browser*, 1991.

[Eij91] Victor Eijkhout. *TEX by Topic, a TEXnicians Reference*. Addison-Wesley, Reading, Massachusetts, 1991.

[Fel91] James Felici. PostScript versus TrueType. *Macworld*, 8:195–201, September 1991.

[Har91] Yannis Haralambous. TEX and those other languages. In Hope Hamilton, editor, *1991 Annual Meeting Proceedings, Part 2, TEX Users Group, Twelfth Annual Meeting, Dedham, Massachusetts, July 15–18, 1991*, volume 12, pages 539–548, Providence, Rhode Island, December 1991. TEX Users Group.

[Knu83] Donald E. Knuth. The WEB System of Structured Documentation. Technical Report STAN-CS-83-980, Department of Computer Science, Stanford University, Stanford, CA 94305, September 1983.

[Lia83] Franklin Mark Liang. *Word Hy-phen-a-tion by Com-pu-ter*. PhD thesis, Stanford University, Stanford, CA 94305, June 1983. Also available as Stanford University, Department of Computer Science Report No. STAN-CS-83-977.

[MS90] Frank Mittelbach and Rainer Schöpf. The New Font Selection — User Interface to Standard LATEX. *TUGboat*, 11(2):297–305, 1990.

[Rot88] Stephen E. Roth, editor. *Real World PostScript*. Addison-Wesley, Reading, Massachusetts, 1988.

[vH88] Eric van Herwijnen. Future Office Systems Requirements. Technical report, CERN DD Internal Note, November 1988.

[Woo88] Pat Wood. *PostScript Color Separation*, pages 201–225. In Roth [Rot88], 1988.

Beispiele für Verweise des Typs `abbrv`

Verweis auf ein normales Buch [1] und ein Buch mit Herausgeber [8]. Danach ein Verweis auf einen Artikel eines einzelnen Autors [3] und mehrerer Autoren [7]. Ein Verweis auf einen Artikel innerhalb einer Reihe [4]. Ein Verweis auf ein Handbuch [2] und auf einen technischen Bericht [5]. Ein Verweis auf ein unveröffentlichtes Werk [9]. Ein Verweis auf ein Kapitel in einem Buch [10] und auf eine Doktorarbeit [6]. Ein Beispiel für einen Verweis auf mehrere Stellen [1, 8].

Literatur

[1] V. Eijkhout. *TEX by Topic, a TEXnicians Reference*. Addison-Wesley, Reading, Massachusetts, 1991.

[2] Electronic Book Technology Inc., Providence, Rhode Island. *Dynatext, Electronic Book Indexer/Browser*, 1991.

[3] J. Felici. PostScript versus TrueType. *Macworld*, 8:195–201, Sept. 1991.

[4] Y. Haralambous. TEX and those other languages. In H. Hamilton, editor, *1991 Annual Meeting Proceedings, Part 2, TEX Users Group, Twelfth Annual Meeting, Dedham, Massachusetts, July 15–18, 1991*, volume 12, pages 539–548, Providence, Rhode Island, Dec. 1991. TEX Users Group.

[5] D. E. Knuth. The WEB System of Structured Documentation. Technical Report STAN-CS-83-980, Department of Computer Science, Stanford University, Stanford, CA 94305, Sept. 1983.

[6] F. M. Liang. *Word Hy-phen-a-tion by Com-pu-ter*. PhD thesis, Stanford University, Stanford, CA 94305, June 1983. Also available as Stanford University, Department of Computer Science Report No. STAN-CS-83-977.

[7] F. Mittelbach and R. Schöpf. The New Font Selection — User Interface to Standard LATEX. *TUGboat*, 11(2):297–305, 1990.

[8] S. E. Roth, editor. *Real World PostScript*. Addison-Wesley, Reading, Massachusetts, 1988.

[9] E. van Herwijnen. Future Office Systems Requirements. Technical report, CERN DD Internal Note, Nov. 1988.

[10] P. Wood. *PostScript Color Separation*, pages 201–225. In Roth [8], 1988.

Abbildung 13.6: Literaturverzeichnisse, erstellt mit den BIBTEX-Stilen alpha und abbrv

Beispiele für Verweise des Typs `acm`

Verweis auf ein normales Buch [1] und ein Buch mit Herausgeber [8]. Danach ein Verweis auf einen Artikel eines einzelnen Autors [3] und mehrerer Autoren [7]. Ein Verweis auf einen Artikel innerhalb einer Reihe [4]. Ein Verweis auf ein Handbuch [2] und auf einen technischen Bericht [5]. Ein Verweis auf ein unveröffentlichtes Werk [9]. Ein Verweis auf ein Kapitel in einem Buch [10] und auf eine Doktorarbeit [6]. Ein Beispiel für einen Verweis auf mehrere Stellen [1, 8].

Literatur

[1] EIJKHOUT, V. *TeX by Topic, a TeXnicians Reference.* Addison-Wesley, Reading, Massachusetts, 1991.

[2] ELECTRONIC BOOK TECHNOLOGY INC. *Dynatext, Electronic Book Indexer/Browser.* Providence, Rhode Island, 1991.

[3] FELICI, J. PostScript versus TrueType. *Macworld 8* (Sept. 1991), 195–201.

[4] HARALAMBOUS, Y. TeX and those other languages. In *1991 Annual Meeting Proceedings, Part 2, TeX Users Group, Twelfth Annual Meeting, Dedham, Massachusetts, July 15–18, 1991* (Providence, Rhode Island, Dec. 1991), H. Hamilton, Ed., vol. 12, TeX Users Group, pp. 539–548.

[5] KNUTH, D. E. The WEB System of Structured Documentation. Tech. Rep. STAN-CS-83-980, Department of Computer Science, Stanford University, Stanford, CA 94305, Sept. 1983.

[6] LIANG, F. M. *Word Hy-phen-a-tion by Com-pu-ter.* PhD thesis, Stanford University, Stanford, CA 94305, June 1983. Also available as Stanford University, Department of Computer Science Report No. STAN-CS-83-977.

[7] MITTELBACH, F., AND SCHÖPF, R. The New Font Selection — User Interface to Standard LaTeX. *TUGboat 11*, 2 (1990), 297–305.

[8] ROTH, S. E., Ed. *Real World PostScript.* Addison-Wesley, Reading, Massachusetts, 1988.

[9] VAN HERWIJNEN, E. Future Office Systems Requirements. Tech. rep., CERN DD Internal Note, Nov. 1988.

[10] WOOD, P. *PostScript Color Separation.* In Roth [8], 1988, pp. 201–225.

Beispiele für Verweise des Typs `apalike`

Verweis auf ein normales Buch (Eijkhout, 1991) und ein Buch mit Herausgeber (Roth, 1988). Danach ein Verweis auf einen Artikel eines einzelnen Autors (Felici, 1991) und mehrerer Autoren (Mittelbach and Schöpf, 1990). Ein Verweis auf einen Artikel innerhalb einer Reihe (Haralambous, 1991). Ein Verweis auf ein Handbuch (Dynatext, 1991) und auf einen technischen Bericht (Knuth, 1983). Ein Verweis auf ein unveröffentlichtes Werk (van Herwijnen, 1988). Ein Verweis auf ein Kapitel in einem Buch (Wood, 1988) und auf eine Doktorarbeit (Liang, 1983). Ein Beispiel für einen Verweis auf mehrere Stellen (Eijkhout, 1991; Roth, 1988).

References

Dynatext (1991). *Dynatext, Electronic Book Indexer/Browser.* Electronic Book Technology Inc., Providence, Rhode Island.

Eijkhout, V. (1991). *TeX by Topic, a TeXnicians Reference.* Addison-Wesley, Reading, Massachusetts.

Felici, J. (1991). PostScript versus TrueType. *Macworld*, 8:195–201.

Haralambous, Y. (1991). TeX and those other languages. In Hamilton, H., editor, *1991 Annual Meeting Proceedings, Part 2, TeX Users Group, Twelfth Annual Meeting, Dedham, Massachusetts, July 15–18, 1991*, volume 12, pages 539–548, Providence, Rhode Island. TeX Users Group.

Knuth, D. E. (1983). The WEB System of Structured Documentation. Technical Report STAN-CS-83-980, Department of Computer Science, Stanford University, Stanford, CA 94305.

Liang, F. M. (1983). *Word Hy-phen-a-tion by Com-pu-ter.* PhD thesis, Stanford University, Stanford, CA 94305. Also available as Stanford University, Department of Computer Science Report No. STAN-CS-83-977.

Mittelbach, F. and Schöpf, R. (1990). The New Font Selection — User Interface to Standard LaTeX. *TUGboat*, 11(2):297–305.

Roth, S. E., editor (1988). *Real World PostScript.* Addison-Wesley, Reading, Massachusetts.

van Herwijnen, E. (1988). Future Office Systems Requirements. Technical report, CERN DD Internal Note.

Wood, P. (1988). *PostScript Color Separation*, pages 201–225. In (Roth, 1988).

Abbildung 13.7: Literaturverzeichnisse, erstellt mit den BibTeX-Stilen acm und apalike

13.3 Mehrere Verzeichnisse in einem Dokument

In großen Dokumenten mit mehreren voneinander unabhängigen Abschnitten, in Konferenzberichten, die viele verschiedene Artikel enthalten, oder in einem Buch mit separaten Teilen, die von verschiedenen Autoren geschrieben sind, ist es oft notwendig, daß jede der Einheiten ein separates Literaturverzeichnis hat. In diesem Abschnitt werden zwei LaTeX-Pakete besprochen, die sich diesem Problem widmen: chapterbib und bibunits. Zu beachten ist, daß das letztgenannte Paket nur auf UNIX-Systemen ohne Veränderung funktioniert.

13.3.1 Das chapterbib-Paket

Das chapterbib-Paket (von Niel Kempson) ermöglicht mehrere Literaturverzeichnisse in einem LaTeX-Dokument zu erstellen, wobei ein referenzierter Eintrag auch in mehr als einem Literaturverzeichnis vorkommen kann. Für dieses Paket gelten jedoch die folgenden Einschränkungen:

1. Die Befehle `\bibliography` und `\bibliographystyle` dürfen nicht in der Hauptdatei verwendet werden, sondern ausschließlich in Dateien, die mit dem `\include`-Befehl eingebunden wurden. In der Hauptdatei werden `\bibliography`-Befehle ignoriert. Darüber hinaus sollte in jeder eingebundenen Datei nur ein einziger `\bibliography`-Befehl vorhanden sein.
2. Wenn `\cite`-Befehle in der Hauptdatei verwendet werden sollen, müssen ihre Schlüssel aufgelöst werden, indem eine eigene `thebibliography`-Umgebung in der Hauptdatei geschaffen wird, wie in dem Beispiel auf Seite 401 gezeigt wird.

Zu Demonstrationszwecken (bei realistischen Anwendungen würde die Wahl verschiedener Stile sicherlich als Unart betrachtet werden) kombiniert das LaTeX-Beispiel in Abbildung 13.8 auf der nächsten Seite zwei verschiedene BibTeX-Stile. Da das BibTeX-Programm in einem Lauf nur einen Stil verwendet (d.h. nur einen `\bibliographystyle`-Befehl erlaubt), muß es jede der `.aux`-Dateien, d.h. `bs1.aux` und `bs2.aux` separat bearbeiten, um die entsprechenden `.bbl`-Dateien, d.h. `bs1.bbl` und `bs2.bbl` zu erstellen. Dies geschieht folgendermaßen:

```
$ latex chapterbibexa          %%%% erster LaTeX-Lauf
       ...
$ bibtex bs1                   %%%% BibTeX-Lauf für die erste Datei
       ...
$ bibtex bs2                   %%%% BibTeX-Lauf für die zweite Datei
       ...
$ latex chapterbibexa          %%%% zweiter LaTeX-Lauf
       ...
$ latex chapterbibexa          %%%% dritter LaTeX-Lauf
       ...
```

Das Endergebnis ist in Abbildung 13.9 auf Seite 402 zu sehen.

```
%%%%%%%%%%%%%%  Hauptdatei chapterbibexa.tex    %%%%%%%%%%%%%%
\documentclass{article}
\usepackage{times}           \usepackage[german]{babel}
\usepackage{chapterbib}
\begin{document}
\include{bs1}
\include{bs2}
\section*{Beispiel f"ur Verweise in der Hauptdatei}
Verweis auf ein Buch~\cite{Eijkhout:1991} in der Hauptdatei.
\begin{thebibliography}{1}
\bibitem{Eijkhout:1991}
  Victor Eijkhout, \emph{\TeX{} by Topic, a
  {\TeX}nicians Reference}, Addison-Wesley (1991).
\end{thebibliography}
\end{document}

%%%%%%%%%%%%%%  Eingebettete Datei bs1.tex    %%%%%%%%%%%%%%

\section{Beispiel f"ur Verweise in einem mit \texttt{include}
         eingebetteten Kapitel}
\subsection{Zun"achst im plain-Stil}
Verweis auf ein normales Buch~\cite{Eijkhout:1991} und ein Buch mit
Herausgeber~\cite{Roth:postscript}.  Danach ein Verweis auf einen Artikel
eines einzelnen Autors~\cite{Felici:1991} und mehrerer
Autoren~\cite{Mittelbach/Schoepf:1990}.  Ein Verweis auf einen Artikel
innerhalb einer Reihe~\cite{Yannis:1991}.  Ein Verweis auf ein
Handbuch~\cite{Dynatext} und auf einen technischen Bericht~\cite{Knuth:WEB}.
Ein Verweis auf ein unver"offentlichtes Werk~\cite{EVH:Office}.  Ein Verweis
auf ein Kapitel in einem Buch~\cite{Wood:color} und auf eine
Doktorarbeit~\cite{Liang:1983}.  Ein Beispiel f"ur einen Verweis auf mehrere
Stellen~\cite{Eijkhout:1991,Roth:postscript}.

\bibliographystyle{plain}
\bibliography{bsample}

%%%%%%%%%%%%%%  Eingebettete Datei bs2.tex    %%%%%%%%%%%%%%

\section{Beispiel f"ur Verweise in einem \texttt{include}
         eingebetteten Kapitel}
\subsection{Als n"achstes im alpha-Stil}
      ...... gleiche Eingabe ......
\bibliographystyle{alpha}
\bibliography{bsample}
```

Abbildung 13.8: Verwendung des chapterbib-Paketes (Eingabe)

1 Beispiel für Verweise in einem mit `include` eingebetteten Kapitel

1.1 Zunächst im plain-Stil

Verweis auf ein normales Buch [1] und ein Buch mit Herausgeber [8]. Danach ein Verweis auf einen Artikel eines einzelnen Autors [3] und mehrerer Autoren [7]. Ein Verweis auf einen Artikel innerhalb einer Reihe [4]. Ein Verweis auf ein Handbuch [2] und auf einen technischen Bericht [5]. Ein Verweis auf ein unveröffentlichtes Werk [9]. Ein Verweis auf ein Kapitel in einem Buch [10] und auf eine Doktorarbeit [6]. Ein Beispiel für einen Verweis auf mehrere Stellen [1, 8].

Literatur

[1] Victor Eijkhout. *TeX by Topic, a TeXnicians Reference*. Addison-Wesley, Reading, Massachusetts, 1991.

[2] Electronic Book Technology Inc., Providence, Rhode Island. *Dynatext, Electronic Book Indexer/Browser*, 1991.

[3] James Felici. PostScript versus TrueType. *Macworld*, 8:195–201, September 1991.

[4] Yannis Haralambous. TeX and those other languages. In Hope Hamilton, editor, *1991 Annual Meeting Proceedings, Part 2, TeX Users Group, Twelfth Annual Meeting, Dedham, Massachusetts, July 15–18, 1991*, volume 12, pages 539–548, Providence, Rhode Island, December 1991. TeX Users Group.

[5] Donald E. Knuth. The WEB System of Structured Documentation. Technical Report STAN-CS-83-980, Department of Computer Science, Stanford University, Stanford, CA 94305, September 1983.

[6] Franklin Mark Liang. *Word Hy-phen-a-tion by Com-pu-ter*. PhD thesis, Stanford University, Stanford, CA 94305, June 1983. Also available as Stanford University, Department of Computer Science Report No. STAN-CS-83-977.

[7] Frank Mittelbach and Rainer Schöpf. The New Font Selection — User Interface to Standard LaTeX. *TUGboat*, 11(2):297–305, 1990.

[8] Stephen E. Roth, editor. *Real World PostScript*. Addison-Wesley, Reading, Massachusetts, 1988.

[9] Eric van Herwijnen. Future Office Systems Requirements. Technical report, CERN DD Internal Note, November 1988.

[10] Pat Wood. *PostScript Color Separation*, pages 201–225. In Roth [8], 1988.

1

2 Beispiel für Verweise in einem `include` eingebetteten Kapitel

2.1 Als nächstes im alpha-Stil

Verweis auf ein normales Buch [Eij91] und ein Buch mit Herausgeber [Rot88]. Danach ein Verweis auf einen Artikel eines einzelnen Autors [Fel91] und mehrerer Autoren [MS90]. Ein Verweis auf einen Artikel innerhalb einer Reihe [Har91]. Ein Verweis auf ein Handbuch [Dyn91] und auf einen technischen Bericht [Knu83]. Ein Verweis auf ein unveröffentlichtes Werk [vH88]. Ein Verweis auf ein Kapitel in einem Buch [Woo88] und auf eine Doktorarbeit [Lia83]. Ein Beispiel für einen Verweis auf mehrere Stellen [Eij91, Rot88].

Literatur

[Dyn91] Electronic Book Technology Inc., Providence, Rhode Island. *Dynatext, Electronic Book Indexer/Browser*, 1991.

[Eij91] Victor Eijkhout. *TeX by Topic, a TeXnicians Reference*. Addison-Wesley, Reading, Massachusetts, 1991.

[Fel91] James Felici. PostScript versus TrueType. *Macworld*, 8:195–201, September 1991.

[Har91] Yannis Haralambous. TeX and those other languages. In Hope Hamilton, editor, *1991 Annual Meeting Proceedings, Part 2, TeX Users Group, Twelfth Annual Meeting, Dedham, Massachusetts, July 15–18, 1991*, volume 12, pages 539–548, Providence, Rhode Island, December 1991. TeX Users Group.

[Knu83] Donald E. Knuth. The WEB System of Structured Documentation. Technical Report STAN-CS-83-980, Department of Computer Science, Stanford University, Stanford, CA 94305, September 1983.

[Lia83] Franklin Mark Liang. *Word Hy-phen-a-tion by Com-pu-ter*. PhD thesis, Stanford University, Stanford, CA 94305, June 1983. Also available as Stanford University, Department of Computer Science Report No. STAN-CS-83-977.

[MS90] Frank Mittelbach and Rainer Schöpf. The New Font Selection — User Interface to Standard LaTeX. *TUGboat*, 11(2):297–305, 1990.

[Rot88] Stephen E. Roth, editor. *Real World PostScript*. Addison-Wesley, Reading, Massachusetts, 1988.

[vH88] Eric van Herwijnen. Future Office Systems Requirements. Technical report, CERN DD Internal Note, November 1988.

[Woo88] Pat Wood. *PostScript Color Separation*, pages 201–225. In Roth [Rot88], 1988.

2

Beispiel für Verweise in der Hauptdatei

Verweis auf ein Buch [1] in der Hauptdatei.

Literatur

[1] Victor Eijkhout, *TeX by Topic, a TeXnicians Reference*, Addison-Wesley (1991).

3

Abbildung 13.9: Verwendung des chapterbib-Paketes (Resultat)

Diese Seiten wurden erzeugt, indem die Eingabe aus Abbildung 13.8 auf der vorherigen Seite mit LaTeX und BibTeX bearbeitet wurde. Wie zu sehen ist, wurde jede eingebettete Datei völlig unabhängig von den anderen eingebetteten Dateien bearbeitet. Es mag zwar nicht empfehlenswert sein, verschiedene `\bibliographystyle`-Befehle in einem Dokument zu verwenden; es ist jedoch möglich, verschiedene Stile zu verwenden, wenn jede `.aux`-Datei separat mit BibTeX bearbeitet wird.

13.3.2 Das bibunits-Paket

Das bibunits-Paket (von Jose Alberto Fernandez) generiert separate Literaturverzeichnisse für bestimmte Einheiten des Textes (Kapitel, Abschnitte oder `bibunit`-Umgebungen). Das Paket legt die Verweise jeder Texteinheit in einer eigenen Datei ab, die von BIBTEX separat bearbeitet wird. Ein von LATEX erzeugtes globales Literaturverzeichnis kann ebenfalls im Dokument verwendet werden, und Verweise können sowohl in die separaten als auch in das globale Literaturverzeichnis weisen.

`\bibliographyunit` [*einheit*]

Dieser Befehl gibt an, für welche Dokumenteneinheit Referenzen erstellt werden sollen, z. B. *einheit*=`\chapter` (für jedes Kapitel) bzw. *einheit*=`\section` (für jeden Abschnitt). Wenn das optionale Argument nicht angegeben ist, deaktiviert der Befehl `\bibliographyunit` die Literaturverzeichniseinheiten, und das Literaturverzeichnis wird global für das gesamte Dokument erstellt.

Wenn `\bibliographyunit` aktiv ist, spezifizieren die Befehle `\bibliography` und `\bibliographystyle` die BIBTEX-Dateien sowie den standardmäßig in den lokalen Einheiten zu verwendenden Stil. Die Befehle `\bibliography*` und `\bibliographystyle*` spezifizieren ausschließlich die Standardwerte für die aktuelle `bibunit` und haben keine Auswirkung auf das globale Literaturverzeichnis.

`\begin{bibunit}` [*stil*]

Wenn `\bibliographyunit` nicht aktiv ist, ermöglicht die `bibunit`-Umgebung, Literaturverzeichniseinheiten festzulegen. Der optionale Parameter *stil* gibt, sofern vorhanden, einen Stil für das Literaturverzeichnis an, der sich von dem standardmäßig verwendeten Stil unterscheidet.

`\putbib` [*bibtex-dateien*]

Der `\putbib`-Befehl muß vor dem Ende jeder *einheit* an der Stelle im Text eingefügt werden, an der das Literaturverzeichnis gedruckt werden soll. Wenn das optionale Argument fehlt, verwendet `\putbib`, sofern vorhanden, die Standard-BIBTEX-Dateien, d.h. die mit `\bibliography` festgelegten.

Bei Verwendung des bibunits-Paketes muß jede *einheit* nacheinander separat mit BIBTEX bearbeitet werden, da für sie eine zugehörige Datei `jobname.i.aux` erstellt wurde, wobei `i` die laufende Nummer der Einheit angibt.

Die in Abbildung 13.10 auf der nächsten Seite dargestellte Eingabedatei ergibt beispielsweise zusammen mit den Befehlen in Abbildung 13.11 auf Seite 405 die Ausgabe, die in Abbildung 13.12 auf Seite 406 dargestellt ist.

Von den zwei Paketen chapterbib und bibunits hat ersteres eine einfachere Benutzerschnittstelle. Bei Erstellung von separaten Literaturverzeichnissen für bestimmte Einheiten muß man jedoch bedenken, daß die Einheiten in separaten Dateien abgespeichert und mit dem Befehl `\include` eingefügt werden müssen.

```
\documentclass[a4paper]{article}
\usepackage{times}
\usepackage[german]{babel}
\usepackage{bibunits}
\begin{document}

\section{Das bibunits-Paket}

\begin{bibunit}[unsrt]          %%%%%%% Beginn der ersten Einheit
\subsection{Zun"achst im BibTeX-Stil unsrt}
Verweis auf eine Doktorarbeit~\cite{Liang:1983} und auf einen
Artikel mit mehreren Autoren~\cite{Mittelbach/Schoepf:1990}.
Ein Verweis auf einen Artikel in einem
Konferenzbericht~\cite{Yannis:1991}.
\putbib[bsample]
\end{bibunit}

\subsection{Fortsetzung im BibTeX-Stil abbrv}

\begin{bibunit}[abbrv]          %%%%%%% Beginn der zweiten Einheit
Verweis auf ein Handbuch~\cite{Dynatext} und auf einen
technischen Bericht~\cite{Knuth:WEB}.  Ein Verweis auf ein
Kapitel in einem Buch~\cite{Wood:color} und auf ein Buch mit
Herausgeber~\cite{Roth:postscript}.
\putbib[bsample]
\end{bibunit}

\subsection{Und schlie"slich im BibTeX-Stil alpha}

\begin{bibunit}[alpha]          %%%%%%% Beginn der dritten Einheit
Verweis auf ein Buch~\cite{Eijkhout:1991} und einen
Artikel~\cite{Felici:1991}.
\putbib[bsample]
\end{bibunit}

\end{document}
```

Abbildung 13.10: Verwendung des bibunits-Paketes (Eingabe)

Das bibunits-Paket ist leistungsfähiger, jedoch muß man dabei sehr stark aufpassen, nicht den Überblick über die verschiedenen Literaturverzeichniseinheiten zu verlieren, die an verschiedenen Stellen definiert werden können. Da bibunits Dateinamen erzeugt, die aus den drei Elementen `jobname.i.aux` bestehen, läßt es sich außerdem nicht ohne Veränderungen auf Nicht-UNIX-Systemen, wie MS-DOS, CMS oder VMS verwenden.

```
$ latex bibunitsexa               %%%%%%%%%%%%%   erster LaTeX-Durchlauf
This is TeX, Version 3.141
(bibunitsexa.tex
No file bibunitsexa.aux.   ...    %%% unaufgel"oste Verweise
No file bibunitsexa.1.bbl. ...    %%% Kein Literaturverzeichnis
No file bibunitsexa.2.bbl. ...    %%%          dito
No file bibunitsexa.3.bbl. ...    %%%          dito
[1] (bibunitsexa.aux) )
Output written on bibunitsexa.dvi (1 page, 1032 bytes).
Transcript written on bibunitsexa.log.
$ bibtex bibunitsexa.1            %%%%%%%%%%%%%   Bearbeitung der 1. Datei mit BibTeX
This is BibTeX, C Version 0.99c
The top-level auxiliary file: bibunitsexa.1.aux
The style file: unsrt.bst
Database file #1: bsample.bib
$ bibtex bibunitsexa.2            %%%%%%%%%%%%%   Bearbeitung der 2. Datei mit BibTeX
This is BibTeX, C Version 0.99c
The top-level auxiliary file: bibunitsexa.2.aux
The style file: abbrv.bst
Database file #1: bsample.bib
$ bibtex bibunitsexa.3            %%%%%%%%%%%%%   Bearbeitung der 3. Datei mit BibTeX
This is BibTeX, C Version 0.99c
The top-level auxiliary file: bibunitsexa.3.aux
The style file: alpha.bst
Database file #1: bsample.bib
$ latex bibunitsexa               %%%%%%%%%%%%%   zweiter LaTeX-Durchlauf
This is TeX, C Version 3.141
(bibunitsexa.tex
(bibunitsexa.aux)   ...
(bibunitsexa.1.bbl) ...    %%% noch immer unaufgel"oste Verweise
(bibunitsexa.2.bbl) ...    %%%              dito
(bibunitsexa.3.bbl) ...    %%%              dito
[1] (bibunitsexa.aux) )
$ latex bibunitsexa               %%%%%%%%%%%%%   dritter und letzter LaTeX-Durchlauf
This is TeX, Version 3.141
(bibunitsexa.tex
      ...
(bibunitsexa.aux)
(bibunitsexa.1.bbl) (bibunitsexa.2.bbl) (bibunitsexa.3.bbl)
[1] (bibunitsexa.aux) )
Output written on bibunitsexa.dvi (1 page, 3232 bytes).
```

Abbildung 13.11: Verwendung des bibunits-Paketes (Formatierung)
Diese Befehle werden verwendet, um die Eingabe von Abbildung 13.10 auf der vorherigen Seite zu bearbeiten, damit die Ausgabe erzeugt wird, die in Abbildung 13.12 auf der nächsten Seite zu sehen ist.

1 Das bibunits-Paket

1.1 Zunächst im BibTeX-Stil unsrt

Verweis auf eine Doktorarbeit [1] und auf einen Artikel mit mehreren Autoren [2]. Ein Verweis auf einen Artikel in einem Konferenzbericht [3].

Literatur

[1] Franklin Mark Liang. *Word Hy-phen-a-tion by Com-pu-ter*. PhD thesis, Stanford University, Stanford, CA 94305, June 1983. Also available as Stanford University, Department of Computer Science Report No. STAN-CS-83-977.

[2] Frank Mittelbach and Rainer Schöpf. The New Font Selection — User Interface to Standard LaTeX. *TUGboat*, 11(2):297–305, 1990.

[3] Yannis Haralambous. TeX and those other languages. In Hope Hamilton, editor, *1991 Annual Meeting Proceedings, Part 2, TeX Users Group, Twelfth Annual Meeting, Dedham, Massachusetts, July 15–18, 1991*, volume 12, pages 539–548, Providence, Rhode Island, December 1991. TeX Users Group.

1.2 Fortsetzung im BibTeX-Stil abbrv

Verweis auf ein Handbuch [1] und auf einen technischen Bericht [2]. Ein Verweis auf ein Kapitel in einem Buch [4] und auf ein Buch mit Herausgeber [3].

Literatur

[1] Electronic Book Technology Inc., Providence, Rhode Island. *Dynatext, Electronic Book Indexer/Browser*, 1991.

[2] D. E. Knuth. The WEB System of Structured Documentation. Technical Report STAN-CS-83-980, Department of Computer Science, Stanford University, Stanford, CA 94305, Sept. 1983.

[3] S. E. Roth, editor. *Real World PostScript*. Addison-Wesley, Reading, Massachusetts, 1988.

[4] P. Wood. *PostScript Color Separation*, pages 201–225. In Roth [3], 1988.

1.3 Und schließlich im BibTeX-Stil alpha

Verweis auf ein Buch [Eij91] und einen Artikel [Fel91].

Literatur

[Eij91] Victor Eijkhout. *TeX by Topic, a TeXnicians Reference*. Addison-Wesley, Reading, Massachusetts, 1991.

[Fel91] James Felici. PostScript versus TrueType. *Macworld*, 8:195–201, September 1991.

1

Abbildung 13.12: Verwendung des bibunits-Paketes (Resultat)

13.4 Werkzeuge zur Literaturverwaltung

Eine sortierte Liste aller Einträge in einer BIBTEX-Datenbank ist häufig nützlich, um das Referenzieren zu vereinfachen. Hierfür gibt es verschiedene Werkzeuge, die mehr oder weniger die gleiche Funktionalität haben, so daß die Wahl des ein oder anderen hauptsächlich eine Frage des persönlichen Geschmacks ist.

Zunächst sei hier das LATEX-Paket biblist von Joachim Schrod angeführt. Es dient zur Erzeugung einer formatierten Liste einer (evtl. sehr großen) BIBTEX-Eingabedatei. Bei großen Dateien, besonders wenn die Schlüssel des `\cite`-Befehls sehr lang sind, wird TEXs interner Speicherplatz für neue Zeichenketten häufig überschritten, so daß derartige TEX-Dateien mit BigTEX bearbeitet werden müssen. Diese Probleme treten bei Verwendung des biblist-Paketes nicht auf.

Das zu bearbeitende LATEX-Dokument muß die Dokumentenklasse article und das biblist-Paket enthalten. Des weiteren können Optionen wie twoside, german oder a4 hinzugefügt werden, jedoch können weder twocolumn noch multicol verwendet werden.

Das Argument von `\bibliography` muß die Namen aller BIBTEX-Datenbanken enthalten, die ausgedruckt werden sollen. Mit dem Befehl `\bibliographystyle` kann man einen bestimmten BIBTEX-Stil auswählen. Standardmäßig werden alle Literaturangaben aus der Datenbank ausgedruckt. Wenn man jedoch explizit `\nocite`-Befehle verwendet, werden nur die aus den Datenbanken ausgewählten Einträge ausgedruckt.

Das folgende Beispiel zeigt die Eingabedatei, die für die Erstellung der Ausgabe in Abbildung 13.13 auf der nächsten Seite verwendet wurde.

```
\documentclass{article}
\usepackage{a4}
\usepackage{biblist}
\begin{document}
  \bibliographystyle{is-alpha}
  \bibliography{bsample}
\end{document}
```

Zunächst muß LATEX aufgerufen werden, dann BIBTEX und anschließend wiederum LATEX. Ein zweiter LATEX-Durchlauf nach der BIBTEX-Bearbeitung ist nicht erforderlich.

Eine Reihe von interessanten BIBTEX-Werkzeugen ist allgemein verfügbar. Der erste Gruppe der im folgenden beschriebenen Werkzeuge wurde (größtenteils) von David Kotz geschrieben. Diese Werkzeuge sind für UNIX-Systeme verfügbar, aber die Konzepte sind so allgemein, daß die Skripte als Basis für die Portierung auf andere Betriebssysteme verwendet werden können.

aux2bib Für eine gegebene `.aux`-Datei erzeugt dieses perl-Skript eine eigenständige `.bib`-Datei die nur die benötigten Referenzen enthält. Dies ist sinnvoll, wenn LATEX-Dateien auf andere Systeme übertragen werden sollen.

`bsample.bib` (November 20, 1994)

References

`Dynatext` ....

Electronic Book Technology Inc., Providence, Rhode Island.
Dynatext, Electronic Book Indexer/Browser, 1991.

`Eijkhout:1991` ....

Victor Eijkhout.
TEX by Topic, a TEXnicians Reference.
Addison-Wesley, Reading, Massachusetts, 1991.

`Felici:1991` ....

James Felici.
PostScript versus TrueType.
Macworld, 8:195–201, September 1991.

`Yannis:1991` ....

Yannis Haralambous.
TEX and those other languages.
In Hope Hamilton, editor, *1991 Annual Meeting Proceedings, Part 2, TEX Users Group, Twelfth Annual Meeting, Dedham, Massachusetts, July 15–18, 1991*, volume 12, pages 539–548, Providence, Rhode Island, December 1991. TEX Users Group.

`Knuth:WEB` ....

Donald E. Knuth.
The WEB System of Structured Documentation.
Technical Report STAN-CS-83-980, Department of Computer Science, Stanford University, Stanford, CA 94305, September 1983.

`Liang:1983` ....

Franklin Mark Liang.
Word Hy-phen-a-tion by Com-pu-ter.
PhD thesis, Stanford University, Stanford, CA 94305, June 1983.
Also available as Stanford University, Department of Computer Science Report No. STAN-CS-83-977.

`Mittelbach/Schoepf:1990` ....

Frank Mittelbach and Rainer Schöpf.
The New Font Selection — User Interface to Standard LATEX.
TUGboat, 11(2):297–305, 1990.

`Roth:postscript` ....

Stephen E. Roth, editor.
Real World PostScript.
Addison-Wesley, Reading, Massachusetts, 1988.
ISBN 0-201-06663-7.

`EVH:Office` ....

Eric van Herwijnen.
Future Office Systems Requirements.
Technical report, CERN DD Internal Note, November 1988.

`Wood:color` ....

Pat Wood.
PostScript Color Separation, pages 201–225.
In Roth `Roth:postscript`, 1988.
ISBN 0-201-06663-7.

1

Abbildung 13.13: Formatierung von `bsample.bib` unter Verwendung des biblist-Paketes

bibkey Dieses C-Shell-Skript verwendet die Programme sed, egrep und awk, um eine Liste aller Einträge zu erstellen, die ein bestimmtes Schlüsselwort in ihrem keyword-Feld haben.
Verwendung: `bibkey schlüssel datei`
Zeichen im schl"ussel-Argument, die eine spezielle Bedeutung in regulären Ausdrücken haben, wie sie von sed oder egrep verwendet werden, müssen mit einem \ maskiert werden (z. B. \\ für den Backslash \). Bei der Suche bleibt Groß- und Kleinschreibung unberücksichtigt. Jeder gültige egrep-Ausdruck ist zugelassen, z. B. bei der Suche nach mehreren Schlüsselwörter: `bibkey 'meyer|schmidt' foo.bib`

looktex Einträge, die ein bestimmtes Schlüsselwort in einer BIBTEX-Datenbank haben, werden aufgelistet, wenn dieses C-Shell-Skript aufgerufen wird. Dieses Werkzeug ist eine verallgemeinerte Form des oben vorgestellten bibkey-Skripts, und alle obigen Anmerkungen treffen auch hier zu.

makebib Dieses C-Shell-Skript erzeugt eine exportierbare .bib-Datei aus einem gegebenen Satz von .bib-Dateien und einer optionalen Liste von Verweisen.
Verwendung: `makebib datei.bib... [schlüssel]...`
Die Ausgabe wird in subset.bib geschrieben. Wenn schlüssel nicht angegeben ist, werden alle Verweise aus der/den BIBTEX-Datei(en) eingefügt.

printbib Dies ist ein C-Shell Skript, das eine .dvi-Datei aus einer .bib-Datei erzeugt, um das Referenzieren zu vereinfachen. Es wird nach dem Schlüsselwort im \cite-Befehl sortiert und umfaßt die Felder keyword und abstract.
Verwendung: `printbib bibdatei...`
Die Datei abstract.dvi wird erzeugt und kann zum Ausdrucken mit einem dvi-Treiber bearbeitet werden. Abbildung 13.14 auf der nächsten Seite zeigt, wie das Literaturverzeichnis aussieht, wenn dieses Shell-Skript für die Datenbank bsample.bib in Abbildung 13.4 auf Seite 396 aufgerufen wird.

Eine weitere Gruppe von Werkzeugen, mit denen BIBTEX-Datenbanken bearbeitet werden können, wurde von Nelson Beebe (Utah Universität) entwickelt. Sie werden im folgenden kurz beschrieben.

bibclean Hierbei handelt es sich um einen Prettyprinter kombiniert mit einem Programm zur Syntaxüberprüfung und lexikalischen Analyse der BIBTEX-Literaturdatenbankdateien [10]. Das Programm, das auf UNIX, Vax/VMS und MS-DOS Plattformen betrieben werden kann, besitzt viele Optionen; in der Regel reicht jedoch folgende Eingabe:
`bibclean < bibdatei1 bibdatei2,... > ausgabedatei`

bibextract Entnimmt aus einer Liste von BIBTEX-Dateien[2] jene Literaturverzeichniseinträge, die den beiden angegebenen regulären Ausdrücken entsprechen, und schreibt diese nach *stdout*, zusammen mit allen @Preamble- und

2 bibextract unterstützt nicht alle der in einer .bib-Datei erlaubten Syntaxvarianten. Unter Umständen muß die Datei zunächst mit bibclean normalisiert werden.

Bibliography files
bsample
November 20, 1994

References

[Dynatext] Electronic Book Technology Inc., Providence, Rhode Island. *Dynatext, Electronic Book Indexer/Browser*, 1991.

[EVH:Office] Eric van Herwijnen. Future Office Systems Requirements. Technical report, CERN DD Internal Note, November 1988.

[Eijkhout:1991] Victor Eijkhout. *TEX by Topic, a TEXnicians Reference.* Addison-Wesley, Reading, Massachusetts, 1991.

[Felici:1991] James Felici. PostScript versus TrueType. *Macworld*, 8:195–201, September 1991.

[Knuth:WEB] Donald E. Knuth. The WEB System of Structured Documentation. Technical Report STAN-CS-83-980, Department of Computer Science, Stanford University, Stanford, CA 94305, September 1983.

[Liang:1983] Franklin Mark Liang. *Word Hy-phen-a-tion by Com-pu-ter.* PhD thesis, Stanford University, Stanford, CA 94305, June 1983. Also available as Stanford University, Department of Computer Science Report No. STAN-CS-83-977.

[Mittelbach/Schoepf:1990] Frank Mittelbach and Rainer Schöpf. The New Font Selection — User Interface to Standard LATEX. *TUGboat*, 11(2):297–305, 1990.

[Roth:postscript] Stephen E. Roth, editor. *Real World PostScript.* Addison-Wesley, Reading, Massachusetts, 1988.

[Wood:color] Pat Wood. *PostScript Color Separation*, pages 201–225. In Roth [Roth:postscript], 1988.

[Yannis:1991] Yannis Haralambous. TEX and those other languages. In Hope Hamilton, editor, *1991 Annual Meeting Proceedings, Part 2, TEX Users Group, Twelfth Annual Meeting, Dedham, Massachusetts, July 15–18, 1991*, volume 12, pages 539–548, Providence, Rhode Island, December 1991. TEX Users Group.

1

Abbildung 13.14: Formatierung von `bsample.bib` unter Verwendung des printbib-Befehls

@String-Befehlen. Hierfür müssen zwei reguläre Ausdrücke angegeben werden. Der erste bestimmt die untersuchten Felder (wenn diese Zeichenkette leer ist, werden alle Felder untersucht), und der zweite Ausdruck gibt weitere Einschränkungen für den Inhalt der Datenbankeinträge an, die extrahiert werden sollen. Beide *müssen* in Kleinbuchstaben eingegeben werden.
Der folgende Befehl sucht beispielsweise alle Einträge heraus, die in einem der Felder die Zeichenkette »PostScript« enthalten:

```
bibextract "" "postscript" bibdatei(en)>neue-bibdatei
```

Der nächste Befehl dagegen wählt nur jene Einträge aus, welche in den Feldern `author` und `title` jeweils entweder »Font« oder »Adobe« enthalten:

```
bibextract "author|title" "font|adobe" bibdatei(en)>neue-datei
```

citefind.sh und citetags.sh Manchmal müssen die Einträge, auf die der Benutzer in seinem Dokument verweist, aus verschiedenen, großen BIBTEX-Datenbanken herausgesucht werden. Diese Aufgabe kann von den Bourne Shell-Skripts citefind.sh und citetags.sh erledigt werden, welche die Programme awk und sed verwenden. Zunächst sucht citetags.sh die BIBTEX-Schlüsselwörter des `\cite`-Befehls aus der LATEX-Quelldatei oder den `.aux`-Dateien heraus und überträgt sie nach *stdout*. Dort nimmt citefind.sh sie auf und versucht, die angegebenen Schlüsselwörter in den definierten `.bib`-Dateien zu finden. Danach überträgt es die neu entstandene BIBTEX-Datei nach *stdout*, z. B. folgendermaßen:

```
citetags.sh *.aux | citefind.sh - bib1.bib bib2.bib > neuebib.bib
```

bibsort.sh Da citefind.sh die Verweisinformation in der Reihenfolge ausgibt, in der sie in den `.bib`-Dateien aufgefunden wurde, kann es nützlich sein, die Einträge mit Hilfe des bibsort.sh Shell-Skripts zu sortieren, um das Referenzieren für den menschlichen Leser zu erleichtern. Dieses Skript verwendet intern das sort-Programm und versteht deshalb die meisten seiner Optionen.

bibview Wer ein X-Window-Terminal benutzt, kann das bibview-Programm verwenden, um BIBTEX-Datenbanken mit Hilfe einer X-Window-Schnittstelle leichter zu bearbeiten.

Nelson Beebe verwaltet eine große Anzahl von BIBTEX-Datenbanken zum Thema TEX, zum Thema Graphik und eine Reihe von Stilvorlagen, die bereits in Tafel 13.1 auf Seite 391 vorgestellt wurden. Die für TEX-Benutzer wohl interessantesten `.bib`-Datenbanken sind `texbook1.bib` und `texbook2.bib` (Werke über TEX, METAFONTund ähnliche Programme), `gut.bib` (der Inhalt der französischen Zeitschrift *Cahiers Gutenberg*), `komoedie.bib` (der Inhalt der deutschen Zeitschrift *Die TEXnische Komödie*), `texgraph.bib` (Hinweise über das Zusammenwirken von TEX und Graphiken), `texjourn.bib` (eine Liste von Zeitschriften, die TEX als Eingabe akzeptieren), `tugboat.bib` (eine Auflistung aller Artikel in *TUGboat*), `type.bib` (das eine Liste von Artikeln und Büchern über Typographie enthält) und `standard.bib` (eine Auflistung von Softwarestandards).

Des weiteren entwickelte Nelson Beebe die Pakete bibmods und showtags. Die Verwendungsweise und die Ausgabe, die von diesen Paketen erzeugt wird, kann in der Abbildung 13.15 auf der nächsten Seite betrachtet werden. Sie enthält das Ergebnis in der Bearbeitung der untenstehenden Eingabedatei mit der LaTeX-BibTeX-Programmfolge unter Verwendung der Beispieldatenbank von Abbildung 13.4 auf Seite 396.

```
\documentclass[twocolumn]{article}
\usepackage{bibmods} \usepackage{showtags}
\begin{document}
  \nocite{*}
  \bibliographystyle{is-alpha}   \bibliography{bsample}
\end{document}
```

13.5 Das generelle Format der `.bib`-Datei

Dieser Abschnitt geht näher auf das Format der Einträge in einer BibTeX-Datenbank ein. Er aktualisiert und erweitert die Informationen aus dem Anhang B des LaTeX-Buches mit Material der BibTeX-Version 0.99c [78] von Oren Patashnik, dem Autor des BibTeX-Programms.

13.5.1 Das generelle Format eines BibTeX-Eintrages

Ein BibTeX-Eintrag besteht aus drei Hauptbestandteilen: dem *Eintragstyp* gefolgt von dem *Schlüsselwort* und schließlich den *Feldeingabedaten* selbst. Letztere bestehen aus einer Reihe von *Feldeinträgen*, die eine von zwei Formen annehmen können, wie in dem folgenden Beispiel gezeigt wird:

```
@Eintragstyp{schl"ussel,
  feld_name_1 = "feld_text_1",
  feld_name_2 = {feld_text_2},
       . . .
  feld_name_n = {feld_text_n}
          }
```

```
 @book{lamport86,
author = "Leslie Lamport",
title  = "{\LaTeX{}} A Document
          Preparation system",
publisher = {Addison-Wesley},
year   = 1986                }
```

Das Komma trennt zwei Felder voneinander ab. Leerzeichen vor und hinter dem Gleichheitszeichen oder dem Komma werden ignoriert. Innerhalb des Textteils eines Feldes (eingeschlossen in zwei Anführungsstriche oder geschweifte Klammern) kann eine beliebige Zeichenkette stehen, jedoch muß darauf geachtet werden, daß stets die gleiche Anzahl von öffnenden und schließenden Klammern vorhanden ist. Die Anführungsstriche oder Klammern können weggelassen werden, wenn der Text ausschließlich aus Zahlen besteht (wie etwa im Feld year im obigen Beispiel).

In dem Eintragstyp, dem Schlüsselwort und den Feldnamen *ignoriert* BibTeX Groß- und Kleinschreibung. Im Falle des Schlüsselwortes muß man jedoch auf die Schreibweise achten, da LaTeX bei den Schlüsselworten, die als Argument des `\cite`-Befehls angegeben werden, auf Groß- und Kleinschreibung achtet, so daß das Schlüsselwort für den Literaturverzeichniseintrag mit dem, was in der LaTeX-Datei angegeben ist, übereinstimmen muß (siehe Abschnitt 13.1).

References

Dynatext

[Dyn91] Electronic Book Technology Inc., Providence, Rhode Island. *Dynatext, Electronic Book Indexer/Browser*, 1991.

Eijkhout:1991

[Eij91] Victor Eijkhout. *TEX by Topic, a TEXnicians Reference*. Addison-Wesley, Reading, Massachusetts, 1991.

Felici:1991

[Fel91] James Felici. PostScript versus TrueType. *Macworld*, 8:195–201, September 1991.

Yannis:1991

[Har91] Yannis Haralambous. TEX and those other languages. In Hope Hamilton, editor, *1991 Annual Meeting Proceedings, Part 2, TEX Users Group, Twelfth Annual Meeting, Dedham, Massachusetts, July 15–18, 1991*, volume 12, pages 539–548, Providence, Rhode Island, December 1991. TEX Users Group.

Knuth:WEB

[Knu83] Donald E. Knuth. The WEB System of Structured Documentation. Technical Report STAN-CS-83-980, Department of Computer Science, Stanford University, Stanford, CA 94305, September 1983.

Liang:1983

[Lia83] Franklin Mark Liang. *Word Hy-phen-a-tion by Com-pu-ter*. PhD thesis, Stanford University, Stanford, CA 94305, June 1983. Also available as Stanford University, Department of Computer Science Report No. STAN-CS-83-977.

Mittelbach/Schoepf:1990

[MS90] Frank Mittelbach and Rainer Schöpf. The New Font Selection — User Interface to Standard LATEX. *TUGboat*, 11(2):297–305, 1990.

Roth:postscript

[Rot88] Stephen E. Roth, editor. *Real World PostScript*. Addison-Wesley, Reading, Massachusetts, 1988. ISBN 0-201-06663-7.

EVH:Office

[vH88] Eric van Herwijnen. Future Office Systems Requirements. Technical report, CERN DD Internal Note, November 1988.

Wood:color

[Woo88] Pat Wood. *PostScript Color Separation*, pages 201–225. In Roth [Rot88], 1988. ISBN 0-201-06663-7.

1

Abbildung 13.15: Formatierung von `bsample.bib` unter Verwendung von showtags und bibmods

13.5.2 Der Textteil eines Feldes

Der Textteil eines Feldes in einem BIBTEX-Eintrag wird in zwei doppelte Anführungsstriche oder geschweifte Klammern eingefaßt. Man bezeichnet Teile desselben als *in geschweiften Klammern eingeschlossen*, wenn diese auf einer niedrigeren Klammerebene liegen als die des gesamten Eintrages.

Die Struktur eines Namens

Die Felder `author` und `editor` enthalten eine Reihe von Namen. Das exakte Format, in dem diese Namen formatiert werden, wird durch die BIBTEX-Stilvorlage festgelegt. BIBTEX erfährt den Namen aus dem Eintrag in der `.bib`-Datenbank. Die Namen sollten immer genau so eingegeben werden, wie sie in dem Werk, auf das man sich bezieht, erscheinen, selbst wenn sie in zwei verschiedenen Werken eine etwas differierende Form haben, z. B.:

```
author = "Donald E. Knuth"          author = "D. E. Knuth"
```

Wenn man sich sicher ist, daß sich beide Autorenangaben auf dieselbe Person beziehen, kann man beide in der Form angeben, die der Autor bevorzugt (z. B. Donald E. Knuth). Man sollte dabei jedoch stets angeben (wie im nachfolgenden Beispiel), daß in der Originalveröffentlichung eine andere Form verwendet wurde.

```
author = "D[onald] E. Knuth"
```

BIBTEX sortiert diesen Eintrag so, als ob die Klammern nicht vorhanden wären, so daß über die Identität des Autors keine Zweifel entstehen.

Die meisten Namen können auf zwei verschiedene Weisen eingegeben werden:

```
"Johann Christian Schmidt"          "Schmidt, Johann Christian"
"Thomas von Neumann"                "von Neumann, Thomas"
```

Die zweite Form mit Komma sollte stets für Personen verwendet werden, die einen aus mehreren Teilen bestehenden Nachnamen haben, die jeweils mit Großbuchstaben beginnen, z. B.:

```
"Lopez Fernandez, Miguel"
```

Bei der Eingabe `"Miguel Lopez Fernandez"` geht BIBTEX davon aus, daß `"Lopez"` der mittlere Name ist, welches in diesem Falle falsch ist. Wenn die anderen Teile des Nachnamens nicht mit Großbuchstaben beginnen, tritt dieses Problem nicht auf (z. B. `Johann von Bergen` oder `Pierre de la Porte`).

Wenn mehrere Worte, die zu einem Namen gehören, zusammengefaßt werden, sollten sie in geschweiften Klammern eingefaßt werden, da BIBTEX alles, was innerhalb der Klammern steht, als einen Namen betrachtet, wie das folgende Beispiel zeigt.

```
{{Boss and Friends, Inc.} and {Snoozy and Boys, Ltd.}}
```

In diesem Fall werden `Inc.` und `Ltd.` nicht fälschlicherweise als Vornamen angesehen. BIBTEX-Namen können in der Regel aus vier verschiedenen Teilen bestehen, die als `First`, `von`, `Last` und `Jr` gekennzeichnet sind. Jeder Teil besteht aus einer Liste von Namensangaben, wobei jede Liste, außer `Last`, leer sein kann.

Die beiden folgenden Einträge sind also nicht identisch:

```
"von der Schmidt, Alex"        "{von der Schmidt}, Alex"
```

Der erste Eintrag besteht aus den Teilen `von`, `Last` und `First`, während der zweite nur einen `First`- und `Last`-Teil (`von der Schmidt`) enthält. Daraus ergibt sich möglicherweise eine unterschiedliche Sortierreihenfolge.

Der »junior«-Teil kann ein spezielles Problem darstellen. Wenn die Namensangabe »jr.« enthält, wird diesem meistens ein Komma vorangestellt, d.h. es entsteht der folgende Eintrag:

```
"Meyer, jr., Karl"
```

Einige Leute verwenden kein Komma, und in diesen Fällen wird »jr.« als Teil des Nachnamens betrachtet:

```
"{Strau"s jr.}, Johann"          "Johann {Strau"s jr.}"
```

Im Fall von »Miguel Lopez Fernandez« muß ein Komma gesetzt werden:

```
"Lopez Fernandez, Miguel"
```

Der Namensteil `First` besteht hier aus einem einzigen Bestandteil, nämlich »Miguel«; der `Last`-Teil besteht aus den Bestandteilen »Lopez« und »Fernandez«; die `von`- und `Jr`-Teile sind leer.

Ein komplexes Beispiel ist folgendes:

```
"Johannes Martinus Albertus van de Groene Heide"
```

Dieser Name hat drei Bestandteile im `First`-Teil, zwei im `von`- und zwei im `Last`-Teil. BIBTEX weiß, wo ein Teil endet und der nächste beginnt, da die Worte im `von`-Teil mit Kleinbuchstaben beginnen (in diesem Beispiel `van de`).

Im allgemeinen haben die `von`-Angaben einen kleingeschriebenen Anfangsbuchstaben auf der Klammerebene 0. Da technisch gesehen alles in einem »Spezialzeichen« auf Klammerebene 0 angesiedelt ist (siehe Seite 417), kann man durch Einfügung eines Dummy-Spezialzeichens bestimmen, wie BIBTEX eine Angabe behandelt. Dazu muß der erste Buchstabe nach dem TEX-Befehl in der gewünschten Schreibweise, d.h. Klein- oder Großbuchstabe, angegeben werden. Die Angabe

```
Maria {\uppercase{d}e La} Cruz
```

führt beispielsweise dazu, daß BIBTEX den großgeschriebenen Begriff »De La« als von-Teil betrachtet, da das erste Zeichen nach dem Befehl kleingeschrieben ist. Wenn man den Stil abbrev verwendet, erhält man die korrekte Kurzform M. De La Cruz anstelle der unkorrekten Form M. D. L. Cruz, die entstehen würde, wenn man den Trick nicht verwendet.

Namen mit Bindestrichen stellen für BIBTEX kein Problem dar. Die Angabe

```
author = "Maria-Victoria Delgrande",
```

ergibt beispielsweise im abbrv-Stil »M.-V. Delgrande«.

Bei Angabe von mehreren Autoren sollten die einzelnen Namen durch das Wort "and" getrennt werden, wobei "and" nicht in Klammern eingeschlossen werden darf.

```
author = "Frank Mittelbach and Rowley, Chris"
editor = "{Lion and Noble, Ltd.}"
```

Im obigen Beispiel sind zwei Autoren, nämlich Frank Mittelbach und Chris Rowley genannt, aber nur ein Herausgeber, da das "and" in Klammern eingeschlossen ist. Wenn zu viele Autoren oder Herausgeber vorhanden sind, als daß alle eingetippt werden könnten, kann die Namensliste mit der Angabe "and others" beendet werden, die von den Standardstilen in die gebräuchliche Form »*et al.*« umgewandelt wird.

Zusammenfassend seien hier die drei Formen wiedergegeben, in denen man in BIBTEX Namen angeben kann:

```
"First von Last"            e.g. {Johan van der Winden}
"von Last, First"           e.g. "von der Schmidt, Alexander"
"von Last, Jr, First"       e.g. {de la Porte, Fils, {\'Emile}}
```

Die erste Form kann fast immer verwendet werden; es ist jedoch nicht empfehlenswert, wenn ein Jr-Teil vorhanden ist oder der Last-Teil aus mehreren Bestandteilen besteht und es keinen von-Teil gibt.

Das Format des Titels

Die BIBTEX-Stilvorlage legt fest, ob ein Titel großgeschrieben wird oder nicht. Normalerweise werden bei Verwendung der englischen Sprache Buchtitel großgeschrieben, Artikelüberschriften jedoch klein. Auf jeden Fall sollte der Titel genauso eingegeben werden, wie er im Originalwerk erscheint, z. B.:

```
TITLE = "A Manual of Style"
TITLE = "Hyphenation patterns for ancient Greek and Latin"
```

In den verschiedenen Sprachen und Stilen gibt es unterschiedliche Regeln zur Groß- und Kleinschreibung. Wenn der Titel anders ausgegeben werden soll als von der Stilvorlage festgelegt, sollte man die Teile, die unverändert bleiben sollen, in geschweifte Klammern setzen. Die folgenden beiden Titelangaben sind äquivalent:

```
TITLE = "The Towns and Villages of {Belgium}"
TITLE = {The Towns and Villages of {B}elgium}
```

Akzentuierte Zeichen und Spezialzeichen

BIBTEX akzeptiert akzentuierte Zeichen. Bei einem Eintrag mit den zwei Feldern

```
author = "Kurt G{\"o}del",
year = 1931,
```

erstellt der BIBTEX-Stil alpha das Label [Göd31], was wahrscheinlich dem gewünschten Resultat entspricht. Wie das obige Beispiel zeigt, muß das gesamte akzentuierte Zeichen in geschweiften Klammern plaziert werden, in diesem Falle entweder als `{\"o}` oder `{\"{o}}`. Die Klammern selbst dürfen dagegen nicht in weitere Klammern eingefaßt werden (anders als jene, die das gesamte Feld oder den gesamten Eintrag begrenzen); Um als Spezialzeichen erkannt zu werden, muß das erste Zeichen innerhalb des Klammerausdruckes ein Backslash sein. Weder `{G{\"{o}}del}` noch `{G\"{o}del}` würden hier also von BIBTEX erkannt.

Diese Funktion handhabt akzentuierte Zeichen und nicht-englischsprachige Symbole, die in LATEX verwendet werden. Sie erlaubt auch die Verwendung von benutzerdefinierten »Akzenten«. Bei der Erstellung der Label zählt BIBTEX alles innerhalb der geschweiften Klammern als einen einzigen Buchstaben.

Für BIBTEX stellt ein akzentuiertes Zeichen einen Spezialfall eines »Spezialzeichens« dar, das auf der linken Seite auf oberster Ebene mit einer öffnenden geschweiften Klammer beginnt, unmittelbar von einem Backslash gefolgt wird und mit der zugehörigen schließenden geschweiften Klammer endet. Das folgende Feld

```
author = {\OE{le} {\'{E}mile} {Ren\'{e}} van R{\i\j}den}
author = "\OE{le} {\'{E}mile} {Ren\'{e}} van R{\i\j}den"
```

hat beispielsweise zwei Spezialzeichen: »`{\'{E}mile}`« und »`{\i\j}`«.

BIBTEX verändert keine TEX- oder LATEX-Befehle innerhalb eines Spezialzeichens, sondern nur andere Zeichen. Eine Stilvorlage, die Titel in Kleinbuchstaben umwandelt, formt

»`The {\TeX BOOK\NOOP} Saga`« zu »`The {\TeX book\NOOP} saga`«

um. Als erstes Wort im Titel bleibt der Artikel »The« dabei großgeschrieben.

Das Konzept der Spezialzeichen ist nützlich, um akzentuierte Zeichen zu handhaben. Wie man den Sortieralgorithmus von BIBTEX nach seinen Wünschen gestaltet, ist in der Besprechung des `\SortNoop`-Befehls auf Seite 419 behandelt. Da

BIBTEX das gesamte Spezialzeichen nur als ein einziges Zeichen betrachtet, kann man so auch zusätzliche Zeichen in Labeln erhalten.

13.5.3 Abkürzungen in BIBTEX

Die BIBTEX-Textfelder können abgekürzt werden. Eine Abkürzung ist eine Zeichenkette, die mit einem Buchstaben beginnt und weder ein Leerzeichen noch eines der folgenden zehn Zeichen enthält:

```
" # % ' ( ) , = { }
```

Abkürzungen können in den Textfeldern der BIBTEX-Einträge verwendet werden, sie sollten jedoch nicht in geschweifte Klammern oder Anführungsstriche eingeschlossen werden. Wenn `cacm` zum Beispiel für

```
Communications of the ACM
```

steht, können die zwei gleichwertigen Formen

```
journal = "Communications of the ACM"
journal = cacm
```

in das Feld `journal` eingegeben werden.

Mit Hilfe des `@STRING`-Befehls kann man in der `.bib`-Datei wie folgt eigene Abkürzungen definieren:

```
@string{AW          = "Addison--Wesley Publishing Company"}
@STRING{CACM        = "Communications of the ACM"}
@String{pub-AW      = {{Ad\-di\-son-Wes\-ley}}}
@String{pub-AW:adr = "Reading, MA, USA"}
@String{TUG         = "\TeX{} Users Group"}
@String{TUG:adr     = {Providence, RI, USA}}
```

Bei Abkürzungen ist die Groß- und Kleinschreibung des Namens unerheblich. `CACM` und `cacm` werden daher als identische Einträge betrachtet. BIBTEX gibt jedoch eine Warnung aus, wenn Groß- und Kleinschreibung miteinander vermischt werden. Auch der `@STRING`-Befehl selbst kann in Kleinbuchstaben, Großbuchstaben oder gemischt geschrieben werden. Der `@STRING`-Befehl kann an jeder Stelle in der `.bib`-Datei stehen, jedoch muß die Definition der Abkürzung vor ihrer ersten Verwendung angegeben sein. Es empfiehlt sich, alle `@STRING`-Befehle am Beginn einer `.bib`-Datei zusammenzufassen oder sie in eine gesonderte `.bib`-Datei zu schreiben, die ausschließlich Abkürzungen enthält. Die in der `.bib`-Datei definierten `@STRING`-Befehle haben in den Stildateien Vorrang über Definitionen.

Mehrere Zeichenketten (oder `@STRING`-Definitionen) können miteinander verknüpft werden, indem man den Verknüpfungsoperator # verwendet. Benutzt man beispielsweise `@STRING{TUB␣=␣{TUGboat␣}}` kann man für unterschiedliche Einträge nahezu identische `journal`-Felder schaffen:

```
@article(tub-86,
  journal = TUB # 1986,
  . . .
@article(tub-87
  journal = TUB # 1987,
  . . .
```

Die meisten BIBTEX-Stilvorlagen enthalten eine Reihe vordefinierter Abkürzungen. Üblicherweise gibt es für die Monate eine dreibuchstabige Abkürzung: `jan`, `feb`, `mar` usw. Man sollte anstelle der Langform stets diese dreibuchstabigen Abkürzungen für die Monate verwenden. Damit wird innerhalb des Literaturverzeichnisses eine gewisse Einheitlichkeit garantiert. Die Angabe für den Tag des Monats wird normalerweise am besten in das Feld `month` eingefügt, z. B. indem man sich des Verknüpfungsoperators bedient:

```
month = "1.~" # apr
```

Für die Namen der bekannten Zeitschriften in einem bestimmten Anwendungsgebiet gibt es in den dafür konzipierten Stildateien meistens vordefinierte Abkürzungen. Hierzu sollte der Benutzer die beiliegende Dokumentation des betreffenden BIBTEX-Stils konsultieren. Man kann sich jedoch auch einfach diese Abkürzungen selbst definieren, indem man sie mit `@STRING`-Befehlen in eine eigene Datenbankdatei einfügt und diese als Argument des LATEX-Befehls `\bibliography` aufführt.

13.5.4 Die BIBTEX-Präambel

Das BIBTEX-Programm unterstützt unter anderem auch den Befehl `@PREAMBLE`, der eine ähnliche Syntax wie der `@STRING`-Befehl hat, wobei für ersteren jedoch kein Name oder Gleichheitszeichen angegeben werden, sondern nur die Zeichenkette. Zum Beispiel:

```
@preamble{ "\providecommand{\SortNoop}[1]{} "
         # "\providecommand{\OneLetter}[1]{#1} "
         # "\providecommand{\SwapArgs}[2]{#2#1} " }
```

Wie das Beispiel zeigt, werden die verschiedenen Befehlsdefinitionen innerhalb des `@PREAMBLE`-Befehls durch das #-Symbol miteinander verknüpft. Die Standardstildateien geben das Argument von `@PREAMBLE` unverändert an die `.bbl`-Datei weiter, so daß die Befehlsdefinitionen zur Verfügung stehen, wenn LATEX die Datei liest.

Der oben definierte `\SortNoop`-Befehl kann beispielsweise dazu verwendet werden, um den Sortieralgorithmus von BIBTEX zu steuern. Dieser Algorithmus funktioniert an sich gut. Es kann jedoch sein, daß man manchmal die Entscheidungen von BIBTEX durch Verwendung eines eigenen Sortierschlüssels abändern will. Dieser Trick kann für Sprachen angewendet werden, die eine andere Sortierreihenfolge als das Englische haben, oder wenn man die verschiedenen Bände eines Buches nach dem Datum der Erstveröffentlichung sortieren möchte, unabhängig von dem Datum der Neuerscheinung.

Angenommen, daß der erste Band eines Buches ursprünglich 1986 veröffentlicht wurde, eine zweite Ausgabe davon 1991 auf den Markt erschien, und der zweite Band 1990 herauskam. Dann könnte man folgendes schreiben:

```
volume=1, year = "{\SortNoop{86}}1991"
  . . .
volume=2, year = "{\SortNoop{90}}1990"
```

Gemäß der Definition von `\SortNoop` ignoriert LATEX das Argument des Befehls und druckt nur das wahre Erscheinungsjahr für diese Felder aus. Für BIBTEX bildet der `\SortNoop`-Befehl einen »Akzent«, weshalb es die Werte nach den Zahlen 861991 und 901990 einsortiert, so daß der erste Band, wie gewünscht, vor dem zweiten steht.

13.5.5 Querverweise

Die BIBTEX-Einträge können Querverweise auf andere Einträge enthalten. Angenommen, man habe `\cite{Wood:color}` im Dokument angegeben und es befänden sich die folgenden zwei Einträge in der Datenbankdatei:

```
@Inbook{Wood:color, author = {Pat Wood}, crossref={Roth:postscript},
        title = {PostScript Color Separation}, pages={201--225}}
@Book{Roth:postscript, editor = {Stephen E. Roth}, title=
      {{Real World PostScript}} , booktitle={{Real World PostScript}},
      publisher=AW , address=AW:adr , year=1988, ISBN={0-201-06663-7}}
```

Das spezielle `crossref`-Feld teilt BIBTEX mit, daß der `Wood:color`-Eintrag nicht spezifizierte Felder von dem Eintrag übernehmen soll, auf den mittels `crossref` verwiesen wird, d.h. `Roth:postscript`. BIBTEX fügt den Eintrag `Roth:postscript` automatisch in das Literaturverzeichnis ein, wenn auf ihn von zwei oder mehr Einträgen in einem `\cite`- oder `\nocite`-Befehl verwiesen wird, selbst wenn der Eintrag `Roth:postscript` selbst niemals als Argument eines `\cite`- oder `\nocite`-Befehls verwendet wird. Auf diese Weise erscheint `Roth:postscript` automatisch im Literaturverzeichnis, wenn neben `Wood:color` noch ein weiterer Eintrag auf ihn verweist.

Ein Eintrag, auf den verwiesen wird, muß in den Datenbankdateien hinter dem letzten Eintrag stehen, der auf ihn verweist. Alle Einträge, auf die verwiesen wird, könnten beispielsweise am Ende der Datenbank eingefügt werden. Einträge, auf die verwiesen wird, können selbst keine Verweise auf andere Einträge enthalten.

Die `\cite`-Befehle von LaTeX können auch in den Feldern der BibTeX-Einträge verwendet werden. Dies kann sinnvoll sein, wenn man im Hinweisfeld `note` auf eine andere Quelle verweisen möchte:

```
note="Siehe Eijkhout~\cite{Eijkhout:1991} f"ur n"ahere Informationen"
```

In diesem Fall kann es aber notwendig sein, daß zusätzliche LaTeX- und BibTeX-Durchläufe erforderlich sind, um das Dokument vollständig zu bearbeiten. Dies ist dann der Fall, wenn sich der Verweis, den BibTeX in die `.bbl`-Datei überträgt, sich auf einen Schlüssel bezieht, der nicht in einem `\cite`-Befehl im Hauptdokument verwendet wurde. In diesem Falle ist LaTeX nicht in der Lage, die Referenz im nächsten Durchlauf aufzulösen.

13.5.6 Weitere Hinweise

Einträge mit identischen Sortierschlüsseln werden in der Reihenfolge der `\cite`-Befehle im Quelldokument einsortiert. Die Sortierschlüssel, die normalerweise aus der Autorenangabe, gefolgt von Jahr und Titelangabe bestehen, werden von den BibTeX-Stilvorlagen definiert.

Das Kommentarzeichen `%` von LaTeX hat innerhalb von BibTeX keine Sonderbedeutung, kann also in `.bib`-Dateien nicht als solches verwendet werden.

Im allgemeinen gilt: Wenn man vermeiden möchte, daß BibTeX Großbuchstaben in Kleinbuchstaben umwandelt, sollte man den entsprechenden Begriff in geschweifte Klammern setzen. Wenn das erste Zeichen nach der öffnenden Klammer ein Backslash ist, reicht dieses jedoch nicht aus (siehe Seite 417).

13.6 Detaillierte Beschreibung der Einträge

Wie in Abschnitt 13.2 erläutert, muß jeder Eintrag in der Datenbank einem bestimmten Eintragstyp zugeteilt und die Angaben auf bestimmte Felder aufgeteilt werden.

Als erstes muß also entschieden werden, um welchen Eintragstyp es sich handelt. Obwohl kein festgelegtes Einteilungsschema den Anspruch auf Vollständigkeit erheben kann, läßt sich mit ein wenig Kreativität erreichen, daß BibTeX auch ungewöhnlichere Arten von Veröffentlichungen erfassen kann. Bei BibTeX-Stilen, die nicht standardmäßig mit der BibTeX-Software verteilt werden, empfiehlt es sich vermutlich, BibTeXs Warnungen nicht übermäßig viel Beachtung zu schenken (siehe unten).

Die meisten BibTeX-Stile haben dreizehn Eintragstypen, die in Tafel 13.2 auf Seite 423 aufgelistet sind. Für die unterschiedlichen Arten von Veröffentlichungen sind verschiedene Arten von Informationen erforderlich. Ein Verweis auf einen Zeitschriftenartikel enthält wahrscheinlich den Jahrgang und die Ausgabenummer der Zeitschrift, was für ein Buch meist nicht von Bedeutung ist. Aus diesem

Grund haben unterschiedliche Datenbanktypen unterschiedliche Felder. Genauer gesagt gibt es für jeden Eintragstyp drei verschiedene Klassen von Feldern:

zwingend Das Fehlen dieses Feldes erzeugt eine Fehlermeldung bzw. Warnung und führt vermutlich zu einem schlecht formatierten Eintrag im Literaturverzeichnis. Wenn die erforderliche Information nicht von Bedeutung ist, wird der falsche Eintragstyp verwendet. Wenn sie dagegen wichtig ist, aber schon in einem anderen Feld enthalten ist, kann man die Warnung ignorieren.

optional Die Information aus diesem Feld wird verwendet, wenn sie vorhanden ist, kann jedoch auch weggelassen werden, ohne zu Formatierungsproblemen zu führen. Das optionale Feld sollte man hinzufügen, wenn es eine Hilfe für den Leser darstellt.

ignoriert Dieses Feld wird nicht berücksichtigt. BIBTEX ignoriert ohne Fehlermeldung jedes Feld, das weder zwingend noch optional ist. Man kann also jegliche Art von Feldern in einen `.bib`-Dateieintrag einfügen. Es kann sogar sehr sinnvoll sein, die gesamte Information, die für einen Eintrag relevant ist, in dessen `.bib`-Dateieintrag aufzunehmen, selbst wenn einige Teile davon niemals im Literaturverzeichnis erscheinen werden. Zum Beispiel kann die Zusammenfassung eines Berichtes in das Feld `abstract` des `.bib`-Dateieintrags eingetragen werden. Die `.bib`-Datei ist wahrscheinlich genauso gut für das Ablegen einer Zusammenfassung geeignet wie jeder andere Ort, und abgesehen davon gibt es sogar BIBTEX-Stilvorlagen, die ausgewählte Zusammenfassungen ausdrucken (siehe den BIBTEX-Stil abstract, der in Tafel 13.1 auf Seite 391 erwähnt ist).

Tafel 13.2 auf der nächsten Seite beschreibt die Standardeintragstypen zusammen mit den zugehörigen zwingenden und optionalen Feldern, die von den Standard-BIBTEX-Stilen verwendet werden. Die Felder in den einzelnen Klassen (zwingend oder optional) sind in der Reihenfolge aufgelistet, in der sie im Literaturverzeichnis verwendet werden. Einige Eintragstypen verändern diese Reihenfolge jedoch leicht, je nachdem, welche Felder fehlen. Die Bedeutung der einzelnen Felder wird in Tafel 13.3 auf Seite 425 erklärt. BIBTEX-Stile, die nicht standardmäßig mit der BIBTEX-Software verteilt werden, ignorieren eventuell bei der Erstellung des Literaturverzeichnisses das eine oder andere optionale Feld. Wenn die Namen der Eintragstypen in einer `.bib`-Datei verwendet werden, müssen sie durch das `@`-Zeichen eingeleitet werden (siehe auch Abbildung 13.4 auf Seite 396).

Zusätzlich zu den in Tafel 13.2 aufgelisteten Feldern kann jeder Eintragstyp auch ein optionales `key`-Feld enthalten, das in einigen Stilen für den Sortierprozeß, das Erstellen von Querverweisen oder die Bildung von `\bibitem`-Labeln verwendet wird. Jeder Eintrag ohne Autorenangabe sollte ein `key`-Feld enthalten. Die Autorenangabe wird normalerweise im Feld `author` eingetragen, in einigen Stilen jedoch auch im Feld `editor` oder `organization`. Ein Fall, in dem das `key`-Feld sinnvoll ist, ist der folgende:

```
organization = "The Association for Computing Machinery",
key = "ACM"
```

article	Ein Artikel aus einem wissenschaftlichen Journal oder einer Zeitschrift *Zwingend*: author, title, journal, year. *Optional*: volume, number, pages, month, note.
book	Ein Buch, in dem explizit der Verlag angegeben ist *Zwingend*: author oder editor, title, publisher, year. *Optional*: volume oder number, series, address, edition, month, note.
booklet	Ein gedrucktes und gebundenes Werk, aber ohne Angabe eines Verlages oder einer finanzierenden Institution. *Zwingend*: title. *Optional*: author, howpublished, address, month, year, note.
inbook	Teil eines Buches, z. B. Kapitel, Abschnitt oder ähnliches und/oder ein Seitenbereich. *Zwingend*: author oder editor, title, chapter und/oder pages, publisher, year. *Optional*: volume oder number, series, type, address, edition, month, note.
incollection	Ein Teil eines Buches mit eigenem Titel. *Zwingend*: author, title, booktitle, publisher, year. *Optional*: editor, volume oder number, series, type, chapter, pages, address, edition, month, note.
inproceedings	Ein Artikel in einem Konferenzband. *Zwingend*: author, title, booktitle, year. *Optional*: editor, volume oder number, series, pages, address, month, organization, publisher, note.
manual	Technische Dokumentation. *Zwingend*: title. *Optional*: author, organization, address, edition, month, year, note.
mastersthesis	Eine Diplomarbeit. *Zwingend*: author, title, school, year. *Optional*: type, address, month, note.
misc	Dieser Eintragstyp kann verwendet werden, wenn kein anderer paßt. Eine Warnung wird nur ausgegeben, wenn alle optionalen Felder leer sind (d.h. wenn der ganze Eintrag leer ist). *Zwingend*: keine. *Optional*: author, title, howpublished, month, year, note.
phdthesis	Eine Doktorarbeit. *Zwingend*: author, title, school, year. *Optional*: type, address, month, note.
proceedings	Konferenzbericht. *Zwingend*: title, year. *Optional*: editor, volume oder number, series, address, publisher, note, month, organization.
techreport	Ein Bericht, veröffentlicht von einer Hochschule oder einer anderen Institution; normalerweise eine numerierte Ausgabe in einer Reihe. *Zwingend*: author, title, institution, year. *Optional*: type, number, address, month, note.
unpublished	Ein Dokument, das Autor und Titel hat, aber nicht veröffentlicht wurde. *Zwingend*: author, title, note. *Optional*: month, year.

Tafel 13.2: BIBTEX-Eintragstypen gemäß der Definition in den meisten Stilen

Ohne das key-Feld erzeugt der Stil alpha in diesem Fall ein Label aus den ersten drei Buchstaben, die im Feld organization angegeben sind. Auch wenn dabei der Artikel »The« unberücksichtigt bleibt, entsteht in diesem Falle ein ziemlich nichtssagendes Label, wie »[Ass86]«. Das obige key-Feld liefert dagegen die aussagekräftigere Angabe »[ACM86]«.

Als nächstes soll auf die Felder eingegangen werden, die den Standard-BIBTEX-Stilen bekannt sind. Diese »Standard«-Felder sind in Tafel 13.3 auf der nächsten Seite aufgelistet. Bei Verwendung von einem der erweiterten BIBTEX-Stile, die in Tafel 13.1 auf Seite 391 aufgeführt sind, können weitere Felder, wie etwa abstract erforderlich sein. Da nicht bekannte Felder von den BIBTEX-Stilen ignoriert werden, können sie dazu verwendet werden, Kommentare in einen Eintrag einzufügen.

Nicht nur die Namen der Eintragstypen aus Tafel 13.2 auf der vorherigen Seite sollten in ihrem weitesten Sinne interpretiert werden, um für möglichst viele Situationen verwendet werden zu können; das gleiche gilt auch für die Feldnamen. Wenn darüber hinaus das note-Feld überlegt eingesetzt wird, können selbst komplizierteste Fälle mit BIBTEX erfaßt werden.

13.7 Einführung in die BIBTEX-Stilsprache

Dieser Abschnitt gibt einen kurzen Einblick in die Sprache, die in den BIBTEX-Stildateien verwendet wird. Die Informationen sollten ausreichen, um kleine Änderungen an bestehenden Stildateien vorzunehmen. Weitergehende Informationen sind in dem von Oren Patashnik geschriebenen Artikel »Designing BIBTEX Styles« [79] nachzulesen.

13.7.1 Grundlagen der BIBTEX-Stilsprache

Die BIBTEX-Stilvorlagen verwenden eine Postfix-Stapelsprache (wie PostScript), um BIBTEX mitzuteilen, wie die Einträge, die im Literaturverzeichnis aufgenommen werden sollen, zu formatieren sind. Die Sprache hat zehn Befehle, die in Tafel 13.4 auf Seite 427 beschrieben sind, um die Objekte der Sprache (Konstanten, Variablen, Funktionen, den Stapel und die Eintragsliste) zu bearbeiten.

BIBTEX kennt zwei Arten von Funktionen: systemimmanente Funktionen, die von BIBTEX selbst zur Verfügung gestellt werden (siehe Tafel 13.5 auf Seite 428), und Benutzerfunktionen, die entweder mit Hilfe des MACRO- oder des FUNCTION-Befehls definiert werden.

Innerhalb von zwei Anführungszeichen, die konstante Zeichenketten begrenzen, kann man alle ausdruckbaren Zeichen verwenden. Im allgemeinen ignoriert BIBTEX Groß- und Kleinschreibung, innerhalb solcher Zeichenketten wird jedoch zwischen Groß- und Kleinschreibung unterschieden. Desgleichen werden dort auch Leerzeichen berücksichtigt. Außerdem darf eine Zeichenkette nicht über mehrere Zeilen verteilt werden.

address	Normalerweise die Adresse des Verlages (publisher) oder einer anderen Institution. Bei großen Verlagshäusern reicht die Angabe der Stadt. Bei weniger bekannten Verlagen kann die komplette Adresse dem Leser evtl. weiterhelfen.
annote	Ein Kommentar. Wird nicht von den Standard-BIBTEX-Stilen verwendet, aber von anderen, die ein Literaturverzeichnis mit Kommentaren erzeugen (z. B. annote). Das Feld beginnt einen neuen Satz. Folglich sollte das erste Wort großgeschrieben werden.
author	Der/die Name(n) des/der Autor(en) im BIBTEX-Namensformat (Abschnitt 13.5.2).
booktitle	Titel eines Buches, aus dem zitiert wird (Abschnitt 13.5.2). Für Bucheinträge sollte das Feld title verwendet werden.
chapter	Nummer eines Kapitels (oder Abschnittes oder ähnliches).
crossref	Das Datenbankschlüsselwort des Eintrages, auf den verwiesen wird (Abschnitt 13.5.5).
edition	Die Auflage eines Buches, z. B. »Zweite« Sie sollte als Zahlwort angegeben werden und, wie im obigen Beispiel, mit einem Großbuchstaben beginnen. Wenn notwendig, wandeln die Standardstile diesen in einen Kleinbuchstaben um.
editor	Name(n) des/der Herausgeber(s) im BIBTEX-Namensformat. Wenn außerdem ein author-Feld vorhanden ist, gibt das Feld editor den Herausgeber des Buches oder der Sammlung an, auf das/die verwiesen wird.
howpublished	Art der Veröffentlichung für ungewöhnliche Werke.
institution	Institution, die einen technischen Bericht finanziert.
journal	Name der Zeitschrift. Für einige Journale gibt es Kurzformen (Abschnitt 13.5.3).
key	Bei Fehlen von author- oder editor-Daten wird key für den Sortiervorgang und das Erstellen eines Labels verwendet. Dieses Feld sollte nicht mit dem *schlüssel* verwechselt werden, der im \cite-Befehl und zu Beginn des Datenbankeintrages verwendet wird.
month	Monat, in dem das Werk veröffentlicht wurde oder, bei einem nicht veröffentlichten Werk, in dem es geschrieben wurde. Um Einheitlichkeit zu erreichen, verwendet man am besten immer die Standardkurzformen jan, feb, mar, ... (Abschnitt 13.5.3).
note	Zusätzliche Hinweise, die dem Leser helfen können.
number	Nummer einer wissenschaftlichen Zeitschrift, eines technischen Berichtes oder eines Werkes in einer Reihe. Die Ausgabe einer Zeitschrift wird normalerweise durch den Jahrgang und die Nummer gekennzeichnet. Ein technischer Bericht hat normalerweise eine Nummer, ebenso wie die Bücher innerhalb einer Reihe.
organization	Die Organisation, die eine Konferenz finanziert oder ein Handbuch (manual) herausgibt.
pages	Angabe von einer oder mehreren Seiten oder Seitenbereichen, z. B. 42--111 oder 7,41,73--97 oder 43+.
publisher	Name des Verlages.
school	Name der Hochschule, an der eine Abhandlung geschrieben wurde.
series	Name einer Buchreihe oder eines Satzes zusammengehöriger Bücher. Bei einem Bucheintrag gibt title den Buchtitel an und das optionale Feld series den Namen der Reihe oder den Namen des mehrbändigen Satzes, in dem das Buch erschienen ist.
title	Titel des Werkes, Eingabe wie in Abschnitt 13.5.2 erläutert.
type	Typ des technischen Berichts, z. B. »Forschungsbericht«. Dieser Name wird anstelle des standardmäßig verwendeten »Technical Report« verwendet. Für die Eintragstypen inbook und incollection kann man in ähnlicher Weise »Abschnitt 1.2« erzeugen, indem man anstelle des standardmäßigen »Kapitel 1.2« die Eingabe wählt chapter = "1.2," type = "Abschnitt".
volume	Band einer Zeitschrift oder eines Buches, das zu einer mehrbändigen Reihe gehört.
year	Erscheinungsjahr oder, bei nicht veröffentlichten Werken, das Entstehungsjahr. Es sollte in der Regel aus vier Ziffern bestehen, wie etwa 1984, wobei die Standardstile auch year-Angaben erfassen können, deren letzte vier Zeichen (ohne Satzzeichen) Ziffern sind, wie etwa »um 1984«.

Tafel 13.3: Liste der BIBTEX-Standardeingabefelder

Die Namen von Variablen und Funktionen dürfen weder mit einer Ziffer beginnen noch eines der zehn auf Seite 418 dargestellten Zeichen enthalten. BibTeX ignoriert die Groß- und Kleinschreibung bei Namen von Variablen, Funktionen und Makros.

Für Konstanten und Variablen gibt es nur die Typen »Integer« und »String«. (Die booleschen Werte wahr und falsch werden durch die ganzen Zahlen 1 bzw. 0 dargestellt).

Es gibt drei Arten von Variablen:

Globale Variablen Ihre Werte sind entweder vom Typ Integer oder String und werden mit einem `INTEGERS`- oder `STRINGS`-Befehl deklariert.

Eintragsvariablen Ihre Werte sind vom Typ Integer oder String. Zur Deklaration wird der Befehl `ENTRY` verwendet. Jede dieser Variablen enthält einen Wert für jeden Eintrag in der Liste, der aus einer BibTeX-Datenbank eingelesen wird.

Felder Dies sind read-only Variablen vom Typ String, die Informationen aus der Datenbankdatei speichern. Die Werte dieser Variablen werden mit dem Befehl `READ` festgelegt. Auch hier gibt es, wie bei den Eingabevariablen, für jeden Eintrag einen Wert.

13.7.2 Die Befehle der BibTeX-Sprache

Tafel 13.4 auf der nächsten Seite gibt eine kurze Beschreibung der zehn BibTeX-Befehle wieder. Obwohl die Befehlsnamen in Großbuchstaben erscheinen, ignoriert BibTeX Groß- und Kleinschreibung.

Es ist empfehlenswert, wenn auch nicht essentiell notwendig, mindestens eine Leerzeile zwischen den Befehlen freizulassen und innerhalb eines Befehls keine Leerzeilen einzufügen. Dies ermöglicht es BibTeX, syntaktisch falsche Einträge zu überspringen.

13.7.3 Systemimmanente Funktionen

Tafel 13.5 auf Seite 428 gibt einen kurzen Überblick über BibTeXs 37 systemimmanente Funktionen (zu weiteren Details siehe [79]). Wie in dieser Tabelle zu sehen ist, endet jede systemimmanente Funktion, die im Namen einen Buchstaben enthält, mit einem `$`.

13.7.4 Die Stilvorlage `btxbst.doc`

Oren Patashniks Standard-BibTeX-Stildateien abbrv, alpha, plain und unsrt basieren auf einer generischen Datei namens `btxbst.doc`, die sehr gut dokumentiert ist und konsultiert werden sollte, um einen detaillierten Einblick in die Arbeitsweise der BibTeX-Stildateien zu bekommen.

Bei den Standardstilen gibt es zwei grundlegende Arten der Formatierung von Labeln: *alphabetisch*, wie `[Lam84]`, und *numerisch*, wie `[34]`.

`ENTRY` *{feld_liste}* *{zahl_variablen_liste}* *{string_variablen_liste}*

Deklariert die Felder und Eingabevariablen. BibTeX deklariert automatisch ein zusätzliches Feld `crossref`, das für Querverweise verwendet wird, sowie eine zusätzliche Eingabevariable für Zeichenketten `sort.key$`, die vom `SORT`-Befehl verwendet wird.
Pro Stildatei sollte nur ein `ENTRY`-Befehl vorhanden sein. Zum Beispiel enthalten die Stile alpha und plain jeweils folgende Angaben:

```
ENTRY  { address author booktitle ... } {} { label extra.label sort.label }
ENTRY  { address author booktitle ... } {} { label }
```

`EXECUTE` *{funktions_name}*

Führt eine einzelne Funktion aus.

```
EXECUTE {begin.bib}
```

`FUNCTION` *{funktions_name}* *{definition}*

Definiert eine neue Funktion. Außerhalb einer Stildatei kann die Definition einer mit `FUNCTION` definierten Funktion nicht verändert werden.

```
FUNCTION {end.bib}
{ newline$  "\end{thebibliography}" write$ newline$ }
```

`MACRO` *{makro_name}* *{definition}*

Definiert ein Makro aus einer Zeichenkette. Die Definition von einem `MACRO` kann außerhalb einer Stildatei verändert werden.

```
MACRO {feb} {"Februar"}
```

`INTEGERS` *{globale_zahlen_variablen_liste}*

Deklariert globale Variablen vom Typ Integer.

```
INTEGERS { longest.label.width last.extra.num }
```

`STRINGS` *{globale_zeichenketten_variablen_liste}*

Deklariert globale Variablen vom Typ String.

```
STRINGS { longest.label last.sort.label next.extra }
```

`ITERATE` *{funktions_name}*

Führt für jeden Eintrag in der Liste in der derzeitigen Reihenfolge die Funktion funktions_name aus.

```
ITERATE {longest.label.pass}
```

`REVERSE` *{funktions_name}*

Führt einmal für jeden Eintrag in der Liste von hinten beginnend die Funktion funktions_name aus.

```
REVERSE {reverse.pass}
```

`READ`

Entnimmt aus der Datenbankdatei die Feldangaben für jeden Eintrag in der Liste. Pro Stildatei darf nur ein `READ`-Befehl vorhanden sein. Die Befehle `ENTRY` und `MACRO` müssen dem `READ`-Befehl vorangestellt sein.

`SORT`

Sortiert die Liste der Einträge, indem es die Weite der String-Eintragsvariablen `sort.key$` verwendet.

Tafel 13.4: Liste von BibTeXs Stilbefehlen

$\mathcal{I}_1\ \mathcal{I}_2$	>	($\mathcal{I}$)	1 (wenn $\mathcal{I}_1>\mathcal{I}_2$), sonst 0
$\mathcal{I}_1\ \mathcal{I}_2$	<	($\mathcal{I}$)	1 (wenn $\mathcal{I}_1<\mathcal{I}_2$), sonst 0
$\mathcal{I}_1\ \mathcal{I}_2$	=	($\mathcal{I}$)	1 (wenn $\mathcal{I}_1=\mathcal{I}_2$), sonst 0
$S_1\ S_2$	=	($\mathcal{I}$)	1 (wenn $S_1=S_2$), sonst 0
$\mathcal{I}_1\ \mathcal{I}_2$	+	($\mathcal{I}_1+\mathcal{I}_2$)	zwei ganze Zahlen addieren
$\mathcal{I}_1\ \mathcal{I}_2$	−	($\mathcal{I}_1-\mathcal{I}_2$)	zwei ganze Zahlen subtrahieren
$S_1\ S_2$	*	($S_1 S_2$)	zwei Zeichenketten verknüpfen
$\mathcal{L}\ \mathcal{V}$	:=		$\mathcal{V}$ den Wert von $\mathcal{L}$ zuweisen
S	`add.period$`	(S.)	Zeichenkette mit Punkt versehen, außer wenn ».«, »?« oder »!« folgt
	`call.type$`		Funktion ausführen, deren Name einem Eintragstyp entspricht, z. B. `book`
S "t"	`change.case$`	(S)	S bis auf den Anfangsbuchstaben in Kleinbuchstaben umwandeln
S "l"	`change.case$`	(S)	S vollständig in Kleinbuchstaben umwandeln
S "u"	`change.case$`	(S)	S vollständig in Großbuchstaben umwandeln
S	`chr.to.int$`	($\mathcal{I}$)	einzelnes Zeichen einer Zeichenkette in ASCII-Wert umwandeln
	`cite$`	(*cite_string*)	Argument des `\cite`-Befehls auf den Stapel legen
$\mathcal{L}$	`duplicate$`	($\mathcal{L}\ \mathcal{L}$)	oberstes Stapelelement verdoppeln
$\mathcal{L}$	`empty$`	($\mathcal{I}$)	1 (wenn $\mathcal{L}$ ein fehlendes Feld oder leere Zeichenkette ist), sonst 0
$S_1\ \mathcal{I}\ S_2$	`format.name$`	(S)	$\mathcal{I}$ Namen S_1 gemäß der Namensangaben S_2 formatieren
$\mathcal{I}\ \mathcal{F}_1\ \mathcal{F}_2$	`if$`		$\mathcal{F}_1$ ausführen wenn $\mathcal{I}$>0, sonst $\mathcal{F}_2$ ausführen
$\mathcal{I}$	`int.to.chr$`	(S)	ganze Zahl in ASCII-Zeichen umwandeln
$\mathcal{I}$	`int.to.str$`	(S)	Stringäquivalente einer Zahl auf den Stapel legen
$\mathcal{L}$	`missing$`	($\mathcal{I}$)	1 (wenn $\mathcal{L}$ ein fehlendes Feld ist), sonst 0
	`newline$`		neue Zeile in der `.bbl`-Datei beginnen
S	`num.names$`	($\mathcal{I}$)	Anzahl der Namen in S
$\mathcal{L}$	`pop$`		oberstes Element vom Stapel entfernen
	`preamble$`	(S)	Verknüpfung aller `@PREAMBLE`-Strings auf den Stapel legen
S	`purify$`	(S)	nicht-alphanumerische Zeichen entfernen
	`quote$`	(S)	Zeichenkette, die nur ein »"« enthält, auf den Stapel legen
	`skip$`		nichts tun
	`stack$`		gesamten Stapel leeren und ausdrucken
$S\ \mathcal{I}_1\ \mathcal{I}_2$	`substring$`	(S)	Teilzeichenkette von S beginnend bei $\mathcal{I}_1$ mit einer Länge von $\mathcal{I}_2$
$\mathcal{L}_1\ \mathcal{L}_2$	`swap$`	($\mathcal{L}_2\ \mathcal{L}_1$)	Literale vertauschen
S	`text.length$`	($\mathcal{I}$)	Anzahl der »Text«-Zeichen in S
$S\ \mathcal{I}$	`text.prefix$`	(S)	vordere $\mathcal{I}$ Zeichen von S
$\mathcal{L}$	`top$`		oberstes Element vom Stapel nehmen und ausdrucken
	`type$`	(S)	den aktuellen Eintragstyp, z. B. `book` oder, wenn unbekannt, den Null-String auf den Stapel legen
S	`warning$`		oberstes Literal vom Stapel nehmen, ausdrucken und eine Warnungsmeldung ausgeben
$\mathcal{F}_1\ \mathcal{F}_2\ \mathcal{I}$	`while$`		$\mathcal{F}_2$ ausführen, solange für den Funktionswert $\mathcal{I}$ von $\mathcal{F}_1$ $\mathcal{I}$>0 gilt
S	`width$`	($\mathcal{I}$)	Breite von S (TEX-Einheiten) auf den Stapel legen
S	`write$`		S in den Ausgabepuffer schreiben

Tafel 13.5: Systemimmanente BIBTEX-Funktionen für Stildateien

Den systemimmanenten Funktionen sind die Variablen vorangestellt, die sie auf dem Stapel erwarten. Wenn sie ein Ergebnis auf dem Stapel hinterlassen, wird dieses in Klammern angegeben. Das »Literal« $\mathcal{L}$ ist ein Element auf dem Stapel. Es kann sowohl eine ganze Zahl $\mathcal{I}$, eine Zeichenkette S, eine Variable $\mathcal{V}$, eine Funktion $\mathcal{F}$ oder ein spezieller Wert sein, der ein fehlendes Feld kennzeichnet. Wenn das vom Stapel genommene Literal einen falschen Typ hat, erfolgt eine Fehlermeldung von BIBTEX, das je nach dem sich ergebenden Typ der Funktion die ganze Zahl `0` oder den Null-String auf den Stapel legt.

Verweise können auf drei verschiedenen Arten sortiert werden:

Sortierte, alphabetische Label Alphabetisch sortiert, zunächst nach dem generierten Label, dann nach Autor(en) (oder dem Ersatzfeld) und schließlich nach Jahr und Titel.

Sortierte, numerische Label Alphabetisch sortiert, zunächst nach Autor(en) (oder dem Ersatzfeld), danach nach Jahr und Titel.

Unsortiert Der Ausdruck erfolgt in der Reihenfolge, in der die `\cite`-Befehle im Text verwendet werden.

Der Ablauf einer Stildatei wird von den folgenden Befehlszeilen gesteuert, die am Ende der `btxbst.doc`-Datei zu finden sind:

```
EXECUTE {begin.bib}          % Pr"aambel und \begin{thebibliography}
EXECUTE {init.state.consts} % Initialisierung der Status-Konstanten
ITERATE {call.type$}         % Bearbeiten der Eintr"age und Erstellen
                             % der Ausgabe
EXECUTE {end.bib}            % Generierung von \end{thebibliography}
```

Die Bedeutung dieser Befehle kann den Tafeln 13.4 auf Seite 427 sowie 13.5 auf der vorherigen Seite entnommen werden.

Der Programmcode einer Stildatei beginnt mit der Deklaration der verfügbaren Felder mit dem `ENTRY`-Befehl und der Stringvariablen, die für die Erstellung des gedruckten Labels verwendet werden sollen.

Jede Eintragsfunktion beginnt mit dem Aufruf `output.bibitem`, durch den der `\bibitem`-Befehl und dessen Argumente in die `.bbl`-Datei übertragen werden. Danach werden die verschiedenen Felder formatiert und von der Funktion `output` oder `output.check` ausgegeben, die auch die Ausgabe von Trennzeichen (Kommata, Punkten, `\newblocks`) steuert. Schließlich wird `fin.entry` aufgerufen, um den Satzendepunkt hinzuzufügen und den Eintrag zu beenden.

Danach folgen einige Funktionen für die Formatierung der Grundbestandteile eines Eintrages. Für jedes der Basisfelder gibt es Funktionen, wie etwa `format.names`, welche die Namen in ihre Teile »First Von Last, Junior« unterteilen, diese durch Kommata voneinander abtrennen und vor dem letzten Teil ein »and« hinzufügen (wenn bei mehreren Autoren als letzte Angabe `"others"` eingegeben wird, wird allerdings »et al.« ausgegeben). Für die Autorenangabe steht die Funktion `format.authors` zur Verfügung, für Herausgeber `format.editors` (es erweitert den entsprechenden Titel: », editor« oder », editors«) sowie weitere Funktionen.

Der nächste Teil der Datei enthält alle Funktionen, welche die verschiedenen Typen definieren, die in einer `.bib`-Datei akzeptiert werden, d.h. Funktionen wie `article` und `book`. Diese Funktionen erzeugen für einen bestimmten Eintrag die Ausgabe, die in die `.bbl`-Datei übernommen wird. Sie müssen vor dem `READ`-Befehl angegeben werden. Für unbekannte Typen sollte zusätzlich eine Funktion `default.type` zur Verfügung gestellt werden.

Der nächste Abschnitt der `btxbst.doc`-Datei enthält Definitionen für die Namen der Monate und einige bekannte Wissenschaftsjournale. Je nach der Stilvorlage werden die vollen Namen oder die Kurzformen verwendet. Dieser Angabe folgt der `READ`-Befehl, der die Einträge aus der `.bib`-Datei ausliest.

Danach werden die Label für die Literaturverzeichniseinträge erstellt. Welche Felder für den ersten Teil der Label tatsächlich verwendet werden, hängt von dem Eintragstyp ab.

Anschließend werden die Label für den Sortiervorgang vorbereitet. Bei der Sortierung wird der Sortierschlüssel von der `presort`-Funktion für jeden Eintrag berechnet. Für alphabetische Label müssen evtl. zusätzliche »a«s, »b«s, usw. hinzugefügt werden, um eine einheitliche Sortierreihenfolge zu schaffen, was zwei weitere Sortierdurchläufe notwendig macht. Für numerische Label kann entweder die sortierte oder die ursprüngliche Reihenfolge verwendet werden. In beiden Fällen muß für die Verwendung der `thebibliography`-Umgebung das längste Label im Auge behalten werden.

Schließlich wird die `.bbl`-Datei erstellt, indem alle Einträge durchgegangen werden und für jeden von ihnen die `call.type$`-Funktion ausgeführt wird.

13.8 Einfügen kleiner Änderungen in einer Stildatei

Häufig ist es notwendig, kleinere Änderungen an einer bestehenden Stildatei vorzunehmen, um den Anforderungen eines bestimmten Verlages zu genügen.

Zunächst wird gezeigt, wie man die (manchmal unerwünschte) Standard-BIBTEX-Stileigenschaft entfernen kann, durch die Titel in Kleinbuchstaben umgewandelt werden. In den meisten Fällen sollen die Titel wahrscheinlich so bleiben, wie sie eingegeben wurden. Für diesen Zweck kann eine Variante des Stils unsrt erstellt werden, die im folgenden als myunsrt bezeichnet werden soll, da sie sich von der Originalstilvorlage unterscheidet. Für andere Stile kann ein ähnliches Verfahren verwendet werden.

Aus der Tafel 13.5 auf Seite 428 läßt sich erahnen, daß die Funktion `change.case$` für die Änderung der Groß-/Kleinschreibung zuständig ist. Mit Hilfe der Suchfunktion eines Editors kann man herausfinden, daß hierfür die Funktion `format.title` verändert werden muß. Das folgende Beispiel zeigt diese Funktion vor und nach der Änderung:

```
FUNCTION {format.title}
{ title empty$
    { "" }
    { title "t" change.case$ }
  if$
}
```

Vor der Änderung

```
FUNCTION {format.title}
{ title empty$
    { "" }
    { title } % <== ge"andert
  if$
}
```

Nach der Änderung

Mit Hilfe der Tafel 13.5 auf Seite 428 kann man die Logik der Funktion und den Ersetzungsprozeß nachvollziehen. Eine andere Funktion, die in ähnlicher Weise verändert werden muß, ist `format.edition`:

```
FUNCTION {format.edition}
{ edition empty$
  { "" }
  { output.state mid.sentence =
     { edition "l" change.case$ " edition" * }
     { edition "t" change.case$ " edition" * }
    if$
  }
 if$
}
```

Vor der Änderung

```
FUNCTION {format.edition}
{ edition empty$
  { "" }
  { output.state mid.sentence =
     { edition  " Edition" * }% <= ge"andert
     { edition  " Edition" * }% <= ge"andert
    if$
  }
 if$
}
```

Nach der Änderung

In `format.chapter.pages`, `format.thesis.type` und `format.tr.number` sind ähnliche Änderungen erforderlich.

13.8.1 Hinzufügen eines neuen Feldes

Manchmal soll zu den bereits bestehenden Feldern ein neues Feld hinzugefügt werden, wie z. B. das Feld `annotation`. Dies kann auf zwei verschiedene Weisen geschehen: entweder durch das im Stil annotate angewendete Verfahren oder jenes im Stil annotation. Zunächst soll auf die einfachere Lösung eingegangen werden. Der auf dem Stil plain basierende Stil annotation fügt zunächst das Feld `annote` in der Definitionsliste `ENTRY` hinzu und ändert anschließend die Funktion `fin.entry`, damit das zusätzliche Feld erfaßt werden kann. Wie in dem Beispiel für die Funktion `book` zu sehen, wird die Funktion `fin.entry` am Ende jeder Funktion aufgerufen, die einen Eintragstyp definiert.

```
FUNCTION {fin.entry}
{ add.period$
  write$
  newline$
}
```

Vor der Änderung

```
FUNCTION {fin.entry}
{ add.period$
  write$
  newline$
  "\begin{quotation}\noindent{\sc Key:\ }" cite$ * write$
    annote missing$
    'skip$
    { "\\{\sc Kommentar:\ }" write$  annote  write$ }
  if$
  "\end{quotation}" write$
  newline$
}
```

Nach der Änderung

Wie das Beispiel zeigt, wird nach Ausgabe des Verweistextes innerhalb der `quotation`-Umgebung der Kommentartext nach der Angabe »Kommentar« eingefügt, der eine neue Zeile beginnt. Wenn dieses Feld fehlt, wird nichts ausgegeben (der Test `annote missing$` führt den `skip$`-Zweig des `if$`-Befehls aus).

Der andere Stil, d.h. annotate, der auf dem Stil alpha basiert, verfolgt einen etwas komplizierteren Ansatz. Nachdem das Element `annotate` in die `ENTRY`-Definitionsliste aufgenommen wurde, wird die Funktion `format.annotate` geschaffen, um dieses zusätzliche Feld zu formatieren. Die Funktion hat eine ähnliche logische Struktur wie der oben gezeigte Code.

```
FUNCTION {format.annotate}
{ annotate empty$
  { "" }
  { " \begin{quotation}\noindent "
    annotate
    * " \end{quotation} " *
  }
      if$
}
```

Die Formatierungsalgorithmen für die in Tafel 13.2 auf Seite 423 vorgestellten Eintragstypen enthalten außerdem die zusätzliche Zeile `format.annotate write$`, die direkt hinter dem Aufruf von `fin.entry` folgt.

Einige Stildateien haben noch weitere Felder hinzugefügt, wie etwa die `isbn`- und `issn`-Nummer einer Veröffentlichung (is-abbrv, is-alpha, is-plain und is-unsrt). Der Stil abstract hat drei zusätzliche Felder: `abstract`, `keyword` und `comment`. Sie werden in ähnlicher Weise behandelt wie das oben genannte `annotate`-Feld.

Als nächstes soll näher auf die Anpassung der Einträge selbst eingegangen werden. Ein interessantes Beispiel stellt der chicago-Stil dar, der bereits in Abschnitt 13.1.1 erwähnt wurde. Dieser Stil wird mit verschiedenen neuen Verweisbefehlen verwendet. Dieser BIBTEX-Stil wurde den Empfehlungen des *The Chicago Manual of Style* [107] angepaßt. Weitere interessante Stile sind authordate1 bis authordate4 von David Rhead. Sie realisieren viele der Empfehlungen der British Standards BS 1629 und BS 5605 der Cambridge und Oxford University Press sowie des amerikanischen Referenzwerkes *The Chicago Manual of Style*. Die Dateien zeigen deutlich, wo Änderungen vorgenommen wurden, so daß sich eine genaue Betrachtung auszahlt, um herauszufinden, wie stilistische Änderungen im allgemeinen umgesetzt werden.

13.8.2 Unterstützung verschiedener Sprachen

Wenn man einen BIBTEX-Stil an eine andere Sprache als Englisch anpassen möchte, muß man zumindest die »festverdrahteten« englischen Wörter in den BIBTEX-Stildateien übersetzen, wie etwa »edition« im Beispiel zu Beginn dieses Abschnittes.

Zunächst sollte man eine Stildatei bearbeiten und die neuen Begriffe an den notwendigen Stellen einführen. Da man nur mit einer Sprache arbeitet, kann man gleichzeitig auch die entsprechenden sprachspezifischen typographischen Konventionen einführen. Ein Beispiel für diesen Ansatz ist der Stil nederlands von Werenfried Spit. Er basiert auf dem Stil harvard, der nach den Empfehlungen von

Van Dale (1982) an das Holländische angepaßt wurde. In den folgenden Beispielen werden einige der dort angepaßten Funktionen näher untersucht.

Wie das erste Beispiel zeigt, wird im Holländischen kein Unterschied zwischen einem und mehreren Herausgebern gemacht. Der holländische Oberbegriff `redactie` ersetzt die beiden englischen Formen.

```
FUNCTION {format.editors}
{ editor empty$
    { "" }
    { editor format.names
      editor num.names$ #1 >
        { " (eds)" * }
        { " (ed.)" * }
      if$
    }
  if$
}
```

Vor der Änderung

```
FUNCTION {format.editors}
{ editor empty$
    { "" }
    {  editor format.names
       ", redactie" *
    }
  if$
}
```

Nach der Änderung

Wie das nächste Beispiel zeigt, kann die Anpassung (in Form und Übersetzung) eines Eintrages für eine bestimmte Sprache sehr umfangreich sein; in diesem Falle das Format des Feldes `edition`.

```
FUNCTION {format.edition}
{ edition empty$
  { "" }
  { output.state mid.sentence =
    { edition "l" change.case$ " edition" * }
    { edition "t" change.case$ " edition" * }
    if$
  }
  if$
}
```

Vor der Änderung

```
FUNCTION {format.edition}
{ edition empty$
  { "" }
  { edition "1" =
    { "Eerste" }
    { edition "2" =
      { "Tweede" }
      { edition "3" =
        { "Derde" }
        { edition "$^{\mathrm{e}}$ " * }
        if$
      }
      if$
    }
    if$
    output.state mid.sentence =
      { "l" change.case$ " druk" * }
      { "t" change.case$ " druk" * }
    if$
  }
  if$
}
```

Nach der Änderung

In diesem Beispiel werden bis zur dritten Auflage Begriffe verwendet, die für das Holländische spezifisch sind. Ab der vierten Auflage wird die generische Zeichenkette `i`^{e} verwendet, wobei `i` die Nummer der Auflage repräsentiert. Das Beispiel zeigt auch die Verschachtelung der `if$`-Anweisungen und die Verwendung des Befehls `change.case$`, mit dem die Groß-/Kleinschreibung geändert wird.

Natürlich sollten auch die Zeichenketten für die Monatsnamen geändert werden. Außerdem können einige weitere sprachspezifische Zeichenfolgen definiert werden.

```
MACRO {jan} {"januari"}
MACRO {feb} {"februari"}
MACRO {mar} {"maart"}
    ...
MACRO {UvA} {"Universiteit van Amsterdam"}
MACRO {RUG} {"Rijksuniversiteit te Groningen"}
MACRO {RUL} {"Rijksuniversiteit te Leiden"}
MACRO {TUD} {"Technische Universiteit Delft"}
    ...
MACRO {NTN} {"Nederlands tijdschrift voor natuurkunde"}
```

Des weiteren müssen der Sortierroutine für die Namen, d.h. der Funktion `sort.format.names`, die sprachspezifischen Sortierregeln mitgeteilt werden, damit die Namen in der richtigen Reihenfolge ausgegeben werden.

Dabei muß auch berücksichtigt werden, daß die meisten Sprachen Artikel oder andere kurze Worte enthalten, die bei der Sortierung von Titeln ignoriert werden sollten. Wie am folgenden Beispiel zu sehen ist, sorgt hierfür die Funktion `chop.word`, die das angegebene Wort von der Zeichenkette, die auf dem Stapel liegt, abschneidet - in diesem Falle die bestimmten (`De-`) und unbestimmten (`Een-`) Artikel.

```
FUNCTION {sort.format.title}
{ 't :=
  "A " #2
    "An " #3
      "The " #4 t chop.word
    chop.word
  chop.word
  sortify
  #1 global.max$ substring$
}
```

Vor der Änderung

```
FUNCTION {sort.format.title}
{ 't :=
  "De " #3
    "Een " #4 t chop.word
  chop.word
  sortify
  #1 global.max$ substring$
}
```

Nach der Änderung

Ein allgemeinerer Ansatz wurde von der Delphi-Gruppe (Jörg Heitkoetter und Kollegen) der Universität Dortmund verfolgt. Für ihre Delphi-BibStyles-Sammlung fügten sie in der generischen Datei `btxbst.doc` einen bedingt ausgeführten Programmteil hinzu, der durch zusätzliche Präprozessor-Variablen aktiviert wird. So enthält die Sammlung Versionen für Englisch, Französisch und Deutsch, aus denen die in Tafel 13.6 auf der nächsten Seite aufgeführten Stildateien erzeugt werden können.

Variablen	ABBRV	ALPHA	PLAIN	UNSRT
ENGLISH	abbrv	alpha	plain	unsrt
FRENCH	fabbrv	falpha	fplain	funsrt
GERMAN	gabbrv	galpha	gplain	gunsrt

Tafel 13.6: Die BIBTEX-Stildateien des Delphi-Systems

Wenn man weitere Sprachen zu diesem System hinzufügen möchte, muß die `btxbst.doc`-Datei um die notwendigen Befehlsvariablen und sprachspezifischen Zeichenketten erweitert werden.

Mit seiner Familie »anpaßbarer« BIBTEX-Stildateien hat Hans-Hermann Bode von der Universität Osnabrück einen Weg eingeschlagen, der in Richtung des Babel-Systems geht, das in Abschnitt 9.2 besprochen wird. Er übergibt den sprachspezifischen Zeichenketten in seinem Programm Parameter, so daß die sprachabhängigen Daten in einer separaten Datei abgelegt werden können, die vom BIBTEX-Stil unabhängig sind [15].

Als Basis bedient er sich auch der Datei `btxbst.doc` und ersetzt die festgelegten englischen Zeichenketten durch Befehle. Die Werte für diese Befehle können für jede unterstützte Sprache definiert werden. Zur Zeit werden nur Englisch und Deutsch unterstützt. Das Umschalten zwischen den Sprachen funktioniert nicht auf die gleiche Weise wie im Babel-System, aber es sollte nicht schwierig sein, hierfür eine ähnliche Schnittstelle zu schaffen.

Obwohl jedes der beiden Systeme für die Definition der sprachabhängigen Zeichenketten sehr gute Resultate erzielt, geht ihre Anpassung nicht so weit wie die des oben besprochenen Stils nederlands. Sie beachten insbesondere weder Interpunktionsregeln noch Besonderheiten der Sortierung, sondern konzentrieren sich vornehmlich auf die automatische Übersetzung fremdsprachlicher Begriffe.

13.9 `makebst` – Anpassen von BIBTEX-Stildateien

Das makebst TEX-Programm, das von Patrick W. Daly geschrieben wurde, kann zusammen mit einer generischen BIBTEX-Stildatei benutzerspezifische `.bst`-BIBTEX-Dateien erstellen. Das genaue Format der einzelnen Einträge im Literaturverzeichnis kann interaktiv festgelegt werden, und die entstehende Ausgabedatei kann mit DOCSTRIP bearbeitet werden, um die gewünschte BIBTEX-Stildatei zu generieren (siehe Abschnitt 14.3 für eine Beschreibung des DOCSTRIP-Programms). Technisch ausgedrückt bedeutet dies, daß eine BIBTEX-Hauptdatei für Stilvorlagen des Literaturverzeichnisses existiert, die je nach den gerade gültigen DOCSTRIP-Optionen unterschiedliche Codeteile verwendet. Durch Auswahl eines bestimmten Eintrags aus dem interaktiven Menü (siehe untenstehendes Beispiel) werden einige Teile des Codes aktiviert, welche die notwendige Anpassung ermöglichen.

13.9.1 Ein `makebst`-Lauf

Das folgende Beispiel zeigt den Anfang und das Ende eines TeX-Durchlaufs mit dem makebst-System. Nach dem DOCSTRIP-Durchlauf ist eine BibTeX-Stildatei entstanden (in diesem Beispiel `mytest.bst`), welche die für das Literaturverzeichnis angegebenen Stilparameter implementiert.

```
tex makebst
This is TeX, C Version 3.141
(makebst.tex
***********************************
* This is Make Bibliography Style *
***********************************
It makes up a docstrip batch job to produce
a customized .bst file for running with BibTeX.
Do you want a description of the usage? (NO)

\yn=y

Enter the FULL name of the MASTER file (def=genbst.mbs)

\mfile=genbst.mbs

Name of the final OUTPUT .bst file?

\ofile=mytest.bst

Give a comment line to include in the style file.
Something like for which journals it is applicable.

\ans=Test of the generic bst making program makebst
(genbst.mbs

STYLE OF CITATIONS:
(*) Numerical as in standard LaTeX
(a) Author-year with some non-standard interface
(c) Cite key (special for listing contents of bib file)
  Select:

\ans=a
  You have selected: Author-year

AUTHOR-YEAR SUPPORT SYSTEM:
(*) Natbib for use with natbib.sty
(l) Apalike for use with apalike.sty
(h) Harvard system with harvard.sty
(a) Astronomy system with astron.sty
(c) Chicago system with chicago.sty
(d) Author-date system with authordate1-4.sty
```

```
  Select:

\ans=h
  You have selected: Harvard

ORDERING OF REFERENCES:
(*) Alphabetical by all authors
(l) By label (Jones before Jones and James before Jones et al)
  Select:
                        ..... Viele weitere Fragen ....
Finished!!
Batch job written to file `mytest.drv'
Shall I now run this batch job? (NO)
%%%
\yn=y
(a.drv (/usr/local/lib/tex/macros/docstrip.tex
Utility: `docstrip' 2.0r <92/08/17>
English documentation <92/08/17>

**********************************************************
* This program converts documented macro-files into fast *
* loadable files by stripping off (nearly) all comments! *
**********************************************************

Generating file ./mytest.bst

Processing File genbst.mbs (ay,har,seq-lab,nm-rev,nmlm,x3,m3,nmft-sc,
dt-beg,yr-par,tit-it,atit-u,volp-com,edby,blk-com,pp) -> mytest.bst
```

Kapitel 14

Dokumentationswerkzeuge für LaTeX-Paketdateien

Dieses Kapitel befaßt sich mit dem Paket doc, mit welchem die LaTeX-Pakete auf einfache Weise gepflegt werden können. Ermöglicht wird dies, indem der LaTeX-Programmcode und die Kommentare zusammen in eine Datei geschrieben und die Dokumentation oder die unkommentierten Paketdatei(en) mit einem Standardverfahren aus dieser Datei extrahiert werden. Im folgenden wird erklärt, welche Struktur diese Dateien haben sollten und wie man mit Hilfe des Programms DOCSTRIP selbstinstallierende Prozeduren für die Verteilung der LaTeX-Pakete und für die Erstellung der dazugehörigen Dokumentation generieren kann.

14.1 Dokumentierung von Paketdateien

Die Idee der integrierten Dokumentation wurde von Donald Knuth verwendet, als er für die Entwicklung des TeX-Programms das WEB-System entwickelte, das Pascal-ähnlichen Meta-Quellcode und Dokumentation kombiniert. Dank dieser integrierten Dokumentation war es relativ einfach, TeX und seine Begleitprogramme praktisch auf jedes Computersystem in der Welt zu portieren.

In jüngerer Vergangenheit haben auch die Autoren der LaTeX-Pakete die Bedeutung der Dokumentierung des LaTeX-Programmcodes erkannt, so daß viele ihre LaTeX-Makros heute unter Verwendung des doc-Paketes (von Frank Mittelbach) und des zugehörigen DOCSTRIP-Programms (von Johannes Braams, Denys Duchier und Frank Mittelbach) verteilen.[1]

Dieses System ermöglicht es, den LaTeX-Programmcode und die Dokumentation in ein und derselben TeX-Quelldatei abzuspeichern. Der offensichtliche Vorteil

1 Die gesamte LaTeX2ε Distribution wird in doc-Format ausgeliefert; um eine dokumentierte Version des Basissystems zu erhalten muß man lediglich die Datei `source2e.tex` mit LaTeX formatieren.

dieses Verfahrens besteht darin, daß komplexe TeX-Anweisungen mit Hilfe der Kommentare in der Datei leichter zu verstehen sind. Außerdem werden dadurch auch Aktualisierungen vereinfacht, da nur eine einzige Quelldatei verändert werden muß.

Der Benutzer muß lediglich noch eine »Installationsdatei« von LaTeX bearbeiten lassen, und die notwendigen Dateien werden automatisch erstellt und stehen inklusive der Dokumentation zur Verfügung.

Sobald man die Grundlagen des doc-Systems verstanden hat, kann man außerdem alle Dateien, die zu einem entwickelten Paket gehören, mit der zugehörigen Dokumentation in einer einzigen Datei zusammenfassen. Diese Paketdatei kann dann zusammen mit der entsprechenden Installationsdatei einfach an jeden beliebigen Bestimmungsort verschickt werden.

14.2 Die Benutzerschnittstelle des doc-Paketes

14.2.1 Allgemeine Konventionen

Eine LaTeX-Datei, die mit dem doc-System verwendet werden soll, besteht aus *Dokumentationsteilen* kombiniert mit *Definitionsteilen.*

Innerhalb des Dokumentationsteils beginnt jede Zeile in der ersten Spalte mit einem Prozentzeichen (`%`). Die Zeile kann beliebige TeX- oder LaTeX-Befehle enthalten, wobei das `%`-Zeichen hier jedoch nicht als Kommentarzeichen verwendet werden kann. Benutzerkommentare können durch Eingabe des `^^A`-Zeichens eingegeben werden. Längere Textpassagen können ebenfalls in Kommentare verwandelt werden, indem sie mit `%␣\iffalse` … `%␣\fi` (jeweils auf einer eigenen Zeile) begrenzt werden. Alle anderen Abschnitte der Datei zählen zum Definitionsteil. Sie enthalten Teile der in dem Dokumentationsteil beschriebenen Makros.

Beim Lesen der Paketdatei durchläuft LaTeX die Dokumentationsteile sehr schnell, wobei es die Makrodefinitionen zusammenfügt, auch wenn diese über mehrere Definitionsteile verteilt sind.

Wenn man jedoch eine gedruckte Dokumentation für diese Makros erstellen möchte, müssen die Dokumentationsteile von LaTeX formatiert werden. Dies erreicht man, indem man eine spezielle Treiberdatei verwendet (siehe Abschnitt 14.2.6 auf Seite 448), die LaTeX unter anderem anweist, das Prozentzeichen nicht als Kommentar zu interpretieren, und auf diese Weise die Dokumentation für LaTeX sichtbar macht. In diesem Fall müssen die Definitionsteile ungeändert ausgegeben werden. Dazu muß man in der Paketdatei alle Definitionsteile mit `macrocode`-Umgebungen umschließen. Genauer gesagt muß vor jedem Definitionsteil folgende Zeile stehen:

```
%␣␣␣␣\begin{macrocode}
```

Den Abschluß des Definitionsteils muß die folgende Zeile bilden:

```
%␣␣␣␣\end{macrocode}
```

Zu beachten ist dabei, daß zwischen dem % und \end{macrocode} *genau* vier Leerzeichen eingegeben werden müssen.

Innerhalb eines Definitionsteils sind alle TeX-Befehle erlaubt. Auch das Prozentzeichen hat seine normale Bedeutung und kann zur Unterdrückung von unerwünschten Leerzeichen am Zeilenende verwendet werden.

Anstelle der macrocode-Umgebung kann man auch die macrocode*-Umgebung verwenden. Diese erzielt das gleiche Resultat, wobei die Leerzeichen jedoch im Ausdruck der Dokumentation als ␣-Zeichen erscheinen.

14.2.2 Beschreibung neuer Makros und Umgebungen

Wenn man an einer Stelle im Dokument darauf hinweisen möchte, daß ein neues Makro erklärt wird, sollte man dafür den Befehl \DescribeMacro verwenden.

\DescribeMacro{*makroname*}

Dieser Befehl hat ein Argument, das im Rand ausgedruckt wird und außerdem einen speziellen Indexeintrag erzeugt, z. B.:

```
% \DescribeMacro{\DocInput} \DescribeMacro{\IndexInput}
% Schlie"slich folgt der \meta{eingabebefehle}-Teil ...
```

\DescribeEnv{*umgebungsname*}

Ein ähnliches Makro namens \DescribeEnv kann verwendet werden, um auf die Beschreibung einer LaTeX-Umgebung hinzuweisen.

\begin{macro}{*makroname*}

Für die Definition eines neuen Makros wird die Umgebung macro verwendet. Diese Umgebung hat ein Argument, nämlich den Namen des neuen Makros. Sie wird auch dazu verwendet, den Namen des Makros im Rand auszugeben und einen Indexeintrag zu erzeugen. Tatsächlich werden für die Verwendung und die Definition eines Makros verschiedene Indexeinträge gewählt, um das Referenzieren zu erleichtern.

```
% \begin{macro}{\MacroTopsep}
%    Dies ist der Standardwert f"ur die \verb+\MacroTopsep+-Parameter,
%    die oben verwendet wurden.
%    \begin{macrocode}
\newlength{\MacroTopsep}
\setlength{\MacroTopsep}{7pt plus 2pt minus 2pt}
%    \end{macrocode}
% \end{macro}
```

Zur Dokumentierung von Umgebungen, die mit \newenvironment definiert werden, kann man die Umgebung environment verwenden. Sie funktioniert wie macro, wobei sie als Argument jedoch den Namen einer Umgebung erwartet.

14.2.3 Indexeinträge für alle verwendeten Makros

Innerhalb der Umgebungen `macrocode` und `macrocode*` werden für jeden verwendeten Befehlsnamen Indexeinträge erstellt. Mit dem so generierten Indexregister läßt sich leicht herausfinden, wo ein bestimmter Befehl eingesetzt wird. Da TeX jedoch erheblich langsamer arbeitet, wenn es solch eine Menge an Indexeinträgen erstellen muß, kann man diese Funktion mit Hilfe des Befehls `\DisableCrossrefs` in der Treiberdatei deaktivieren. Mit dem Befehl `\EnableCrossrefs` wird sie wieder aktiviert.

Das Anlegen (oder Nicht-Anlegen) des Indexes wird durch eine der nachfolgenden Deklarationen gesteuert, die in der Präambel der Treiberdatei angegeben werden (wird keine der Deklarationen spezifiziert, dann wird kein Index erstellt). Bei Angabe des Befehls `\PageIndex` referenzieren alle Indexeinträge auf die zugehörige Seitennummer; bei Verwendung von `\CodelineIndex` beziehen sich nur die Indexeinträge, die mit `\DescribeMacro` und `\DescribeEnv` erstellt wurden, auf die Seitennummern, während jene, die mit den `macro`- und `macrocode`-Umgebungen erstellt wurden, auf die Zeile referenzieren, in welcher der Befehl steht, wobei die Zeilen automatisch durchnumeriert werden.

14.2.4 Generierung der tatsächlichen Indexeinträge

Viele der oben erwähnten Makros erzeugen Indexeinträge. Diese Einträge müssen von einem externen Programm, wie etwa *MakeIndex* (siehe Kapitel 12) sortiert werden. Dafür muß *MakeIndex* aufgerufen werden und die Option `-s` mit einem geeigneten Stil, wie etwa `gind.ist` angegeben werden, der mit dem doc-System mitgeliefert wird (siehe Abschnitt 12.4.1 auf Seite 371). Um den sortierten Index zu lesen und auszudrucken, muß der Befehl `\PrintIndex` an einer geeigneten Stelle in der dokumentierten Paketdatei angegeben werden – üblicherweise nach einem Literaturverzeichnis, falls vorhanden.

14.2.5 Zusätzliche Funktionen

Mit dem doc-Paket kann die dokumentierte Datei in zwei Teile geteilt werden: In einen allgemeinen Beschreibungsteil und einen zweiten Teil, der eine detaillierte Beschreibung der Implementierung der Makros enthält. Im allgemeinen wird man dem Benutzer die Möglichkeit geben, den Implementierungsteil bei der Formatierung der Dokumentation zu unterdrücken.

`\StopEventually{`*schlußtext*`}`   `\Finale`

Hierfür muß der Befehl `\StopEventually` zwischen den beiden Teilen eingefügt werden. Das Makro besitzt ein Argument, in das die gesamte Information geschrieben wird, die erscheinen soll, wenn das Dokument an dieser Stelle endet (z. B. ein Literaturverzeichnis, das normalerweise am Ende des gesamten Dokumentes ausgedruckt würde). Wenn die Deklaration `\OnlyDescription` in der Treiberdatei angegeben ist, wird LaTeX das Argument *schlußtext* bearbeiten und danach die weitere Formatierung der Datei stoppen. Andernfalls speichert das Makro `\StopEventually` sein Argument in einem Makro namens `\Finale` ab, das später dazu verwendet werden kann, um den Inhalt des Argumentes wieder in die Datei zu laden (üblicherweise am tatsächlichen Ende des Dokumentes). Durch Verwendung dieses Verfahrens ist es nicht erforderlich, Änderungen an zwei Stellen vorzunehmen.

`\changes{`*version*`}{`*datum*`}{`*text*`}`

Zur Dokumentation von Änderungen kann der Befehl `\changes` im Beschreibungsteil des geänderten Codes aufgenommen werden. Die Information im Befehl `\changes` kann dazu verwendet werden, eine Hilfsdatei zu erstellen (hierfür wird intern LaTeXs `\glossary`-Befehl verwendet), die nach einer geeigneten Bearbeitung ausgedruckt werden kann. Damit die Änderungsdaten aufgezeichnet werden, muß der Befehl `\RecordChanges` in der Treiberdatei angegeben werden. Die resultierende Glossardatei kann man mit *MakeIndex* bearbeiten, wenn man eine passende Stildatei verwendet (z. B. `gglo.ist`, die mit der doc-Software mitgeliefert wird; siehe Abschnitt 12.4.6 auf Seite 378 für weitere Information über die Bearbeitung von Glossaren mit *MakeIndex*). Zum Einbinden der sortierten Änderungsliste reicht es dann aus, den Befehl `\PrintChanges` an einer geeigneten Stelle in der Paketdatei einzufügen.

`\MakeShortVerb{\`*zeichen*`}`

Wenn viele Wörter, wie etwa Befehlsnamen unverändert gesetzt werden müssen, ist es sehr umständlich stets `\verb+...+` einzugeben. Aus diesem Grunde stellt das doc-Paket ein Kurzverfahren zur Verfügung, bei dem der Text, der unverändert übernommen werden soll, mit Hilfe eines Zeichens *c* begrenzt wird, das man innerhalb des Dokumentes nur selten verwendet (häufig wird das `"`-Zeichen gewählt, doch wenn dieses Zeichen bereits für einen anderen Zweck verwendet wird, wie etwa für das Generieren von Umlauten, ist es empfehlenswerter, etwa den senkrechten Strich » | « zu verwenden). Nachdem der Befehl `\MakeShortVerb{\`*c*`}` im Dokument eingefügt ist, ist die Eingabe *c*`text`*c* äquivalent zu `\verb`*c*`text`*c*. Wenn das Zeichen *c* später in seiner Originalbedeutung verwendet werden soll, muß man lediglich `\DeleteShortVerb{\`*c*`}` eingeben. Dieses Umschalten zwischen der Verwendung des Zeichen *c* als Kurzform für `\verb` und der Verwendung in seiner Originalbedeutung kann beliebig häufig wiederholt werden.

Wenn man lediglich `\MakeShortVerb` und `\DeleteShortVerb` benötigt, kann man das shortvrb-Paket an Stelle von doc laden. Man sollte jedoch daran denken, daß die Kurzform von *c*, genau wie der Befehl `\verb` selbst, nicht in einem Argument eines anderen Befehls verwendet werden kann; das Zeichen kann aber ohne Beschränkung innerhalb von `verbatim`- und `macrocode`-Umgebungen eingesetzt werden.

Die nachfolgende Tafel gibt einen Überblick über alle doc-Benutzerbefehle.

Tafel 14.1: Überblick über die Befehle des doc-Paketes

Präambel und Eingabebefehle
`\CharacterTable{`*zeichentabelle*`}` Benutzerschnittstelle zur Zeichentabelle. Siehe Beispiel in Abbildung 14.5 auf Seite 457.
`\CheckSum{`*prüfsumme*`}` Überprüfung der Zeichentabelle. (Anzahl der »\«-Zeichen im Programm).
`\CheckModules` Spezielle Formatierung für die Modulmarker von DOCSTRIP (Standard)
`\CodelineIndex` Indexierung der Befehle anhand der Zeilennummern.
`\CodelineNumbered` Numerierung der Zeilen ohne Indexierung der Befehle.
`\DisableCrossrefs` Keine Erstellung von Indexeinträgen für Befehle im Programmcode.
`\DocInput{`*datei*`}` Einlesen der *datei* gemäß der doc-Konventionen.
`\DontCheckModules` Keine spezielle Formatierung der Modulmarker von DOCSTRIP.
`\EnableCrossrefs` Erstellung von Indexeinträgen für Befehle im Programmcode.
`\IndexInput{`*datei*`}` Einlesen der *datei*, unveränderte Ausgabe und Erstellung einer Querverweisliste für Befehle.
`\OnlyDescription` Keine Formatierung des Implementierungsteils: Abbruch bei `\StopEventually`.
`\PageIndex` Indexierung der Befehle anhand der Seitennummern.
`\RecordChanges` Erstellung einer Änderungsliste.
Dokumentenstrukturbefehle
`\bslash` Befehl zum Ausdrucken eines Backslashs »\«.
`\DeleteShortVerb` Macht die vorangegangene Definition von `\MakeshortVerb` rückgängig.
`\DescribeEnv{`*umg*`}` Kennzeichnet die Stelle im Text, an der die Umgebung *umg* beschrieben wird.
`\DescribeMacro{`*befehl*`}` Kennzeichnet die Stelle im Text, an der das Makro *befehl* beschrieben wird.
`\begin{environment}{`*umg*`}` (Umgebung) Umgebung, in der die Beschreibung der Umgebung *umg* eingebettet ist.
weiter auf der nächsten Seite

Fortsetzung der vorhergehenden Seite
`\Finale`
Befehl, der am Ende des Dokumentes ausgeführt wird (siehe auch `\StopEventually`).
`\begin{macro}{`*befehl*`}` (Umgebung)
Umgebung, in der die Beschreibung des Makros *befehl* eingebettet ist.
`\begin{macrocode}` (Umgebung)
Umgebung, in welcher der TeX-Code eingebettet ist.
`\begin{macrocode*}` (Umgebung)
Wie die `macrocode`-Umgebung, wobei Leerzeichen als ␣ ausgegeben werden.
`\MakeShortVerb{`*zeichen*`}`
Definiert *zeichen* als Kurzform für `\verb`.
`\meta{`*arg*`}`
Druckt das Argument als Metawort, d.h. erzeugt folgendes Resultat: ⟨*arg*⟩.
`\PrintChanges`
Druckt die sortierte Änderungsliste hier aus.
`\PrintIndex`
Druckt den sortierten Index hier aus.
`\SpecialEscapechar{`*zeichen*`}`
Definiert ein neues Escapezeichen, das anstelle von \ verwendet wird.
`\StopEventually{`*befehle*`}`
Das Argument *befehle* gibt an, welche Befehle am Ende des Dokumentes ausgeführt werden sollen (sie werden in `\Finale` abgespeichert).
`\begin{verbatim}` (Umgebung)
Leicht geänderte Version von LaTeXs Standard-`verbatim`-Umgebung, in der Prozentzeichen in der ersten Spalte ignoriert werden.
`\begin{verbatim*}` (Umgebung)
Wie die `verbatim`-Umgebung, wobei Leerzeichen als ␣-Zeichen ausgegeben werden.
Indexbefehle
`\actualchar`
Zeichen zur Trennung des »Sortierschlüssels und des tatsächlichen Eintrags in einem Indexeintrag (Voreinstellung: =).
`\DoNotIndex{`*befehl*$_1$,...,*befehl*$_n$`}`
Namen der Befehle, die nicht im Index erscheinen sollen.
`\encapchar`
Zeichen zur Trennung des tatsächlichen Indexes und des Befehls, durch den die Seitennummer in einem Indexeintrag formatiert wird (Voreinstellung: |).
`\IndexMin`
Längenparameter (Standardwert 80pt), der den minimalen Leerraum angibt, der vorhanden sein muß, damit der Index auf der aktuellen Seite starten kann.
`\IndexParms`
Makro, das die Formatierung der Indexspalten kontrolliert.
`\IndexPrologue{`*text*`}`
Überschreibt den Standardtext, der oberhalb des Indexes plaziert werden soll.
weiter auf der nächsten Seite

Fortsetzung der vorhergehenden Seite

`\levelchar`
Zeichen zur Trennung verschiedener Indexebenen in einem Indexeintrag (Voreinstellung: >).
`\main{`*zahl*`}`
Definiert den Stil zur Formatierung der Seitennummern oder Zeilennummern der Indexeinträge für die Hauptverweise (Voreinstellung: unterstrichene Ziffern).
`\quotechar`
Zeichen zur Unterdrückung der besonderen Bedeutung des folgenden Zeichens in einem Indexeintrag (Voreinstellung: *).
`\SortIndex{`*schlüssel*`}{`*eintrag*`}`
Erstellt einen Indexeintrag für *eintrag*, einsortiert unter *schlüssel*.
`\SpecialEnvIndex{`*eintrag*`}`
Erstellt einen Indexeintrag für die Umgebung *eintrag*.
`\SpecialIndex{`*befehl*`}`
Erstellt einen Index für die Befehle (das Argument wird unverändert im Index ausgegeben).
`\SpecialMainIndex{`*befehl*`}`
Erstellt einen Index für Befehle mit der Seiteneinkapselungsfunktion `\main`.
`\SpecialUsageIndex{`*befehl*`}`
Erstellt einen Index für Befehle mit der Seiteneinkapselungsfunktion `\usage`.
`\usage{`*zahl*`}`
Definiert den Stil für die Formatierung der Seitennummern der Indexeinträge zur Beschreibung der `usage`-Befehle (Voreinstellung: kursive Ziffern).
`\verbatimchar`
Zeichen zur Begrenzung von `\verb`-Konstruktionen innerhalb eines Indexeintrages (Voreinstellung: +).
Änderungs- und Versionsinformation
`\changes{`*version*`}{`*datum*`}{`*grund*`}`
Zeichnet Änderungsinformationen in der Änderungsliste auf.
`\docdate`
Enthält häufig das Datum der neuesten Aktualisierung der Dokumentation.
`\filedate`
Enthält häufig das Datum der neuesten Aktualisierung des Programmcodes.
`\filename`
Enthält häufig den Namen der Quelldatei.
`\fileversion`
Enthält häufig die Versionsnummer der Quelldatei.
`\GlossaryMin`
Wie `\IndexMin`, aber für die Änderungsliste (Standardwert 80pt)
`\GlossaryParms`
Makro, das die Formatierung der Spalten in der Änderungsliste kontrolliert.
`\GlossaryPrologue{`*text*`}`
Überschreibt den Standardtext, der normalerweise vor der Änderungsliste steht.

weiter auf der nächsten Seite

Fortsetzung der vorhergehenden Seite
Layout- und Formatierungsparameter
`\*` Symbol, das in Indexeinträgen verwendet wird, um auf einen Eintrag höherer Ebene zu verweisen (erzeugt: »~«).
`\@idxitem` Makro, das angibt, wie die einzelnen Indexeinträge gesetzt werden sollen (standardmäßig werden sie in einem Absatz mit um 30pt eingerückten Folgezeilen gesetzt).
`\AltMacroFont` Zeichensatz, der für das Setzen des DOCSTRIP-Modulcodes verwendet wird (Voreinstellung ist `\small\sl\tt`).
`\DocstyleParms` Makro, das die Formatierung des TeX-Codes steuert.
`\MacroFont` Zeichensatz, der für das Setzen des Hauptprogramms verwendet wird (Voreinstellung: `\small\tt`).
`\MacroIndent` Größe des Einzugs für Programmzeilen.
`\MacroTopsep` Vertikaler Abstand vor und nach jeder `macro`-Umgebung.
`\MacrocodeTopsep` Vertikaler Abstand vor und nach jeder `macrocode`-Umgebung.
`\MakePrivateLetters` Makro zur Definition der Symbole, die als zusätzliche »Buchstaben« in Befehlsnamen erlaubt sind (Voreinstellung: nur @).
`\Module` Makro mit einem Argument, das die Formatierung der DOCSTRIP-Modulmarker definiert.
`\PrintDescribeEnv` Makro mit einem Argument, das die Formatierung von `\DescribeEnv` definiert.
`\PrintDescribeMacro` Makro mit einem Argument, das die Formatierung von `\DescribeMacro` definiert.
`\PrintMacroName` Wie `\PrintDescribeMacro`, jedoch für das Argument der `macro`-Umgebungen.
`\ps@titlepage` Makro zur Definition des Seitenstils für die Titelseite von Artikeln, die in einer Zeitschrift zusammengefaßt sind (Voreinstellung: `\ps@plain`).
`StandardModuleDepth` Zähler, der die höchste Ebene der DOCSTRIP-Anweisungen angibt, die noch mit `\MacroFont` formatiert werden. Tiefer verschachtelte Anweisungen werden mit `\AltMacroFont` definiert.
`\theCodelineNo` Steuert das Setzen der Zeilennummern (standardmäßig arabische Ziffern in der Schriftgröße für Hoch- und Tiefstellungen).

14.2.6 Die Treiberdatei

Um für einen Satz von Makros mit dem doc-System eine Dokumentation zu erstellen, muß eine Treiberdatei angelegt werden, welche die folgenden Merkmale besitzt:

```
\documentclass[ optionen]{ dokumentenklasse}
\usepackage{doc}
     präambelbefehle
\begin{document}
     eingabebefehle
\end{document}
```

Die *dokumentenklasse* kann jede zugelassene Klasse sein, z. B. article. In der *präambel* sollte man Deklarationen einfügen, die das Verhalten des doc-Systems steuern, wie etwa `\DisableCrossrefs`, `\OnlyDescription`, `\CodelineIndex`, usw. Der Teil *eingabebefehle* sollte schließlich eine oder mehrere Befehle der Form `\DocInput{`*dateiname*`}` und/oder `\IndexInput{`*dateiname*`}` enthalten.

Der Befehl `\DocInput` wird für Dateien verwendet, die für das doc-System ausgelegt sind, während `\IndexInput` für jede Art von Makrodateien verwendet werden kann. Dieser Befehl akzeptiert als Argument einen Dateinamen und erstellt einen unformatierten Ausdruck der Datei, wobei er alle Befehle in der Reihenfolge ihres Auftretens in den Index schreibt.

Es ist auch möglich, in der Treiberdatei die Befehle `\PrintIndex` und `\PrintChanges` unterzubringen (wenn die Änderungen mit `\RecordChanges` aufgezeichnet werden). Alternativ kann man diese aber auch in der dokumentierten Datei plazieren.

14.2.7 Ein Beispiel für eine mit doc dokumentierte Datei

Um die Verwendung der in den vorangegangenen Abschnitten besprochenen Befehle zu demonstrieren, wird hier die Treiberdatei `docexam.drv` gezeigt, mit der die Dokumentation der Eingabedatei `docexam.doc` (Abbildung 14.1 auf Seite 450) generiert wird, die mit Hilfe des doc-Systems dokumentiert ist.

```
\documentclass{article}
\usepackage{palatino}
\usepackage{german}
\usepackage{doc}                 % doc-Paket laden
\EnableCrossrefs                 % voller Index
\CodelineIndex                   % Angabe nach Zeilennummern
\RecordChanges                   % "Anderungsliste anlegen
\setlength{\parindent}{0pt}      % kein Einzug in Abs"atzen
\begin{document}
   \DocInput{docexam.doc}    \PrintIndex    \PrintChanges
\end{document}
```

Um die Dokumentation zu erstellen, die in Abbildung 14.2 auf Seite 451 gezeigt ist, muß man die Treiberdatei einmal mit LaTeX bearbeiten, dann den Index und das Glossar mit *MakeIndex* erstellen und die Datei anschließend ein zweites Mal mit LaTeX bearbeiten.

```
latex docexam.drv
makeindex -s gind.ist docexam
makeindex -s gglo.ist -o docexam.gls docexam.glo
latex docexam.drv
```

14.2.8 Selbstdokumentierende Dateien

Es ist relativ, einfach eine `.doc`-Datei mit externer Treiberdatei so zu schreiben, daß sie einfach durch Umbenennung der Erweiterung zu `.sty` in eine Paketdatei umgewandelt werden kann. Dazu ist es lediglich nötig, den Programmcode mit Dokumentation in einer Form zu versehen, die vom doc-System verstanden wird, wie etwa das Beispielpaket in Abbildung 14.1 auf der nächsten Seite.

Alternativ kann man aber auch die Informationen, die normalerweise in der Treiberdatei untergebracht werden, im *ersten* Definitionsteil der Datei plazieren. Eine derartige Datei ist selbstdokumentierend, d.h. man erhält die Dokumentation, indem man die Datei mit LaTeX formatiert.[2] In diesem Fall wird dann der Programmcode mittels DOCSTRIP extrahiert. Diese Variante bietet sich bei größeren Paketen an, siehe dazu auch Abschnitt 14.4.

14.3 Das DOCSTRIP-Programm

Die Hauptaufgaben des DOCSTRIP-Programms bestehen darin, die meisten Zeilen, die mit einem Prozentzeichen beginnen, zu entfernen und die bedingte Ausführung einiger Programmteile zu unterstützen. Letzteres wird dadurch realisiert, daß Teile der Datei nur dann eingefügt werden, wenn eine bestimmte Bedingung zutrifft. Des weiteren ermöglicht es, eine LaTeX-Makrodatei aus mehreren Dateien zu erstellen oder die Quelldatei in mehrere kleine Dateien aufzuteilen. DOCSTRIP kann interaktiv betrieben werden, indem `docstrip.tex` mit LaTeX bearbeitet wird:

```
latex docstrip.tex
```

In diesem Fall fragt DOCSTRIP nach dem Namen und der Erweiterung der Quelldatei, nach der gewünschten Erweiterung der Ausgabedatei und den zu verwendenden DOCSTRIP-Optionen. Nachdem der Benutzer diese Fragen beantwortet hat, fährt das Programm fort und entfernt die Kommentare aus der Quelldatei.

2 Sie sollte die Erweiterung `.dtx` haben, um sie von `.doc`-Dateien zu unterscheiden.

```
% \CheckSum{12}
%
% \changes{v1.0}{1 Apr 93}{Erste Ausgabe}
% \changes{v2.0}{3 Apr 93}{Dokumentation hinzugef"ugt}
% \changes{v2.1}{15 Aug 93}{Kleinere Korrekturen und Erg"anzungen}
%
%  \IndexPrologue
%     {\section*{Index}
%       Kursive Zahlen verweisen auf die Seite, auf der ein Eintrag
%       beschrieben ist, unterstrichene Zahlen verweisen auf die
%       Definition, alle anderen auf die Verwendung.
%      }
%  \GlossaryPrologue{\section*{"Anderungen}}
%
% \MakeShortVerb{\|}
%
% \title{Demonstration von \texttt{doc} mit \texttt{docexam}}
% \author{Wir alle}
% \maketitle
%
% \section{Einleitung}
%
% Dieses Paket tut nichts Sinnvolles, sondern dient lediglich
% als einfaches Beispiel f"ur die Dokumentierung eines Paketes
% mit \LaTeX{}s \texttt{doc}-System~\cite{Companion}.
%
% \section{Die Benutzerschnittstelle}
%
% Dieser Abschnitt definiert alles, was ein normaler Benutzer
% wissen sollte. Man achte auf die Verwendung des
% \DeleteShortVerb{\|}
% "`\texttt{|}"'-Zeichens als Kurzform f"ur
% \MakeShortVerb{\|}
% |\verb| und wie zwischen den beiden m"oglichen Bedeutungen
% hin- und hergeschaltet wird.
%
% \DescribeMacro{\docsamplecmd}
% Der Befehl |\docsamplecmd| druckt den im Argument angegebenen
% Text in Kapit"alchen aus, eingeleitet durch die Zeichenkette
% "`\texttt{doc:}"'.
%
% \DescribeEnv{docsampleenv}
% Die Umgebung |docsampleenv| gibt den innerhalb der Umgebung
% angegebenen Text in kursiver Schrift aus. Diesem ist
% die Zeile \textbf{Sch"on, Sie verwenden doc} vorangestellt.
%\StopEventually{
% \begin{thebibliography}{9}
%   \bibitem{Companion} M.~Goossens, F.~Mittelbach, und A.~Samarin
%   \emph{The \LaTeX{} Companion}, 1994, Addison-Wesley.
% \end{thebibliography}
% }
%
% \section{Der Programmcode}
%
%    Zun"achst identifizieren wir das Paket und dessen aktuelle
%    Version.
%    \begin{macrocode}
\NeedsTeXFormat{latex2e}
\ProvidesPackage{docexam}[1994/11/11 v2.2 Beispielpaket]
%    \end{macrocode}
%
% \begin{macro}{\docsamplecmd}
%    Der Text \texttt{doc} wird vorangestellt und das Argument mit
%    Kapit"alchen gesetzt.
%    \begin{macrocode}
\newcommand{\docsamplecmd}[1]{\texttt{doc}\textsc{#1}}
%    \end{macrocode}
% \end{macro}
%
% \begin{environment}{docsampleenv}
%    Zuerst wird eine \texttt{quote}-Umgebung begonnen, dann eine
%    Zeile fettgedruckt ausgegeben und schlie"slich auf kursiv
%    umgeschaltet.
% \changes{v2.2}{17 Nov 94}{"uberfl"ussiges `item entfernt}
%    \begin{macrocode}
\newenvironment{docsampleenv}
   {\begin{quote}\textbf{Sch"on, Sie verwenden doc!}%
    \par\itshape}
   {\end{quote}}
%    \end{macrocode}
% \end{environment}
%
% \Finale
\endinput
```

Abbildung 14.1: Beispiel für eine mit dem doc-System dokumentierte Datei

Demonstration von doc mit docexam

Wir alle

21. November 1994

1 Einleitung

Dieses Paket tut nichts Sinnvolles, sondern dient lediglich als einfaches Beispiel für die Dokumentierung eines Paketes mit LaTeXs doc-System [1].

2 Die Benutzerschnittstelle

Dieser Abschnitt definiert alles, was ein normaler Benutzer wissen sollte. Man achte auf die Verwendung des „|“-Zeichens als Kurzform für \verb und wie zwischen den beiden möglichen Bedeutungen hin- und hergeschaltet wird.

\docsamplecmd — Der Befehl \docsamplecmd druckt den im Argument angegebenen Text in Kapitälchen aus, eingeleitet durch die Zeichenkette „doc:“.

docsampleenv — Die Umgebung docsampleenv gibt den innerhalb der Umgebung angegebenen Text in kursiver Schrift aus. Diesem ist die Zeile **Schön, Sie verwenden doc** vorangestellt.

3 Der Programmcode

Zunächst identifizieren wir das Paket und dessen aktuelle Version.

```
\NeedsTeXFormat{latex2e}
\ProvidesPackage{docexam}[1994/11/11 v2.2 Beispielpaket]
```

\docsamplecmd — Der Text doc wird vorangestellt und das Argument mit Kapitälchen gesetzt.

```
\newcommand{\docsamplecmd}[1]{\texttt{doc}\textsc{#1}}
```

docsampleenv — Zuerst wird eine quote-Umgebung begonnen, dann eine Zeile fettgedruckt ausgegeben und schließlich auf kursiv umgeschaltet.

```
\newenvironment{docsampleenv}
  {\begin{quote}\textbf{Sch"on, Sie verwenden doc!}%
   \par\itshape}
  {\end{quote}}
```

1

Literatur

[1] M. Goossens, F. Mittelbach, und A. Samarin *The LaTeX Companion*, 1994, Addison-Wesley.

Index

Kursive Zahlen verweisen auf die Seite, auf der ein Eintrag beschrieben ist, unterstrichene Zahlen verweisen auf die Definition, alle anderen auf die Verwendung.

Änderungen

v1.0
␣General: Erste Ausgabe 1

v2.0
␣General: Dokumentation hinzugefügt 1

v2.1
␣General: Kleinere Korrekturen und Ergänzungen 1

v2.2
docsampleenv: überflüssiges ‘item entfernt 1

2

Abbildung 14.2: Für das Beispiel erstellte Dokumentation, welche die Anwendung des doc-Systems demonstriert

Es ist jedoch bequemer, eine »Batchdatei« anzulegen, die alle notwendigen Anweisungen für den DOCSTRIP-Lauf enthält. Der Standardname für solch eine Datei lautet `docstrip.cmd`. Wenn im aktuellen Verzeichnis eine Datei mit diesem Namen existiert, bearbeitet DOCSTRIP diese; andernfalls startet es eine interaktive Sitzung.

Eine noch benutzerfreundlichere Methode ist es, eine DOCSTRIP-Batchdatei anzulegen, die direkt von LaTeX bearbeitet werden kann. In diesem Fall muß der Benutzer lediglich folgendes eingeben:

`latex` *batch-datei*

woraufhin automatisch alle »ausführbaren Programme« aus den Quelltexten erstellt werden.

Die gesamte Distribution von LaTeX2ε sowie die sogenannte Mainz-Software, d.h. Dateien, die von Frank Mittelbach und Rainer Schöpf und Mitgliedern des LaTeX3-Projektes gepflegt werden, wie doc selbst, array, ftnright, multicol, theorem und viele andere, werden in dieser Form verteilt. Ein Beispiel für eine Installationsprozedur, die eine einfache Treiberdatei verwendet, wird in Abschnitt 14.4 besprochen.

Der nächste Abschnitt befaßt sich mit Eingabebefehlen, die in solch einer DOCSTRIP-Batchdatei verwendet werden können. Anschließend wird erläutert, wie man Programmfragmente in einer doc-Quelldatei erstellt, die bei Eintreten einer bestimmten Bedingung eingefügt werden können.

14.3.1 Batchdatei-Befehle

Man kann der Ausgabe des DOCSTRIP-Programms einen festgelegten Text voranstellen, wie etwa einen Hinweis über das Copyright oder eine Nichthaftungserklärung. Der zu Beginn der DOCSTRIP-Ausgabedatei einzufügende Text muß zwischen den Befehlen `\preamble` und `\endpreamble` eingegeben werden. Zeilen, die am Ende der Datei hinzugefügt werden sollen, müssen zwischen dem `\postamble`- und `\endpostamble`-Befehl eingegeben werden. DOCSTRIP überträgt alles, was es für den Vor- bzw. Nachspann der Datei findet, in die Ausgabedatei, wobei es die entsprechenden Zeilen mit zwei Kommentarzeichen (%) einleitet. Wird in einer der Zeilen ein `^^J`-Zeichen eingefügt, wird alles, das nach diesem Zeichen in derselben Zeile steht, in der Ausgabedatei in eine neue Zeile ohne einleitendes Prozentzeichen geschrieben. Diese Funktion kann verwendet werden, um einen `\typeout`- oder `\message`-Befehl in die Datei einzufügen, aus der DOCSTRIP die Kommentare entfernt hat.

`\generateFile{`*ausgabe*`}{`*anfrage*`}{\from{`*eingabe*`}{`*optionsliste*`}...}`

Der Befehl `\generateFile` teilt DOCSTRIP mit, was es zu tun hat. Die Argumente *ausgabe* und *eingabe* sind normale Dateinamen, die für das verwendete Computersystem geeignet sind. Der Parameter *optionsliste* ist eine durch Kommata getrennte Liste von Optionen, die angibt, welche optionalen Programmfragmente aus der *eingabe*-Datei in die Datei *ausgabe* übertragen werden sollen. Das Argument *anfrage* weist TEX entweder an, eine bereits existierende Datei ohne Nachfrage zu überschreiben (Wert `f`) oder eine Warnung auszugeben, in welcher der Benutzer gefragt wird, ob die bestehende Datei tatsächlich überschrieben werden soll (Wert `t`). In dieser Funktion können mehrere `\from`-Befehle verwendet werden, d.h. mehrere Eingabedateien, wobei jede eine eigene *optionsliste* besitzt.

Eine DOCSTRIP-Batchdatei, die direkt von LATEX bearbeitet werden kann, muß mit den folgenden beiden Zeilen beginnen:

```
\def\batchfile{<batch-dateiname>}
\input docstrip.tex
```

Danach können die in diesem Abschnitt beschriebenen Befehle verwendet werden.

Die Batchdateibefehle, wie `\generateFile`, können auch auf mehrere Batchdateien verteilt werden. Diese werden dann von einer Hauptdatei ausgeführt. Ein derartiges Verfahren ist z. B. dann sinnvoll, wenn eine Software aus mehreren eigenständigen Teilen besteht, die in einzelnen Dateien abgelegt sind. Die Hauptdatei ruft dann lediglich mit Hilfe des Befehls `\batchinput` die entsprechenden Batchdateien für die Teile auf. Der Befehl `\input` kann hier nicht verwendet werden, da er für den Aufruf des DOCSTRIP-Programms innerhalb der DOCSTRIP-Batchdatei reserviert ist.

Die Befehle `\Msg` und `\Ask` ermöglichen eine Kommunikation mit dem Empfänger des Paketes. `\Msg` gibt sein Argument auf dem Bildschirm aus, `\Ask` funktioniert wie `\typein`, d.h. es wartet zudem auf eine Antwort.

Normalerweise erzeugt DOCSTRIP viele Informationen auf dem Bildschirm, um den Benutzer über den Fortgang der Installation zu unterrichten. Bei Angabe von `\keepsilent` in der Batchdatei wird einer großer Teil dieser Ausgaben unterdrückt. `\showprogress` reaktiviert die Bildschirmausgabe. Darüber hinaus stehen noch einige andere Befehle zur Verfügung – näheres ist in der DOCSTRIP-Dokumentation beschrieben.

Im Prinzip ist es möglich, Installationsdateien zu schreiben, die mit dem Benutzer kommunizieren und beliebig komplexe Aufgaben übernehmen. Aufgrund der Art und Weise, wie DOCSTRIP eine Batchdatei liest, gibt es allerdings einige Einschränkungen, so daß komplexe Interaktionen mitunter einige Erfahrung voraussetzen. Der interessierte Leser kann sich in den Installationsdateien größerer Pakete näher informieren, z. B. den `.ins`-Dateien der LATEX-Distribution.

14.3.2 Bedingte Einbindung von Programmteilen

Programmfragmente, die nur unter bestimmten Bedingungen hinzugefügt werden sollen, werden in der Quelldatei mit »Markern« gekennzeichnet. Das einfachste Format besteht aus einem `%<*tag>`- und `%</tag>`-Paar, das den Teil des Codes umrahmt, der in der *ausgabe* eingefügt werden soll, wenn die Option `tag` in der *optionsliste* des `\generateFile`-Befehls angegeben wird. Diese Marker müssen immer am Anfang einer Zeile stehen, um von DOCSTRIP erkannt zu werden, z. B.

```
%<*debug>
     Programmcode
%</debug>
```

Wenn ein bestimmter Block des Programmcodes nicht eingefügt wird, werden alle Marker, die innerhalb dieses Blocks stehen, nicht ausgewertet. Die Marker können im allgemeinen aus jeder Kombination oder booleschen Ausdrücken der Optionen bestehen. Das `|`-Symbol wird für das logische Oder verwendet, `&` für das logische Und und `!` für die Negation. Eine Option gilt nur dann als wahr, wenn sie in der *optionsliste* enthalten ist.

14.4 Ein Beispiel für eine Installationsprozedur

Viele der größeren Pakete, die in diesem Buch beschrieben sind, werden in Form eines »Installations-Kits« ausgeliefert, das aus einer Installations-Batchdatei (mit Erweiterung `.ins`) und einer oder mehreren `.dtx`- oder `.doc`-Dateien bestehen, die den Programmcode für alle Dateien und der Dokumentation enthalten.[3] Die Installationsdatei in einer solchen Distribution bearbeitet man mit LaTeX – sie sorgt dann dafür, daß das System alle benötigten Dateien automatisch auspackt, ohne daß weitere Aktionen des Benutzer nötig werden.

Wie man ein derartiges Installation-Kit zusammenstellt, wird im folgenden an einem einfachen Beispiel, dem »file-error«-System, erläutert. Es besteht aus der Batchdatei `fileerr.ins` und der `.dtx`-Datei `fileerr.dtx`. Mit Hilfe von LaTeX und DOCSTRIP wird die `.dtx`-Datei gelesen und verschiedene kleine Dateien werden angelegt. Diese kleinen Dateien können sich im System in einigen Situationen als nützlich erweisen, wenn der Benutzer nicht weiß, wie er TeX verlassen soll, wenn z. B. TeX immer wieder nach einer Datei fragt, die es nicht finden kann. Für weitere Erläuterungen zu diesem Thema siehe auch die formatierte Dokumentation in Abbildung 14.6 auf Seite 458.

In Abbildung 14.3 auf der nächsten Seite ist zunächst die Batchdatei `fileerr.ins` dargestellt, die als erstes die Datei `docstrip.tex` einliest und danach mit Hilfe des Befehls `\generateFile` verschiedene Ausgabedateien aus der Datei `fileerr.dtx` erzeugt. Dem Benutzer fällt dabei lediglich die Aufgabe zu, die Installationsdatei von LaTeX bearbeiten zu lassen und zuzusehen, wie LaTeX die `.dtx`-Datei `fileerr.dtx` einliest und daraus alle benötigten Dateien extrahiert. Der Ablauf wird in Abbildung 14.4 auf Seite 456 demonstriert. Die Eingabedatei selbst (`fileerr.dtx`) ist in Abbildung 14.5 auf Seite 457 zu sehen. Um die in Abbildung 14.6 auf Seite 458 gezeigte Dokumentation zu erhalten, muß man zudem

3 Per Konvention haben Dokumentationsdateien, die von LaTeX direkt bearbeitet werden können, die Erweiterung `.dtx` und jene, die eine zusätzliche Treiberdatei benötigen, die Erweiterung `.doc`.

```
\def\batchfile{fileerr.ins}
\input docstrip.tex
\preamble
  File to exit ‘missing file name’ loop in TeX.
\endpreamble
% File-Error files
%%%%%%%%%%%%%%%%%%
\generateFile{h.tex}{t}{\from{fileerr.dtx}{help}}
\generateFile{s.tex}{t}{\from{fileerr.dtx}{scroll}}
\generateFile{e.tex}{t}{\from{fileerr.dtx}{edit}}
\generateFile{x.tex}{t}{\from{fileerr.dtx}{exit}}

\Msg{* The next step tries to write on a file call ‘.tex’}
\Msg{* This may fail on some operating systems.}
\Msg{* If you get an error message like}
\Msg{* \space\space ! I can’t write on file ‘./.tex’.}
\Msg{* reply with temp.tex and delete this file}
\Msg{* afterwards since it will not be of much use}
\Msg{* on your system.}

\generateFile{.tex}{t}{\from{fileerr.dtx}{return}}

\Msg{**********************************************************}
\Msg{*}
\Msg{* To finish the installation you have to move the following}
\Msg{* files into a directory searched by TeX:}
\Msg{*}
\Msg{* All the files with extension ‘.sty’ and ‘.tex’}
\Msg{* Note there also may be a file .tex which is ‘invisible’}
\Msg{* on some oprating systems.}
\Msg{*}
\Msg{* To produce the documentation run the .dtx files through LaTeX.}
\Msg{*}
\Msg{* Happy TeXing}
\Msg{**********************************************************}
```

Abbildung 14.3: Die Batchdatei für das »file-error«-System

die Datei `fileerr.dtx` mit LaTeX bearbeiten. Dies bedeutet, daß sich die komplette Installation aus den folgenden drei Schritten zusammensetzt:

1. Entpacken der Distributionsdateien durch den Aufruf: `latex fileerr.ins`.
2. Kopieren der erstellten Dateien in Verzeichnisse, die von TeX durchsucht werden. Welche Dateien kopiert werden müssen, wird dem Benutzer normalerweise von der Installationsdatei mitgeteilt.
3. Generierung der Dokumentation durch den Aufruf: `latex fileerr.dtx`.

```
This is TeX, Version 3.141 (C version d)
(fileerr.ins
LaTeX2e <1994/06/01> patch level 4
(/usr2/users/latex3/distrib/inputs/docstrip.tex
Utility: 'docstrip' 2.2f <1994/02/26>
English documentation    <1994/02/26>

**********************************************************
* This program converts documented macro-files into fast *
* loadable files by stripping off (nearly) all comments! *
**********************************************************

Generating file ./x.tex

. . . .
Processing File fileerr.dtx (exit) -> x.tex

% % % % % % % % % % % % % % % % % % % % % % % % % % % % % % % % % % % %
<*driver % % % > % % % % % % % % % % % % % <*help % % % % % % % > % % % % % % %
% % <+scroll|return % > <+scroll % > % % % % % % % % % % % % <+edit|exit . > % %
% % %
File fileerr.dtx ended by \endinput.
Lines  processed: 86
Comments removed: 71
Comments  passed: 0
Codelines passed: 1

. .

Generating file ./e.tex

. . . .
Processing File fileerr.dtx (edit) -> e.tex

% % % % % % % % % % % % % % % % % % % % % % % % % % % % % % % % % % % %
<*driver % % % > % % % % % % % % % % % % % <*help % % % % % % % > % % % % % % %
% % <+scroll|return % > <+scroll % > % % % % % % % % % % % % <+edit|exit . > % %
% % %
File fileerr.dtx ended by \endinput.
Lines  processed: 86
Comments removed: 71
Comments  passed: 0
Codelines passed: 1

. .

Generating file ./h.tex

. . . .
Processing File fileerr.dtx (help) -> h.tex

% % % % % % % % % % % % % % % % % % % % % % % % % % % % % % % % % % % %
<*driver % % % > % % % % % % % % % % % % % <*help % . . . . . . > % % % % % % %
% % <+scroll|return % > <+scroll % > % % % % % % % % % % % % <+edit|exit % > % %
% % %
File fileerr.dtx ended by \endinput.
Lines  processed: 86
Comments removed: 71
Comments  passed: 0
Codelines passed: 6

. .

Generating file ./s.tex

. . . .
Processing File fileerr.dtx (scroll) -> s.tex

% % % % % % % % % % % % % % % % % % % % % % % % % % % % % % % % % % % %
<*driver % % % > % % % % % % % % % % % % % <*help % % % % % % % > % % % % % % %
% % <+scroll|return . > <+scroll . > % % % % % % % % % % % % <+edit|exit % > % %
% % %
File fileerr.dtx ended by \endinput.
Lines  processed: 86
Comments removed: 71
Comments  passed: 0
Codelines passed: 2

. .
**************************************************
* I'm now trying to generate a file called '.tex'
* This may fail on some operating systems
**************************************************

Generating file ./.tex

. . . .
Processing File fileerr.dtx (return) -> .tex

% % % % % % % % % % % % % % % % % % % % % % % % % % % % % % % % % % % %
<*driver % % % > % % % % % % % % % % % % % <*help % % % % % % % > % % % % % % %
% % <+scroll|return . > <+scroll % > % % % % % % % % % % % % <+edit|exit % > % %
% % %
File fileerr.dtx ended by \endinput.
Lines  processed: 86
Comments removed: 71
Comments  passed: 0
Codelines passed: 1

. .
Overall statistics:
Files  processed: 5
Lines  processed: 430
Comments removed: 355
Comments  passed: 0
Codelines passed: 11
 ) )
No pages of output.
Transcript written on fileerr.log.
```

Abbildung 14.4: Die Protokolldatei bei der Installation des »file-error«-Systems

```
% \def\fileversion{v1.0c} \def\filedate{1994/04/06}
% \CheckSum{14}
% \iffalse    This is a METACOMMENT
% Doc-Source file to use with LaTeX2e
% Copyright (C) 1993-94 Frank Mittelbach, all rights reserved.
% \fi
% \title{File not found error\thanks{This file has version
% \fileversion\ last revised \filedate}}
% \author{Frank Mittelbach}
% \maketitle
%
% \section{Introduction}
%    When \LaTeXe{} is unable to find a file it will ask for an
%    alternative file name. However, sometimes the problem is
%    only noticed by \TeX{}, and in that case \TeX{} insists on
%    getting a valid file name; any other attempt to leave this
%    error loop will fail.\footnote{On some systems, \TeX{}
%    accepts a special character denoting the end of file to
%    return from this loop, e.g.\ Control-D on UNIX or Control-Z
%    on DOS.} Many users try to respond in the same way as to
%    normal error messages, e.g.\ by typing \meta{return}, or |s|
%    or |x|, but \TeX{} will interpret this as a file name and
%    will ask again.
%    \par To provide a graceful exit out of this loop, we define
%    a number of files which emulate the normal behavior of
%    \TeX{} in the error loop as far as possible.
%    \par After installing these files the user can respond with
%    |h|, |s|, |e|, |x|, and on some systems also with
%    \meta{return} to \TeX{}s missing file name question.
% \StopEventually{}
%
% \section{The documentation driver}
%    This code will generate the documentation. Since it is the
%    first piece of code in the file, the documentation can be
%    obtained by simply processing this file with \LaTeXe.
%    \begin{macrocode}
%<*driver>
\documentclass{ltxdoc}
\begin{document}  \DocInput{fileerr.dtx}  \end{document}
%</driver>
%    \end{macrocode}
% \section{The files}
%
% \subsection{Asking for help with {\tt h}}
%    When the user types |h| in the file error loop \TeX{} will
%    look for the file |h.tex|. In this file we put a message
%    informing the user about the situation (we use |^^J| to
%    start new lines in the message) and then finish with a
%    normal |\errmessage| command thereby bringing up \TeX{}s
%    normal error mechanism.
%    \begin{macrocode}
%<*help>
\newlinechar=`\^^J
\message{!The file name provided could not be found.^^J%
Use `<enter>' to continue processing,^^J%
`S' to scroll further errors^^J%
or `X' to terminate TeX}
\errmessage{}
%</help>
%    \end{macrocode}
%
% \subsection{Scrolling this and further errors with {\tt s}}
%    For the response |s| we put a message into the file |s.tex|
%    and start |\scrollmode| to scroll further error messages in
%    this run.  On systems that allow |.tex| as a file name we
%    can also trap a single \meta{return} from the user.
%    \begin{macrocode}
%<+scroll|return> \message{File ignored}
%<+scroll>        \scrollmode
%    \end{macrocode}
%
% \subsection{Exiting the run with {\tt x} or {\tt e}}
%    If the user enters |x| or |e| to stop \TeX{}, we need to
%    put something into the corresponding file which will force
%    \TeX{} to give up.  We achieve this by turning off terminal
%    output and then asking \TeX{} to stop: first by using the
%    internal \LaTeX{} name |\@@end|, and if that doesn't work
%    because something other than \LaTeX{} is used, by trying the
%    \TeX{} primitive |\end|.
%    \begin{macrocode}
%<+edit|exit>  \batchmode \@@end \end
%    \end{macrocode}
%    We end every file with an explicit |\endinput| which prevents
%    the docstrip program from putting the character table into
%    the generated files.
%    \begin{macrocode}
\endinput
%    \end{macrocode}
%% \CharacterTable
%%  {Upper-case    \A\B\C\D\E\F\G\H\I\J\K\L\M\N\O\P\Q\R\S\T\U\V\W\X\Y\Z
%%   Lower-case    \a\b\c\d\e\f\g\h\i\j\k\l\m\n\o\p\q\r\s\t\u\v\w\x\y\z
%%   Digits        \0\1\2\3\4\5\6\7\8\9
%%   Exclamation   \!     Double quote  \"     Hash (number) \#
%%   Dollar        \$     Percent       \%     Ampersand     \&
%%   Acute accent  \'     Left paren    \(     Right paren   \)
%%   Asterisk      \*     Plus          \+     Comma         \,
%%   Minus         \-     Point         \.     Solidus       \/
%%   Colon         \:     Semicolon     \;     Less than     \<
%%   Equals        \=     Greater than  \>     Question mark \?
%%   Commercial at \@     Left bracket  \[     Backslash     \\
%%   Right bracket \]     Circumflex    \^     Underscore    \_
%%   Grave accent  \`     Left brace    \{     Vertical bar  \|
%%   Right brace   \}     Tilde         \~}
%%
% \Finale
```

Abbildung 14.5: Der Quelltext für das »file-error«-System

File not found error*

Frank Mittelbach

April 7, 1994

1 Introduction

When LaTeX 2_ε is unable to find a file it will ask for an alternative file name. However, sometimes the problem is only noticed by TeX, and in that case TeX insists on getting a valid file name; any other attempt to leave this error loop will fail.[1] Many users try to respond in the same way as to normal error messages, e.g. by typing ⟨*return*⟩, or `s` or `x`, but TeX will interpret this as a file name and will ask again.

To provide a graceful exit out of this loop, we define a number of files which emulate the normal behavior of TeX in the error loop as far as possible.

After installing these files the user can respond with `h`, `s`, `e`, `x`, and on some systems also with ⟨*return*⟩ to TeX's missing file name question.

2 The documentation driver

This code will generate the documentation. Since it is the first piece of code in the file, the documentation can be obtained by simply processing this file with LaTeX 2_ε.

```
%<*driver>
\documentclass{ltxdoc}
\begin{document}  \DocInput{fileerr.dtx}  \end{document}
%</driver>
```

3 The files

3.1 Asking for help with h

When the user types `h` in the file error loop TeX will look for the file `h.tex`. In this file we put a message informing the user about the situation (we use `^^J` to start new lines in the message) and then finish with a normal `\errmessage` command thereby bringing up TeX's normal error mechanism.

*This file has version v1.0c last revised 1994/04/06

[1] On some systems, TeX accepts a special character denoting the end of file to return from this loop, e.g. Control-D on UNIX or Control-Z on DOS.

1

```
%<*help>
\newlinechar='\^^J
\message{!The file name provided could not be found.^^J%
Use '<enter>' to continue processing,^^J%
'S' to scroll further errors^^J%
or 'X' to terminate TeX}
\errmessage{}
%</help>
```

3.2 Scrolling this and further errors with s

For the response `s` we put a message into the file `s.tex` and start `\scrollmode` to scroll further error messages in this run. On systems that allow `.tex` as a file name we can also trap a single ⟨*return*⟩ from the user.

```
%<+scroll|return> \message{File ignored}
%<+scroll>        \scrollmode
```

3.3 Exiting the run with x or e

If the user enters `x` or `e` to stop TeX, we need to put something into the corresponding file which will force TeX to give up. We achieve this by turning off terminal output and then asking TeX to stop: first by using the internal LaTeX name `\@@end`, and if that doesn't work because something other than LaTeX is used, by trying the TeX primitive `\end`.

```
%<+edit|exit>  \batchmode \@@end \end
```

We end every file with an explicit `\endinput` which prevents the docstrip program from putting the character table into the generated files.

```
\endinput
```

2

Abbildung 14.6: Die formatierte Dokumentation für das »file-error«-System

Anhang A

LaTeX – Ein Überblick

Dieser Anhang gibt einen Überblick über die grundlegenden Programmierkonzepte, die dem LaTeX-Formatierungsprogramm zugrundeliegen. Es wird erläutert, wie neue Befehle und Umgebungen definiert werden, auch jene mit einem optionalen Argument. Danach folgt eine Beschreibung über LaTeXs Handhabung von Zählern und ihrer Darstellung. Horizontale und vertikale Längenparameter werden eingeführt und ihre Handhabung beschrieben. Der zweite Abschnitt befaßt sich mit dem wichtigen Thema der (La)TeX-Boxen und ihrer Verwendung. Ein gutes Verständnis dieser Thematik ist von großer Bedeutung, um die in diesem Buch präsentierte Information vollständig schätzen und einsetzen zu können. Anschließend wird die LaTeX2ε-Schnittstelle, mit der man selbst Optionen für Pakete und Klassendateien definieren kann, im Detail beschrieben. Die beiden Pakete calc und ifthen erleichtern Berechnungen sowie das Erstellen von Kontrollstrukturen mit LaTeX: Sie wurden in vielen Beispielen dieses Buches verwendet und sind in den letzten beiden Abschnitten beschrieben.

A.1 Verknüpfung von Markup und Formatierung

Dieser Abschnitt behandelt die Syntax zur Definition von Befehlen und Umgebungen mit LaTeX. Es ist wichtig, daß man ausschließlich die unten beschriebenen LaTeX-Befehle verwendet, an Stelle der Low-Level-TeX-Befehle. Dadurch kann man nicht nur die Vorteile der Konsistenzsprüfung von LaTeX nutzen, sondern erhält Code, der mit großer Wahrscheinlichkeit unverändert auch in zukünftigen Versionen von LaTeX eingesetzt werden kann.

A.1.1 Definition neuer Befehle

Es ist häufig von Vorteil, neue Befehle zu definieren (z. B. zur Darstellung sich wiederholender Zeichenfolgen in der Eingabe oder wiederholt auftretender Kombinationen von Befehlen). Ein neuer Befehl wird mit Hilfe des Befehls \newcommand definiert. Dieser kann ein optionales Argument haben, das die Anzahl der Argumente des neuen Befehls angibt.

\newcommand{*name*}[*narg*]{*befehlsdefinition*}

Die Anzahl der Argumente muß im Bereich 0≤*narg*≤9 liegen. Hat der neue Befehl keine Argumente, kann die [0] weggelassen werden. Innerhalb des Teils *befehlsdefinition* werden die Argumente als #1 bis #*narg* wiedergegeben.

PostScript und seine Variante Encapsulated PostScript werden häufig dazu verwendet, Graphiken in LaTeX-Dokumente einzubinden …

```
\newcommand{\Ps}{Post\-Script}
\newcommand{\EPs}{Encapsulated \Ps}
\Ps{} und seine Variante \EPs{} werden
h"aufig dazu verwendet, Graphiken in
\LaTeX{}-Dokumente einzubinden \ldots
```

Das soeben gezeigte Beispiel läßt sich verallgemeinern. Gleichzeitig können die relevanten Daten einheitlich in die Indexdatei eingetragen werden.

```
\newcommand{\PsI}{\Ps\index{Postscript}}
\newcommand{\EPsI}{Encapsulated \Ps\index{Encapsulated \Ps}%
                   \index{\Ps!Encapsulated}}\index{EPS}}
```

Wenn ein Befehl sowohl im normalen Text als auch in Formeln zu verwenden sein soll, muß man bei der Definition dieses Befehls besondere Sorgfalt walten lassen. Zum Beispiel:

Die Reihe $x_1, \ldots, x_n$ oder $x_1, \ldots, x_n + G x_1, \ldots, x_n$

```
\newcommand{\xvec}{\mbox{$x_1,\ldots,x_n$}}
Die Reihe \xvec\ oder $\xvec+G_{\xvec}$
```

Dies wird in LaTeX2ε besser unterstützt. Hier kann der folgende Befehl verwendet werden:

\ensuremath{*formelcode*}

Wie der Name besagt, sorgt der Befehl \ensuremath dafür, daß das Argument stets im mathematischen Modus gesetzt wird, indem es dieses, wenn nötig, mit $-Zeichen umrahmt. Das obige Beispiel könnte also folgendermaßen verkürzt werden:

Die Reihe $x_1, \ldots, x_n$ oder $x_1, \ldots, x_n + G_{x_1,\ldots,x_n}$

```
\newcommand{\xvec}{\ensuremath{x_1,\ldots,x_n}}
Die Reihe \xvec\ oder $\xvec+G_{\xvec}$
```

Wie leicht zu erkennen ist, hat diese Schreibweise den zusätzlichen Vorteil, daß für die Symbole in höher- bzw. tiefergestellten Ausdrücken stets die richtige Größe gewählt wird. Bei Verwendung von \mbox ist dies nicht der Fall.

Ein Befehl wie `\xvec` könnte auch mit einem Argument definiert werden:

Die Reihe $y_1, \ldots, y_n$ oder $z_1, \ldots, z_n \ldots$

```
\newcommand{\xvec}[1]{%   arg1: Vektor-Name
                     \ensuremath{#1_1,\ldots,#1_n}}
Die Reihe \xvec{y} oder $\xvec{z}$ \ldots
```

Das folgende, etwas ausführlichere Beispiel definiert Befehle zur Implementierung von Schriftsatzregeln, die besagen, daß Abkürzungen für Elementarteilchen stets in einem Serifenfont gesetzt werden sollen.

Die W^-, W^+ und Z^0 Teilchen haben die Massen m_{W} bzw. m_{Z^0}.
Im allgemeinen gilt $m_{\mathrm{W}} > m_{\mathrm{Z}^0}$.

```
\newcommand{\PWm}{\ensuremath{\mathrm{W}^-}}
\newcommand{\PWp}{\ensuremath{\mathrm{W}^+}}
\newcommand{\PZz}{\ensuremath{\mathrm{Z}^0}}
\newcommand{\PMW}{\ensuremath{m_{\mathrm{W}}}}
\newcommand{\PMZ}{\ensuremath{m_{\mathrm{Z}^0}}}
Die \PWm, \PWp\ und \PZz\ Teilchen haben
die Massen \PMW\ bzw.\ \PMZ.
\par Im allgemeinen gilt \(\PMW > \PMZ\).
```

Bereits existierende Befehlsnamen müssen mit dem Befehl `\renewcommand` *redefiniert* werden, dabei kann der neue Befehl eine andere Anzahl von Argumenten als der Originalbefehl besitzen. Zum Beispiel kann man den Befehl `\PMW` aus obigem Beispiel so umdefinieren, daß er jetzt ein Argument besitzt:

Im allgemeinen gilt $m_{\mathrm{W}^+} = m_{\mathrm{W}^-}$.

```
\renewcommand{\PMW}[1]{%
                     \ensuremath{m_{\mathrm{W}^{#1}}}}
Im allgemeinen gilt \(\PMW{+} = \PMW{-}\).
```

Beim Redefinieren eines Befehls (oder einer Umgebung, siehe unten) muß man natürlich vorsichtig vorgehen, da die Befehle, die umdefiniert werden sollen, eventuell in der geladenen Dokumentenklasse oder den Paketen verwendet werden (man versuche etwa, `\uppercase` in einem Dokument umzudefinieren, welches mit der Dokumentenklasse book formatiert wird).

In LaTeX2ε können auch Befehle definiert werden, deren erstes Argument optional ist. Die Syntax dafür lautet folgendermaßen:

`\newcommand{`*name*`}[`*narg*`][`*voreinstellung*`]{`*befehlsdefinition*`}`

Hier zwei Beispiele für solche Befehlsdefinitionen:

```
\newcommand{\LB}[1][3]{\linebreak[#1]}
\newcommand{\PK}[1][0]{\ensuremath{\mathrm{K}^{#1}}}
```

Die Voreinstellung für das optionale Argument wird in dem zweiten eckigen Klammerpaar angegeben, hier »3« in dem ersten Fall und »0« im zweiten. Innerhalb der Befehlsdefinition hat das optionale Argument die Nummer `#1`, während die obligatorischen Argumente (sofern vorhanden) mit `#2` bis `#`*narg* angesprochen werden. Die Eingabe `\LB` stellt somit eine Kurzform für den Befehl `\linebreak[3]` dar, während `\LB[2]` den angegebenen Wert verwendet, so daß damit wird das gleiche Resultat wie durch `\linebreak[2]` erzielt würde. Der zweite Befehl `\PK` wird in folgendem Beispiel verwendet:

Drei K-Teilchen, K^0, K^+ und K^-.

```
Drei K-Teilchen, \PK, \PK[+] und \PK[-].
```

Im allgemeinen empfiehlt es sich, den Fall, der am häufigsten auftritt, durch die Befehlsform ohne Parameter abzudecken und die weniger häufig verwendeten Fälle durch die Form mit optionalem Argument.

Ein etwas komplexeres Beispiel, das sowohl ein optionales als auch ein obligatorisches Argument enthält, stellt die Definition einer Linie dar, die standardmäßig eine Breite von 0.4pt hat sowie eine Höhe, die durch das obligatorische Argument angegeben wird. Man achte auf die beiden Verwendungen des unten angegebenen `\Rule`-Befehls, in denen die Breite explizit angegeben wurde. Im letzten Fall bewirkt eine »unsichtbare Linie«,daß die eingerahmte Box höher ist als die natürliche Höhe ihres Inhalts.

text text | text ▌ text [xxx] und [xxx].

```
\newcommand{\Rule}[2][.4pt]{\rule{#1}{#2}}
text text \Rule{4mm} text \Rule[1mm]{4mm}
text \fbox{xxx} und \fbox{\Rule[0mm]{4mm}xxx}.
```

LATEX2ε bietet noch eine weitere Möglichkeit zur Definition von Befehlen:

`\providecommand{\`*name*`}[`*narg*`][`*voreinstellung*`]{`*befehlsdefinition*`}`

Dieser Befehl funktioniert genauso wie `\newcommand`, außer daß er ignoriert wird, wenn `\`*name* bereits existiert. Solch eine Funktion ist sinnvoll in Quelltexten, die eventuell in mehreren Dokumenten verwendet werden, wie z. B. Literatureinträge. So kann man beispielsweise `\providecommand` anstelle von `\newcommand` in der `@PREAMBLE` von BIBTEX für Logos oder andere Befehle verwenden, die in den BIBTEX-Einträgen verwendet werden, und damit Fehlermeldungen vermeiden, falls diese Befehle bereits im Dokument definiert sind.

A.1.2 Definition neuer Umgebungen

Eine Umgebung kann mit den Befehlen `\newenvironment` beziehungsweise `\renewenvironment` definiert bzw. umdefiniert werden. Für jeden der beiden Befehle muß angegeben werden, welche Aktionen vorgenommen werden sollen, wenn eine Umgebung betreten oder verlassen wird. Für eine Umgebung wird dies durch die Befehle `\begin{...}` und `\end{...}` innerhalb des Dokumentes gekennzeichnet.

```
\newenvironment{name}[narg]{begdef}{enddef}
\renewenvironment{name}[narg]{begdef}{enddef}
```

Wie bei dem `\newcommand`-Befehl muß die Anzahl der Argumente innerhalb des Bereichs `0≤`*narg*`≤9` liegen. Auch hier kann die `[0]` weggelassen werden, wenn keine Parameter benötigt werden. Innerhalb des Definitionsteils *begdef* werden diese Parameter als `#1` bis `#`*narg* angesprochen. Soweit Argumente vorhanden sind, werden diese beim *Eintreten* in die Umgebung mittels `\begin{`*name*`}{`arg_1`}...{`arg_k`}` spezifiziert.

Beim *Verlassen* einer Umgebung durch den Befehl `\end{`*name*`}` können keine Parameter angegeben werden. Im Definitionsteil *enddef*, in dem die Aktionen definiert werden, die beim Verlassen der Umgebung *name* eintreten sollen, sind darüber hinaus die Parameter, die beim Eintritt in die Umgebung mit dem Befehl `\begin{name}` definiert wurden, nicht länger gültig. Hier fällt dem Entwickler also die Aufgabe zu, die Daten, die am Ende einer Umgebung benötigt werden, selbst abzuspeichern (siehe die unten definierte Umgebung `Citation`).

Im ersten Beispiel wird eine Umgebung des Typs »Abstract« definiert, die häufig verwendet wird, um eine kurze Zusammenfassung des Inhalts eines Artikels oder Buches zu geben. Sie beginnt mit einem fettgedruckten und zentrierten Titel, gefolgt von dem Text der Zusammenfassung einer `quote`-Umgebung.

Zusammenfassung

Dieses Buch beschreibt den Ansatz und die notwendigen Werkzeuge zur Lösung der aktuellen Probleme.

```
\newenvironment{Abstract}
  {\begin{center}\textbf{Zusammenfassung}%
   \end{center} \begin{quote}}
  {\end{quote}}
\begin{Abstract}
  Dieses Buch  beschreibt den
  Ansatz und die notwendigen Werkzeuge
  zur  L"osung der aktuellen Probleme.
\end{Abstract}
```

Das zweite Beispiel ist etwas ausführlicher. Es zeigt, wie eine `Citation`-Umgebung definiert werden kann, um Zitate berühmter Personen wiederzugeben.

```
\newcounter{Citctr}\newsavebox{\Citname}
\newenvironment{Citation}[1]
   {\stepcounter{Citctr}%
    \sbox{\Citname}{\textit{#1}}
    \begin{description}\item[Zitat \arabic{Citctr}]}
   {\hspace*{\fill}\nolinebreak[1]\hspace*{\fill}%
    \usebox{\Citname}\end{description}}
```

Der obige LaTeX-Programmcode definiert den Zähler `Citctr`, mit dem die Zitate durchnumeriert werden, sowie eine `\Citname`-Box, welche den Namen der zitierten Person speichert, damit dieser am Ende des Zitates, d.h. beim Erreichen des Befehls `\end{Citation}`, gesetzt werden kann (wie bereits erwähnt, ist der Wert des im `\begin{Citation}`-Befehl angegebenen Argumentes zu diesem Zeitpunkt nicht mehr verfügbar). Beim Eintreten in die Umgebung wird der Zähler erhöht und der Wert des Argumentes, das kursiv gesetzt ist, in der Box `\Citname` abgespeichert. Danach wird eine `description`-Umgebung begonnen. Die Umgebung hat ein einzelnes `\item`, das den Zählerwert enthält, dem das Wort »Zitat« vorangestellt ist. Beim Verlassen der `Citation`-Umgebung wird zunächst ein dehnbarer horizontaler Zwischenraum eingefügt, danach ein erlaubter, aber nicht empfohlener Zeilenumbruch ermöglicht und anschließend ein weiterer dehnbarer horizontaler Zwischenraum eingefügt. Danach wird der Inhalt der Box `\Citname` gesetzt, bevor die `description`-Umgebung beendet wird. Durch diese Aktion wird der Name des Verfassers rechtsbündig gesetzt. Sollte in der letzten Zeile des Zitates nicht genügend Platz vorhanden sein, um den Verfassernamen in dieselbe Zeile zu setzen, wird die letzte Zeile des Zitates linksbündig gesetzt, wie in dem nächsten Beispiel zu sehen ist. Ohne diese Spezialbehandlung würde das Zitat stets im Blocksatz gesetzt, wobei häufig sehr viel Leerfläche zwischen den Wörtern entstünde.

Zitat 1 Necessity is the plea for every infringement of human freedom.
William Pitt

Hier steht regulärer Text zwischen zwei Citation-Umgebungen.

Zitat 2 Der Mensch ist das Maß aller Dinge. *Protagoras*

Weiterer regulärer Text ...

Zitat 3 On mourra seul. *Blaise Pascal*

```
\begin{Citation}{William Pitt}
   Necessity is the plea for every infringement
   of human freedom.
\end{Citation}
Hier steht regul"arer Text zwischen zwei
Citation-Umgebungen.
\begin{Citation}{Protagoras}
   Der Mensch ist das Ma"s aller Dinge.
\end{Citation}
Weiterer regul"arer Text \ldots
\begin{Citation}{Blaise Pascal}
   On mourra seul.
\end{Citation}
```

Nähere Erläuterungen zu den Zähler- und Box-Befehlen, die in diesem Beispiel verwendet werden, geben die Abschnitte A.1.3 und A.2.

Wie bei `\newcommand` kann man auch Umgebungen mit einem optionalen Argument definieren, und zwar wie folgt:

`\newenvironment{`*name*`}[`*narg*`][`*voreinstellung*`]{`*begdef*`}{`*enddef*`}`

Der Standardwert für das optionale Argument ist im zweiten eckigen Klammerpaar [*voreinstellung*] angegeben. Innerhalb des *begdef*-Teils, der beim Eintritt in die Umgebung *name* ausgeführt wird, kann auf das optionale Argument mit `#1` zugegriffen werden, während die obligatorischen Argumente (sofern vorhanden) mit `#2` bis #*narg* erreichbar sind. Wenn die *name*-Umgebung ohne einen optionalen Parameter verwendet wird, enthält `#1` die als [*voreinstellung*] angegebene Zeichenfolge.

Als Beispiel definieren wir die `deflist` [111], eine Variante der Listenumgebung `Ventry`, die in Abschnitt 3.2.2 besprochen wurde. Die `deflist`-Umgebung verhält sich wie eine normale `description`-Umgebung, wenn sie ohne optionales Argument verwendet wird. Bei Angabe eines optionalen Argumentes wird die Breite des Labels entsprechend der Breite des Argumentes gesetzt. Indem man also den breitesten Eintrag als optionales Argument angibt, kann man erreichen, daß die Beschreibungsteile aller Einträge bündig gesetzt werden.

Im folgenden Beispiel wird zunächst das (normale) Verhalten der `deflist`-Liste dargestellt und anschließend zum Vergleich das Ergebnis bei Verwendung des optionalen Argumentes.

Ausdruck Dies ist ein kurzer Ausdruck.

Langer Ausdruck Dies ist ein langer Ausdruck.

Längerer Ausdruck Ein sehr langer Ausdruck.

Ausdruck	Dies ist ein kurzer Ausdruck.
Langer Ausdruck	Dies ist ein langer Ausdruck.
Längerer Ausdruck	Ein sehr langer Ausdruck.

```
\newenvironment{deflist}[1][\quad]%
  {\begin{list}{}{%
   \renewcommand{\makelabel}[1]{\textbf{##1}\hfil}%
   \settowidth{\labelwidth}{\textbf{#1}}%
   \setlength{\leftmargin}{\labelwidth+\labelsep}}}
  {\end{list}}
\begin{deflist}
\item[Ausdruck] Dies ist ein kurzer Ausdruck.
\item[Langer Ausdruck] Dies ist ein langer Ausdruck.
\item[L"angerer Ausdruck] Ein sehr langer Ausdruck.
\end{deflist}
\begin{deflist}[L"angerer Ausdruck]
\item[Ausdruck] Dies ist ein kurzer Ausdruck.
\item[Langer Ausdruck] Dies ist ein langer Ausdruck.
\item[L"angerer Ausdruck] Ein sehr langer Ausdruck.
\end{deflist}
```

A.1.3 Definition und Veränderung von Zählern

Jede Nummer, die von LaTeX generiert wird, ist mit einem *Zähler* verknüpft. Der Name des Zählers ist normalerweise identisch mit dem Namen der Umgebung oder des Befehls (ohne \), in der/dem er verwendet wird. Die folgende Liste zeigt alle Zähler, die in LaTeXs Standard-Dokumentenklassen verwendet werden:

```
part            paragraph       figure        enumi
chapter         subparagraph    table         enumii
section         page            footnote      enumiii
subsection      equation        mpfootnote    enumiv
subsubsection
```

Eine Umgebung, die mit `\newtheorem` deklariert wird, kann ebenfalls einen Zähler mit demselben Namen besitzen, es sei denn, daß das optionale Argument eine Numerierung zusammen mit einer anderen Umgebung vorschreibt.

Der Wert des Zählers ist eine ganze Zahl. Zähler können miteinander kombiniert werden, wie es z. B. für die Numerierung der Abschnittsüberschriften üblich ist. In den Dokumentenklassen book oder report gibt die Zahl 7.4.5 beispielsweise an, daß es sich um den fünften Unterabschnitt des vierten Abschnittes im siebten Kapitel handelt.

Verändern von LATEX-Zählern

Der folgende Abschnitt beschreibt alle elementaren LATEX-Befehle, mit denen Zähler definiert und verändert werden können. Diese Befehle sind sehr viel leistungsstärker, wenn sie zusammen mit dem calc-Paket verwendet werden, das in Abschnitt A.4 beschrieben ist.

`\newcounter{`*neuzlr*`}[`*altzlr*`]`

Dieser Befehl definiert global einen neuen Zähler *neuzlr* und initialisiert ihn mit Null. Existiert bereits ein Zähler mit diesem Namen, wird eine Fehlermeldung ausgegeben. Ist im optionalen Argument *altzlr* der Name eines anderen Zählers angegeben, dann wird der neu definierte Zähler *neuzlr* automatisch zurückgesetzt, sobald der Zähler *altzlr* mit einem der Befehle `\stepcounter` oder `\refstepcounter` hochgezählt wird. Außerdem wird der Befehl `\the`*neuzlr* als `\arabic{`*neuzlr*`}` definiert.

`\setcounter{`*zlr*`}{`*wert*`}`

Der Wert des Zählers *zlr* wird global auf den Wert *wert* gesetzt.

`\addtocounter{`*zlr*`}{`*wert*`}`

Dieser Befehl erhöht den Wert des Zählers *zlr* global um *wert*.

`\value{`*zlr*`}`

Dieser Befehl wird hauptsächlich in dem *wert*-Argument des `\setcounter`- oder `\addtocounter`-Befehls verwendet und erzeugt den Wert des Zählers *zlr*.

`\stepcounter{`*zlr*`}`

Dieser Befehl erhöht den Zähler *zlr* global um eins und setzt alle untergeordneten Zähler auf Null zurück, d.h. jene, die mit dem optionalen Argument *altzlr* im `\newcounter`-Befehl oder mit dem ersten Argument von `\@addtoreset` (siehe Abschnitt 2.3.1) deklariert wurden.

`\refstepcounter{`*zlr*`}`

Dieser Befehl bewirkt dasselbe wie `\stepcounter`, definiert aber zusätzlich den aktuellen `\ref`-Wert auf den Text, der von dem Befehl `\the`*zlr* erzeugt wird.

Die Darstellungsform des Wertes eines Zählers kann durch die folgenden Befehle festgelegt werden:

`\arabic{`*zlr*`}` Gibt den Zähler *zlr* als arabische Zahl wieder.

`\roman{`*zlr*`}` Gibt den Zähler *zlr* als kleingeschriebene römische Zahl wieder.

`\Roman{`*zlr*`}` Gibt den Zähler *zlr* als großgeschriebene römische Zahl wieder.

`\alph{`*zlr*`}` Gibt den Zähler *zlr* als Kleinbuchstaben wieder: a, b,..., z. Der Wert von *zlr* darf nicht größer als 26 sein.

`\Alph{`*zlr*`}` Gibt den Zähler *zlr* als Großbuchstaben wieder: A, B,..., Z. Der Wert von *zlr* darf nicht größer als 26 sein.

`\fnsymbol{`*zlr*`}` Gibt den Zähler *zlr* als Fußnotenzeichen wieder: $*$, †,... Dieser Befehl kann nur im Mathematikmodus verwendet werden. Der Wert von *zlr* darf nicht größer als 9 sein.

`\the`*zlr* Befehl, mit dem die Darstellungsform des Wertes ausgedruckt wird, die mit dem Zähler *zlr* verknüpft ist.

Als Beispiel betrachten wir die Definition von Zählern innerhalb der Standardklassen. Für die Gliederungsbefehle werden beispielsweise Definitionen verwendet, die den folgenden entsprechen:

```
\newcounter{part}
\newcounter{section}
\newcounter{subsection}[section]
\newcounter{subsubsection}[subsection]
\renewcommand{\thepart}          {\Roman{part}}
\renewcommand{\thesection}       {\arabic{section}}
\renewcommand{\thesubsection}    {\thesection.\arabic{subsection}}
\renewcommand{\thesubsubsection}{\thesubsection.\arabic{subsubsection}}
```

Das Beispiel zeigt deutlich, wie die untergeordneten Zähler zurückgesetzt werden, wenn die übergeordneten Zähler verändert werden. Außerdem ist zu sehen, wie sich die Darstellung der Zähler (die `\the...`-Befehle) aus dem aktuellen Zähler und den übergeordneten Zählern zusammensetzen. Man erkennt auch, daß der `part`-Zähler keinen Einfluß auf die Zähler der unteren Gliederungsebenen ausübt.

In Tafel 3.2 auf Seite 57 ist die Struktur der Zähler der Listenumgebung `enumerate` dargestellt. Diese Zähler werden genaugenommen in der Datei `latex.ltx` definiert, die den grundlegenden Programmcode für LaTeX enthält. Nur die Befehle für die Darstellungsform und den Labelinhalt werden in den Standardklassen definiert, und zwar wie folgt:

```
\renewcommand{\theenumi}{\arabic{enumi}}
  \newcommand{\labelenumi}{\theenumi.}
\renewcommand{\theenumii}{\alph{enumii}}
```

```
  \newcommand{\labelenumii}{(\theenumii)}
\renewcommand{\theenumiii}{\roman{enumiii}}
  \newcommand{\labelenumi}{\theenumiii.}
\renewcommand{\theenumiv}{\Alph{enumiv}}
  \newcommand{\labelenumi}{\theenumiv.}
```

A.1.4 Definition und Veränderung von Längenparametern

Wie in TeX gibt es auch in LaTeX grundsätzlich zwei verschiedene Arten von Längenparametern, nämlich unveränderliche »starre Längen« (die im TeX-Buch als `<dimen>` bezeichnet werden) und »Gummilängen« (die im TeX-Buch als `<skip>` bezeichnet werden). Letztere haben eine natürliche Länge und einen Grad an positiver und negativer Dehnbarkeit. Neue Längen sind in LaTeX stets vom Typ `<skip>`, so daß man die Wahl hat, sie entweder als starre oder als Gummilängen zu initialisieren (durch Angabe von `plus`- und `minus`-Teilen). Die Standardlängen in LaTeX gehören dem Typ »starr« an, es sei denn, daß sie im Anhang C des LaTeX-Buches oder in diesem Buch explizit als Gummilängen bezeichnet werden. Für Längen definiert LaTeX die im folgenden beschriebenen Befehle.

`\fill`

Dies ist eine Gummilänge mit der natürlichen Länge Null, welche auf jeden positiven Wert gedehnt werden kann. Ihr Wert darf nicht geändert werden.

`\stretch{`*dez_zahl*`}`

Dies ist vermutlich eine nützlichere Gummilänge: `\fill` entspricht `\stretch{1}`. Genauer ausgedrückt bedeutet dies, daß `\stretch{`*dez_zahl*`}` um das *dez_zahl*-fache von `\fill` gedehnt werden kann. Deshalb eignet sich dieser Befehl besonders dazu, kleine Korrekturen an der horizontalen oder vertikalen Positionierung von Text vorzunehmen, bzw. Objektpositionen relativ zueinander festzulegen; siehe etwa Abbildung A.1 auf Seite 472.

`\newlength{\`*name*`}`

Dieser Befehl definiert eine neue Längenvariable mit Namen `\`*name*. Wenn bereits ein Befehl `\`*name* existiert, wird eine Fehlermeldung ausgegeben. Die neue Länge wird auf 0pt voreingestellt. Sie ist eine Gummilänge. In den folgenden Beispielen gibt der TeX-Befehl `\the` den jeweiligen Wert dieser Längenvariable an.

Mylen = 2.1163pt plus 1.3923pt minus 0.9009pt

```
\newlength{\Mylen} % neue L"ange deklarieren
Mylen = \the\Mylen % aktuellen Wert anzeigen
```

`sp`	Skalierter Punkt (65536 sp = 1 pt) TEXs kleinste Einheit.
`pt`	Punkt = $\frac{1}{72.27}$ Zoll = 0.351 mm
`bp`	Big Point (72 bp = 1 Zoll), auch großer oder PostScript-Punkt
`dd`	Didôt-Punkt = $\frac{1}{72}$ eines französischen Zolls, = 0.376 mm
`mm`	Millimeter = 2.845 pt
`pc`	Pica = 12 pt = 4.218 mm
`cc`	Cicero = 12 dd = 4.531 mm
`cm`	Zentimeter = 10 mm = 28452 pt = 2.371 pc
`in`	Zoll (inch) = 25.4 mm = 72.27 pt = 6.022 pc
`ex`	Höhe eines kleinen »x« im aktuellen Font
`em`	Breite eines großen »M« im aktuellen Font (Geviert)
`mu`	Math Unit (mathematische Einheit)

Tafel A.1: (LA)TEX-Längeneinheiten

`\setlength{\`*name*`}{`*wert*`}`

Mit diesem Befehl wird der Wert des Längenbefehls *name* auf den Wert der Länge *wert* gesetzt.

Mylen = 28.45274pt
Mylen = 5.0pt plus 2.0pt minus 0.28453pt

```
\setlength{\Mylen}{10mm} % L"ange auf 10mm setzen
Mylen = \the\Mylen       % Gummil"ange verwenden
\setlength{\Mylen}{5pt plus 2pt minus .1mm}
\par Mylen = \the\Mylen
```

Wie in Tafel A.1 zu sehen, können Längen in verschiedenen Einheiten angegeben werden.

Mylen = 23.0631pt
Mylen = 29.73709pt

```
% \Mylen ist die Breite von ABCD im aktuellen Font
\settowidth{\Mylen}{ABCD}
Mylen = \the\Mylen
% Auf gr"o"seren Font umschalten
% und Breite neu berechnen
\settowidth{\Mylen}{\large ABCD}
\par Mylen = \the\Mylen
```

Man achte vor allem auf den Unterschied zwischen dem Pica-Punkt (`pt`), der normalerweise in TEX verwendet wird, und dem von PostScript verwendeten (großen) Punkt. Wenn man Platz für eine PostScript-Graphik einräumen möchte, müssen die Maße der Bounding-Box in `bp` angegeben werden, damit der korrekte Leerraum geschaffen wird.

`\enspace`	produziert einen Leerraum, der einem Halbgeviert entspricht
`\quad`	produziert einen Leerraum, der einem Geviert (1 `em` im aktuellen Font) entspricht
`\qquad`	doppelter `\quad`
`\hfill`	produziert einen horizontalen Leerraum, der zwischen 0 und ∞ dehnbar ist
`\hrulefill`	ähnlich wie `\hfill`, erzeugt jedoch eine horizontale Linie
`\dotfill`	ähnlich wie `\hfill`, erzeugt jedoch eine gepunktete Linie

Tafel A.2: Befehle für horizontalen Zwischenraum

`\addtolength{\`*name*`}{`*wert*`}`

Dieser Befehl fügt *wert* zu dem aktuellen Wert des Längenparameters *name* hinzu.

Mylen = 8.19003pt
Mylen = 20.19003pt

```
\setlength{\Mylen}{1em}
Mylen = \the\Mylen
\addtolength{\Mylen}{1pc}  % 1 pica hinzuf"ugen
\par Mylen = \the\Mylen
```

`\settowidth{\`*name*`}{`*text*`}`

Der Wert des Längenbefehls *name* wird auf die natürliche Breite der gesetzten Version von *text* gesetzt. Dieser Befehl ist sehr nützlich zur Definition von Längen, die mit dem Inhalt der Zeichenkette oder der Schriftgröße variieren.

`\settoheight{\`*name*`}{`*text*`}` `\settodepth{\`*name*`}{`*text*`}`

In LaTeX2ε wurden zwei zusätzliche Befehle hinzugefügt. Sie funktionieren wie `\settowidth`, doch statt der Breite des gesetzten Textes messen sie dessen Höhe bzw. Tiefe.

Horizontaler Zwischenraum

Horizontaler Leerraum wird mit dem Befehl `\hspace` erzeugt. Der Befehl `\hspace*` ist identisch mit `\hspace`, jedoch wird der von ihm erzeugte Leerraum nie entfernt, auch nicht an einem Zeilenende. Tafel A.2 zeigt die anderen Befehle für horizontalen Zwischenraum, die LaTeX bekannt sind.

Wie das folgende Beispiel zeigt, werden Leerzeichen vor oder hinter dem Befehl `\hspace` beachtet:

Ein   0.5 Zoll breiter Leerraum
Ein   0.5 Zoll breiter Leerraum?
Ein   0.5 Zoll breiter Leerraum?

```
\par Ein\hspace{0.5in}0.5~Zoll breiter Leerraum
\par Ein \hspace{0.5in}0.5~Zoll breiter Leerraum?
\par Ein \hspace{0.5in} 0.5~Zoll breiter Leerraum?
```

Das folgende Beispiel zeigt, wie Gummilängen verwendet werden können, um kleine Korrekturen an der Positionierung von Text auf einer Zeile vorzunehmen.

`\smallskip`	Vertikaler Leerraum von `\smallskipamount` (Voreinstellung ≈ .25`\baselineskip`).
`\medskip`	Vertikaler Leerraum von `\medskipamount` (Voreinstellung ≈ .5`\baselineskip`).
`\bigskip`	Vertikaler Leerraum von `\bigskipamount` (Voreinstellung ≈ `\baselineskip`).
`\vfill`	Vertikaler Leerraum, der zwischen 0 und ∞ gedehnt werden kann.

Tafel A.3: Befehle für vertikalen Zwischenraum

Der Befehl `\hfill` ist eine vordefinierte Abkürzung für `\hspace{\fill}`. Zur Reduzierung des Tippaufwandes wurde außerdem ein Befehl mit einem optionalen Argument namens `\HS` definiert, der sich ohne Verwendung eines Argumentes wie der Befehl `\hfill` verhält – mit Argument kann die Dehnbarkeit eingestellt werden (der Wert 1 hat den gleichen Effekt wie `\hfill`).

links   rechts
links $\boxed{\frac{1}{3}}$ rechts
links   Mitte   rechts
links ________ Mitte ________ rechts
links .... rechts
links .... rechts
links .... rechts
links .... rechts

```
\newcommand{\HS}[1][1.]{\hspace{\stretch{#1}}}
\begin{center}
links \hfill                                rechts\\
links \HS[.5]\fbox{$\frac{1}{3}$}\hfill rechts\\
links \HS          Mitte \hfill             rechts\\
links \hrulefill\ Mitte \hrulefill\         rechts\\
links \dotfill\                             rechts\\
links \dotfill\  \HS[.5] \dotfill\          rechts\\
links \dotfill\  \HS     \dotfill\          rechts\\
links \dotfill\  \HS[2.] \dotfill\          rechts
\end{center}
```

Vertikaler Zwischenraum

Vertikaler Leerraum wird mit dem Befehl `\vspace` erzeugt, der ähnlich funktioniert wie `\hspace`. Der Befehl `\vspace*` erzeugt vertikalen Leerraum, der selbst dann nicht entfernt wird, wenn er in einen Seitenumbruch fällt, an dem der `\vspace`-Befehl ignoriert wird. Tafel A.3 zeigt die anderen Befehle für vertikalen Leerraum, die LaTeX bekannt sind und in allen Standardklassen verwendet werden.

Auch in vertikaler Richtung kann ein dehnbarer Zwischenraum eingefügt werden. Der Befehl `\vfill` ist genaugenommen eine Kurzform für eine Leerzeile, gefolgt von `\vspace{\fill}`. Generell kann der `\stretch`-Befehl zusammen mit `\vspace` verwendet werden, um das Layout einer ganzen Seite zu kontrollieren. Dies kann z. B. beim Anlegen einer Titelseite nützlich sein, wie in Abbildung A.1 auf der nächsten Seite exemplarisch gezeigt. In diesem Beispiel wird die Autoren- und Titelangabe etwa um ein Drittel der Seite nach unten verschoben und Veröffentlichungsort und Datum am Ende der Seite angeordnet.

LaTeX-Benutzer sind häufig verwirrt über das Verhalten des `\vspace`-Befehls. Innerhalb eines Absatzes wird der vertikale Abstand nach der Zeile eingefügt, die

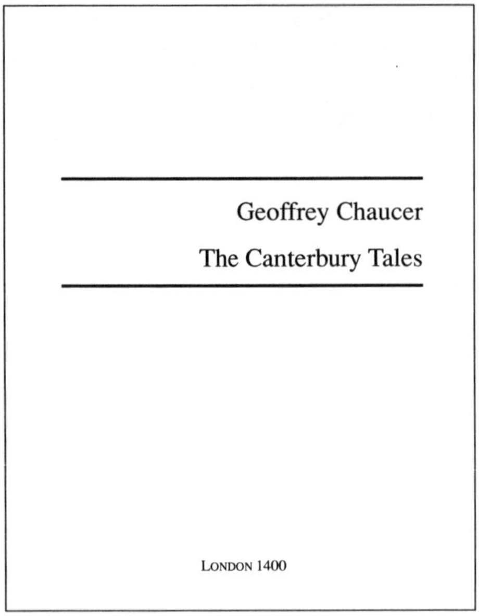
Geoffrey Chaucer

The Canterbury Tales

LONDON 1400

```
\documentclass{article}
\usepackage{times}
\thispagestyle{empty}
\newcommand{\HRule}{\rule{\linewidth}{1mm}}
\setlength{\parindent}{0mm}
\setlength{\parskip}{0mm}
\begin{document}
  \vspace*{\stretch{1}}
  \HRule
  \begin{flushright}
    \Huge Geoffrey Chaucer\\[5mm]
          The Canterbury Tales
  \end{flushright}
  \HRule
  \vspace*{\stretch{2}}
  \begin{center}
    \Large\textsc{London 1400}
  \end{center}
\end{document}
```

Abbildung A.1: Beispiel für eine Titelseite

den \vspace-Befehl enthält, während die Verwendung dieses Befehls zwischen den Absätzen das erwartete Ergebnis erzielt.

Die Verwendung eines \vspace-Befehls in-

nerhalb eines Absatzes führt manchmal zu überraschenden Effekten. Er kann z. B. mit einem negativen Wert verwendet werden, um überflüssigen Durchschuß zu entfernen.

Um ihn zwischen Absätzen zu verwenden, muß dem Befehl deshalb eine Leerzeile folgen.

```
Die \vspace{2mm}Verwendung eines
\verb!\vspace!-Befehls innerhalb eines Absatzes
f"uhrt manchmal zu "uberraschenden Effekten.
Er kann z.\,B. mit einem negativen Wert
verwendet werden, um "uberfl"ussigen
Durchschu"s zu entfernen.

\vspace{\baselineskip}

Um ihn zwischen Abs"atzen zu verwenden, mu"s
dem Befehl deshalb eine Leerzeile folgen.
```

A.2 Seitenaufbau – verschiedene Arten von Boxen

Das Konzept, eine Seite aus Boxen aufzubauen, stellt eines der Grundprinzipien von TEX dar, und zur Umsetzung dieses Kompositionsverfahrens stehen in LATEX viele geeignete Befehle zur Verfügung.

Eine *box* ist ein Objekt, das von TEX wie ein einzelnes Zeichen betrachtet wird. Eine Box kann nicht geteilt oder am Zeilen- oder Seitenende umgebrochen werden. Boxen können nach oben, unten links und rechts verschoben werden. LATEX kennt drei verschiedene Arten von Boxen:

LR (links-rechts) Der Inhalt dieser Box wird von links nach rechts ausgegeben.

Par (Absätze) Diese Boxart kann mehrere Zeilen umfassen, die in Absätzen wie normaler Text gesetzt werden. Die Absätze werden untereinander angeordnet. Ihre Breite wird durch einen vom Benutzer angegebenen Wert festgelegt.

Rule Eine (dünne oder dicke) Linie, die häufig verwendet wird, um verschiedene logische Elemente auf der ausgedruckten Seite voneinander zu trennen, wie etwa die einzelnen Zeilen und Spalten in einer Tabelle oder die Abspaltung der Kolumnentiteln vom Haupttext.

A.2.1 LR-Boxen

`\mbox{`*text*`}`	`\fbox{`*text*`}`
`\makebox[`*breite*`][`*pos*`]{`*text*`}`	`\framebox[`*breite*`][`*pos*`]{`*text*`}`

Die Befehle in der ersten Zeile betrachten den *text* innerhalb der geschweiften Klammern als eine Box ohne bzw. mit einem ihn umgebenden Rahmen. Die Ausgabe des Befehls `\fbox{kurzer Text}` ergibt beispielsweise [kurzer Text]. Die beiden in der zweiten Zeile dargestellten Befehle stellen eine verallgemeinerte Form dieser Befehle dar. Sie ermöglichen dem Benutzer, die Breite der Box sowie die Positionierung des darin enthaltenen Textes anzugeben.

kurzer Text
[kurzer Text]

```
\makebox[5cm]{kurzer Text}        \par
\framebox[5cm][r]{kurzer Text}
```

Mit Hilfe des Positionierargumentes kann der Text nicht nur zentriert (`[c]` – Voreinstellung), sondern auch linksbündig (`[l]`) oder rechtsbündig (`[r]`) gesetzt werden. LaTeX2ε bietet einen `[s]`-Parameter, mit dem der *text* vom linken bis zum rechten Rand der Box gedehnt wird, vorausgesetzt er enthält dehnbaren Leerraum – z. B. `\hspace`-Befehle – oder die in Tafel A.2 auf Seite 470 aufgeführten Befehle. Auch Wortzwischenräume können gedehnt (und bis zu einem gewissen Grad geschrumpft) werden, wie auf Seite 206 erklärt ist.

In LaTeX2ε können in den Argumenten der obigen Box-Befehle zur Angabe der Boxausmaße vier spezielle Längenparameter verwendet werden: `\width`, `\height`, `\depth` und `\totalheight`. Sie geben das natürliche Maß des *text* an, wobei `\totalheight` die Summe von `\height` und `\depth` darstellt.

[Ein paar gute Tips]
[Ein paar gute Tips]
[Ein paar gute Tips   ]

```
\framebox{Ein paar gute Tips}                   \par
\framebox[\width + 4mm][s]{Ein paar gute Tips}
\par  \framebox[1.5\width]{Ein paar gute Tips}
```

Boxen ohne horizontale Ausdehnung sind sehr praktisch, wenn man einen Marker auf einer Seite einfügen möchte (z. B. zur Plazierung von Abbildungen), oder um Texte in den Rand hinein zu schreiben. Dieses Funktionsprinzip wird im folgenden Beispiel gezeigt, in dem eine Box ohne horizontale Ausdehnung zum Setzen der Zahl verwendet wird, ohne die Zentrierung zu beeinflussen. Der optionale Parameter `[l]` (`[r]`) bewirkt dabei, daß die Zahl rechts (links) von der Zentrierung gesetzt wird.

Ein zentrierter Satz.^{123}
Ein weiterer Satz.
^{321}Ein zentrierter Satz.

```
\begin{center}
Ein zentrierter Satz.\makebox[0cm][l]{$^{123}$}\\
Ein weiterer Satz.                              \\
\makebox[0cm][r]{$^{321}$}Ein zentrierter Satz.\\
\end{center}
```

$\Longleftrightarrow$Wie in dem Rand dieser Zeile zu sehen, können Boxen ohne horizontale Ausdehnung auch dazu verwendet werden, Text in den Rand hineinragen zu lassen. Dieser Effekt wurde erzielt, indem der Absatz wie folgt begonnen wurde:

```
\noindent\makebox[0cm][r]{\(\Longleftrightarrow\)}%
Wie in dem Rand dieser Zeile zu sehen, ...
```

Boxen ohne horizontale Ausdehnung eignen sich auch sehr gut dafür, Text innerhalb einer `tabular`-Umgebung unsichtbar zu machen, um eine Positionierung über mehrere Spalten hinweg zu ermöglichen (siehe auch die nachfolgende Erläuterung des `\raisebox`-Befehls).

Das Erscheinungsbild von frame-Boxen kann durch zwei Stilparameter festgelegt werden:

`\fboxrule` Die Breite der Linien, welche die Box umrahmen, die durch den Befehl `\fbox` oder `\framebox` erzeugt wird. Die Voreinstellung in den meisten Dokumentenklassen beträgt 0.4pt.

`\fboxsep` Der Abstand, der von `\fbox` oder `\framebox` zwischen dem Rand der Box und seinem Inhalt eingeräumt wird. Die Voreinstellung beträgt normalerweise 3pt.

Edel sei | der Mensch

```
\fbox{Edel sei}
\setlength{\fboxrule}{2pt}\setlength{\fboxsep}{2mm}
\fbox{der Mensch}
```

Eine interessante Möglichkeit besteht in der Hoch- oder Tiefstellung von Boxen. Dieses läßt sich mit dem sehr leistungsfähigen Befehl `\raisebox` verwirklichen, der zwei obligatorische und zwei optionale Parameter enthält, die wie folgt definiert sind:

`\raisebox{`*heben*`}[`*tiefe*`][`*höhe*`]{`*inhalt*`}`

x111x ^{aufwärts} x222x $_{\text{abwärts}}$ x333x

```
x111x \raisebox{1ex}{aufw"arts} x222x
  \raisebox{-1ex}{abw"arts} x333x
```

Wenn der Befehl in dieser Form verwendet wird, zieht LaTeX die zusätzliche Höhe bzw. Tiefe bei der Berechnung des Durchschusses zwischen den Zeilen in Betracht. Dies kann geändert werden, indem die Höhe und Tiefe, die LaTeX verwenden soll, explizit angegeben wird. Im folgenden Beispiel zeigt das zweite Zeilenpaar, daß LaTeX nicht bemerkt, daß der Text hoch- bzw. tiefgestellt wurde, und die Zeilen deshalb so anordnet, als befände sich der gesamte Text auf der Grundlinie.

x111x abwärts x222x
x333x aufwärts x444x

x111x abwärts x222x
x333x aufwärts x444x

```
\begin{flushleft}
x111x \raisebox{-1ex}{abw"arts} x222x          \\
x333x \raisebox{1ex}{aufw"arts} x444x
\\[4mm]
x111x \raisebox{-1ex}[0cm][0cm]{abw"arts} x222x\\
x333x \raisebox{1ex}[0cm]{aufw"arts} x444x
\end{flushleft}
```

Weitere, nützlichere Anwendungen sind in Kapitel 5 beschrieben, das sich mit dem Thema der Tabellen befaßt.

Wie bei `\makebox` und `\framebox` ermöglicht die LaTeX2ε-Version des `\raisebox`-Befehls die Verwendung der Längen `\height`, `\depth`, `\totalheight` und `\width` in den ersten drei Argumenten. Um beispielsweise festzulegen, daß eine Box nur 90% ihrer derzeitigen Höhe haben soll (gemessen von der Grundlinie), könnte man folgendes eingeben:

```
\raisebox{0pt}[0.9\height]{text}
```

Wenn man eine Box um ihre linke untere Ecke drehen möchte (anstatt um ihren Referenzpunkt, der auf der Grundlinie liegt), kann man die Box zunächst mit Hilfe des `\depth`-Befehls anheben, z. B. (unter Verwendung des rotating-Paketes):

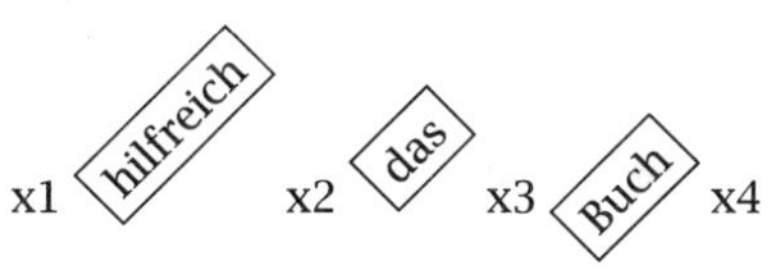


```
\newcommand{\DoT}[1]
           {\begin{turn}{-45}#1\end{turn}}
x1 \DoT{\fbox{hilfreich}}
x2 \DoT{\raisebox{\depth}{\fbox{das}}}
x3 \DoT{\raisebox{-\height}{\fbox{Buch}}} x4
```

A.2.2 Absatzboxen

Absatzboxen werden mit Hilfe des `\parbox`-Befehls oder der Umgebung `minipage` konstruiert. Das *text*-Material wird im Absatzmodus in einer Box der Breite *breite* gesetzt. Die vertikale Positionierung der Box in Relation zu der Grundlinie des Textes wird durch den einbuchstabigen optionalen Parameter *pos* (`[c]`, `[t]` und `[b]`) festgelegt.

```
\parbox[pos]{breite}{text}          \begin{minipage}[pos]{breite}
                                        text
                                    \end{minipage}
```

Die im nächsten Beispiel dargestellte vertikale Zentrierung entspricht der Voreinstellung. Man kann auch beobachten, daß LaTeX teilweise einen sehr großen Wortzwischenraum entstehen läßt, wenn die Box sehr schmal ist.

Dies ist der Inhalt der äußeren linken Box.	AKTUELLE ZEILE	Dies ist die rechte äußere Absatzbox. Der Text hierin mag etwas zerrupft wirken, da es in schmalen Spalten oft unmöglich ist den Text gleichmäßig auszurichten.

```
\parbox{.3\linewidth}{Dies ist der
  Inhalt der "au"seren linken Box.}
\hfill AKTUELLE ZEILE \hfill
\parbox{.3\linewidth}{Dies ist die
  rechte "au"sere Absatzbox.  Der
  Text hierin mag etwas zerrupft
  wirken, da es in schmalen Spalten
  oft unm"oglich ist den Text
  gleichm"a"sig auszurichten.}
```

Die minipage-Umgebung ist oft hilfreich bei der Plazierung von Text auf einer Seite. Sie stellt genaugenommen eine vollständige Miniversion einer Seite dar, und kann selbst Fußnoten, Absätze und array-, tabular- und multicols-Umgebungen enthalten. Gleitobjekte oder \marginpars können jedoch nicht in dieser Umgebung verwendet werden. Dafür kann die Umgebung in eine figure- oder table-Umgebung eingebettet werden, wo sie häufig verwendet wird, um ein ansprechendes Layout des Gleitobjektes zu erstellen. Ein einfaches Beispiel für die Wirkungsweise der minipage-Umgebung wird unten gezeigt. Die Grundlinie wird durch einen Spiegelstrich angedeutet, der mit Hilfe des Befehls \HR erzeugt wird (Definition auf Seite 335). Man achte vor allem auf die Verwendung der *pos*-Positionierungsparameter ([c], [t] und [b]).

```
   A A A A
   A A A A   B B B B B
   A A A A   B B B B B
__A A A    __B B B B B__C C C C C__
             B B B B B   C C
             B B B B
```

```
\HR
\begin{minipage}[b]{12mm}    A A A A A A A A A A A A A A
\end{minipage}\HR
\begin{minipage}[c]{12mm}
             B B B B B B B B B B B B B B B B B B B B B B B B
\end{minipage}\HR
\begin{minipage}[t]{12mm}  C C C C C C C \end{minipage}\HR
```

Für kompliziertere Ausrichtungen müssen die minipage-Umgebungen eventuell ineinander verschachtelt werden. Man vergleiche das Verhalten der nachfolgenden Beispiele. Im ersten Beispiel wird zunächst versucht, die beiden linken Blöcke an ihrem Kopf auszurichten und danach den resultierenden Block zusammen mit einem dritten Block am Fuß auszurichten, indem eine weitere `minipage`-Ebene hinzugefügt wird.

```
                           CCCCC
__AAAAxxBBBBB __CC       __
  AAAA    BBBBB
  AAAA    BBBBB
  AAA     BBBBB
          BBBB
```

```
\HR
\begin{minipage}[b]{30mm}
  \begin{minipage}[t]{12mm}
          A A A A A A A A A A A A A A A
  \end{minipage} xx
  \begin{minipage}[t]{12mm}
          B B B B B B B B B B B B B B B B B B B B B B B B
  \end{minipage}
\end{minipage}\HR
\begin{minipage}[b]{12mm}  C C C C C C C \end{minipage}%
\HR
```

Es entsteht jedoch nicht das erwartete Resultat. Das hat den folgenden Grund: Die beiden am Kopf ausgerichteten `minipage`s innerhalb der am Fuß ausgerichteten `minipage` bilden einen Absatz mit einer einzelnen Zeile (die `minipage`s werden als große Einheiten betrachtet, die zu der Zeile gehören, in der `xx` steht). Die unterste Zeile der äußeren `minipage` ist dadurch immer noch die Zeile mit den `xx`-Zeichen. Um dieses zu vermeiden, muß nach dem Absatz ein zusätzlicher, unsichtbarer Leerraum eingefügt werden.

```
  AAAAxxBBBBB
  AAAA  BBBBB
  AAAA  BBBBB
  AAA   BBBBB   CCCCC
__      BBBB  __CC     __
```

```
\HR
\begin{minipage}[b]{30mm}
  \begin{minipage}[t]{12mm}
          A A A A A A A A A A A A A A A
  \end{minipage} xx
  \begin{minipage}[t]{12mm}
          B B B B B B B B B B B B B B B B B B B B B B B B
  \end{minipage}
  \par\vspace*{0mm}
\end{minipage}\HR
\begin{minipage}[b]{12mm}  C C C C C C C \end{minipage}%
\HR
```

Im nächsten Beispiel werden die beiden rechten Blöcke an ihrer obersten Zeile ausgerichtet innerhalb einer weiteren äußeren Umgebung, die am Fuß zusammen mit der ersten Umgebung ausgerichtet ist. Beim Vergleich mit dem vorherigen Beispiel stellt man fest, daß sich die beiden Resultate stark voneinander unterscheiden, obwohl die Reihenfolge der Ausrichtungsparameter dieselbe ist. Nur die Schachtelung der `minipage`-Umgebungen ist anders.

```
            B B B B B xx C C C C C
A A A A     B B B B B    C C
A A A A     B B B B B
A A A A     B B B B B
_A A A      _B B B B                 _
```

```
\HR
\begin{minipage}[b]{12mm}
          A A A A A A A A A A A A A A A A
\end{minipage}\HR
\begin{minipage}[b]{30mm}
  \begin{minipage}[t]{12mm}
          B B B B B B B B B B B B B B B B B B B B B B B B
 \end{minipage} xx
  \begin{minipage}[t]{12mm}  C C C C C C C  \end{minipage}
  \par\vspace*{0mm}
\end{minipage}\HR
```

Auch hier mußte wieder ein vertikaler Leerraum eingefügt werden, um eine korrekte Ausrichtung zu erzielen. Dies bringt jedoch nicht immer das gewünschte Ergebnis. Wenn die letzte Zeile der geschachtelten `minipage` wie im folgenden Beispiel etwa einen Buchstaben mit Unterlänge enthält, ist die Ausrichtung der Grundlinien nicht perfekt.

```
            B B B B xx C C C C C
            B B B B B    C C
A A A A     B B B B B
A A A A     B B B B B
A A A A     B B B B B
_A A A      _gg jj                   _
```

```
\HR
\begin{minipage}[b]{12mm}
    A A A A A A A A A A A A A A A A
\end{minipage}\HR
\begin{minipage}[b]{30mm}
  \begin{minipage}[t]{12mm}
    B B B B B B B B B B B B B B B B B B B B B B B B gg jj
  \end{minipage} xx
  \begin{minipage}[t]{12mm}  C C C C C C C  \end{minipage}
  \par\vspace*{0mm}
\end{minipage}\HR
```

Um dieses zu korrigieren, muß ein (negativer) vertikaler Abstand hinzugefügt werden, der die Tiefe der Buchstaben kompensiert. Im nächsten Beispiel wird dies erreicht, indem die Tiefe der betreffenden Buchstaben explizit mit dem von LATEX 2_ε zur Verfügung gestellten Befehl `\settodepth` gemessen wird.

```
            B B B B xx C C C C C
            B B B B B    C C
A A A A     B B B B B
A A A A     B B B B B
A A A A     B B B B B
_A A A      _gg jj                   _
```

```
\settodepth{\Mylen}{gj}
\HR
\begin{minipage}[b]{12mm}
    A A A A A A A A A A A A A A A A
\end{minipage}\HR
\begin{minipage}[b]{30mm}
  \begin{minipage}[t]{12mm}
    B B B B B B B B B B B B B B B B B B B B B B B B gg jj
  \end{minipage} xx
  \begin{minipage}[t]{12mm}  C C C C C C C  \end{minipage}
  \par\vspace*{-\Mylen}
\end{minipage}\HR
```

Manchmal ist es hilfreich, die vertikale Ausdehnung einer Absatzbox vorzudefinieren. Hierfür bietet LaTeX 2ε zusätzliche optionale Argumente für `minipage` und `\parbox`.

`\parbox`[*pos*] [*höhe*] [*innen-pos*] {*breite*}{*text*}
`\begin{minipage}`[*pos*] [*höhe*] [*innen-pos*] {*breite*} *text* `\end{minipage}`

Der Parameter *innen-pos* bestimmt die Position des *text*es innerhalb der Box. Er kann `t`, `c`, `b` oder `s` sein. Wird kein Parameter angegeben, wird der Wert von *pos* verwendet. *höhe* und *innen-pos* können als vertikale Äquivalente der *breite*- und *pos*-Argumente eines `\makebox`-Befehls betrachtet werden. Bei Verwendung der Position `s` wird der *text* in vertikaler Richtung gedehnt, um die angegebene *höhe* zu erreichen. In diesem Fall ist es also Aufgabe des Benutzers nötigenfalls dehnbaren Zwischenraum in vertikaler Richtung zur Verfügung zu stellen, z. B. durch Verwendung des `\vspace`-Befehls.

Für das optionale Argument können wie bei den anderen Box-Befehlen die Befehle `\height`, `\totalheight`, usw. verwendet werden, um die natürlichen Ausmaße der Box anzugeben.

xx | Ein Satz am Kopf der Box. Und ein paar Zeilen am Fuß der Box. | Diesmal ein paar Zeilen am Kopf der Box, aber nur eine Zeile hier unten. | xx

```
xx \fbox{\parbox[b][\height+\baselineskip][s]{20mm}
                {Ein Satz am Kopf der Box.\par\vfill
                 Und ein paar Zeilen am
                 Fu"s der Box.}}
   \fbox{\parbox[b][\height+\baselineskip][s]{20mm}
                {Diesmal ein paar Zeilen am Kopf der
                 Box, aber nur eine Zeile \par\vfill
                 hier unten.}} xx
```

A.2.3 Linienboxen

Linienboxen können mit dem Befehl `\rule` erzeugt werden.

`\rule`[*heben*] {*breite*}{*gesamthöhe*}

Durch `\rule{2cm}{2mm}` wird eine 2cm lange Linie erzeugt, die 2mm dick ist ▬. Der Befehl `\rule` kann auch verwendet werden, um Linienboxen ohne horizontale Ausdehnung zu konstruieren, d.h. unsichtbare Linien (auch *Stützen* oder *Struts* genannt). Diese sind nützlich, wenn man die Höhe oder Breite einer gegebenen Box festlegen oder verändern möchte (z. B. zum Vergrößern der Höhe einer gerahmten Box mit `\fbox` oder `\framebox` oder zur lokalen Anpassung des Abstandes zwischen den Spalten in einer Tabelle). Dazu folgendes zum Vergleich:

x1x | kurzer Text | x2x | weiterer Text | x3x

```
x1x
  \fbox{kurzer Text}
x2x
  \fbox{\rule[-5mm]{0cm}{15mm}weiterer Text}
x3x
```

A.2.4 Arbeiten mit Box-Registern

Man kann Text setzen und ihn danach in einer benannten Box abspeichern, so daß auf den Inhalt der Box später wieder zugegriffen werden kann.

`\newsavebox{\`*name*`}`	Box deklarieren
`\sbox{\`*name*`}{`*text*`}`	Box füllen
`\savebox{\`*name*`}[`*breite*`][`*pos*`]{`*text*`}`	Box füllen
`\usebox{\`*name*`}`	Inhalt verwenden

Die `\sbox`- und `\savebox`-Befehle ähneln `\mbox` und `\makebox`. Der Befehl `\newsavebox` deklariert global einen Befehl *name*, z. B. `\boxname`, der als Zwischenpuffer angesehen werden kann, in den der gesetzte Text abgespeichert, und aus dem er später (mehrfach) wiederhergestellt werden kann. Der Befehlsname `\boxname` kann jedoch nicht direkt verwendet werden, da er lediglich die interne Nummer des Boxregisters enthält.[1] Boxen sollten deshalb ausschließlich mit Hilfe der oben beschriebenen Befehle manipuliert werden. Der `\usebox`-Befehl ermöglicht die mehrfache Verwendung des Textes, der in der Box `\boxname` abgespeichert ist. Innerhalb der aktuellen Umgebung oder Gruppe in geschweiften Klammern kann derselbe Zwischenpuffer (`\boxname`) mehrere Male wiederverwendet werden. Im Zwischenpuffer befindet sich immer das, was zuletzt darin gespeichert wurde.

x111x in Box a x222x in Box b
x111x in Box a x222x   in Box b

```
\newsavebox{\myboxa}\newsavebox{\myboxb}
\sbox{\myboxa}{in Box a}
\savebox{\myboxb}[2cm][l]{in Box b}
  x111x \usebox{\myboxa} x222x \usebox{\myboxb}
  \par x111x \usebox{\myboxa}
\savebox{\myboxb}[2cm][r]{in Box b}
  x222x \usebox{\myboxb}
```

Zusätzlich zu den obigen Befehlen bietet LaTeX2ε auch noch die Umgebung `lrbox` an, welche die folgende Syntax hat:

`\begin{lrbox}{\`*name*`}`   *text*   `\end{lrbox}`

name sollte ein Box-Register sein, das zuvor mit `\newsavebox` zugewiesen wurde. Die Umgebung `lrbox` speichert den *text* in dieser Box für die spätere Verwendung mit Hilfe des Befehls `\usebox`. Führende und angehängte Leerzeichen werden ignoriert. `lrbox` kann somit als Umgebungsvariante des Befehls `\sbox` angesehen werden. Man kann diese Umgebung gut nutzen, wenn man den Inhalt einer Umgebung in einer Box abspeichern möchte, um sie später zu bearbeiten. Der folgende Programmcode definiert beispielsweise die Umgebung `fminipage`, die ähnlich wie `minipage` funktioniert, wobei sie den Inhalt jedoch mit einem Rahmen umgibt.

1 Verwendet man `\boxname` direkt im Text, wird das Zeichen gedruckt, welches im aktuellen Font an der Position steht, die der Boxnummer entspricht.

```
\newsavebox{\fminibox}
\newlength{\fminilength}
\newenvironment{fminipage}[1][\linewidth]
  {\setlength{\fminilength}{#1-2\fboxsep-2\fboxrule}%
   \begin{lrbox}{\fminibox}\begin{minipage}{\fminilength}}
  {\end{minipage}\end{lrbox}\noindent\fbox{\usebox{\fminibox}}}
```

Die obige Definition ist in verschiedener Hinsicht interessant. Die Umgebung ist mit einem optionalen Argument definiert, das die Breite der resultierenden Box festlegt (die Voreinstellung ist `\linewidth`). Auf der nächsten Zeile wird (mit Hilfe des calc-Paketes) die interne Zeilenlänge berechnet, die an die `minipage`-Umgebung weitergereicht werden muß. Hier muß der zusätzliche Leerraum, der vom `\fbox`-Befehl auf beiden Seiten hinzugefügt wird, abgezogen werden. Anschließend werden die `lrbox`- und `minipage`-Umgebungen begonnen, mit denen der Inhalt der `fminipage`-Umgebung in die Box `\fminibox` geschrieben wird. Beim Erreichen des Umgebungsendes werden diese Umgebungen geschlossen. Als nächstes wird der Inhalt von `\fminibox` in einem `\fbox`-Befehl plaziert. Der vorangestellte `\noindent`-Befehl unterdrückt den Einzug, der auftreten würde, wenn die Umgebung am Anfang eines Absatzes verwendet wird oder einen eigenen Absatz bildet.

In dieser Umgebung kann unformatierter Text wie `\fminibox` verwendet werden.

```
\begin{fminipage}
  In dieser Umgebung kann unformatierter Text
  wie \verb=\fminibox= verwendet werden.
\end{fminipage}
```

A.3 Paket- und Klassendatei-Strukturen

Wie bereits in Abschnitt 2.1 beschrieben, sind die Struktur und die Handhabung der Paket- und Klassendateien in der LaTeX2ε-Version erweitert und verbessert worden. Dieser Abschnitt stellt die Befehle vor, die den Verfassern von Paket- oder Klassendateien zur Verfügung stehen, welche die neuen Funktionen verwenden möchten.

Aber auch jenen, die kein eigenes Paket schreiben möchten, wird dieser Abschnitt helfen, die Struktur und den Inhalt von Paket- und Klassendateien, wie book oder varioref besser zu verstehen und sie daraufhin besser zu nutzen.

Die generelle Struktur von Paket- und Klassendateien ist identisch. Sie besteht aus den folgenden Teilen:

⟨*Kenndaten*⟩
⟨*Initialisierungsteil*⟩
⟨*Deklaration von Optionen*⟩
⟨*Ausführung von Optionen*⟩

⟨*Laden von Paketen*⟩
⟨*Hauptteil*⟩

Diese Teile sind alle optional. Im folgenden werden die Befehle besprochen, die jeweils in den einzelnen Teilen zur Verfügung stehen. Einen kurzen Überblick gibt Tafel A.4 auf der nächsten Seite.

A.3.1 Kenndaten

Dieser Teil der Klassen- oder Paketdatei wird verwendet, um die Art der Datei zu definieren. Er gibt außerdem das LaTeX2ε-Release an, für welches diese Datei geschrieben wurde.

`\ProvidesClass{`*name*`}[`*versionsinformation*`]`

Eine Klassendatei identifiziert sich mit einem `\ProvidesClass`-Befehl. Das Argument *name* entspricht dem Namen der Dokumentenklasse, der in dem obligatorischen Argument des `\documentclass`-Befehls verwendet wird, d.h. dem Dateinamen ohne Erweiterung. Das optionale Argument *versionsinformation* muß mit einem Datum in der Form YYYY/MM/DD beginnen, gefolgt von einer Zeichenkette, welche die Version der Klasse kennzeichnet. Für die Dokumentenklasse report sieht der `\ProvidesClass`-Befehl z. B. in etwa so aus:

```
\ProvidesClass{report}[1994/01/01 LaTeX2e standard class]
```

Innerhalb des Dokumentes kann man die *versionsinformation* nutzen, indem man ein Datum als zweites optionales Argument des `\documentclass`-Befehls angibt, und zwar in der folgenden Weise:

```
\documentclass[twocolumn]{report}[1994/06/01]
```

Dadurch kann LaTeX überprüfen, ob das Versionsdatum der verwendeten Dokumentenklasse report mindestens 1994/06/01 oder neuer ist. Wenn die Klassendatei älter ist, wird eine Warnung ausgegeben. Wenn man also eine neue Version einer Klassendatei verwendet und das Dokument verschickt, wird der Empfänger informiert, wenn seine LaTeX-Installation eine veraltete Klassendatei besitzt.

`\ProvidesPackage{`*name*`}[`*versionsinformation*`]`

Dieser Befehl kennzeichnet eine Paketdatei. Die Struktur entspricht derjenigen für den `\ProvidesClass`-Befehl. Auch hier kann ein Datum in der *versionsinformation* in einem zweiten optionalen Argument von `\usepackage` angegeben werden, um sicherzustellen, daß eine aktuelle Version der Paketdatei geladen wird, z. B. mit `\usepackage[german]{varioref}[1994/06/01]`.

Kenndaten
`\NeedsTeXFormat{`*format*`}[`*datum*`]`
Benötigt Format *format* (normalerweise `LaTeX2e`), mit einem Versiondatum, nicht älter als *datum*
`\ProvidesClass{`*name*`}[`*versions-info*`]` `\ProvidesPackage{`*name*`}[`*versions-info*`]`
Identifiziert Klasse bzw. Paket *name* und spezifiziert *versions-info*rmationen
`\ProvidesFile{`*name*`}[`*versions-info*`]`
Identifiziert Datei *name* (mit Erweiterung) und spezifiziert *versions-info*rmationen
Deklaration von Optionen
`\DeclareOption{`*option*`}{`*code*`}`
Deklariert *code*, der für *option* ausgeführt werden soll
`\PassOptionsToPackage{`*optionsliste*`}{`*paketname*`}`
Übergibt *optionsliste* an *paketname*
`\DeclareOption*{`*code*`}`
Deklariert *code*, der für jede unbekannte Option ausgeführt werden soll
`\CurrentOption`
Bezieht sich auf die aktuelle Option, zur Verwendung in `\DeclareOption*`
`\OptionNotUsed`
Markiert `\CurrentOption` als unbenutzt, zur Verwendung in `\DeclareOption*`
Ausführung von Optionen
`\ExecuteOptions{`*optionsliste*`}`
Führt für jede Option in *optionsliste* den zugehörigen Programmcode aus
`\ProcessOptions` `\ProcessOptions*`
Bearbeitet die spezifizierten Optionen für die aktuelle Klasse oder das aktuelle Paket; bei Sternform in angegebener Reihenfolge
Laden von Paketen
`\RequirePackage[`*optionsliste*`]{`*paket*`}[`*datum*`]`
Lädt *paket* mit spezifizierter *optionsliste* und Version, nicht älter als *datum*
Spezielle Befehle für Paket- und Klassendateien
`\AtEndOfPackage{`*code*`}` `\AtEndOfClass{`*code*`}`
Stellt Ausführung von *code* bis zum Ende des aktuellen Paketes (oder Klasse) zurück
`\AtBeginDocument{`*code*`}` `\AtEndDocument{`*code*`}`
Führt *code* am `\begin{document}` bzw. `\end{document}` aus
`\IfFileExists{`*datei*`}{`*dann-code*`}{`*sonst-code*`}`
Führt *dann-code* aus, falls *datei* existiert, andernfalls *sonst-code*
`\InputIfFileExists{`*datei*`}{`*dann-code*`}{`*sonst-code*`}`
Führt *dann-code* aus und liest *datei* ein, falls diese existiert, andernfalls *sonst-code*
Spezielle Klassendateibefehle
`\LoadClass[`*optionsliste*`]{`*klasse*`}[`*datum*`]`
Ähnlich wie `\RequirePackage`, aber für Klassen; beachtet jedoch keine globalen Optionen, wenn diese ihm nicht explizit übergeben wurden
`\PassOptionsToClass{`*optionsliste*`}{`*klasse*`}`
Übergibt *optionsliste* an *klasse*

Tafel A.4: Strukturbeschreibende Befehle für Paket- und Klassendateien

`\ProvidesFile{`*datei*`}[`*versionsinformation*`]`

Dieser Befehl kennzeichnet alle anderen Arten von Dateien. Aus diesem Grund muß *datei* den vollen Dateinamen mit Erweiterung enthalten.

Zusätzlich zu einem der obigen Befehle umfaßt der ⟨*Kenndaten*⟩-Teil normalerweise auch einen `\NeedsTeXFormat`-Befehl, der bereits in Abschnitt 2.1.1 vorgestellt wurde, z. B. `\NeedsTeXFormat{LaTeX2e}[1994/12/01]`.

Alle vier Deklarationen sind optional. Sie in Klassen- und Paketdateien zu verwenden, wird die Pflege dieser Dateien jedoch erheblich erleichtern.

A.3.2 Der Initialisierungsteil

Im ⟨*Initialisierungsteil*⟩ kann man jeden gültigen LaTeX-Code verwenden. Dies schließt auch das Laden von Paketen mit Hilfe des `\RequirePackage`-Befehls ein (siehe Abschnitt A.3.5), falls der in ihnen enthaltene Programmcode in einer der späteren Optionsdeklarationen benötigt wird. Es kann z. B. sein, daß man das calc-Paket bereits zu diesem Zeitpunkt laden möchte, da man es später verwenden möchte. Normalerweise ist dieser Teil jedoch leer.

A.3.3 Deklaration von Optionen

In diesem Teil werden alle Optionen, die dem Paket oder der Dokumentenklasse bekannt sind, mit Hilfe des `\DeclareOption`-Befehls deklariert. In diesem Teil dürfen keine Pakete geladen werden.

`\DeclareOption{`*option*`}{`*code*`}`

Das Argument *option* gibt den Namen der zu deklarierenden Option an, während *code* den Programmcode bestimmt, der bei Aufruf dieser Option ausgeführt werden soll. Die für die europäische Papiergröße verwendete Option a4paper hat z. B. üblicherweise folgende Definition:

```
\DeclareOption{a4paper}{\setlength{\paperheight}{297mm}%
                        \setlength{\paperwidth}{210mm}}
```

Im Prinzip kann in dem *code*-Argument von `\DeclareOption` alles angegeben werden, beginnend vom Verändern einer booleschen Variable bis hin zu komplexen Formatierungsanweisungen.

Eine wichtige Funktion für die Verwendung in `\DeclareOption` ist der Befehl `\PassOptionsToPackage`. Er wird verwendet, um eine oder mehrere Optionen an ein anderes Paket zu übergeben, welches später geladen wird.

`\PassOptionsToPackage{`*optionsliste*`}{`*paketname*`}`

Das Argument *optionsliste* ist eine Liste von durch Kommata abgetrennten Optionen, die an das Paket mit dem Namen *paketname* weitergegeben werden sollen, wenn dieses im Teil ⟨*Laden von Paketen*⟩ geladen wird.[2] Angenommen, man wolle beispielsweise eine Klassendatei definieren, die zwei Pakete namens A und B nutzt, die beide die Option infoshow unterstützen. Damit die Klassendatei diese Option ebenfalls unterstützt, könnte man folgende Deklaration eingeben:

```
\DeclareOption{infoshow}{%
    \PassOptionsToPackage{infoshow}{A}%
    \PassOptionsToPackage{infoshow}{B}%
    ⟨Code zur Unterstützung von infoshow in der Dokumentenklasse⟩}
```

Wenn eine Paket- oder Klassendatei mit einer Option geladen wird, die sie nicht erkennt, gibt sie eine Warnung aus (im Falle einer Paketdatei) oder ignoriert die Option ohne weitere Meldung (im Falle einer Klassendatei), unter der Annahme, daß es sich um eine globale Option handelt, die an ein anderes Paket weitergegeben werden soll, das später mit `\usepackage` wird. Dieses Verhalten ist jedoch nicht fest eingebaut und kann mit Hilfe der `\DeclareOption*`-Deklaration verändert werden.

`\DeclareOption*{`*code*`}`

Das Argument *code* legt die Maßnahme fest, die bei Angabe einer unbekannten Option durchgeführt werden soll. Innerhalb dieses Argumentes bezieht sich `\CurrentOption` auf den Namen der betreffenden Option. Um beispielsweise ein Paket zu schreiben, das die Funktionalität eines anderen Pakets erweitert, könnte man folgendes definieren:

```
\DeclareOption*{\PassOptionsToPackage{\CurrentOption}{A}}
```

Hiermit würden alle Optionen, die in dem eigenen Paket nicht deklariert sind, an das Paket A weitergegeben. Wenn keine `\DeclareOption*`-Deklaration vorhanden ist, werden die Standardmaßnahmen wie oben beschrieben durchgeführt.

Durch die Kombination von `\DeclareOption*` mit `\InputIfFileExists` (siehe unten) kann sogar die Ausführung von Optionen an bestimmte Bedingungen geknüpft werden. Der folgende Programmcode versucht beispielsweise Dateien aufzufinden, deren Namen aus dem Optionsnamen aufgebaut sind.

```
\DeclareOption*{\InputIfFileExists{g-\CurrentOption.xyz}{}{\OptionNotUsed}}
```

Wenn die Datei `g-`*option*`.xyz` gefunden werden kann, wird sie geladen; andernfalls wird die Option ignoriert.

2 Es obliegt der Verantwortung des Paketverfassers, diese Pakete tatsächlich zu laden. LaTeX prüft nicht, ob die Pakete, die mittels `\PassOptionsToPackage` Optionen erhalten haben, später tatsächlich geladen werden.

A.3.4 Ausführung von Optionen

Nachdem alle Optionen deklariert sind, werden normalerweise zwei Aktionen durchgeführt. Als erstes werden eventuell einige Voreinstellungen festgelegt, wie z. B. die Definition der Standardpapiergröße. Danach müssen alle aufgelisteten Optionen geprüft und der zugehörige Programmcode ausgeführt werden.

`\ExecuteOptions{`*optionsliste*`}`

`\ExecuteOptions` führt den Code für jede Option in *optionsliste* in der angegebenen Reihenfolge aus. Dies ist eine einfache Möglichkeit, Voreinstellungen durch Ausführung des Programmcodes festzulegen, welcher zuvor mit dem Befehl `\DeclareOption` definiert wurde. Die Dokumentenklasse book enthält beispielsweise folgende Deklaration zur Festlegung der Voreinstellungen:

```
\ExecuteOptions{letterpaper,10pt,twoside,onecolumn,final,openright}
```

Der Befehl `\ExecuteOptions` kann auch in der Deklaration von Optionen verwendet werden, z. B. um eine Option zu definieren, die automatisch weitere Optionen impliziert. Der `\ExecuteOptions`-Befehl kann nur vor der Ausführung des `\ProcessOptions`-Befehls verwendet werden, da letzterer in einem seiner letzten Schritte den gesamten Speicher, der von dem Programmcode für die deklarierten Optionen belegt wurde, wieder freigibt.

`\ProcessOptions`

Beim Erreichen des `\ProcessOptions`-Befehls prüft dieser die Liste der Optionen, die für diese Dokumentenklasse oder dieses Paket angegeben sind, und führt den entsprechenden Programmcode aus. Genauer gesagt werden, falls es sich um ein Paket handelt, die globalen Optionen (d.h. jene, die im `\documentclass`-Befehl spezifiziert wurden) und die direkt angegebenen Optionen (das optionale Argument des `\usepackage`- oder `\RequirePackage`-Befehls) getestet. Dabei wird für jede durch das Paket deklarierte Option der entsprechende Programmcode ausgeführt, und zwar in der Reihenfolge, in der die Optionen in der `\DeclareOption`-Deklaration in dem Paket auftreten und nicht in der Reihenfolge, in der sie im `\usepackage`-Befehl angegeben sind. Nicht erkannte globale Optionen werden ignoriert. Für alle anderen nicht erkannten Optionen wird der im `\DeclareOption*` definierte Programmcode ausgeführt. Bei Fehlen dieser Deklaration wird eine Fehlermeldung ausgegeben.

In einer Klassendatei führt `\ProcessOptions` dieselben Aktionen durch, wobei jedoch die Schritte für die globalen Optionen ausgelassen werden.

`\ProcessOptions*`

Bei einigen Paketen bietet es sich eher an, die Optionen in der Reihenfolge zu bearbeiten, in der sie im `\usepackage`-Befehl angegeben sind, anstelle in der mit den `\DeclareOption`-Befehlen angegebenen Reihenfolge. Im babel-Paket definiert die zuletzt angegebene Sprachoption beispielsweise die Basissprache des

Dokumentes. In solch einem Paket können die Optionen in der angegebenen Reihenfolge ausgeführt werden, indem anstelle von `\ProcessOptions` der Befehl `\ProcessOptions*` verwendet wird.

`\OptionNotUsed`

Wenn der Programm*code* für `\DeclareOption*` in einer Klassendatei komplexer ist, z. B. dadurch, daß einige Optionen akzeptiert werden sollen, während andere zurückgewiesen werden, muß LaTeX2ε möglicherweise mit Hilfe des `\OptionNotUsed`-Befehls explizit mitgeteilt werden, daß eine bestimmte Option nicht akzeptiert wurde. Andernfalls geht LaTeX2ε davon aus, daß diese Option verwendet wurde, und erzeugt keine Warnung, wenn die Option auch von keinem anderen Paket verwendet wird.

A.3.5 Laden von Paketen

Wenn alle Optionen bearbeitet wurden, müssen manchmal zusätzliche Pakete geladen werden, z. B. jene, an die einige Optionen mittels `\PassOptionsToPackage` weitergeleitet wurden.

`\RequirePackage[`*optionsliste*`]{`*paket*`}[`*datum*`]`

Dieser Befehl stellt das Gegenstück zum Dokumentenbefehl `\usepackage` dar. Sofern das *paket* bisher noch nicht geladen wurde, wird es nun mit den in der *optionsliste* angegebenen Optionen geladen, den globalen Optionen des Befehls `\documentclass` sowie allen Optionen, die mit `\PassOptionsToPackage` an dieses Paket weitergegeben wurden.

LaTeX2ε lädt jedes Paket nur einmal, da es in vielen Fällen gefährlich ist, den Programmcode eines Paketes mehrmals auszuführen. Problematisch wird es, wenn ein Paket mit einer bestimmten Kombination von Optionen benötigt wird, dieses Paket aber bereits zuvor mit einer anderen Kombination geladen wurde, die nicht alle Optionen umfaßt, die dieses Mal benötigt werden. In diesem Falle erzeugt LaTeX eine Fehlermeldung, in der es den Benutzer des Paketes über das Problem informiert und ihm rät, das Paket mit dem `\usepackage`-Befehl und allen notwendigen Optionen zu laden.

Wie bei `\usepackage` beschrieben, kann mit dem optionalen Argument *datum* sichergestellt werden, daß eine Paketversion geladen wird, die nicht älter als ein bestimmtes Datum ist. Damit dies funktionieren kann, muß das benötigte Paket eine `\ProvidesPackage`-Deklaration enthalten, in der das Versionsdatum angegeben ist.

A.3.6 Der Hauptteil

Dieser letzte Teil der Datei definiert die Eigenschaften und implementiert die Funktionen, die von der angegebenen Dokumentenklasse oder dem entsprechendem Paket zur Verfügung gestellt werden. Er kann jeden gültigen LaTeX-Befehl (der vor

`\begin{document}` erlaubt ist) enthalten und definiert in der Regel neue Befehle und Strukturen. Es ist vorteilhaft, anstelle von Plain-TeX-Befehlen LaTeX-Befehle, wie etwa `\newlength`, `\newcommand`, usw. zu verwenden, da letztere überprüfen, ob eventuell Unverträglichkeiten mit anderen Paketen auftreten.

A.3.7 Spezielle Befehle für Paket- und Klassendateien

`\AtEndOfPackage{`*code*`}`   `\AtEndOfClass{`*code*`}`

Manchmal ist es notwendig, die Ausführung von Programmcode bis an das Ende des aktuellen Paketes oder der aktuellen Dokumentenklassendatei zurückzustellen. Die obigen Deklarationen speichern das *code*-Argument ab und führen es aus, sobald das Ende des Pakets oder der Dokumentenklasse erreicht ist. Wenn mehr als eine dieser Deklarationen in einer Datei vorhanden sind, wird der *code* gesammelt und schließlich in der Reihenfolge ausgeführt, in der die Deklarationen auftraten.

`\AtBeginDocument{`*code*`}`   `\AtEndDocument{`*code*`}`

Neben den soeben genannten gibt es noch weitere Punkte, an denen zurückgestellter Programmcode ausgeführt werden kann, nämlich am Beginn oder Ende eines Dokumentes oder, präziser ausgedrückt, an den Stellen, an denen `\begin{document}` und `\end{document}` bearbeitet werden. Mit Hilfe der obigen Befehle können Pakete Programmcode in diese Umgebung einfügen, ohne dabei in Konflikt mit anderen Paketen zu geraten, die dasselbe versuchen.

`\IfFileExists{`*datei*`}{`*dann-code*`}{`*sonst-code*`}`
`\InputIfFileExists{`*datei*`}{`*dann-code*`}{`*sonst-code*`}`

Wenn ein Paket oder eine Dokumentenklasse versucht, eine nicht existierende Datei mit Hilfe des `\input`-Befehls einzulesen, gerät der Benutzer in die Dateifehlerschleife (file-error loop) von TeX, die er nur verlassen kann, wenn er einen gültigen Dateinamen eingibt. Durch Verwendung von `\IfFileExists` innerhalb des Paketes oder der Dokumentenklasse läßt sich dieses Problem vermeiden. Das Argument *datei* gibt den Namen der Datei an, deren Existenz überprüft werden soll. Wenn die *datei* von LaTeX gefunden wird, werden die Befehle im *dann-code* ausgeführt, andernfalls werden jene im *sonst-code* ausgeführt. Der Befehl `\InputIfFileExists` prüft nicht nur, ob die *datei* existiert, sondern liest diese direkt nach der Ausführung des *dann-code*s ein. Außerdem fügt er den Namen der *datei* in die Liste der Dateien ein, die von `\listfiles` angezeigt wird.

A.3.8 Spezielle Befehle für Klassendateien

Manchmal ist es hilfreich, eine Klassendatei als Anpassung einer bestimmten allgemeinen Dokumentenklasse zu erzeugen. Zur Umsetzung dieses Konzeptes stehen zwei Befehle zur Verfügung.

```
% ----------------------------------- Kenndaten ----------------------------
\NeedsTeXFormat{LaTeX2e}
\ProvidesClass{myart}[1994/01/01]
% ---------------------------  Initialisierungsteil -----------------------
\RequirePackage{ifthen}
\newboolean{cropmarks}
% -------------------------- Deklaration von Optionen ---------------------
\DeclareOption{cropmarks}{\setboolean{cropmarks}{true}}
\DeclareOption{bind}
    {\AtEndOfClass{\addtolength\oddsidemargin{.5in}%
                   \addtolength\evensidemargin{-.5in}}}
\DeclareOption*{\PassOptionsToClass{\CurrentOption}{article}}
% -------------------------- Ausf"uhrung von Optionen ----------------------
\ProcessOptions
% ----------------------------- Laden von Paketen -------------------------
\LoadClass{article}                                % der tats"achliche Code
% -------------------------------- Hauptteile ------------------------------
\newenvironment{Notes}{...}{...}                   % Neue Umgebung
\ifthenelse{\boolean{cropmarks}}                   % Unterst"utzung
   {%                                              % f"ur Schneidemarken
    \renewcommand{\ps@plain}{....}%
    ....
   }{}
```

Abbildung A.2: Ein Beispiel einer Klassendatei zur Erweiterung von article

`\LoadClass[`*optionsliste*`]{`*klasse*`}[`*datum*`]`

Der `\LoadClass`-Befehl funktioniert wie der Befehl `\RequirePackage`, mit Ausnahme der folgenden drei Punkte:

- Der Befehl kann nur in Dokumentenklassendateien verwendet werden.
- In einer Dokumentenklasse darf allerhöchstens ein `\LoadClass`-Befehl vorhanden sein.
- Die globalen Optionen werden von der *klasse* nicht beachtet, sofern sie nicht explizit mit dem Befehl `\PassOptionsToClass` an diese Klasse weitergeleitet oder in der *optionsliste* angegeben werden.

`\PassOptionsToClass{`*optionsliste*`}{`*klasse*`}`

Der Befehl `\PassOptionsToClass` kann verwendet werden, um Optionen an solch eine allgemeine Klasse weiterzuleiten. Ein Beispiel für solch eine Klassendateierweiterung ist in Abbildung A.2 dargestellt. In diesem Beispiel wird die Klassendatei myart vorgestellt, die eine neue Umgebung mit Namen Notes definiert sowie zwei zusätzliche Optionen akzeptiert, nämlich cropmarks (die Schneidemarken zur Erzeugung der richtigen Seitengröße erstellt) und bind (welche die gesetzten Seite leicht an den Rand verschiebt, um einen größeren Bundsteg zu erhalten).

Zur Implementierung der Option cropmarks muß ein boolescher Schalter gesetzt werden, und wenn dieser true ist, verschiedene \pagestyles neu definiert werden. Die Option bind verändert die Werte von \oddsidemargin und \evensidemargin. Da diese Längenregister zum Zeitpunkt, an dem die bind-Option abgearbeitet wird, jedoch noch nicht ihren endgültigen Wert erhalten haben (dieser wird erst später gesetzt, wenn die Dokumentenklasse article mit dem Befehl \LoadClass geladen wird), wird die Änderung mit Hilfe des \AtEndOfClass-Befehls bis zum Ende der Klassendatei myart zurückgestellt.

A.4 calc – Arithmetische Funktionen

Das Paket calc (von Kresten Thorup und Frank Jensen) enthält eine Reihe von Makros zur Erweiterung der arithmetischen Funktionen in LATEX. Normalerweise werden Berechnungen in TEX mit Hilfe einfacher Low-Level-Operationen wie \advance und \multiply durchgeführt. Das calc-Paket definiert eine Arithmetik mit Infixnotation für LATEX. Genaugenommen reimplementiert es die LATEX-Befehle \setcounter, \addtocounter, \setlength und \addtolength, so daß diese nicht länger nur ganze Zahlen und Längen akzeptieren, sondern auch arithmetische Ausdrücke aus diesen verarbeiten können.

Ein ganzzahliger Ausdruck kann ganze Zahlen, TEX-Zähler (z. B. \year), LATEX-Zähler (z. B. \value{section}), runde Klammern und binäre Operatoren (-, +, * und /) enthalten. Im nächsten Beispiel wird die Summe der Zahlen von 1 bis 10 berechnet:

Der Wert ist „55“.

```
\newcounter{local}\setcounter{local}{10}
\setcounter{local}{(\value{local}+1)*\value{local}/2}
Der Wert ist "'\thelocal"'.
```

Diese Funktionalität kann z. B. für die Definition eines Befehls eingesetzt werden, mit dem die Zeit ausgegeben wird (zu beachten ist, daß das TEX-Register \time jeweils die bereits seit Mitternacht vergangenen Minuten angibt):

Es ist 23 Stunden und 17 Minuten nach Mitternacht.

```
\newcounter{hours}\newcounter{minutes}
\newcommand{\printtime}{%
  \setcounter{hours}{\time/60}%
  \setcounter{minutes}{\time-\value{hours}*60}%
  \thehours\ Stunden und \theminutes\ Minuten}
Es ist \printtime\ nach Mitternacht.
```

In einem Längenausdruck müssen Teilausdrücke, die addiert oder subtrahiert werden, stets vom selben Typ sein, d.h. entweder Längen oder ganze Zahlen. Dies bedeutet, daß die Eingabe »`2cm+4`« nicht akzeptiert wird, während ein Ausdruck wie »`2cm+4pt`« zulässig ist, da beide Teilausdrücke Maßangaben enthalten.

Längen können durch ganze oder reelle Zahlen (siehe unten) dividiert werden, bzw. mit diesen multipliziert werden. Hierbei muß die Längenangabe immer als erstes eingegeben werden, »`2cm*4`« wird somit akzeptiert, während »`4*2cm`« oder »`2cm*4pt`« (Länge mal Länge) nicht erlaubt sind.

Mit Hilfe dieser Syntax kann man die Breite einer Spalte in einem *n*-Spalten breiten Layout berechnen, indem man den folgenden Code einsetzt (vorausgesetzt, daß die Variable *n* als erstes Argument eines LaTeX-Makros gespeichert ist):

```
\setlength{\linewidth}{(\textwidth-\columnsep*(#1-1))/#1}
```

Eine reelle Zahl zur Benutzung in Multiplikation oder Division von Längen kann in zwei Formen dargestellt werden:

`\real{`*dezimalkonstante*`}` `\ratio{`*längenausdruck*`}{`*längenausdruck*`}`

Der Befehl `\real` wandelt die *dezimalkonstante* in eine Form um, die von LaTeX weiterverarbeitet werden kann, während `\ratio` die Zahl kennzeichnet, die bei der Division des Wertes des ersten Längenausdruckes durch den Wert des zweiten entsteht.

Man nehme z. B. an, daß eine Abbildung soweit skaliert werden soll, daß sie die gesamte Breite einer Seite einnimmt (`\textwidth`). Sind die ursprünglichen Maße der Abbildung in den Längenvariablen `\Xsize` und `\Ysize` gespeichert, ergibt sich für die Höhe der Abbildung nach der Skalierung folgender Wert:

```
\setlength{\newYsize}{\Ysize*\ratio{\textwidth}{\Xsize}}
```

Das calc-Paket wird in vielen Beispielen dieses Buches verwendet. Wenn dieses Paket nicht eingesetzt werden soll, muß der entsprechende Programmcode in den Beispielen durch Basis-(LA)TeX-Befehle ersetzt werden. Das Setzen von `\fminilength` auf Seite 481 muß dann beispielsweise von

```
\setlength{\fminilength}{#1-2\fboxsep-2\fboxrule}%
```

in die folgenden Anweisungen übersetzt werden:

```
\setlength{\fminilength}{#1}%
\addtolength{\fminilength}{-2\fboxsep}%
\addtolength{\fminilength}{-2\fboxrule}
```

Abgesehen von der Tatsache, daß die Infixnotation, die das calc-Paket bietet, sicherlich lesbarer ist (und sehr viel einfacher zu verändern), enthält es darüber hinaus Befehle für die Division und Multiplikation, die mit Basis-LaTeX-Befehlen nicht realisiert werden können. Zur Umsetzung der `\topmargin`-Berechnung von Seite 88:

```
\setlength{\topmargin}%
  {(297mm - \textheight)/3 - 1in - \headheight - \headsep}
```

ist beispielsweise der folgende Programmcode erforderlich:

```
\setlength{\topmargin}{297mm}
\addtolength{\topmargin}{-\textheight}
\divide\topmargin by 3                    % TeX-Berechnung
\addtolength{\topmargin}{-1in}
\addtolength{\topmargin}{-\headheight}
\addtolength{\topmargin}{-\headsep}
```

A.5 ifthen – Verbesserte Kontrollstrukturen

Manchmal sollen, abhängig von dem Wert eines logischen Ausdruckes, zwei unterschiedliche Aktionen durchgeführt werden. Dieses kann mit dem Standardpaket ifthen (von Leslie Lamport, reimplementiert für LaTeX 2_ε von David Carlisle) realisiert werden, das Kontrollstrukturen für LaTeX definiert.

`\ifthenelse{`*test*`}{`*dann-code*`}{`*sonst-code*`}`

Wenn die Bedingung *test* wahr ist, werden die Befehle im *dann-code*-Teil ausgeführt, andernfalls die Befehle im *sonst-code*-Teil.

Eine einfache Form einer Bedingung stellt der Vergleich zweier ganzer Zahlen dar. Wie im folgenden Beispiel wird z. B. der `chapter` Zähler in das englische Zahlwort umgewandelt (funktioniert, solange der Wert nicht größer als 20 ist!):

This is the 1st appendix.

```
\newcommand{\toEng}[1]{%
  \the\value{#1}%
  \ifthenelse{\value{#1} = 1}{$^{\hbox{st}}$}{}%
  \ifthenelse{\value{#1} = 2}{$^{\hbox{nd}}$}{}%
  \ifthenelse{\value{#1} = 3}{$^{\hbox{rd}}$}{}%
  \ifthenelse{\value{#1} > 3}{$^{\hbox{th}}$}{}}

This is the \toEng{chapter} appendix.
```

`\whiledo{`*test*`}{`*do-klausel*`}`

Der `\whiledo`-Befehl eignet sich insbesondere für die Ausführung bestimmter, sich wiederholender Befehle. Das *test*-Argument entspricht dem von `\ifthenelse`, die *do-klausel* wird ausgeführt, solange der Test *wahr* ist. Das folgende, einfache Beispiel (daß einen Zähler aus den vorherigen Beispielen verwendet) demonstriert die Funktionsweise dieses Befehls:

Es ist 1 Uhr.
Es ist 2 Uhr.
Es ist 3 Uhr.
Es ist 4 Uhr.

```
\setcounter{hours}{1}
\whiledo{\value{hours}<5}{%
      Es ist \thehours\ Uhr.\\%
      \stepcounter{hours}}
```

Das folgende Beispiel definiert einen Befehl, mit dem die Zeit in Kurzform ausgegeben wird. Es zeigt, wie komplexe Operationen (mit Hilfe des calc-Paketes) mit bedingten Kontrollanweisungen verknüpft werden können.

Die aktuelle Zeit ist 23:17.

```
\newcommand{\printtime}{\setcounter{hours}{\time/60}%
      \setcounter{minutes}{\time-\value{hours}*60}%
      \ifthenelse{\value{hours}<10}{0}{}\thehours:%
      \ifthenelse{\value{minutes}<10}{0}{}\theminutes}
Die aktuelle Zeit ist \printtime.
```

`\equal`{*zeichenkette1*}{*zeichenkette2*}

Der `\equal`-Befehl kann im *test* Argument von `\ifthenelse` oder `\whiledo` verwendet werden und gibt den Wert *wahr* aus, wenn die zwei Zeichenketten *zeichenkette1* und *zeichenkette2* identisch sind, nachdem sie vollständig expandiert wurden. Besondere Vorsicht ist bei Verwendung zerbrechlicher Befehle in einer der Zeichenketten geboten; sie müssen mit `\protect` geschützt werden.

Falsch.
Wahr.
Wahr.

```
\newcommand{\BB}{\CC}\newcommand{\CC}{\DD}
\newcommand{\DD}{AA}\newcommand{\EE}{EE}
\ifthenelse{\equal{\BB}{\EE}}{Wahr}{Falsch}.\\
\ifthenelse{\equal{\BB}{\CC}}{Wahr}{Falsch}.\\
\ifthenelse{\equal{\BB}{AA}}{Wahr}{Falsch}.
```

Als Anwendung definieren wir einen Befehl, der sein Argument formatiert und gleichzeitig in den Index einträgt. Mit Hilfe eines optionalen Argumentes wird die Form des Indexeintrages gesteuert: `D` bedeutet, daß der Begriff an dieser Stelle im Text *definiert* wird und der Indexeintrag deshalb in Fettdruck erscheinen soll. Im folgenden Beispiel wird für den weniger häufig auftretenden Fall ein optionales Argument angegeben.

Hier wird der Begriff `AAAA` definiert … und hier wird über `AAAA` gesprochen.

```
\newcommand{\IX}[2][R]{\texttt{#2}%
  \ifthenelse{\equal{#1}{D}}%
             {\index{#2|textbf}}{\index{#2}}}
Hier wird der Begriff \IX[D]{AAAA} definiert
\ldots\ und hier wird "uber \IX{AAAA} gesprochen.
```

Diese Beispiel erzeugt folgende Einträge in der .idx-Datei:

```
\indexentry{AAAA|textbf}{493}    \indexentry{AAAA}{493}
```

Ein komplizierteres Beispiel, das eine vollständige Kontrolle dessen erlaubt, was in den Index und in den Text eingefügt wird (und was nicht), stellt der erweiterte Indexbefehl \IXE dar, der wie folgt definiert werden kann:

```
\newcommand{\IXE}[2][****]{%
 \ifthenelse{\equal{#1}{****}}{%
      \ifthenelse{\equal{#2}{}}{}{\textbf{#2}\index{#2}}}%
   {\ifthenelse{\equal{#1}{}}{}{\index{#1}}%
    \ifthenelse{\equal{#2}{}}{}{\textbf{#2}}}}
```

Die Voreinstellung »****« für das optionale Argument wurde so gewählt, daß sie (hoffentlich) nicht als Begriff oder Indexeintrag benötigt wird. Wird \IXE ohne optionales Argument verwendet (d.h. wenn #1 den Wert **** besitzt), werden dieselben Daten in den Index und in den Text übertragen. Wird auch das optionale Argument verwendet, können im Index und im Text unterschiedliche Eingaben gemacht werden. Beispiele für die möglichen Kombinationen sind im folgenden aufgeführt. An den Spiegelstrichen ist zu erkennen, daß keine unerwünschten Leerzeichen erzeugt werden.

Im Text und Index identisch –**AAAA!in beiden**–
Im Text und Index verschieden –**Texteintrag**–
Nur im Index ––
Nur im Text –**nur Text**–
Weder im Text noch im Index ––.

```
\par Im Text und Index identisch
     --\IXE{AAAA!in beiden}--
\par Im Text und Index verschieden
     --\IXE[AAAA!Indexeintrag]{Texteintrag}--
\par Nur im Index --\IXE[AAAA!nur Index]{}--
\par Nur im Text --\IXE[]{nur Text}--
\par Weder im Text noch im Index --\IXE[]{}--.
```

Die .idx-Datei enthält nur drei Einträge, da im Falle des leeren optionalen Argumentes » [] « kein Indexeintrag erzeugt wird.

```
\indexentry{AAAA!in beiden}{494}
\indexentry{AAAA!Indexeintrag}{494}
\indexentry{AAAA!nur Index}{494}
```

Im Index dieses Buches kann man die Indexeinträge finden, die durch die letzten beiden Beispiele erzeugt wurden.

Wie von Alexander Samarin vorgeschlagen, wurden für die LATEX 2_ε-Version einige weitere Tests zu dem ifthen-Paket hinzugefügt.

\boolean{*name*}	\newboolean{*name*}	\setboolean{*name*}{*wert*}

TEX kennt ein paar Schalter, die den Wert true (wahr) oder false (falsch) haben. Zur Definition eigener Schalter ist der Befehl \newboolean zu verwenden, wobei

TEX-Schalter	
hmode	wahr, wenn der Text in horizontaler Richtung ausgegeben wird, z. B. in einem Absatz oder in einer LR-Box.
vmode	wahr, wenn der Text vertikal ausgegeben wird, z. B. wenn TEX sich zwischen den Absätzen befindet.
mmode	wahr, wenn TEX eine Formel setzt.
LATEX-Schalter	
@twoside	wahr, wenn LATEX einen zweiseitigen Ausdruck erstellt.
@twocolumn	wahr, wenn LATEX einen Ausdruck im standardmäßigen Zweispalten-Modus erzeugt (falsch innerhalb von multicols-Umgebungen).
@firstcolumn	wahr, wenn @twocolumn wahr ist und LATEX die erste Spalte formatiert.
@newlist	wahr, wenn sich LATEX am Beginn einer Listenumgebung befindet (wird auf falsch gesetzt, wenn der Text *nach* dem ersten \item-Befehl erreicht ist).
@inlabel	wahr nach einem \item-Befehl, bis der darauffolgende Text erreicht ist.
@noskipsec	wahr nach einer eingebetteten Überschrift, bis der darauffolgende Text erreicht ist.

Tafel A.5: Wichtige interne \boolean-Schalter

name eine Folge von Buchstaben sein muß. Der Schalter wird anfangs auf false gesetzt. Um diesen Wert zu ändern, muß \setboolean verwendet werden, dessen *wert*-Argument entweder die Zeichenkette true oder false sein muß. Anschließend kann der Wert mit Hilfe von \boolean im *test* Argument von \ifthenelse oder \whiledo geprüft werden. Mit diesem Befehl können außerdem alle weiteren internen Schalter von LATEX geprüft werden (die gängigsten sind in Tafel A.5 aufgelistet). So kann man beispielsweise überprüfen, ob ein Dokument ein ein- oder zweiseitiges Layout verwendet.

Zweiseitiger Ausdruck.

```
\ifthenelse{\boolean{@twoside}}{Zwei}{Ein}seitiger
Ausdruck.
```

\lengthtest{*test*}

Zum Vergleich von Maßen steht der \lengthtest-Befehl zur Verfügung. In seinen *test*-Argument können zwei Maße verglichen werden (entweder explizite Werte, wie 20cm oder mit \newlength definierte Namen). Für den Vergleich ist einer der Operatoren <, = oder > zu verwenden.

Als Beispiel betrachten wir eine Abbildung, die durch ihre Maße \Xsize und \Ysize charakterisiert ist. Diese sollen so skaliert werden, daß die Abbildung in eine rechteckige Fläche mit den Maßen \Xarea und \Yarea paßt, ohne daß dabei das Verhältnis der Seitenlängen zueinander verändert wird. Der folgende Programmcode berechnet die neuen Maße der Abbildung (\newX und \newY). Der Trick besteht darin, zunächst das Verhältnis der Maße des Rechtecks und der Abbildung zu errechnen und zu vergleichen und auf Grundlage des Resultats den Vergrößerungsfaktor zu bestimmen.

```
\newlength{\sizetmp}\newlength{\areatmp}
\setlength{\sizetmp}{1pt*\ratio{\Xsize}{\Ysize}}
\setlength{\areatmp}{1pt*\ratio{\Xarea}{\Yarea}}
\ifthenelse{\lengthtest{\sizetmp > \areatmp}}%
   {\setlength{\newX}{\Xarea}
    \setlength{\newY}{\newX*\ratio{\Ysize}{\Xsize}}}
   {\setlength{\newY}{\Yarea}
    \setlength{\newX}{\newY*\ratio{\Xsize}{\Ysize}}}
```

`\isodd{`*zahl*`}`

Mit dem Befehl \isodd kann man testen, ob eine bestimmte *zahl* ungerade ist. Angenommen, daß die mit Hilfe des Befehls \pageref erstellte Zeichenkette eine gültige Zahl ist (was sie im Normalfalle ist); dann kann der Befehl in der folgenden Weise eingesetzt werden:

Dies ist eine gerade Seite.

```
Dies\label{testref} ist eine
\ifthenelse{\isodd{\pageref{testref}}}
           {ungerade}{gerade} Seite.
```

\isodd ist so programmiert, daß es die obige Anwendung selbst dann unterstützt, wenn \pageref während des ersten LaTeX-Durchlaufs nicht definiert ist.

`\and    \or    \not    \(    \)`

Mit Hilfe der logischen Operatoren \or, \and und \not können mehrere Bedingungen im *test*-Argument miteinander kombiniert werden, wobei die Befehle \(und \) zur Klammerung der logischen Ausdrücke verwendet werden können. Hier ist ein einfaches Beispiel:

Du stimmst zu „OK" oder auch nicht „nicht OK".

D'accord „OK" ou pas „nicht OK"?

```
\newcommand{\QU}[2]{%
 \ifthenelse{%
   \(\equal{#1}{GER} \and \equal{#2}{ja}\)
          \or
   \(\equal{#1}{FRE} \and \equal{#2}{oui}\)}%
 {"‘OK"’}{"‘nicht OK"’}}
Du stimmst zu \QU{GER}{ja} oder auch nicht
\QU{GER}{nein}.
\par\bigskip
D’accord \QU{FRE}{oui} ou pas \QU{FRE}{non}?
```

Anhang B
Informationen zu TEX-Software und Benutzergruppen

Wer nach der Lektüre dieses Buches noch immer nicht die gewünschten Dateien gefunden hat, kann auch in der von David Jones (MIT) gepflegten Datei `TeX-index` [43] danach suchen. Diese Datei ist ein Katalog vieler Makros für TEX, LATEX und ihrer Anwendungen. Der Katalog enthält alle Makros, die bei den unten beschriebenen Stellen über Anonymous FTP (File Transfer Protocol, Datenübertragungsprotokoll), über Mailserver oder bei den Benutzergruppen erhältlich sind.

Die Datei `TeX-index` selbst ist wie alle in diesem Buch beschriebenen Dateien über Anonymous FTP im Internet oder über Mailserver erhältlich.

B.1 Die Hauptstandorte von TEX im Internet

Zur Zeit koordinieren verschiedene TEX-Benutzergruppen ihre Aktivitäten, um einer möglichst großen Anzahl von Anwendern den Zugriff auf TEX-Materialien zu ermöglichen. Eine neuere Entwicklung ist dabei die Einrichtung des »Comprehensive TEX Archive Network« (CTAN) [29]. Zu diesem Netz gehören bereits die Internet-Standorte Aston, Sam Houston State University und DANTE. Diese Standorte stellen die gleiche TEX-Software zur Verfügung, indem sie einander spiegeln. Die von ihnen zur Verfügung gestellten Daten sind auch auf CD-Rom erhältlich [18].

Man sollte die geographische Lage des Standortes, von dem man seine Dateien über FTP beziehen möchte, beachten und den nächstgelegenen Standort wählen. Die Datenübertragungsrate verbessert sich außerdem erheblich, wenn man große Dateien außerhalb der normalen Geschäftszeiten (vor Ort!) überträgt. Die folgende kurze Liste zeigt die wichtigsten TEX-Archive in Europa und den USA. Das Verzeichnis mit der von Jones gepflegten `TeX-index`-Datei wird jeweils in der ersten Zeile jeder verfügbaren FTP-Adresse rechtsbündig dargestellt. CTAN Archive sind mit einem Stern (*) markiert.

USA

`ftp.shsu.edu*` `/tex-archive/help/TeX-index`
Ein CTAN Standort.

`ftp.math.utah.edu` `/pub/tex/tex-index`
Nelson Beebes Server, der viele BIBTEX-Stildateien und Datenbanken enthält, vor allem im Bereich Textverarbeitung und Mathematik. Hier befindet sich z. B. die Datei `tugboat.bib`, ein Verzeichnis aller in *TUGBoat* erschienenen Artikel.

`labrea.stanford.edu`
Der Heimatserver für TEX, METAFONT, dvips und zugehörige Dateien.

Europa

`ftp.dante.de*` `/pub/tex/help/TeX-index`
Ein CTAN-Standort. Gleichzeitig der Heimatserver für emTeX, publicTeX, publicMF, LATEX und die »Mainz«-Pakete von Frank Mittelbach und Rainer Schöpf (multicol, verbatim, theorem, ftnright und array) und alle weiteren vom LATEX3 Projektteam gewarteten Pakete.

`ftp.tex.ac.uk*` `/pub/archive/help/TeX-index`
Ein CTAN-Standort. Heimat der elektronischen Zeitschrift UKTeX.

`ftp.cs.ruu.nl` `/pub/TEX/DOC/TeX-index.gz`

Zum Lokalisieren eines der bekannteren Pakete kann man archie durchsuchen, um einen Archivstandort mit der gewünschten Datei zu finden. Viele Informationen lassen sich auch mit Hilfe der Dienste gopher, www oder wais finden. Weitere Informationen zu (LA)TEX bietet außerdem die Datei häufig gestellter Fragen `tex.faq` (faq für »frequently asked questions«), die von Bobby Bodenheimer (Caltech, USA) gepflegt wird (verfügbar an allen oben aufgeführten Standorten und am Referenzstandort `pit-manager.mit.edu` als `/pub/usenet/news.answers/tex-faq`) und die Datei »Supplementary TeX Information«, die von Guoying Chen (NYU, USA) gepflegt wird (Referenzstandort `cs.nyu.edu` im Verzeichnis `ftp/pub/tex`).

Dateien aus einem Archiv laden

In den nachfolgenden Beispielen ist eine FTP-Kommunikation mit dem DANTE-CTAN-Archiv gezeigt. Man startet durch Aufruf des FTP-Programms mit der Zieladresse als Argument. Nach dem Zustandekommen der Verbindung wird man nach einem Benutzernamen und Password gefragt: üblicherweise `anonymous` und email-Adresse als Passwort. Der Server meldet sich dann mit einer längeren Begrüßungsmeldung, die wichtige Informationen über das Archiv enthält.

```
$ ftp ftp.dante.de
220 sun FTP server (Version wu-2.4(3) Thu Aug 25 10:17:33 MEST 1994) ready.
```

```
Connected to sun.dante.de.
Name (FTP.DANTE.DE:mittelbach): anonymous
331 Guest login ok, send your complete e-mail address as password.
Password:  mittelbach@uni-mainz.de  (die eigene E-Mail-Adresse)
230-Willkommen! Dies ist der ftp-Server fuer das Archiv von DANTE e.V.
230-Bei ungewoehnlichen Problemen senden Sie bitte eine email an:
230-
230-    ftpmaint@dante.de
230-
230-Fuer ftp-Klienten, die mit mehrzeiligen Antworten nicht zurecht kommen,
230-bietet es sich an, als erstes Zeichen des Kennwortes ein Minuszeichen (-)
230-einzugeben -- dadurch werden alle Antworten auf eine Zeile begrenzt.
230-
230-Dies ist der de-Knoten des Comprehensive TeX Archive Network (CTAN). Andere
230-Server im CTAN und die entsprechenden Verzeichnisse sind:
230-
230-        ftp.shsu.edu            tex-archive  (USA)
230-        ftp.tex.ac.uk           tex-archive  (England)
230-
230-Um das Internet nicht unnoetig zu belasten, sollte der naechst-
230-gelegene Server benutzt werden.
230-
230-WICHTIGER HINWEIS:
230-
230-Dieser ftp-Server erlaubt das dynamische Erstellen von zip-, zoo-, tar-,
230-tar.Z- oder tar.gz-Archiven. Wenn Sie ein ganzes Verzeichnis holen moechten,
230-so gehen Sie ein Verzeichnis zurueck und haengen beim ‚get' an den Namen
230-des Verzeichnisses .zip, .zoo, .tar, .tar.Z oder .tar.gz an. So wird z.B.
230-durch
230-
230-   cd /tex-archive/macros/latex
230-   binary
230-   get base.zip
230-
230-das gesamte base-Verzeichnis als .zip-Datei gepackt und transferiert.
230-
230-
230-                      Suche nach bestimmten Dateien
230-
230-Sie koennen das Inhaltsverzeichnis des Archivs nach Dateinamen durchsuchen,
230-indem Sie
230-
230-  quote site index string
230-
230-eingeben, wobei "string" Ihr Suchstring ist. Beachten Sie, dass dies dann
230-NICHT funktioniert, wenn Sie ein '-' als erstes Zeichen Ihres Passwortes
230-eingegeben haben.
230-
230 Guest login ok, access restrictions apply.
```

Der Befehl cd ctan führt dann zum Wurzelverzeichnis des CTAN-Archivs. Beim Wechsel in ein neues Verzeichnis wird vom Server unter Umständen eine Informationsmeldung ausgegeben.

```
FTP> cd ctan:
250-Machine specific implementations       --> systems
250-Original Knuthian sources:             --> systems/knuth.
250-LaTeX styles, plain macros, MusicTeX:  --> macros.
250-LaTeX2e:                               --> macros/latex2e.
250-
250-Please read the file README.archive-features
250-  it was last modified on Wed Mar 16 16:30:50 1994 - 248 days ago
250-Please read the file README.mirrors
250-  it was last modified on Fri Oct 21 16:04:00 1994 - 29 days ago
250-Please read the file README.site-commands
250-  it was last modified on Fri Apr  8 11:06:32 1994 - 225 days ago
250-Please read the file README.uploads
250-  it was last modified on Thu Sep  8 12:40:03 1994 - 72 days ago
250 CWD command successful.
```

Daraufhin wird der Befehl quote site index xspace eingegeben, der Dateien mit »xspace im Namen lokalisiert und ihren vollen Namen in der CTAN-Dateihierarchie anzeigt (hier werden zwei Dateien gefunden). Der nächste Befehl cd macros/latex/packages/tools führt zu dem Verzeichnis, das die gesuchte Datei enthält, und mit get xspace.dtx läßt man sie sich schicken.

```
FTP> quote site index xspace
200-index xspace
200-NOTE. This index shows at most 20 lines. for a full list of files,
200-retrieve /tex-archive/FILES.byname
200-1994/06/01 |       2901 | macros/latex/packages/tools/xspace.dtx
200-1994/04/21 |       2187 | systems/msdos/4alltex/disk04/xspace.arj
200  (end of 'index xspace')
FTP> cd macros/latex/packages/tools
200 CWD command successful.
FTP> get xspace.dtx
200 PORT command successful.
150 Opening ASCII mode data connection for xspace.dtx (2901 bytes).
226 Transfer complete.
local: xspace.dtx  remote: xspace.dtx
2901 bytes received in 00:00:00.13 seconds
```

Dieser Vorgang wird noch einmal für Jones' Katalogdatei TeX-index wiederholt. In diesem Fall wird der Befehl get TeX-index.gz verwendet, der die Datei vor dem Versenden mit Hilfe des Programms gzip (wird durch die Erweiterung gz ausgewählt) komprimiert. Komprimierte Dateien müssen im Binärmodus übertragen werden, daher steht der Befehl binary vor get.

```
FTP> quote site index TeX-index
200-index tex-styles
200-NOTE. This index shows at most 20 lines. for a full list of files,
200-retrieve /pub/archive/FILES.byname
200-1994/04/22 |     367136 | help/TeX-index
200-1993/09/15 |      26474 | support/vortex/emacs/TeX-index.el
200-1993/09/10 |      18138 | support/vortex/emacs/TeX-index.elc
200  (end of 'index tex')
FTP> cd ctan:
250 CWD command successful.
FTP> cd help
250 CWD command successful.
FTP> binary
200 Type set to I.
FTP> get TeX-index.gz
200 PORT command successful.
150 Opening BINARY mode data connection for /bin/gzip.
226 Transfer complete.
local: TeX-index.gz  remote: TeX-index.gz
86168 bytes received in 00:00:06.86 seconds
```

Wie aus dem Beispiel ersichtlich, unterstützen CTAN-Archive dynamische Komprimierung und Dekomprimierung von Dateien, so daß auch größere Dateien ohne Umstände übertragen werden können (die komprimierte Version der Datei TeX-index ist zum Beispiel auf ein Viertel verkleinert - 86.168 anstatt 367.136 Bytes - , was die Übertragungszeit erheblich verkürzt). Wenn auf dem eigenen Rechner keine Dekomprimierungsprogramme vorhanden sind, kann umgekehrt eine auf dem CTAN-Server komprimiert vorliegende Datei auf Wunsch auch vor dem Versenden dekomprimiert werden. Wie diese Programme genau funktionieren, ist in der Online-Dokumentation der CTAN-Standorte beschrieben.

Man kann sich zu jedem Zeitpunkt mit dem Befehl dir oder ls eine Liste der verfügbaren Dateien oder mit pwd das aktuelle Verzeichnis anzeigen lassen.

```
FTP> cd ctan:
250 CWD command successful.
FTP> cd /pub/tex/systems/msdos/emtex/disk1
200 PORT command successful.
FTP> ls
200 PORT command successful.
150 Opening ASCII mode data connection for file list.
changes.ger
readme.ger
readme.eng
help.ger
help.eng
```

```
.zipped
changes.eng
tex2.zip
tex1.zip
remove.exe
delete.exe
pkunzip.exe
pkz102.exe
00Contents

226 Transfer complete.
160 bytes received in 00:00:00.01 seconds
```

Man kann sich auch die Inhaltsverzeichnisse von (tar, zip, zoo) Archiven schicken lassen, indem man das Suffix `-lst` an den Archivnamen anfügt, wie am Beispiel des Befehls `get morebin.zip-lst` gezeigt. Je nachdem, auf welchem Betriebssystem man sich befindet, ist es notwendig, zunächst wieder auf ASCII-Übertragung zu wechseln. Der Befehl `!more` zeigt den Inhalt des zip-Archivs `morebin` auf dem lokalen Knoten.

```
FTP> ascii
200 Type set to A.
FTP> get tex1.zip-lst
200 PORT command successful.
150 Opening ASCII mode data connection for /bin/LIST.
226 Transfer complete.
local: tex1.zip-lst  remote: tex1.zip-lst
4978 bytes received in 00:00:00.75 seconds
```

Das so übertragene Inhaltsverzeichnis kann man sich auf dem lokalen System anschauen, bevor man sich entscheidet, sich das gesamte Archiv zu holen. Auf einem UNIX-System zeigt der Befehl `!more` den Inhalt des zip-Archivs `tex1.zip` auf dem lokalen Knoten.

```
FTP> !more tex1.zip-lst
Length  Method   Size  Ratio   Date     Time    CRC-32     Name ("^" ==> case
------  ------   ----  -----   ----     ----    ------     ----    conversion)
  5096  Implode   1252  75%  10-06-91  23:20  4395dcab  ^emtex/remove/tex.rem
196372  Implode 122961  37%  08-05-90  00:24  94038211  ^emtex/tex.exe
194172  Implode 122430  37%  08-05-90  00:25  84bd357e  ^emtex/tex286.exe

       .... einige Informationszeilen ausgelassen ....

------          ------  ---                            -------
407402          203175  50%                            16
ftp> quit
221 Goodbye
```

B.2 Mailserver

Wer keinen Direktzugang zum Internet hat, aber Electronic-Mail-Dienste nutzt, kann Dateien und Informationen über die Mailserver erhalten, die von vielen Standorten mit TEX-bezogenen Informationen eingerichtet wurden. Dabei ist jedoch zu beachten, daß im allgemeinen jeder Server seine eigene Syntax hat, die immer genauestens eingehalten werden muß. Mehr Informationen hierzu enthält die Liste mit ergänzenden Informationen zu TEX, die von Guoying Chen gepflegt wird. In der folgenden Liste werden Beispiele für Mailserver gezeigt und wie man eine Verbindung zu ihnen aufbaut.

Adresse:	`ftpmail@dante.de`
Text:	`help`
Adresse:	`fileserv@shsu.edu`
Text:	`help`
Adresse:	`mail-server@cs.ruu.nl`
Text:	`begin`
	`path` *`benutzer@maschine.standort`* (*eigene* E-Mail Adresse)
	`send help`
	`end`
Adresse:	`listserv@hearn.bitnet`
Text:	`get tex filelist` um die Liste der verfügbaren Dateien anzufordern
Adresse:	`listserv@vm.urz.uni-heidelberg.de`
Text:	`help`
	`get readme first tex`
	`get tex filelist`

B.3 TEX-User-Groups – TEX-Benutzergruppen

In vielen Ländern haben sich TEX-Anwender zu sogenannten TEX-User-Groups (TEX-Benutzergruppen) zusammengeschlossen, meistens basierend auf der Sprachzusammengehörigkeit. Wenn man Hilfe benötigt, sollte man zunächst die nächstgelegene Gruppe ansprechen, da diese vermutlich eine Lösung liefern kann, die für die jeweilige sprachabhängige Arbeitsumgebung angemessen ist. Im folgenden werden die Adressen der Gruppen aufgelistet, die den Autoren bekannt waren (Stand Herbst 1994). Häufig können diese Gruppen dabei helfen, TEX-Material auf Disketten zu erhalten, oder stellen einen Mailservice für Mitglieder ohne Internet-Zugang zur Verfügung.

TEX Users Group (International)

Christina Thiele, Präsidentin
TEX Users Group
P.O. Box 869
Santa Barbara, CA 93102 USA

Patricia Monohon, Geschäftsführerin
Tel: +1 805-963-1338
FAX: +1 805-963-8358
Email: `tug@tug.org`

CsTUG (Tschechische und slowakische Republiken)
Dr. Karel Horák, Präsident
Československé sdružení uživatelů TEXu
CsTEX Users Group, c/o MÚK UK
Sokolovská 83
CS-186 00 Praha 8, Tschechoslowakei
Email: `horakk@earn.cvut.cz`

CyrTUG (Rußland)
Irina Makhovaya, Geschäftsführerin
Associaciia Pol'zovateleĭ Kirillicheskogo TEX'a
Mir Publishers
2, Pervyĭ Rizhskiĭ Pereulok
Moscow 129820, Rußland
Tel: 095 286-0622, 286-1777
Fax: 095 288-9522
Email: `cyrtug@mir.msk.su`

DANTE e.V. (Deutschsprachig)
Joachim Lammarsch, Präsident
Deutschsprachige Anwendervereinigung TEX e.V.
Postfach 101840
D-69008 Heidelberg, Deutschland
Tel: 06221/29766
Fax: 06221/167906
Email: `dante@dante.de`

Estonian User Group
Enn Saar, Tartu
Astrophysical Observatory, Tõravere
EE2444 Estland
Email: `saar@aai.ee`

GUST (Polen)
Hanna Kołodziejska, Präsident
Polska Grupa Użytkowników Systemu TEX
Instytut Badań Systemowych PAN
ul. Newelska 6
PL-01-447 Warszawa, Polen
Email: `gust@camk.edu.pl`

GUTenberg (Französischsprachig)
Michel Goossens, Präsident
Groupe francophone des Utilisateurs de TEX
Association GUTenberg
BP 10
F-93220 Gagny principal, Frankreich
Tel: +33 1 44 32 37 96
FAX: +33 1 44 32 20 80
Email: `gut@irisa.fr`

ITALIC Irish TEX And LATEX Interest Community (nicht formell)
Diskussionen in der Mailing-Liste `ITALIC-L`
auf dem Listserver `listserv@irlearn.ucd.ie`
(jeder kann sich einschreiben).

Nordic TEX Group (Skandinavien)
Dag Langmyhr
Chair, Nordic TEX Users Group
Department of Informatics
P.O. Box 1080 Blindern
University of Oslo
N-0316 Oslo, Norway
Tel: +47 22 85 24 50
FAX: +47 22 85 24 01
Email: `dag@ifi.uio.no`

NTG (Niederländischsprachig)
Johannes Braams, Vorsitzender
Nederlandstalige TEX Gebruikersgroep
Postbus 394
NL-1740 AJ Schagen
Niederlande
Email: `ntg@nic.surfnet.nl`

Spanish TUG (keine formelle Gruppe)
E-Mail Diskussionsliste `spanish-tex@eunet.es`
Einschreibung an Email: `listserv@eunet.es`
Julio Sanchez
GMV SA
Isaac Newton 11 PTM Tres Cantos
E-28760 Madrid, Spanien
Email: `jsanchez@gmv.es`

TeXCeH (Slovenische Gruppe)
(Teil von Informatica)
Vladimir Batagelj
Jadranska 19
61111 Ljubljana
Slovenia
Email: `texceh@uni-lj.si`

UK TUG (United Kingdom)
Chris Rowley, Vorsitzender
UK TEX Users' Group
c/o Peter Abbott
1 Eymore Close
Selly Oak
Birmingham B29 4LB, Großbritannien
Email: `uktug-enquiries@tex.ac.uk`

Literatur

[1] Adobe Systems Incorporated. *PostScript Language Tutorial and Cookbook.* Addison-Wesley, Reading, 1985.

Das sogenannte »Blaue Buch« ist das gängigste Lehrbuch in Sachen PostScript. Es besteht aus zwei Teilen: einer leicht verständlichen Einführung in die Sprache und ihre graphischen Grundfunktionen und einer Beispielsammlung, die anhand von 21 Programmen zeigt, wie PostScript in realen Anwendungen eingesetzt wird. Der Programmcode der Beispiele deckt einen großen Teil normaler Anwendungsfelder ab und kann direkt in eigene Anwendungen eingebunden werden. Der größte Nachteil des Buches ist, daß es nur PostScript Level 1 beschreibt. Eine neuere und sehr gute Einführung in PostScript Level 2 für Anwender aller Erfahrungsstufen ist *PostScript by Example* von Henry McGilton und Mary Campione, Addison Wesley, 1992. Dieses Buch beginnt ebenfalls zunächst auf Anfängerniveau, behandelt aber in späteren Kapiteln auch solche Level 2-Funktionen wie zusammengesetzte Fonts, Muster, Formen, Farben und Halbtonbilder. Es enthält über 500 PostScript-Programmfragmente und 750 Abbildungen.

[2] Adobe Systems Incorporated. *PostScript Language Reference Manual.* Addison-Wesley, Reading, zweite Auflage, 1990.

Dies ist das sogenannte »Rote Buch«. Es enthält die vollständige Definition der Programmiersprache PostScript. Es beschreibt alle Operatoren von PostScript Level 1 und Level 2 sowie die Display PostScript-Erweiterungen. In den Anhängen sind die *Konventionen für die Strukturierung von Dokumenten* und das *Dateiformat Encapsulated Postscript* beschrieben.

[3] Adobe Systems Incorporated. *Adobe Type 1 Font Format.* Addison-Wesley, Reading, 1990.

Das sogenannte »Schwarze Buch« enthält die Spezifikationen für Adobes Typ 1 Fontformat. Es informiert über die Struktur von Fontprogrammen, erklärt, wie Outline-Schriften für Computer spezifiziert werden, und gibt die Inhalte der verschiedenen Fontverzeichnisse an. Außerdem befaßt es sich mit Verschlüsselung und Subroutinen, gibt Hinweise und klärt Kompatibilitätsfragen in bezug auf die Verwendung des Adobe Type Managers.

[4] Jacques André und Jeanine Grimault. Emploi des capitales (première partie). *Cahiers GUTenberg*, 6:42–50, Juli 1990.

Über die Verwendung von Großbuchstaben in der französischen Sprache.

[5] Jacques André und Philippe Louarn. Notes en bas de pages : comment les faire en LaTeX? *Cahiers GUTenberg*, 12:57–70, Dezember 1991.

Es werden einige Spezialfälle bei der Verwendung von Fußnoten in LaTeX behandelt, z. B. wie man Fußnoten erzeugt, die sich auf Informationen in den Umgebungen `tabular` oder `minipage` beziehen, oder wie man mehrmals auf dieselbe Fußnote verweist.

[6] *Guide du typographe romand.* Association suisse des compositeurs à la machine, 4e édition, 1982.

Typographische Regeln für die französische Sprache, wie sie von Schweizer Setzern verwendet werden.

[7] Richard Aurbach. IdxTEX and GloTEX—indexes and glossaries. *TUGboat*, 7(3):187, Oktober 1986.

Eine kurze Beschreibung zweier VAX/VMS-spezifischer Programme für Indexe und Glossare in LATEX.

[8] Richard Aurbach. Automated index generation for LATEX. *TUGboat*, 8(2):201, Juli 1987.

Nach einer kurzen Einführung in das IdxTEX-Projekt beschreibt Richard Aurbach die vielen unterschiedlichen Möglichkeiten, einen Index mit dem VAX/VMS-Programm IdxTEX zu generieren. Die Eingabesyntax wird vorgestellt, und die internen Datenstrukturen sowie verschiedene Teile des Programms werden eingehender betrachtet.

[9] Craig Barratt und Piet Tutelaers *PsFrag User's Guide.* Elektronisches Dokument, Teil der Distribution. Oktober 1993.

PsFrag ist ein Perl-Programm und eine Sammlung von LATEX-Makros zur Überlagerung von Textphrasen und PostScript-Bildern. Es ermöglicht unter anderem die Ersetzung von PostScript-Text durch von LATEX erzeugten Text.

[10] Nelson H. F. Beebe. Bibliography prettyprinting and syntax checking. *TUGboat*, 14(4):395–419, Dezember 1993.

Es werden drei Programme zur Unterstützung von BIBTEX beschrieben. Das erste, `bibclean`, ist ein Prettyprinter, Syntaxchecker und lexikalisches Analyseprogramm für BIBTEX-Dateien. Das zweite ist `biblex`, ein lexikalisches Analyseprogramm, das eine BIBTEX-Datei nach bestimmten Zeichenfolgen (Tokens) aufteilen kann. Das dritte Programm `bibparse` schließlich ist ein Parser, der den Strom lexikalischer Zeichenfolgen von `bibclean` und `biblex` analysiert. Das Programm `bibclean` läßt sich mit Hilfe von Intialisierungsdateien und laufzeitorientierten Mustern zum Überprüfen von BIBTEX-Werten sehr genau anpassen. Zu diesem Zweck wird auch eine Mustererkennungssprache zur Verfügung gestellt.

[11] Karl Berry. Filenames for fonts. *TUGboat*, 11(4):517–520, November 1990.

Es wird eine einheitliche und rationale Nomenklatur für Fontdateinamen vorgeschlagen. Jeder Name besteht aus bis zu acht Zeichen, die jeden Font eindeutig identifizieren sollen.

[12] Neenie Billawala. Metamarks: Preliminary studies for a Pandora's Box of shapes. Technical Report STAN-CS-89-1256, Stanford University, Department of Computer Science, Mai 1989.

Ein ansprechendes Buch, das Untersuchungen von Formen für die Fonterstellung vorstellt, wie z. B. Serifen, Bögen, Kreise, usw. Diese Untersuchungen führten schließlich zu einer Schrift namens Pandora.

[13] Neenie Billawala. Opening Pandora's Box. *TUGboat*, 10(4):481–489, Dezember 1989.

Bei der Entwicklung der Schriftfamilie Pandora versuchte die Autorin, METAFONT auch als ein Werkzeug zur Gestaltung und nicht nur zur Erstellung einzusetzen. Es wurden allgemeingültige Beschreibungen des visuellen Verhältnisses der Teile von Zeichen, der Zeichen eines Fonts und der Fonts einer Schrift zueinander entwickelt. Dadurch erhält man die verschiedenen Fonts, indem man lediglich die Parametereinstellungen eines einzelnen Gerüstes ändert. Dies erlaubt dem Designer, verschiedene Möglichkeiten auf eine schnelle Art und Weise zu untersuchen.

[14] Joachim Bleser und Edmund Lang. Balkendiagramme in LaTeX-Dokumenten. *Die TeXnische Komödie*, 4(4):28–33, Dezember 1992.
Ein Überblick über das bar-Paket mit Beispielen.

[15] Hans-Hermann Bode. Neue BibTeX-Style-Files: Die *adaptable family*. *Die TeXnische Komödie*, 4(2):31–41, August 1992.
Hier wird eine neue Familie von Stildateien zu BibTeX vorgestellt. In diesen Dateien kann der Benutzer das Layout (Fonts, die bestimmten Feldern zugewiesen sind) und einige Worte oder Formulierungen einer Stildatei (wie z. B. Monatsnamen, Ausgabe, Kapitel, Artikel und Konjunktionen) verändern. Diese Zeichenfolgen sind innerhalb der BibTeX-Stile parametrisiert und werden entsprechend eingesetzt, wenn ein Dokument mit Hilfe von TeX bearbeitet wird. Dabei wird eine sprachabhängige externe Datei gelesen, welche die jeweiligen Begriffe für die gewählte Sprache festlegt.

[16] Francis Borceux. User's guide for the *Diagram* Macros. Elektronisches Dokument, mit dem Paket verbreitet, Februar 1993.
Paket für kommutative Diagramme. Besonders hilfreich zum Konstruieren von Diagrammen der Kategorientheorie. Nutzt den `picture`-Modus von LaTeX als zugrundeliegenden Zeichenmechanismus.

[17] Johannes Braams. Babel, a multilingual style-option system for use with LaTeX's standard document styles. *TUGboat*, 12(2):291–301, Juni 1991.
Eine Beschreibung davon, wie man LaTeX mit Hilfe von sprachenspezifischen Stiloptionen an mehrere Sprachen anpassen kann. Eine aktualisierte Version wurde in *TUGboat*, 14(1):60–62, April 1993, veröffentlicht.

[18] Vicki Brown, Herausgeber. *Prime Time TeXcetera*, volume 1. Prime Time Freeware, Sunnyvale, CA, 1994.
Die zum Buch gehörende CD enthält die komplette CTAN-Software (mehr als 2000 Mb) in gepackter Form. Für Besitzer eines CD-Laufwerks bietet sie einen einfachen Weg, an alle Programme, Pakete und Informationen im Umfeld von TeX zu gelangen. Sie kann auf nahezu jeder Computerplattform verwendet werden.

[19] Martin Bryan. *SGML: an author's guide to the standard generalized markup language*. Addison-Wesley, Reading, Massachusetts, zweite Auflage, 1988.
Eine gute, technisch orientierte Einführung in SGML.

[20] Pehong Chen und Michael A. Harrison. Index preparation and processing. *Software—Practice and Experience*, 19(9):897–915, September 1988. Der LaTeX-Text dieses Artikels ist Teil der `makeindex`-Distribution.
Dieser Artikel zeigt, wie sich das mühsame und zeitaufwendige Erstellen eines Indexes weitgehend unabhängig vom jeweiligen Satzsystem und dem speziell eingesetzten Format automatisieren läßt. Die Ideen werden mit Hilfe des *MakeIndex*-Systems illustriert, welches unbearbeitete Index-Daten alphabetisch sortiert. Das System wird auch mit anderen Index-Programmen verglichen.

[21] Adrian F. Clark. Practical halftoning with TeX. *TUGboat*, 12(1):157–165, März 1991.
Betrachtet praxisorientiert Probleme, die beim Setzen von Halbtonbildern mit TeX aufgetreten sind, und vergleicht andere Techniken zum Einbinden von Graphiken. Die Vor- und Nachteile der verschiedenen Ansätze werden beschrieben, und einige Versuche, Farbseparierungen zu erzeugen, werden näher betrachtet.

[22] Malcolm Clark. Portable graphics in TEX. *TUGboat*, 13(3):253–260, Oktober 1992, und Kapitel 17 in *A Plain TEX Primer*, von Malcolm Clark, Oxford University Press, 1992.

Behandelt drei Hauptverfahren, um Liniengraphiken in TEX-Dokumente einzubinden: mit speziellen Fonts, mit dem Befehl `\special` und über Zwischenlösungen. Mit diesem Problem beschäftigen sich auch *TEX and Graphics: The State of the Problem*, von Nelson Beebe, in: *Cahiers GUTenberg*, 2:13–53, Mai 1989, und *Including Pictures in TEX*, von Alois Heinz, in: *TEX applications, uses, methods*, Malcolm Clark (ed.), Ellis Horwood Publishers, Chichester, England, S. 141–151, 1990.

[23] Dale Dougherty und Tim O'Reilly. *UNIX Text Processing*. Howard W. Sams & Company, Hayden Books, Indianapolis, 1988.

Dieses Buch beschreibt umfassend alle Textverarbeitungswerkzeuge von UNIX. In Kapitel 10, »Drawing Pictures«, wird anhand vieler Beispiele die Syntax der `pic`-Prozessorsprache beschrieben. Informationen über diese Sprache enthält auch die UNIX Online-Hilfe für die Prozessoren pic und gpic (GNU).

[24] Lincoln Durst. Some tools for making indexes: Part I. *TUGboat*, 12(2):248–252, Juni 1991.

Betrachtet einfache Kodierungskniffe zum Generieren von Indizes für TEX. In diesem Zusammenhang ist auch der Artikel von David Salomon, *Macros for indexing and table-of-contents* in: *TUGboat*, 10(3):394–400, November 1989, interessant.

[25] Bernard Gaulle. Notice d'utilisation du style french (Version 3,25). Elektronisches Dokument, das zusammen mit dem Paket vom November 1993 verbreitet wird.

Eine Bedienungsanleitung zu dem Paket french (in französischer Sprache).

[26] Denis Girou. Présentation de PSTricks. *Cahiers GUTenberg*, 16:21–70, Februar 1994.

Dieser Artikel (farbig gesetzt) zeigt aus Anwendersicht in vielen Beispielen die Möglichkeiten, die PSTricks bietet.

[27] Ronald L. Graham, Donald E. Knuth und Oren Patashnik. *Concrete Mathematics: A Foundation for Computer Science*. Addison-Wesley, Reading, 1989.

Ein gut gesetztes mathematisches Lehrbuch, das mit TEX erstellt wurde. Hierbei wurde die Schrift Concrete Roman als Basisschrift verwendet; siehe auch [54].

[28] George Grätzer. *Math into TEX: A Simple Introduction to AMS-LATEX*. Birkhäuser, Boston, 1993.

Der erste Teil des Buches bietet dem unerfahrenen AMS-LATEX-Benutzer eine einfache Einführung mit vielen Beispielen, einer Formelsammlung, Beispieldateien und Vorlagen. Der zweite Teil enthält eine systematische Beschreibung mit detaillierten Beispielen und Regeln zu allen Aspekten von AMS-LATEX, und der letzte Teil gibt einen Einblick in fortgeschrittene Anpassungsmöglichkeiten.

[29] George D. Greenwade. The Comprehensive TEX Archive Network (CTAN). *TUGboat*, 14(3):342–351, Oktober 1993.

Skizziert das Konzept, die Entwicklung und die Verwendung eines CTAN-Archives, das alle TEX-bezogenen Dateien im Netz verfügbar macht. CTAN stützt sich auf die enge Zusammenarbeit der TEX-Hauptarchive mehrerer Kontinente, die synchronisierte Spiegelungen voneinander verwenden. CTAN bietet ein einheitliches Verfahren, Dateien zu identifizieren und abzurufen, und sollte damit einen Beitrag zur Reduzierung des allgemeinen Datenverkehrs und zum schnelleren Abruf von Dateien leisten.

[30] Roswitha T. Haas und Kevin C. O'Kane. Typesetting Chemical Structure Formulas with the Text Formatter TEX/LATEX. *Computers and Chemistry*, 11(4):251–271, 1987.

Dieser Artikel gibt einen Überblick über die Möglichkeiten des Paketes ChemTEX. Weitere Informationen hierzu sind in der Doktorarbeit von Haas zu finden, die zusammen mit dem Paket verbreitet wird. Weitere Hilfsmittel zum Setzen chemischer Formeln werden in folgenden Veröffentlichungen besprochen: *Electronic Publishing and Chemical Text Processing*, von A.C. Norris und A.L. Oakley, in: *TEX applications, uses, methods*, Malcolm Clark (ed.), Ellis Horwood Publishers, Chichester, England, S. 207–225, 1990, und in *Chemical Structure Formulae and x/y Diagrams with TEX* von Michael Ramek, *ibidem*, S. 227–258.

[31] Yannis Haralambous. Typesetting old german: Fraktur, Schwabacher, Gotisch and initials. *TUGboat*, 12(1):129–138, März 1991.

Zeigt, wie man METAFONT dazu einsetzen kann, naturgetreue Kopien alter Schriften herzustellen, welche dann in TEX verwendet werden können. Enthält Regeln zum Setzen der Typen und Beispiele für ausgegebene Seiten.

[32] Doug Henderson. Outline fonts with METAFONT. *TUGboat*, 10(1):36–38, April 1989.

Eine Beschreibung des METAFONT-Codes zur Erzeugung von Outline-Schriften aus vorhandenen Zeichenbeschreibungen.

[33] Eric van Herwijnen. *Practical SGML*. Wolters-Kluwer Academic Publishers, Boston, zweite Auflage, 1994.

Eine Einführung in die Verwendung von SGML in der Praxis. Enthält viele Beispiele von Bereichen, in denen SGML erfolgreich eingesetzt wird, und behandelt verschiedene SGML-Implementierungen.

[34] Alan Hoenig. When TEX and Metafont Work Together. In *Proceedings of the 7th European TEX Conference, Prague*, S. 1–19, September 1992.

Eine Beschreibung des Datenaustausches zwischen TEX und METAFONT, der es ermöglicht, Diagramme und Abbildungen mit METAFONT zu erstellen und diese mit Bildunterschriften von TEX zu versehen. In umgekehrter Weise kann METAFONT, Fonts für spezielle Zwecke generieren, die man z. B. verwenden kann, um Text entlang einer kurvenförmigen Grundlinie verlaufen zu lassen.

[35] Thomas Hofmann. A LATEX addition for formatting indexes. *TUGboat*, 7(3):186, Oktober 1986.

Die Beschreibung eines Bourne-Shell-Skripts, `latexindex`, zur Handhabung von mit LATEX generierten Indexeinträgen.

[36] IBM, International Business Machines Corporation. *Font Object Content Architecture: Reference*, New York, Dezember 1988.

Dieses Handbuch beschreibt IBMs Konzepte digitaler Schriften und ihre Anwendung. Es informiert allgemein über das Speichern von Fonts, den Zugang zu ihnen und Verweise darauf und erklärt die Konzepte zur Speicherung der Informationen über Zeichenformen. Das Buch ist eine vollständige Referenz aller in den IBM-Fonts verwendeten Fontparameter, einschließlich der Fontbeschreibungs-, Fontmetrik-, Zeichenform- und Codepage-Parameter.

[37] IBM, International Business Machines Corporation. *Document Composition Facility—General Information Release 4.0 for DCF (GH20-9158-09)*, Boulder, 1990.

Dieses Handbuch enthält allgemeine Informationen über IBMs Document Composition Facility, einer Kombination aus dem Textformatierer SCRIPT/VS und einer zugehörigen Makrobibliothek. Es kann Dokumente verarbeiten, die mit prozeduralen Steuerkommandos versehen sind, sowie Dokumente mit Steuerkommandos der GML - Generalized Markup Language - einem Vorläufer von SGML. Das System verfügt außerdem über ein (separat erhältliches) Formatierungsmodul zum Setzen von mathematischen Formeln: den Script Mathematical Formula Formatter (SMFF).

[38] *Lexique des règles typographiques en usage à l'Imprimerie nationale.* Imprimerie nationale, 3e édition, 1990.

Schriftsatzregeln für die französische Sprache, wie sie von der »Imprimerie nationale« in Paris verwendet werden, der Druckerei, die für den Druck aller offiziellen Regierungsdokumente und aller vom französischen Staat herausgegebenen Bücher verantwortlich ist.

[39] International Organization for Standardization. 8-bit single-byte coded graphics character sets, parts 1 to 10. ISO 8859, ISO Geneva, 1986–92.

Eine Beschreibung verschiedener alphabetischer Zeichensätze. Die Teile 1 bis 4, 9 und 10 beziehen sich auf Zeichensätze für verschiedene Sprachengruppen, die auf dem lateinischen Alphabet basieren, während Teil 5 kyrillische, Teil 6 arabische, Teil 7 griechische und Teil 8 hebräische Zeichensätze beschreibt.

[40] International Organization for Standardization. Standard Generalised Markup Language (SGML). ISO 8879, ISO Geneva, 1986.

Die - nicht immer einfach zu lesende - ISO-Standardbeschreibung der Sprache SGML bis ins kleinste technische Detail. Ein leichter verdaulicher Überblicksartikel zu diesem Thema, der die Rolle der SGML als erstes Glied in einer Kette von Standards zur Textverarbeitung beschreibt, die auch DSSSL (Dokumentenformatierung), SPDL (Dokumentendarstellung) und Unicode/ISO 10646 (Zeichencodes) enthält, ist *Scientific Text Processing* von Michel Goossens und Eric van Herwijnen in *International Journal of Modern Physics C*, 3(3):479–546, Juni 1992.

[41] International Organization for Standardization. Universal Coded Character Set. ISO/IEC 10646, ISO Geneva, 1993.

Dieser Standard definiert das UCS (Universal Multiple-Octet Coded Character Set) und spezifiziert dessen Struktur. UCS ist ein Standard für einen 32-Bit Zeichencode, mit dessen Hilfe man alle möglichen Schriftensysteme der Welt kodieren kann. Bisher wurde nur die 16-Bit-Ebene definiert, die mit dem Unicode-Standard identisch ist; siehe [106]. Einen kurzen Überblick über diesen Standard und seine Geschichte bietet *Untying tongues*, von Michael Y. Ksar, in *iso bulletin*, 24(6):2–8, Juni 1993.

[42] Alan Jeffrey. PostScript Fonts in LaTeX2ε. *TUGboat*, 15(3):263–268, November 1994.

Dieser Artikel beschreibt einige der in PSNFSS getroffenen Designentscheidungen. Dokumentenportabilität, virtuelle Fonts, Fontkodierungen und Fontnomenklatur werden diskutiert.

[43] David M. Jones. A TeX macro index. *TUGboat*, 13(2):188–189, Juli 1992.

In diesem Artikel kündigt David Jones offiziell seinen Katalog aller über FTP oder Mailserver verfügbaren TeX-Makros an. Ein Überblick von Archivstandorten, an denen der Katalog gespeichert ist, wurde in *TeX and TUG NEWS*, 2(2):12–13, April 1993, veröffentlicht.

[44] Michael Kern und Sieghart Koch. *ÜberSicht.* Universitätsdruckerei und Verlag Hermann Schmidt, Mainz, 1991.

Dieses Buch zeigt die gesamte Berthold-Schriftenbibliothek inklusive der übernommenen ITC-Schriften sowie einer großen Anzahl von Schriften der Stempel AG, der Linotype AG, der Monotype und der AGFA AG - insgesamt etwa 1800 verschiedene Schriftschnitte. Es enthält zu jedem Schriftschnitt eine Leseprobe und Darstellung des Zeichenvorrates sowie eine nach Zeichen geordnete Gegenüberstellung der Zeichenformen aller Schriftschnitte.

[45] Helmut Kopka. LaTeX. Addison-Wesley Verlag, Bonn, Deutschland, 1994.
Dreibändige Neuausgabe des deutschen Standardwerkes zu LaTeX 2.09. Band 1 »Einführung« und Band 2 »Ergänzungen – mit einer Einführung in METAFONT« sind erschienen, Band 3 »Erweiterungen« ist für 1995 geplant. Die offizielle LaTeX-Version (LaTeX 2_ε) ist weitgehend berücksichtigt.

[46] Donald E. Knuth. *TeX and Metafont, New Directions in Typesetting.* The American Mathematical Society and Digital Press, Bedford, MA, 1979.
Der erste Teil dieses Buches enthält den Nachdruck des Artikels »Mathematical Typography« von Donald Knuth, in dem der Autor beschreibt, was ihn dazu brachte, TeX zu entwickeln, wobei er sich auf den Spuren der Anfänge der Computertypographie bewegt. Der zweite und dritte Teil des Buches beschreiben frühe (heute veraltete) Versionen von TeX und METAFONT, die aber für TeX-*Historiker* immer noch von Interesse sind.

[47] Donald E. Knuth. Remarks to Celebrate the Publication of Computers & Typesetting. *TUGboat*, 7(2):95–98, Juni 1986.
Am 21. Mai 1986 veranstaltete das Computermuseum in Boston eine Feier zu Ehren der Fertigstellung von TeX, dem Computersatzsystem von Donald Knuth. Der Artikel gibt den Inhalt von Knuths Rede zu diesem Anlaß wieder, in welcher er noch einmal auf die neun Jahre seiner Arbeit an den Systemen TeX und METAFONT zurückblickt.

[48] Donald E. Knuth. *The TeXbook*, Band A von *Computers and Typesetting.* Addison-Wesley, Reading, 1986.
Das ultimative Benutzer- und Referenzhandbuch zu TeX.

[49] Donald E. Knuth. *TeX: The Program*, Band B von *Computers and Typesetting.* Addison-Wesley, Reading, 1986.
Die gut gesetzte Ablistung des vollständigen Quellcodes für TeX. Das Programm wurde in der Sprache `WEB` geschrieben und das Buch ist eine (leicht bearbeitete) Version des mit `WEAVE` verarbeiteten Quellcodes, der dann mit TeX gesetzt wurde.

[50] Donald E. Knuth. *The* METAFONT*book*, Band C von *Computers and Typesetting.* Addison-Wesley, Reading, 1986.
Das Benutzer- und Referenzhandbuch zu METAFONT, dem TeX-Begleitprogramm zur Erstellung von Fonts.

[51] Donald E. Knuth. METAFONT*: The Program*, Band D von *Computers and Typesetting.* Addison-Wesley, Reading, 1986.
Der vollständige Quellcode des METAFONT-Programms.

[52] Donald E. Knuth. *Computer Modern Typefaces*, Band E von *Computers and Typesetting.* Addison-Wesley, Reading, 1986.
Über 500 Formen griechischer und lateinischer Buchstaben, einschließlich Satzzeichen, Ziffern und vieler mathematischer Symbole, werden in Form von Graphiken gezeigt. Für jedes Zeichen ist der METAFONT-Code angegeben, und es wird erklärt, wie man durch Ändern der Parameter im METAFONT-Code alle Zeichen der Computer Modern Schriften erhält.

[53] Donald E. Knuth. Fonts for digital halftones. *TUGboat*, 8(2):135–160, Juli 1987.
Es werden einige Experimente besprochen, in denen METAFONT dazu eingesetzt wurde, Fonts zu erstellen, mit denen auf Laserdruckern Halbtonbilder erzeugt werden.

[54] Donald E. Knuth. Typesetting *Concrete Mathematics.* *TUGboat*, 10(1):31–36, April 1989.
Donald Knuth erläutert, wie er das Lehrbuch *Concrete Mathematics* gesetzt hat.

[55] Donald E. Knuth. Virtual Fonts: More Fun for Grand Wizards. *TUGboat*, 11(1):13–23, April 1990.

Eine Erklärung, was virtuelle Fonts sind und wozu sie gebraucht werden. Auf diese Informationen folgen technische Details darüber, wie diese Ideen implementiert wurden.

[56] Donald E. Knuth. The Future of TEX and Metafont. *TUGboat*, 11(4):489, November 1990.

My work on developing TEX, METAFONT, and Computer Modern has come to an end. I will make no further changes except to correct extremely serious bugs. (»Meine Arbeit an der Entwicklung von TEX, METAFONT, und Computer Modern ist an ihrem Ende angelangt. Ich werde keine weiteren Änderungen vornehmen, abgesehen von der Korrektur schwerwiegender Fehler.«) In dem Artikel, der mit diesen Worten beginnt, kündigt Donald Knuth an, daß er die TEX-Programme in ihren zu diesem Zeitpunkt vorliegenden Versionen einfrieren will.

[57] Hans-Joachim Koppitz, Herausgeber. *Gutenberg Jahrbuch.* Gutenberg-Gesellschaft, Mainz.

Jahrbuch der Gutenberg-Gesellschaft mit Artikeln zu Typographie, Druck, Buchwesen, Geschichte des Buchdrucks, Schriftendesign, usw. Gegründet von Aloys Ruppel. Publiziert seit 1926.

[58] Conrad Kwok. EEPIC: Extensions to EPIC and LATEX picture environment. Unpublished machine-readable document, 1988.

Die Bedienungsanleitung zu dem Paket eepic, die zusammen mit ihm verbreitet wird. eepic ist sowohl eine Erweiterung zu LATEX als auch zu epic.

[59] Leslie Lamport. *LATEX—A Document Preparation System—User's Guide and Reference Manual.* Addison-Wesley, Reading, 1985.

Das Referenzhandbuch zu LATEX 2.09 von seinem eigenen Autor.

[60] Leslie Lamport. *LATEX—A Document Preparation System—User's Guide and Reference Manual.* Addison-Wesley, Reading, zweite Auflage, 1994.

Diese vollständig überarbeitete Neuauflage des wohl populärsten Buches über LATEX gibt eine umfassende Einführung in LATEX 2_ε. Es bildet, zusammen mit dem vorliegenden Buch, das Referenzwerk zum neuen LATEX 2_ε-Standard. Eine Übersetzung ins Deutsche ist in Vorbereitung.

[61] Leslie Lamport. *MakeIndex*, An Index Processor For LATEX. Elektronisches Dokument, das mit *MakeIndex* verbreitet wird, 1987.

Dieses Dokument erklärt die Syntax, die innerhalb des LATEX-Befehls `\index` verwendet werden kann, wenn man zum Erstellen eines Index *MakeIndex* einsetzt. Es enthält ebenfalls eine Liste der möglichen Fehlermeldungen.

[62] John Lavagnino und Dominik Wujastyk. An Overview of EDMAC: A plain TEX format for critical editions. *TUGboat*, 11(4):623–643, November 1990.

EDMAC erlaubt das Setzen kommentierter Werkausgaben von Texten im traditionellen Stil, d.h. ähnlich der Oxford Classical Texts, Shakespeare, und anderer Reihen. Das Paket fügt eine Zeilennumerierung im Rand hinzu sowie geschachtelte Fußnoten und Endnoten, die sich auf die Zeilennummern beziehen. Benutzer können das genaue Format ihrer Ausgaben auf einfache Art und Weise festlegen.

[63] Micheal J. S. Levine. A LATEX Graphics Routine for drawing Feynman Diagrams. *Computer Physics Communications*, 58:181–198, 1990.

Eine Beschreibung des Feynman-Paketes zum Zeichnen von Feynman-Diagrammen. Eine detailliertere Beschreibung bietet die Doktorarbeit von Levine, die zusammen mit dem Paket als LaTeX-Datei verbreitet wird.

[64] Franklin Mark Liang. Word Hy-phen-a-tion by Com-pu-ter. Doktorarbeit, Stanford University, Stanford, CA 94305, Juni 1983. Auch erhältlich als Technical Report No. STAN-CS-83-977, Stanford University, Department of Computer Science.
Eine detaillierte Beschreibung des TeX-Algorithmus zur Silbentrennung.

[65] Ruari McLean. *The Thames and Hudson Manual of Typography.* Thames and Hudson, London, 1980.
Eine breit angelegte, sehr lesbare Einführung in die traditionelle Typographie.

[66] Frank Mittelbach. An extension of the LaTeX theorem environment. *TUGboat*, 10(3):416–426, November 1989.
Die verschiedenen mathematischen Zeitschriften benötigen oft unterschiedliche Layouts für ihre Theoreme. Wenn man das Paket theorem verwendet, läßt sich ein derartiges Layout mit Hilfe eines »Stils« anpassen. Der Artikel beschreibt die Benutzeroberfläche und die Implementierung.

[67] Frank Mittelbach. E-TeX: Guidelines for future TeX extensions. *TUGboat*, 11(3):337–345, September 1990.
TeX war ursprünglich ein Satzsystem für die Bücher von Donald Knuth. Heute wird es von Zehntausenden von Benutzern eingesetzt. Ist TeX noch immer das richtige Werkzeug, um die Ansprüche an ein Satzsystem in den neunziger Jahren zu erfüllen? Um diese Frage zu beantworten, wird der TeX-Ausdruck mit handgesetzten Dokumenten verglichen. Es werden auch die Bereiche angesprochen, in denen TeX-Algorithmen in ihrer Reichweite zu begrenzt sind. Es wird gezeigt, daß viele wichtige Konzepte für ein qualitativ hochwertiges Setzen nicht unterstützt werden und daß weitere Forschungen betrieben werden sollten, um ein »Nachfolgesystem« zu TeX zu entwickeln.

[68] Frank Mittelbach. Comments on "Filenames for Fonts" (*TUGboat* 11#4). *TUGboat*, 13(1):51–53, April 1992.
Es werden einige Probleme, die durch das Benennungsschema von K. Berry auftreten, diskutiert, insbesondere vor dem Hintergrund, bestimmte Fontcharakteristika unabhängig zu definieren und das Schema mit NFSS einzusetzen.

[69] Frank Mittelbach. LaTeX3. *Die TeXnische Komödie*, 4(2):15–22, August 1992.
Auf der zehnten Jahrestagung der TeX Users Group (TUG) 1989 in Stanford wurde das LaTeX3 Projekt geboren. Sein Ziel ist eine Neuimplementierung von LaTeX mit Erweiterungen, die neue Benutzerkreise erschließen, bzw. Probleme der derzeitigen Version beseitigen. Der Autor gibt einen Überblick über den bisherigen Verlauf des Projektes, erzielte Resultate und Aufgaben der Zukunft.

[70] Frank Mittelbach und Chris Rowley. LaTeX 2.09 ↪ LaTeX3. *TUGboat*, 13(1):96–101, April 1992.
Beschreibung des LaTeX3-Projektes und Überblick über den bisherigen Verlauf, erzielte Resultate und Aufgaben der Zukunft. Ein Update erschien in *TUGboat*, 13(3):390–391, Oktober 1992. Ein Aufruf an freiwillige Helfer bei der Entwicklung von LaTeX3 und eine Liste verschiedener Aufgaben erschienen in *TUGboat*, 13(4):510–515, Dezember 1992. Der Artikel beschreibt auch, wie man die aktuelle Aufgabenliste sowie verschiedene Arbeitsgruppendokumente zu LaTeX3 über E-Mail oder FTP erhalten kann und erklärt, wie man sich in die LaTeX3-Diskussionsliste einschreibt.

[71] Frank Mittelbach und Rainer Schöpf. A new font selection scheme for TEX macro packages — the basic macros. *TUGboat*, 10(2):222–238, Juli 1989.
Eine Beschreibung der grundlegenden Makros, die verwendet wurden, um die erste Version des New Font Selection Scheme in LATEX zu implementieren.

[72] Frank Mittelbach und Rainer Schöpf. With LATEX into the Nineties. *TUGboat*, 10(4):681–690, Dezember 1989.
Da LATEX sich mittlerweile über viele verschiedene Bereiche verbreitet hat, ist die Möglichkeit, Dokumente frei auszutauschen, durch viele lokale Änderungen und Verbesserungen bedroht. Darum wird in diesem Artikel eine Reimplementierung von LATEX vorgeschlagen, bei der zwar die essentiellen Merkmale der aktuellen Schnittstelle erhalten bleiben, jedoch die wachsenden Anforderungen der verschiedenen Anwendergemeinschaften berücksichtigt werden. Es werden außerdem einige Ideen für weitere Entwicklungen formuliert.

[73] Frank Mittelbach und Rainer Schöpf. Reprint: The new font family selection — User interface to standard LATEX. *TUGboat*, 11(2):297–305, Juni 1990.
Eine vollständige Beschreibung der Benutzeroberfläche der ersten Version des »New Font Selection Scheme« (NFSS) für LATEX.

[74] Frank Mittelbach und Rainer Schöpf. Towards LATEX3.0. *TUGboat*, 12(1):74–79, März 1991.
Hierin werden die ursprünglichen Ziele des LATEX3-Projektes, die im wesentlichen mit LATEX 2ε erreicht sind, beschrieben. Die Autoren beschreiben nötige Verbesserungen der Benutzer- und Designerschnittstellen von LATEX, die erforderlich sind, um mit modernen Entwicklungen, wie z. B. SGML Schritt zu halten. Sie untersuchen außerdem einige interne Konzepte, die der Überarbeitung bedürfen.

[75] Dieter Nadolski. Kleines Lexikon der Schwarzen Kunst. VEB Biliographisches Institut Leipzig, Leipzig, 1987.
Kleines Wörterbuch der Fachbegriffe aus dem Druckerhandwerk.

[76] Olivier Nicole, Jacques André, und Bernard Gaulle. Notes en bas de pages : commentaires. *Cahiers GUTenberg*, 15:46–52, April 1993.
Kommentare, Erläuterungen und Ergänzungen zu dem Artikel [5].

[77] Hubert Partl. German TEX. *TUGboat*, 9(1):70–72, April 1988.
Ein frühes Beispiel für den Versuch, LATEX für eine andere als die englische Sprache, in diesem Falle Deutsch, einzusetzen und die dabei aufgetretenen Probleme.

[78] Oren Patashnik. BIBTEXing. Documentation for general BIBTEX users, 8. Februar 1988. Elektronisches Dokument, das mit BIBTEX verbreitet wird.
Dieser Artikel beschreibt die Benutzeroberfläche von BIBTEX. Er aktualisiert Abschnitt B.2 von [59] und enthält viele Hinweise dazu, wie man das Verhalten von BIBTEX steuern kann.

[79] Oren Patashnik. Designing BIBTEX styles. The part of BIBTEX's documentation that's not meant for general users, 8. Februar 1988. Elektronisches Dokument, das zusammen mit BIBTEX verbreitet wird.
Eine ausführliche Beschreibung der Postfix-Stack-Sprache, die in BIBTEX-Stildateien verwendet wird, für BIBTEX-Stildesigner. Nach einer allgemeinen Beschreibung der Sprache werden alle Befehle und eingebauten Funktionen vorgestellt. Schließlich wird im Detail auf die Behandlung von Namen in BIBTEX eingegangen.

[80] Sunil Podar. Enhancements to the picture environment of LaTeX. (Version 1.2) Technical Report 86-17, Department of Computer Science, S.U.N.Y, 1986.

Dieses Dokument beschreibt einige neue Befehle für die `picture`-Umgebung von LaTeX, vor allem High-Level-Befehle, welche durch eine freundlichere und leistungsfähigere Benutzeroberfläche die Graphikfähigkeiten verbessern. Dadurch sollte es einfacher sein, anspruchsvolle Bilder mit geringerem Aufwand zu erzeugen als in reinem LaTeX.

[81] Sebastian Rahtz. A survey of TeX and graphics. Technical Report CSTR 89-7, University of Southampton, Department of Electronics and Computer Science, Southampton SO9 5NH, England, Oktober 1989.

Ein detaillierter Überblick über verschiedener Wege, Graphiken in LaTeX-Dokumente einzubinden.

[82] Sebastian Rahtz und Leonor Barroca. A style option for rotated objects in LaTeX. *TUGboat*, 13(2):156–180, Juli 1992.

Eine detaillierte Beschreibung der Benutzeroberfläche und Implementierung des Paketes rotating, mit dessen Hilfe man alle gewünschten Arten von Drehungen, einschließlich kompletter Abbildungen, mit einer ganzen Reihe von PostScript-Treibern durchführen kann.

[83] Glenn C. Reid. *PostScript Language Program Design.* Addison-Wesley, Reading, 1988.

Das sogenannte »Grüne Buch« lehrt die Programmiergrundlagen für das Erstellen eines leistungsfähigen PostScript-Codes, der leicht zu verstehen und zu pflegen ist. Einige der Aufgaben, die in diesem Buch besprochen werden, sind: das Setzen von Text, der Umgang mit Graphiken und Techniken zur Fehlerbehandlung und zur Fehlerbeseitigung.

[84] Glenn C. Reid. *Thinking in PostScript.* Addison-Wesley, Reading, 1990.

Das Ziel dieses Buches ist es, dem Leser zu vermitteln, wie er seine Programmierfähigkeiten für PostScript entwickeln kann. Dazu stellt es einige nützliche und gleichzeitig einfache und elegante Programmiertechniken vor. Es werden Themenbereiche besprochen, die sonst kaum behandelt werden, beispielsweise, wie man Schleifen, Verzweigungen sowie die Ein- und Ausgabe optimiert und wie man mit Dateien, Zeichenfolgen und »dictionaries« umgeht.

[85] Thomas J. Reid. Floating figures at the right—and—Some random text for testing. *TUGboat*, 8(3):315, November 1987.

Eine Beschreibung der zum Plazieren von Abbildungen verwendeten Techniken.

[86] Tomas Rokicki. DVIPS: A TeX Driver. Elektronisches Dokument, das mit der dvips-Ausgabe, Januar 1993, verbreitet wird.

Das Benutzerhandbuch zu dvips und den dazugehörigen Programmen und Paketen, insbesondere afm2tfm zum Erzeugen von `tfm`-Dateien aus Adobes `afm`-Fontmetrikdateien und colordvi für den Einsatz von Farben.

[87] Kristoffer H. Rose. Typesetting Diagrams with XY-pic: User's Manual. In *Proceedings of the 7th European TeX Conference, Prague*, S. 273–292, September 1992.

Ein detaillierter Überblick über die Möglichkeiten des Paketes XY-pic zum Zeichnen von Diagrammen in TeX.

[88] Stephen E. Roth, Herausgeber. *Real World PostScript. Techniques from PostScript Professionals.* Addison-Wesley, Reading, 1988.

Dieses sogenannte »Orange Buch« enthält eine Sammlung von Artikeln, geschrieben von Experten, die PostScript-Anwendungen für ihre Arbeit entwickelt oder eingesetzt haben. Unter anderem werden folgende Themen behandelt: komplexere Methoden für die Benutzung von Fonts und »dictionaries«, Arbeiten mit Farben und Halbtonbildern, exaktes Kerning, Tracking und Buchstabenabstände.

[89] Richard Rubinstein. *Digital Typography—An Introduction to Type and Composition for Computer System Design.* Addison-Wesley, Reading, November 1988. Korrigierter Neudruck.

Dieses Buch beschreibt einen technischen Ansatz für die Typographie. Es zeigt, wie man mit Hilfe von Computern die graphischen Elemente, mit denen Dokumente am Bildschirm dargestellt werden, entwerfen, erzeugen und positionieren kann.

[90] Joachim Schrod. Die Komponenten von TEX. *Die TEXnische Komödie*, 2(2):21–32, 1990.

TEX benötigt eine große Anzahl von Hilfskomponenten (Dateien und Programme), deren Bedeutung und gegenseitige Beziehung oft nicht bekannt ist. Für das Kernsystem TEX werden die Komponenten und ihre Beziehungen, die für den TEX-Benutzer sichtbar sind, erläutert.

[91] Joachim Schrod. The Components of TEX. *TEXline*, 14:7–11, Februar 1992.

Erweiterte englische Übersetzung von [90].

[92] Manfred Siemoneit. *Typographisches Gestalten.* Polygraph Verlag, Frankfurt am Main, zweite Auflage, 1989.

Ein exzellentes Buch zum Thema Typographie, das alle wichtigen Prinzipien hochwertiger Typographie behandelt.

[93] Ross Smith. *Learning PostScript—A Visual Approach.* Peachpit Press, 1085 Keith Avenue, Berkeley, CA 94708, 1990.

Ein sehr stufenweise und »visuell« aufgebautes PostScript-Lehrbuch. Es stellt die Hauptbestandteile der Sprache anhand von Beispielen vor, deren Code jeweils zusammen mit einer kurzen Erklärung auf den linken Seiten angegeben ist, während die rechten Seiten das Ausgabeergebnis zeigen.

[94] Friedhelm Sowa. Graphikintegration mit `bm2font`. *Die TEXnische Komödie*, 3(2):10–14, August 1991.

Ein kurzer Überblick über die Fähigkeiten des Programms BM2FONT.

[95] Friedhelm Sowa. Bitmaps and halftones with BM2FONT. *TUGboat*, 12(4):534–538, November 1991.

BM2FONT konvertiert verschiedene Arten von Bitmap-Dateien in TEX-Fonts und schreibt eine Eingabedatei, mit deren Hilfe man diese Graphiken in Dokumente einbinden kann.

[96] Friedhelm Sowa. Text und Bilder. *Die TEXnische Komödie*, 4(2), Aug. 1992.

Dieser Artikel beschreibt das picinpar-Paket.

[97] *Code typographique.* Syndicat national des cadres et maîtrise du livre, de la presse et des industries graphiques, 13e édition, 1954.

Typographische Regeln für die französische Sprache, wie sie von der französischen Druckindustrie verwendet werden.

[98] Paul Taylor. Commutative Diagrams in TEX (version 4). Elektronisches Dokument, das mit dem Paket verbreitet wird, Januar 1993.
Ein Paket für kommutative Diagramme. Kompatibel zu den meisten TEX-Formaten. Es benutzt die Linienfonts von LATEX für diagonale Pfeile oder man kann wahlweise `\special`-Befehle mit PostScript-Code verwenden, um gedrehte Pfeile zu erzeugen.

[99] Philip Taylor. The future of TEX. In *Proceedings of the 7th European TEX Conference, Prague*, S. 235–254, September 1992.
Eine Diskussion der Möglichkeiten, die TEX-Philosophie fortzuführen, nachdem Donald Knuth sich entschieden hat, die derzeitige Implementierung einzufrieren.

[100] TEXplorators Corporation, 1572 West Gray, #377, Houston, TX 77019-4948 *Mathtime, PostScript fonts for typesetting mathematics with TEX*, 1993.
Eine Bedienungsanleitung, die mit den Fonts zusammen verbreitet wird und erklärt, wie man die *Mathtime* Fonts installiert und verwendet.

[101] Harold Thimbleby. »See also« indexing with Makeindex. *TUGboat*, 12(2):290, Juni 1991.
Diskutiert, wie man einen »see also« (siehe auch) Eintrag für Indizes implementiert.

[102] Harold Thimbleby. Erratum: "See also" indexing with Makeindex, *TUGboat* 12, no. 2, p. 290. *TUGboat*, 13(1):95, April 1992.
Eine Fehlersammlung und einige Kommentare zu [101].

[103] Monika Thomas und Hans-Peter Willberg. *Schriften erkennen.* Universitätsdruckerei und Verlag Hermann Schmidt, Mainz, 1991.
Dieses Buch beschreibt auf dreißig Seiten die wesentlichen Merkmale verschiedener Schriften.

[104] Jan Tschichold. *Die Neue Typographie.* Universitätsdruckerei und Verlag Hermann Schmidt, Mainz, 1991.
Dieses Buch mit dem Untertitel »Ein Handbuch für zeitgemäß Schaffende« ist eins der richtungsweisenden Werke der zwanziger Jahre. Nachdruck der ersten Ausgabe von 1928.

[105] Jan Tschichold. *Ausgewählte Aufsätze über Fragen der Gestalt des Buches.* Birkhäuser Verlag, Basel, 1987. Zweite Auflage.
Aufsätze aus verschieden Schaffensperioden eines der großen Typographen unseres Jahrhunderts.

[106] The Unicode Consortium. Unicode 1.0—Draft Standard. Technical report, The Unicode Consortium, 1990.
Eine Beschreibung des 16-Bit Kodierstandards, der von den meisten Computerherstellern angenommen wurde. Unicode Version 1.1 ist mit der 16-Bit Basiskodierung von ISO-10646 identisch (siehe [41]).

[107] *The Chicago Manual of Style.* University of Chicago Press, 13. Auflage, 1982.
Seit 1906 ist das *Manual of Style* der University of Chicago Press das Standardreferenz für Autoren, Herausgeber und Rezensoren in den Vereinigten Staaten und anderswo. Dank seiner klaren Darstellung, der vielen Beispiele, des ausführlichen Index und der detaillierten Behandlung seiner verschiedenen Themenbereiche, bietet das *Chicago Manual* leicht verständliche und geradlinige Regeln zum Erstellen von Texten für die große Mehrheit amerikanischer Verleger.

[108] Peter Vollenmeider. *Encapsulated PostScript: Applications for the MacIntosh and PC.* Prentice-Hall and Carl Hanser, Hertfordshire, 1990.

Dieses Buch konzentriert sich darauf, wie man auf einfache Art und Weise Text, Graphiken und Bilder auf PostScript-Ebene mischen kann, indem man das Encapsulated PostScript-Format als Standardschnittstelle nutzt. Die Betonung liegt auf der Praxis; Themen sind z. B., wie man mit Desktop-Publishing-Programmen erstellte Graphiken in Dokumente importiert, und zwar sowohl auf Personal Computern als auch auf UNIX-Workstations und Großrechnern.

[109] Michael Vulis. VTEX enhancements to the TEX language. *TUGboat*, 11(3):429–434, September 1990.

Der Autor beschreibt sein kommerzielles VTEX-System, das ein eigenes skalierbares Fontformat unterstützt. Nähere Details hierzu bietet das Buch *Modern TEX and Its Application* von Michael Vulis, CRC Press, Ann Arbor, 1993

[110] Michael J. Wichura. PICTEX: Macros for drawing PICtures. *TUGboat*, 9(2):193–197, August 1988.

PICTEX ist eine Sammlung von TEX-Makros, mit denen man auf einfache Art und Weise komplexe Bilder, vor allem mathematische Abbildungen, setzen kann. Das Benutzerhandbuch zu PICTEX ist bei TEX Users Group erhältlich.

[111] Reinhard Wonneberger. *LATEX Kompaktführer.* Addison-Wesley Verlag, Bonn, Deutschland, dritte Auflage, April 1993.

Ein handlicher Überblick über alle Aspekte von LATEX 2.09, die Benutzer bei ihrer täglichen Arbeit benötigen.

[112] Reinhard Wonneberger und Frank Mittelbach. BIBTEX reconsidered. *TUGboat*, 12(1):111–124, März 1991.

Nach einer allgemeinen Besprechung von BIBTEX werden verschiedene Verbesserungs- und Änderungsvorschläge betrachtet.

[113] Haviland Wright. SGML frees information. *Byte*, 17(6):279–286, Juni 1992.

Beschreibt die Definition von Zugriffsstrukturen für Daten mittels SGML, die helfen, große Datenmengen zu bearbeiten.

[114] Y&Y, 106 Indian Hill, Carlisle, MA 01741. *LucidaBright + LucidaNewMath*, 1992.

Eine die Fonts begleitende Bedienungsanleitung, die erklärt, wie die *LucidaBright + LucidaNewMath*-Fonts installiert und verwendet werden.

[115] Timothy Van Zandt. *PSTricks: PostScript macros for Generic TEX. User's Guide. Version 0.93a.* Elektronisches Dokument, Teil der Distribution. März 1993.

Dieses Benutzerhandbuch beschreibt in großer Ausführlichkeit die vielen Befehle des PSTricks-Paketes. Es zeigt die Verwendung von Farbe, Rotation, Einbindung von Graphiken, Erzeugung von Overlays, etc.

[116] Timothy Van Zandt und Denis Girou. *Inside PSTricks. TUGboat*, 15 (3):239–246, November 1994.

Dieser Artikel gibt einen Überblick über einige neue Funktionen in PSTricks 0.94

[117] Maurizio Zocchi. LATEX's Index Processing. *TUGboat*, 8(1):62, April 1987.

Die Beschreibung von INDTEX, einem Indexprozessor für LATEX unter VAX/VMS und MS-DOS.

Index

Fettgedruckte Seitennummern verweisen auf Seiten, die wichtige Informationen über die Einträge enthalten, z. B. die genaue Definition eines Befehls oder eine detaillierte Beschreibung. Normal gesetzte Seitennummern beziehen sich auf Erwähnungen im Text.

Zur Entstehungsgeschichte

Die englische Originalausgabe dieses Buches wurde von den Autoren unter Verwendung einer frühen LaTeX 2_ε-Version auf einem Hewlett-Packard-Rechner und einer Sun-Workstation im CERN in Genf sowie auf einer DEC-Workstation in Deutschland geschrieben. Über die elektronische Post des Internets wurden zwischen den beiden Standorten Dateien hin- und hergesandt. Die gesetzten Kapitel wurden mit Hilfe von dvips nach PostScript übersetzt. Die Korrekturfahnen wurden auf einem Apple LaserWriter Pro und einem Xerox Docutech-Drucker ausgedruckt. Zum Redigieren und Korrekturlesen wurden PostScript-Dateien auch über FTP an den Sun-Computer der Firma Addison-Wesley in Reading weitergeleitet, so daß die Kapitel vor Ort gedruckt werden konnten, minimale Umlaufzeiten entstanden und die Korrekturen zügig eingefügt werden konnten.

Die Endversion der Originalausgabe wurde – von der ersten bis zur letzten Seite – als ein einziges großes LaTeX-Dokument erstellt. Der Index wurde mit Hilfe von *MakeIndex* aus LaTeXs `.idx`-Datei generiert; das Literaturverzeichnis durch Verwendung von BibTeX. Zur korrekten Auflösung aller Referenzen waren vier LaTeX-Läufe erforderlich. Die endgültige PostScript-Datei, die 9,5 Mbytes groß war, wurde anschließend in kleine Teile zerlegt und per FTP nach Reading geschickt, wo eine Repro-Vorlage mit einer Auflösung von 1200 dpi auf einem Varityper 4300P produziert wurde.

Das Frontbild des *LaTeX Companion* wurde von Toni Saint-Regis entworfen und das Design der Innenseiten stammt vom Designer Mark Ong von den Side-by--Side Studios. Frank Mittelbach setzte seine Vorgaben in eine LaTeX2e-Klassendatei um. Für den Haupttext wurde die Schrift Lucida Bright in 9.5/12pt verwendet, die von Bigelow & Holmes entworfen wurde. Sein serifenloses Pendant ist Lucida Sans, das ebenfalls von Bigelow & Holmes stammt, und als Typewriter-Schrift wurde der Computer Modern Typewriter Font in 10/12pt von Donald Knuth verwendet. Die Kapitelüberschriften sind in Lucida Bright Fettdruck in 36/38 pt gesetzt, die Abschnittsüberschriften in derselben Schrift in 14/15pt.

Die Erstellung des *LaTeX Companion* war eine Herausforderung – sowohl für die Autoren als auch für LaTeX. Und so wurden bei dem Versuch, alle Pakete in ein und demselben LaTeX-Dokument zu verwenden, einige Fehler entdeckt.

Dieses Buch empfiehlt, Struktur und Form zu trennen, und rät, visuelles Markup, wenn möglich, zu vermeiden. Nach Vollendung dieses Buch ist es daher vielleicht an der Zeit zu fragen, wie gut LaTeX eine Aufgabe erledigt, wenn es ein bestimmtes Design (in Form einer Klassendatei) und eine Quelldatei erhält. Für diejenigen, die gerne Zahlen sehen wollen, sind in der untenstehenden Tabelle basierend auf dem *Companion* als realistisches Beispiel ein paar statistische Daten zusammengefaßt. Sie gibt an, wieviel manuelle Formatierung nach Auffassung der Autoren nötig war, um die endgültige Version dieses Buches zu erstellen.

Zur Markierung der visuellen Formatierung (zum Zwecke der leichteren Identifizierung und Entfernung, falls der Text geändert werden muß) wurden die

Standard-LaTeX-Befehle niemals direkt verwendet. Stattdessen definierten sich die Autoren ihren eigenen Satz an Befehlen, häufig durch eine einfache Angabe wie z. B. `\newcommand{\finalpagebreak}{\pagebreak}`.

Die Tabelle teilt die verwendeten Befehle in drei Gruppen. Die erste Gruppe ist für das Verändern der Seitenlänge zuständig: `\finallongpage` und `\finalshortpage` verlängern bzw. verkürzen eine Seite, und zwar jeweils um einen `\baselineskip`. Der Befehl `\finalforcedpage` ist eine Variante von `\enlargethispage*` und wird daher stets von einem Seitenumbruchsbefehl begleitet. Wie solche Befehle definiert werden, ist in Abschnitt 4.4 erklärt. Die zweite Gruppe enthält Befehle, mit denen die Entscheidungen von LaTeX in bezug auf den Beginn einer neuen Seite korrigiert werden können. Die letzte Gruppe besteht aus einem einzigen Befehl, der einen sehr kleinen vertikalen Zwischenraum hinzufügt oder abzieht, um das Erscheinungsbild zu verbessern.

Die durchschnittliche Anzahl an Korrekturen liegt in der ersten Gruppe bei etwas über 20% oder, anders ausgedrückt, etwas über einem Fünftel aller Doppelseiten, denn die Korrekturen wurden stets auf beiden Seiten angebracht. Wenn man sich ansieht, in welchen Kapiteln die meisten Korrekturen vorgenommen wurden, stellt man fest, daß diese Kapitel entweder einen hohen Anteil an in den Text eingefügten Beispielen haben oder große Tabellen enthalten, die innerhalb des zugehörigen Abschnittes erscheinen sollten.

Ein harter Seitenumbruch wurde im Durchschnitt auf jeder zehnten Seiten eingefügt, häufig in Verbindung mit einem Befehl der ersten Gruppe. In den meisten Fällen wurde diese Maßnahme getroffen, um die Anzahl der Zeilen auf einer Seite zu reduzieren.

Die Verwendung von `\finalfixedskip` kann meistenteils als »korrigierender Ausgleich der Mängel« bezeichnet werden, die bei der Implementierung des Designs auftraten. Mit einem Durchschnittswert von 16% erscheint dieser Anteil hoch, doch da diese winzigen Korrekturen normalerweise stets an zwei Stellen ausgeführt werden, entspricht dies etwa einer Korrektur auf jeder 12. Seite.

Zusammenfassend sind die Autoren der Meinung, daß LaTeX angesichts des komplexen Materials eine gute Arbeit geleistet hat. Auch ohne manuelle Nachbearbeitung waren die meisten Seiten akzeptabel. Dem Leser bleibt es überlassen zu beurteilen, ob der zusätzliche Aufwand die Mühe wert war.

Kapitel	2	3	4	5	6	7	8	9	10	11	12	13	14	A1
Anzahl der Seiten	36	36	18	40	16	58	44	16	36	36	26	50	18	36
`\finallongpage`	0	3	1	0	3	10	4	2	3	0	4	9	7	4
`\finalshortpage`	0	5	4	4	0	2	10	0	0	8	6	0	0	2
`\finalforcedpage`	1	0	0	2	2	0	1	0	0	1	0	1	0	0
Änderung der Seitenlänge	1	8	5	6	5	12	15	2	3	9	10	10	7	6
∅ Änderungen pro Seite	.03	.22	.29	.15	.33	.08	.34	.13	.08	.25	.38	.2	.39	.17
`\finalpagebreak`	4	5	2	4	3	7	12	1	0	6	4	5	3	6
`\finalnewpage`	0	1	0	0	0	0	0	0	0	0	0	1	0	0
Änderungen des Umbruchs	4	6	2	4	3	7	12	1	0	6	4	6	3	6
∅ Änderungen pro Seite	.11	.17	.11	.1	.19	.12	.27	.06	0	.17	.15	.12	.17	.17
`\finalfixedskip`	4	3	4	11	0	8	2	2	0	14	6	10	7	3
∅ Änderungen pro Seite	.11	.08	.22	.28	0	.14	.05	.13	0	.39	.23	.2	.38	.08
Summe der Änderungen	9	17	11	21	8	27	29	5	3	29	20	26	17	15
∅ Änderungen pro Seite	.25	.47	.61	.53	.5	.47	.66	.31	.08	.81	.77	.52	.94	.42

Helmut Herold
Bestseller
UNIX und seine Werkzeuge
UNIX Grundlagen
Kommandos und Konzepte
3. Auflage
ADDISON-WESLEY

Addison-Wesley im Internet...

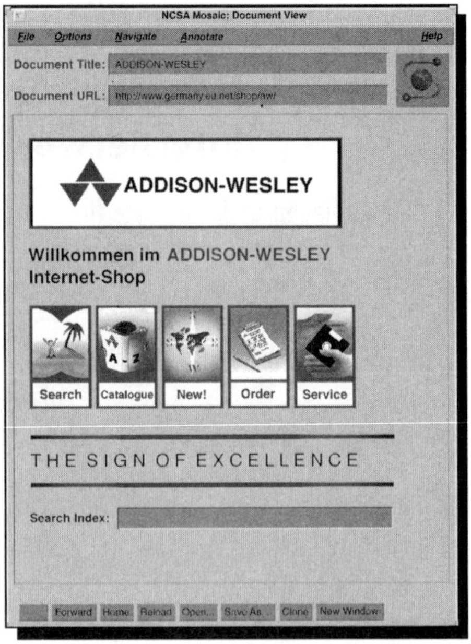

Homepage des Informationsdienstes

Mit dem Service im Internet möchten wir Ihnen noch weitreichendere Informationen als in unseren „Print"-Katalogen **online** zur Verfügung stellen.

Sie finden zu vielen Büchern und CD-ROMs ausführliche Informationstexte mit Inhaltsverzeichnis. Unser gesamtes Produktspektrum in deutscher und englischer Sprache ist über Stichwortsuche abrufbar. Dabei sind vielfach sogar gesamte Indizes zur Suche hinterlegt. Ohne mühsames Blättern finden Sie alle Titel zu Themen, die Sie interessieren.

Zu einigen Themen stehen weiterhin Tools, Quellcodes, Programmdemos sowie Aktualisierungen von Büchern bereit, die 'down-geloaded' werden können.

Kein Service ohne Bestellmöglichkeit: Sie können online von Ihrem Schreibtisch aus Bestellungen aufgeben.

Sie erreichen unseren Internet-Dienst unter folgender Adresse: „http://www.Germany.EU.net/shop/aw/".

ADDISON-WESLEY